KB194128

HANGIL
GREAT BOOKS
83

전체주의의 기원 1

한나 아렌트 지음 | 이진우 · 박미애 옮김

한길사

HANGIL
GREAT BOOKS
83

Hannah Arendt
The Origins of Totalitarianism

Translated by Lee Jin-woo, Pak Mi-ae

자유의 사상혁명으로 불리는 프랑스 혁명
프랑스 혁명은 계급으로서의 시민혁명일 뿐 아니라
모든 국민이 자유로운 개인으로서 자기를 확립하고
평등한 권리를 보유하기 위해 일어선 사상혁명이기도 하다.
혁명 이념은 계몽사상가인 몽테스키외, 볼테르, 루소 등에 의해
약 반세기에 걸쳐 배양되었으며, 특히 루소의 문명비판과
인민주권론이 혁명사상의 기초가 되었다.

근세 독일의 정치가 비스마르크 캐리커처
독일제국의 실질적 설립자인 비스마르크는 수상이 되면서
유대인과 밀접한 관계를 유지했다. 그러나 그는 자신이 보호하고자 하는
유대인은 돈 있는 유대인일 뿐이라고 분명히 말했다.

세계를 전쟁과 죽음의 소용돌이로 몰고 간 히틀러
히틀러는 1889년 4월 20일 오스트리아 브라우나우에서 태어나
1945년 4월 30일 자살했다. 독일 제3제국의 나치 독재정권을 건립해
정치적 반대자를 탄압하고 박해했다는 점에서 다른 파시스트와 유사하지만,
체계적인 인종말살정책을 실행했다는 점에서 전체주의의 전형을 보여주었다.
사회다원주의에 입각한 유대인 말살정책으로 유대인 약 600만 명이 학살당했다.

붙잡혀가는 아프리카 흑인들

유럽인은 흑인들을 처음 보고 느꼈던 끔찍한 두려움을
잊을 수 없었다. 자신들과 같지만 결코 같아서는 안 되는
어떤 것에 대한 공포가 노예제도와 인종차별주의의 바탕에 남아 있었다.

전체주의의 기원 1

한나 아렌트 지음 | 이진우 · 박미애 옮김

한길사

전체주의의 기원 1
· 차례

전체주의의 기원 2

전체주의와 '정치적 자유'의 의미

이진우 포스텍 인문사회학부장·철학

1. 전체주의는 사라졌는가

"전체주의 지배는 시민의 자유를 축소하거나 기본적인 자유를 말살한 것만은 아니다. 우리의 제한된 지식에 따르면 전체주의는 인간의 마음에서 자유에 대한 사랑을 뿌리뽑는 데 성공하지 못했다. 그것은 모든 자유의 전제가 되는 단 하나의 본질적인 필수조건, 즉 공간 없이는 존재할 수 없는 운동 역량을 파괴한 것이다." 우리가 전체주의 이후의 시대에 살고 있다는 점을 생각하면, 한나 아렌트의 주저 『전체주의의 기원』의 마지막 장에서 인용한 이 말은 시대착오적인 것처럼 보인다. 나치즘과 스탈린주의와 같은 전체주의의 종말을 역사적 사실로 확인한다면, 이 말은 진부하기조차 하다. 어디 그뿐인가. 냉전체제를 상징적으로 대변하던 장벽은 붕괴하고, 평등의 이름으로 개인의 자유를 억압하던 현존 사회주의 정권도 역사의 뒤편으로 물러나지 않았는가. 우리는 자유롭게 움직일 수 있는 민주주의 시대에 살고 있다.

한나 아렌트는 전체주의의 이론가이고 정치적 자유의 철학자다. 전체주의는 우리에게 더 이상 문제가 되지 않는 것인가? 20세기 서양이 배출한 탁월한 정치사상가 중 한 사람인 아렌트는 21세기의 우리에게 어떤 의미를 갖고 있는가? 아렌트가 평생 씨름했던 문제는 두말할 나위 없이 '전체주의'였다. 수많은 유대인을 죽음으로 몰고 갔을 뿐만 아니라 인간의 자유 자체를 압살한 전체주의는 결코 일어나서는 안 될 일이었으며 도무지 이해할 수 없는 일이었다. 아렌트의 정치철학은 바로 이해할 수 없는 일을 이해하고자 하는 과정에서 탄생했다. "나는 이해하고 싶다"(*Ich will verstehen*). 1964년 귄터 가우스와의 텔레비전 대담에서 자신의 철학적 입장을 간단히 표현한 이 명제는 전체주의의 불가해성을 더욱 극명하게 말해준다. 인류 역사상 어떤 현상으로도 도저히 이해할 수 없는 정치적 악(惡)인 전체주의를 어떻게 이해할 수 있단 말인가?

전체주의와 씨름하면서 아렌트는 '정치'와 '자유'를 본질적으로 결합함으로써 정치적 자유에 관한 물음을 제기한다. 카를 야스퍼스가 전체주의의 독일어판 서문에서 정확하게 지적한 것처럼, 아렌트는 "나치즘과 볼셰비즘에서 단순한 폭정과 전제정치 '이상의 것'이라고 할 수 있는 순전히 새로운 현상"을 인식했다. "그녀는 이 현상을 가능케 한 전제조건들을 탐색한다." 전체주의를 전대미문의 정치적 현상으로 만드는 것은 도대체 무엇인가? 역사상 존재했던 수많은 전제정치와 근본적으로 다른 전체주의의 근본악은 어디에 있는가? 이 물음은 인간의 본질적 실존조건인 자유에 대한 물음으로 이어진다는 점에서 근본적이다. 아렌트가 전체주의를 인과론적으로 정치학적으로 설명하려 하지 않은 이유가 여기에 있다. 전체주의가 정치적 자유의 근본적 부정이라고 한다면, 우리는 스스로에게 다음과 같은 간단한 질문을 던질 수밖에 없다. "정치는 무엇인가?" 전체주의가 정치를 무의미하게 만들었다는 점을 상기한다면, 이렇게 물을 수도 있다. "정치의 의미는 도대체 무엇인가?"

한나 아렌트는 이 방대한 저서에서 "정치는 여전히 의미를 갖고 있는가?"라고 묻고 있다. 아렌트에게 전체주의는 가장 극단적 형태의 정치 부정이다. 전체주의는 인간의 행위를 불가능하게 만듦으로써 인간의 자유를 총체적으로 폐지하려 한다. 그렇기 때문에 우리는 새로운 세기, 새로운 천 년의 도래와 함께 마침내 '악의 시대'를 극복했다고 자위하는지도 모른다. 과거와 미래, 이미 일어난 것과 앞으로 일어날 일을 구분하는 이 시대적 전환기에 아렌트가 더욱 의미 있게 여기는 것은 무엇 때문일까? 그것은 아렌트가 정치와 자유의 문제를 그 뿌리로부터 근본적으로 사유하고 있기 때문이다.

전체주의에 대한 시대 비판적 성찰은 지금도 우리 사회에 만연해 있는 정치 혐오를 설명해줄 수 있다. 정치로 되는 일이 아무것도 없다는 인식이 보편화된다면, 즉 정치에 대한 부정적 태도가 심화된다면 우리의 자유도 역시 위험해진다. 아렌트는 이렇게 정치적 자유라는 불안한 문제를 건드린다. 우리가 정치적 자유의 관점에서 사회를 바라본다면, 전체주의는 결코 끝난 문제가 아니다. 아렌트는 전체주의가 붕괴되었다고 해서 전체주의의 요소들이 사라진 것은 결코 아니라고 경고한다. 전체주의가 과거의 사건이 되고 난 다음 비로소 우리를 위협하는 위기의 진정한 모습이 온전히 드러난다는 것이다.

그렇다면 우리가 오늘날 도처에서 직면하고 있는 현재의 위기는 무엇인가? 여전히 정치를 왜곡하고 동시에 정치적 자유를 파괴할 수 있는 전체주의의 요소들을 어디에서 발견할 수 있는가? 여기서 문제되는 것 ─ 아렌트가 "정치의 의미"라고 분명하게 규정한 ─ 은 자유다. 비록 전체주의는 사라졌지만 정치가 무의미해지고 자유가 불가능해질 위험은 여전히 존재한다는 것이다. 인류를 지상에서 사라지게 만들고 또 그렇게 함으로써 정치를 불가능하게 만들 대량살상무기가 우리를 위협하고 있지 않은가? 정치는 언제부터인지 ─ 개인의 차원이든 아니면 인류의 차원이든 ─ 생존의 문제로 축소되고 있지 않은가?

전체주의가 우리 사회를 총체적으로 정치화함으로써 인간의 자유를 파괴했다면, 전체주의 이후의 현대사회는 정치 자체를 진부하게 만듦으로써 자유의 문제를 왜곡한다. 아렌트는 정치와 자유의 관점에서 전체주의를 해부하고 그 조건들을 비판적으로 재구성했다. 간단히 말해서 아렌트는 정치와 자유를 분리하는 사회적·역사적 조건들을 전체주의의 요소로 파악했던 것이다. 만약 우리 사회에서도 자유가 문제 된다면, 아렌트는 여전히 우리와 동시대인인 것이다. 그녀는 우리에게 이렇게 간단히 경고한다. 정치가 무의미해지면, 자유 역시 위험에 빠진다. 정치를 파괴하는 전체주의의 요소들을 간과한다면, 우리는 인간의 실존조건인 자유의 문제를 놓치게 된다. 아렌트가 이렇게 전체주의를 통해 비로소 그 의미와 중요성이 분명히 드러난 정치적 자유의 문제를 근본적으로 다루었기 때문에 그 이름은 서양의 정치사상을 대변한다.

2. 아렌트의 삶과 사상: 전체주의와의 대결

한나 아렌트, 그녀는 누구였고 또 누구인가? 어떤 사람에게 그녀는 20세기의 세계적 철학자 하이데거와 사랑하는 관계였던 여성 철학자로 기억될 수도 있고, 어떤 사람에게는 아리스토텔레스 철학에 기반을 둔 독창적 정치사상을 발전시킨 20세기의 대표적 정치사상가로 평가될 수도 있다. 그녀 이름을 둘러싸고 있는 여러 가지 호기심을 배제하고 간단히 표현하면, 한나 아렌트는 20세기가 배출한 '유대인 정치사상가'다.

아렌트는 20세기의 가장 어두운 측면인 전체주의를 유대인으로서 경험했으며, 이 경험으로부터 독보적이고 독창적인 정치사상을 발전시켰다. 그녀의 정치사상은 기존의 정치이론으로 자리매김할 수 없다는 점에서 독보적이다. 그녀의 정치사상은 좌파로 분류될 수도 없고 우파로 평가될 수도 없다. 그녀는 현실주의자이며 동시에 이상주의자이기도 하다. 아렌트는 현실에 관해 어떤 환상도 가지고 있지 않지만, 우리가 본질적인 문제를 성찰한다면 현실은 결코 있는 그대로 있어서는 안 된다는 확고한 입장을 갖고 있다. 20세기 전체주의 정치 — 엄밀한 의미에서 말하면 비(非)정치 — 가 인류에게 전대미문의 불행을 가져온 것은 사실이지만, 우리가 정치의 목적과 의미를 철저하게 성찰한다면 반드시 인간의 기본조건인 자유의 문제와 부딪치게 된다는 것이다. '자유'를 구하기 위해서라도 '정치'를, '정치적인 것'을 복원해야 한다는 것이 아렌트의 근본 정치사상이다.

아렌트의 삶과 사상은 철저하게 정치적이었다. 아렌트는 1906년 10월 14일 독일 하노버에서 태어났지만, 동프로이센의 수도인 쾨니히스베르크에서 성장했다. 그녀의 부모는 독일 상류 시민계급에 동화된 비교적 부유한 유대인 가정 출신이었다. 아버지 파울 아렌트가 1913년 오랜 투병생활 끝에 죽고 난 다음 한나 아렌트는 어머니 마르타 아렌트의 영향을 많이 받았다. 한나 아렌트는 열네 살 때 이미 칸트의 『순수이성비판』과 키르케고르와 야스퍼스의 초기 저작들을 읽을 정도로 철학에 집중적인 관심을 보였다. 그렇지만 그녀의 철학적 관심과 더불어 삶과 세계에 대한 그녀의 태도에 결정적 영향을 미친 것은 어머니의 두 가지 가르침이었다.

하나는 독일 시민사회에 대한 적극적인 동화에도 불구하고 끊임없이 강조된 유대인으로서의 정체성이었고, 다른 하나는 반유대주의와 관련된 저항정신이었다. "고개를 숙여서는 안 된다! 저항해야 한다!" 이 말을 들으면서 성장한 아렌트는 실제로 필요하다고 생각되면 항상 정신적으로나 정치적으로 저항했다. 그녀는 결코 굴복하지 않았다. 여기서 우리는 철학에 대한 근원적 관심에도 불구하고 그녀가 점차 정치사상으로 기운 커다란 이유 중 하나가 유대인이었기 때문임을 쉽게 알 수 있다.

그녀는 본래의 관심대로 대학에서 철학과 고전문헌학을 공부했다. 그녀의 삶과 사상에 결정적인 영향을 미쳤음에 틀림없는 하이데거 때문에 마르부르크에서 철학공부를 시작했지만, 결국 하이데거와의 어려운 관계 때문에 하이델베르크로 옮기고 평생 신뢰관계를 이루었던 야스퍼스에게서 「아우구스티누스의 사랑 개념」이라는 논문으로 박사학위를 취득한다. 아렌트는 마르부르크 시절에 만난 유대인 철학자 한스 요나스(Hans Jonas), 첫 번째 남편인 귄터 안더스(Günther Anders), 그리고 하이델베르크 시절의 동료인 시온주의 지도자 쿠르트 블루멘펠트(Kurt Blumenfeld)를 통해 유대인 문제에 눈뜨게 된다.

아렌트는 바이마르 공화국의 몰락과 나치의 정권 장악을 온몸으로 경험한다. 그녀는 1933년 게슈타포에게 체포되어 독일을 떠나지 않으면 생명이 위태로울 것이라는 위협을 받고 결국 프랑스 파리로 망명을 떠난다. 그녀는 나치에 의해 시민권이 박탈된 1937년부터 미국 국적을 획득하는 1951년까지 '무국적자'로 생활하게 된다. 그녀의 정치의식에 깊은 영향을 남긴 것은 그뿐만이 아니었다. 나치 정권에 대한 적지 않은 독일 지성인들의 호의적 태도는 그녀로 하여금 철학을 떠나 정치사상에 전념하도록 만들었다. 어떻게 지성인들이 나치 정권을 더 좋은 미래에로의 혁명으로 환영할 수 있단 말인가? 어떻게 철학자들이 나치즘에 의해 독일 민족과 문화가 철저하게 변화할 것이라고 믿을 수 있단 말인가? 이때부터 아렌트는 세계와 분리되어 자신의 정신영역을 구축한 서양 형이상학이 정치를 폄하하고 결국에는 '정치적인 것'과 '자유'를 파괴한다는 의심을 하게 된다. 아렌트가 『전체주의의 기원』에서 '세계로부터의 소외'를 전체주의의 가장 중요한 요소로 파악하는 것도 이 때문이다. 아무튼 훗날 아렌트가 고백하듯이, 유대인이라는 사실이 이때부터 아렌트 자신의 고유한 문제가 되었다. "나 자신의 문제는 정치적이었다. 순전히 정치적이었다." 여기서 우리는 정치에 관한 실천과 성찰이 아렌트의 삶과 사상을 연결해주고 있음을 간파할 수 있다.

1939년 제2차 세계대전이 발발한 이래 상황이 악화되자 아렌트는 1941년 두 번째 남편 하인리히 블뤼허(Heinrich Blücher)와 함께 미국 뉴욕으로 망명한다. 그녀는 뉴욕에서 언론 활동을 통해 곧 그곳의 지성인들과 활발한 교류를 시작한다. 이 과정에서 도저히 가능하리라고는 상상조차 할 수 없었던 유대인 학살 소식을 접하게 되고, 이 있을 수 없는 현상을 이해하기 위해『전체주의의 기원』을 집필하게 된다. 그녀에게 이해한다는 것은 역사적 현상을 단순히 인과론적으로 설명한다는 것을 의미하지 않는다. 그것은 자신을 둘러싸고 있는 '세계'와의 투쟁을 의미한다. 아무런 편견 없이 현실을 직시하고 현실과 마주설 때에만 우리는 현실을 이해할 수 있다는 것이다.

　1951년 출간되었을 때『전체주의의 기원』은 당시의 역사학과 정치학에서 하나의 사건이었다. 이 저서는 한나 아렌트를 단번에 세계적인 정치사상가의 반열에 올려놓았다. 그렇지만 '반유대주의' '제국주의' '전체주의'의 3부로 구성된 이 방대한 저서가 전체주의 현상에 관한 탁월한 분석을 내놓고 있는 것만은 아니다. 아렌트의 전체주의 이론은 오히려 정치학적인 관점에서는 비판받을 수 있으며, 실제로 많은 논란을 야기했다. 이 책은 역사적·정치적 서술의 형식을 띠고 있지만 근본적으로 정치사상서다.

　그녀가 스스로 말하는 것처럼 아렌트의 삶과 사상은 철저하게 정치적이다. 이러한 사실은 그녀의 첫 번째 대작이 출간된 이후 발표한 글들에서 분명하게 드러난다.『과거와 미래 사이』(1961),『혁명론』(1963),『예루살렘의 아이히만』(1963)은 한결같이 정치와 정치적인 것에 관한 깊이 있는 성찰을 담고 있다. 물론 한나 아렌트를 대변하는 주요한 저서로는『전체주의의 기원』외에『인간의 조건』(1958),『정신의 삶』(1978)이 있지만, 대부분의 사상적 기초가『전체주의의 기원』에서 준비되고 있다는 점에서 이 책은 그녀의 주저라고 할 수 있다. 우리가 여기서 주목하고자 하는 것은 정치에 관한 사유와 성찰이 그녀의 삶을 관통하고 있다는 사실이다. 그녀의 대표적 정치이론서인『인간의 조건』은 정치의 기본조건인 인간 행위의 유형과 가능성을 예리하게 분석하고 있다. 그녀의 마지막 계획이었던『정신의 삶』은 '사유', '의지'와 '판단'으로 구성될 예정이었지만 앞의 두 부분만 완성되었을 뿐 마지막 부분은 미완으로 남겨졌다. 그런데 아렌트는 이 저서의 마지막 부분인 '판단'이 정치이론의 핵심을 이룬다고 생각했다. 1975년 12월 4일 자신의 두 번째 고향인 뉴욕의 자택에서 심장마비로 죽을 때까지 그녀의 관심은 이처럼 정치에 집중되었다. 그녀의 정치적 의식을 일깨우고 정치적 사유를 시작하게 만든 전체주의가 자유의 철저한 파괴를 의미한다면, 그녀의 정치사상은 궁극적으로 자유의 가능성을 지향한다. 왜 자유를 파괴하는 전체주의가 역사적으로 발생할 수 있었으며, 우리는 이러한 요소에도 불구하고 자유를 어떻게 실천할 수 있는가?

3. 절대 악과 자유의 파괴

이해할 수 없는 것을 이해하려는 한나 아렌트의 시도는 전체주의 저서에서 결정을 맺게 된다. 아렌트는 전체주의가 서양에서, 그것도 계몽주의가 꽃을 피웠던 서양에서 발생하게 된 배경을 역사적으로 서술한다. 전체주의의 기원에 대한 역사적 서술은 우리에게 자유와 정치적 행위의 의미를 밝혀준다. 그러나 『전체주의의 기원』을 접하는 독자는 아렌트가 들려주는 방대한 분량의 이야기에 놀라 자칫 핵심과 근본사상을 놓칠 수 있다. 1945년 집필하기 시작하여 1951년 출간한 『전체주의의 기원』은 초판에서도 477쪽에 달하는 대작이었다. 이 저서는 같은 해에 영국에서 『우리 시대의 짐』(*The Burden of Our Time*)으로 출판되었다. 아렌트 자신이 옮기고 새롭게 작업한 독일어판은 『전체주의적 지배의 요소와 기원』(*Elemente und Ursprünge totaler Herrschaft*)이라는 제목으로 1955년 모습을 드러냈다. 당시 782쪽에 달하는 이 방대한 저서는 출간되자마자 그녀의 정치사상에 주춧돌을 놓은 기본서로 평가받았다.

책 제목이 말해주듯이 아렌트는 이 저서에서 전체주의의 기원을 밝히고 있다. 아렌트는 '반유대주의'와 '제국주의'를 전체주의를 가능하게 만든 전조로 서술했으며, 이 책 마지막 부분인 '전체주의'에서 역사상 유일무이한 총체적 지배의 의미를 분석한다. 그녀는 한편으로 전체주의가 나치즘과 스탈린주의를 통해 왜 그리고 어떻게 20세기의 대표적 정치현상이 되었는가를 서술할 뿐만 아니라, 다른 한편으로는 현대사회가 어떻게 이 가공할 폭력정치를 만들어냈는가를 분석한다.

아렌트는 결코 일반적 역사가와 정치학자들처럼 전체주의의 생성과 그 체제를 단계적으로 설명하지 않는다. 그녀의 주요 관심은 이 현상을 '이해'하는 것이었다. 전체주의에 관해서는 실제로 다양한 이론적 모델이 존립하고 있다. 아렌트 역시 이 책 마지막 장의 제목이 말해주는 것처럼 '이데올로기와 테러'를 전체주의 정치의 핵심으로 서술했지만, 아렌트와 다른 이론들 사이에는 유사성보다는 근본적인 차이가 존재한다. 하나의 절대적 이데올로기에 기반을 둔 국가가 모든 국민이 이 이데올로기에서 벗어나지 않도록 폭력을 행사하는 전체주의의 모습에 관해서는 대부분 일치한다. 이런 전체주의의 지배에는 히틀러와 스탈린 정권뿐만 아니라 이탈리아 파시즘과 스탈린 이후 소비에트 정권도 속할 수 있다. 다른 전체주의 이론과 아렌트의 차이는 홀로코스트, 즉 나치에 의한 유대인 대학살에 있다.

아렌트는 홀로코스트, 아우슈비츠의 시각에서 전체주의를 이해하려 한다. 인간을 체계적으로 학살하고 유대인종을 말살하려는 전체주의 정권이 왜, 그리고 현대에서 가능해진 것인가? 나치가 유대인 말살 계획을 실제로 시행하려 한다는 사실을 1943년 알게 되었을 때 엄청난 충격을 받았다고 아렌트는 훗날 회상한다. 마치 심연이 열리는 것과 같았다는 것이다. 일어나서는 안 될 일이 일어난 것이다. 아렌트로 하여금 이 무시무시한 사건을 추적하게 만든 것은 다름 아닌 이러한 충격이었다. 그러나 아렌트에게 20세기 전체주의 현상을 설명하는 것도 중요했지만, 더욱 중요한 것은 전체주의와 완전히 대립하는 정치를 이해하는 것이었다. 전체주의 정권의 만행을 가져온 것이 '옛 정치'였다면, 그녀가 구상한 '새로운 정치'는 전체주의를 저지해야 한다는 것이다. 아렌트는 새로운 정치의 단초와 가능성을 고대 그리스의 민주정치에서 발견할 수 있다고 믿었다.

아렌트의 전체주의는 인간의 자유와 행위의 가능성을 완전히 박탈할 수 있는 전체주의다. 그것은 단순한 폭정과 전체정치 이상의 것이다. '자유의 폐지'라는 두려움이 이 책을 처음부터 끝까지 관통한다. 그렇기 때문에 이 책 마지막 장을 먼저 읽는 것이 이해에 훨씬 더 도움을 줄 수도 있다.

이 책은 잘 알려진 것처럼 '시작'(beginning, Anfang)에 관한 아우구스티누스의 인용문으로 끝을 맺는다. "역사에서 모든 종말은 반드시 새로운 시작을 포함하고 있다는 진리도 그대로 유효하다. 이 시작은 끝이 줄 수 있는 약속이며 유일한 '메시지'다. 시작은, 그것이 역사적 사건이 되기 전에, 인간이 가진 최상의 능력이다. 정치적으로 시작은 인간의 자유와 동일한 것이다. '시작이 있기 위해 인간이 창조되었다'라고 아우구스티누스는 말했다. 새로운 탄생이 이 시작을 보장한다. 실제로 모든 인간이 시작인 것이다." 아렌트는 전체주의의 끝에서 왜 시작을 말하는 것일까? 전체주의는 인간의 실존조건인 시작의 자유를 말살하려 하기 때문에 도무지 이해할 수 없고 동시에 결코 용서할 수 없는 것이다.

우리는 전체주의의 마지막 문장을 통해서만 아렌트의 기본 의도에 도달할 수 있다. 마치 하나의 기적처럼 새로운 시작이 일어나기를 기다려야만 하는 상황, 그것이 바로 아렌트가 온몸으로 겪은 전체주의의 실상이었기 때문이다. 아렌트는 실제로 자신의 저서 곳곳에서 "지상에서 인간의 실존은 일종의 기적에 근거하고" 있다고 말한다. 새로운 모든 일은 본성상 기적과 같다. 아렌트는 무엇인가를 시작할 수 있는 인간의 자유를 말살하려는 전체주의를 통해 이러한 인식에 도달한 것이다.

"모든 것이 가능하다는 것을 증명하려는 과정에서 전체주의 정권은, 스스로 인식하지 못한 채 처벌할 수도 용서할 수도 없는 죄가 있다는 사실을 발견했다. 불가능한 것을 가능하게 만들 때, 그것은 처벌할 수도 용서할 수도 없는 절대적인 악이 된다. 절대 악은 이기심, 탐욕, 시기, 적개심, 권력욕이나 비겁함 같은 사악한 동기로 이해할 수도 없고 설명할 수도 없는 것이다. 그래서 분노로도 복수할 수 없고 사랑으로도 참을 수 없으며 우정으로도 용서할 수 없다. 죽음의 공장이나 망각의 구멍 속에 있는 희생자들이 사형 집행자들의 눈에는 더 이상 '인간'이 아닌 것처럼, 이 최신종 범죄자들은 인간에게 모두 죄가 있다는 의식하에 우리가 서로 연대할 수 있는 영역 너머에 있다."

아렌트는 '총체적 지배'라는 제목의 장 마지막 부분에서 전체주의가 저지른 절대 악을 이렇게 서술하고 있다. 어떻게 이러한 악을 이해할 수 있는가? 아렌트는 20세기에 일어난 이 가공할 악은 19세기와 20세기 초에 준비되었기 때문에 가능해졌다고 분석한다. 이 책의 앞 두 부분은 이 점에 주목한다. 아렌트는 특히 국민국가의 몰락과 현대적 대중사회의 출현에서 전체주의적 지배의 기원을 발견한다. 이러한 역사적 과정에서 방출된 요소들이 결국 나치즘과 볼셰비즘을 통해 전체주의로 결정화되었다는 것이다. 물론 아렌트는 이 과정을 인과론적으로 서술하지 않는다. 그녀가 독일어판 서문에서 스스로 밝혔듯이 "이 책의 앞 두 부분의 역사적 서술이 의도한 것은 반유대주의의 역사나 제국주의의 새로운 역사를 제공하는 것이 아니다." 그녀는 반유대주의와 제국주의에서 "궁극적으로 결정적인 것으로 입증되고 또 마지막 부분(전체주의)의 분석을 위해 불가피한 것"만을 강조하고자 했다는 것이다.

아렌트는 전체주의를 분석하면서 역사적 기술에서 흔히 통용되는 인과론의 범주를 사용하지 않는다. 도무지 이해할 수 없고 결코 용서할 수 없는 전체주의의 사건을 이해하는 데는 인과론이 "부적합할 뿐만 아니라 왜곡하는" 범주라는 것이다. 그렇기 때문에 그녀가 반유대주의와 제국주의의 예에서 분석한 전체주의적 지배의 요소들은 결코 전체주의의 유일한 결정적 원인이 아니다. 이 요소들은 우리가 인식할 수 있는 분명한 형식으로 '결정화'될 때에만 비로소 이 사건의 기원이 될 수 있다. 아렌트는 자신의 역사적 기술의 지침을 이렇게 말한다. "사건은 자신의 과거를 밝혀준다. 그러나 그것은 결코 과거로부터 도출될 수 있는 것은 아니다." 전체주의적 요소들이 존립한다고 해서 반드시 전체주의로 발전하는 것이 아니라면, 도대체 무엇이 20세기의 전체주의를 발전시킨 것인가? 전체주의 이후의 시대에 살고 있다고 믿는 우리에게도 이러한 일이 다시 발생할 수 있는가? 그것은 인간의 근원적 실존조건이 자유와 어떤 관계에 있는 것인가?

4. '잉여 존재'의 출현과 폭민의 정권

아렌트는 인간의 행위와 자유를 동일시한다. 우리는 정의를 최고의 덕목으로 생각했던 고대를 돌이켜보면서 자유의 사상은 근대의 산물이라고 주장할 수도 있다. 그러나 아렌트는 인간학적 관점에서 자유는 인간이 태어나면서 동시에 발생한다고 말한다. 새로운 것의 시작을 의미하는 탄생은 근원적 의미에서 자유 행위 자체라는 것이다. "인간이 행위를 하는 한, 사람은 자유롭다. 행위와 자유존재는 동일하기 때문이다." 인간은 물론 신처럼 완전히 자족적인 존재가 아니기 때문에 인간의 자유와 행위는 다른 사람의 존재, 즉 다원성에 기반을 두고 있다. 아렌트의 자유는 다른 사람들과 함께 자유를 실천하는 생활방식이다. 우리는 다른 사람들과 함께 행위를 하면서 정체성을 획득하고, 인간의 자유를 실현하고 확대할 수 있는 공간을 만들어간다.

아렌트가 전체주의를 보는 관점은 바로 자유다. 그녀의 전체주의 이론이 우리에게 깊은 인상을 남겨놓는 것은 결코 전체주의에 관한 역사적 서술의 세밀함도 이론을 정당화하는 실증적 논거의 정교함도 아니다. 서양 문명의 토대를 파괴하는 정치적 현상의 출현을 바라보는 아렌트의 단호함과 일관성이 우리를 오히려 감동시킨다. 나치즘과 스탈린주의라는 두 개의 거대한 전체주의 정권이 사라진 후에도 여전히 우리의 자유에 대한 잠재적 위협이 상존한다는 아렌트의 경고가 설득력을 가지는 것도 바로 이 때문이다. 아렌트는 전체주의를 바라보면서 이렇게 묻는다. 우리는 어떤 종류의 자유를 원하는가? 자유는 무엇인가? "모든 것이 가능하다"는 믿음에서 출발한 전체주의적 운동이 결국 "모든 것은 파괴될 수 있다"는 것만을 보여주었다면, 전체주의는 우리에게 항상 자유에 관한 근본적 성찰을 요구한다.

이런 관점에서 바라보면 전체주의 정권에서 일어난 것은 결코 독일과 러시아의 특별한 역사로 국한되지 않는다. 전체주의를 가능하게 만든 핵심적 요소는 당시 근대사회에 만연했던 '쓸모없는 존재'(superfluousness)의 경험이었다. 이 경험은 근대 국민국가가 몰락하고 현대적 대중사회가 출현하는 과정에서 이루어졌다. 아렌트는 『전체주의의 기원』세 번째 부분인 전체주의를 계급사회의 붕괴에 관한 서술로 시작한다. 대중이 없으면 전체주의적 운동이 일어날 수 없으며, 전체주의 운동이 없이는 전체주의적 국가체제가 형성될 수 없다. 전체주의 운동을 구성하는 대중들은 정당이나 조합과 같은 확고한 조직에 소속되지 않고 표류하는 모래처럼 사회를 떠다닌다. "조직되지 않고 구조화되지 않은 대중, 절망적이고 증오로 가득 찬 개인들의 대중"이 생겨난 것이다. 아렌트가 주목하는 것은 이처럼 사회적으로 분리되고 원자화되어 지도자에게서 구원을 기대하는 대중을 둘러싼 전체주의적 운동이다.

여기서 우리는 '운동'의 개념에 주목할 필요가 있다. 인간의 행위 역시 정치적 공간 속에서 이루어지는 자유의 운동이라는 점을 감안한다면, 인간의 운동은 자유에 기여할 수도 있고 자유의 가능성을 파괴할 수도 있다. 아렌트는 전체주의적 운동에서는 궁극적으로 운동만이 지속될 뿐 엄밀한 의미에서는 지도자도 대중도 독립적 인격으로서 존재하지 않는다고 주장한다. 지도자 역시 그가 이끄는 대중의 대표자에 지나지 않는다. "지도자 없는 대중은 한갓 무리에 지나지 않으며, 대중이 없다면 지도자는 아무런 존재도 아니다." 따라서 전체주의의 핵심 목표는 대중의 운동을 끊임없이 유지하는 일이다. 왜냐하면 이런 종류의 전체주의 운동을 통해서만 모든 개인이 총체적으로 지배될 수 있기 때문이다.

전체주의 정권은 대중을 통솔하고 끝까지 대중의 지지에 의존한다. 전체주의 정권이 대중을 끊임없이 만들어내야 하는 까닭이 여기에 있다. 대중을 움직이는 운동에는 이처럼 항상 전체주의적 요소가 숨겨져 있다. 그렇다면 대중의 운동이 왜 전체주의 정권을 가져왔으며 또 전체주의 정권은 어떻게 대중을 조직하는가? 아렌트는 이 물음에 간단하게 대답한다. 전체주의 정권은 개인을 쓸모없는 '잉여 존재'로 만드는 정치적 도구와 장치를 발전시킨다는 것이다. 이 현상을 설명하기 위해 아렌트는 '폭민'(mob, 暴民)이라는 개념을 사용한다. 잘 알려진 것처럼 폭민은 사전적으로 '조직되지 않은 거대한 폭력적 군중'을 의미한다.

폭민은 기존의 사회계급이 붕괴되는 과정에서 발생했으며 계급과 국가, 어떤 공동체에도 속하지 않는 조직되지 않은 잉여 집단이다. 자본주의는 잉여자본과 잉여 인간을 발생시켰는데, 제국주의가 잉여자본의 조직이라면 전체주의는 잉여 인간의 조직이라고 할 수 있다. 역사가들이 포착하지 못했던 사실은, 폭민은 성장하는 산업 노동자와도 또 더욱 분명하게는 국민 전체와도 동일시될 수 없으며, 실제로 모든 계급의 폐물들로 구성되었다는 사실이었다. 이들은 자신들을 조직하여 공허한 소속감과 정체성을 부여할 지도자를 기다린다. 이렇게 전체주의 정권은 탄생한 것이다.

전체주의는 간단히 말해 폭민의 정권이다. "인간을 무용지물로 만들려는 전체주의의 시도는 과잉 인구로 시달리는 지구에서 자신들이 별 쓸모없다는 것을 알게 된 현대 대중의 경험을 반영한다." 전체주의 정권은 이들에게 개인적 정체성을 부여하는 대신 역사적 운동의 주체라는 허위의식을 심어준다. 그들은 거대한 운동에 기여한다는 목적을 위해 자신의 인격과 개성을 희생한다. "나치가 자연법을 말하고 볼셰비키가 역사의 법을 이야기할 때, 여기서 자연이나 역사는 죽을 운명을 가진 인간의 행위에 권위를 부여하는 안정적인 근원이 아니다. 자연과 역사는 그 자체가 운동이다." 이 운동이 강조되고 절대화될 때 모든 개인의 유일무이한 개성이 사라진다는 것은 자명한 일이다.

이처럼 전체주의 정권은 무한히 많고 다양한 인간을 마치 모든 인간이 하나의 개인인 것처럼 조직한다. 인간의 세계를 구성하는 복수의 다원성은 사라지고 단수의 획일성만이 존재한다. 개인들은 전체주의 운동의 도구가 되어 한 사람(One Man)이 된다. 대중이 똑같은 의견을 같은 목소리로 말하고 동일하게 행동할 때, 그들은 전체주의의 폭민이 된다. 전체주의 국가의 모범적인 시민 ─ 아렌트가 선명한 언어로 말하는 것처럼 ─ 은 "파블로프의 개"이고 "가장 기초적인 반작용으로 축소된 인간 표본"이다. 그들은 행위 대신 반응을 할 뿐이다. 우리는 여기서 다양성이 축소되거나 사라지면 언제든지 전체주의가 태동할 수 있다는 교훈을 얻게 된다.

테러는 서로 고립되어 살고 있는 사람들에게서만 절대적 지배를 행사할 수 있다. 대중들이 가치와 원칙으로 서로 연대하지 않고 고립될 때에만 그들을 조직하려는 전체주의 정권이 나타날 수 있다. 세계 속에 어떤 자리도 없는 '남아도는' 사람들은 전체주의 정권의 희생자가 된다. 우리는 여전히 20세기의 산물인 대중사회에서 살고 있다. 21세기의 대중사회가 개인의 인권과 개성에 바탕을 두고 있다는 점에서 전체주의 이후의 사회인 것만은 사실이지만, 우리가 이 사회에서 진정한 자유를 누리고 싶다면 이렇게 물어야 할지도 모른다. 이 사회는 우리를 필요한 존재로 대우하고 있는가 아니면 쓸모없는 잉

5. 전체주의는 반복될 수 있다

우리는 전체주의를 이미 지나간 20세기의 역사적 에피소드로 생각할지도 모른다. 현대인은 속도가 지배하는 시대에 아무런 생각 없이 역사의 운동에 스스로를 맡기고 있는지도 모른다. 아렌트의 『전체주의의 기원』은 운동에 쉽게 감염되는 현대인에게 자신의 실존조건인 자유에 관해 깊이 성찰하라는 경고의 메시지다. 아렌트가 전체주의를 역사상 '있을 수 있는' 사건으로 접근하는 대신 '도저히 있을 수 없는' 사건으로 파악하는 이유가 여기에 있다. 그것이 있을 수 있는 사건이라면 역사가 진행되면서 과거 속으로 사라질 수 있다. 많은 사람은 실제로 전체주의를 과거사로 치부하면서 어찌 이렇게 웃기는 일이 발생할 수 있었는지 의아해한다. 경제적 혼돈과 정치적 공허, 정신적 백지상태를 제외하곤 전체주의는 인류 역사에 아무런 흔적도 남겨놓지 않은 것인가?

아렌트는 전체주의가 여전히 우리가 이해해야만 하는 의미 있는 사건이라고 생각한다. 실천적으로도 그렇고 이론적으로도 그렇다. 실천적 차원에서 보면, 전체주의는 반복될 수 있다. 전체주의가 20세기의 저주가 된 것은 전체주의가 이 세기의 문제를 무시무시한 방식으로 다루었기 때문이다. 그것은 다름 아닌 잉여 존재의 만연이다. 실업, 인구 과잉, 사회적 아노미, 정치적 불안. 개인을 쓸모없는 존재로 만드는 이러한 현상들은 모두 전체주의적 해결방식에 대한 유혹을 부추긴다. 자연에 대한 인간의 권력이 증대하고 모든 일에 간섭하려는 기술문명의 경향이 심화될 뿐만 아니라 우리 모두가 공동의 운명에 맡겨져 있을 정도로 세계의 모든 시민이 밀접하게 결합되어 있다. 우리는 어떻게 전체주의의 유혹에 빠지지 않으면서 개인들의 자유와 유대를 발전시킬 수 있는가?

우리가 전체주의를 이해해야 할 이론적 이유는 전체주의가 '인간의 조건'을 분명하게 보여주기 때문이다. 아렌트는 현실과 화해하려면 현실을 이해해야 한다고 주장한다. 우리가 20세기의 희생을 치렀음에도 불구하고 지상에서 평화롭게 살고자 한다면, 우리는 전체주의의 본질을 끊임없이 이해해야 한다는 것이다. 아렌트는 전체주의에 관한 성찰을 통해 간단한 인식에 도달한다. 인간의 본성은 다른 사람에게 하나의 인간이 될 수 있는 가능성을 열어줄 때에만 인간적이다. 인간 세계가 대단히 가변적이고 연약한 것은 사실이지만, 우리가 인간적 다원성 속에서 행위할 수 있으려면 이성적인 틀이 필요하다. 그것은 바로 다원주의적 민주주의다. 이처럼 전체주의는 '다원주의'와 '민주주의'의 덕목을 부각한다. 전체주의가 부정한 인간조건은 다름 아닌 인간의 다원성이기 때문이다. "한 사람이 아니라 복수의 사람들이 지구에 거주한다." 이것이 우리가 자유의 공동체를 가꾸어가면서 잊어서는 안 되는 인간조건이며 자유의 전제조건이다.

아렌트의 전체주의에 의해 위협을 받은 인간 자유에 관한 성찰이다. 그녀가 말한 것처럼 전체주의는 결코 인간의 마음에서 자유에 대한 사랑을 지우지는 못했다. 전체주의는 운동의 이름으로 인간이 움직일 수 있는 공간을 축소하고 파괴했을 뿐이다. 전체주의가 과거의 역사가 된 지금 우리는 어떻게 하면 인간의 자유공간을 보존할 수 있을까 고민한다. 그것은 다른 사람들과 함께 정치적으로 만들어가는 공간이기 때문에 때로는 더디게 보일 수도 있다. 거대한 역사의 관점에서 보면, 운동의 힘은 인간의 행동과 의지로 발생하는 가장 강력한 힘보다 더 강력할 수 있다. 한 가지 분명한 것은 우리가 실존을 이 운동에 맡길 때 우리의 자유는 심각하게 훼손된다는 점이다. 우리는 우리의 자유를 진지하게 받아들여야 한다. 세계화라는 자본시장의 운동, 정보화라는 기술문명의 운동, 생명복제라는 생명공학의 운동이 새로운 모습으로 우리를 위협하고 있는 지금, 전체주의에 관한 아렌트의 말은 성찰의 시금석이 된다.

"자유는 인간이 새로 태어나고 그래서 각자는 새로운 시작이며 어떤 의미에서 세상이 새롭게 시작한다는 사실과 동일하다. 전체주의 관점에서 보면 사람이 태어나고 죽는다는 사실은 높은 힘을 성가시게 훼방하는 것으로 간주될 수 있을 뿐이다. 그러므로 자연 운동 또는 역사 운동의 순종적인 역할을 수행하는 테러는 그 과정에서 어떤 특별한 의미에서의 자유뿐만 아니라 자유의 근원, 즉 인간이 탄생한다는 사실과 함께 주어져 있고 새로운 시작을 할 수 있는 인간의 능력 속에 존재하는 자유의 근원을 제거해야만 한다."

하인리히 블뤼허에게 바친다

제1판에 대한 서론

한 세대 동안 세계대전이 두 차례나 발생했고, 그사이에도 국지전과 혁명이 꼬리에 꼬리를 물었다. 이 대전은 패자를 위한 평화 조약도 승자를 위한 휴식기간도 남기지 않았고, 단지 살아남은 양대 세계권력 간의 제3차 세계대전만을 예고한 채 막을 내렸다. 제3차 세계대전을 예견하는 이 순간은 모든 희망이 사라진 후의 적막과 비슷하다. 우리는 이제 구 세계질서와 그 모든 전통이 결국 회복될 것이라고 기대하지도 않고, 전쟁과 혁명의 폭력이 야기한, 그리고 해를 입지 않았던 모든 것이 점차 쇠퇴해감으로써 나타난 혼돈 상황에 내던져진 다섯 대륙의 대중이 다시 통합하리라는 희망을 가지고 있지도 않다. 다양한 조건들과 이질적인 상황에서도 우리는 동일한 현상을 목도하고 있다. 많은 사람이 고향을 잃고 뿌리 뽑히는 사건이 전례 없이 대대적인 규모와 가늠할 수 없는 깊이로 전개되고 있는 것이다.

우리의 미래가 이보다 더 예측 불가능한 적은 없었으며, 상식과 자기 이익의 규칙을 따를 것이라고 기대할 수 없는 정치 세력들에게—다른 세기의 기준으로 판단하면 순전한 광기처럼 보이는 세력들에게—이보다 더 의존한 적은 결코 없었다. 인류가 마치 인간의 전능을 믿는 사람들(대중을 조직하는 방법을 안다면 모든 것이 가능하다고 믿는 사람들)과 무기력이 삶의 주요 경험인 사람들로 양분된 것 같았다.

역사 인식과 정치사상의 수준에서 모든 문명의 본질적인 구조가 한계점에 달했다는 불명확한 일반적 합의가 팽배해 있다. 비록 이 문명의 본질적 구조가 특정 지역에서는 다른 곳보다 더 잘 유지되고 있을지 몰라도, 그것은 그 세기의 잠재적인 가능성으로 안내해주는 역할도 하지 못하고 또 시대의 공포에 대한 적절한 대응책도 제공해주지 못한다. 균형 잡힌 판단과 신중한 통찰력이라기보다 오히려 필사적인 희망과 절망적인 두려움이 그런 사건의 핵심에 더 가까운 것처럼 보인다. 스스로를 무모한 낙관주의에 의탁한 사람이나 피할 수 없는 운명에 대한 믿음에 몰두하는 사람 모두 똑같이 우리 시대의 핵심적 사건들을 효과적으로 망각한 것이다.

이 책은 무모한 낙관주의에도 또 분별없는 절망에도 반대한다. 이 책은 진보와 파멸이 동전의 양면이며, 신앙의 요소가 아니라 미신의 품목이라 생각한다. 정치적·정신적 세계의 모든 전통적 요소가 하나의 거대한 덩어리—그 안에서 모든 것은 고유한 가치를 상실하고 인간에게 불가해한 것이 되며 인간의 목적에 사용할 수 없게 된다—로 용해되는 과정에 작용한 은밀한 메커니즘을 발견할 수 있어야 한다는 확신에서 이 책은 쓰였다. 단순한 해체 과정에 굴복하는 것이 저항할 수 없는 유혹이 되었다. 그것이 '역사적 필연성'의 거짓 위세를 떨치기 때문만이 아니라 그 외의 모든 것은 생명력이 없고 핏기 없이 창백하고 무의미하며 비현실적인 것처럼 보이기 시작했기 때문이다.

지구상에서 일어나는 모든 일을 인간이 이해할 수 있어야 한다는 확신은 역사를 상투적인 틀로 해석하는 길로 이어질 수 있다. 이해가 잔악무도함을 부인하는 것은 아니다. 그것은 선례에서 전례 없는 일을 추론하거나 현실의 영향과 경험의 충격이 더이상 느껴지지 않도록 만드는 유추와 일반화를 통해 현상들을 설명하는 것도 아니다. 이해는 오히려 우리의 세기가 우리 어깨에 지운 짐을 검토하고 의식적으로 떠맡는다는 것을 의미하지 짐의 존재를 부인하거나 그 무게에 패기 없이 굴복한다는 것을 의미하지는 않는다. 간단히 말해 이해란 현실에, 그것이 무엇이든, 미리 계획하지는 않았지만 주의 깊게 맞서는 것이며 현실을 견뎌내는 것이다.

이런 의미에서, 유대인 문제와 반유대주의와 같은 (세계 정치에서 별로 중요치 않은) 사소한 현상이 처음에는 나치 운동의, 그다음에는 세계대전의 촉매제가 되었다가 결국 죽음의 공장을 건설하는 데 촉매제가 될 수 있었다는 가공할 사실을 제대로 직시하고 이해하는 것이 가능해야만 한다. 경제 불황이 몇십 년도 안 되어 전 세계의 정치 조건을 심각하게 변형시키는 결과를 가져왔을 때, 제국주의 시대를 도래하게 만든 원인과 결과 사이의 기묘한 불일치, 전체주의 운동이 공언하는 냉소적 '현실주의'와 현실의 전체 구조를 철저하게 경멸하는 그들의 태도 사이의 현저한 모순, 현대인의 실질적 권력(이 권력은 그 자신의 우주의 존재 자체에 도전할 정도로 크다는 점에서 과거 어느 때보다 크다)과 그들 자신의 힘으로 일으켜 세운 세상에서 살지 못하는, 또 그 의미를 이해하지 못하는 현대인의 무능력 사이의 짜증스러운 불일치도 우리가 직시하고 이해해야 할 현상들이다.

전 세계를 정복하고 총체적 지배를 달성하려는 전체주의적 시도는 난국 타개의 파괴적 방식이었다. 전체주의의 승리는 곧 인간성의 파괴와 일치할 수 있다. 전체주의는 지배하는 곳마다 인간의 본질을 파괴하기 시작한다. 우리 세기의 이 파괴적인 세력을 애써 무시한다 해도 별 도움이 되지 않는다.

문제는 우리 시대의 선과 악이 너무나 기묘하게 얽혀 있다는 것이다. 제국주의의 '팽창을 위한 팽창'이 없었다면 세계는 결코 하나가 되지 못했을 것이고, 부르주아 계급의 권력 장치인 '권력을 위한 권력'이 없었다면 인간이 가진 힘의 크기는 발견되지 못했을 것이다. 또 불확실성이라는 우리 시대의 본질을 너무나 명료하게 보여주는 전체주의 운동의 허구세계가 없었다면 무슨 일이 일어나고 있는지 전혀 알지 못한 채 우리는 파멸을 향해 질주했을 것이다.

전체주의의 마지막 단계에서 절대악이(인간적으로 이해할 수 있는 동기에서 추론해낼 수 없기 때문에 절대적이다) 출현한 것이 사실이라면, 마찬가지로 이 절대악 없이 우리는 결코 악의 진정한 근본 성격을 알지 못했으리라는 것도 사실이다.

(단순히 유대인에 대한 증오가 아닌) 반유대주의, (단순히 정복이 아닌) 제국주의, (단순히 독재가 아닌) 전체주의는 차례로 등장하면서 점점 더 야만적이 되어가는데, 이 현상들은 인간 존엄에 대한 새로운 보증이 필요하다는 점을 분명하게 말해준다. 이런 보증은 새로운 정치원리, 곧 지상의 새로운 법 안에서만 확보될 수 있다. 이 법은 이번에는 전 인류를 포함할 때에만 타당성을 가지지만, 그 권력은 새롭게 규정된 영토상의 자주 독립체에 근거를 두고 그 통제를 받음으로써 엄격히 제한되어야 한다.

과거의 훌륭한 것을 받아들여 우리의 유산이라 부르고, 나쁜 것은 폐기 처분하여 그저 시간이 흐르면 저절로 잊힐 죽은 짐에 불과하다고 생각할 정도의 여유가 우리에게는 없다. 지하에서 흐르던 서구 역사의 흐름이 이제 마침내 표면으로 분출하여 전통의 품위를 침탈하기 시작했다. 이것이 바로 우리가 살고 있는 현실이다. 험악한 현재에서 탈출하여 여전히 온전한 과거에 대한 향수에 젖어들거나 아니면 더 나은 미래를 꿈꾸면서 만사를 망각하려는 노력이 모두 헛된 까닭도 바로 여기에 있다.

1950년 여름
한나 아렌트

제1부 반유대주의에 대한 서론

    비록 논점은 알려져 있었지만 1870년대 이전까지 이름이 생소했던 반유대주의, 즉 세속적인 19세기의 이데올로기와 상반된 두 신념의 상호 적대적인 대립이 야기한 종교적인 유대인 증오는 분명 동일한 것이 아니다. 또한 전자가 후자에게서 어느 정도 그 논점과 감정적 호소력을 끌어내고 있는가는 아직 해결되지 않은 문제다.

    로마 제국 말기에서 중세와 근대를 거쳐 바로 오늘날까지 박해와 추방과 대량학살이 중단 없이 지속되었다는 견해는 현대의 반유대주의가 단지 민간에서 전해 내려오던 중세의 미신이 세속화된 형태일 뿐이라는 생각이[1] 덧붙여져 종종 각색되곤 했다. 그런 견해는 유

---

1) 이런 견해의 가장 최근 사례는 Norman Cohn, *Warrant for Genocide. The Myth of the Jewish World-Conspiracy and the "Protocols of the Elders of Zion,"* New York, 1966이다. 저자는 유대인의 역사와 같은 것이 존재한다는 사실을 암묵적으로 부정하면서 논의를 시작한다. 그에 따르면 유대인은 "영국해협에서 볼가(Volga)강까지 전 유럽에 흩어져 살고 있는 사람들로서 유대교 신자의 후손이라는 점을 제외하고는 아무런 공통점도 없다"(15쪽). 이와는 반대로 반유대주의자는 "유대인을 사탄의 대리자, 악마 숭배자, 인간의 탈을 쓴 마귀로 보았던" 중세부터 장소와 시대를 불문하고 중단 없이 이어져왔다(41쪽)고 주장할 수 있다. *Pursuit of the Millennium*에 박학한 저자가 이런 철저한 일반화를 시도하면서

대인 비밀결사가 고대부터 세계를 지배해왔거나 지배하려는 야망을 가졌다는 반유대주의 견해와 마찬가지로 그릇된 것이다(물론 전자가 덜 유해하기는 하지만).

유대인 문제와 관련하여 역사를 살펴보면 후기 중세와 근대의 단절은 고대 로마와 중세 사이의 간극보다 훨씬 더 뚜렷하고 제1차 십자군 전쟁의 재난을 중세 초기와 갈라놓는—흔히 바빌론 유수 이후 유대 역사에서 가장 중요한 전환점이라 여겨지는—심연보다 더 깊다. 15세기부터 16세기 말까지 거의 2세기 동안 지속되던 이런 단절의 시기에 유대인과 이방인(비유대인) 관계가 저조했던 반면, "외부 세계의 조건과 사건에 대한 유대인의 무관심"은 줄곧 고조되었으며 유대교는 "이전 어느 때보다 훨씬 더 폐쇄적인 사상체계"로 변했다. 유대인이 아무런 외부의 간섭 없이 "유대 민족과 이민족의 차이는 근본적으로 신념과 신앙의 차이가 아니라 내면적 본성의 차이이며" 유대인과 이교도를 갈라놓은 고대의 이분법은 "교의상의 불일치 문제라기보다 근본적으로 인종 문제인 것 같다"[2]고 생각하기 시작

필요하다고 생각하는 유일한 제한사항은 자신이 "대량학살이나 집단 인종학살로 끝난 가장 치명적인 반유대주의"(16쪽)만을 다룬다는 것이다. 또한 이 책은 "독일 국민 대다수가 반유대주의의 광기에 결코 빠지지 않았으며," 유대인 말살은 "나치 친위대(SS)와 그 산하의 정보부(SD) 전문 요원들에 의해 조직되었고 수행되었을 뿐이며, 이들 집단은 결코 독일 사회의 대표적인 표본이 아니다"라고 꽤나 집요하게 증명하려 애쓴다(212쪽 이하). 이런 주장이 사실이라면 얼마나 좋겠는가! 하지만 그 결과 이 책은 40여 년 전 '반유대주의추방협회'의 매우 솜씨 있는 회원이 쓴 것처럼 읽힌다.

2) 인용문은 모두 Jacob Katz, *Exclusiveness and Tolerance, Jewish-Gentile Relations in Medieval and Modern Times*, New York, 1962, 12장에서 따온 것이다. 이 책은 완전히 독창적인 최고 수준의 연구서로서, 표지글에서 주장하듯이 틀림없이 "현대의 유대 민족이 마음속에 소중히 간직하고 있는 많은 생각"을 타파했을 것이지만 그렇게 하지 못했다. 그 까닭은 이 책이 일반 언론에서 거의 완벽하게 무시당했기 때문이다. 카츠는 좀더 젊은 세대의 유대교 역사학자에 속하는 사람이다. 이 역사학자들 중 다수는 예루살렘 대학에서 가르치고 히브리어로 글을 쓴다. 이들의 저서가 이 나라에서 좀더 빨리 번역되어 출판되지 않는 까닭

한 것은 바로 이 시기였다. 유대 민족의 이질적 성격을 평가하는 데
에서 나타나는 이런 관점 변화는 비유대인 사이에서는 훨씬 이후 계
몽주의 시대에 일반화되었는데, 바로 이 관점 변화가 반유대주의의
발생에 반드시 필요한 조건이다. 또한 이 관점 변화가 먼저 유대인의
자기 해석에서, 그것도 유럽의 기독교계가 현대의 국민국가 체계 안
에서 정치적 역량을 발휘하게 된 종족 집단들로 분열된 시기에 일어
난 점은 주목해야 할 중요한 사항이다.

　유대인 증오의 역사와 마찬가지로 반유대주의의 역사는, 유대인이
흩어져 살고 있던 상황에서 유대인과 이교도들이 맺어온 관계의 길
고 복잡한 역사의 일부다. 이 역사에 대한 관심은 실제로 19세기 중
반 이전에는 존재하지도 않았다. 이 역사에 대한 관심은 반유대주의
의 발생과 함께, 그리고 해방되고 동화된 유대 민족에 대한 반유대주
의의 격렬한 반응과 함께 나타났다. 다시 말해 믿을 만한 역사 기록
을 확립하기에는 최악의 상황에서 나타난 것이다.[3]

　이때부터 유대교의 역사 기술과 비유대교의 역사 기술 — 대체로
상반된 의도에서 이루어졌지만 — 은 똑같은 오류를 저지른다. 즉 기
독교와 유대교의 사료에서 적대적인 요소들을 분리하여, 무장 또는
비무장 투쟁, 전쟁과 기아, 페스트가 유럽 역사를 중단시켰던 것처럼
유대교의 역사를 중단시켰던 일련의 재난과 추방, 대량학살을 강조
한 것이다. 항상 논쟁적이고 자기 정당화 경향이 강한 유대교의 역사
기술이 기독교 역사에서 유대인 증오의 기록들을 추적한 것은 두말
할 나위도 없다. 반면 고대 유대교의 권위 있는 출전에서 지적인 측

　이 다소 의문스럽다. 이들은 정말 눈물을 자아내는 비탄조의 유대교 역사 기술
　에 — 40년 전에 이미 살로 바론(Salo W. Baron)이 여기에 항의했는데 — 종지
　부를 찍었다.
3) 19세기 중반 독일에서 저작 활동을 했던 최초의 유대인 역사학자 요스트(J.M.
　Jost)가 저명한 계승자들보다 세속적인 유대 민족사 편찬에 내재한 일반적인
　편견에 훨씬 덜 기울어지는 경향을 보인 것은 흥미로운 사실이다.

면에서는 별반 다르지 않은 기록들을 추적하는 일은 반유대주의자의 몫이었다. 기독교와 이교도에 대해 종종 격렬한 반대 입장을 취했던 이 유대교의 전통이 세상에 드러나자, "유대인은 일반적으로 격분했을 뿐만 아니라 진정으로 놀랐으며,"[4] 그래서 반유대주의의 대변인들은 자신과 그 외의 모든 사람에게 유대인의 고립이 오로지 이교도의 적대감과 계몽의 부족에서 기인한 것은 아니라는 점을 확신시킬 수 있었다. 당시 유대교 사학자들이 주로 주장한 것처럼 유대교는 인간의 평등과 관용을 믿는다는 점에서 항상 타 종교보다 우월하다는 태도를 취해왔다. 유대 민족이 항상 기독교의 박해를 받는 수동적 수난의 대상이었다는 믿음을 동반하는 자기 기만적 이론은 실제로 과거의 선민 신화를 현대화하여 연장하는 결과를 초래했으며, 결국 고대의 이분법을 유지하는 데 이바지할 수밖에 없는 매우 복잡한 새로운 분리 관행으로 귀결되었다.

이런 사실은 어떤 이유에서든 정치적 사실과 역사적 기록을 미화하고 조작하려는 사람들이 피할 수 없는 아이러니 가운데 하나다. 왜냐하면 최근 선포된 유대인 평등을 뒷받침할 수 있는 것으로서 유대인이 비유대인 이웃과 공통된 것을 가지고 있다면, 그것은 종교적으로 이미 예정된 상호 적대적인 과거였기 때문이다. 적대적인 과거의 예는 최고 수준에서 이루어지는 문화 업적에서도 풍부했지만 교육을 받지 못한 대중의 수준에서 나타나는 광신주의와 조잡한 미신에서도 마찬가지로 넘쳐났다.

그러나 짜증스러울 정도로 상투적인 이런 종류의 유대인 역사 기술도 19세기와 20세기 초 유럽 유대인이 가졌던 시대에 뒤떨어진 정치적·사회적 욕구보다는 좀더 견실한 역사적 사실에 근거하고 있다. 유대인의 문화적 역사가 생각한 것보다는 훨씬 다양하고 재난의 원인도 역사적·지리적 상황에 따라 달라지는 것은 사실이지만, 그 변

---

4) Katz, 앞의 책, 196쪽.

화 정도가 유대인 공동체 내에서보다 비유대인의 환경에서 더욱 심한 것도 사실이다.

유대인 역사의 일반적인 기술에서 여전히 유통되는 치명적인 오해에 결정적 역할을 한 요소가 두 가지 있다. 사원 파괴 이후 어디에서도 또 어느 시기에도 유대인은 자신의 영토와 국가를 소유한 적이 없었다. 또 그들의 신체적 실존은, 비록 자기-보호 수단, 예컨대 무기를 소유할 수 있는 권리가 "13세기까지 프랑스와 독일의 유대인에게"[5] 부여되긴 했지만, 항상 비유대인 당국의 보호에 의존했다. 그렇다고 해서 유대인이 항상 권력을 박탈당했다는 것은 아니다. 그러나 어떤 이유에서든 유대인은 폭력적 투쟁이 벌어지는 곳에서 상처받고 공격받기 쉬운 집단이었을 뿐만 아니라 무기력했다. 그래서 정치적 평등을 얻을 때까지 수세기 동안 지속되던 완전한 소외의 시대에 유대인이 모든 폭력의 분출을 과거의 단순한 반복으로 경험한 것은 당연한 일이었다.

게다가 유대인의 전통에서 재난은 순교의 관점에서 이해되었다. 이 순교의 역사적 기원은 한편으로는 유대인과 기독교인이 모두 로마 제국의 힘을 무시했던 기원후 처음 몇 세기에 있고, 다른 한편으로는 폭력의 원인이 종교적인 것이 아니라 정치적이고 경제적인 것일 때에도 세례를 받으면 박해를 피할 수 있는 대안이 유대인에게 열려 있던 중세에 있다. 이 두 가지 사실이 결합하여 시각적 환상을 일으켰고, 유대계나 비유대계 역사학자 모두 그때부터 이런 환상에 시달려왔다. 역사 기술은 "이제까지 기독교인이 유대인과 유대관계를 단절한 경우를 그 반대 경우보다 더 많이 다루어왔다."[6] 그것은 유대인이 이교도 세상, 특히 기독교적 주변 환경과 단절한 것이 그 반대 경우보다 유대인의 역사와 더욱 관련이 있다는——확인할 수 있

---

5) 같은 책, 6쪽.
6) 같은 책, 7쪽.

는 하나의 실체로서 민족의 생존을 좌우하는 것은 자발적 분리이지 현재 가정하는 것처럼 기독교도와 비유대인의 적대감이 아니기 때문에 ─ 더욱 중요한 사실을 지워버렸다. 19세기와 20세기에 들어와, 즉 유대인의 해방이 실행되고 동화가 확산되면서 비로소 반유대주의는 민족의 보존에 일정한 역할을 하게 되었으며, 그때부터 유대인은 비유대계 사회에 받아들여지기를 열망하게 되었다.

반유대인 정서는 19세기 내내 유럽의 교육받은 계층 사이에 퍼져 있던 반면, 이데올로기로서 반유대주의는 몇 안 되는 예외를 제외하고는 일반적으로는 이상한 사람들의, 특수하게는 미치광이 같은 극단주의자들의 특권에 불과했다. 심지어 이미 확신을 가진 사람들을 제외하고는 어떤 사람도 확신시키지 못한 유대적 호교론의 의심스러운 산물도 유대인의 적들이 역사 연구의 문제에서 제공했던 것과 비교할 때 높은 학식과 박학을 보여주는 사례들이다.[7] 종전 후 내가 이 책을 위해 10년 이상 기록문서나 훌륭한 전공 연구서에서 수집한 자료들을 검토하기 시작했을 때 역사학의 가장 기초적인 수준에 합치한다고 말할 수 있을 만큼 포괄적으로 그 주제를 제시하는 자료는 단 하나도 없었다. 유대 역사에 대한 공명정대하고 진실한 논의와 서술에 대한 욕구가 그 어느 때보다 커지는 지금, 이는 더더욱 통탄할 만한 일이 아닐 수 없다.

20세기의 정치 발전은 유대 민족을 사건의 소용돌이 속으로 몰아넣었다. 세계 정치의 관점에서 비교적 하찮은 현상이었던 유대인 문제와 반유대주의는 먼저 나치 운동과 모든 시민에게 유대인이 아님을 증명하게 했던 제3제국의 조직 구조 확립에 촉매제가 되었다. 다음 그것은 미증유의 잔혹성을 보였던 세계대전의 촉매제가 되었으

---

7) 유일한 예외는 반유대주의 역사학자 발터 프랑크(Walter Frank)인데, 그는 새 독일 역사를 위한 나치 제국연구소의 소장이었으며 9권의 『유대인 문제에 대한 연구』(*Forschungen zur Judenfrage*, 1937~44)의 편집인이었다. 특히 프랑크 본인의 논문을 참고한다면 여전히 얻는 것이 많다.

며, 마지막으로 서구 문명의 한가운데에서 대량학살이라는 전대미문의 범죄가 발생하는 데 촉매제가 되었다. 이 일이 비탄과 고발을 요구할 뿐만 아니라 이해를 요구한다는 것은 내게 명백해 보인다. 이 책은 보고 또 보아도 잔인무도함을 이해하려고 시도한 것이다.

그러나 이해는 천인공노할 짓을 부인하고 전례가 없는 일을 전례에서 추론하거나 현실과 경험의 충격이 더는 느껴지지 않는 유추와 일반화로 현상을 설명하려는 것이 아니다. 그것은 사건이 우리에게 부과한 짐을 검토하여 의식적으로 떠맡는 것이지, 그 존재를 부정하는 것도 실제로 일어난 모든 일이 다른 상황에서라면 일어나지 않았을 수도 있다는 듯이 그 무게에 패기 없이 굴복하는 것도 아니다. 간단히 말해 이해는 현실이 무엇이든 혹은 무엇이었든 그것을 아무런 편견 없이 감연히 맞서 이겨내는 것이다.

19세기 유럽의 유대인 역사와 이와 병행하여 발전한 반유대주의를 숙지하고 있어야 한다는 것은 이런 이해의, 설령 충분 조건은 아니더라도 필수 조건은 된다. 다음 장들은 19세기 역사 가운데 실제로 '전체주의의 기원'에 속하는 요소를 다루고 있다. 반유대주의의 포괄적인 역사는 앞으로 쓰여야 하지만 이 책의 범위를 넘어서는 일이다. 이 누락 부분이 존재하는 한, 좀더 포괄적인 역사를 위한 독립적인 논문으로서 다음 장들을 출판하는 것은, 설령 그것이 원래는 전체주의의 전사(前史)를 구성하는 일부였다 할지라도, 단순한 학문의 관점에서도 충분히 정당화할 수 있다. 반유대주의의 역사에 관해 진리인 것, 즉 이 주제는 비유대계 미치광이나 유대계 호교론자의 손에 맡겨져 있었기 때문에, 저명한 역사학자들이 이 문제를 조심스럽게 기피했다는 사실은 조금만 변형시키면 훗날 새로운 전체주의 현상 속에서 결정화된 거의 모든 요소에도 해당된다. 이런 요소들도 유럽 역사의 표면 밑에서 흐르는 한 지류에 속했기 때문에 학계나 여론의 주목을 받지 못했다. 그것은 공중의 빛에 드러나지 않고 계몽된 사람들의 주의를 끌지 못한 채 전혀 예상치 못한 독성을 축적해 왔던 것이다.

이 모든 것이 결정화되어 나타난 재앙이 지하에 잠재해 있던 경향을 노출시켜 공적인 주목의 대상으로 만들었기 때문에 —반유대주의나 인종주의 또는 제국주의는 분출할 때마다 마치 '전체주의'와 동일시될 수 있던 것처럼 —전체주의를 그 요소 및 기원과 단순하게 동일시하는 경향이 있었다. 이 오류는 역사적 진리의 탐구를 오도할 뿐만 아니라 정치적 판단에도 유해하다. 전체주의적 정치 —단순히 반유대주의나 인종주의 또는 제국주의나 공산주의를 표방하는 정치와는 거리가 먼데 —는 자신의 이데올로기적·정치적 요소들을 이용하고 남용하여 결국 실제적 현실의 토대, 즉 이데올로기가 원래 그 힘과 선전 가치를 이끌어내는 실제적 현실의 토대 —예컨대 계급 투쟁의 현실 또는 유대인과 그 이웃들 간의 이해 갈등 —를 모두 사라지게 한다. 물론 순전한 인종주의가 남유럽 국가의 정권에서 수행했고 여전히 수행하는 역할을 과소평가하는 것은 심각한 실수일 것이다. 그러나 과거를 되돌아보면서 미국의 대부분 지역들이 1세기 이상이나 전체주의적 통치 아래 있었다는 식의 결론에 도달하는 것은 더 심각한 오류일 것이다.

19세기 반유대주의의 직접적이고 순수한 산물은 나치즘이 아니라 오히려 시오니즘이다. 시오니즘은 적어도 서구적 이데올로기의 형태로는 일종의 반대 이데올로기, 즉 반유대주의에 '대응'하는 것이다. 그렇다고 유대인의 자의식이 단순히 반유대주의의 창작품이라고 말하려는 것은 아니다. 유대인의 역사에 대한 피상적인 지식만으로도 —유대인 역사의 주요 관심사는 바빌론 유수 이래 이산의 가능성이 압도적인 상황에 대항하여 민족으로 생존하는 것이었다 —이 문제에 관한 최근의 신화를 깨는 데 충분하다. 이 신화는 사르트르가 **총칭** 유대인은(the Jew) 타인들에 의해 유대인으로(a Jew) 간주되고 규정되는 사람이라고 '실존주의적'으로 해석한 이후 지식인층에서는 일종의 유행이 되었다.

전체주의 이전의 반유대주의와 전체주의적 반유대주의의 차이와

44

관계를 가장 잘 보여주는 실례가 바로 '시온 장로 의정서'라는 어이없는 이야기일 것이다. 나치가 이 위조문서를 세계 정복을 위한 교과서로 이용한 사실이 반유대주의 역사의 일부를 구성하지는 않는다. 하지만 일어날 법하지 않은 이야기가 왜 첫손 꼽히는 반유대인 선전 도구로 이용될 만큼 그럴듯해 보였는지는 이 역사만이 설명해줄 수 있다. 이와는 반대로 그것은 비밀결사의 구성원과 방식에 의해 실행되어야 하는 세계 지배라는 전체주의적 주장이 우선 매력적인 정치적 목표가 되어야 하는 이유를 설명할 수 없다. 바로 이 기능, (선전 목적은 아니라 하더라도) 정치적으로 훨씬 더 의미 있는 기능은 일반적으로는 제국주의에 기원을 두고 있으며, 특수하게는 훨씬 더 폭발력 있는 제국주의의 대륙적 유형이라고 할 수 있는 범민족 운동에서 유래한다.

이 책은 시간과 장소뿐만 아니라 주제 면에서도 제한되어 있다. 이 책의 분석 대상은 중부 및 서부 유럽의 유대인 역사, 즉 궁정 유대인에서 드레퓌스 사건에 이르기까지의 역사다. 그것도 이 역사가 반유대주의의 탄생과 관련되고 그것에 영향을 받은 한 분석의 대상이 된다. 이 책은 유대인-이교도 관계의 특성을 나타내는 실제 사실에 확고하게 근거한 반유대주의 운동을 다루고 있다. 실제 사실이란 한편으로는 유대인이 국민국가의 발전에서 맡았던 역할이고, 다른 한편으로는 비유대계 사회에서 그들이 수행한 역할을 말한다. 최초의 반유대주의 정당이 출현한 1870년대와 1880년대는, 이해의 갈등과 논증할 수 있는 경험이라는 제한되고 사실적인 토대를 넘어섰던 시점이고 또 '최종 해결책'으로 귀착되는 길이 열린 시점이다. 그 이후 제국주의 시대와 그 뒤를 이은 전체주의 운동 및 정권의 시대에 이르러 유대인 문제나 반유대주의 이데올로기를 근대 유대인 역사의 현실과 거의 관계가 없는 의제들로부터 분리하는 일은 불가능해졌다. 이 문제들이 세계 정세에서 그토록 중요한 역할을 해서 그런 것만은 아니다. 그것은 일차적으로 반유대주의 자체가 이제는 이면의 목적을

위해 이용되었기 때문이다. 이면 목적의 실행은 결국 유대인을 주요
희생자로 요구하게 되지만, 유대인의 이해관계와 반유대적 이해관
계라는 특수한 의제들은 그대로 방치해두었다.

독자들은 20세기 반유대주의의 제국주의적 유형과 전체주의적 유
형을 각각 이 책의 제2부와 제3부에서 찾을 수 있을 것이다.

1967년 7월
한나 아렌트

제2부 제국주의에 대한 서론

어떤 역사적 시대의 시작이 제국주의 경우처럼 정확한 날짜까지 기록되는 일도 드물었고, 현대의 관찰자들에게 제국주의 경우처럼 어떤 시대의 명확한 종말을 목격할 기회가 주어졌던 적도 드물었다. 식민지주의에서 발전해나왔고 19세기의 마지막 3분기에 나타난 현상, 즉 국민국가 체제와 경제 발전 및 산업 발전 간의 부조화 현상이 초래한 제국주의가 1884년 무렵 팽창을 위한 팽창 정치를 펼치기 시작했기 때문이다. 또한 이 새로운 유형의 권력 정치가 국경 전쟁을 통한 국가 정복과도 차이가 있지만 로마의 제국–건설 양식과도 달랐기 때문이다. 처칠이 '통솔하기를' 거부했던 '대영 제국의 청산' 이후 불가피한 것처럼 보였던 제국주의의 종말은 인도의 독립 선언과 함께 기정사실이 되었다. 영국인들이 식민 통치를 자발적으로 청산한 것은 20세기 역사에서 중대한 사건 중 하나로 간주되며, 이 일이 일어난 뒤에도 해외 식민지를 계속 붙잡고 있던 유럽 국가는 하나도 없었다. 유일한 예외는 포르투갈이었고, 유럽의 다른 식민지 국가들이 포기해야만 했던 투쟁을 지속할 수 있었던 포르투갈의 이상한 능력은 아마 살라자르(Salazar)의 독재에 기인한다기보다 국가의 후진성 때문일 것이다. 왜냐하면 인도에서 비폭력 저항을 분쇄했을지도 모를 '행정적 대량학살'과 같은 극단적 조치를 만류하고(카르틸), 본국에 대한 부메랑 효과가 더욱 두렵다는 이유로 '종속 인종의 통치'를 지속하는 데 반대했던(크로머 경) 것은, 한 세대에 겪은 두 번의 살인적인 전쟁으로 인한 국력 약화나 고갈 때문이 아니라 완숙한 국민국가의 도덕적 양심과 정치적 우려 때문이었다. 결국 프랑스가 항상 프랑스의 일부이며 동시에 지방행정 단위인 센으로 간주했던 알제리를 드골의 온전한 권위 덕분에 포기하는 과감한 행보를 취했을 때, 사태는 돌이킬 수 없는 지점에 이르렀던 것이다.

나치 독일과 열전이 끝난 후 소련과 미국 간의 냉전이 시작되지 않았다면 이런 희망이 가져올 좋은 점이 무엇이든 간에, 회고하는 시점에서 볼 때 지난 20년을 지구상에서 가장 막강한 두 국가가 과거에 유럽 국가들이 지배했던 지역에서 패권 경쟁을 벌이면서 서로 유리한 위치를 차지하려고 획책했던 시기로 간주하고 싶다. 마찬가지로 우리는 최근 이루어진 소련과 미국 간의 불안한 긴장 완화를 스탈린 사후 일어난 소련의 탈전체주의화의 건전하고 자연스러운 산물이라기보다는 중국이라는 제3의 잠재적인 세계 권력이 출현한 결과로 보고 싶다. 차후의 발전이 그런 시험적인 해석을 유효하다고 확인한다면, 이는 지금 우리가 출발했던 곳, 다시 말하면 제국주의 시대 그리고 제1차 세계대전으로 귀결된 충돌의 코스로, 그것도 엄청나게 확대된 규모로 돌아가고 있다는 것을 의미할 것이다.

사람들은 흔히 영국인이 계획적인 정책의 결과로 제국을 얻은 것이 아니라 일시적 방심 상태에서, 다시 말해 자동적 발전의 결과에 스스로를 내맡긴 채 가능해 보이고 구미가 당기는 것을 취함으로써 제국을 얻었다고 말한다. 이것이 사실이라면, 지옥으로 가는 길은 아무런 의도도 없을 수도 있고 세간에 잘 알려진 좋은 의도로 포장되어 있을 수도 있다. 오늘날 제국주의 정책으로 회귀하기를 권하는 객관적 사실들이 너무나 강력해서 우리는 반만 진리인 진술들조차 믿고 싶어진다. 예컨대 한편에서는 지탱하기 어려운 부패와 무능력 현상(現狀)을 보존하겠다는 미국의 '약속', 다른 한편에서는 민족 해방 전쟁에 대한 러시아의 가짜 혁명 이야기처럼 좋은 의도에 관한 쌍방의 확인까지 믿고 싶어지는 것이다.

민족 해방에 필요한 모든 전제 조건이 부족할수록 사납고 메마른 쇼비니즘이 극성을 부리는 후진 지역에서의 국가 형성 과정은 거대한 권력 진공 상태라는 결과를 가져온다. 이 진공 상태를 차지하기 위해 초강대국들이 벌이는 경쟁은, 모든 갈등을 '해결할 수 있는' 마지막 해결책으로서 폭력 수단에 의한 직접적 대치가 핵무기 개발과 함께 불가능해지면서 더더욱 맹렬해졌다. 이 거대한 지역의 작은 미개발 국가들 사이에 갈등이 발생하기만 하면, 베트남 내전이든 중동의 국가 갈등이든, 즉각 초강대국의 잠재력이나 실질적 개입을 유발했다. 그뿐만 아니라 이 갈등 자체 또는 적어도 분출 시기는 지역에서 문제가 되는 갈등이나 이해관계와 아무런 상관이 없는 이해관계나 작전에 의해 조작되었거나 직접 촉발되었다는 의심을 받아왔다. 지역적이고 제한되어 있으며 그래서 예측 가능한 국가적 이해관계라는 목표에서 무제한적인 권력 추구로 전환하는 것보다 제국주의 시대의 권력 정치를 더 적절하게 특징짓는 것도 없을 것이다.

이런 권력 추구 경향은 국가적·지역적으로 규정된 특정한 목적이 없고 나아갈 방향을 예측할 수도 없이 지구 전체를 유린하고 황폐화할 수 있다. 이런 퇴보는 이데올로기의 수준에서도 명백하게 드러난다. 왜냐하면 미국의 외교 정책은 도미노 이론에 따라 이웃이 아닌 어떤 국가의 안보를 위해 그 국가에서 전쟁을 수행해야 할 책임이 있다고 느끼는데, 이 유명한 도미노 이론은 단지 과거의 '거대한 게임'의 새 유형이기 때문이다. 거대한 게임의 규칙은 모든 국가를 부자를 위한 디딤돌이나 오늘날의 용어로는 담보물로 간주하고 제3국에 대한 지배를 용납하거나 심지어 지령하기 때문이다. 이 제3국은 권력 확장과 축적의 끝없는 과정에서 다시금 단순한 디딤돌이 된다. 제국주의 권력 정치의 고유한 특성이며, 인간 차원에서는 비밀 요원이란 인물이 가장 잘 대변하는 것이 바로 이 연쇄 작용이다. 이 비밀 요원에 관해 키플링은 〔그의 작품 『킴』(Kim)에서〕 "모든 사람이 죽으면 거대한 게임은 끝난다. 그 이전에는 결코 끝나지 않는다"고 말했다. 그의 예언이 실현되지 않은 유일한 이유는 국민국가가 헌법적 제한에 부딪혔기 때문이다. 그리고 만약 그것이 미래에도 실현되지 않기를 바란다면, 그 희망의 토대는 단지 미합중국의 헌법적 제한과 핵 시대의 기술적 제약뿐이다.

그렇다고 해서 제국주의 정책과 방식이 광범위하게 변화된 조건과 환경에서 예기치 않게 부활할 수도 있다는 사실을 부인하는 것은 아니다. 해외 팽창의 주도권은 영국과 서부 유럽에서 서쪽의 미국으로 옮겨갔으며, 대륙에서 지리적으로 폐쇄적인 연속성을 가지고 팽창을 주도하는 곳은 중부와 동부 유럽이 아니라 소련이 유일하다. 유럽 몰락의 요인은 바로 제국주의 정책이었다. 동쪽과 서쪽에서 유럽인의 측면에 접해 있는 거대한 두 국가가 결국 유럽 권력의 계승자로 출현할 것이라는 정치인과 사학자의 예언이 현실이 된 것처럼 보인다.

이제 아무도 팽창을 '백인의 책임'이나 비슷한 인종적 혈통을 가진 민족을 통합하려는 '확대된 종족의식'으로 정당화하려 들지 않는다. 그 대신 종속 국가에 대한 '공약'이니 권력의 책임이니 혁명적 민족해방 운동과의 연대니 하는 말이 들린다. '팽창'이라는 단어 자체가 우리의 정치 어휘에서 사라져버렸다. 이제 '확장' 또는 비판적으로 '과잉확장'이란 말들이 비슷한 의미를 나타내기 위해 사용된다. 정치적으로 더욱 중요한 사실은, 오늘날에는 제국주의적 발전의 원동력이라 할 수 있는 먼 외국에 대한 사적인 투자보다 정부가 직접 제공하는 경제적·군사적인 해외 원조가 더욱 증가하고 있다는 점이다 (1966년에만 미국 정부는 4조 6000억 달러에 이르는 경제 원조와 해외 차관을 제공했고 거기에다 1956년에서 1965년 사이 매년 1조 3000억 달러의 군사 원조를 했다. 그 반면 1965년 사적 자본의 유출은 1965년 3조

6900억 달러였고 1966년에는 3조 9100억 달러였다).[1]

이것이 뜻하는 바는 이른바 달러 제국주의 시대, 특히 정치적으로 가장 위험하지 않은 제2차 세계대전 이전 제국주의의 미국판은 결정적으로 끝났다는 것이다. 사적 투자——"수백 개국에서 그리고 외국 경제의 가장 현대적이고 가장 전술적이며 가장 급속하게 성장하는 부문에 집중되어 있는""미국 기업 수천 개의 활동"——는 국가 권력의 비호를 받지 않을 때조차 많은 정치 문제를 야기한다.[2] 하지만 해외 원조는, 설령 순수하게 인도주의적 이유에서 제공되더라도, 이윤 추구라는 동기를 가지고 있지 않기 때문에 원래 정치적이다. 수조 달러에 이르는 막대한 자금이 정치적·경제적 불모지에 쏟아 부어졌고, 그곳의 부패와 무능은 생산적인 일이 시작되기 전에 이 자금을 사라지게 만들었다. 이 돈은 본국에서 생산적이고 이윤을 남기는 방식으로 투자될 수 없었던 '잉여' 자본이 아니라 가지지 못한 자에 비해 가진 자, 즉 부자나라가 잃어도 괜찮은 풍부함의 기이한 산물이다. 달리 말하면 제국주의 정책에서 이윤 추구의 동기가 중요하다는 사실은 과거에도 종종 과대평가되었지만, 이 동기가 이제 완전히 사라져버린 것이다. 극히 부유하고 극히 강력한 국가만이 제국주의가 야기하는 막대한 손실을 감당할 능력이 있다.

이런 최근의 현상들을 어느 정도 신뢰할 수 있는 수준으로 분석하고 조사하여 확인하는 일은 아마 시기상조인 것 같고 또 내 연구의 범위를 분명히 넘어선다. 거북한 마음이 들지만 현재 확실해 보이는 것은 신생 국가에서 입헌 질서가 발전하기를 바라는 모든 희망을 좌

---

1) 이 숫자는 Leo Model, "The Politics of Private Foreign Investment"; Kenneth M. Kauffman and Helena Stalson, "U.S. Assistance to less developed Countries, 1956~65"에서 각각 인용했다. 두 논문은 모두 *Foreign Affairs*, July, 1967에 수록되어 있다.
2) 위에서 인용한 모델의 논문(641쪽)은 이 문제들에 대한 소중하고 적절한 분석을 제공하고 있다.

절시키고 기존 국가의 공화정 제도를 손상시키는 방향으로 흘러가는 통제할 수 없어 보이는 과정의 힘이다. 그 예는 어림짐작이 불가능할 정도로 너무 많지만, 첩보부에 의한 '보이지 않는 정부'의 등장은 너무나 불길한 징조라서 묵과할 수가 없다. 첩보부의 활동 영역이 국내 문제, 우리 생활의 문화 영역과 교육 및 경제 영역에까지 이르고 있다는 사실이 최근에 비로소 밝혀졌다. 이 나라의 첩보 기관이 1947년 이후 "지구상의 어떤 다른 정부 내에서 첩보 기관이 누릴 수 있는 것보다 더 큰 영향력을 우리 정부 내에서"[3] 향유하고 있다는 덜레스의 진술을 의심할 만한 이유는 없다. 또한 그 영향력이 그가 1958년에 이런 진술을 한 이후 감소되었다고 믿을 만한 이유도 없다.

'보이는 정부'의 제도에 '보이지 않는 정부'가 가하는 치명적 위험은 종종 지적되어왔다. 그러나 제국주의 정치와 '보이지 않는 정부', 그리고 비밀 요원에 의한 통치 사이에 전통적으로 긴밀한 연관 관계가 있었다는 사실은 아마 덜 알려져 있을 것이다. 제2차 세계대전 이후 국가적 생존에 직접적 위협이 되는 소련의 스파이 조직망에 대한 대응에서 이 나라에 비밀 첩보망을 구축했다고 믿는 것은 잘못이다. 전쟁은 미국을 최강의 세계 권력이라는 위치에 우뚝 서게 했으며, 모스크바가 지도하는 공산주의의 혁명 권력에 도전받고 있는 것은 국가적 실존이라기보다는 바로 이 세계 권력이다.[4]

미국이 세계 권력의 패권을 잡게 된 원인이 무엇이든 간에, 패권에

---

3) David Wise and Thomas B. Ross, *The Invisible Government*, New York, 1964, p. 2에 따르면, 이것은 덜레스가 1957년 예일 대학 강연에서 한 말이다.

4) 덜레스에 따르면 정부는 처음에는 "불을 가지고" 그다음에는 천진하고 솔직한 태도로 "불을 진압해야" 했다. 전(前) CIA 국장은 이런 점이 자신이 다른 나라의 동료들과 다른 점이라고 생각했다. 그는 이어 그것이 무엇을 뜻하는지 설명했다. CIA는 암묵적으로 소련 국가첩보기관을 귀감으로 삼아야 했는데, 그것은 "비밀경찰 조직 이상이고, 단순한 첩보 및 반첩보 조직 이상이었다. 그것은 전복, 조작과 폭력의 수단이었고 다른 나라의 문제에 은밀히 개입하는 도구였다." Allen W. Dulles, *The Craft of Intelligence*, New York, 1963, p.155 참조.

이를 수 있는 외교 정책을 용의주도하게 추진했거나 세계 지배에 대한 권리 주장을 했던 것은 결코 아니다. 또한 최근 미국이 제국주의적 권력 정치의 방향으로 시험적인 행보를 취한 데 대해서도 마찬가지 말을 할 수 있을 것이다. 미국의 정부 형태는 다른 어떤 나라와 비교해도 이런 제국주의 권력 정치에 적합하지 않다.

부에서뿐만 아니라 교육, 기술적인 노하우와 일반적인 능력에서 서구 국가와 나머지 국가 간의 엄청난 격차는 진정한 세계 정치가 시작된 이래 국제 관계를 괴롭혀온 문제다. 이 간극은 최근 몇십 년 동안 교통, 통신 체제의 급속한 발전과 그 결과로서 지구상의 거리 단축이 가하는 압력에도 좁혀지지 않고 오히려 꾸준히 벌어지고 있으며 이제 정말 심상치 않은 비율에 이르고 있다. "저개발 국가들의 인구 증가율은 선진국의 두 배에 달한다."[5] 이런 사실 하나가 남아도는 음식과 남아도는 기술적·정치적 지식을 그들에게 돌리라는 명령이 될 수도 있는 반면, 모든 지원을 헛되이 만들 수도 있다. 분명한 점은 인구가 많을수록 한 사람에게 돌아가는 지원이 적어진다는 것이다. 실제로 20년 동안 대대적인 지원 프로그램을 실행했지만 맨 처음부터 스스로를 도울 수 없었던 많은 국가—일본과 달리—는 과거보다 더 가난해졌고, 경제적 또는 정치적 안정으로부터 더 멀어졌다.

제국주의의 기회에 관해서 말하자면, 단순한 숫자가 덜 중요한 것이 아니라는 이유에서 이런 상황은 오히려 그 기회를 놀라울 정도로 증대시켰다. 독재적인 소수가 거의 10 대 1의 비율로 열세인 남아프리카에서 백인 통치가 오늘날보다 안정된 적은 없었다. 모든 해외 원조가 외세 지배의 도구로 바뀌고 신체적 생존의 기회가 점점 감소하고 있다. 그래서 이 도움이 반드시 필요한 모든 국가를 '종속 인종의 정부' 형태를 받아들이거나 아니면 급속하게 무정부적 쇠퇴의 길로

---

5) Orville L. Freeman이 쓴 매우 유익한 논문, "Malthus, Marx and the North American Breadbasket," in *Foreign Affairs*, July, 1967 참조.

빠지거나 하는 양자택일 앞에 세우는 것도 바로 이런 객관적인 상황이다.

이 책은 인도에서 영국 통치가 폐지되면서 종말에 이르게 된 유럽의 식민지 제국주의만을 다루고 있다. 그것은 국민국가의 해체 이야기다. 이 이야기는 이어지는 전체주의 운동과 정부의 등장에 필요한 거의 모든 요소를 가지고 있다. 제국주의 시대 이전에는 세계 정치 같은 것은 존재하지도 않았고, 세계 경제가 없었다면 세계 지배에 대한 전체주의의 권리 주장은 이해조차 되지 않았을 것이다. 이 기간에 국민국가 체제는 세계적 문제가 되어버린 외교 업무를 취급하기 위한 새로운 규칙을 고안해내지도 못하고, 나머지 세계에 팍스 로마나, 즉 로마의 지배에 의한 평화를 강요할 능력도 없다는 사실이 드러났다. 국민국가의 정치적 편협성과 단견은 전체주의라는 재앙으로 귀결되었고, 전체주의가 야기한 전대미문의 참사는 앞선 시대의 불길한 사건들과 더욱더 불길한 심성을 무색하게 만들었다. 학문 연구는 거의 전적으로 히틀러의 독일과 스탈린의 러시아에 집중되었고, 그보다 덜 유해한 선배들을 소홀히 한 것이다.

제국주의의 통치는 비난을 목적으로 하는 경우를 제외하고는 거의 잊힌 것 같다. 이런 상황이 통탄스러운 이유는 제국주의와 현재 일어나는 사건들의 관련성이 최근 들어 더욱 분명해졌기 때문이다. 그러므로 미국이 선전포고 없이 치르는 베트남 전쟁에 관한 찬반양론은 양편에서 모두 뮌헨조약이나 1930년대의, 즉 실제로 전체주의 지배가 눈앞에서 생생하게 벌어지는, 유일하게 분명하며 너무나 현실적 위험이었던 1930년대의 다른 사례들과 유사하다는 관점에서 이루어지고 있다. 그러나 오늘날의 정책들이 말과 행위 속에 품고 있는 위협은 제1차 세계대전이 발발하기 전에 이루어졌던 행동과 언어적 정당화와 훨씬 더 불길한 유사성을 보인다. 그 당시 모든 당사자가 별로 관심을 기울이지 않은 변방에서 일어난 조그만 불꽃이 전 세계적인 대화재의 시작이었던 것이다.

이처럼 거의 잊힌 시대와 현재의 사건들의 불행한 관련성을 강조하는 것이 주사위는 이미 던져졌으며 우리는 이제 제국주의 정책의 새로운 시대로 접어들고 있다는 의미는 아니다. 또한 제국주의는 어떤 경우에도 반드시 전체주의의 재앙으로 끝난다는 의미도 아니다. 우리가 아무리 과거로부터 많은 것을 배울 수 있다 하더라도, 그것이 미래를 알 수 있는 능력을 부여하지는 않는다.

　한나 아렌트
　1967년 7월

제3부 전체주의에 대한 서론

1

『전체주의의 기원』원고는 1949년 가을, 즉 히틀러 독일이 패배한 지 4년 후, 그리고 스탈린이 죽기 4년 전쯤 완성되었다. 책의 초판은 1951년에 나왔다. 돌이켜보면, 이 책을 쓰면서 보낸 1945년부터 이후 몇 년간은 소동, 혼란과 완전한 공포 —— 제1차 세계대전 이후 발생한 혁명들, 전체주의 운동의 발생과 의회 정부의 침식, 뒤이어 나타난 온갖 종류의 새로운 독재, 파시즘과 세미파시즘, 일당 독재와 군사 독재, 마지막으로 대중적 지지에 기반을 두고 겉으로 보기에 확고하게 정착한 것 같던 전체주의 정권 등[1] —— 가 지배했던 몇십 년의 세

---

1) 전체주의 정부가 그 공개적인 범죄 행위에도 불구하고 대중의 지지를 받는다는 사실은 의심할 여지 없이 매우 불안한 점이다. 그러므로 학자나 정치인이 종종 이 사실을 인정하기를 거부해도 그리 놀랍지 않다. 전자는 선전과 세뇌 공작의 마술을 믿는 것이고, 후자는 아데나워가 반복하여 그랬듯이 단순히 이 사실을 부정하는 것이다. SS 첩보부가 만든 전시(1939~44년)의 독일 여론에 관한 비밀 보고서가 최근에 출판되었는데, 그것은 이런 점에서 시사하는 바가 크다. 우선 주민들이 이른바 모든 기밀 사항 —— 폴란드 유대인 학살, 러시아에 대한 공격 준비 등 —— 을 무척 잘 알고 있었고 또 선전의 희생자들이 어느 정도까지 독립적인 견해를 형성할 수 있는지를 이 보고서는 분명하게 보여준다

월 이후 처음으로 맞이한 비교적 평온한 시기였던 것 같다. 전체주의 정권이 확립된 것은 러시아에서는 1929년, 즉 이제는 종종 '2차 혁명'으로 불리는 혁명이 일어난 해이고, 독일에서는 1933년이다.

나치 독일의 패배와 더불어 이야기 일부는 끝이 난다. 과거를 향한 역사학자의 시선과 정치학자의 분석적 열정을 가지고 현재의 사건들을 관찰할 최초의 적절한 순간이 지금인 것처럼 보인다. 다시 말하면 아직 '분노와 애착이 없지' 않고 여전히 슬프고 비통해서 비탄조의 경향은 있지만, 이제는 말문을 막는 분노와 무기력한 공포에서 벗어난 상태에서 무슨 일이 일어났는지를 이야기하고 이해할 수 있는 최초의 기회인 것이다. (이 당시의 기분을 알리기 위해 원래의 서론을 그대로 실었다.) 어쨌든 우리 세대가 성인 시절의 대부분을 함께 지니고 살아야 했던 질문들, 즉 무슨 일이 일어났는가? 왜 일어났는가? 어떻게 그런 일이 일어날 수 있었는가? 하는 질문들을 표현하고 상세하게 설명할 수 있는 최초의 순간이 온 것이다.

폐허더미의 국가와 역사의 '영점'에 도달했다고 느끼는 국민들을 남겨놓았던 독일의 패배로부터 산더미 같은 서류들이 실제로 온전한 상태로 발굴되었으며, 히틀러의 천년 제국이 가까스로 지속했던 12년 동안의 모든 측면에 대한 기록 자료가 과잉으로 넘쳐났다. 오늘에 이르기까지 적절한 형태로 출판되거나 조사되지 않은 이 넘쳐나서 곤란할 지경의 자료들은 1946년의 주요 전범에 대한 뉘른베르크 재판과 관련하여 대폭 발췌한 형태의 『나치 음모와 침략』(*Nazi Conspiracy and Aggression*) 12권[2]으로 출판되기 시작했다.

(*Meldungen aus dem Reich. Auswahl aus den Geheimen Lageberichten des Sicherheitsdienstes der SS 1939~44*, XVIII~XIX에서 발췌). 그러나 요점은 그런 기밀 사항들이 히틀러 정권에 대한 일반의 지지를 조금도 약화하지 않았다는 것이다. 전체주의에 대한 대중의 지지는 무지나 세뇌에서 오는 것이 아니라는 사실은 명백하다.

2) 기록 자료의 조사와 출판은 처음부터 범죄 활동에 대한 관심으로 주도되었고 선별은 전범자를 고발할 목적으로 이루어졌다. 그 결과 방대한 양의 무척 흥미로운 자료는 소홀히 다루어졌다. 앞의 각주에서 언급한 책은 반가운 예외라 할

그러나 나치 정권에 관한 더 많은 기록과 자료는, 책의 제2판(문고판)이 출판된 1958년에는 이미 도서관과 기록보관소에서 구할 수 있게 되었다. 내가 그 이후 알게 된 사실은 흥미롭기는 하지만, 그렇다고 원본의 분석이나 논거를 근본적으로 바꾸어야 할 정도는 아니었다. 주에 인용문을 많이 덧붙이고 대체하는 편이 타당할 것 같았고, 그래서 텍스트가 상당히 늘어나게 되었다. 그러나 이런 변화는 모두 기술적인 성질의 것이다. 1949년에 뉘른베르크 기록의 일부만이 영역본으로 세상에 알려졌고, 1933년에서 1945년 사이 독일에서 출판된 책, 팸플릿, 잡지는 여전히 입수할 수 없었다. 스탈린 사후의 중요한 사건 몇 가지 ―후계자 위기와 제20차 당대회에서 흐루쇼프의 연설 등― 와 최근에 출판된 책에 실린 스탈린 정권에 대한 새로운 정보를 첨가했다. 그러므로 제3부와 제2부의 마지막 장을 수정했지만, 반유대주의를 다룬 제1부와 제국주의에 관한 제2부의 처음 4장은 그대로 두었다.

더욱이 총체적 지배의 요소들에 대한 나의 분석과 매우 밀접하게 연관된 순전히 이론적인 성격의 통찰이 있었는데, 나는 잠정적으로 '결론적 논평'이라는 말로 원고를 마무리하는 단계까지 미처 그것들을 확보하지 못했다. 이 책에서는 마지막 장 '이데올로기와 테러'가 이 '논평'을 대체하는데, 이 논평 가운데 여전히 타당한 부분은 다른 장으로 옮겼다. 제2판에서는 에필로그를 덧붙여서 러시아 체제가 위성 국가 안에 도입되는 과정과 헝가리 혁명을 간략하게 논의했다. 훨씬 나중에 쓴 이 논의는 현재의 사건을 다루었고 세부적인 사항에서는 이미 진부해졌기 때문에 논조에서 다른 부분과 차이가 난다. 이번에는 그 부분을 삭제했는데, 이런 점이 제2판(문고판)과 비교할 때 가장 중요한 변화라 할 수 있다.

분명한 점은 종전이 러시아의 전체주의 정권의 종말을 초래하지

수 있다.

않았다는 것이다. 반대로 전쟁이 끝나면서 동유럽의 볼셰비키화가 일어났다. 다시 말해 전체주의 통치가 확산되었고, 평화는 두 전체주의 정권의 방식과 제도 간의 유사점과 차이점을 분석할 수 있는 중대한 전환점만을 제공했을 뿐이다. 결정적으로 중요한 사건은 종전이 아니라 8년 후의 스탈린 사망이다. 회고 시점에서 볼 때, 이 죽음 뒤에 나타난 현상은 후계자 위기와 새로운 지도자의 입지 확립까지의 일시적 '해빙'이 아니라——설령 명백한 형태로는 아니더라도——진정한 탈전체주의 과정이다. 그러므로 사건의 관점에서 내 이야기 중 이 부분을 현재 시점까지 끌고 올 이유는 없다. 또한 문제가 되는 시기에 대한 우리의 지식을 대규모로 수정하고 첨가할 정도로 극적 변화가 있었던 것도 아니다. 히틀러가 전체주의 통치를 발전시키고 완벽하게 만드는 데 전쟁을 의식적으로 이용했던 독일과 반대로 러시아에서는 전쟁 시기에 총체적 지배가 일시적으로 중단되었다.

내게는 1929년에서 1941년까지 그리고 1945년에서 1953년까지가 가장 관심이 가는 시기인데, 이 기간에 대해 우리가 얻을 수 있는 자료는 1958년이나 심지어 1949년의 자료만큼 희소할 뿐만 아니라 성격도 동일하다. 나치 독일의 경우처럼 분명한 결론을 보여주거나 깔끔하고 반박할 수 없는 증거 자료를 제시해주는 일은 일어나지 않았으며, 미래에도 일어날 것 같지 않다.

우리의 기존 지식에 중요한 새 정보를 더해준 자료는 스몰렌스크 문서보관소(1958년 메를 페인소드가 출판한 것)의 기록이 유일하다. 이 기록은 가장 기초적인 기록과 통계 자료들이 이 시기의 러시아 역사에 대한 모든 조사에서 어느 정도로 결정적인 약점인지를 잘 보여준다. 이 공문서에는 (독일 첩보 기관이 발견했으며, 나중에 독일 주둔 미 점령군이 스몰렌스크의 당 본부에서 입수했다) 1917년에서 1938년까지의 약 20만 쪽에 이르는 자료가 실로 온전하게 남아 있었다. 그런데 정말 놀라운 일은 이 기록이 우리에게 제공하지 못하는 정보의 양이다. 1929년에서 1937년까지 이루어진 "숙청에 대해 거의 처리

불가능할 정도로 넘쳐나는 자료들"을 가지고 있음에도, 이 기록에는 희생자 숫자를 비롯하여 어떤 다른 통계적인 데이터가 전혀 없다. 숫자가 있을 경우에도 그것은 절망적일 정도로 상호 모순되며, 여러 조직이 모두 다른 수치를 제시한다. 우리가 확실하게 알 수 있는 것은 많은 자료의 공개가, 실제로 존재했다면, 정부 지시로 불허되었다는 것이다.[3] 또한 문서에는 여러 당국 간의 관계, 즉 '당, 군대와 내무인민위원회'(NKVD: 옛 소련의 비밀경찰)의 관계나 당과 정부의 관계에 관한 정보가 없으며, 의사소통과 명령 경로에 관해서도 함구하고 있다. 간단히 말해 우리는 소련 정권의 조직 구조에 관해 전혀 아는 바가 없다. 그런데 이와 반대로 나치 독일에 대해서는 너무나 잘 알고 있다.[4] 달리 말해 소련의 공식 출판물이 실제로 선전 목적을 위한 것이고 전적으로 신뢰할 수 없다면, 믿을 만한 출처와 통계 자료는 아마 어디에도 존재하지 않았던 것처럼 보인다.

이보다 더 심각한 문제는 중국에서 일어났고 현재 일어나고 있는 일을 전체주의 연구가 무시할 수 있는가 하는 것이다. 이 분야에서 우리 지식은 1930년대 러시아의 경우보다도 덜 확실하다. 그 원인의 일부는 중국이 혁명 이후 훨씬 더 급격하게 스스로를 외국인으로부터 고립시키는 데 성공했기 때문이고, 다른 일부는 중국 공산당의 고위 관료 중 탈당한 사람들이 아직 우리를 도와주지 않기 때문이다—이는 물론 그 자체로도 충분히 의미심장한 일이다. 17년 동안 우리가 확실하게 알아낸 작은 정보는 매우 중요한 차이를 가리킨다. 독재의 첫해에 발생한 희생자 수는 대략 1500만 명으로 추정되는데, 이는 1949년의 인구 가운데 약 3퍼센트에 해당한다. 비율로 보면 스탈린의 '2차 혁명'에 따른 인구 손실보다 훨씬 적은 숫자다—그리고 조직적인 반대가 사라진 후 테러의 증가도 없고 무고한 사람들의

---

3) Merle Fainsod, *Smolensk under Soviet Rule*, Cambridge, 1958, pp.210, 306, 365 등.
4) 같은 책, 73쪽과 93쪽.

학살이나 '객관적인 적'이라는 범주도 보이지 않으며, 공개 고백과 '자아 비판'은 많이 있지만, 쇼재판은 없고 노골적인 범죄도 없다.

마오쩌둥의 유명한 1957년 연설, "국민들 사이에 나타나는 모순의 올바른 처리"는 보통은 잘못된 제목인 "백화(百花)가 만발하게 하라"로 알려진 것인데, 그것은 분명 자유를 위한 탄원이 아니라 계급들 간에, 더 중요하게는 공산주의 독재 치하에서도 국민과 정부 간에 비대립적인 모순과 불일치가 있다는 사실을 인정한 것이다. 반대파를 다루는 방식은 '사고의 교정', 정신을 끊임없이 주조하고 개조하는 정교한 절차인데, 거의 모든 국민이 이에 영향을 받는다. 우리는 이 절차가 일상생활에서 어떤 식으로 전개되는지, 누가 면제를 받는지 — 다시 말하면 누가 '개조'하는지를 잘 알지 못하며, '세뇌 과정'의 결과, 즉 그것이 지속적인지 그리고 실제로 인격 변화를 가져오는지를 짐작조차 하지 못한다.

그런데 우리가 중국 지도부의 발표를 믿는다면, 그것이 가져온 결과는 거대한 규모의 위선이며, '반혁명의 온상'이다. 이것이 테러라면, 거의 확실하게 그런 것 같은데, 다른 종류의 테러이며, 그 결과가 무엇이든 간에 주민들을 제거하지는 않았다. 그것은 분명 국민적 이익을 인식했고 나라가 평화롭게 발전하도록 했으며, 이전 지배 계급 후손들의 능력을 이용하고 학술적, 전문적 수준을 유지하게 했다. 분명한 점은 마오쩌둥의 '사상'은 스탈린이 (또는 히틀러가 이 문제에 관해) 설정한 노선을 따르지 않는다는 것이며, 그는 본능적인 살인자가 아니고, 과거 식민지 국가에서 발생했던 모든 혁명적 격변에서 두드러졌던 민족 정서는 총체적 지배에 제한을 가할 만큼 강하다는 것이다. 이 모든 것은 이 책에서 표현된 공포와 모순되는 듯이 보인다.

다른 한편으로, 승리 이후 중국 공산당은 갑자기 "조직에서 국제적이고, 이데올로기적 범위에서 포괄적이며, 정치적 야망에서 전 세계적일" 것을 목표로 한다. 다시 말하면 중국 공산당의 전체주의적 태도는 처음부터 명백했던 것이다. 이런 태도는 중·러 갈등의 전개와 더불어, 비록 이 갈등 자체는 이데올로기적 의제보다는 민족적 의제로 유발되었지만, 더욱 뚜렷해지고 있다. 중국인들이 스탈린의 복권을 주장하고 러시아의 탈전체주의화 시도를 '수정주의적' 탈선으로 비난하는 것도 불길한데, 설상가상으로 이와 동시에 냉혹한, 그래서 성공적이지 못한 국제 정책, 즉 모든 혁명 운동에 중국 요원들을 침투시키고 베이징의 지도 아래 코민테른을 부활하려는 목표를 가진 국제 정책을 펼치고 있다.

현 시점에서 이 모든 전개 상황을 판단하기가 어렵다. 부분적으로는 우리가 그쪽 사정을 잘 알지 못하기 때문이고, 부분적으로는 모든 것이 아직 유동적인 상태에 있기 때문이다. 우리는 불행하게도 상황의 성격 자체에 내재한 이런 불확실성에 우리 자신이 만든 약점을 덧붙이고 있다. 왜냐하면 냉전 시대로부터 공식적인 '반이데올로기', 반공주의를 물려받은 것은 이론적으로나 실천적으로 일을 용이하게 만들지 않기 때문이다. 반공주의는 야망에서는 전 세계적이 되려는 경향을 보이고, 우리 자신의 허구를 건설하도록 부추긴다. 따라서 우리는 원칙적 견지에서 우리가 현실적으로 마주하고 있는 다양한 형태의 공산주의 일당 독재와 비록 다른 형태이긴 하지만 중국에서 전개될지도 모를 진정한 전체주의 통치를 구분하려 하지 않는다.

물론 요점은 공산주의 중국은 공산주의 러시아와 다르다거나 스탈린의 러시아는 히틀러의 독일과 다르다는 데 있지 않다. 1920년대와 1930년대의 러시아에 관한 모든 서술에서 매우 불안하게 여겨지고 오늘날에도 여전히 확산되어 있는 무능력과 몽롱한 만취 상태는 나치 독일의 이야기에서는 아무런 역할을 못한다. 반면, 독일의 강제수용소나 죽음의 수용소에서 볼 수 있던 이루 말할 수 없는 불필요한 잔인성은 러시아의 수용소에는 없던 현상이다. 러시아의 수용소에서 사람들은 고문으로 죽기보다 소홀한 취급으로 죽는 경우가 많았다. 러시아의 행정 기관에 처음부터 저주가 되었던 부패는 나치 정권 말기에도 나타났지만, 혁명 이후 중국에서는 전적으로 척결되었다.

이런 종류의 차이점들을 계속 열거할 수 있다. 그것들은 매우 중요하고 해당 국가 민족사의 일부이기는 하지만, 통치 형태와 직접적 관계는 없다. 물론 절대군주제는 에스파냐와 프랑스, 영국과 프로이센에서는 매우 다른 사안이었다. 그러나 통치 형식으로는 어디에서나 항상 동일하다. 우리의 맥락에서 결정적인 것은 전체주의 통치가 독재나 전제정치와 다르다는 점이다. 그것들을 구분할 수 있는 능력은 '이론가들'에게 편안하게 맡겨둘 수 있는 학술적 논점이 아니다. 왜냐하면 총체적인 지배는 공존이 불가능한 유일한 통치 형태이기 때문이다. 그러므로 '전체주의'라는 단어를 아껴서 신중하게 사용해야 할 이유는 충분하다.

전체주의 정부와 관련한 실질적인 지식의 새로운 출처가 불분명하고 희소한 것과는 대조적으로, 온갖 다양한 형태의 새로운 독재에 대한 연구는, 그것이 전체주의적이든 아니든, 지난 15년간 엄청나게 증가했다. 이는 물론 나치 독일과 소련에 해당하는 일이다. 이제 이 주제에 관한 후속 조사와 연구에 필수 불가결한 많은 저작물이 존재한다. 따라서 나는 이전의 참고문헌을 보충하려고 최선을 다했다〔제2판(문고)에는 따로 참고문헌이 없다〕. 몇몇 예외는 있지만, 내가 일부러 배제한 유일한 문헌 종류는 전 나치 장군이나 고위 관료가 종전 후 출판한 수많은 회고록이다(이런 종류의 변명이 정직함으로 빛나지 않는다는 사실은 충분히 이해할 수 있다. 그 때문에 우리의 고려 대상에서 배제되어서는 안 된다. 그러나 이 회고록들이 실제로 일어난 일과 저자 자신이 사건 과정에서 했던 역할에 대한 이해 부족을 보인다는 것은 정말 놀라운 일이며, 심리학적 관심을 제외한 다른 종류의 관심을 없애버린다). 나는 제1부와 제2부에 해당하는 참고문헌에도 중요하지만 비교적 몇 안 되는 새로운 항목을 추가했다. 그리고 편의를 위해 본문처럼 참고문헌 자체도 제3부로 나누었다.

2

증거에 관한 한, 이 책을 일찍 구상하고 썼다는 사실은 당연히 생각할 수 있는 것만큼 불리한 조건은 아니었음이 밝혀졌다. 이는 전체주의의 나치 변종이나 볼셰비키 변종에 관한 자료에도 마찬가지로 해당된다. 전체주의의 '역사'를 쓰고자 하는 동시대인의 초기 시도는 학술적 규칙에 따르면 흠 없는 사료들의 부족과 감정적 무리로 반드시 실패한다고 하지만, 이런 시간의 시험을 잘 견뎌냈다는 사실은 전체주의에 관한 문헌이 지닌 이상한 점들 중 하나다. 콘라트 하이덴(Konrad Heiden)의 히틀러 전기나 보리스 수바린(Boris Souvarine)의 스탈린 전기는 모두 1930년대에 출간되었는데, 앨런 불록(Alan Bullock)과 아이작 도이처(Isaac Deutscher)의 표준 전기들보다 어떤 측면에서는 더 정확하고 거의 모든 점에서 더 적절하다. 거기에는 많은 이유가 있겠지만, 이 두 경우에 기록 자료들은 유명한 변절자들과 다른 목격자들의 기술로 이미 알려진 사실을 확인하거나 거기에 뭔가를 덧붙이려 했다는 단순한 사실 때문이다.

이를 좀더 극적으로 표현한다면, 스탈린이 범죄를 저질렀다는 사실 또는 이 "병적일 정도로 의심이 많다"고 소문난 사람이 히틀러를 믿기로 결정했다는 사실을 알기 위해 흐루쇼프의 비밀 연설이 반드시 필요한 것은 아니다. 후자의 경우, 스탈린이 미치지 않았다는 것을 이 믿음보다 더 잘 증명하는 것도 없다. 그는 제거하고 싶거나 제거할 작정이었던 모든 사람을, 정당하다고 인정할 수 있는 범위에서 의심했는데, 거기에는 실제로 당이나 정부의 고위 계층에 있던 모든 사람이 포함되었다. 그는 히틀러가 나쁘게 되는 것을 바라지 않았기 때문에 자연스럽게 그를 신뢰했던 것이다.

스탈린의 경우, 흐루쇼프의 놀라운 고백 — 고백을 듣는 청중과 그 자신이 실제 사건에 완전히 연루되었다는 분명한 이유 때문에라도 — 은 드러내는 것보다 감추는 것이 더 많은데, 그것이 불행한 결과를 가져왔다. 즉 이 고백은 많은 사람의 눈에 (물론 전문가 입장에서 공식 자료를 애호하는 학자들 눈에) 스탈린 정권의 거대한 범죄성을 극소화하는 효과를 가져왔던 것이다. 그러나 스탈린 정권의 범죄는 단순히 수백 명 또는 수천 명의 유명 정치인이나 문학계 인사들을 모함하고 살해한 다음 '복권시키는' 것이 전부가 아니었다. 그것은 정확하게 셀 수 없는 수백만 명, 즉 아무도 스탈린조차 이들이 '반혁명' 활동을 했다고 의심할 수 없었던 사람들의 말살에 있었다. 몇 가지 범죄를 인정함으로써 흐루쇼프는 정권의 모든 범죄 행위를 감추었다. 젊은 세대의 러시아 지성인들이 이제는 거의 공공연히 반항하는 대상은 바로 현 지배자들—그들은 모두 스탈린 밑에서 훈련을 받았고 승진했다—의 이런 가장과 위선이다. 그들은 "대숙청, 전 주민의 강제이송과 말살"[5]에 관해 알아야 할 것은 모두 알고 있기 때문이다.

게다가 흐루쇼프가 자신이 시인한 범죄의 원인으로 제시한 것—스탈린의 비정상적인 의심—은 전체주의 테러의 가장 특징적인 측면을 감추고 있다. 다시 말하면 테러는 모든 조직적 반대파가 제거되

---

[5] 900만에서 1200만으로 추정되는 1차 5개년 계획(1928~33)의 희생자에 대숙청의 희생자—대략 300만 명이 사형 집행되었고, 500만에서 900만 명이 체포되거나 강제이송되었다—를 추가로 계산해야 한다(1938년의 모스크바 재판에 대한 축어 보고서의 개정판, *The Great Purge Trial*, New York, 1965에 붙인 Robert C. Tucker의 중요한 서론, "Stalin, Bukharin and History as Conspiracy" 참조). 그러나 이 모든 추정 수치도 실제 수에는 못 미치는 것 같다. 이 숫자에는 "독일 점령군이 1937년에서 1938년 사이에 처형된 사람들의 시체 수천 구가 묻힌 빈니차시의 거대한 무덤을 발견할" 때까지 전혀 알려지지 않았던 대량학살의 희생자들이 포함되어 있지 않다(John A. Armstrong, *The Politics of Totalitarianism. The Communist Party of the Soviet Union from 1934 to the Present*, New York, 1961, pp.65ff. 참조). 이 최근의 발견으로 나치와 볼셰비키 체제가 동일한 모델의 변형이라는 사실이 더욱 분명해졌음은 말할 필요도 없다. 스탈린 시대의 대량학살이 현 반대파에게 어느 정도로 핵심적인 문제인지를 가장 잘 알 수 있는 사건은 시냐프스키(Sinyavsky)와 대니얼(Daniel)의 재판이다. 『뉴욕타임스 매거진』은 1966년 4월 17일자 주요 면에서 이 재판을 다루었고, 그것을 인용했다.

고 전체주의 지배자가 더는 두려워할 필요가 없다는 사실을 알게 되었을 때 촉발되었다는 것이다. 이는 특히 러시아의 상황 전개에 특별히 해당된다. 스탈린이 1928년 "우리에게는 아직 내부의 적이 있다"고 인정하고 실제로도 두려워할 이유가 있었을 때에는——스탈린은 부하린이 그를 칭기즈칸과 비교하면서 그의 정책이 "나라를 기근, 폐허와 경찰국가로 몰고 갈 것이다"[6]라고 확신한다는 점을 알고 있었다——대숙청을 시작하지 않았다. 그러나 1934년, 과거의 모든 반대파가 "자신들의 실수를 자백했고" 스탈린 본인이 제17차 당대회에서——그는 이 대회를 '승자들의 대회'라 불렀다——"이 대회에서는…… 더는 입증할 것도 없고 싸울 사람도 없는 것 같다"[7]고 천명하면서 숙청을 시작했던 것이다. 제20차 당대회가 세상을 떠들썩하게 했다는 점이나 소련과 공산주의 운동 전체에 정치적으로 중대한 의미를 가진 사건이었다는 점은 의심할 여지가 없다. 그러나 그 중요성은 정치적인 것이다. 스탈린 이후 시대의 공식 자료들이 과거에 일어났던 일에 비추는 빛을 진리의 빛으로 오해해서는 안 된다.

---

6) Tucker, 앞의 책, XVII~XVIII쪽.

7) Merle Fainsod, *How Russia Is Ruled*, Cambridge, 1959, p.516에서 인용. 아브두라크만 아브토르크하노프(Abdurakhman Avtorkhanov)는 우랄로프라는 가명으로 1953년 런던에서 출판한 *The Reign of Stalin*에서 1936년 초의 쇼재판 이후 열린 당 중앙위원회의 비밀 회합에 관해 전하고 있다. 최초의 쇼재판에서 부하린은 스탈린이 레닌의 당을 경찰국가로 바꾸려 한다고 비난했고, 3분의 2 이상 회원들의 지지를 받았다고 한다. 이 이야기, 특히 중앙위원회에서 부하린을 지지했다는 주장은 그럴듯해 보이지 않는다. 설령 사실이라 하더라도 이 회합이 대숙청이 이미 한창 무르익었을 때 이루어졌다는 사실을 고려한다면, 이야기는 조직적 저항을 시사하는 것이 아니라 오히려 그 반대를 시사한다. 페인소드가 바르게 지적했듯이, 사건의 진실은 "대중의 불만" 특히 농부들 사이에서 만연해 있었으며, "5개년 계획이 시작되던 시점인 1928년까지 스트라이크는…… 드문 현상이 아니었다." 그러나 그런 "반대 분위기는 정권에 대한 조직적인 도전의 형태로 한곳에 집중되지 않았고," 1929년 또는 1930년에 "모든 조직적인 대안은" 실제로 과거에 존재한 적이 있다면, "무대에서 사라졌다"는 것이다(*Smolenk under Soviet Rule*, 449쪽 이하 참조).

스탈린 시대에 대한 우리의 지식과 관련하여, 내가 앞에서 언급한 페인소드(Fainsod)가 출판한 스몰렌스크 문서보관소 기록은 여전히 가장 중요한 출판물로 남아 있다. 무작위로 발췌한 이 선집에 이어 더욱 확대된 자료의 출판이 뒤따르지 않는다는 것은 통탄할 만한 일이다. 페인소드의 책에 입각하여 판단하면, 1920년대 중반 스탈린의 권력 투쟁 기간에 관해 알아야 할 것이 많다. 우리는 이제 당의 위치가 얼마나 불확실했는지를 알고 있다.[8] 그것은 나라 안에 노골적인 반대 분위기가 팽배해 있었을 뿐만 아니라 당 자체가 부패투성이였고 만취 상태였기 때문이다. 또한 우리는 노골적인 반유대주의가 거의 모든 자유화 요구에 수반되는 현상이었고,[9] 1928년 이후 시작된 집단화와 부농 해체는 실제로 NEP, 즉 레닌의 신경제 정책을 중단시켰으며, 이와 함께 국민과 정부 간의 화해가 시작되었다는 것을 알게 되었다.[10] 또 다음과 같은 사실도 알게 되었다. 전체 농민계급이 "콜호즈에 가입하느니 차라리 태어나지 않는 게 낫다"[11]고 결정하고 서로 연대하여 정부 방침에 격렬하게 저항했으며, 부농에게 대항하기 위해 부유층, 중간층, 빈곤층의 농민으로 분열되기를 거부했다[12] — "부농들보다 더 나쁜 사람이 거기 앉아 오로지 어떻게 하면 사람들을 몰아댈지를 궁리하고 있다."[13] 그리고 노동자들이 당이 통제하는

---

8) Fainsod, 앞의 책, 38쪽에서 지적하듯이, "기적은 단순히 당이 승리했다는 것만이 아니라, 용케 생존할 수 있었다는 것이다."

9) 같은 책, 49쪽 이하. 1929년의 한 보고서는 회합 동안 격렬한 반유대주의 정서가 분출했다고 한다. 공산주의 청년동맹 당원들은 "청중석에서 침묵했다……. 그들 모두가 반유대주의 진술에 동의한다는 인상을 주었다"(445쪽).

10) 1926년에 나온 모든 보고서는 "이른바 반혁명적인 소요가 현저하게 가라앉고, 정권이 농민계급을 상대로 어렵게 성사시킨 일시 휴전 대책이 있었음"을 보여준다. 1926년과 비교하여 1929~30년에 나온 보고서들은 "불타는 전선에서 나온 성명서처럼 들린다"(177쪽).

11) 같은 책, 252쪽 이하.

12) 같은 책, 특히 240쪽 이하와 446쪽 이하.

13) 같은 책. 모든 진술은 GPU의 보고에서 인용했다. 특히 248쪽 이하 참조. 그러

노동조합에 협력하기를 거부하고 간부진을 "잘 처먹은 악마들", "위선적인 사팔뜨기"라고 말하던 도시의 상황도 더 낫지도 않았다는 사실 등이다.[14]

페인소드는 이 서류들이 "대중의 불만이 만연해 있을" 뿐만 아니라 정권 전체에 대항하는 "충분히 조직적인 반대파"의 부족을 분명히 보여준다고 지적한다. 그가 보지 못했던, 그리고 내 의견으로는 명백한 증거가 뒷받침하는 사실은, 스탈린이 권력을 장악하여 일당독재를 총체적 지배로 전환하는 길에 대한 명백한 대안이 존재했다는 것이다. 그것은 레닌이 시작한 신경제 정책을 지속적으로 수행하는 것이었다.[15] 더욱이 스탈린이 당을 완전히 통제하게 된 1928년, 5개년 계획을 도입하면서 취했던 조치는, 계급을 대중으로 바꾸고 이와 병행하여 모든 집단의 연대를 제거하는 것이 총체적 지배의 필수조건임을 입증한다.

1929년 시작된 스탈린의 확고한 철권통치 기간과 관련하여, 스몰렌스크의 기록들은 우리가 덜 확실한 출처를 통해 알던 사실을 확인하는 경우가 많다. 심지어 이 기록의 기이한 누락 부분, 특히 통계 데이터와 관련된 부분도 그렇다. 왜냐하면 누락 부분은 이런 측면을 포함한 모든 측면에서 단지 스탈린 정권이 철저하게 일관되었다는 것

나 그런 논평이 1934년 이후, 즉 대숙청이 시작된 이후 현저하게 줄어든다는 것이 특징적이다.

14) 같은 책, 310쪽.

15) 이 대안은 이해할 수 있지만 역사적으로 지탱하기 어려운 이유 때문에 보통 문헌에서 간과되었던 것이다. 즉 레닌에서 스탈린까지 어느 정도 순탄한 발전을 이루었다고 확신했기 때문이다. 실제로 스탈린은 항상 레닌의 용어로 이야기했고, 그래서 이 두 사람의 차이는 종종 스탈린의 잔인한 성격 또는 '이상' 성격인 것처럼 보인다. 그것이 스탈린 쪽의 의식적인 책략이든 아니든 간에, "스탈린은 이 해묵은 레닌의 개념을 자기 특유의 내용으로 채웠으며…… 주요한 차별점은 현시대의 현저한 특징인 음모를 강조하는 것인데, 이는 비레닌적이다"라는 것이 터커가 앞의 책, XVI쪽에서 올바르게 관찰했듯이, 사태의 진실이다.

을 증명하기 때문이다. 공식적으로 꾸며낸 허구——후기의 음모를 위한 허구와는 구분되는 것으로 곡물 생산량, 범죄, '반혁명' 활동의 발생률에 관한 데이터——와 일치하지 않았거나 다를 것 같은 모든 사실은 비사실로 취급되었다. 이 모든 자료는 거대한 영토 구석구석에서 모스크바로 집결되는 대신, 먼저 『프라우다』나 『이즈베스티야』를 비롯한 모스크바 공식 기관지의 발표로 해당 지역에 알려졌다. 그래서 소련의 모든 지역과 구역은 5개년 계획에서 할당한 허구적 규범을 받아들이는 것과 마찬가지로 그 못지않게 허구적인 공식 통계 자료를 전달받는 과정은 사실과 현실을 경멸하는 전체주의의 경향과 거의 일치한다.[16]

나는 여기서 더 놀라운 몇 가지 사실을, 예전에는 단지 추측할 뿐이었지만 이제는 증빙 서류들이 뒷받침하는 사실을 열거하고자 한다. 항상 의혹은 가졌지만 지금에야 정확하게 알게 된 사실은 정권이 결코 '단일' 조직을 가지고 있던 것이 아니라 "겹치고 중복되는 유사한 기능들을 주변에 의식적으로 세웠으며" 이 괴상한 무정형 구조는 우리가 나치 독일에서 발견할 수 있는 이른바 '개인 숭배'와 같은 동일한 지도자 원칙에 의해 통합되었다는 것이다.[17] 또한 이 특수한 통치의 집행부서는 당이 아니라 경찰이었고, 경찰의 "작전 활동은 당

---

16) Fainsod, 앞의 책, 특히 365쪽 이하 참조.
17) 같은 책, 71쪽과 93쪽. 어떤 단계에서든 전달 사항은 습관적으로 "스탈린 동지에 대한 의무"를 강조하지 정권이나 당이나 국가에 대한 의무를 강조하지 않는다는 것이 특징이다. 아마 이 두 체제의 유사점을 가장 설득력 있게 보여주는 것은 일랴 에런부르크(Ilya Ehrenburg)와 다른 스탈린주의 지식인들이 과거를 정당화하거나 대숙청 동안 무엇을 생각했는지를 보고하기 위해 해야 했던 말들이다. "스탈린은 공산주의자들, 소련의 지식인들에게 저지른 몰상식한 폭력에 대해 전혀 아는 바가 없었다"거나, "사람들이 스탈린에게 그 사실을 비밀로 했다"거나, "누군가가 스탈린에게 이에 관해 이야기했더라면," 또는 형사 피고인은 스탈린이 아니라 경찰 국장이라는 식의 내용들 말이다(Tucker, 앞의 책, XIII쪽에서 인용). 물론 이런 진술들이 나치가 독일 패배 후 했던 것과 정확하게 일치한다는 사실은 부언할 필요도 없을 것이다.

계통의 통제를 받지 않았다."[18] 정권이 죽인 수백만의 무고한 사람들, 볼셰비키 용어로 "객관적인 적"은 자신들이 "죄 없는 범죄자"임을 알고 있었다.[19] 정권의 옛 적 ——정부 관료의 암살자, 방화범과 강도 ——과는 구분되었던 이 새 범주의 사람들은 나치 희생자들과 마찬가지로 "완전히 수동적으로"[20] 반응했다. 우리는 이 점을 테러 희생자들의 행동 유형을 통해 잘 알고 있다. 대숙청 동안 '상호 고발의 홍수'는 전체주의 지배자의 입지를 강화하는 효과를 가져왔던 것만큼 나라의 경제와 사회적 복리에 막대한 피해를 주었다는 데에는 한 점의 의혹도 없다.

그러나 우리는 이제야 스탈린이 얼마나 고의적으로 이 "고발의 불길한 연쇄 고리를 작동시켰는지"[21]를 잘 알게 되었다. 그는 1936년 7월 29일 "현 조건하에서 모든 볼셰비키의 양도할 수 없는 자질은 당의 적이 아무리 정체를 감추고 있어도 그를 식별할 수 있는 능력이어야 한다"[22]고 공식적으로 선포했다. 히틀러의 '최종 해결책'이 실제로 나

---

18) 같은 책, 166쪽 이하.

19) 이 단어는 1936년 '계급-이질적인 인자'의 탄원에서 표절한 것이다. "나는 죄 없는 범죄자가 되고 싶지 않다"(229쪽 이하).

20) 1931년의 흥미로운 OGPU 보고서는 이 새로운 "완벽한 수동성"을 강조하고 있다. 그것은 무고한 사람들에 대한 무작위적인 테러가 산출한 끔찍한 무관심이다. 보고서는 정권의 적들을 체포하던 과거의 방식과 현재의 대량 체포의 차이를 언급하는데, 과거에는 "한 사람을 두 명의 민병대원이 체포하여 데리고 갔다면," 이제는 "한 명의 민병대원이 한 집단의 사람들을 체포해 가지만 이들은 순순히 따라가고 아무도 도망가지 않는다"(248쪽).

21) 같은 책, 135쪽.

22) 같은 책, 57~58쪽. 이 대량 밀고가 기세를 떨치는 히스테릭한 분위기에 관해서는 222쪽과 229쪽 이하를 보고, 235쪽의 아름다운 이야기 참조. 여기서 우리는 동지 한 사람이 어떻게 "스탈린 동지가 트로츠키-지노비예프 집단에 대해 회유 태도를 취했다"고 생각하게 되었는지를 듣는다. 이는 당시에는 적어도 당으로부터 즉각적인 제명 처분을 받을 수 있는 비난이었다. 그러나 그런 행운은 일어나지 않았다. 다음 연설자는 스탈린을 이기려 했던 사람을 '정치적으로 불충한' 사람이라 질책했고, 이에 그 연설자는 즉시 자신의 실수를 '자백했다.'

치당의 엘리트에게는 "너희는 죽이게 될 것이다"라는 명령에 구속된
다는 의미였던 것처럼, 스탈린의 선언은 이렇게 규정한다. "너희는
거짓 증언을 격파하게 될 것이다." 이것은 볼셰비키당의 모든 당원
에게 주어진 행동 지침이다.

　마지막으로 지난 1920년대와 1930년대의 테러는 산업화와 경제적
진보가 강요한 '높은 대가의 고통'이었다고 주장하는 현재의 이론들
안에 진리가 얼마만큼 들어 있는지에 대해 우리가 품을 수 있는 모든
의구심은 특정한 한 국가의[23] 현 상태와 사건을 들여다보기만 해도

---

23) 페인소드 본인이 무수한 증거 자료로부터 정반대 결론을 끄집어내는 것은 이
　상한 일이다. 그의 책 마지막 장, 특히 453쪽 이하 참조. 더욱 이상한 일은 이
　분야의 많은 저자도 이런 식의 실질적 증거의 곡해에 동참한다는 것이다. 물
　론 스탈린의 정당화라는 이 민감한 문제에서 도이처가 전기에서 했던 것처럼
　그렇게 멀리 나간 사람은 없지만, 많은 저자가 여전히 "스탈린의 냉혹한 행위
　는……　새로운 힘의 평형 상태를 조성하려는 방법이었으며"(Armstrong, 앞의
　책, 64쪽), "레닌의 신화 속에 내재한 근본적인 모순들을 잔인하게 그러나 일
　관되게 풀 수 있는" 방책을 제공할 목적이었다(Richard Lowenthal의 유용한 책
　World Communism. The Disintegration of a Secular Faith, New York, 1964, p.42)고 주
　장한다. 이러한 마르크스주의의 유물에서 예외가 소수 있는데, 예컨대 터커
　(앞의 책, XXVII쪽)는 "결과적으로 소련 사회를 대규모로 해체하는 작업이었
　던 대숙청이 없었다면 소련 체제는 훨씬 더 잘 돌아갔을 것이고 앞으로 닥칠
　전면전의 시험에 대처할 수 있는 장비를 훨씬 더 잘 갖추었을 것이다"라고 명
　쾌하게 말한다. 터커는 이로써 전체주의에 대한 나의 '이미지'를 논박한다고
　믿지만, 내 생각에 이는 오해인 것 같다. 불안정은 이데올로기적 허구에 근거
　하며, 당과 구분되는 운동의 권력 장악을 전제로 삼는 총체적 지배의 기능적
　필수조건이다. 이 체제의 현저한 특징은 실질적 권력, 물질적 힘과 국가의 복
　리가 조직의 권력에 의해 꾸준히 희생되어왔다는 것이다. 마치 모든 사실적
　진리가 이데올로기의 일관성 요구에 희생되었듯이. 물질적 힘과 조직 권력의
　경쟁에서 또는 사실과 허구의 경쟁에서 후자가 실패하는 이런 일이 제2차 세
　계대전 동안 독일에서뿐 아니라 러시아에서도 발생한 것은 분명한 사실이다.
　그러나 그것이 전체주의 운동의 힘을 과소평가할 이유는 아니다. 위성 체제
　를 조직하도록 지원하는 것은 영구적인 불안정의 공포다. 소련이 현재 지닌
　물질적 힘에 크게 기여한 것은 소련 사회의 안정과 탈전체주의 과정이지만,
　다른 한편으로 그것이 바로 위성국가에 대한 통제를 상실하게 만들었다.

진정될 것이다. 자료를 통해 가장 잘 입증된 탈부농화와 집단화, 대숙청의 결과는 진보나 산업화가 아니라 기근, 식량 생산의 혼란, 인구 감소였다. 그 결과는 농업의 영구적 위기와 인구 증가의 중단, 그리고 시베리아 오지 개발과 식민화의 실패였다. 게다가 스몰렌스크 기록이 상세하게 설명했듯이, 스탈린의 통치 방식은 10월 혁명 이후 국가가 획득했던 기술적 노하우와 역량이 어느 정도이건 간에 그것을 모두 파괴하는 데 성공했다. 그리고 이 모든 것은 실제로 이루 말할 수 없이 '높은 대가'였다. 단순히 "정치적으로만 무식한"[24] 것이 아니었던 주민에게 당직과 정부 관료직을 개방함으로써 부득이하게 당할 수밖에 없었던 고통만을 말하는 것이 아니다. 독일이나 러시아 모두 그 대가를 아직도 제대로 치르지 못했을 정도로 전체주의 통치의 대가는 너무 컸다.

3

나는 이전에 탈전체주의화 과정이 스탈린 사후에 시작되었다고 언급한 적이 있다. 1958년에는 '해빙'이 후계자 위기로 인한 잠정적 이완 현상이나 일종의 응급조치 이상인지, 그리고 제2차 세계대전 동안 일어났던 전체주의 통제의 상당한 완화 현상과 비슷한 것인지 나는 확실하게 알지 못했다. 심지어 현재까지도 이 과정이 종국적이고 되돌릴 수 없는 것인지는 잘 알 수 없지만, 이제 잠정적이거나 일시적인 것이라고 말할 수는 없다. 왜냐하면 아무리 우리가 1953년 이후

---

24) 공산청년동맹 단원과 학생 조직과 당의 반대에도 불구하고 '반동교수들'을 제거하기 위한 1929년의 선전 유세를 자세히 살펴보려면 페인소드, 앞의 책, 345~355쪽 참조. 그들은 "탁월한 비당원 교수들을 대체할 이유가 없다"고 생각했던 것이다. 이에 대해 새 위원회는 물론 즉각적으로 "학생조직 안에 계급-이질적인 인자들이 다수" 있다고 말한다. 대숙청의 주요 목적 중 하나가 젊은 세대에게 경력을 쌓을 기회를 열어주는 데 있었다는 것은 잘 알려진 사실이다.

지그재그형 노선을 그리는 소련 정책에 당황할 때가 종종 있다 하더라도, 거대한 경찰 제국은 청산되었고 대다수 강제 수용소는 해체되었으며, '객관적인 적'에 대한 새로운 숙청이 시작된 바가 없고, 새로운 '집단 지도부' 구성원 간의 갈등을 해결하는 방식이 과거처럼 작은 재판이나 자백, 암살이 아니라 좌천이나 모스크바에서의 추방이라는 사실은 부인할 수 없기 때문이다.

스탈린 사후 몇 년 동안 새 지도자들이 사용하는 방식은 여전히 레닌 사후 스탈린이 정했던 유형을 엄격하게 따르는 것은 확실하다. 다시 '집단 지도부'라는 3두 정치가 나타나는데, 이 집단 지도부는 1925년에 스탈린이 만든 용어다. 그런데 음모와 권력 투쟁의 4년이 지난 후인 1929년에 일어났던 스탈린의 쿠데타가 1957년 흐루쇼프의 권력 장악으로 재현되고 있다. 전문적으로 말한다면, 흐루쇼프의 쿠데타는 사후 비난받던 그의 스승의 방식을 엄밀하게 따르고 있다. 그 역시 당의 위계 구조 내에서 권력을 얻기 위해 외부 세력이 필요했고, 주코프(Zhukov) 대장과 군대의 지원을 이용하는 방식도 30년 전 후계자 투쟁에서 스탈린이 비밀경찰과의 관계를 이용했던 방식을 그대로 답습하고 있다.[25] 쿠데타 이후 최고 권력은 경찰이 아니라 당에 있던 스탈린의 경우처럼, 흐루쇼프의 경우에도 "1957년 말 공산당은 소련 생활의 모든 측면에서 논의의 여지 없이 최고 자리를 차지했다."[26] 스탈린이 서둘러 경찰 간부를 숙청하고 그 책임자를 제거했듯이, 흐루쇼프도 주코프를 당의 간부회와 중앙위원회에서 ──쿠

---

25) Armstrong, 앞의 책, 319쪽. 그는 주코프 장군이 당 내부의 투쟁에 개입한 사건의 중요성은 "지나치게 과장되었다"고 주장하며, 또한 흐루쇼프는 "당 기구의 지원을 받았기 때문에 군사적 개입 없이 승리할 수 있었다"는 입장을 견지한다. 이는 사실이 아닌 것 같다. 그러나 "많은 외국 관찰자가" 당 기구에 대항하는 흐루쇼프를 지원한 군대의 역할을 잘못 평가하여 당이 약화되고 군대의 권력이 지속적으로 증대한다는, 마치 소련이 일당 독재에서 군사 독재로 변하고 있다는 듯한 잘못된 결론에 도달한 것은 사실이다.

26) 같은 책, 320쪽.

데타 이후 그는 위원으로 선출되었다――제거하고 군대의 최고 사령 관직에서도 해임하면서 스탈린의 당-내부 전략을 철저하게 따랐다.

물론 흐루쇼프가 주코프에게 지원을 호소했을 때, 소련에서 경찰에 대한 군대의 우세는 기정사실이었다. 이는 경찰 제국의 해체로 말미암아 자동으로 나타난 결과였다. 경찰이 지배한 소련의 산업, 광산, 부동산의 거대한 부분은 경쟁자 집단이 물려받았는데, 이들은 갑자기 가장 중요한 경제적 경쟁자가 없어지는 상황에 처하게 되었다. 군대의 자동적 우세는 더욱 결정적이었다. 군대는 이제 당 내부 분쟁을 해결할 수 있는 폭력 수단을 확실하게 독점하게 되었다. 흐루쇼프가 군대와 협력함으로써 아마 동료들보다 더욱 신속하게 처리할 수 있던 이런 일의 결과를 파악했다는 것은 그의 빈틈없는 성격을 증명한다.

그러나 동기가 무엇이든, 이렇게 권력 게임의 중심이 경찰에서 군대로 옮겨간 사건은 중대한 결과를 가져온다. 비밀경찰이 군대 기구보다 우세하다는 것은 전체주의뿐만 아니라 많은 독재 정권의 특징이다. 그러나 전체주의 정부의 경우 경찰의 우세는 국내 주민을 진압해야 할 필요성에 대한 대응일 뿐만 아니라 전 세계적 통치에 대한 이데올로기적 권리 주장에 적합한 것이다. 왜냐하면 지구를 미래의 영토로 간주하는 사람들은 국내의 공적 폭력 기관에 무게 중심을 둘 것이며 정복한 영토를 군대가 아니라 경찰의 인력과 방식으로 다스리려 할 것이기 때문이다. 그러므로 나치는 점령 지역을 다스리고 심지어 정복하기 위해, 근본적으로 경찰 병력으로 나치 친위대를 이용했고 그 궁극적 목표는 군대와 경찰을 통합하여 나치 친위대의 지도 아래 두는 것이었다.

더욱이 권력의 평형 관계에서 이런 변화가 가지는 중요한 의미는 과거에 헝가리 혁명을 힘으로 진압했을 때 분명하게 표출되었다. 혁명의 유혈 진압은 이미 그 자체로 끔찍하고 효과적이었지만, 경찰부대가 아니라 군부대에 의해 이루어졌고, 결코 전형적인 스탈린적 해법을 대변하지도 않았다. 지도자 처형과 수천 명 수감에 이어 군사 작전이 뒤따랐지만, 주민의 전면적 강제이동은 없었다. 실제로 그 나라 인구를 감소시키려는 시도는 없었던 것이다. 경찰의 활동이 아니라 군대의 작전이었기 때문에 소련은 대량 기아를 막고 혁명 이후 몇 년 사이 바닥에 떨어진 경제의 완전 붕괴를 저지하기 위해 충분한 원조를 보낼 여유가 있었다. 스탈린이라면 유사한 상황에서 이렇게 하지는 않았을 것이다.

소련이 더는 엄밀한 의미에서 전체주의라 불릴 수 없는 가장 명백한 기호는 물론 지난 몇십 년 동안 놀라울 정도로 빠르고 풍성해진 예술의 부활이다. 물론 표현과 사상의 자유를 요구하는 목소리가 학생들, 작가, 예술가 사이에서 점점 더 강해지자 이를 누르려는 시도 또 스탈인을 복권하려는 시도가 항상 되풀이되고 있다. 하지만 이 모든 시도는 그리 성공적이지 못했고 테러와 경찰 통치가 온전하게 재확립되지 않는다면 성공하지 못할 것이다. 소련 국민이 집회의 자유뿐만 아니라 사상, 견해와 공적 표현의 자유 등 모든 형태의 정치적 자유를 얻지 못한 것도 분명하다. 변한 것은 아무것도 없어 보이지만, 실제로 모든 것이 변했다. 스탈린이 죽었을 때, 작가와 예술가의 서랍은 텅텅 비어 있었다. 오늘날 원고로 유포되는 문학 작품이 존재하고, 온갖 종류의 현대 회화가 화가의 화실에서 시험되고 있으며, 설령 전시는 못한다 해도 알려지기는 한다. 이는 독재의 검열과 예술의 자유 간의 차이를 최소화하려는 말이 아니다. 단지 남몰래 읽히는 문학과 전혀 문학이 없다는 것의 차이는 1과 0의 차이와 같다는 점을 강조하고자 할 뿐이다.

더 나아가 반정부 지식인도 (비록 공개적인 것은 아니지만) 재판을 받을 수 있으며, 법정에서 자신들 이야기를 할 수 있고 외부 지원을 기대할 수 있으며, 아무것도 자백하지 않고 무죄라고 항변할 수 있다는 사실이, 바로 우리가 이제 이곳에서 더는 총체적 지배를 다룰 수 없다는 점을 증명하고 있다. 1966년 2월, 소련에서 출판될 수 없었던 작품을 해외에서 출판한 이유로 재판을 받고 각각 7년에서 5년의 강제 징역형을 선고받은 시냐프스키와 대니얼에게 일어난 일은 입헌 정부에서 통용되는 정의의 기준에서 보면 분명 무법 행위다. 그러나 그들이 말해야 했던 것은 전 세계에 알려졌고 잊힐 것 같지 않다. 그들은 전체주의 지배자들이 반대파를 위해 준비한 망각의 구멍 속으로 사라지지는 않았다.

덜 알려진 만큼 더 확실한 사실은 탈전체주의 과정을 다시 뒤로 돌려놓으려던 흐루쇼프의 가장 야심적인 시도가 실패로 돌아갔다는 것이다. 1957년 그는 '사회적 기생충 퇴치법'이라는 새 법을 도입했다. 이 법을 통해 정권은 주민을 대량으로 강제 추방하고 대규모 노예 노동을 재건할 수 있으며, 그리고 —총체적 지배에 가장 중요한— 대량 고발의 홍수를 다시 유발할 수 있었다. 왜냐하면 국민들 스스로 '기생충'을 대중 집회에서 골라내도록 되어 있었기 때문이다. 그러나 '법'은 소련 법률가들의 반대에 부딪혔고 시험도 하기 전에 기각되었다.[27] 달리 말해 소련 국민은 전체주의 지배의 악몽에서 일당 독재의 온갖 압제, 위험과 불의로 옮겨갔던 것이다. 이 현대적 유형의 전제정치는 입헌 정부가 보증하는 것들 중 어느 것도 제공하지 못하며, "심지어 공산주의 이데올로기의 전제 조건을 수용한다 해도 소련의 모든 권력은 궁극적으로 위법"[28]이다. 그러므로 나라가 커다란 격변 없이 어느 날 갑자기 새로운 통치 형태 가운데 가장 무시무시한 전체주의로 퇴보할 수 있다는 것도 사실이지만 —나는 그 요소와 역사적 기원을 분석하여 제시하려 하는데— 전체주의가 독일에서 히틀러의 죽음으로 끝났듯이 러시아에서는 스탈린의 사망과 더불어 끝났다는 것 또한 사실이다.

이 책은 전체주의의 기원과 요소를 다룬다. 반면 전체주의가 독일

---

27) 같은 책, 325쪽 참조.
28) 같은 책, 339쪽 이하.

이나 러시아에 미친 영향은, 과거에 일어난 일을 해명할 수 있을 경우에만 고려하는 것이 적절하다. 그러므로 스탈린 사후가 아니라 전쟁 이전의 통치 기간이 우리 맥락에서 중요하다. 1945년에서 1953년에 이르는 8년은 확인하고 장황하게 토론하는 일로 보냈던 세월인데, 1930년대 중반 이후 이미 밖으로 드러났던 것과 모순되지도 않고 새로운 요소를 덧붙이지도 않았다. 승리 이후 사건, 전시의 일시적 완화 현상 이후 총체적 지배를 재확립하기 위해 취해진 조치나 전체주의 지배가 위성국가에 도입한 조치는 우리가 알게 된 게임의 규칙과 모두 일치한다.

위성국가의 볼셰비즘화는 대중전선 전술과 가짜 의회 체제로 출발했다가, 즉시 일당 독재의 공공연한 확립으로 나아간다. 이런 체제 하에서 과거 용납되었던 정당의 지도자와 당원은 제거되었다. 모스크바가 옳건 그르건 불신했던 지역 공산주의 지도자들이 쇼재판에서 억울한 누명을 덮어쓰고 모욕을 당하며 또 고문을 당하거나 당에서 가장 부패하고 비열한 사람들, 즉 원래 공산주의자가 아니라 모스크바의 요원이었던 사람들의 직권으로 살해당하면서, 이 청산작업은 마지막 단계에 도달했다. 마치 전체주의 독재정치가 출현할 때까지 모스크바는 10월 혁명의 모든 단계를 매우 빠른 속도로 반복한 것 같았다. 그러므로 이 이야기는 이루 말할 수 없을 정도로 끔찍하기는 하지만, 그 자체는 대단히 중요하지는 않고 또 거의 다르지도 않다. 한 위성국가에서 일어난 일은 거의 동시에 모든 위성국가, 발트해에서 저 아래 아드리아해 국가에 이르기까지 모든 곳에서 일어났다. 위성 체제에 속하지 않는 지역에서 일어나는 사건들은 다른 양상을 띠었다. 발트해 국가들은 소련에 직접 합병되었고, 그래서 형편이 위성국가보다 더 나빴다. 작은 세 나라에서 거의 50만 명이 강제이송되었고, "러시아 이주민의 엄청난 유입"으로 인해 원주민이 모국에서 소수민족이 될 위험에 처하기 시작했다.[29] 다른 한편, 동독은 베를린 장벽이 세워지고 난 지금에 와서 서서히 위성 체제에 통합되고 있는

데, 과거에는 친나치 매국 정부가 들어선 점령 지역으로 취급되었다.

우리의 맥락에서는 1948년 이후 — 주다노프(Zhdanov)의 미심쩍은 죽음과 '레닌그라드 사건'이 일어난 해 — 전개된 소련의 상황이 더 중요하다. 대숙청 이후 처음으로 스탈린은 다수의 고위급 그리고 최고위급 관료들을 처형했고, 우리는 이것이 또 다른 전국적 숙청 계획의 개시였다는 것을 확실하게 알고 있다. 스탈린의 죽음으로 방해받지 않았다면, 이 숙청은 '의사들의 음모'로 촉발되었을 것이다. 대다수가 유대인 내과의사로 이루어진 한 집단이 "소련의 지도 간부들을 죽이려는"[30] 음모를 꾸몄다고 고발당했다.

1948년에서 '의사들의 음모'가 '발각되던' 1953년 1월까지 러시아에서 일어난 일은 1930년대 대숙청의 준비 단계와 놀랍고도 불길한 유사점을 보인다. 주다노프의 죽음과 레닌그라드 숙청은 1934년 발생한, 마찬가지로 불가사의한 키로프(Kirov)의 죽음과 일치한다. 그 직후 "당에 남아 있던 과거의 모든 반대파"[31]에 대한 일종의 예비 숙청이 이어졌다. 게다가 의사들에 대한 어처구니없는 비난, 즉 그들이 전국적으로 지도자급 인사를 모조리 죽이려 했다는 내용은, 자신이 저지를 범죄를 오히려 허구의 적에게 뒤집어씌우는 스탈린의 수법을 알고 있는 모든 사람을 두려운 예감에 떨게 만들었다(가장 잘 알려진 사례는 스탈린이 나치와 동맹을 고려하던 바로 그 순간, 오히려 투하체프스키(Tukhachevski)가 독일과 음모를 꾸몄다고 비난한 것을 들 수 있다]. 1952년, 스탈린 측근들은 1930년대보다는 그 말의 실제 의미를 더 잘 눈치채고 있었음이 분명하며, 바로 비난하는 말투 자체가 정권의 모든 고위 관료 사이에 공황을 확산시킨 것이 틀림없다. 이 공황은 스탈린의 죽음과 이를 둘러싼 의심스러운 정황, 그리고 대

---

29) V. Stanley Vardys, "How the Baltic Republics fare in the Soviet Union," in *Foreign Affairs*, April, 1966 참조.
30) Armstrong, 앞의 책, 235쪽 이하.
31) Fainsod, 앞의 책, 56쪽.

개는 분쟁과 음모로 얼룩진 당의 고위급 인사들이 처음 몇 달간 지속된 후계 위기를 신속히 종결지었다는 점을 설명할 수 있는 가장 설득력 있는 근거라 할 수 있다.

우리가 이 이야기의 내막에 대해 아는 바가 거의 없다고 해도, 대숙청과 같은 '파멸 작전'이 고립된 에피소드나 예외 상황으로 유발된 정권의 과잉 행동이 아니라 테러의 제도로서 일정한 간격을 두고—물론 정권 자체의 성격이 바뀌지 않는다면—일어날 수 있는 정기적 행사라는 나의 원래 확신을 충분히 입증할 만큼은 알고 있다.

스탈린이 생애 마지막 몇 년 동안 계획했던 이 마지막 숙청에서 가장 극적인 새 요소는 이데올로기의 결정적 교체였다. 다시 말해 유대인의 세계 음모라는 요소가 소개되었다. 수년간 이런 변화의 기초는 위성국가에서 여러 재판을 통해 이미 신중하게 다져졌다—헝가리의 라직(Rajik) 재판, 루마니아의 아나 파우커(Ana Pauker) 사건과 1952년 체코슬로바키아의 슬란스키(Slansky) 재판이 그것이다. 이 예비 조치에서는 고위 당 관료들이 '유대인 부르주아 계급' 출신이라는 이유로 축출되어 시온주의*의 죄를 추궁당한다. 이 비난은 서서히 비시온주의 기관(특히 미국 유대인 공동 분배 위원회)을 연루시키는 방향으로 변했는데, 그것은 모든 유대인은 시온주의자이고 모든 시온주의 집단은 "미 제국주의의 고용인"[32]이라는 것을 알리기 위해서였다.

시온주의라는 '범죄'에는 새로울 것이 전혀 없지만, 소련의 유대인에게 초점을 맞추기 시작한 캠페인으로서 중요한 변화가 일어났다. 즉 유대인은 이제 시온주의보다는 '세계주의'의 비난을 받게 되며, 이 구호에서 발전해 나온 비난의 유형은 시온 장로회의(Elders of Zion)라는 나치 유형의 유대인 세계 음모와 한층 더 가까워졌다. 나

---

* 유대인을 팔레스타인에 복귀시키려는 유대 민족 운동.

32) Armstrong, 앞의 책, 236쪽.

치 이데올로기의 이 버팀줄이 스탈린에게 얼마나 깊은 인상을 주었는지 이제는 놀라울 만큼 분명해졌다. 최초 징후는 히틀러-스탈린 조약 이후 뚜렷해졌다. 그것은 부분적으로 반유대인 정서가 광범위하게 퍼져 있고 반유대인 선전이 항상 인기를 누리던 위성국가나 러시아에서 이 이데올로기가 명백하게 선전 가치를 지녔기 때문이다. 또 부분적으로는 이런 유형의 허구세계 음모는 월스트리트, 자본주의나 제국주의보다는 전체주의의 세계 지배 주장에 이데올로기적으로 더 적합한 배경을 제공했기 때문이다. 전 세계에 나치즘의 가장 뚜렷한 기호로 알려진 것을 공개적으로 뻔뻔스럽게 수용함으로써 스탈린은 고인이 된 동료이자 전체주의 지배의 경쟁자에게 마지막 찬사를 보낸 것이다. 그런데 스탈린은 억울하게도 그와 지속적인 협정을 맺을 수 없었다.

히틀러처럼 스탈린은 끔찍한 미완의 사업이 진행되던 가운데 죽음을 맞이했다. 이 일이 일어났을 때, 이 책이 말해야 하는 이야기와 이 책이 이해하고 화해하려는 사건들은 적어도 잠정적으로는 종결되었다.

1966년 6월
한나 아렌트

제1부
반유대주의

이 세기는 혁명으로 시작하여
사건으로 끝난 주목할 만한 세기다.
아마 그것은 쓰레기의 세기로 불릴 것이다.
• 로제 마르탱 뒤 가르

제1장 상식에 대한 만행

　많은 이들은 여전히 반유대주의가 나치 이데올로기의 핵심이 되고 또 나치의 정책이 시종일관 한 치의 타협도 없이 유대인 박해와 종국적으로는 유대인 말살을 목표로 삼았던 것은 우연이라고 생각한다. 최후의 재앙이 불러일으킨 끔찍한 공포, 게다가 생존자들에게는 고향도 국가도 없다는 눈앞에 닥친 직접적이고 시급한 문제가 우리의 정치적 일상에서 '유대인 문제'를 중대한 현안으로 만들었던 것이다. 나치가 자신의 주요 발견이라고 떠벌렸던 것—세계 정치 무대에서 유대인의 역할—그리고 온 세계 구석구석의 유대인을 추적하여 몰살하는 데 있던 나치의 주된 관심은 대중의 지지를 얻기 위한 구실 내지 영악한 대중 선동 장치였다는 견해가 일반적인 여론이었다.
　나치의 주장이 진지하게 고려되지 못한 이유는 납득할 만하다. 아직 풀지 못한 금세기의 정치 문제들 가운데 하필이면 사소하고 하찮아 보이는 유대인 문제에, 악마적인 기계를 작동시켰다는 미심쩍은 영광이 돌아가야 했는가 하는 의문보다 더 당혹스럽고 신비스럽기까지 한 현대사의 단면은 없을 것이다. 원인과 결과 사이의 엄청난 모순은 역사가들의 균형 감각이나 조화 감각을 훼손할 뿐만 아니라 우리의 일반적 상식에도 심히 어긋난다. 그 사건들 자체와 비교해보면, 반유대주의를 설명하려는 모든 시도는 균형감각과 건전한 상식에 대한 우리의 희망을 심각하게 위협하는 어떤 문제를 은폐하기 위하여 위험을 무릅쓰고 황급히 고안된 것처럼 보인다.

이런 조급한 설명 중 하나는 반유대주의를 당시 유행하던 민족주의와 그 증상의 하나인 외국인 혐오증의 분출과 동일시하는 것이다. 근대의 반유대주의는 전통적 민족주의가 쇠퇴함에 따라 증가했으며, 유럽의 국민국가 체제와 그 위태위태하던 권력 균형이 무너진 바로 그 순간 정점에 도달했다는 것은 불행하게도 사실이다.

나치가 단순한 민족주의자가 아니라는 점은 이미 잘 알려져 있다. 나치의 민족주의적 선전문구는 나치 동조자를 목표로 한 것이지 열성 당원을 겨냥한 것은 아니었다. 반대로 당원들은 항상 민족을 초월하는 관점에서 정치에 접근해야만 했다. 나치의 '민족주의'는 대중이 이미 가지고 있는 편견을 부채질할 목적으로 사용되는 소련의 민족주의 선전 전략과 여러 측면에서 공통점이 있다. 나치는 민족주의의 편협성과 국민국가의 협소한 지역주의에 대한 애초의 경멸감을 끝내 철회하지 않았다. 그들은 자신의 '운동'이 볼셰비즘 운동과 동일한 국제적 의미와 스케일을 가지고 있으며, 제한된 영토에 묶여 있을 수밖에 없는 어떤 국민국가보다 더 중요하다는 점을 반복적으로 강조했다. 나치뿐만 아니라 50여 년 역사의 반유대주의 운동은 민족주의와 반유대주의가 일치한다는 주장을 반박하는 명백한 증거가 된다. 19세기 말에 등장한 최초의 반유대주의 정당도 국제적으로 처음 단결했던 정당들 가운데에서 나왔다. 그들은 처음부터 국제회의를 소집했으며, 국제 활동의 공조 체계, 아니면 적어도 유럽 정당들 간의 공동 활동에 관심을 기울였다.

국민국가의 몰락과 반유대주의 확산의 우연한 일치도 그렇지만, 일반적인 시대 조류를 일원론적으로 만족스럽게 설명할 수는 없다. 이런 경우 역사가들은 대개 극히 복잡한 역사적 상황에 직면하게 된다. 이때 그는 거의 자의적으로, 다시 말하면 어찌할 바를 잘 모르면서 한 가지 사실을 '시대정신'으로 분리해내곤 한다. 하지만 도움이 되는 몇 가지 일반적 규칙이 있기는 하다. 이 규칙 가운데 프랑스 혁명 발발 당시 폭민이 귀족에게 느꼈던 폭력적 증오심, 버크(Burke)로 하여금 혁명은 왕이라는 제도보다 '신사의 조건'에 더 큰 관심을 기울였다고 진술하게 만든 증오심의 동기를 밝혀낸 토크빌(Tocqueville)의 위대한 업적은 우리의 작업에 가장 중요하다(『앙시앵 레짐과 프랑스 혁명』(L'Ancien Régime et la Révolution), 2권 1장). 토크빌에 따르면 프랑스 폭민은 권력을 상실할 무렵의 귀족을 어느 때보다도 미워했다는 것이다. 그것은 귀족들이 하루아침에 권력은 상실했지만 재산은 그 정도로 줄어들지 않았기 때문이다. 귀족계급이 막강한 사법권을 장악하고 있는 한, 그들은 용인될 뿐만 아니라 존경받기까지 했다. 그런데 귀족이 특권, 특히 여러 특권 중 착취와 억압의 특권을 상실했을 때, 폭민은 그들이 국가 통치의 아무런 실질적 기능을 담당하지 못하는 기생충과 같다고 느꼈다. 다시 말해서 억압과 착취 자체가 증오의 주된 원인은 아니었다. 그러므로 눈으로 확인할 수 있는 어떤 기능을 수반하지 못한 부는 그것을 묵인해주어야 할 이유를 어느 누구도 납득할 수 없기 때문에 더욱 참기 힘든 것이었다.

반유대주의 역시 유대인이 공적 기능과 영향력을 잃고 재산 외에는 아무것도 가진 것이 없었을 때 절정에 달했다. 히틀러가 권력을 장악할 무렵 대부분 독일 은행에는 유대인이 없었다(유대인이 100년 넘게 요직을 차지할 수 있던 곳도 바로 독일이었다). 독일계 유대인은 사회적 지위나 수적인 면에서 점진적 성장을 한 후 너무나 급격히 몰락하기 시작했다. 그래서 통계학자들은 몇십 년 내로 유대인이 사라질 것이라고 예측하기까지 했다. 여기서 주목할 점은 통계적인 관점에서 나치의 유대인 박해와 멸종은 내버려두어도 저절로 진행될 과정을 쓸데없이 가속화한 것처럼 보인다는 것이다.

이 점은 거의 모든 서유럽 국가에서도 마찬가지다. 드레퓌스 사건은 프랑스 유대인이 번영과 영향력의 정점에 있던 제2제국 때 발생한 것이 아니라 유대인 대부분이 중요한 자리(물론 정치적 무대를 말하는 것은 아니지만)에서 물러났을 때인 제3제국에서 일어났다. 오스트리아의 반유대주의가 폭력적으로 변한 시점도 메테르니히 시대나 프란츠 요제프 황제 치하가 아니라 전후의 오스트리아 공화국 정권 때였다. 즉 합스부르크 왕가의 몰락을 통해 어떤 다른 집단도 유대인만큼 영향력과 특권을 상실하는 고통을 겪지 않았다는 점이 명백히 드러난 시기였다.

무력하거나 권력을 상실한 집단을 박해하는 것은 그리 유쾌한 광경이 아닐지도 모른다. 하지만 이 박해가 오로지 인간의 비열함 때문에 발생하는 것은 아니다. 인간은 권력이 모종의 기능을 하며 일반적으로 유용하다는 사실을 본능적으로 아는 까닭에 실질적 권력에 복종하거나 견디는 한편, 권력 없이 부만 가진 사람들을 증오한다. 착취와 억압조차 사회가 돌아가게 만들고 나름의 질서를 확립한다. 단지 권력을 상실한 부와 정책적 대안 없는 냉소만이 기생충 같고 무용하며 역겨운 것으로 여겨지는데, 그 이유는 이런 조건이 사람들을 서로 묶어주는 끈을 모두 잘라버리기 때문이다. 착취하지 않는 부에는 흔히 착취자와 피착취자 사이에 존재하는 관계마저 결여되어 있다. 정책 없는 냉소에는 착취자가 피착취자에 대해 통상 가질 수 있는 최소한의 관심조차 들어 있지 않다.

그러나 서부와 중부 유럽 유대인의 전반적인 몰락은 후속 사건들이 일어날 수 있는 분위기만 조성했을 뿐이다. 귀족의 권력 상실만으로는 프랑스 혁명을 설명할 수 없듯이 유대인의 몰락 자체는 이 사건들을 설명하지 못한다. 그럼에도 이런 일반규칙들을 알고 있다면, 폭력적 증오나 급작스러운 반란은 반드시 거대 권력이나 심각한 권력 남용의 결과이고 따라서 유대인에 대한 조직적 증오는 그들의 중요성과 권력에 대한 반작용일 뿐이라고 믿게 만드는 상식적 충고를 반박할 때 도움이 될 것이다.

또 다른 상식적인 오류가 있는데, 그것은 좀더 건전한 사람들에게 호소하기 때문에 더욱 심각하다. 즉, 유대인은 당대의 일반적이고 해결할 수 없는 갈등의 소용돌이에 빠져 있었고 또 전적으로 무력한 집단이었기 때문에 그 갈등에 책임이 있다고 비난받았고 결국 모든 악의 숨은 장본인인 것처럼 조작되었다는 내용이다. 제1차 세계대전 후에 널리 퍼졌던 농담은 대다수 자유주의자의 마음을 사로잡았던 이 설명을 가장 잘 예증하는 동시에 가장 잘 반박한다. 어떤 반유대주의자가 전쟁을 유대인이 일으켰다고 주장했다. 그러자 "맞습니다. 유대인과 자전거 타는 사람이 일으켰지요"라는 대답이 돌아왔다. "자전거 타는 사람은 왜요?"라고 이 사람이 물었다. "그러면 유대인은 왜요?"라는 물음이 되돌아왔다.

유대인은 언제나 희생양이라는 이론은 그밖의 누구라도 유대인처럼 희생양이 될 수도 있다는 의미를 함축하고 있다. 이 이론은 희생자의 완전한 무죄, 즉 어떤 악도 행하지 않았으며 또한 문제의 쟁점과 연관될 수 있는 어떤 일도 하지 않았다는 것을 주장한다. 순전히 자의적 형태로 있는 이 희생양 이론이 한 번도 출판된 적이 없다는 점은 사실이다. 그러나 이 이론의 지지자들이 어떤 특정한 희생양이 왜 그 역할에 안성맞춤이었는지를 설명하려고 무던히 노력할 때마다, 그들이 보여준 것이라고는 이 이론을 포기하고 나서 평범한 역사 연구에 몰두하는 모습뿐이었다. 그런데 이 역사 연구를 통해 밝혀진 것이라고는 역사가 다수 집단에 의해 만들어진다는 사실 그리고 어떤 특별한 이유에서 한 집단이 선택되었다는 사실뿐이다. 이른바 희생양은 이제, 세상이 모든 죄를 뒤집어씌우고 그 대신 처벌을 면하고자 하는 무고한 희생자가 아니다. 세상사에 관여하는 여러 집단 중한 집단의 사람들이 희생양이 되는 것이다. 그러나 이 집단이 세상의 불의와 잔혹함의 희생자가 되었다는 이유만으로 공동의 책임에서 벗어날 수는 없다.

최근까지는 희생양 이론의 내적 모순만으로도 그것을 현실도피주의에 의해 유발된 많은 이론 가운데 하나라고 간주하여 포기하는 근거로서 충분했다. 그러나 테러가 지배의 주된 무기로 등장하면서 그 이론은 어느 때보다 신빙성을 얻게 된다.

근대의 독재정치가 과거의 다른 모든 전제정치와 근본적으로 다른 점은, 테러가 예전처럼 정적 제거나 위협의 수단으로 사용되지 않고 이제 완전히 순종적인 인민 대중을 지배하는 도구로 사용된다는 점이다. 오늘날 우리가 알고 있는 형태의 테러는 아무런 예고 없이 발생하며, 테러범의 관점에서도 희생자는 무고하다. 이는 나치 독일에서도 마찬가지였다. 즉 전면적 테러가 유대인에게, 다시 말해 개별적 행위와 무관하게 공동의 특징을 가진 어떤 사람들에게 가해졌던 시기에도 마찬가지였다. 소비에트 러시아의 경우 상황은 훨씬 더 복잡하지만, 불행하게도 사실은 너무 명백했다. 한편, 볼셰비키 체제는 나치와 달리 무고한 자에게 테러를 가할 수도 있다는 점을 이론적으로 인정하지 않았다. 실제 행해진 테러를 보면 이런 불인정이 위선처럼 보일지도 모르지만, 그 차이는 분명하다. 다른 한편으로 러시아의 관행은 한 가지 면에서 독일보다 훨씬 '발전된' 것이었다. 즉 낡은 계급적 범주가 오래전에 폐기되면서 자의적 테러는 인종 차별의 제약을 받지 않았으며 따라서 러시아에서는 누구나 갑작스럽게 경찰 테러의 희생물이 될 수도 있었다. 우리는 여기서 누구나, 심지어 처형자조차 공포에서 자유로울 수 없다는 테러 통치의 자의성 문제를 다루는 것이 아니다. 우리의 맥락에서 단지 희생자 선택의 자의성을 다루고자 한다. 이를 위해서는 희생자가 객관적으로 무고하며 그들이 하거나 하지 않았던 일과는 무관하게 제물로 선택되었다는 사실이 중요하다. 언뜻 보면 이것은 낡은 희생자 이론을 뒤늦게 확인하는 것처럼 보일지도 모른다. 그리고 근대의 테러 희생자가 희생양의 모든 특성을 보여주는 것은 사실이다. 즉, 그가 했거나 하지 않은 일은 그의 운명과 아무런 관계가 없기 때문에 객관적으로 완벽하게 무죄다.

따라서 희생자는 자동으로 책임이 없다는 설명으로 되돌아가고 싶은 유혹이 생긴다. 즉 끔찍한 기계 속에 갇힌 개인의 완전한 무고함과 자신의 운명을 바꾸지 못하는 무능력보다 더 강력하게 우리의 심금을 울리는 것은 없다는 현실에 희생양 이론은 매우 적합한 것처럼 보인다. 그러나 테러는 그 발전의 마지막 단계에서만 단순한 지배 형식이 될 뿐이다. 전체주의 정권을 수립하기 위해서는 테러가 특정 이데올로기의 실행 수단으로 반드시 존재해야만 한다. 그러므로 테러를 안전하게 자행할 수 있으려면 이 이데올로기는 반드시 다수를, 심지어 대다수를 지지자로 확보해야만 한다. 역사가에게 중요한 것은 유대인이 근대적 테러의 주된 희생자가 되기 전에 이미 나치 이데올로기의 핵심이었다는 사실이다. 따라서 인민을 설득하여 동원해야만 하는 이데올로기는 제물을 자의적으로 선택할 수 없다. 달리 말하면 '시온 장로 의정서' 같은 명백한 날조가 정치 운동 전체의 교본이 될 정도로 다수가 그것을 믿는다면, 역사가의 과제는 이제 더는 날조를 폭로하는 데 있지 않다. 그들의 과제는 분명 정치적·역사적인 사건의 진상, 즉 날조가 믿어진다는 사실을 간단히 처리하는 설명을 꾸며내는 것이 아니다. 날조가 믿어진다는 사실은 그것이 날조라는 (역사적 관점에서 볼 때 단지 이차적인) 정황보다 더 중요하다.

그러므로 희생양 이론은 여전히, 반유대주의의 심각성과 유대인이 사건의 소용돌이 한가운데로 내몰렸다는 사실이 가진 중대한 의미를 회피하려는 주된 시도 중 하나에 불과하다. 이것과 정반대 교리인 '영구적 반유대주의'도 마찬가지로 광범위하게 퍼져 있다. 이에 따르면, 유대인 증오는 역사가 겨우 몇 번밖에 기회를 제공하지 않은 정상적이고 당연한 반작용이다. 증오의 분출은 영원한 문제의 자연스러운 결과이기 때문에 특별한 설명 따위는 필요하지 않다. 직업적인 반유대주의자가 이 교리를 선택한 것은 당연한 일인데, 그것이 모든 공포에 대한 최선의 알리바이를 제공하기 때문이다. 인류가 2000년 넘게 유대인 살해를 주장해온 것이 사실이라면, 유대인 살해는 정상적일 뿐만 아니라 인간적인 일이며, 논증할 필요 없이 정당화될 수 있다.

이런 설명, 즉 반유대주의는 영구적이라는 가정이 지닌 더욱 놀라운 측면은 대다수 역사가가 편견 없이, 나아가 훨씬 더 많은 유대인이 그것을 줄곧 선택해왔다는 사실이다. 바로 이런 기묘한 일치가 이 이론을 더욱 위험하고 혼란스럽게 만든다. 이 두 집단의 경우 모두 현실도피가 바탕에 깔려 있다. 즉 반유대주의자가 자기 행위의 책임을 회피하려는 것과 마찬가지로 공격을 받아 방어적으로 변한 유대인도 결코 자신이 맡아야 할 책임의 몫을 논하기를 바라지 않는다. 전자도 이해가 가지만, 후자는 더더욱 이해하기 쉽다. 그러나 유대인, 더 빈번하게는 이 교리의 지지자인 기독교인의 경우, 공식 해명의 현실도피 경향은 다소 비합리적이지만 매우 중요한 동기에 기반을 두고 있다.

근대적 반유대주의의 발생과 성장은 유대인의 동화, 즉 유대교의 종교적이고 영적인 옛 가치들이 세속화되어 쇠퇴한 이후에 일어났으며, 이와 내적 연관성을 갖고 있다. 이로써 실제로 유대 민족 대부분이 외적으로는 신체적 절멸을, 내적으로는 영적 와해의 위협을 동시에 받았다. 이런 상황에서 민족의 생존을 염려하는 유대인은 반유대주의가 종국적으로는 유대인을 결속하는 탁월한 수단이 될 수도 있으며, 따라서 영구적 반유대주의라는 가정이 유대인의 영원한 생존을 보장할 수도 있다는 생각에 착안하게 되었다. 그러나 이것은 스스로를 위로하는 것일 뿐 절망적일 정도로 잘못된 해석이다. 선민신앙과 메시아에 대한 희망에 내재하는 영원성의 관념이 세속적으로 희화화된 이 미신은, 유대인이 수세기 동안 영적으로나 정치적으로 유대인 보존의 강력한 대리인이었던 기독교도의 적대를 받아왔다는 사실로 강화되었다.

유대인은 근대의 반기독교적 반유대주의를 과거의 종교적 유대인 증오와 혼동했다. 너무나 순진하게 이렇게 오해한 이유는 유대인의 동화가 종교적이고 문화적인 측면의 기독교를 알지 못한 채 그것을 우회하여 이루어졌기 때문이다. 따라서 기독교 쇠퇴의 분명한 징후에 직면한 유대인은 너무나 무지하게도, 반유대주의를 이른바 '암흑 시대'의 부활쯤으로 생각했던 것이다. 자신의 과거에 대한 무지와 오해는 차후에 펼쳐질 전례 없는 실질적 위험을 과소평가한 치명적 오류에 일부 책임이 있다. 그러나 우리는 또한 정치적 능력과 판단의 결핍은 유대인 역사의 특성, 즉 정부와 국가 그리고 언어를 갖지 못한 역사가 원인임을 유념해야 한다. 유대인의 역사는 분명히 한정된 계획을 지상에서 달성하고자 하는 거의 의식적인 결심에 깔끔하게 규정된 역사 개념을 갖추고 나서 시작되었고, 이후에는 이 개념을 포기하지 않은 채 2000년 동안 모든 정치 행위를 피해왔던 — 이런 측면에서 독특한 — 한 민족의 너무나 파란만장한 행로를 보여준다. 그 결과, 유대 민족의 정치사는 다른 민족의 역사보다 예상치 못한 우연적 요소에 훨씬 더 의존하게 되었다. 그래서 유대인은 비틀대며 이 역할에서 저 역할로 옮겨 다녔고, 이로 말미암아 어느 것에 대해서도 책임지려 하지 않았다.

유대인을 거의 완전한 멸종으로 내몰았던 마지막 대재앙의 관점에서 볼 때, 영구적 반유대주의라는 가정은 지금까지 존재했던 어떤 가정보다 훨씬 더 위험했다. 이 가정은 유대인 증오자들이 사람이 상상할 수 있는 범위를 넘어서는 무서운 범죄를 저질러도 사면해줄 것이다. 결코 유대 민족의 생존을 보장하는 신비스러운 묘책이 될 수 없는 반유대주의는 유대인을 분명하게 말살할 수 있는 조짐으로 모습을 드러냈다. 하지만 반유대주의에 대한 이런 설명은, 희생양 이론과 마찬가지로 또는 유사한 이유들 때문에, 현실의 반증에도 불구하고 끈질긴 생명력을 보여준다. 결국 영구적 반유대주의는 희생양 이론과는 상이한 논증들을 통해서, 하지만 똑같이 완강하게 근대의 테러 희생자의 두드러진 특징인 온전하고 비인간적인 무고함을 강조한다. 그러므로 사건 자체로 확인되는 것 같다. 영구적 반유대주의는 심지어 모든 민족 가운데 왜 유대인인가 하는 거북한 문제에 대해서도 오직 영구적인 적대 때문이라고 대답함으로써 희생양 이론보다 더 유리한 위치를 차지한다.

그런데 여기서 특기할 만한 사실은 이 두 교리만이, 즉 적어도 반유대주의 운동의 정치적 의미를 설명하려는 이 두 교리만이 유대인의 특정한 책임을 모두 부인하며 또 특정한 역사적 관점에서 문제를 논의하는 것 자체를 거부한다는 것이다. 이 두 교리는 인간 행위의 중요한 의미를 내재적으로 부정한다는 점에서 근대의 지배 관행 및 지배 형태와 놀랄 만큼 유사하다. 어쨌든 이 교리들이 유대인 증오의 이유로 제시했던 설명, 즉 유대인은 무슨 일을 했든 또는 하지 않았든 상관없이, 그리고 그들의 악덕이나 미덕과는 관계없이 미움을 받았다는 설명을 마치 그대로 따르는 것처럼 유대인은 집단학살 수용소에서 살해당했다. 오로지 명령에 복종하고 자신들의 냉정한 효율성에 자부심을 가졌던 살인자들은 비인간적이고 비인격적인 역사과정의 '무고한' 도구들과 신비스러울 정도로 닮았다. 그런데 영구적 반유대주의 교리는 실제로 그들을 이런 도구라고 생각했다.

설령 이론과 실천 사이의 이런 공통분모가 견해들의 '시의 적절한' 성격을 암시해주고 다수에게 매우 그럴듯하게 받아들여지는 이유를 설명해준다 할지라도, 역사적 진리에 대해서는 아무것도 말해주지 않는다. 역사가가 이 견해들에 관심을 가지는 것은 단지 그것들이 자신의 역사의 일부이기 때문이며 또한 자신의 진리 탐구에 장애가 되기 때문이다. 역사가도 다른 모든 사람처럼 동시대인으로서 그런 견해의 설득력에 쉽게 굴복한다. 역사의 전체 흐름을 설명한다고 주장하는 일반적 견해는 근대의 역사가가 특별히 유념해야 할 중요한 사항이다. 왜냐하면 지난 19세기는 역사의 열쇠를 쥐고 있다고 주장하지만 실제로는 면책을 위한 필사의 노력에 불과한 이데올로기를 무수히 양산했기 때문이다.

플라톤은 고대 소피스트와의 유명한 대결에서 소피스트의 "논증으로 정신을 고양하는 보편적 기술"(『파이드루스』 261)은 진리와 무관하며 그 본성상 늘 변화하는 그리고 "합의의 시간에만, 합의가 지속되는 한에서"(『테아이테투스』 172) 타당할 뿐인 의견들을 얻고자 한다는 사실을 발견했다. 플라톤은 또한 세계 안에서 진리의 불안정한 위치를 발견했는데, 그것은 "의견들이 진리가 아니라 신념에서 오기"(『파이드루스』 260) 때문이라는 것이다. 고대 소피스트와 근대 소피스트의 가장 현저한 차이점은 전자가 진리를 대가로 논증의 일시적 승리에 만족하는 데 반해 후자는 현실을 희생시키는 대가로 좀 더 지속적인 승리를 원한다는 사실이다. 달리 말하면, 한쪽이 인간 사유의 존엄성을 파괴했다면, 다른 쪽은 인간 행위의 존엄성을 파괴했다. 고대에는 논리를 조작한 사람들이 철학자들 가운데 두통거리였다면 근대에는 사실을 조작한 사람들이 역사가에게 장애가 된다. 왜냐하면 사실이 과거 세계와 현재 세계의 부분이 되지 못하고, 나아가 이런저런 의견들의 정당화에 오용될 때에는 언제나 역사 자체가 파괴되며, 역사의 이해 가능성—역사는 인간에 의해 발생하며 따라서 인간에 의해 이해될 수 있다는 사실에 토대를 두고 있는—도 위험에 처하게 되기 때문이다.

의견들이 폐기되고 전통이 더는 자명한 것으로 수용되지 않는다면, 불명료한 사실의 미로를 헤쳐 나갈 지표들이 분명 남지 않는다. 역사 서술의 이런 난처한 문제점은 우리 시대의 중대한 격변과 이것이 서양의 역사 구조에 미친 영향에 비하면 매우 사소하다. 이 격변으로 지금까지 숨겨져 있던 우리 역사의 모든 구성 요소가 노출되는 결과가 빚어졌다. 수십여 년 전만 해도 파괴할 수 없는 본질로 간주되던 많은 것이 허울로 폭로되기는 했을지라도, (로마 제국 몰락 이후 아마 가장 심각한) 이 위기 속에서 갑자기 파멸한 것이 단순히 허울이라는 의미는 아니다.

유럽 국민국가의 몰락과 반유대주의 운동 성장의 동시성, 민족별로 조직된 유럽의 몰락과 유대인 말살의 우연적 일치—유대인 말살은 여론의 지지를 위한 투쟁에서 반유대주의가 경쟁하던 모든 주의에 승리를 거둠으로써 이미 그 조짐이 나타나기 시작했다—는 반유대주의의 원천에 관해 많은 시사점을 던져준다. 근대의 반유대주의는 국민국가의 발전이라는 좀더 일반적인 틀 속에서 고찰되어야 하며, 동시에 반유대주의의 원천은 유대인 역사의 몇 가지 측면에서, 특히 지난 세기 동안 유대인이 수행했던 역할에서 찾아야만 한다. 국민국가가 분열하는 과정의 마지막 단계에서 반유대주의 슬로건들이 제국주의를 확대하고 낡은 지배 형태를 파괴하도록 대중을 부추기고 조직화하는 데 가장 효과적인 수단으로 입증되었다면, 유대인과 국가가 맺었던 관계의 역사는 사회 집단과 유대인 간의 적대감이 고조된 이유에 대해 중요한 단서를 제공할 것이다. 다음 장에서 이런 발전 과정을 보여주고자 한다.

유대인이 정치 이데올로기의 초점으로 만들 만큼 충분히 중요한가 하는 질문에도 전혀 구애받지 않고 유대인을 '역사를 푸는 열쇠'이며 모든 악의 일차적 원인이라고 주장하는 지도자가 근대 폭민 — 다시 말해 모든 계급의 낙오자 — 의 점진적 성장으로 배출되었다면, 과거에 유대인과 사회가 맺었던 관계의 역사는 틀림없이 폭민과 유대인 간의 적대 관계에 대한 중요한 지표를 포함할 것이다. 유대인과 사회의 관계는 제3장에서 다룰 것이다.

우리 시대에 전개될 연극의 예행연습 격인 드레퓌스 사건은 제4장에서 다룬다. 이 사건은 그렇지 않았다면 영원히 감추어졌을 반유대주의의 잠재력이 19세기의 정치적 틀과 비교적 균형 잡힌 이 틀의 온건함 속에서 주요한 정치적 무기였다는 사실을 알 수 있는 기회를 우리에게 짧은 역사적 순간 제공해주었다. 그 때문에 우리는 이 사건을 매우 자세하게 다룰 것이다.

그 후 세 장은 단지 예비적 요소들을 분석한다. 이 요소들은 국민국가의 쇠퇴와 제국주의의 발전이 정치 무대의 전면에 등장할 때까지는 제대로 인식되지 못했다.

제2장 유대인, 국민국가 그리고 반유대주의의 발생

1. 해방의 이중성과 유대인 국립은행가

국민국가*는 19세기의 전성기에 유대계 주민들에게 평등권을 보장했다. 그런데 유대인이 정부로부터, 즉 수세기 동안 국적을 시민권의 전제 조건으로 또 주민의 동질성을 체제의 명백한 특징으로 설정했던 정부로부터 시민권을 얻었다는 이 추상적이고 명백한 이율배반 뒤에는 좀더 깊고 해묵었으며 숙명적인 모순이 감추어져 있다.

1792년 프랑스 칙령이 선포된 지 한참 지난 후 마지못해 일련의 해방 칙령이 뒤따르는데, 그 이후 또는 거의 동시에 국민국가는 유대계 주민들에게 이런 이중적 태도를 취하게 된다. 봉건 질서의 몰락은 혁명적인 새로운 평등 개념을 탄생시켰다. 이에 따르면 '국가 안의 국가'는 더 이상 관용의 대상이 될 수 없었다. 유대인에게 가해졌던 제한과 특권은 그 외의 모든 특별한 권리 및 자유와 더불어 폐지되어야 했다. 그러나 이런 정치적 평등의 신장은 독립적인 국가 기구의 성장에 달려 있었다. 이 국가 기구의 형태가 계몽 전제주의이든, 초계급

---

* nation은 특정 영토를 지배하는 정부 아래에 통일된 국민을 의미하기 때문에 공동의 역사, 문화, 관습을 통해 결합된 민족과 구별된다.

적이고 초당적인 입헌군주제이든, 그것은 당당하게 고립되어 기능하고 지배할 수 있었으며 전체 국가의 이해를 대변할 수 있었다. 따라서 17세기 후반부가 시작되면서 유례없는 규모의 국가 부채에 대한 수요가 발생했고 경제적·상업적 이해관계에서 국가가 차지하는 영역이 새로운 규모로 확장되었다. 반면 유럽인 가운데 국가에 돈을 빌려주거나 국가사업의 확장에 적극 참여할 정도로 준비된 집단은 전혀 없었다. 이런 상황에서 유대인이, 채권자로서 오랜 연륜을 쌓았고 유럽 귀족들의 재정 문제를 해결해주면서 그 대가로 종종 그들의 지역적 보호를 얻어내는 식으로 긴밀한 관계를 유지해왔기 때문에 도움을 요청받은 것은 자연스럽다. 유대인에게 특권을 보장해주고 분리된 집단으로 대우하는 것은 새로운 국가사업의 이해관계와 딱 맞아떨어지는 일이었다. 국가는 어떤 경우에도 이들이 나머지 주민에게, 즉 국가에 대한 대출을 거절하고 국가 소유의 사업에 참여하기도 꺼리고 그것을 확장하기도 싫어하며 오로지 사적인 자본주의 경영이라는 통상적 유형을 따르던 국민들에게 완전히 동화되었다고 생각할 여유가 없었다.

그러므로 19세기 동안 유럽의 국민국가 체제가 승인한 유대인 해방은 이중적 기원을 가지고 있으며 언제나 이중적 의미를 지니고 있다. 유대인 해방은 한편으로는 오로지 정치적·법적 평등이라는 조건에서만 운용될 수 있던 새로운 정치 통일체의 정치적·법적 구조에 기인한다. 정부는 스스로를 위해 구질서의 불평등한 요소를 가능한 한 빨리, 완전하게 추방해야만 했다. 다른 한편으로 그것은 유대인에게만 주어진 특권의 명백한 결과였다. 이 특권은 처음에는 몇몇 개인에게 주어졌다가, 나중에는 부유층 유대인의 소집단으로 확대되었다. 이 제한된 집단이 자신들만의 힘으로는 국가 경제의 수요 증가에 대처할 수 없게 되었을 때, 비로소 이 특권은 서부 및 중부 유럽의 전체 유대인에게 확대 적용되었다.[1)]

따라서 동일한 나라에서 해방이란 평등인 동시에 특권이며, 옛 유대인 공동체의 자율성 파괴인 동시에 사회 내에서 분리된 집단으로서 유대인의 의식적 보존을 의미한다. 그것은 또한 특별한 제약과 특별한 권리의 폐지를 의미하지만 동시에 점점 더 많은 집단에 이런 권리가 확산된다는 것도 뜻한다. 모든 국민에게 평등한 조건을 보장한다는 것은 새로운 정치 통일체의 전제 조건이 된다. 이런 평등이 실제로 과거의 통치 계급에게서 통치 특권을 박탈하고 과거의 피지배 계급에게서 보호받을 수 있는 권리를 박탈하는 정도로까지 실시되면서, 이 과정은 계급 사회의 탄생과 시기적으로 일치하게 된다. 즉 국민을 경제적으로나 사회적으로, 그리고 구제도만큼이나 효과적으로 다시 분열시키는 계급사회 말이다. 프랑스 혁명 당시 자코뱅당이 이해했던 조건의 평등은 유일하게 미국에서만 실현되었을 뿐 유럽 대륙에서는 법 앞에서의 단순한 형식적 평등으로 단번에 대체되어 버린다.

법 앞에서의 평등에 기초한 정치 체제와 계급 제도의 불평등에 기반을 둔 사회 사이에 존재하는 근본적 모순은 기능적 공화제의 발달 뿐만 아니라 새로운 정치적 위계 질서의 탄생을 저지했다. 극복 불가능한 사회적 조건의 불평등, 즉 대륙에서는 제1차 세계대전이 일어날

---

1) 17세기와 18세기 궁정 유대인에게 부여된 권리와 자유는 현대의 역사가들에게는 단지 평등의 선구자처럼 보일지도 모른다. 즉 그들은 살고 싶은 곳에 살 수 있었고 주권 영역 안에서는 자유롭게 여행할 수 있었으며 무기 소지가 허용되었고 지방 당국으로부터 특별한 보호를 받을 권리를 가지고 있었다. 실제로 프로이센에서 일반특권을 가진 유대인이라 불렸던 이 궁정 유대인은 여전히 중세 시대의 제약 아래 살고 있던 동포 유대인보다 더 좋은 생활 환경에서 살고 있었을 뿐 아니라 비유대계 이웃들보다 나은 처지에 있었다. 그들의 생활 수준은 당시 중산층보다 더 높았으며 그들의 특권은 대개의 경우 상인들에게 부여된 특권보다 컸다. 이런 상황은 동시대인들의 주목을 피할 수 없었다. 18세기 유대인 해방의 걸출한 주창자, 크리스티안 돔(Christian Wilhelm Dohm)은 근면한(즉 비유대인) 시민들의 희생으로 또 이들을 무시하고 종종 온갖 종류의 혜택과 지원을 부유한 유대인에게 허용한 관행, 즉 프리드리히 빌헬름 1세 이후 시행 중이던 관행에 불만을 털어놓았다. *Denkwürdigkeiten meiner Zeit*, Lemgo 1814~1819, IV, p.487.

때까지 계급의 구성원으로서의 자격이 개인에게 주어졌고 더구나 거의 출생에 의해 보장되었다는 사실은 결코 정치적 평등과 병존할 수 없었다. 독일 같은 정치적 후진국은 아직 몇 가지 봉건적 유물을 지니고 있었다. 이런 나라에서 귀족은 전체적으로 하나의 계급으로 전환하는 과정에 있었는데, 그들은 정치적으로 특권적 지위를 소유했으며 그래서 하나의 집단으로 국가와 특수한 관계를 유지할 수 있었다. 그러나 이것들은 단지 유물에 불과했다. 완전히 발달한 계급 제도에서는 개인의 지위는 그 자신이 속한 계급의 구성원 자격에 의해 그리고 다른 계급에 대한 그의 관계에 의해 규정되지 국가나 국가 기구 내에서 차지하는 위치에 따라 정의되지 않는다는 의미다.

이런 보편적 법칙의 유일한 예외는 유대인이었다. 그들은 그들만의 계급을 구성하지 못했고 그들이 살고 있는 나라에서 어떤 계급에도 소속되지 않았다. 집단으로서 유대인은 노동자도 중산층도 지주도 농민도 아니었다. 부는 그들을 중산층의 일부로 만드는 것처럼 보였지만, 그들은 중산층의 자본주의적 발달에 한몫 거들지 않았다. 그들은 기업 부문에는 거의 참여하지 않았다. 유럽 유대인 역사의 마지막 단계에서 그들이 대규모로 고용주가 되었을 때에도 그들의 피고용인은 화이트칼라 인력이었지 노동자는 아니었다. 달리 말하면 그들의 지위를 규정한 것은 유대인이라는 사실이었지, 다른 계급과의 관계가 아니었다. 국가로부터의 특별한 비호(그것이 옛 형태의 공개적 특권이든 아니면 다른 계급은 필요로 하지 않지만 사회의 적대감에 대항하여 스스로를 보호하기 위해 종종 강화되어야만 하는 특별한 해방 칙령이든 관계없이)와 그들이 국가를 위해 수행했던 특별한 업무로 인해 그들은 계급제도 안으로 흡수되지 않았을뿐더러 하나의 계급으로 정착하지도 못했다.[2] 그래서 사회 진출이 허용될 때면 그들은

---

2) 야코프 레츠킨스키는 유대인 문제에 대한 초기 토론에서 유대인은 어떤 사회 계급에도 속하지 않는다는 점을 지적했고 "계급들 가운데의 삽입물"이라고 말

항상 귀족이나 부르주아 중 한 계급 안에서 쉽게 인식할 수 있는, 주변 환경과 분리되어 독자적으로 존재하는 집단이 되었다.

유대인을 특수 집단으로 유지한 채 계급 사회로 동화되는 것을 막고자 했던 국가의 이해관계가 자기 보존과 집단의 생존이라는 유대인의 이해와 일치했다는 것은 의심할 여지가 없다. 또한 이런 이해의 일치가 없었다면 정부의 시도는 분명 허사로 돌아갔을 것이다. 정부 측에서는 모든 시민의 평등을 지향하려는 강력한 경향이, 또 사회로부터는 모든 개인을 한 계급으로 통합하려는 노력이 관측되는데, 이 두 경향은 분명 유대인의 완전한 동화를 시사한다. 그런데 그것은 정부의 간섭과 자발적 협력이 결합될 경우에만 무산될 수 있었다. 결국 공식적인 유대인 정책은 우리가 단지 그 마지막 결과만 고려할 때 믿게 되는 것처럼 항상 일관성을 유지하지도 않았고 확고부동하지도 않았다.[3] 실제로 유대인이 사적인 자본주의 기업이나 사업을 할 수 있는 기회를 초지일관 거부했다는 사실에 우리는 놀라움을 금치 못한다.[4] 그러나 어쨌든 정부의 이해관계와 실천이 없었다면 유대인은

했다(Jacob Lestschinsky, *Weltwirtschafts-Archiv*, 30권, 1929, pp.123ff.). 그러나 그는 동유럽에서 이런 상황이 가져온 불이익만 보았을 뿐 서부와 중부 유럽 국가에서 이로 인한 큰 이점을 간과했다.

3) 예를 들면 7년 전쟁 이후 프리드리히 2세 치하의 프로이센은 유대인을 일종의 상업 조직에 가입시키기 위해 결정적인 노력을 기울였다. 1750년의 일반적인 유대인-규정은 새로운 제조업에 재산의 상당 부분을 투자하는 유대계 주민들에게만 정식 허가증을 발행하는 제도로 대체되었다. 그러나 다른 곳에서처럼 여기에서도 그런 정부의 시도는 완전히 실패했다.

4) 펠릭스 프라이베치(Felix Priebatsch, "Die Judenpolitik des fürstlichen Absolutismus im 17. und 18. Jahrhundert," in *Forschungen und Versuche zur Geschichte des Mittelalters und der Neuzeit*, 1915)는 18세기 초의 전형적인 사례를 인용한다. "정부의 보조금을 받은 남부 오스트리아 노이하우젠의 한 거울 공장이 생산을 하지 않으면, 유대인 베르트하이머는 황제에게 이 공장을 살 돈을 주었다. 공장을 인수하라는 요청에 자신은 재정 거래로 시간이 없다고 말하면서 거절했다." Max Köhler, "Beiträge zur neueren jüdischen Wirtschaftsgeschichte. Die Juden in Halberstadt und Umgebung," in *Studien zur Geschichte der Wirtschaft und*

집단적 정체성을 유지하기가 심히 어려웠을 것이다.

　다른 사회 집단들과는 정반대로 유대인은 정치 통일체에 의해 성격이 규정되고 지위가 결정되었다. 그러나 이 정치 통일체가 의존할 수 있는 다른 사회적 실체를 가지고 있지 못했기 때문에, 유대인은 사회적으로 말해서 무소유의 땅에 살고 있었다. 그들의 사회적 불평등은 계급 제도의 불평등과는 다르다. 다시 말하지만 그것은 국가에 대한 그들의 관계가 빚어낸 결과였다. 그래서 사회에서 유대인으로 태어난다는 사실은 한편으로 국가의 특별한 보호 아래 지나친 특권을 가진다는 것을 의미했고, 다른 한편으로 유대인의 동화를 막기 위해 그들에게 허락되지 않았던 특정한 권리와 기회의 결여를 의미했다.

　유럽 국민국가와 유럽 유대인이 함께 겪었던 부상과 몰락의 도식적 윤곽은 대략 다음의 단계를 밟았다.

　1. 17세기와 18세기에는 절대 왕정의 보호하에 국민국가의 점진적 발전이 목격된다. 개별적인 유대인이 도처에서 무명의 처지에서 벗어나 이따금 매혹적이며 항상 영향력 있는 위치의 궁정 유대인으로 부상하여, 국가사업을 재정적으로 지원하고 그들이 모시던 제후들의 재정적 거래를 처리했다. 이런 형태의 발전은 여전히 봉건적 질서 속에서 살고 있던 대중에게나 유대인 전체에게 별다른 영향을 미치

Geisteskultur, 3권, 1927 참조.

　록펠러를 제외하고 세계 최대 석유재벌이던 파리의 로스차일드가가 1911년, 바쿠 유전 지분을 왕립 셸 그룹에 팔았다는 사실도 자본주의에서 실권을 가진 자리에서 부유한 유대인을 소외시켜왔던 이 전통에 서 있다. 이 사건에 대한 기록은 Richard Lewinsohn, *Wie sie gross und reich wurden*, Berlin, 1927에 들어 있다. 유대인을 자본주의 발전과 동일시했던 베르너 좀바르트에 대항하는 논쟁에서 앙드레 사유(André Sayou)가 했던 말은("Les Juifs," in *Revue Economique Internationale*, 1932) 일반적인 규칙으로 간주될 수 있다. "오로지 국채 사업을 하고 국제적인 자본 거래에만 종사했던 로스차일드가나 다른 유대인은 대기업을 세우려는…… 노력은 전혀 하지 않았다."

지 못한다.

2. 유럽 대륙 전역의 정치적 조건에 급격한 변화를 가져온 프랑스 혁명이 일어난 뒤, 근대적 의미의 국민국가가 출현한다. 이 국민국가의 사업상 거래는 제후가 궁정 유대인에게 요구했던 것보다 훨씬 많은 자본과 신용대부를 필요로 한다. 서부 유럽과 중부 유럽의 유대인 가운데 부유한 계층의 재원이 —— 그들은 몇몇 유명한 유대계 은행가에게 이 재원의 운용을 위임했다 —— 모두 합해졌을 때, 비로소 새로 확충된 정부의 수요에 충분하게 대처할 수 있었다. 이로써 이 시기에는 그때까지 궁정 유대인에게만 주어졌던 특권이 좀더 넓은 범위의 부유층, 즉 18세기에 주요한 도시와 재정 중심지에 정착할 수 있던 이들에게로 확산되었다. 마침내 모든 성숙한 국민국가에서 해방이 보장되었다. 단, 수적인 열세로 인해 또 지역의 일반적인 낙후 때문에 유대인이 정부에 대한 재정 지원이라는 경제적 기능을 수행하는 분리된 특수 집단으로 조직화될 수 없었던 국가들에서만 보류되었다.

3. 국가의 정부와 유대인 사이에 존재하는 이런 밀착 관계는 일반적 측면에서 부르주아의 정치 무관심과, 특수하게는 국가 재정에 대한 무관심에 기인하는 것이었다. 따라서 이 시기는 19세기 말, 즉 확장 형태로 이루어지는 자본주의적 사업이 국가의 적극적인 정치적 지원과 간섭 없이는 더 이상 수행될 수 없게 되었던 제국주의의 등장과 함께 끝난다. 다른 한편으로 제국주의는 국민국가의 존립 토대를 잠식하면서 유럽의 국가 공동체에 사업의 경쟁 정신을 도입했다. 이런 발전의 초기 과정에서 유대인은 국가사업에서의 독점적 위치를 제국주의적 성향의 사업가들에게 빼앗기고 만다. 개별적인 유대인이 재정 자문가로서 유럽 국가 간의 중개인으로 여전히 영향력을 지니고 있었지만, 집단으로서 유대인의 중요성은 감소한다. 그러나 이들 유대인 —— 19세기의 국립 은행가들과는 반대로 —— 은 유대인 공동체 전체의 부에도 불구하고 유대인 공동체의 필요성을 17세기와 18

세기의 궁정 유대인보다 덜 느끼고 있었다. 그래서 그들은 종종 유대인 공동체와 완전히 단절되어 있었다. 유대인 공동체들은 더 이상 부를 통해 조직된 재정적 집단이 아니었다. 높은 지위의 유대인 개개인은 이교도 눈에는 유대 민족 전체를 대변했지만, 이런 생각에는 현실적 토대가 거의 없었다.

4. 집단으로 보면 서구 유대인은 제1차 세계대전이 발발하기 전 수십 년 동안 국민국가와 함께 해체의 길을 걸어왔다. 전후 유럽이 급속히 몰락하면서 유대인 역시 자신들이 누렸던 권력을 박탈당하고 한 무리의 부유한 개인들로 원자화된다. 제국주의 시대에 유대인의 부는 그 중요성을 상실했던 것이다. 국가들 간에 권력의 균형 감각이나 유대성이 없던 유럽에서 범유럽적 유대인이란 요소는 그들의 무익한 부로 인해 일반적인 증오 대상이 되었고, 권력의 결여로 경멸의 대상이 되었다.

정기적인 수입과 확실한 재정이 필요했던 최초의 정부는 절대 왕정이었고, 이때 국민국가가 태동하게 된다. 봉건 시대의 왕자들이나 왕들 역시 돈이 필요했고 또 신용 대부금도 필요했지만, 그것은 단지 특별한 목적이나 일시적 사업을 위한 경우에 한해서였다. 16세기 푸거(Fugger)가에서 제후에게 신용 대부금을 제공했지만, 특별한 국가 신용대부기금을 설립하겠다는 생각은 꿈에도 하지 않았다. 절대군주는 재정적 필요가 생기면 일부는 전쟁이나 약탈이라는 구시대 방식으로, 일부는 근대적인 조세 독점권을 통해 마련했다. 그러나 이런 방법은 점점 커지는 주민의 적대감을 완화하지 못하여 권력의 토대를 약화했고 귀족의 재정을 파멸하기도 했다.

절대군주는 봉건군주들이 귀족에게 의존했듯이, 자신들이 의존할 만한 사회계급을 찾아 왔다. 프랑스에서는 15세기부터 길드를 국가 제도 안에 통합하려는 국가와 길드가 무의미한 투쟁을 지속하고 있었다. 이 가운데 가장 흥미로운 것은 중상주의의 등장으로, 절대국가가 국가의 상업과 산업에 절대적 독점권을 행사하려는 시도다. 파국으로 끝난 결과와 당시 사회적으로 부상하던 부르주아의 공동 저항은 이미 충분히 알려진 사실이다.[5]

해방 칙령이 공포되기 전에 이미 왕가나 유럽의 제후 가문은 모두 재정 업무를 전담하는 궁정 유대인을 거느리고 있었다. 17세기와 18세기 동안 이 궁정 유대인은 유럽을 잇는 커넥션과 범유럽적 자금을 마음대로 운용할 수 있던 개별적인 개인들이었다. 그러나 그들은 국제적 금융집단을 형성하지는 않았다.[6] 유대인 몇 사람, 그리고 부유

---

5) 그러나 미래의 발전에 미친 상업적 실험의 영향력은 과대평가될 수 없다. 프랑스는 상업 조직에 대한 실험이 꾸준히 시도되었고 그 결과 일찍 제조업이 번창했던 유일한 나라였다. 제조업은 국가 개입 덕분에 존재했다. 프랑스는 그런데 이 실험에서 결코 회복되지 못했다. 자유 기업의 시대에 프랑스의 부르주아 계급은 정부의 보호를 받지 못하는 자국 산업 투자를 피했으며, 상업 조직의 산물이었던 프랑스의 관료제는 이 조직의 붕괴에도 살아남았다. 관료제는 모든 생산적인 기능을 상실했음에도 오늘날에도 부르주아 계급보다 더 프랑스의 특징으로 간주되고 부르주아 계급보다 프랑스 회복에 더 큰 방해가 되고 있다.

6) 엘리자베스 여왕의 마라노 은행가와 크롬웰 군대의 유대인 재정가들 이후, 런던 증권 거래소에 입장이 허용된 유대인 브로커 12명 중 한 명이 그 당시 국채의 4분의 1을 취급한다는 말을 할 때까지 영국의 상황이 이러했다(Salo W. Baron, *A Social und Religious History of the Jews*, Vol. II, 1937; *Jews and Capitalism*). 오스트리아에서는 40년 동안(1695~1739) 유대인이 3500만 플로린 이상의 신용 대부를 취급했고 1703년 사무엘 오펜하이머의 죽음이 국가와 황제의 심각한 재정 위기로 귀결되었다. 바이에른에서는 1808년 모든 국채의 80퍼센트를 유대인이 배서하고 유통시켰다. 상업 조건이 특히 유대인에게 유리했던 프랑스에서 콜베르(Colbert)는 이미 국가에 대한 유대인의 유용성을 칭찬했다. 18세기 중반 독일계 유대인 리프만 칼머(Liefman Calmer)에게 왕은 "우리의 국가와 우리의 인격"에 대한 봉사와 충성을 고마워하면서 남작 작위를 수여했다(Robert Anchel, "Un Baron Juif Français au 18e siècle, Liefman Calmer," in *Souvenir et Science*, I, pp.52~55). 프로이센에서도 프리드리히 2세의 화폐 유대인은 작위를 받았고 18세기 말에는 유대계 400 가족이 베를린에서 부유한 집단 가운데 하나를 이루었다(18세기의 전환기에 베를린과 그 사교계에서 유대인의 역할에 대한 가장 뛰어난 서술은 Wilhelm Dilthey, *Das Leben Schleiermachers*, 1870, pp.182ff.에서 볼 수 있다).

한 유대인으로 구성된 최초의 소규모 집단이 19세기보다 더 큰 권력을 향유했던 이 시기의 특징은, 유대인이 솔직하고 거리낌 없이 자신들의 특권적 지위와 그것에 대한 권리를 토론하며 당국 역시 국가에 대한 유대인의 봉사의 중요성을 조심스러우나마 공공연히 선언했다는 것이다.[7] 제공되는 봉사와 보상으로서의 특권 사이에는 한 점의 의심이나 모호함이 없었다. 프랑스와 바이에른, 오스트리아와 프로이센에서 유대인은 당연한 것처럼 귀족 작위를 받았고, 그래서 외형적으로도 그들은 단순한 부자 이상이 되었다. 그런데 로스차일드(Rothschilds)가가 오스트리아 정부에서 인정하는 작위를 신청하면서(1817년에 마침내 귀족 증서를 손에 넣는다) 그토록 어려움을 겪었다는 사실은 이제 한 시대가 막을 내리고 있다는 신호탄이었다.

18세기가 끝날 무렵 유럽 각국에서 어떤 사회 집단이나 계급도 새로운 통치계급이 되기를 원치 않았고 될 수도 없다는 사실이, 다시 말해 귀족이 수세기 동안 그래왔듯이 정부와 동맹자가 되려 하지 않는다는 사실이 명확해졌다.[8] 절대군주가 사회 안에서 자신의 대리인을 구하는 데 완전히 실패함으로써 국민국가는 발전하게 되고 또 모든 계급 위에 군림하게 된다. 또한 그 사회의 특수한 이해관계와는 무관하게 전체 국가의 유일하고 진정한 대표로 존재하겠다고 주장함으로써 결국 국민국가의 주장이 활짝 전개된다. 다른 한편, 국가의 근간이 되는 사회와 국가 사이의 틈새는 더욱 벌어지고 골도 깊어

---

7) 18세기 초 오스트리아 유대인은 아이제멩거(Eisemenger)의 『발견된 유대교』(1703)를 추방하는 데 성공했으며, 18세기 말 『베니스의 상인』은 베를린에서 (해방되지 못한) 유대인에게 사과하는 짧은 서두 대사가 있어야만 상연될 수 있었다.

8) 이와 별로 관계가 없는 유일한 예외는 프랑스에서 조세징수청부인(fermiers-généraux)이라 불렸던 세무관리들일 것이다. 이들은 정부에 일정 금액을 보장함으로써 국가로부터 세금 징수권을 얻었다. 그들은 절대 군주제 덕분에 큰 재산을 모았고 그래서 직접 그것에 의존했다. 그러나 이들은 소집단이었고 독자적으로 경제적 영향력을 행사하기에는 너무 고립되어 있던 현상이었다.

진다. 이런 틈새가 없었다면 그 기간에 유대인이 유럽 역사에 소개될 필요도 없었을 것이고 가능성은 더더욱 없었을 것이다.

사회 내의 주류계급과 동맹을 맺으려는 모든 시도가 실패로 돌아가자 국가는 스스로 거대한 기업이 되는 것 외에 달리 뾰족한 수가 없었다. 그것은 틀림없이 단지 행정적 목적을 위한 기업이 될 예정이었지만, 재정적 이익을 비롯한 다른 이익과 비용이 너무나 방대하여 18세기부터는 국영사업이라는 특수 영역의 존재가 분명하게 드러난다. 국영사업의 독립적 성장은 그 시대에 재정적으로 영향력이 있던 세력들과의 갈등, 즉 사적으로 투자하고 국가적 개입을 피했고 또 '비생산적' 경영처럼 보이는 일에 적극 참여하기를 거부했던 부르주아와의 갈등에서 비롯되었다. 그러나 유대인은 국가의 첫걸음에 기꺼이 재정 지원을 하려는 유일한 집단이었으며, 자신들의 운명을 향후 국가의 발달과 연결한 집단이었다. 그들이 보유한 자금과 국제적 관계 덕분에 유대인은 국민국가가 그 시대의 가장 큰 기업과 고용주로 자리잡는 데 결정적으로 지원할 수 있는 훌륭한 위치에 있던 것이다.[9]

유대인이 누렸던 상당한 특권과 그들이 처했던 조건의 결정적 변화는 당연히 그런 봉사를 수행하는 대가였으며, 동시에 큰 위험 부담에 대한 보상이었다. 특혜 가운데 가장 큰 것은 평등이었다. 프로이센이나 프리드리히 왕의 화폐 주조권을 가진 유대인이나 오스트리아제국의 궁정 유대인은 '일반 특권'이나 '특허권'으로 반세기 후 모든

---

9) 정부 사업과 유대인의 연결을 강요하는 긴박성은 단호하게 유대인에 적대적이던 관료들이 정책을 수행해야만 했던 그런 경우들을 가지고 측정할 수 있다. 그래서 젊은 시절 비스마르크는 몇 차례 반유대적 연설을 했지만, 제국의 수상으로서 블라이히히뢰더(Bleichroeder)의 친한 친구가 되었고 베를린의 왕실 목사 슈퇴커(Stoecker)의 반유대주의 운동에 대해 유대인의 믿음직한 보호자가 되었다. 황태자일 때 프로이센의 반유대주의 귀족의 일원으로서 1780년대의 모든 반유대주의 운동에 적극적으로 동조했던 빌헬름 2세는 왕위에 오르면서 하룻밤 사이 자신의 반유대주의 신념을 바꾸었고 반유대주의 부하들을 버렸다.

프로이센 유대인이 해방과 평등권이란 이름으로 받았던 것과 같은 지위를 얻었다. 베를린의 유대인은 18세기 말 부의 정점에서 동부 지방 출신 유대인의 유입을 막으려고 했는데, 그것은 그들이 동등하다고 인정하지 않았던 가난한 동포들과 '평등'을 나누고 싶지 않았기 때문이다. 프랑스의 국민의회 시절 보르도와 아비뇽의 유대인도 프랑스 정부가 동부 유럽의 유대인에게 평등권을 부여하는 데 대해 격렬하게 저항했다. 이를 통해 명확히 드러나는 사실은 유대인은 평등권의 관점이 아니라 특권과 특별한 자유의 관점에서 사고했다는 것이다. 그런데 특권적 위치에 있던 유대인은 정부의 사업과 밀접하게 관련되어 있었고 그들이 누리는 지위의 특성과 조건을 잘 알고 있었다. 따라서 이들이 봉사 대가로 소유하고 있던 자유라는 선물을 모든 유대인에게 선사하고 싶어 하지 않았다는 것은 그리 놀라운 일이 아니다. 그들은 자신에게 주어진 자유의 선물이 봉사의 대가라는 사실을 정확하게 인식했고, 그래서 그것은 모든 유대인을 위한 권리가 될 수 없었던 것이다.[10]

19세기 무렵에 제국주의가 등장하면서 유산계급은 국영사업을 비생산적이라고 진단했던 과거의 평가를 바꾸기 시작한다. 제국주의적 팽창과 더불어 폭력 장치가 점차 완벽해지고 그 장치를 국가가 절대적으로 독점하면서 국가는 사업을 하는 흥미로운 기업이 되었다. 이는 물론 유대인이 누렸던 독점적이고 독특한 지위를 점차적으로 그리고 자동적으로 상실한다는 것을 의미한다.

그러나 유대인의 역할이 단지 성장하던 국민국가 안에서 사업적

---

10) 18세기 초 유대인 집단 전체가 국가에 쓸모가 있을 만큼 부유하게 된 나라에서 그들은 항상 집단적 특권을 누렸고 심지어 같은 나라 안에서도 하나의 집단으로서 덜 부유하고 덜 유용한 동포들과 구분되었다. 프로이센의 보호 유대인처럼 프랑스 보르도 유대인과 바욘 유대인은 프랑스 혁명이 일어나기 훨씬 전부터 평등을 누렸고 1787년의 삼부회에 초대받아 다른 계급들과 함께 자신들의 불만과 제안을 밝힌 바 있다.

기능만 수행하는 데 그쳤다면, 그들의 행운, 즉 하찮은 위치에서 정치적 주요 변수로의 부상은 좀더 일찍 종말을 맞게 되었을지도 모른다. 19세기 중반부터 몇몇 국가는 유대인의 국채 보증 및 금융 지원 없이도 충분히 견딜 수 있다는 자신감을 얻게 된다.[11] 더구나 국민들이 자신들의 사적 운명이 국가의 운명에 점점 더 의존한다는 것을 확실하게 의식하면서, 정부에 필요한 자금을 지원할 태세를 갖추게 된다. 결국 가장 안전한 자본 투자 방법으로 간주되던 정부 발행 채권을 입수할 수 있는 자유가 평등권 자체를 상징하게 된다. 그 이유는 간단했다. 즉 국제전을 치러낼 수 있는 국가는 시민의 재산을 실질적으로 보호할 수 있는 유일한 기관이었기 때문이다. 19세기 중반부터 유대인은 오로지 좀더 중요하고 숙명적인 다른 역할을 수행했기 때문에 중요한 지위를 유지할 수 있었다. 이것 역시 그들이 국가의 운명에 관여하고 있다는 사실과 밀접하게 연관된 역할이었다. 영토와 자신의 정부가 없는 유대인은 항상 범유럽적 요소였다. 이런 국제적 지위를 국민국가는 지속적으로 유지하고자 했다. 유대인의 금융 서비스가 바로 그것에 기인했기 때문이다. 그러나 설령 경제적 유용성이 고갈되었다 하더라도 유대인의 국제주의는 국제적 분쟁과 전쟁이 빈번한 시대에는 국익에 극히 중요한 요소였다.

유대인의 봉사에 대한 국민국가의 수요가 서서히 그리고 유럽사의

---

11) 장 카페피그(Jean Capefigue, *Histoire des grandes opérations financières*, Tome III: *Banque, Bourses, Emprunts*, 1855)는 7월 왕정 동안 유일하게 유대인, 그중에서도 특히 로스차일드가가 프랑스 은행에 기반을 둔 견실한 국가 신용대부를 방해했다고 주장한다. 그는 또한 1848년의 사건은 로스차일드가의 활동을 무용지물로 만들었다고 주장한다. 라파엘 슈트라우스(Raphael Strauss, "The Jews in the Economic Evolution of Central Europe," in *Jewish Social Studies*, III, I, 1941) 도 1830년 이후 "공채 발행은 이미 위험 부담이 없어졌기 때문에 기독교계 은행들도 이 사업을 취급하는 경우가 증가하는 추세였다"고 말한다. 당시의 일반적 경향에 관해서는 의심할 여지가 없지만, 로스차일드가와 나폴레옹 3세가 아주 좋은 관계를 유지했다는 사실은 이런 해석과 상반된다.

보편적 컨텍스트의 당연한 논리적 결과로 커진 반면, 유대인이 정치적·경제적으로 중요한 의미를 획득하게 된 것은 그들 스스로나 이웃에게나 예기치 못한 사건이었다. 중세 말기에는 유대인 금융업자들은 과거의 중요성을 모두 상실했고, 16세기 초가 되자 이미 유대인은 도시와 상업 중심에서 마을이나 시골로 추방되었다. 따라서 유대인이 얻는 보호의 형태도 멀리 떨어진 제국의 높은 관청으로부터의 비교적 안전한 보호에서 지역 봉건 제후의 불확실한 보호로 변화했다.[12] 전환점은 17세기, 30년 전쟁 기간에 나타난다. 즉 이 하찮은 대금업자들로 이루어진 소수 집단은 여러 곳에 분산되어 있어 이역만리에 있던 군주의 용병 군대에 필요한 물자를 공급해줄 수 있었고 소매업자들의 도움으로 전체 지역의 식량을 구입할 수 있었던 것이다. 이 전쟁은 반봉건적이고 해당 군주들의 사적인 문제라서 다른 계급의 관심은 전혀 없었고 국민들의 지원도 얻지 못했다. 그래서 유대인의 지위 상승은 극히 제한적이었고 미미했다. 그러나 모든 봉건 영주의 집안에서 궁정 유대인 같은 사람을 고용했기 때문에 그 수는 늘어났다.

귀족의 일원으로서 중앙 집권적 권위를 대변하겠다는 야망이 없던 봉건 영주들에게 고용되어 있는 동안, 궁정 유대인은 한 사회 집단만의 하인이었다. 그들이 관리한 귀족의 재산, 그들이 빌려준 돈, 그들이 사 모았던 식량 등 모든 것은 주인의 사적 재산으로 간주되었다. 그래서 이런 활동을 빌미로 그들이 정치적 문제에 개입하는 경우는 없었다. 미움을 받든 신뢰를 얻든, 유대인이 중요한 정치적 이슈가 될 수는 없었다.

그러나 봉건 영주가 군주나 왕으로 발전하여 기능이 변하면서 그가 데리고 있는 궁정 유대인의 기능도 변한다. 이질적 요소이기 때문에 주변 환경의 변화에 관심이 없던 유대인은 자신들의 지위 상승을

---

12) Priebatsch, 같은 책 참조.

가장 늦게 알아차린다. 그들은 여태까지 해왔던 개인적 사업을 지속할 뿐이었고, 주인을 위한 충성심 역시 여전히 정치적 고려와는 무관한 개인적 사건이었다. 충성심이란 정직함을 의미한다. 그것은 갈등 상황에서 편을 들거나 정치적 이유에서 의리를 지킨다는 의미는 아니었다. 식량을 사모으고 군대를 입히고 먹이며 용병을 고용하기 위해 돈을 빌리는 등의 일을 한 것은 단순히 사업 파트너의 번영에 관심이 있었기 때문이다.

유대인과 귀족 간의 이런 관계는 유대인을 사회의 다른 계층과 이어준 유일한 관계다. 이런 관계는 19세기 초에 사라진 후, 다른 형태로 대체되지 않았다. 이 관계가 유대인에게 남긴 유일한 유산은 (특히 프랑스와 오스트리아에서) 귀족 작위에 대한 강한 애착이었고, 비유대인에게 남긴 것은 자유주의적 반유대주의라는 브랜드였다. 이 브랜드는 유대인과 귀족을 한 묶음으로 묶어 그들이 성장하는 부르주아에 대항하여 일종의 재정적 동맹을 맺은 것처럼 보이게 만들었다. 프로이센과 프랑스에서 통용되는 이런 추론은 유대인이 보편적으로 해방되지 않는 한, 그럴듯하게 들릴 수도 있다. 궁정 유대인의 특권은 실제로 귀족들이 향유했던 권리나 자유와 비슷하며, 유대인이 귀족과 마찬가지로 특권의 상실을 두려워했고 평등에 반박하는 논리도 그들과 똑같았다는 것은 사실이다. 이 논점의 설득력은 18세기에 대다수 특권 유대인에게 하위 귀족 작위가 주어졌을 때, 또 19세기 초에 유대인 공동체와의 끈을 잃어버린 부유한 유대인이 새로운 사회적 지위를 갈망하면서 귀족을 모방했을 때 더욱 확고해진다. 그러나 이 모든 것은 그리 중요하지 않았다. 우선 귀족은 몰락하는 계급이었고 반대로 유대인의 지위는 지속적으로 상승하고 있었기 때문이며, 둘째로 특히 프로이센에서는 귀족들이 반유대주의 이데올로기를 생산하는 최초의 계급이었기 때문이다.

유대인은 왕의 전쟁 물자 공급자인 동시에 하인이었지만, 전투에 참여하지 않았고 어느 누구도 그들에게서 그것을 기대하지 않았다. 이런 전투가 국가 전쟁으로 확대되어도, 그들은 여전히 어떤 국가적 동기에도 묶여 있지 않았다는 점에서 그 중요성과 유용성을 가진 국제적 요소로 남아 있었다. 국립은행가나 전쟁 물자의 공급자라는 역할을 하지 않을 경우〔유대인이 자금을 대준 마지막 전쟁은 1866년의 프로이센-오스트리아 전쟁이었는데, 여기서 블라이히뢰더(Bleichroeder)는 비스마르크가 프로이센 의회에서 자금 지원을 거부당하자 도와준다〕유대인은 평화 조약을 체결할 때 재정 자문가나 보조자였으며, 덜 조직적이고 더 모호한 방식으로 뉴스의 공급자 역할을 했다. 유대인의 지원하에 체결된 마지막 평화 조약은 대륙 세력과 프랑스 사이에 이루어진 빈 회담의 조약이었다. 1871년 프랑스와 독일 간의 평화 협상에서 블라이히뢰더가 맡은 역할은 그의 전쟁 지원보다 더 중요했고,[13] 로스차일드와의 친분 관계로 1870년대 말에는 더욱 중대한 업무를 수행했다. 그는 비스마르크에게 벤저민 디즈레일리(Banjomin Disraeli)와 소통할 수 있는 간접적인 채널을 제공했다. 베르사유 평화 조약은 유대인이 자문가라는 중대한 소임을 맡았던 마지막 조약이다. 국제적인 유대인 관계망 덕분에 국가라는 무대에서 명망을 얻은 마지막 유대인은 바이마르 공화국의 불운한 외무부 장관 발터 라테나우였다. 그는 국제 금융계에서 얻은 신망과 전 세계 구석구석에서 획득한 유대인의 지원을[14] 국제 무대에 전혀 알

---

13) 그의 전기 작가들이 모두 정확하게 보고하는 어느 일화에 따르면 비스마르크는 1871년 프랑스 패배 직후 이렇게 말했다고 한다. "우선 블라이히뢰더는 파리로 가야만 해. 가서 동료 유대인을 만나 그것(5조 프랑의 전쟁 복구비)에 관해 은행가들과 상담해야 해"(Otto Joehlinger, *Bismarck und die Juden*, Berlin, 1921 참조).

14) Walter Frank, "Walter Rathenau und die blonde Rasse," in *Forschungen zur Judenfrage*, Band IV, 1940 참조. 나치 치하 때 그의 공적 지위에도 불구하고 프랑크는 출처와 방법에 관해 다소 조심스러운 태도를 견지했다. 이 논문에서 그는 『이스라엘 가족 신문』(Hamburg, July 6, 1922), 『디 차이트』(June, 1922)와 『베를린 타게블라트』(May 31, 1922)에 있는 라테나우 부고 기사로부터 인용했다.

려지지 않았던 새 공화국의 내각에 기부한 대가로 자신의 목숨을 지불했다.

반유대주의적 정부가 전쟁과 평화 사업에 유대인을 이용하지 않을 것이라는 점은 분명하다. 그러나 국제 무대에서 유대인이 사라졌다는 사실은 반유대주의보다 더 보편적이고 깊은 의미를 갖는다. 유대인이 비(非)국민적 요소로 이용되었기 때문에, 그들이 전쟁과 평화에서 사용가치가 있는 경우는 모든 사람이 의식적으로 평화의 가능성을 온전하게 유지하려고 노력할 때뿐이었으며 또 모든 사람의 목표가 타협의 평화와 잠정 협정의 재확립일 경우뿐이었다. '승리 아니면 죽음'이 결정적 정책이 되던 순간, 전쟁의 실제 목표가 적의 완전한 분쇄가 되던 순간, 유대인의 사용가치는 사라져버렸다. 이 정책은 어느 경우에나 유대인의 집단적 실존의 파괴를 초래한다. 물론 그들이 정치적 무대에서 완전히 퇴장하고 그들의 특수한 집단적 삶의 형식이 소멸한다 해서 그들의 육체적 실존이 사라지지는 않는다 하더라도 그렇다. 따라서 자주 되풀이되는 논거, 즉 이탈리아 파시즘이 인종 법규를 삽입하기 전에 유대인이 이탈리아 파시스트 정당에 가입했듯이 유대인이 나치 운동에 참여할 수 있었다면, 그들도 독일 동포들처럼 쉽게 나치가 되었을 것이라는 논리는 절반만 진리다. 이 논거는 개인적인 유대인의 심리와 연관해서는 타당하다고 할 수 있다. 유대인 개인의 심리는 주변 사람들의 심리와 크게 다르지 않았으니까. 그러나 역사적 의미에서는 분명히 틀렸다. 반유대주의가 아니었더라도 나치즘은 유럽 유대인의 실존에 치명적 타격을 주었을 것이다. 나치즘에 대한 동의는, 유대계의 개인들은 아니라 하더라도 민족으로서 유대인에게는 분명히 자살을 의미했을 것이다.

19세기 유럽 유대인의 운명을 결정지은 첫 번째 모순, 즉 평등과 특권의 모순(특권의 형태로 주어졌던 평등의 모순이라는 것이 더 적합할 것이다)에 두 번째 모순이 첨가되어야 한다. 유일하게 국가가 없는 유럽인이었던 유대인에게 국민국가 체제의 급작스러운 붕괴는 다른 어떤 사람들보다 더 큰 위협이었다. 이 상황은 첫눈에 보기보다 덜 역설적이다. 로베스피에르에서 클레망소(Georges Clémenceau)에 이르기까지 또는 과격 혁명가나 메테르니히에서 비스마르크에 이르기까지 중부 유럽의 보수 반동주의자들에게는 한 가지 공통점이 있다. 이들 모두는 진정으로 유럽에서 '힘의 균형'을 원했다. 물론 그들은 자국에 유리한 방향으로 힘의 평형추를 옮기려 했지만, 대륙에 대한 독점권을 얻는다든가 이웃을 완전히 말살한다든가 하는 일은 꿈에도 생각하지 않았다. 유대인은 이런 불안정한 균형을 위해 유용하게 쓰일 수 있었다. 심지어 그들은 유럽 국가의 공동 이익을 상징하는 것이 되었다.

그러므로 유럽 민족의 파멸적인 패배가 유대 민족의 파멸과 함께 시작된다는 것은 우연이 아니다. 유대인을 제거함으로써 불안하게 가까스로 유지되던 유럽의 권력 균형을 파괴하기는 아주 쉬운 일이고, 유대인을 제거하기 위해서 특별히 광신적인 민족주의나 '오랜 편견'의 시의 부적절한 부활 이상의 것이 개입되었다는 점을 이해하기란 정말 어렵다. 참사가 발생했을 때, 유대 민족의 운명은 '특별한 예외 경우'로 간주되었다. 즉, 그들의 역사는 예외 법칙을 따르며 그들의 운명은 대개 중대한 문제와 관련이 없었다. 이런 유럽적 유대성의 파괴는 유럽 전역에 흩어져 있던 유대인 간의 유대성 파멸에서 즉각 드러난다. 독일에서 유대인에 대한 박해가 시작되었을 때, 다른 유럽 국가의 유대인은 독일 유대인의 예는 예외이며 이들의 운명은 자신들의 운명과 유사하지 않다고 생각했다. 이와 비슷하게 독일 유대 민족의 와해에 앞서 유대인은 수많은 파로 분열되어 각각 자신들의 기본적 인권은 특권에 의해 —— 제1차 세계대전의 노병이었거나 그 노병의 자손이라는 특권 —— 보장되리라 믿었고 또한 바랐다. 유대계 혈통의 모든 개인을 말살하는 일보다 유대 민족의 무혈 파괴와 자기 분열이 먼저 일어난 것처럼 보였고 유대 민족의 생존은 오로지 다른 민족과 이들의 증오 덕택인 것처럼 보인다.

유대인이 국민국가가 존재하고 융성하는 세상에서 유럽 민족들 사이에 존재하는 비민족적 요소였기 때문에 유럽 역사에 적극적으로 개입하게 되었다는 사실은 여전히 유대인 역사의 감동적 측면들 가운데 하나다. 이런 역할이 국립 은행가로서의 기능보다 더 지속적이고 더 본질적이었다는 것은 예술과 학문에서 유대인이 보여주는 새로운 근대적 유형의 생산력이 가진 물질적 근거 중 하나다. 그들의 몰락이 순수하게 유럽적 요소를 필요로 했고 또 용인할 수 있던 정치 체제 및 체계의 파멸과 일치한다는 사실에는 그것의 단점이 무엇이든 간에 역사적 정당성이 없지는 않다.

이렇게 유대인이 초지일관 유럽적 실존을 고집했다는 사실에 들어 있는 위대성이 과거 수세기의 유대인 역사에서 드러나는 분명하게 덜 매력적인 측면으로 인해 잊혀서는 안 된다. '유대인 문제'의 이런 측면을 잘 아는 몇 안 되는 유럽 작가들이 유대인에게 특별한 호감을 갖고 있지는 않았다. 그러나 그들은 전체 유럽의 상황에 대해 편견 없는 평가를 내렸다. 그들 가운데 디드로는 유대인에게 적대적이지 않았던, 그리고 유대인이 여러 상이한 민족에 속한 유럽인들을 이어줄 수 있는 유익한 교량 역할을 할 수 있다는 사실을 인식했던 18세기의 유일한 프랑스 철학자였다. 프랑스 혁명 동안 유대인들이 해방되는 과정을 목도하면서 빌헬름 폰 홈볼트는 유대인이 프랑스인이 된다면 그들의 보편성을 상실할 것이라고 기록했다.[15] 끝으로 프리드리히 니체는 비스마르크의 독일 제국에 대한 혐오에서 '좋은 유럽인'이란 신조어를 만들어냈는데, 이 신조어 덕분에 니체는 유럽 역사에서 유대인이 중대한 역할을 했다는 정확한 평가를 내려서 값싼 친

---

[15] Wilhelm von Humboldt, *Tagebücher*, ed. by Leitzmann, Berlin, I, 1916~18, p.475. 디드로가 썼을 것으로 추정되는 항목 "Juif," *Encyclopédie*, 1751~65, Vol. IX. "이렇게 우리 시대에 각지에 흩어져서…… 유대인은 가장 멀리 떨어진 나라들 사이의 의사소통의 도구가 되었다. 그들은 모든 부품을 연결하고 한데 묶기 위해 큰 건물에 필요한 못과 장부와 같다."

(親)유대주의의 함정에 빠지지 않을 수 있었고 '진보적'인 척하지 않을 수 있었다.

　이런 평가는 표면적 현상의 서술에서 상당히 정확하긴 해도 유대인의 별난 정치사에 들어 있는 가장 심각한 역설을 간과하고 있다. 유대 민족은 모든 유럽 민족 가운데 국가 없는 유일한 민족이었고, 바로 이 때문에 정부나 국가가 무엇을 대변하든 상관없이 이들과 동맹을 맺는 데 가장 열성적이고 적합한 민족이었다. 다른 한편으로 유대인은 정치적 전통이나 경험이 없었고 그들의 새 역할이 안고 있는 명백한 위험과 권력 가능성뿐만 아니라 사회와 국가 간의 긴장에 대해서도 아는 바가 없었다. 그들이 정치에 관여하면서 이미 가지고 있던 그나마의 지식이나 전통적인 관행은 우선 이른바 로마 군인들의 보호를 받았던 로마 제국에서 유래하며, 그다음으로 주민들과 지역 영주들의 핍박을 피하기 위해 멀리 떨어진 왕이나 교회의 권력자에게 보호를 받았던 중세에서 기인한다. 그들이 이런 경험에서 끌어낸 결론은 권력층, 특히 높은 권력층은 자신들에게 호의적이며 낮은 관료들, 특히 일반 주민들은 위험하다는 것이었다. 이런 편견은 분명 역사적 진실이긴 하지만 새로운 환경과는 더 이상 일치하지 않았다. 그러나 그것은 이교도들이 대체로 유대인을 받아들인다는 편견과 마찬가지로 대다수 유대인에게 깊이 자리 잡고 있는 편견이었고, 대다수 유대인이 공유하는 편견이었다.

　유대인과 정부가 맺어온 관계의 역사는 유대계 은행가들이 혁명적인 변화가 일어난 후에도 얼마나 재빨리 충성 대상을 한 정부에서 다른 정부로 옮기는지를 보여주는 사례들로 풍부하다. 1848년 프랑스의 로스차일드가가 자신의 고용주를 루이 필리프 정부에서 단명의 프랑스 공화국으로 그리고 다시 나폴레옹 3세로 바꾸는 데는 채 24시간도 걸리지 않았다. 제2제국의 몰락과 제3공화국 성립 이후 동일한 과정이 조금 느린 속도로 반복된다. 독일에서는 1918년 혁명 이후

바르부르크의 재정 정책과 라테나우의 정치적 야망의 변동이 이렇게 급작스럽고 발빠른 행보를 상징한다.[16)

이런 유형의 행동에는 단순히 부르주아적 양식, 즉 성공처럼 좋은 결과는 없다고 가정하는 그런 양식 이상의 것이 함축되어 있다.[17)] 유대인이 상식적인 의미에서 부르주아였다면, 그들은 자신들의 새 기능이 지닌 엄청난 권력의 가능성을 정확하게 평가하고 반유대주의자들이 항상 그들 탓으로 돌리곤 하는 역할, 즉 정부를 세우거나 엎을 수 있는 비밀스러운 세계 권력이라는 저 날조된 역할을 적어도 해보려고 노력은 했을 것이다. 그러나 이런 주장보다 진리와 거리가 먼 주장은 없을 것이다. 권력에 대한 지식도 관심도 없던 유대인은 자기 방어라는 사소한 목적을 위해 가벼운 압력을 가하는 외에 권력을 사용한다는 생각은 결코 해본 적이 없었다. 나중에 좀더 동화된 유대인 은행가와 사업가의 자식들은 이런 야망의 부족을 심히 원망했다. 이들 중 몇 사람은 디즈레일리처럼 그들이 속할 수 있지만 결코 존재하지 않는 유대인 비밀결사를 꿈꾸었던 반면, 상황 판단을 좀더 정확하게 할 수 있던 라테나우 같은 사람은 권력도 사회적 명망도 없던 부유한 상인들에게 이른바 유대인의 자기 증오가 담긴 열변을 퍼붓는다.

비유대계 정치인이나 역사가는 이들의 무지함을 절대로 이해하지

---

16) 1921년 바이마르 공화국의 외무부 장관을 지냈고 민주주의를 향한 독일의 새로운 의지를 대변하는 뛰어난 인물이었던 발터 라테나우는 바로 1917년 자신의 "왕정에 대한 깊은 신념"을 선언했다. 이 신념에 따르면 "벼락 출세를 한 행운아"가 아니라 "신권에 의한 왕"이 나라를 이끌어야 한다는 것이다. *Von kommenden Dingen*, 1917, p.247 참조

17) 그러나 이러한 부르주아 계급의 유형을 잊어서는 안 된다. 그것이 단지 개인적인 동기와 행동 유형의 문제였다면, 로스차일드가의 방식은 비유대계 동료들의 방식과 크게 다르지 않았을 것이다. 예를 들면 나폴레옹의 은행가 우브라르(Ouvrard)는 나폴레옹의 100일 전쟁에 자금을 제공하고 난 직후에 복권한 부르봉 왕가에 봉사하겠다고 제안했다.

못했다. 다른 한편으로 유대계 대표자들이나 작가들도 권력에 대한 무관심을 당연시했기 때문에 자신들에게 쏟아지는 어리석은 의혹에 대한 놀라움을 표현하는 것 외에는 이 무지에 관해 거의 언급하지 않았다. 19세기 정치인들의 회고록에는 런던이나 파리 또는 빈의 로스차일드가가 전쟁을 원치 않기 때문에 전쟁은 일어나지 않을 거라는 언급이 자주 등장한다. 진지하고 믿을 만한 역사가로 알려진 홉슨(J. H. Hobson)조차 바로 1905년 이렇게 진술할 수 있었다. "로스차일드가와 주변의 관련 인물들이 반대한다면, 어떤 유럽 국가가 감히 대전을 일으키거나 차관 도입 계약에 서명을 하리라고 누가 생각하겠는가?"[18] 이런 판단 착오는 모든 사람이 자기와 같을 것이라고 순진하게 가정한다는 점에서 "로스차일드가는 어떤 외국 정부보다 프랑스에서 더 중요한 역할을 한다"는 메테르니히의 진지한 믿음이나 1848년 오스트리아 혁명이 발발하기 얼마 전 빈의 로스차일드가에 보낸 "내가 파멸해야 한다면, 당신 역시 나와 함께 파멸할 것이다"라는 신뢰에 찬 예언만큼이나 재미있다. 이 문제의 진실은 로스차일드가가 다른 유대인 은행가들과 마찬가지로 정치적 식견이 없어 프랑스에서 자신들이 무엇을 수행해야 할지 몰랐다는 것이다. 희미하게나마 전쟁을 연상시키는 명백한 목적이 없었음은 두말할 나위도 없다. 정반대로 그들은 다른 동포들처럼 어떤 특정한 정부와도 제휴하지 않았다. 오히려 복수의 정부, 당국 자체와 제휴했다는 것이 더 타당하다. 이 당시 그리고 나중에 그들이 공화정을 반대하고 왕정을 분명히 선호했다면, 그것은 공화정이 대체로 그들이 본능적으로 불신하는 폭민의 의지에 기초를 두고 있다고 의심했기 때문이다.

국가에 대한 유대인의 믿음이 얼마나 깊고 유럽의 현 상황에 대한 그들의 무지가 얼마나 별났는지는 바이마르 공화국의 마지막 몇 년간 명백하게 드러난다. 즉 그들은 자신들의 미래에 겁을 먹고 있었고

---

18) J.H. Hobson, *Imperialism*, 1905, 1935년의 비정정판의 p.57.

이 두려움이 상당한 근거가 있음에도 다시 한번 정치에 발을 들여놓았던 것이다. 비유대인 몇 명의 도움으로 그들은 '국가 정당'이라는 이름의 중산층 정당을 결성했다. 이름 자체에서 이미 이 정당의 모순이 드러난다. 그들은 너무나 순진하게도 정치적·사회적 투쟁에서 자신들을 대변할 것이라고 가정했던 '정당'이 국가 자체가 되어야만 한다고 확신했으며, 또 자신들이 국가와 정당의 관계를 분명하게 이해하지 못했다는 점을 확신하고 있었다. 만약 어떤 사람이 명망 있는 신사들이긴 하지만 갈피를 못 잡고 있는 사람들이 만든 정당을 진지하게 생각했다면, 그는 충성이란 어떤 대가를 치르더라도 국가를 접수하려는 사악한 세력들이 내세우는 허울이라는 결론을 내릴 수 있었을 것이다.

국가와 사회 사이에 고조되는 긴장을 완전히 무시했던 유대인은 마찬가지로 상황이 자신들을 갈등의 중심부로 몰고 간다는 사실을 가장 뒤늦게 알아차렸다. 따라서 그들은 반유대주의를 어떻게 평가해야 할지 몰랐고 사회적 차별이나 편견이 정치적 논점으로 변모하는 시점도 인지하지 못했다. 반유대주의는 100여 년 동안 점진적으로 거의 모든 유럽 국가의 거의 모든 사회 계층으로 퍼져갔고 결국 다른 문제에서는 절망적으로 분열되어 있던 여론을 하룻밤 사이에 일치시킬 수 있는 이슈로 갑자기 부상했던 것이다. 이 과정의 발전 법칙은 간단하다. 국가를 대변하는 것처럼 보이는 유일한 사회집단은 바로 유대인이었기 때문에 국가 자체와 갈등에 빠지게 된 사회 계급은 반유대적이 된다. 또한 반유대주의 선전에 거의 면역이 되어 있던 유일한 계급은 노동자였다. 그들은 계급 투쟁에 몰두하고 마르크스주의 역사관으로 무장하고 있었는데, 이들이 직접적 투쟁의 대상으로 삼은 것은 국가가 아니라 다른 사회계층, 즉 부르주아 계급이었다. 그런데 유대인은 분명 부르주아 계급을 대표하지 않았고 그들의 중요한 구성원이 된 적도 없었다.

18세기로 접어들면서 몇몇 국가에서 유대인의 정치적 해방이 시작되고 중부 유럽 및 서부 유럽의 나머지 국가에서 이에 대한 토론이 일어났다. 그것은 특히 국가에 대한 유대인의 태도에서 결정적인 변화를 가져왔다. 로스차일드가의 번영이 이런 태도 변화를 상징했다. 처음으로 충분한 자격을 갖춘 국립 은행가가 된 이 궁정 유대인은 외국의 궁정 유대인과의 국제적 관계를 이용하여 특정한 제후나 정부를 위해 봉사하는 데 만족하지 않았고 국제적으로 정착하여 동시에 경쟁적으로 여러 정부, 즉 독일이나 프랑스, 영국과 이탈리아, 오스트리아 정부 등을 위해 일하고자 결심했다. 그런데 바로 그때 그들이 표방한 새 정책이 분명하게 밝혀진다. 이처럼 전례 없이 새로운 노선은 진정한 해방의 위험에 대한 로스차일드가의 반응이라고 할 수 있다. 해방은 평등과 함께 각국의 유대 민족을 자국민화하여 유대계 은행가들이 현재 누리는 지위의 근거라 할 수 있는 범유럽인의 이점, 즉 유럽 민족들 사이에 존재한다는 이점을 파괴할 위험이 있었다. 가문의 시조인 암셀 로스차일드 시장은 유대인의 범유럽적 지위는 더이상 안전하지 않다는 사실을 알고 있었음이 틀림없다. 그래서 그는 차라리 자신의 가문 안에서 이런 독특한 국제적 위치를 현실화하겠다고 마음먹었다. 유럽의 5대 금융 수도인 프랑크푸르트, 파리, 런던, 나폴리와 빈에 자리 잡고 있던 다섯 아들의 회사는 유대인의 해방이라는 당혹스러운 사태로부터 탈출구를 찾으려는 그의 절묘한 방책이었다.[19]

로스차일드가는 헤센 선제후(選帝侯)의 재정담당 시종으로 화려한 출세를 시작한다. 그런데 이 선제후는 당대의 유명한 대금업자 가

---

[19] 로스차일드가가 자신들의 힘의 원천이 무엇인지 잘 알고 있었다는 사실은 그들의 초기 가법에서 드러난다. 이 법에 따르면 딸들과 사위들은 가문의 사업에서 배제되었다. 딸들은 비유대인 귀족들과 결혼해도 괜찮았고, 심지어 1871년 이후에는 그 결혼을 적극 장려하기도 했다. 남자 후손들은 유대인 여성과 결혼해야 했고, 가능하다면 일가 친척과 결혼해야 했다(첫 세대들의 경우에 일반적으로 그랬다).

운데 한 명이었다. 로스차일드가 사람들에게 사업 관행을 가르쳐주고 다른 손님을 소개해주었던 사람이 바로 선제후였다. 그들의 가장 큰 장점은 프랑크푸르트에 살고 있었다는 것이다. 프랑크푸르트는 유대인을 중세 내내 한 번도 추방한 적이 없는 도시였고 19세기 초에 유대인이 주민의 10퍼센트를 구성하고 있었다. 로스차일드가는 제후나 자유도시 사법권의 영향을 받지 않고 멀리 떨어져 있던 빈 황제의 권한 아래에 있던 궁정 유대인으로 출발했다. 따라서 그들은 중세부터 내려오던 유대인 지위의 모든 이점을 당대의 다른 이점들과 결합했고 다른 궁정 유대인보다 귀족이나 지역 권력자들에게 덜 의존할 수 있었다. 이 가문이 차후 전개할 왕성한 금융 활동, 그들이 축적했던 어마어마한 재산과 19세기 이래 누렸던 더 큰 상징적 명성 등은 이미 충분히 알려져 있다.[20] 그들이 거대한 사업 무대로 뛰어든 것은 나폴레옹 전쟁의 마지막 몇 년 동안이었다. 즉 1811년에서 1816년 동안 대륙의 권력자들에게 제공되던 영국의 보조금 가운데 거의 절반이 그들 손을 거쳐갔던 것이다. 나폴레옹의 패배 이후 대륙 곳곳에서 정부 기구의 재조직과 영국은행을 모델로 한 재정 구조를 수립하기 위해 막대한 정부 차관이 필요했을 때, 로스차일드가는 차관 운용에서 거의 독점적 지위를 누린다. 이런 번영은 모든 유대계와 비유대계 경쟁자들을 물리치면서 3대를 이어간다. 카페피그(Capefigue)가 말했듯이[21] "로스차일드가는 신성동맹*의 최고 재정담당관이다."

　로스차일드가가 국제적으로 확고한 입지를 마련하고 다른 유대계 은행가들을 모두 누르고 성장함으로써 유대인의 국가사업의 전체 구조가 변화한다. 특별한 기회를 개인적으로 이용할 만큼 충분히 약

---

20) 특히 Egon Cesar Conte Corti, *The Rise of the House of Rothschild*, New York, 1927 참조.

21) Capefigue, 앞의 책.

* 1815년 러시아, 오스트리아, 프로이센 사이에 체결되어 1825년까지 지속된 동맹.

삭빠른 몇몇 유대인이 자기 세대에 거부의 정점까지 올라갔다가 빈곤의 늪으로 추락하는 식의 우연한 발전, 무계획적이고 비조직적인 성장은 사라졌다. 다시 말해서 그런 개인의 운명이 유대 민족 전체의 운명에는 별다른 영향을 미치지 못했을 때의——물론 이 사람들이 먼 지역의 공동체들을 위해서도 보호자와 청원의 대상으로 활동한 경우에는 예외이겠지만——또 아무리 엄청난 수의 부유한 대금업자들이 있어도, 아무리 궁정 유대인 개인이 영향력이 있다 하더라도 집단적 특권을 향유하고 특별한 봉사를 제공하는 한정된 범위의 유대인 집단이 성장하고 있다는 어떤 징후도 없었을 때의 그런 우연적 발전은 사라졌던 것이다. 로스차일드가가 유대인 자금을 자유로이 끌어들이고 유대인 재산의 상당량을 국가사업의 채널로 유도함으로써 중부 및 서부 유럽에 사는 유대인의 새로운 범유럽적 결집력에 자연적 토대를 제공할 수 있었던 것은, 분명 그들이 정부 차관이란 문제에서 독점권을 행사하고 있었기 때문이다. 17세기와 18세기에 여러 나라의 유대인이 개별적으로 만든 비조직적 커넥션이 있었지만, 이제는 하나의 회사가 이렇게 분산된 기회들을 좀더 체계적으로 처리할 수 있게 된다. 이 회사는 실제로 유럽의 주요 수도에 자리 잡고 있었고 다양한 층의 유대인과 지속적으로 접촉했으며, 조직을 위한 모든 정보와 기회를 완벽하게 소유하고 있었다.[22]

유대인 사회에서 로스차일드가의 독점적 위치는 정신적이고 영적인 전통의 유구한 연대를 어느 정도까지는 대체했다. 그런데 이 정신적·영적 전통이 서구 문화의 영향을 받아 서서히 해이해짐으로써 유대 민족의 존재 자체를 위협하고 있었다. 이 한 가족이 국민국가와 국가로 조직된 민족의 세계에서 외부 사람들에게도 구체적이고

---

22) 로스차일드가가 자신들의 사업에 유대계 자본을 어느 정도 사용했는지 또 이들이 유대계 은행가들을 어느 정도로 통제할 수 있었는지 확인하는 것은 불가능하다. 가문은 학자에게 가문의 기록보관소에서 일하도록 허락하지 않았다.

사실적인 형태로 유대적 국제주의를 상징했다. 5형제가 제각기 다섯 나라에서 유명인사로 살면서 적어도 세 나라 정부(프랑스·오스트리아·영국)와 긴밀한 공조 관계를 유지했고 국가 간의 지속적인 갈등에도 그들이 소유한 국립은행의 유대는 결코 흔들림이 없었다. 이런 가족보다 유대인의 세계지배라는 멋진 관념을 더 과시할 수 있는 것이 어디 있겠는가? 정치적 목적을 위한 어떤 선전도 현실 자체보다 더 효과적 상징을 창조해낼 수는 없었다.

유대 민족은 다른 민족과 달리 하나의 가족처럼 구성되어 있고 혈연의 끈으로 단단하게 묶여 있다는 민간의 속설을 자극하는 것은 상당 부분 유대 민족의 경제적·정치적 중요성을 대변하던 이 한 가족의 현실이었다. 유대인 문제와 아무런 상관이 없는 이유 때문에 인종 문제가 정치 무대의 전면에 등장하게 되었을 때 유대인이 갑자기 한 민족을 혈연과 가족적 특성에 의해 규정하는 모든 이데올로기와 교의에 꼭 적합한 민족이 된 것이 그 치명적 결과다.

조금 덜 우연적인 다른 사실이 유대 민족의 이런 이미지를 설명해준다. 유대 민족의 보존에서 가족은 귀족을 제외하고는 서구의 어떤 정치적 또는 사회적 집단에서보다 더 중요한 역할을 했다. 가족 관계는 유대인이 동화와 분열에 저항했던 가장 막강하고 가장 완강한 요소였다. 몰락하는 유럽 귀족이 혼인법과 가정의 규율을 강화했듯이 유대 민족은 영적이고 종교적인 와해의 세기에 더욱더 가족을 의식하게 되었다. 메시아의 구원에 대한 오랜 희망과 전통 민속의 확고한 토대가 없어진 지금 서구의 유대인은 자신들의 생존이 낯설 뿐만 아니라 종종 적대적인 주변 환경에서 힘겹게 성취한 것이라는 사실을 지나치게 의식하게 되었다. 그들은 가까운 친족들을 마지막 요새로 간주했고, 자기 집단의 구성원을 마치 대가족의 일원처럼 대했다. 달리 표현하면 반유대주의가 유대인을 보는 시각, 즉 핏줄로 촘촘히 엮인 가족은 유대인의 자화상과 어느 정도 공통점이 있었다.

이런 상황이 19세기 반유대주의의 발생과 발전에서 중요한 요소가 된다. 기존의 역사적 상황에서 어떤 나라에 어떤 집단의 사람들이 반유대적이 되는가는 오로지 그들로 하여금 자국 정부에 폭력적인 저항까지 불사하도록 만드는 일반적 상황에 달려 있다. 그러나 시도 때도 없이 자발적으로 재생산되는 논점과 이미지의 두드러진 유사성은 그것들이 왜곡하는 진리와 밀접한 관계가 있다. 우리는 항상 국제적 무역 조직으로, 동일한 이해관계를 표방하는 전 세계적 가족기업 집단으로 대변되는 유대인을 발견한다. 유대인의 모습은 왕권 뒤에 숨어 있는 비밀 세력으로, 가시적인 모든 정부를 단순한 허울이나 무대 뒤에서 조종되는 꼭두각시 인형으로 전락시킨다. 유대인은 국가에 근원을 둔 권력과의 밀접한 관계 때문에 어쩔 수 없이 권력과 동일시되었으며, 사회로부터 고립되어 가까운 가족끼리 모여 지냈으므로 피할 수 없이 모든 사회 구조를 파괴하기 위해 일한다는 의심을 받을 수밖에 없었다.

2. 초기의 반유대주의

유대인에 대한 반감은 주요한 정치적 이슈와 결합할 경우 또는 유대인 집단의 이해관계가 사회의 주요 계급의 이해관계와 공공연한 갈등 관계에 빠질 경우에 정치적 의미를 지니게 된다는 사실은 종종 잊히긴 하지만 명백한 규칙이다. 우리가 중부와 서부 유럽 국가에서 관찰하는 근대적 반유대주의의 원인은 경제적이라기보다 정치적이다. 반면 폴란드와 루마니아에서는 복잡한 계급적 조건 때문에 일반 폭민이 유대인에 대해 폭력적인 증오심을 키우게 되었다. 이곳에서는 정부가 토지 문제를 해결하고 농민의 해방을 통해 최소한의 평등권을 보장하는 국민국가를 형성할 능력을 갖지 못했던 탓에, 봉건 귀족은 정치적 우위를 유지할 수 있었을 뿐만 아니라 중산층의 정상적 발달을 막을 수 있었다. 수적으로 강했지만 그밖의 다른 측면에서는 약했던 이 나라 유대인은 중산층과 비슷한 기능을 수행한 것 같다. 그들은 대개 가게 주인이나 상인이었고 집단으로서 대지주와 무산계급의 가운데쯤에 있었기 때문이다. 그러나 소규모 재산가는 자본주의 경제에서처럼 봉건 경제에서도 존재할 수 있었다. 다른 지역에서와 마찬가지로 여기에서도 유대인은 산업 자본주의 노선을 따라 발달할 능력도 의사도 없었으므로 그들의 경제 활동의 순수한 결과는 합당한 생산 체계가 없는 소비조직, 여기저기 산재하여 비효과적인 소비조직이었다. 유대인의 위치는 정상적인 자본주의 발전에 장애가 되었다. 그것은 그들이 경제적 발전을 기대할 수 있는 유일한 집단이면서 실제로 이런 기대에 부합할 수 없었기 때문이다. 그들의 상황 때문에 유대인의 이해관계는 중산층으로 발전할 수 있는 주민 계층의 이해관계와 충돌했다. 다른 한편으로 정부는 귀족과 대지주를 제거하지도 않으면서 별 성의 없이 중산층의 발전을 장려하려 했다. 그들의 유일하게 진지한 시도는 유대인을 경제적으로 제거하는 것이었다. 이 시도는 부분적으로 여론에 밀렸기 때문이고, 또 부분적으로는 유대인이 실제로 해묵은 봉건 질서의 일부를 이루고 있었기 때문이다. 수세기 동안 그들은 귀족과 농민을 이어주는 중개인이었다. 이제 유대인은 중산층의 생산적 기능을 수행하지도 않고 중산층을 형성했으며, 그래서 실제로 산업화와 자본주의화 과정에 걸림돌이 되는 요소 가운데 하나였다.[23] 그러나 이런 동부 유럽의 조건은, 비록 그것이 유대인에 대한 애증의 본질을 구성하지만 우리의 맥락에서는 중요하지 않다. 이 조건은 낙후한 국가에서 정치적 의미를 가졌는데, 여기에서는 유대인 증오가 너무나 만연하여 특별한 목적을 위한 무기로서는 거의 쓸모가 없었다.

반유대주의가 처음으로 활활 타오른 곳은 1807년 나폴레옹에게 패배한 직후의 프로이센이었다. 당시 '개혁가'들이 정치적 구조의 대

---

23) James Parker, *The Emergence of the Jewish Problem*, 1878~1939, 1946. 그는 이런 조건들을 제4장과 제6장에서 간결하고 공평하게 논하고 있다.

대적인 변혁을 주도하여 귀족은 특권을 상실했고 중산층은 발전할 수 있는 자유를 획득했다. '위로부터의 혁명'이었던 이 개혁은 프로이센의 계몽적 전제정치의 반봉건적 구조를 다소 근대적인 국민국가로 바꾸었고, 이 국민국가는 1871년 독일 제국으로 마지막 단계에 이른다.

당시 베를린의 은행가 대다수가 유대인이었지만, 프로이센의 개혁은 이들로부터 언급할 만한 가치가 있는 어떤 금융 지원도 요구하지 않았다. 프로이센 개혁가들의 거리낌 없는 호의, 유대인의 해방을 위한 옹호는 모든 시민의 새로운 평등권, 특권의 폐지와 자유 거래의 도입이라는 정책의 결과였다. 그들은 특별한 목적을 위해 유대인을 특수 집단으로 보존하는 데에는 관심이 없었다. 평등한 조건하에서 "유대인은 존재하지 않게 될 것이다"는 논리에 대한 대답은 항상 "그렇게 되도록 내버려두라! 그들에게 좋은 시민이 되라는 것 외에 아무것도 요구하지 않는 정부에 그게 무슨 문제가 되는가?"였다.[24] 게다가 유대인 해방은 프로이센이 당시 가난한 유대인 주민이 많이 살고 있던 동부 유럽 지방을 잃었으므로 그리 큰 문제가 되지 않는 사안이었다. 1812년의 해방 칙령은 이미 시민권을 누리고 있었고 일반적인 특권 폐지로 인해 시민적 지위에 심각한 손실을 입게 될 부유하고 쓸모 있는 유대인 집단에만 해당되었다. 이 집단에 해방이란 기존 지위를 일반적으로, 법적으로 확인하는 것 이상의 의미를 가지고 있지 않았다.

그러나 유대인에 대한 프로이센 개혁가들의 호감은 이런 일반적인 정치적 기대의 논리적 결과 이상이었다. 거의 10년 후에 반유대주의 분위기가 고조된 가운데 빌헬름 폰 훔볼트가 "나는 집단으로서의 유대인을 정말 사랑한다. 개별적으로는 차라리 그들을 피하고 싶다"[25]

---

24) Christian Wilhelm Dohm, *Über die burgerliche Verbesserung der Juden*, I, Berlin and Stettin, 1781, p.174.

고 천명했을 때, 그는 물론 유대인 개인들을 좋아하면서 유대 민족 전체를 경멸했던 당시의 일반적 정서에 공개적으로 반대한 것이다. 진정한 민주주의자였던 훔볼트는 억압받는 민족을 해방시키고 싶었지 개인들에게 특권을 부여하기를 원했던 것은 아니다. 그러나 이런 관점은 이미 프로이센 정부 관료들의 전통 속에 들어 있었다. 18세기 내내 유대인의 생활 조건 및 교육 여건의 향상을 일관되게 부르짖었던 관료들의 주장은 대개 받아들여졌다. 경제적 동기 때문에 또는 국가 차원에서만 그들이 유대인을 지원한 것은 아니었다. 이 지원의 진정한 동기는, 전혀 다른 이유 때문이기는 하나 사회 체제 밖에, 그리고 국가 영역 안에 존재하던 유일한 사회 집단에 대한 자연스러운 호감이었다. 옛 프로이센 국가의 훌륭한 업적 가운데 하나는 정권 교체와는 상관없이 국가에만 충성하면서 자신의 계급적 결속을 끊어버린 공무원을 육성했다는 것이다. 이 관료들이 18세기에 결정적 역할을 했던 집단이었고 개혁가들의 실질적 선구자였다. 비록 빈 회담 이후 귀족들에 대한 영향력을 상실했다 하더라도, 그들은 19세기 내내 국가 기구를 지탱하는 중추적 기능을 수행했다.[26]

개혁가들의 태도에서 그리고 특히 1812년의 해방 칙령에서 유대인에 대한 국가의 특수한 이해관계가 기이한 방식으로 표출되고 있다. 유대인의 유용성을 과거에는 솔직하게 인정했지만 (프로이센의 프리드리히 2세는 집단 개종의 가능성을 듣고는 "나는 그들이 그런 악마 같은 짓을 하지 않았으면 좋겠어"라고 했다),[27] 이제 그런 솔직한 투는

---

25) *Wilhelm und Caroline von Humboldt in ihren Briefen*, V, Berlin, 1900, p.236.
26) 다른 나라에서도 근본적으로 다르지 않던 이 공무원들에 대한 탁월한 서술은 Henri Pirenne, *A History of Europe from the Invasion to the XVI Century*, London, 1939, pp. 361~362에서 볼 수 있다. "자신들을 경멸했던 대귀족들의 특권에 대해 계급적 편견도 적대감도 없이…… 그들을 통해 말하는 사람은 왕이 아니라 모든 사람보다 우월하며 모든 것을 자신의 권력으로 제압하는 익명의 군주제였다."
27) *Kleines Jahrbuch des Nuetzlichen und Angenehmen fuer Israeliten*, 1847 참조.

사라졌다. 해방은 원칙의 이름으로 보장되었고 유대인의 특별 봉사에 대한 어떤 암시도 시대정신의 관점에서는 신성모독이 되었을 것이다. 해방을 가져온 특별한 조건을 당사자들은 잘 알고 있었지만, 그것은 마치 무시무시한 비밀인 양 교묘히 감추어져 있었다. 다른 한편 칙령 자체는 봉건 국가에서 향후 어떤 특권도 존재하지 않을 국민국가 및 사회로의 변화가 이룩한 가장 마지막, 어떤 의미에서는 가장 빛나는 성과라고 이해된다.

가장 큰 타격을 받은 계급인 귀족의 격렬한 반응 가운데 하나가 전혀 예기치 못한 급작스러운 반유대주의의 폭발이다. 반유대주의의 가장 저명한 대변인 루트비히 폰 데어 마르비츠(유명한 보수 이데올로기의 창시자)는 정부에 탄원서를 제출하는데, 거기서 그는 유대인은 특혜를 누리는 유일한 집단이 될 것이라는 의견을 개진하면서 "경외심을 불러일으키는 옛 프로이센 왕국은 이제 새롭게 유행 중인 유대국가로 '전환'하고 있다"고 말한다. 정치적 공세와 함께 사회적 보이콧 운동이 일어나는데, 그것은 베를린 사회의 면모를 거의 하룻밤 사이에 바꿔놓았다. 가장 먼저 유대인과 우호적인 사회관계를 맺고 세기 전환기에 유대인이 주인인 살롱들을 명물로 만든 이들은 바로 귀족이었기 때문이다. 이 살롱에는 정말 짧은 기간에 각양각색의 사교계 사람들이 모여들었다. 이런 귀족들의 편견 없는 태도가 유대인 대금업자들이 제공한 서비스의 결과라는 것은 어느 정도 사실이다. 수세기 동안 모든 중요한 사업의 길이 막혀 있었기 때문에 유대인은 분수에 맞지 않게 생활하는 경향이 있는 사람들을 상대로 한 대금업에서, 즉 경제적으로 비생산적이며 하찮지만 사회적으로 중요한 대금업에서 유일한 기회를 발견했다. 그럼에도 불구하고 재정적으로 막강한 가능성을 보유한 절대 왕정이 사적인 대금업과 수적으로 보잘것없는 궁정 유대인을 과거의 유물로 만들었을 때에도 사회관계는 그대로 유지되었다는 것은 특기할 만한 일이다. 귀족은 위급 상황에서 지원해줄 수 있는 귀중한 원천을 상실하는 것에 대해 자연적 반감이 있었기 때문에 유대 민족을 증오하기보다는 부자 아버지를 둔 유대인 소녀와 결혼하기를 원했던 것이다.

따라서 귀족의 반유대주의는 유대인과 귀족 간의 친밀한 접촉의 결과로 폭발한 것은 아니다. 반대로 이 두 집단은 중산층의 새로운 가치를 본능적으로 반대한다는 점에서 공통점을 보인다. 그런데 이 본능적 반감은 매우 유사한 원천에서 나온다. 유대인 가정이나 귀족 가정에서 개인은 우선 가족의 일원으로 간주되었다. 그의 의무는 무엇보다도 개인의 삶과 중요성을 초월하는 가족에 의해 결정되었다. 두 집단 모두 민족적으로 중립적이고 범유럽적이었으며, 종종 애국심이 전 유럽에 흩어져 있던 가족에 대한 충성보다 덜 중요한 것으로 간주되는 상대방의 삶의 방식을 잘 이해하고 있었다. 그들은 현재란 과거 세대와 미래 세대를 이어주는 하나의 단순한 연결 고리에 불과하다는 관념을 공유했다. 반유대적이고 자유주의적인 작가들은 이와 같은 원칙의 기이한 유사성을 반드시 지적하고 넘어갔으며, 귀족을 제거하려면 먼저 유대인을 제거해야 한다는 결론을 내렸다. 그 까닭은 그들의 재정적 연관성이 아니라 두 집단 모두 '타고난 인격'의 진정한 발전에 걸림돌로 여겨졌기 때문이다. '타고난 인격'은 자유주의적 중산층이 출생, 가족, 전통의 이념에 대한 투쟁에서 사용했던 자기 존중의 이데올로기였다.

이런 친유대적 요소들은 일련의 반유대주의적 정치 논쟁을 시작한 집단이 귀족이었다는 사실을 더욱 의미심장하게 만든다. 경제적인 관계나 사회적 친밀성도 귀족이 평등주의적인 국민국가에 공공연히 반대하는 상황의 심각성을 덜어주지 못했다. 사회적으로 국가에 대한 공격에서 유대인을 정부와 동일시했다. 중산층은 경제적으로나 사회적으로 개혁에서 진정한 과실을 수확하는 집단이었음에도 정치적으로 아무런 비난도 받지 않았고 해묵은 경멸적 무관심만 경험했을 뿐이다.

빈 회담 이후 신성동맹하에서 수십 년 동안 평화적인 대응을 하면서 프로이센의 귀족은 국가에 대한 과거의 영향력을 회복했을 뿐만 아니라 잠정적으로는 18세기 어느 때보다 중요한 위치를 차지하게 되었다. 그런데 귀족의 반유대주의는 단번에 어떤 정치적 의미가 없는 온건한 차별로 돌변했다.[28) 동시에 보수주의는 낭만주의 지식인들의 도움으로 정치 이데올로기의 하나로서 발전의 정점에 이르게 된다. 이 이데올로기는 독일에서 극히 특이하고 교묘한 방식으로 유대인에 대해 이중적이고 모호한 태도를 취한다. 그때부터 국민국가는 보수적 논점으로 무장하고, 쓰임새 있는 유대인과 그렇지 못한 유대인을 구분하는 선을 긋는다. 국가의 기독교적 특성을 핑계로 내세워 — 계몽 전제군주들에게는 얼마나 낯설게 들렸을까 — 은행가와 사업가의 업무를 방해하지 않으면서도 수적으로 증가 추세에 있던 유대인 지식인을 드러내놓고 차별할 수 있었다. 공무원 임용에서 유대인을 배제함으로써 그들에게 대학의 문을 폐쇄하려는 식의 차별은 이중의 효과가 있었다. 그 하나는 국민국가는 자질보다 특별한 봉사를 더 높이 평가한다는 것이고, 다른 하나는 국가에 특별한 쓸모도 없으면서 사회와 동화하기 쉬운 유대인 집단의 출현을 방해하거나 아니면 적어도 연기하려는 것이었다.[29) 1880년대 비스마르크는 궁정의 설교자 슈퇴커(Stoecker)의 반유대주의적 선동으로부터 유대인을 보호하는 데 상당한 어려움을 겪었다. 그는 명시적으로 자신이 보호하고자 하는 유대인은 "돈 있는 유대인, 즉 그들의 이해관계가 우리 국가 제도의 보존과 밀접하게 연결되어 있는 그런 유대인"뿐이

---

28) 프로이센 정부가 1847년 통합 주(州)의회에서 새로운 해방 법을 제출했을 때 거의 모든 고위 귀족이 유대인의 완전한 해방에 찬성했다. I. Elbogen, *Geschichte der Juden in Deutschland*, Berlin, 1935, p.244 참조.

29) 바로 이 때문에 프로이센의 왕들은 유대인의 관습과 종교 의식을 엄격하게 보존하는 데 큰 관심을 기울였다. 1823년 프리드리히 빌헬름 3세는 "어떤 조그만 쇄신"도 금지했고, 그의 후계자인 프리드리히 빌헬름 4세는 "국가는 왕국의 유대인과 다른 주민들이 서로 융화할 수 있는 조치를 취해서는 안 된다"고 공개적으로 선언했다. Elbogen, 앞의 책, 223쪽과 234쪽.

며, 자신의 친구인 프로이센 은행가 블라이히뢰더도 일반 유대인에 대한 공격이 아니라 부유한 유대인에 대한 공격에 불만을 느낄 뿐이라고 분명히 말했다.[30]

정부 관료는 한편으로는 유대인에게 주어진 평등권(특히 직업적 평등)에 저항하거나 나중에는 언론에 대한 유대인의 영향력에 저항했지만, 다른 한편으로는 "그들이 모든 측면에서 잘 지내기"를 진심으로 원했다.[31] 이렇게 외관상 이중적인 태도는 개혁가들이 과거에 가졌던 열의보다는 국가의 이해에 더 적합한 태도다. 결국 빈 회담은 프로이센에 가난한 유대인 폭민이 수세기 동안 자리 잡고 살았던 지방을 돌려주었다. 이 지방에서는 프랑스 혁명과 인권을 꿈꾸었던 몇몇 지식인을 제외하고는 어느 누구도 부유한 동포가 누리는 것과 똑같은 지위가 자신들에게 주어지리라고는 꿈에도 생각해본 적이 없었다. 이 부유한 동포는 결코 평등권을 달라고 아우성치지 않을 사람들이었다. 그것으로 손해볼 이들은 자신들이었으니까 말이다.[32] "유

---

30) 1880년 10월에 문화부 장관인 폰 푸트캄머(v. Puttkammer)에게 보낸 편지에서. 티데만(Tiedemann)에게 보낸 비스마르크(Herbert von Bismarck)의 1880년 11월 서한 참조. 두 편지는 Walter Frank, *Hofprediger Adolf Stoecker und die christlich-soziale Bewegung*, 1928, pp.304~305에 들어 있다.

31) 프리드리히 빌헬름 4세의 견해에 대해 아우구스트 바른하겐(August Varnhagen)은 이렇게 논평한다. "유대인을 어떻게 할 작정인지 왕에게 물었다. 그는 이렇게 말했다. '나는 그들이 모든 면에서 잘 지내기를 바란다. 그러나 나는 그들이 자신들이 유대인임을 느끼기를 원한다.' 이 말은 많은 문제에 대해 단서를 제공한다." *Tagebuecher*, II, Leipzig, 1861, p.113.

32) 유대인의 해방이 유대계 지도자들의 뜻과는 반대로 이루어졌다는 것은 18세기의 상식이었다. 미라보(Mirabeau)는 1789년의 국민의회(Assemblee Nationale)에서 이렇게 논한다. "신사 여러분, 당신들이 유대인을 시민으로 선포하지 않는 것은 그들이 시민이기를 원치 않아서입니까? 당신들이 지금 세우는 것과 같은 정부에서 모든 인간은 인간이어야 합니다. 인간이 아니거나 인간이 되기를 거부하는 사람들은 모두 추방해야 합니다." 19세기 초 독일 유대인의 태도에 대한 기록은 J.M. Jost, *Neuere Geschichte der Israeliten*, 1815~45, Band 10, Berlin, 1846에 들어 있다.

대인의 해방을 위한 모든 법적·정치적 조치는 반드시 자신들의 시민적·사회적 상황의 평가절하를 가져올 것이라는" 사실은 삼척동자도 알 수 있었고 그들 역시 잘 알고 있었다.[33] 또한 자신들의 권력은 유대인 공동체 내에서 차지하는 위치와 신망에 달려 있다는 것도 그들이 어느 누구보다 잘 알고 있었다. 그래서 그들은 "자신들을 위해 더 많은 영향력을 얻으려 노력하고 동료 유대인을 계속 고립 속에 살게 하면서, 이런 민족적 분리가 그들 종교의 일부인 척하는" 것 외에 다른 정책을 채택할 수 없었다. "왜냐고? ……다른 사람들은 더욱 더 자신들에게 의존할 것이며, 그래서 권력을 가진 자들에게 그들만이 우리 사람으로서 쓸모 있는 존재가 될 테니까."[34] 실제로 20세기가 되어 유대인 대중에게 해방이 처음으로 현실이 되자 특권 유대인의 권력도 물거품처럼 사라져버렸다.

이렇게 하여 권력을 가진 유대인과 국가 사이에 이해관계의 완벽한 조화가 이루어진다. 부유한 유대인은 다른 유대인 동포에 대한 통제권과 비유대계 사회로부터의 격리를 원했고 이를 얻었다. 국가는 부유한 유대인을 위한 선심성 정책을 유대계 지식인에 대한 법적 차별 및 사회적 고립의 촉진과 결합할 수 있었다. 그런데 이는 국가의 기독교적 본질이라는 보수적 이론 속에 표현되어 있었다.

귀족의 반유대주의는 신성동맹이 지속된 수십 년 동안 아무런 정치적 결과도 없이 빠른 속도로 진정되었던 반면, 자유주의적 성향의 과격 지식인들은 빈 회담 이후 즉시 새로운 운동을 일으키고 주도하게 된다. 메테르니히의 경찰 정권에 대한 자유주의자들의 대항과 반동적인 프로이센 정부에 대한 신랄한 공격은 순식간에 반유대주의적 정서의 폭발과 반유대주의적 소책자들의 범람으로 이어진다. 이

---

33) Adam Mueller, *Ausgewählte Abhandlungen*, ed. by J. Baxa, Jena, 1921, p.215. 그가 1815년 메테르니히에게 보낸 편지 참조.

34) H.E.G. Paulus, *Die jüdische Nationalabsonderung nach Ursprung, Folgen und Besserungsmitteln*, 1831.

들은 반정부 투쟁에서는 10년 전의 귀족 마르비츠보다 덜 노골적이고 덜 솔직했기 때문에, 정부보다 유대인을 공격의 주요 대상으로 골랐다. 그들의 주된 관심사는 평등한 기회였고 또 자신들이 공직에 기용될 수 있는 기회를 제한하는 귀족적 특권의 부활에 가장 분개했기 때문에, '우리 동포'로서 개별적 유대인과 집단으로서 유대 민족의 구분을 토론에 도입했다. 이 구분은 그때부터 좌파적 반유대주의의 트레이드마크가 된다. 그들이 설령 사회로부터 한층 더 확고하게 독립한 정부가 유대인을 분리된 집단으로 유지하고 보호하는 이유를 완전히 이해하지는 못했다 하더라도, 어떤 정치적 관계가 존재하며 유대인 문제는 유대인 개인과 인간적 관용의 문제를 넘어선다는 점을 잘 알고 있었다. 그들은 '국가 안의 국가'와 '민족 안의 민족'이라는 민족주의적 신조어들을 만들어낸다. 첫 번째 구호는 분명 틀렸다. 유대인은 정치적 야망을 가져본 적이 없고 무조건 국가에 충성한 사회 집단에 불과했기 때문이다. 두 번째 구호는 반쯤 맞다고 할 수 있는데, 유대인은 정치적 집합체가 아니라 사회적 집합체로 보면 실제로 국가 안의 독립 집단을 형성하고 있었기 때문이다.[35]

오스트리아와 프랑스에서는 그렇지 않았지만, 프로이센에서 이 과격한 반유대주의는 과거 귀족의 반유대주의처럼 생명이 길지 못했고 효과도 미미했다. 그것은 점차 경제적으로 성장하고 있던 중산층의 자유주의 안으로 흡수된다. 이 중산층은 약 20년 후 독일 전역의 지방의회에서 유대인 해방과 정치적 평등의 실현을 소리 높여 주장했다. 그러나 과격한 반유대주의는 이론적이고 문학적인 전통의 토대를 이루는데, 이 전통의 영향은 젊은 마르크스의 유명한 반유대주의적 글에서 찾아볼 수 있다. 젊은 마르크스는 종종 반유대주의적이

---

35) 19세기의 독일 반유대주의에 대한 명쾌하고 확실한 설명은 Waldemar Gurian, "Antisemitism in Modern Germany," in *Essays on Anti-Semitism*, ed. by K. S. Pinson, 1946에서 볼 수 있다.

라는 비난을 받는데, 이는 정당하지 못하다. 유대인이었던 카를 마르크스가 반유대주의적 과격론자들과 동일한 방식으로 글을 썼다는 것은 이런 종류의 반유대적 논점이 차후에 등장할 성숙한 반유대주의와 아무런 공통점이 없다는 것을 증명해준다. 예컨대 독일인 니체가 독일인을 비난하는 글을 썼다는 것에 당혹스러워하지 않듯이, 유대인 마르크스 역시 '유대 민족'을 비판하는 논점에 난처함을 느끼지 않는다. 마르크스가 청년기의 작품 이후 유대인 문제에 관해 글을 쓴 적도 의견을 밝힌 적도 없다는 것은 사실이다. 그러나 이것이 근본적인 심정 변화 때문이라고 볼 수는 없다. 그가 국가 구조 및 유대인의 역할을 계속 탐구하지 못한 것은 사회 현상으로서 계급 투쟁에 또 유대인이 노동의 판매자나 구매자로 개입되어 있지 않은 자본주의 생산의 문제만 몰두했기 때문이며, 또한 정치적 문제를 전적으로 소홀히 했기 때문이다. 독일 노동운동에 미친 마르크스주의의 강한 영향은 독일의 혁명 운동이 어떤 반유대적 정서의 징후를 보이지 않는 주된 이유 가운데 하나다.[36) 유대인은 실제로 그 당시 사회 투쟁에서는 거의 또는 전혀 중요하지 않았다.

근대적 반유대주의의 시작은 어디에서나 19세기 후반의 마지막 30년으로 거슬러 올라간다. 독일에서 근대적 반유대주의는 예기치 않게 또다시 귀족들에게서 시작되었는데, 귀족은 프로이센이 1871년 이후 왕정에서 국민국가로 전환하면서 국가에 대립적 입장을 가지게 되었다. 독일 제국의 실질적 설립자인 비스마르크는 수상이 되면서부터 유대인과 밀접한 관계를 유지했다. 이제 그는 유대인에게 의존하며 그들로부터 뇌물을 받았다고 규탄받는다. 정부 기구 속에 잔

---

36) 독일의 좌파 반유대주의자로서 유일하게 중요한 인물은 뒤링(E. Duehring)이 었다. 그는 자신의 책 *Die Judenfrage als Frage des Rassenschädlichkeit für Existenz, Sitte und Cultur der Völker mit einer weltgeschichtlichen Antwort*, 1880에서 다소 혼란스러운 방식으로 자연주의적 설명을 고안해내고 있다.

존해 있던 대부분의 봉건적 유산을 제거하려던 그의 시도와 부분적 성공은 어쩔 수 없이 귀족과의 갈등으로 귀결되었다. 귀족은 비스마르크를 공격하면서 그를 블라이히뢰더의 무고한 희생양이나 매수된 하수인으로 묘사했다. 실제로 그들의 관계는 그 반대였다. 블라이히뢰더는 의심할 여지 없이 비스마르크가 높이 평가하여 매수한 하수인이었다.[37]

설령 봉건 귀족이 여전히 여론에 영향력을 가졌다 하더라도, 그들은 1880년대 시작된 것과 같은 반유대주의 운동을 시작할 만큼 강하지도 않았고 사회적으로 중요한 세력도 아니었다. 소시민 계층의 부모를 둔 귀족의 대변인인 궁정 설교자 슈퇴커는 50여 년 전 보수주의 이데올로기의 주요 교의를 만들었던 선임자들, 즉 낭만주의 지식인들보다 보수주의의 이해관계를 대변하는 재능이 부족한 사람이었다. 더욱이 그가 반유대주의적 선동의 유용함을 발견한 계기는 실천적인 또는 이론적인 고려가 아니라 우연이었다. 즉 선동가의 재능을 타고난 그는 반유대주의적 선동이 텅 빈 강당을 채우는 데 극히 유용하다는 사실을 발견했다. 그러나 그는 자신의 급작스러운 성공을 이해하지 못했다. 그뿐만 아니라 궁정 설교자이자 왕가와 정부의 고용인으로서 그는 자신의 성공을 적절하게 이용할 수 있는 위치에 있지도 않았다. 그의 열광적인 청중들은 중하류층 사람들, 조그만 상점 주인과 상인, 수공업자와 유행에 뒤떨어진 직공들이었다. 이 사람들이 가진 반유대주의 정서는 아직 그리고 반드시 국가와의 갈등으로만 촉발되지는 않았다.

---

37) 비스마르크에 대한 반유대주의 공격에 관해서는 Kurt Wawrzinek, *Die Entstehung der deutschen Antisemitenparteien, 1873~90*. Historische Studien, Heft 168, 1927 참조.

3. 최초의 반유대주의 정당들

19세기의 마지막 20여 년 동안 반유대주의가 독일과 오스트리아, 프랑스에서 동시에 하나의 심각한 근본 요소로 등장하기에 앞서 일련의 금융 스캔들과 사기 사건이 발생했다. 이 사건들의 주요 원인은 즉시 쓸 수 있는 준비된 자본의 과잉이었다. 프랑스 제3공화국은 다수의 의원들과 엄청난 수의 정부 관료들이 사취와 뇌물 사건에 깊이 연루되었기 때문에, 정권 수립 후 처음 10년 동안 추락한 위신을 결코 만회하지 못했다. 오스트리아와 독일에서 귀족은 평판을 더럽힌 사람들 틈에 끼어 있었다. 이 세 나라에서 유대인은 단지 중개인으로 활약했을 뿐이고 파나마 스캔들이나 창업 사건과 같은 사기로 부를 축적한 유대인 가문은 단 하나도 없었다.

그러나 당초 약속한 이윤 대신 엄청난 손실을 안겨준 이 기이한 투자사기 사건에 연루된 집단이 귀족, 정부 관료, 유대인 외에 또 있었다. 주로 하위 중산층으로 구성된 이 집단이 갑자기 반유대적으로 돌변한 것이다. 이들의 피해는 다른 어느 집단보다 심각했다. 그들은 자신의 보잘것없는 저축을 모두 투자했고, 이제 회복 불가능할 정도로 파산한 것이다. 그들이 속을 수밖에 없었던 데에는 중요한 이유가 있었다. 가정적 영역에서 전개되던 자본주의적 팽창은 점점 더 소규모 유산자들을 제거하려는 경향을 보임에 따라 이들은 너무나 쉽게 모든 것을 잃어버리게 되었다. 따라서 소규모 보유 재산을 빨리 증식하는 것은 그들에게 사활이 걸린 문제였다. 그들이 부르주아 계급으로 올라서는 데 성공하지 못한다면 프롤레타리아로 전락할 것임을 너무나 잘 알고 있었다. 일반적으로 번영을 구가하던 지난 몇십 년 동안 이런 식의 발전 속도는 상당히 느려졌고(그 경향은 변하지 않았다 하더라도), 그들의 공황 상태는 거의 조급증처럼 보인다. 그러나 당시 하류 중산층의 불안은 이 계급의 급속한 해체를 내다보았던 마르크스의 예언과 정확하게 일치한다.

이 하류 중산 계급인 프티 부르주아는, 수세기 동안 경쟁을 배제한 폐쇄된 체계를 통해 삶의 위험들로부터 보호받고 결국에는 국가의 보호하에 있던 길드 수공업자와 상인의 후예다. 그들은 결국 자신들의 불행을 맨체스터 체계 탓으로 돌렸다. 즉 이 체계가 자신들을 경쟁 사회의 고통에 노출시켰고 당국이 보장하던 특별한 보호와 특권을 박탈했다는 것이다. 그래서 '복지국가'를 맨 처음 요구한 집단도 이들이다. 그들은 복지국가가 위급한 상황이 닥쳤을 때 보호막이 되어줄 뿐만 아니라 가계 대대로 내려오는 직업과 소명을 이어갈 수 있게 해준다고 생각했던 것이다. 자유무역 시대의 가장 두드러진 특징은 유대인에게 모든 직업을 선택할 수 있는 길이 열렸다는 것이었다. 이 때문에 유대인을 "극단으로 흐른 맨체스터의 응용체계"[38]의 대변자로 생각한다는 것은, 진리와는 멀어도 한참 먼 생각이었지만, 거의 당연한 일이었다.

　부르주아에 대한 공격과 유대인에 대한 공격을 결합하는 보수적인 작가들에게서 때때로 다소 부수적이라 할 수 있는 이런 적대감을 발견한다. 정부 지원을 기대했거나 기적이 일어나리라 믿었던 사람들이 은행가들의 다소 수상쩍은 도움을 받아야만 했을 때 이런 적대감은 한층 더 강해진다. 소매상들에게는 은행가가 노동자를 착취하는 거대 기업주와 같은 존재로 보였다. 유럽의 노동자는 자본가들이 자신들을 착취하는 동시에 생산의 기회를 제공하는 이중 기능을 수행한다는 사실을, 직접적인 경험에서 그리고 경제에 대한 마르크스주의적 교육을 통해 잘 알고 있었다. 반면, 소매상들은 자신의 사회적·경제적 운명에 대해 계몽해줄 사람을 찾을 수 없었다. 노동자보다 더 심한 곤경에 처해 있었고, 경험을 토대로 은행가란 조용한 동업

---

38) Otto Glagau, *Der Bankrott des Nationalliberalismus und die Reaktion*, Berlin, 1878. 같은 저자의 *Der Boersen-und Gruendungsschwindel*, 1876은 당시 중요한 반유대주의 팸플릿 중 하나다.

자로 만들 수밖에 없는 기생충이자 고리대금업자라고 생각했다. 설령 이 은행가가 제조업자와는 달리 자신의 사업과 아무런 관계가 없었음에도 말이다. 물론 자신의 돈을 오로지 그리고 직접적으로 더 많은 돈을 벌어들일 목적으로 사용하는 사람은 길고 복잡한 생산 과정을 거쳐 이윤을 얻는 사람보다 더 가혹한 증오의 대상이 될 수 있다는 것은 어렵지 않게 이해할 수 있다. 당시 급한 경우가 아니라면 가능한 한 돈을 빌리려 하지 않았기 때문에 ─분명 소상인들은 그렇지 못했다─ 은행가는 노동력과 생산력의 착취자가 아니라 남의 불행과 곤경의 착취자로 비춰졌다.

이런 은행가의 다수가 유대인이었다. 일반적인 은행가의 모습은 역사적 이유에서 거의 대부분 유대인의 특징을 가지고 있었다는 것이 더욱 중요하다. 이런 이유로 하류 중산 계급의 좌익 운동과 은행 자본에 대항하는 선전은 모두 반유대적으로 변했다. 이는 산업화된 독일에서는 그리 중대한 결과를 가져오지 않았지만, 프랑스에서는 엄청난 파장을, 오스트리아에서는 그보다 약한 정도의 파장을 몰고 왔다. 한동안 유대인은 처음으로 국가의 개입 없이 다른 계급과 직접적인 갈등에 빠진 것처럼 보였다. 정부 기능이 경쟁하는 계급들을 통제하고 조종하는 위치에 따라 결정되는 국민국가의 틀 안에서 이런 종류의 충돌은 다소 위험하긴 하지만 유대인의 위치를 정상화하는 방법이었을지도 모른다.

이런 사회-경제적 요소에 다른 요소가 더해졌는데, 그것은 결국 더 불길한 징조였던 것으로 판명된다. 은행가로서 유대인의 지위는 비탄에 빠진 일반 시민에 대한 대부에 의존하는 것이 아니라 일차적으로 국채 발행에 달려 있었다. 사소한 대출은 소규모 동업자들의 몫이었는데, 이들은 이런 방식으로 부와 명예에서 자신들보다 월등한 동포들의 성공 대열에 끼어들 준비를 할 수 있었다. 유대인을 향한 하류 중산 계급의 사회적 분노는 언제 폭발할지 모를 정치적 불안 요인으로 변한다. 그것은 지독하게 미움받는 유대인이 이제 정치권력의 길을 도모한다고 여겨졌기 때문이다. 다른 측면에서도 그들이 정부와 밀접한 관계를 맺고 있다는 것은 너무나 잘 알려져 있지 않은가? 다른 한편으로 사회적·경제적 증오는 정치적 반유대주의에 광포한 폭력의 요소를 보강하는데, 이는 그때까지 전적으로 결여되어 있던 요소였다.

프리드리히 엥겔스는 반유대주의 운동을 귀족이 주도했고 그 합창단이 소시민으로 이루어진 요란한 폭민이었다는 말을 한 적이 있다. 이는 독일의 경우뿐만 아니라 오스트리아의 기독교적 사회주의와 프랑스의 반드레퓌스파에도 해당된다. 이들 나라에서 귀족은 절망적인 마지막 투쟁에서 기독교라는 무기로 자유주의와 싸운다는 그럴싸한 구실을 붙여서 교회의 보수 세력 — 오스트리아와 프랑스의 가톨릭 교회, 독일의 개신교 교회 — 과 동맹을 맺으려고 기를 쓴다. 폭민은 그들의 입지를 강화하고 목소리를 더욱 크게 울리기 위한 수단에 불과했다. 그들이 폭민을 조직할 수도 없었고 원치도 않았다는 것은 분명하다. 또한 목적이 달성되면 이들을 해산했을 것이다. 그러나 그들은 폭넓은 층의 국민을 동원하는 데 반유대주의 슬로건보다 더 효과적인 것은 없다는 사실을 발견했다.

궁정 설교자 슈퇴커의 추종자들이 독일 최초의 반유대주의 정당을 결성하지는 않았다. 반유대주의 슬로건의 호소력이 드러나자마자 극단적 반유대주의자들은 곧 슈퇴커의 베를린 운동에서 떨어져 나와 전면적인 반정부 투쟁을 벌였다. 또한 정당을 결성하고 독일 제국의회에서 그 대표들은 모든 주요한 국내 문제의 표결에서 제1야당인 사회민주당과 공동보조를 취한다.[39] 그들은 구 권력층과 맺었던 초기의 타협적 동맹 관계를 재빨리 청산했다. 최초의 반유대주의 의원이었던 뵈켈은 "지주 귀족과 유대인"에 대항하여 헤센의 농민들을

---

39) Wawrzinek, 앞의 책 참조. 이 모든 사건에 대한 유익한 설명, 특히 궁정 목사 슈퇴커와 관련된 설명에 관해서는 Frank, 앞의 책 참조.

옹호함으로써 그들의 지지로 의석을 얻었다. 즉 귀족들은 너무 많은 땅을 소유하고 농민들은 유대인의 대부금에 의존하고 있다는 주장이었다.

　이런 최초의 반유대주의 정당은 군소 정당이었지만, 곧 다른 정당과의 차별화에 성공한다. 그들은 자신이 정당 가운데 하나가 아니라 '모든 정당을 넘어서는' 정당이라는 독창적인 주장을 한다. 계급과 정당으로 분열된 국민국가에서 이제까지는 국가와 정부만이 모든 계급과 정당 위에 서 있다고 또 전체 민족을 대표한다고 주장해왔다. 정당이란 자타가 공인하듯이 자신들에게 표를 던진 사람들의 이해를 대변하는 대리인의 집단이다. 정당이 서로 권력 투쟁을 벌일지라도, 이해관계가 상충하고 대리인들이 갈등하는 상황에서 균형을 잡아주는 것은 정부라는 점은 암묵적으로 이해하고 있는 사실이었다. '모든 정당 위에' 서겠다는 반유대주의 정당의 주장은, 국가 전체의 대표가 되고 권력을 장악하며 국가 기구를 소유하고 국가를 대신하겠다는 의도를 분명하게 천명한 것이다. 다른 한편 그들은 정당이란 조직으로 존재했기 때문에, 정당으로서 국가 권력을 원하고 그들을 뽑은 유권자들이 실제로 나라를 지배하기를 원한다는 것은 명백했다.

　국민국가 체제가 출현할 때는 어떤 집단이 단독으로 독점적 정치 권력을 휘두를 수 없기 때문에 사회적·경제적 요인에 더 이상 의존하지 않는 실질적인 정치 규칙의 역할을 정부가 맡게 된다. 사회 조건의 급진적 변화를 위해 투쟁했던 좌파들의 혁명 운동도 이 최고의 정치권력을 직접 건드리지는 못했다. 그들은 단지 부르주아 계급의 권력과 국가에 대한 영향력에 도전했던 것이고 그래서 국가 전체의 이해가 위험에 처해 있는 외교 문제에서는 정부의 지도에 언제라도 복종할 자세가 되어 있었다. 반면 반유대주의적 집단의 무수한 강령은 애초부터 주로 외교 문제에 관심을 가졌다. 그들이 혁명적으로 돌진해야 할 상대는 사회계급이라기보다는 정부였으며 그들의 실질적 목표는 정당 조직을 통해 국민국가라는 정치 유형을 파괴하는 것이었다.

다른 정당들 위에 존재하겠다는 주장은 반유대주의와는 다른, 좀더 중대한 함의를 가지고 있다. 그것이 단순히 유대인 제거 문제였다면 초기 반유대주의 회의에서[40] 프리슈가 제시한 제안, 즉 새 정당을 창립하기보다는 반유대주의를 유포하여 마침내 모든 기존 정당이 유대인에게 적대적이 되도록 만들자는 제안은 좀더 신속한 성과를 거두었을 것이다. 그러나 프리슈의 제안은 반유대주의가 이미 유대인의 제거뿐만 아니라 국민국가 체제를 폐지하기 위한 도구였기 때문에 별 주목을 받지 못했다.

반유대주의 정당의 주장이 제기된 시점이 제국주의의 초기 단계와 일치하고, 이 주장과 쌍을 이루는 것은 반유대주의로부터 자유로웠던 영국의 경향과 대륙에서 일어난 범반유대주의 운동이었다는 것은 우연이 아니다.[41] 이 새로운 경향이 반유대주의에서 직접 탄생한 곳은 독일밖에 없다. 또 반유대주의 정당이 전독 연합(Alldeutscher Verband)처럼 단순히 제국주의적인 집단보다 먼저 설립되고 나중까지 살아남은 유일한 국가가 독일이었다. 그런데 이런 제국주의 집단도 스스로 정당을 넘어서 그 위에 존재한다고 주장했다.

적극적 반유대주의를 표방하지 않던 — 반유대주의 정당들이 지닌 사기꾼 요소를 피했기 때문에 처음에는 궁극적 승리를 얻는 데 훨씬 더 나은 기회를 가진 것처럼 보였던 — 비슷한 단체들이 결국 반유대주의 운동에 의해 파묻히거나 제거되었다는 사실은 이 주제의 중요성을 말해주는 좋은 지표다. 반유대주의자들은 자신들이 요구하는

---

40) 1886년 독일 반유대주의 연합이 창립된 카셀에서 이런 제안이 나왔다.
41) '정당을 초월하는 정당'과 범민족 운동에 관한 광범위한 논의에 관해서는 제8장 참조.

세계 지배란 유대인이 실제로 성취한 것에 불과하다는 믿음을 가지고 있었다. 이런 믿음으로 반유대주의자는 국외 정치에만 관심을 가졌던 제국주의자보다 국내 정치에서 유리한 위치를 점할 수 있었다. 정치적 여건도 권력을 얻으려면 사회적 투쟁의 장에 들어서야만 하는 방향으로 돌아가고 있었다. 반유대주의자는 노동자가 부르주아와 투쟁하는 것과 마찬가지로 유대인과 싸운다는 인상을 주었다. 유대인을 대하는 태도에서 온건했고 단지 부차적으로만 적대감을 보였던 제국주의 집단은 그 시대의 중요한 사회적 투쟁과의 접점을 발견하지 못했다. 반면 반유대주의자는 뒤에서 정부를 조종하는 비밀 세력으로 여겨지던 유대인을 공격함으로써 드러내놓고 정부 자체를 공격할 수 있다는 점에서 유리한 고지를 차지했다.

새로운 반유대주의 정당이 지닌 두 번째 의미심장한 특징은 그들이 당시 민족주의적 슬로건과는 대조적으로 또 이것과는 상관없이 유럽의 모든 반유대주의 집단을 통합하는 초국가적 조직으로 출발했다는 것이다. 그들은 이런 초국가적 요소를 도입하면서 자신들의 목표가 국가에 대한 통치권만이 아니라는 점을 분명히 했고, 한 단계 더 나아가 이미 '모든 국가 위에' 서 있는 범유럽 정부를 구상하고 있다는 점을 명확히 밝혔다.[42] 가히 혁명적인 이 두 번째 요소는 기존 질서와의 근본적인 단절을 의미했다. 그러나 이런 요소는 반유대주의자들이 ─부분적으로는 전통적 습관 때문에 또 부분적으로는 의식적인 거짓말 때문에─ 반동적 정당의 언어를 선전에 사용했다는 이유로 종종 간과되었다.

유대인의 남다른 처지와 이런 집단의 이데올로기가 밀접한 관계를

---

42) 최초의 국제적 반유대인회의는 1882년 드레스덴에서 열렸는데 독일, 오스트리아-헝가리와 러시아에서 대표 약 3000명이 모였다. 토론이 진행되는 동안, 슈퇴커는 과격 집단에 패배를 당했다. 이 집단은 1년 후 켐니츠(Chemnitz)에 모여 반유대주의 총연맹을 창설했다. 집회와 회의, 프로그램과 토론에 대한 훌륭한 설명은 Wawrzinek, 앞의 책에서 볼 수 있다.

맺고 있다는 것은 초당파적 정당의 결성에서보다는 초국가적 집단의 조직에서 더욱 분명하게 드러난다. 유대인은 국민국가로 조직된 유럽에서 유일하게 범유럽적인 요소였다. 유대인의 적이 모든 국가의 정치적 운명을 뒤에서 조작한다고 여겨지는 유대인과 투쟁하려 한다면, 적과 똑같은 원칙으로 조직되어야 한다는 것은 논리적으로 그럴듯하게 보인다.

이런 논증은 선전으로서는 분명 설득력이 있지만, 초국가적 반유대주의가 성공한 것은 좀더 일반적인 상황 때문이다. 19세기 말에도, 특히 프랑스와 프로이센 간의 전쟁 이래 점점 더 많은 사람이 유럽의 국가 조직이 새로운 경제적 도전에 더 이상 적절하게 대응하지 못한다는 점에서 점차 시대에 뒤떨어진다고 느껴왔다. 이런 감정은 사회주의의 국제 조직을 지원하는 강력한 논리였고, 역으로 이 조직에 의해 강화되었다. 전 유럽에 동일한 이해관계가 존재한다는 확신이 대중 사이에 널리 퍼졌다.[43] 국제적 사회주의 조직은 모든 대외 정치적 문제에서 소극적이고 무관심했던 반면 (특히 그들의 국제주의를 시험할 수 있던 문제들에서 그러했다) 반유대주의자들은 외교 정책들로 출발했고 초국가적 차원에서 국내 문제를 해결할 수 있다는 약속까지 했다. 이데올로기를 액면 그대로 받아들이지 않고 정당의 실제 프로그램을 좀더 자세히 들여다보면 국내 문제에 더 큰 관심을 기울였던 사회주의자가 반유대주의자보다 국민국가에 더 잘 맞는다는 사실을 발견할 것이다.

물론 그렇다고 사회주의자의 국제적 관심이 진지하지 않았다는 것

---

43) 노동자 운동의 국제적 연대는 그것이 지속되는 한, 유럽 내적인 문제였다. 외교 정책에 대한 운동의 무관심은 각국이 당시 취했던 제국주의 정책에 적극적으로 참여하지도 않고 또 그것에 반대해 투쟁하지도 않으려는 일종의 자기 방어적 태도다. 경제적 이해관계에 관한 한, 자본주의자나 은행가들뿐만 아니라 프랑스나 영국 또는 네덜란드의 국민 한 사람 한 사람이 모두 자기 제국의 몰락으로 인한 충격을 느꼈을 것은 너무나 명백하다.

은 아니다. 반대로 그들의 국제적 관심은 국민국가의 경계를 넘어선 계급 이해의 발견보다 더 강하고 오래된 것이다. 그러나 그들은 계급 투쟁의 중요성을 과대평가함으로써 프랑스 혁명이 노동자 정당에 남긴 유산을 부인했다. 이 유산만이 그들의 정치 이론을 발전시킬 수 있게 했을 터인데 말이다. 사회주의자들은 국민이란 모두 인류 가족에 속한 '여러 국민 중 한 국민'이라는 원래 이론을 암묵적으로 고수했지만 이 개념을 자주적인 국가들의 세계에서 정치적으로 영향력 있는 개념으로 전환할 방법은 찾지 못했다. 결과적으로 그들의 국제주의는 모든 사람이 공유하는 개인적 확신의 차원에 머물렀고, 국가의 주체성에 대한 그들의 건전한 무관심은 국제 정치에 대한 불건전하고 비현실적인 무관심으로 변질했다. 좌파 정당이 원칙적 차원에서 국민국가에 반대한 것이 아니라 국가 주권의 측면에서 반대했으며, 게다가 연방주의 구조와 그 결과로 모든 국가가 동등한 관계로 통합되기를 내심 바랐다. 이런 바람은 모든 피압박 민족의 민족적 자유와 독립을 전제로 했기 때문에, 그들은 국민국가의 틀 안에서 활동할 수 있었다. 또한 국민국가의 사회적·정치적 구조가 붕괴하던 시기에도 팽창주의의 환상과 타민족을 파멸하겠다는 생각에 함몰되지 않은 유일한 집단으로 부상할 수 있었다.

반유대주의자의 초국가주의는 국제 조직이란 문제에 정반대 관점에서 접근한다. 그들의 목적은 모든 자생적인 국가 구조를 파괴할 지배적 상부 구조의 설립이었다. 그들은 자국의 체제를 전복할 준비를 할 때조차 과잉 민족주의적 발언에 몰두할 수 있었다. 종족 민족주의와 정복에 대한 과도한 열정은 국민국가와 그 주권의 좁고 아담한 경계를 폭파할 수 있는 중요한 힘 가운데 하나였기 때문이다.[44] 맹신적 애국주의의 선전이 효과적이면 효과적일수록, 민족적 구분 없는 권력의 보편적 독점과 폭력의 도구를 통해 위에서부터 통치할 수 있는

---

44) 제8장과 비교할 것.

초국가적 구조의 필요성을 여론이 믿도록 설득하기가 그만큼 쉬워진다.

유대 민족의 범유럽적인 특수 조건이 초국가주의자의 사악한 계략에 유익했던 것만큼이나 사회주의자의 연방주의의 목적에도 종사할 수 있었다는 것은 명약관화한 사실이다. 그러나 사회주의자는 계급 투쟁의 문제에 너무 골몰한 나머지 자신들이 물려받은 개념의 정치적 결과에는 무신경했다. 따라서 그들은 이미 국내 정치 무대에서 심각한 경쟁자로 성숙한 반유대주의와 직면하게 되었을 때 유대인의 존재를 정치적 요인으로 인식할 수 있었다. 당시 그들은 유대인 문제를 자신들의 이론 안에 통합할 준비가 되어 있지 않았을 뿐만 아니라 실제로 그 문제를 거론하는 데에도 두려움을 느끼고 있었다. 다른 국제적 이슈도 그렇지만 그들은 이 문제도 초국가주의자들에게 맡겼던 것이다. 이제는 이 초국가주의자들만이 세계 문제에 대한 해답을 알고 있는 유일한 사람들처럼 보였다.

세기말인 1870년대에 발생한 주식 사기의 파장도 가라앉고 특히 독일에서는 번영과 일반적 복지의 시대인 1880년대의 조급한 격동과 소요도 끝난다. 이런 식의 종말이 단지 일시적인 소강상태이며, 미해결 상태의 모든 정치 현안이 진정되지 않은 모든 정치적 증오와 함께 제1차 세계대전 이후 그 힘과 폭력성을 배가할 것임을 예상한 사람은 아무도 없었다. 독일에서 반유대주의 정당은 초창기 성공 이후 다시 하찮은 위치로 전락한다. 잠시나마 여론을 자극했던 그 지도자들은 역사의 뒷문을 통해 미친 듯한 혼돈과 만병통치의 사기극이라는 어둠 속으로 사라져버린다.

4. 좌파 반유대주의

금세기에 반유대주의가 빚은 소름 끼치는 결과가 없었다면, 우리는 독일에서 진행된 반유대주의의 전개 과정에 아무런 관심도 기울이지 않았을 것이다. 정치 운동으로서 19세기 반유대주의를 가장 잘 연구할 수 있는 곳은 반유대주의가 거의 10년간 정치적 풍경을 좌우한 프랑스다. 여론의 지지를 받기 위해 좀더 훌륭한 다른 이데올로기와 경쟁하는 이데올로기적 힘으로서 반유대주의는 오스트리아에서 가장 명료한 형태에 도달했다.

유대인이 국가 기구에서 가장 결정적인 역할을 수행한 곳은 오스트리아였다. 이곳에서는 합스부르크 왕가의 이중 군주국으로 다양한 민족이 하나의 국가를 이루고 있었고 유대계 국립은행가들은 다른 유럽 국가에서와는 달리 왕정이 몰락한 뒤에도 생존할 수 있었다. 이런 식의 발전이 시작될 무렵인 18세기 초 사무엘 오펜하이머의 신용이 합스부르크 왕가의 신용과 동일했듯이 "결국 오스트리아의 신용은 신용 기관의 신용," 즉 로스차일드가 은행의 신용이었다.[45] 도나우 왕국은 국민국가 발전의 중요한 전제 조건인 동질적인 주민을 가지고 있지 않았지만, 계몽 군주제에서 입헌 왕정으로의 전환과 근대 관료제의 육성이라는 문제를 피해갈 수는 없었다. 이는 오스트리아 왕국이 국민국가의 제도들을 수용해야만 한다는 의미였다. 예를 들어 근대적 계급 제도가 민족을 경계로 성장했기 때문에 특정한 민족은 특정한 계급 또는 적어도 직업과 동일시되기 시작했다. 부르주아 계급이 국민국가에서 지배 계급이 된 것과 동일한 의미에서 독일인이 지배 민족이 되었다. 헝가리의 지주 귀족은 다른 나라의 귀족이 수행했던 것과 유사하지만 좀더 강력한 역할을 수행했다. 국가 기구는 국민국가가 모든 계급에 거리를 두듯이 사회로부터 절대적 거리를 두려고 최대한 노력했다. 그 결과 유대 민족은 다른 민족과 동화되지도 않았고, 하나의 계급이 될 수도 없었다. 이는 유대인이 국민국가 내에서 다른 민족과 섞이지 않았고 그 자체로 하나의 계급을 형

---

45) Paul H. Emden, "The Story of the Vienna Creditanstalt," in *Menorah Journal*, XXVII, 1, 1940 참조.

성하지도 못했던 것과 마찬가지다. 국민국가에서 유대인이 국가와 특별한 관계에 있었기 때문에 사회의 다른 모든 계급과 구분되었듯이, 오스트리아에서도 합스부르크 왕가와 특별한 관계를 맺음으로써 다른 계급과 구분되었다. 국가와 공공연한 갈등을 빚었던 계급은 도처에서 반유대적이 되었듯이, 오스트리아에서도 영구적인 민족 분쟁에 얽혀 있을 뿐 아니라 군주제 자체에 반대했던 민족은 모두 유대인을 공격하는 것으로 투쟁을 시작한다. 그러나 오스트리아에서 전개된 투쟁과 독일 및 프랑스에서 벌어진 투쟁 사이에는 현저한 차이가 있다. 오스트리아의 투쟁은 더 격렬했을 뿐 아니라 제1차 세계대전이 발발할 무렵 모든 민족, 즉 사회의 모든 계층이 국가에 적대적이 되었기 때문에 주민은 서부 또는 중부 유럽의 어느 국가보다 더 심하게 적극적인 반유대주의에 감염되었다.

이런 투쟁 가운데 눈에 띄는 현상은 국가에 대한 독일 민족의 적대감이 지속적으로 커졌다는 것이다. 적대감의 증가 속도는 독일 제국 수립 이후 더 빨라졌으며, 1873년의 주식 공황 이후에는 반유대주의 슬로건의 유용성이 발견되었다. 당시 사회 상황은 실제로는 독일과 유사했지만, 중산층의 표를 잡기 위한 사회적 선전은 곧 국가에 대한 더욱 폭력적인 공격으로 치달았으며 국가에 대한 충성을 더욱 노골적으로 거부하는 방식으로 변해갔다. 게다가 독일의 자유주의 정당은 쇠너러(Schoenerer)의 지도 아래 처음부터 하류 중산층 정당으로 출발했으며, 확고하게 좌파적 견해를 표방했다. 이 정당은 귀족 측과는 아무런 관계도 없었고 또 이들로부터 아무런 제약도 받지 않았다. 이 정당은 결코 대중적 토대를 확보하지는 못했지만 1880년대 대학에서 주목할 만한 성공을 거두었다. 이 정당은 대학에서 순수한 반유대주의의 토대 위에 엄격하게 조직된 최초의 학생 연합을 설립하는 데 성공했다. 처음에는 로스차일드가만을 표적으로 삼았던 반유대주의 덕분에 쇠너러의 노동 운동은 호감을 얻게 된다. 노동 운동은 그를 잘못된 길로 빠진 진정한 과격파로 간주했다.[46] 그의 주요한 장점은 실증할 수 있는 사실을 근거로 반유대주의 선동을 할 수 있었다는 데 있었다. 즉 그는 오스트리아 제국의회의 의원으로서 철도 국영화를 위해 투쟁했던 것이다. 국영 철도의 주요 노선의 운영권은 1836년 국가의 허가로 로스차일드가로 넘어갔는데, 이 허가 기한이 1886년 만료되었다. 쇠너러는 면허권의 기한 연장에 반대하는 서명을 4만여 명에게 받았고, 유대인 문제가 여론의 스포트라이트를 받도록 하는 데 성공했다. 로스차일드가와 왕정의 재정적 이해관계가 밀접하게 연관되어 있다는 사실은, 정부가 국가나 사회에 명백하게 불이익이 돌아가는 상황에서도 허가 기간을 연장하려 했을 때 온 천하에 분명하게 드러난다. 쇠너러의 문제 제기와 여론 선동이 오스트리아 반유대주의 운동의 실질적 출발점이다.[47] 여기서 중요한 사실은 독일인 슈퇴커의 선동과는 반대로 이 운동을 주도한 인물이 의심할 여지 없이 정직한 사람이었으며, 따라서 이 운동이 반유대주의를 선동의 무기로 사용하는 데에서 멈추지 않고 즉각적으로 범게르만주의를 발전시켰다는 점이다. 이 범게르만주의는 독일의 다른 반유대주의를 모두 합친 것보다 더 깊은 영향을 나치즘에 미쳤다.

쇠너러의 운동은 장기적으로는 성공하지만, 잠정적으로는 뤼거(Lueger)가 이끄는 제2의 반유대주의 정당인 기독교 사회주의 정당에 패배한다. 쇠너러는 가톨릭 교회와 오스트리아 정치에 대한 교회의 영향력에 대해서도 유대인과 마찬가지로 공격을 가했다. 그러나 기독교 사회주의 정당은 가톨릭 정당이었고 프랑스와 독일에서 유익

---

46) F.A. Neuschaefer, *Georg Ritter von Schoenerer*, Hamburg, 1935와 Eduard Pichl, *Georg Schoenerer*, 6vols, 1938 참조. 쇠너러의 선동이 중요하지 않게 된 지 오랜 시간이 지난 1912년에도 빈의『노동자 신문』은 그 사람에 대해 애정 어린 감정을 품고 있어 한때 비스마르크가 라살(Lassalle)에 대해 했던 말로서만 그를 생각할 수 있었다. "우리가 서로 총알을 주고받는다면, 정의는 심지어 총을 쏘아대는 동안에도 그는 남자이며 다른 이들은 늙은 여자라는 사실을 인정하라고 요구할 것이다"(Neuschaefer, 33쪽).

47) Neuschaefer, 앞의 책, 22쪽 이하와 Pichl, 앞의 책, I, 236쪽 이하 참조.

하다고 입증된 반동 보수 세력과 연대를 맺는다. 이들은 사회민주당과 함께 왕정의 몰락에도 살아남아 전후 오스트리아에서 가장 영향력 있는 집단이 된다. 그러나 오스트리아 제국이 설립되기 훨씬 전인 1890년대에 뤼거가 반유대주의 캠페인을 내세워 빈 시장으로 당선되었을 때 기독교 사회주의자들은 이미 국민국가 안에 있는 유대인에 대해 전형적으로 이중적인 태도를 취한다. 즉 지식인에 대해서는 적대적인 태도를, 유대인 상인 계급에 대해서는 우호적인 태도를 보인다. 사회주의 노동운동과 치열하고 피비린내 나는 권력 투쟁을 벌인 후, 독일 민족으로 축소된 오스트리아가 국민국가로 정착했을 때 이들이 정권을 장악한 것은 결코 우연이 아니다. 그들은 정확하게 이런 역할을 미리 준비했고 또 구(舊) 왕정하에서도 그들이 표방했던 민족주의로 인해 대중의 인기를 얻었던 유일한 정당임이 밝혀졌다. 합스부르크 왕가는 독일 왕가였고 독일 주민들의 우위를 보장했기 때문에, 기독교 사회주의자들은 왕정을 공격하지는 않았다. 그들의 기능은 근본적으로 인기 없는 정부에 대한 독일계 국민들 다수의 지지를 끌어내는 데 있었다. 그들의 반유대주의는 별 효과가 없었다. 뤼거가 빈 시장으로 있던 몇십 년은 유대인에게는 실질적인 황금시대였다고 할 수 있다. 표심을 잡기 위해 왕왕 선을 넘는 선전을 이용했지만, 어쨌든 그들은 쇠러너와 범게르만주의자처럼 "반유대주의를 우리 민족 이데올로기의 대들보, 진정한 대중적 확신의 가장 본질적인 표현, 그리고 이 세기에 이룩한 가장 위대한 업적으로 생각한다"[48]고 선언할 수는 없었다. 또한 그들은 프랑스의 반유대주의 운동처럼 성직자의 영향력하에 있었지만, 유대인에 대한 공격에서 필연적으로 더 많은 제약을 받았다. 그 까닭은 프랑스의 반유대주의자들이 제3공화국을 공격했던 것처럼 왕정을 공격하지는 않았기 때문이다.

오스트리아에서 두 반유대주의 정당이 겪은 성공과 실패는 사회

---

48) Pichl, 앞의 책, I, 26쪽에서 인용.

갈등이 파급 효과가 장기적인 그 시대의 이슈와 별로 관련이 없다는 것을 보여준다. 반정부 인사의 동원에 비하면 하류 중산층 유권자의 표를 잡는 것은 일시적 현상에 불과하다. 실제로 쇠너러 운동의 주축은 독일어를 사용하는 지방이었고 이곳에는 유대계 주민들이 없었다. 그래서 유대인과의 경쟁이라든가 유대계 은행가들에 대한 증오는 존재하지도 않았다. 도시 중심지에서는 진정되었던 범게르만 운동이 이 지방에서 살아남아 극렬한 반유대주의를 표방했던 까닭은 제1차 세계대전 이전의 일반적 번영이 도시권 주민들을 정부와 화해하게 만들었던 것과 달리 이 지역에서는 번영을 그 정도로 감지할 수 없었기 때문이다.

범게르만주의자들은 자기 나라와 정부에 충성하는 대신 드러내놓고 비스마르크 제국에 대한 충성을 고백했고, 그 결과가 국민의 신분은 국가와 영토와는 관계없는 것이라는 관념이다. 이런 현상은 쇠너러 집단을 순수하게 제국주의적 이데올로기로 인도한다. 그들이 일시적으로는 약했지만 궁극적으로 강해졌던 사실을 해명할 수 있는 단서가 이 이데올로기에 들어 있다. 그것은 또한 통상적인 광신적 애국주의의 한계를 넘지 않았던 독일의 범게르만당이, 오스트리아의 게르만 형제들이 내미는 손을 잡기를 꺼리고 그것을 심히 의심스러워했던 까닭이기도 하다. 오스트리아의 이 운동은 정당으로서 권력을 잡는 것, 즉 정권 장악 이상을 노리고 있었다. 이 운동이 추구하는 목표는 중부 유럽을 가히 혁명적으로 재조직하여 오스트리아의 독일인이 독일의 독일인과 힘을 합하여 지배 민족이 되고 그 지역의 다른 민족은 오스트리아의 슬라브계 민족처럼 일종의 반(半)노예로 살게 만들겠다는 것이었다. 오스트리아의 범게르만 운동은 제국주의와 유사하고 또 국민 개념에 근본적인 변화를 초래했기 때문에 우리는 이에 대한 토론을 뒤로 미룰 것이다. 적어도 그 결과를 놓고 볼 때 이 운동은 단순히 19세기의 예비 운동이 아니다. 그것은 어떤 반유대주의 운동보다도 금세기에 발생한 사건들의 진행 과정에 속한다.

150

정반대의 경우가 프랑스의 반유대주의다. 드레퓌스 사건은 이데올로기적 측면과 정치적 측면뿐 아니라 19세기 반유대주의가 함축한 모든 요소를 완전히 들춰내는 계기가 되었다. 이 사건은 국민국가의 특수한 조건에서 생성한 반유대주의의 정점이다. 그러나 이 사건의 폭력적 형태는 미래의 발전 과정을 예시하기 때문에 그 주요 당사자들은 30년 이상 미뤄질지도 모르는 공연의 마지막 총연습을 무대에서 하는 것 같은 인상을 준다. 이 사건은 유대인 문제를 19세기의 중심부에 세웠던 공공연하거나 비밀스러운 모든 힘, 정치적이고 사회적 원인을 모두 한데 끌어모았다. 다른 한편으로 이 사건의 발발은 너무나 시기상조였기 때문에 19세기의 전형적 이데올로기의 틀 안에 묶여 있을 수밖에 없었다. 이런 19세기의 이데올로기는 프랑스의 모든 정권과 정치적 위기를 겪고도 살아남았지만, 20세기의 정치적 조건에는 결코 들어맞지 않았다. 1940년의 패배 이후 프랑스의 반유대주의는 비시 정권하에서 최고의 기회를 잡았지만, 시대에 뒤떨어졌고, 주요 목적을 달성하는 데에는 아무런 쓸모도 없는 특성을 가지고 있었다. 이런 점을 독일의 나치 작가들도 잊지 않고 지적하고 있다.[49] 프랑스의 반유대주의는 나치즘의 형성에 아무런 영향도 미치지 못했고, 다가올 재앙에 책임이 있는 어떤 역사적 요인이라기보다는 그 자체로서 더 큰 의미를 지닌다고 할 수 있다.

이 유익한 한계점의 주된 이유는 프랑스 반유대주의 정당이 국내 무대에서는 폭력적이었을지 모르지만 초국가적 목표를 추구하지 않았다는 데 있다. 결국 이 정당들은 유럽에서 가장 오래되고 가장 발전한 국민국가의 정당이었다. 어떤 반유대주의 정당도 '정당을 초월한 정당'을 조직하려 하지 않았으며, 국가를 하나의 정당으로 간주하지도 않았고 또 오로지 정당의 이익이라는 관점에서 이용하려 하지

---

49) 특히 Walfried Vernunft, "Die Hintergründe des französischen Antisemitismus," in *Nationalsozialistische Monatshefte*, Juni, 1939 참조.

않았다. 몇 차례 시도된 쿠데타는 반유대주의자와 고위 군장교들 간의 일시적 동맹 탓으로 돌릴 수 있는데, 그것은 우스꽝스러울 정도로 부적절하고 명백하게 꾸며낸 것이었다.[50] 1898년 약 19명이 반유대주의 캠페인으로 의원에 당선된 일이 반유대주의의 정점이었지만, 이 정점은 결코 반복되지 않았다. 그때부터 급속한 추락이 이루어졌다.

　다른 한편으로 이 사건이 다른 모든 정치적 이슈의 촉매제로서 반유대주의의 성공을 보여주는 최초의 예라는 것은 맞는 말이다. 이는 또한 근소한 차로 정권을 획득한 제3공화국의 권위가 부족했던 탓으로 돌릴 수도 있다. 어쨌든 대중이 보기에 국가는 이미 왕정과 더불어 위신을 잃었고 국가에 대한 공격은 더 이상 신성모독이 아니었다. 프랑스에서 일어난 초기의 폭동은 제1차 세계대전 이후 오스트리아와 독일 공화국에서 발생한 소요사태와 매우 흡사하다. 종종 나치 독재가 이른바 '국가 경배'와 관련이 있다고 간주되었기 때문에 역사가들마저 나치가 국가 경배의 완전한 붕괴를 이용했다는 자명한 이치를 이해하지 못했다. 국가 경배는 원래 신의 은총으로 왕좌에 오른 군주에 대한 경배로 촉발되었지만, 공화국에서는 거의 있을 법하지 않은 것이다. 중부 유럽 국가들이 이런 숭배의 보편적 상실에 영향을 받기 50여 년 전에 국가 경배는 프랑스에서 상당한 좌절을 겪었다. 정부를 공격하기 위한 구실로 유대인을 공격했던 중부 유럽과 달리 프랑스에서는 유대인과 정부를 함께 공격하기가 훨씬 쉬웠다.

　더욱이 프랑스의 반유대주의는 18세기 말로 거슬러 올라가는 프랑스의 유대인 해방과 마찬가지로 다른 유럽 국가의 반유대주의보다 훨씬 더 오래되었다. 프랑스 혁명을 준비했던 계몽 시대의 대표자들은 당연하다는 듯이 유대인을 경멸했다. 그들은 유대인을 암흑 시대의 구닥다리 유물로 간주했고 귀족의 재정 대리인 노릇을 하는 그들

---

50) 제4장 참조.

을 미워했다. 프랑스에서 유대인의 확실한 친구로는 보수적인 작가들밖에 없었는데, 이들은 반유대적 태도를 "18세기가 좋아하는 논제들 가운데 하나"라고 규탄했다.[51] 유대인은 여전히 가부장적 형태의 정부 속에 살면서 다른 국가를 인정하지 않는 야만인이라고 경고하는 일은 좀더 진보적이거나 과격한 작가들에게는 거의 전통적 관행이 되었다.[52] 프랑스 혁명의 와중에 그리고 그 이후 프랑스의 성직자와 귀족은 일반적인 반유대인 정서에 자신들의 목소리를 덧붙였다. 비록 그들이 그렇게 된 것은 다른 좀더 물질적 이유에서였지만. 그들은 혁명 정부가 "정부의 채권자인 유대인과 상인에게" 지불하기 위해 교회 재산을 매각할 것을 명령했다고 비난했다.[53] 이 해묵은 논리는 프랑스에서 끝없이 이어진 교회와 국가 간의 투쟁을 거치면서도 살아남았는데, 그것이 19세기 말에 좀더 근대적인 다른 세력이 촉발한 폭력과 분노를 지원했다.

프랑스의 사회주의 운동은 교회가 반유대주의를 강력하게 지지했기 때문에 결국 드레퓌스 사건에서는 반유대주의 선동에 반대하는 입장을 취한다. 그러나 19세기 프랑스의 좌파 운동은 그때까지 유대인에 대한 적의를 거리낌 없이 표현해왔다. 그들은 프랑스의 자유주의와 급진주의의 근원이 된 18세기 계몽주의의 전통을 단순히 따랐을 뿐이었고, 그래서 반유대적 태도가 반성직자중심주의를 구성하는 필수 요소라고 생각했던 것이다. 좌파의 이런 정서는 우선 알자스 지방의 유대인이 여전히 농민을 대상으로 고리대금업을 하면

---

51) J. de Maistre, *Les Soirées de St. Petersburg*, II, 1821, p.55 참조.

52) Charles Fourier, *Nouveau Monde Industiel*, 1829; Charles Fourier, *Oeuvres Complètes*, Vol. 5, 1841, p.421. 푸리에의 반유대주의에 관해서는 Edmund Silberner, "Charles Fourier on the Jewish Question," in *Jewish Social Studies*, October, 1946 참조.

53) *Le Patriote Français*, 1790년 11월 8일자 참조. Clemens August Hoberg, "Die geistigen Grundlagen des Antisemitismus im modernen Frankreich," in *Forschungen zur Judenfrage*, Vol. 4, 1940.

서 살고 있다는 사실 때문에 강화되었다. 이런 관행은 이미 나폴레옹의 1808년 법령을 촉진하는 역할을 했다. 알자스의 여건이 변한 후, 좌파 반유대주의는 로스차일드가의 재정 정책에서 자신들의 논증에 설득력을 더할 수 있는 새로운 원천을 발견했다. 로스차일드가는 루이 필리프와 밀착 관계를 유지하면서 부르봉 왕조의 재정 관리에 중요한 역할을 했고, 나폴레옹 3세 치하에서 번영을 구가했다.

반유대적 태도를 자극하는 이 명백하면서도 피상적인 요인들 뒤에는 좀더 깊은 원인이 있다. 그것은 특히 프랑스적인 급진주의의 전체 구조에 지극히 중요할 뿐만 아니라 프랑스의 전체 좌익 운동이 유대인에게 적대적이 되도록 만든 원인이다. 프랑스 경제에서 은행가가 차지하는 비중은 다른 자본주의 국가보다 더 컸고, 프랑스의 산업은 나폴레옹 3세 통치 기간 잠시나마 성장을 이루었지만 그 후에는 다른 국가보다 뒤처져 자본주의 이전의 사회주의 경향이 계속해서 상당한 영향력을 행사하고 있었다. 영국과 오스트리아의 하류 중산층은 1870년대와 1880년대에만, 즉 그들이 너무나 절망하여 보수 정치뿐만 아니라 새로운 폭민 정책에 의해서도 쉽게 이용될 수 있던 때에만 반유대적이 되었던 반면, 프랑스에서는 약 50년 일찍, 즉 그들이 노동자 계급의 도움으로 1848년 혁명을 일시적 승리로 이끌었을 때 반유대적이 되었다. 1840년대 투세넬(Toussenel)이 출판한 『유대인, 시대의 왕』(*Les Juifs, Rois de l'Epoque*)은 로스차일드가를 비난하는 수많은 팸플릿의 홍수 속에서도 가장 중요한 책이었는데, 당시 혁명적인 하류 중산층 계급의 기관지였던 좌익 언론은 이 책을 열광적으로 수용했다. 비록 덜 명확하고 덜 영악하긴 했지만 투세넬이 표현한 그들의 정서는 젊은 마르크스의 정서와 크게 다르지 않다. 또한 로스차일드에 대한 투세넬의 공격은 50년 전 발간된 뵈르네의 파리 서한들을 부족한 재능으로 좀더 정교하게 변형한 것일 뿐이다.[54] 이 유대인

---

54) 유대인 문제에 대한 마르크스의 논문은 인용문을 보증하지 않는 것으로 충분

154

들도 유대계 은행가들을 자본주의 제도의 중심인물로 설정하는 실수를 저질렀는데, 이 오류는 지금까지도 프랑스에서 지방자치체의 관료나 정부의 하위 관료들에게 일정 부분 영향을 미치고 있다.[55]

그러나 유대계 은행가와 절망에 빠진 거래 손님 간의 경제적 갈등이 조장한 이 대중적인 반유대 감정의 분출은 순수하게 경제적인 또는 사회적인 원인이 있는 다른 유사한 분출보다 정치에서 더 오래 중요한 요소로 작용하지는 않는다. 나폴레옹 3세가 프랑스 제국을 통치했던 20년은 유대 민족에게 번영과 안정의 시대였다. 이는 제1차 세계대전이 발발하기 전 20년 동안의 독일과 오스트리아의 사정과 비슷하다.

실제로 변함없이 강했고 사회적인 반유대주의나 반교회적인 지식인들의 경멸보다 더 오래 생존했던 유일한 프랑스 상표의 반유대주의는 일반적인 외국인 공포증과 연결되어 있었다. 특히 제1차 세계

히 잘 알려져 있다. 뵈르네(Boerne)의 말이 논쟁적이고 이론적이지 않아 오늘날 잊혔기 때문에, 우리는 파리에서 온 72번째 편지에서(1832년 1월) 인용했다. "로스차일드는 교황의 손에 키스했다……. 이제 드디어 신이 세상을 창조하면서 계획하셨던 질서가 도래했다. 가난한 기독교인은 교황의 발에 키스하고, 부유한 유대인은 그의 손에 키스한다. 로스차일드가 교황청 채권을 65퍼센트가 아니라 60퍼센트에 보유해서 추기경 시종에게 1만 금화를 더 보냈더라면, 그들은 그에게 교황을 포옹하는 것도 허락했을 것이다……. 모든 왕이 폐위하고 로스차일드가 왕위에 오르는 것이 전 세계를 위해 가장 큰 행운이 아닐까?" *Briefe aus Paris. 1830~33.*

55) 이런 태도가 잘 서술된 곳은 반유대주의에 관한 케사레 롬브로소(Cesare Lombroso)의 유명한 저서(1899) 서문에 파리의 시의원 폴 브루스(Paul Brousse)가 쓴 글이다. 논점의 특징적인 부분은 다음과 같다. "작은 상점의 주인은 신용대출이 필요하고 우리는 요즈음 신용대출이 얼마나 얻기 힘들고 얼마나 비싼지 알고 있다. 여기에서도 역시 소상인은 책임을 유대계 은행가들에게 지운다. 노동자에 이르기까지 모두—즉 과학적 사회주의를 명확하게 이해하지 못한 노동자들—가 자본주의자의 재산 몰수 이전에 대중에게 그 이름이 가장 잘 알려졌고 자본주의를 대표하는 가장 전형적인 인물들인 유대계 자본주의자들의 재산 몰수가 이루어진다면 혁명은 진일보할 것이라고 생각한다."

대전 이후 낯선 유대인은 모든 외국인을 대변하는 판에 박힌 전형이었다. 서부 및 중부 유럽 국가는 모두 자국 출신 유대인과 동방 국가에서 '침략해온' 유대인을 구별했다. 폴란드계와 러시아계 유대인이 독일과 오스트리아에서 받는 대접은 루마니아 유대인과 독일 유대인이 프랑스에서 취급받는 방식과 같았고, 알자스 출신 유대인이 프랑스에서 속물 취급을 당하듯이 포젠 출신 유대인은 독일에서, 갈리시아 유대인은 오스트리아에서 경멸의 대상이 되었다. 그러나 이런 구분이 국내 정치에서 그토록 중요한 요소로 작용했던 곳은 프랑스뿐이다. 그것은 아마 프랑스에서 반유대인 공격의 표적이 되었던 로스차일드가가 독일에서 이주해왔고, 그래서 제2차 세계대전이 일어날 때까지 유대인은 자연스럽게 국가의 적에 대해 우호적이라는 의심을 받아왔다는 사실에 기인할 것이다.

근대의 반유대주의 운동과 비교하면 무해하다고 할 수 있는 민족주의적 반유대주의는 프랑스에서는 보수주의자와 극렬 애국주의자의 독점물은 아니었다. 이 점에서 달라디에(Daladier)의 전쟁 내각에서 공보 장관을 지냈던 작가 장 지로두(Jean Giraudoux)는 페탱(Petain) 및 비시 정권과 완전한 의견일치를 보았다.[56] 이들 정권은 유대인 문제에서 아무리 독일인들을 만족시키려 노력해도, 시대에 뒤떨어진 그들의 민족적 반유대주의가 가진 한계점을 극복할 수 없었다. 그들의 실패는 프랑스가 새로운 무기의 파급 효과와 가능성을

---

56) 프랑스의 반유대주의 논증에는 놀라우리만큼 일관성이 있다는 사실은 예를 들면 프리에가 그린 유대인 「이스가리옷」과 지로두의 1939년 서술을 비교하면 된다. 이스가리옷은 10만 영국 파운드를 가지고 프랑스에 와서 엄청난 재산을 모아 나라를 떠나 독일에 정착했다(*Théorie des quatre mouvements*, 1808, *Oeuvres Complètes*, pp.88ff.). 지로두의 1939년 서술은 다음과 같다. "염탐하여 그 비밀을 알아내려 했지만 허사였다. 폴란드와 루마니아의 게토에서 도망친 유대인 수십만 명이 우리나라로 들어왔다……. 우리 시민들을 경쟁에서 떨어뜨리고 동시에 그들의 직업적 관습과 전통을 파괴하며…… 인구, 세금과 노동에 관한 모든 조사를 무시한다." *Pleins Pouvoirs*, 1939.

제대로 인식하고 있던 탁월한 반유대주의자 한 사람을 배출했을 때 더더욱 분명하게 드러난다. 이 인물이 유명한 작가였다는 사실은 일반적으로 반유대주의가 다른 유럽 국가에서처럼 사회적·지적 불명예를 의미하지 않았던 프랑스의 특징을 말해준다.

루이 페르디낭 셀린(Louis Ferdinand Céline)은 좀더 합리적인 프랑스 반유대주의에 결여된 이데올로기적 상상력을 함축한 정교하고 단순한 논제를 가지고 있었다. 그는 유대인이 하나의 정치 공동체로 진화하는 유럽을 방해했고 843년 이후 유럽에서 일어난 모든 전쟁의 원인이었으며, 프랑스와 독일 사이에 상호 적대감을 선동함으로써 양국의 파멸을 기도했다고 주장했다. 셀린은 뮌헨 조약이 체결될 당시에 써서 전쟁이 시작된 달에 출판한『시체들의 학교』(*Ecole des Cadavres*)에서 이렇게 환상적인 역사관을 제시한다. 이 문제에 대한 초기의 소책자『살육을 위한 쓸데없는 일』(*Bagatelle pour un Massacre*, 1938)은 유럽 역사를 해명할 수 있는 새로운 단서를 포함하지는 않았지만, 이미 그 접근 방식에서는 현저하게 근대적이다. 즉 이 책은 자국 유대인과 외국 유대인, 좋은 유대인과 나쁜 유대인이라는 제한적인 구분을 피한다. 그는 정교한 입법안(프랑스 반유대주의의 특징)이라는 문제로 골머리를 앓지 않고 문제의 핵심으로 들어가 모든 유대인을 학살하라고 요구한다.

셀린의 첫 저서를 프랑스를 이끄는 지식인들이 기꺼이 받아들였는데, 이들은 유대인에 대한 공격을 반쯤은 즐겼고 반쯤은 이 책이 흥미롭고 새로운 문학적 공상 이상은 아니라고 확신했다.[57] 나치가 셀린을 프랑스의 유일한 반유대주의자로 알고 있었음에도 불구

---

57) 특히 *Nouvelle Revue Française*에 실린 마르셀 아를랑(Marcel Arland, 1938, 2)의 비판적 논쟁 참조. 그는 셀린의 입장이 근본적으로 '견실하다'고 주장한다. 앙드레 지드(André Gide, 1938, 4)는 셀린이 단지 유대인의 '특수성'을 서술하면서 현실이 아니라 현실이 불러일으킨 망상을 그리는 데 성공했다고 생각한다.

하고 프랑스의 자생적 파시스트는 바로 이런 이유에서 그를 대수롭지 않게 생각했다. 프랑스 정치가의 생래적 분별력과 체질화된 점잖은 품성이 사기와 미친 짓거리를 진지하게 받아들이지 못하게 했던 것이다. 그 결과 사태를 더 잘 알고 있던 독일인조차 무솔리니의 추종자인 도리오(Doriot)와 현대의 문제는 전혀 이해하지 못했던 늙은 프랑스인 극렬 애국주의자 페탱 같은 부적절한 후원자를 이용하여 프랑스 국민에게 유대인 말살이 만병통치약이라고 설득하는 헛수고를 지속할 수밖에 없었다. 프랑스가 공식 또는 비공식적으로 나치 독일과 협력할 준비를 갖추는 동안 이 상황이 전개된 방식은 19세기 반유대주의가 20세기의 새로운 정치적 목적에 얼마나 비효과적이었는가를 보여주는 지표다. 반유대주의가 최고 상태로 발전했을 뿐만 아니라 여론의 모든 변화에도 불구하고 살아남았던 국가에서조차도 예외는 아니었다. 에두아르 드뤼몽(Edouard Drumont) 같은 20세기 유능한 언론인이나 당대의 훌륭한 작가 조르주 베르나노스(Georges Bernanos)까지도, 사기꾼이나 정신 나간 사람들이 훨씬 더 적절하게 이용했을 법한 어떤 주의에 기여했다는 사실은 그리 중요하지 않다.

프랑스가 여러 이유에서 성숙한 제국주의 정당을 발전시키지 않았다는 사실이 여기서 결정적 요소로 작용했음이 분명해진다. 프랑스 식민지의 많은 정치가가 지적했듯이,[58] 세계를 분할하는 문제에서 프랑스가 영국과 경쟁할 수 있었고 아프리카 쟁탈전에 성공적으로 참여할 수 있었던 것은 프랑스-독일 동맹 덕분이었다. 프랑스는 대영 제국에 대한 적의와 불쾌감을 시끄럽게 표출했지만, 충동적으로 이 경쟁에 끌려 들어가지는 않았다. 프랑스—중요성과 영향력이 기울기는 했지만—는 항상 **탁월한 국민국가** 그 자체로 남아 있었고, 허약한 제국주의적 시도조차 보통 새로운 민족 독립 운동으로 끝나

---

58) 예를 들면 René Pinon, *France et Allemagne*, 1912 참조.

기 일쑤였다. 더구나 프랑스의 반유대주의는 원칙적으로 독일과 프랑스 간의 순수한 민족 갈등이 조장한 것이기 때문에, 제국주의 정책에서 유대인 문제가 중요한 역할을 하지 못했다. 알제리 상황은 토착 유대인과 아랍인으로 이루어진 주민 분포로 인해 반유대주의를 이용할 수 있는 훌륭한 기회를 제공했는데도 말이다.[59) 독일의 침략으로 간단하게 그리고 처참하게 파괴된 프랑스의 국민국가, 독일의 점령과 프랑스의 패배로 조롱거리가 된 독일-프랑스 동맹은 **탁월한 국민국가의 힘**이 위대한 과거에서 우리 시대로 이어지지 않았음을 증명해줄지도 모른다. 그러나 국민국가의 근본적인 정치 구조가 바뀌지는 않았다.

5. 안전의 황금시대

반유대주의 운동의 일시적 소멸에서 제1차 세계대전 발발까지는 20년이라는 시간 간격이 있을 뿐이다. 이 시기는 적절하게도 "안전의 황금시대"[60)로 서술되는데, 그것은 이 시대를 살았던 사람들 가운데 단지 소수만이 분명 시대에 뒤떨어진 정치 구조에 내재된 취약점을 느꼈기 때문이다. 비극적 파멸의 임박을 예시하는 모든 징후에도 불구하고 이 정치 구조는 화려한 거짓 광채로 번쩍거리면서 불가해할 정도로 한결같이 완강하게 돌아가고 있었다. 러시아의 한물간 전제정치, 오스트리아의 부패한 관료제, 독일의 어리석은 군국주의, 지속적 위기 상황에 처한 무성의한 프랑스 공화정—모두 여전히 대영 제국의 세계 패권의 그늘 아래에서—이 어깨를 나란히 하

---

59) "Why the Crémieux Decree was abrogated," in *Contemporary Jewish Record*, April, 1943에서 알제리 유대인 문제의 몇 가지 측면을 다루고 있다.
60) 이 용어는 슈테판 츠바이크(Stefan Zweig)의 것이다. 그는 제1차 세계대전까지의 시기를 *The World of Yesterday: An Autobiography*, 1943에서 이렇게 이름지었다.

면서 명맥을 이어가고 있었다. 그 가운데 어떤 정부도 특별히 인기를 누리지 못했고, 모두 국내 야당세력의 성장에 직면해 있었다. 그러나 정치 조건의 과감한 변화를 시도하려는 진지한 의지가 존재하는 곳은 아무데도 없었다. 유럽의 모든 국가, 모든 계층이 경제 확장에 혈안이 되어 정치 문제를 진지하게 고려할 여유가 없었다. 아무도 신경 쓰는 사람이 없었기 때문에 만사가 그대로 굴러갈 수 있었다. 체스터턴의 정곡을 찌르는 말로 표현하면, "모든 것이 자신이 존재하고 있다는 것을 부인함으로써 자신의 존재를 연장하고 있었다."[61]

산업적·경제적 역량의 엄청난 성장은 순수하게 정치적 요소를 지속적으로 약화했지만 동시에 경제적 힘은 국제적 권력 게임을 지배하게 되었다. 산업과 경제의 힘이 권력의 전제 조건임을 알기 전에는 권력이 경제력과 동의어로 간주되었다. 어떤 의미에서 경제권력은 정부를 따라오게 만들 수 있었다. 그것은 국가 공권력이 사업 이익과 국가 재산의 보호를 위해서만 사용되어야 한다고 그들을 납득시키는 평범한 사업가와 마찬가지로, 정부도 경제에 대한 믿음을 가지고 있었기 때문이다. 서로 잘 아는 300명도 채 안 되는 사람들이 세계의 운명을 마음대로 주무르고 있다는 발터 라테나우의 언급이 극히 짧은 기간은 진실처럼 여겨질 수 있었다.

유대인은 다른 어떤 유럽인보다 안전의 황금시대가 왔다는 사실에 현혹되었던 집단이다. 반유대주의는 과거사가 된 것처럼 보였다. 정부가 권력과 체면을 잃을수록 유대인에 대한 정부의 관심은 줄어들었다. 국가는 점점 축소되고 허울뿐인 정치적 대의제는 다양한 연극 공연처럼 되어 결국 오스트리아에서는 연극 자체가 국민 생활의 중심이 된다. 그렇지 않아도 이 나라에서는 연극이 확실히 의회보다 공

---

61) 영국의 사태에 대한 훌륭한 서술로는 G.K. Chesterton, *The Return of Don Quixote*가 있다. 이 책은 1927년까지 출판되지 않았지만 "전쟁 전에 계획되어 일부 쓰였다."

적으로 중요한 제도로 간주되었다. 연극이 현실의 영역으로 보일 만큼 정치 세계는 이렇게 연극적 특성을 지니게 되었다.

국가에 미치는 대규모 사업의 영향력이 점차 증가하면서, 또 유대인들의 봉사에 대한 국가의 수요가 줄어들면서 유대계 은행가는 존재 근거를 박탈당할 위험에 처한다. 그리고 이는 유대인이 종사하는 업무에 어떤 변화를 강요한다. 유대계 가문이 운영하는 은행들의 몰락을 예고하는 첫 번째 징후는 그들이 유대계 공동체 안에서도 위신과 권력을 상실한다는 것이었다. 그들은 이제 유대인의 힘을 집결하고 전체 유대인의 재산을 어느 정도 독점할 수 있을 정도로 강하지 않았다. 유대인은 점차 국가 재정을 떠나 독립적인 사업을 개척한다. 군대와 정부에 식품이나 의복을 납품하는 일이 유대계 식품 및 곡물 상업으로 그리고 의복 산업으로 성장하고, 유대인은 곧 모든 나라에서 이 분야의 확고한 강자가 된다. 시골 소읍의 전당포와 잡화점은 도시 백화점의 전신이었다. 그렇다고 유대인과 정부의 관계가 완전히 끊어진 것도 아니었다. 단지 소수의 개인만이 아직 관계를 유지하고 있었으므로, 이 시대가 끝날 무렵의 양상은 시작될 당시와 같았다. 즉 소수의 개인이 국가 재정에서 중요한 지위를 차지했지만 넓은 층의 유대인 중산 계급과는 거의 아무런 관계를 맺고 있지 않았다.

독립적인 유대계 상인 계급의 증대보다 더 중요한 변화는 직업 구조의 변동이었다. 중부 및 서부 유럽의 유대 민족은 재산과 경제적 부에서 포화상태에 이르렀던 것이다. 다시 말해 그들은 돈 때문에 돈을 원하는 것인지, 아니면 권력을 위해 돈을 원하는 것인지를 남들에게 보여주어야 할 시점이었다. 전자의 경우라면 사업을 확장하여 후손에게 물려주면 되었다. 후자의 경우라면, 국영사업에서 입지를 좀 더 다지고 정부에 대규모 사업과 산업의 영향력을 행사할 수 있도록 노력하면 되었다. 그러나 그들은 둘 중 어느 것도 하지 않았다. 반대로 유복한 사업가의 자손과 그보다 좀 덜했지만 은행가의 아들들은 아버지 사업을 포기하고 몇 세대 전만 해도 불가능했던 자유 전문직이나 순수하게 지적인 직업을 선택했다. 국민국가가 그토록 두려워했던 유대계 지식인층의 탄생은 이제 놀랄 만한 속도로 진행되었다. 부유한 아버지를 둔 유대인이 문화 영역으로 진입하는 현상은 특히 독일과 오스트리아에서 두드러졌는데, 이 나라에서는 신문, 출판, 음악, 연극과 같은 문화의 상당 부분이 유대인 사업이 되었다.

유대인이 전통적으로 지적인 직업을 선호하고 그것에 존경심을 가졌기 때문에 가능했던 일이 결국은 전통과의 실질적 단절을 야기하고 지식인의 동화와 중부 및 서부 유럽 유대인의 중요 계층의 귀화를 초래한다. 정치적으로 그것은 이제 유대인이 국가의 보호에서 벗어난다는 것을 의미한다. 또한 같이 사는 시민들과 공동의 운명이라는 의식이 커진다는 것, 유대인을 범유럽적 요소로 만들었던 유대인 간의 유대와 결속이 느슨해진다는 것을 말해준다. 사회적으로 유대계 지식인은 비유대계 사회로의 집단적인 진출을 필요로 했고 원했던 최초의 사람들이다. 이교도와 사회적 교류를 좋아하지 않았던 아버지 세대에게는 사소한 일이었던 사회적 차별이 그들에게는 세상에서 가장 중요한 문제가 되었다.

사회로 진입하는 길을 찾는 과정에서 이 집단은 차별이 일반화된 19세기 상황에서 예외적으로 사회 안으로 들어갈 수 있던 유대인 개인들이 정한 사회적 행동 유형을 받아들이지 않을 수 없었다. 그들은 곧 모든 문을 열 수 있는 힘을 발견한다. 그것은 천재에 대한 100년간의 맹목적인 숭배 때문에 저항할 수 없는 것이 된 "빛나는 명성의 권력"(슈테판 츠바이크)이었다. 이름을 얻으려는 유대인의 노력이 그 시대의 일반적 명성 숭배와 다른 점은 그들의 일차적 관심사가 명성 자체는 아니라는 것이었다. 명성의 아우라 속에서 산다는 것은 유명해진다는 것보다 더 중요했다. 그래서 그들은 탁월한 서평가, 비평가와 수집가가 되었고 유명한 것을 조직하는 사람이 되었다. "빛나는 권력"은 사회적으로 의탁할 곳이 없는 사람들이 가정을 이룰 수 있는 진정한 사회적 힘이었던 것이다. 달리 말해 유대인 지식인들은 유명한 개인을 유명인사의 사회, 이른바 국제 사회로 묶을 수 있는 살아 있는 끈이 되고자 했고 어느 정도까지는 성공했다. 왜냐하면 정신적 업적은 국경을 초월하기 때문이다. 20년 동안 상황이 변해 실제와 현상, 정치적 현실과 연극 공연은 서로를 쉽게 패러디할 수 있었기 때문에 정치 요소는 일반적으로 약화되었다. 그로써 유대인은 모호한 국제 사회를 대표하는 인사들이 된 것이다. 이런 국제 사회에서 민족적 편견은 더 이상 유효하지 않은 듯했다. 그런데 역설적이게도 유대인 구성원의 동화와 귀화를 인정한 유일한 집단은 바로 이 국제 사회였다. 오스트리아계 유대인은 오스트리아보다 프랑스에서 더 쉽게 오스트리아인으로 인정받을 수 있었다. 이 세대의 세계 시민권, 즉 유대인이라는 출생 신분이 언급되자마자 그들이 내세우는 이 허위 국적은 부분적으로는 발행국을 제외한 모든 국가에 체류할 수 있는 권리를 그 소지자에게 보장하는 여권과 유사하다.

그 특성으로 볼 때 이런 상황은 유대인을 유명해지게 만들 수밖에 없었다. 그것도 현상 세계에서의 활동, 만족과 행복으로 인해 집단으로서 유대인은 돈도 권력도 원치 않는다는 사실이 입증된 바로 그 시점에 말이다. 주요 정치인과 정치 평론가는 유대인이 해방된 후 어느 때보다도 유대인 문제와 덜 씨름하게 되었고, 반유대주의가 공개적인 정치 무대에서 거의 완전히 사라지는 동안, 유대인은 그 자체 사교계의 상징이 되었고 사회에서 받아들여지지 않은 모든 사람에게는 증오의 대상이 되었다. 19세기 동안 반유대주의의 발전에 영향을 미쳤던 특수 조건이 없어짐으로써 그 토대를 상실한 반유대주의는 사기꾼과 미친 사람에 의해 다듬어져 반쪽 진리와 야만스러운 미신의 무시무시한 혼합물로 변한다. 그것은 1914년 이후 유럽에서 좌절과 분노로 가득 찬 모든 사람의 이데올로기로 나타난다.

유대인 문제가 사회적 측면에서 사회적 불안과 동요의 촉매제가 되었기 때문에, 또한 분열된 사회가 결국 이데올로기적으로 유대인

학살이라는 주제를 중심으로 재결집되었기 때문에, 해방된 유대 민족이 19세기 시민 사회에서 걸어온 사회사의 주요 족적을 그려볼 필요가 있다.

제3장 유대인과 사회

유대인은 정치적으로 무지했기 때문에 국가의 비즈니스 영역에 뿌리를 내리고 특수한 역할을 수행하는 데 매우 적합했다. 폭민에 대한 부정적 편견과 정부 당국에 대한 긍정적 선입관은 그들에게 반유대주의의 정치적 위험을 인식할 수 있는 안목을 길러주지 못했다. 이런 무지와 편견 때문에 유대인은 모든 형태의 사회적 차별에 과민하게 반응했다. 반유대주의와 사회적 차별이 나란히 발전할 때, 정치적 논거와 단순한 반감 사이의 결정적 차이점을 찾기는 어려웠다. 그러나 중요한 핵심은 이것들이 정확히 유대인 해방의 상반된 양면성에서 성장해왔다는 사실이다. 정치적 반유대주의는 유대인이 하나의 분리된 집단이었기 때문에 발전했던 반면, 사회적 차별은 다른 모든 집단과 더불어 유대인의 평등이 신장되었기 때문에 발생했다.

물론 조건의 평등이 정의를 위한 기본적인 필수 요건임이 분명하지만, 그럼에도 불구하고 그것은 근대 인류에게 가장 위대하고 가장 불확실한 모험에 속했다. 조건이 평등해질수록 사람들 사이에 실제로 존재하는 차별을 설명하기는 더욱 힘들어진다. 따라서 개인과 집단은 오히려 더욱 불평등해진다. 평등이 더 이상 신과 같은 전능한 존재나 죽음처럼 피할 수 없는 공동 운명의 관점에서 인식되지 않게 되자마자 이처럼 난처한 결과의 전모가 드러난다. 측정하고 설명할 수 있는 어떤 잣대도 없이 평등 자체가 하나의 세속적인 사실이 될 때마다, 평등이 원래 불평등한 사람이 평등한 권리를 갖고 있는 정치적 조직체의 운영 원리로 인정받을 가능성은 겨우 1퍼센트에 지나지 않는다. 반면 평등이 모든 개인의 타고난 특성으로 잘못 인식될—이 경우 개인은 다른 모든 사람과 같다면 '정상'이고, 우연히 차이가 난다면 '비정상'이다—가능성은 거의 99퍼센트다. 이처럼 정치적 개념에서 사회적 개념으로 전도된 평등은 사회가 특수 집단이나 개인을 위한 공간을 거의 남겨두지 않을 때 더더욱 위험해진다. 왜냐하면 그들의 차이가 너무나 두드러져 보이기 때문이다.

근대가 안고 있는 독특한 위험이자 가장 큰 도전은 이때 처음으로 인간이 인간을 상이한 환경과 조건의 보호막 없이 마주하게 되었다는 사실이다. 바로 이런 새로운 평등 개념이 근대의 인종 관계를 매우 어렵게 만들었다. 인종 관계란 뚜렷한 조건의 변화로도 약화될 수 없는 자연적 차이가 문제되는 관계이기 때문이다. 그들 나름의 이유 때문에 이 기본적 평등을 상호 인정하기 싫어하는 상이한 집단 간의 갈등이 끔찍하고 잔인한 형태를 취하는 것은, 평등이 각 개인에게 모든 다른 개인을 자신과 평등한 사람으로 인정하라고 요구하기 때문이다.

그러므로 유대인의 조건이 좀더 평등해질수록 유대인의 차이는 더욱 놀라워졌다. 새로운 자각은 유대인에 대한 사회적 반감과 독특한 선망을 동시에 낳았다. 이 두 가지 반응이 결합하여 서구 유대인의 사회사를 결정지었다. 그러나 선망과 마찬가지로 차별 역시 정치적으로 무익했다. 선망이나 차별은 유대인에 대항하는 정치 운동을 낳지도 못했고, 어떤 식으로든 유대인을 적으로부터 보호하는 데에도 기여하지 못했다. 반면 사회적 분위기를 해치고 유대인과 이교도 간의 모든 사회적 교제를 왜곡하며, 유대인의 행동에 결정적인 영향을 미치는 데에는 성공했다. 전형적인 유대인상의 형성은 특수한 차별과 아울러 특별한 선망에서도 기인했던 것이다.

다양한 형태의 차별로 나타났던 반유대인 감정은 유럽 각국에서 정치적으로 큰 해악을 입히지는 않았다. 이곳에서는 결코 진정한 사회적·경제적 평등이 이루어지지 않았기 때문이다. 어느 모로 보나 새로운 계급은 출생에 따라 소속되는 집단으로 발전했다. 의심할 여지 없이 분명한 사실은 이런 틀 안에서만 사회가 유대인을 압박하여 그들 스스로 하나의 특수한 배타적 집단이 되게 할 수 있었다는 것이다.

어떤 계층 출신이든 능력 있고 운만 따르면 성공담의 주인공이 될 수 있다고 모든 사회 구성원이 굳게 확신했던 미국에서처럼 신분의 평등이 당연시되었다면, 아마 사정은 전적으로 달라졌을 것이다. 그와 같은 사회에서 차별이란 구별 수단에 지나지 않는다. 즉 차별은 집단이 시민적·정치적·경제적 평등의 영역 바깥에 속하는 존재임을 알게 하는 일종의 보편 법칙이다. 차별이 반드시 유대인 문제와 결부되는 곳이 아니라면, 그것은 폭력, 군중의 지배, 비속한 인종사상을 통해 다민족 국가 내에 존재하는 모든 자연적 어려움과 갈등을 해결하기를 원하는 정치 운동의 구심점이 될 수 있다. 육체적으로나 역사적으로나 세계에서 가장 불평등한 처지에 있던 주민을 딛고 감히 평등을 실현하고자 했던 것은 미 합중국의 가장 유망하면서도 위험스러운 역설 중 하나였다. 사회적 반유대주의는 미국에서 언젠가는 정치 운동의 위험한 핵심이 될 수도 있을 것이다.[1] 그러나 유럽에

---

1) 유대인이 유럽 국가의 동질적인 인구 구성에서 어떤 다른 집단들보다 두드러졌다 하더라도, 거기서 곧 이들이 미국의 다른 집단들보다 차별의 위협을 받았다는 결론을 도출할 수는 없다. 실제로 현재에 이르기까지 유대인이 아니라 흑인─자연과 역사에 의해 미국의 민족들 가운데 가장 불평등한 민족─이 사회적·경제적 차별의 짐을 견뎌야만 했다.
그러나 정치 운동이 이와 같이 단순히 사회적 차별에서 싹터 자란다면, 이런 상황은 변할 수도 있다. 그러면 유대인은 여러 민족 가운데에서 유일하게 자신들의 역사와 종교 안에서 잘 알려진 분리 원칙을 표현해왔다는 단순한 이유 때문

서는 차별이 정치적 반유대주의의 발생에 아무런 영향도 미치지 않았다.

1. 버림받은 하층민과 벼락부자 사이에서

국민국가를 사회·정치적으로 지탱하는 지주였던 사회와 국가 간의 위태로운 균형은 유대인의 사회 진출을 관장하는 독특한 법칙을 낳았다. 서부 유럽의 여러 민족 한가운데에서 이웃이 아닌 채 살았던 150년 동안, 유대인은 항상 사회적 부귀를 위해서는 정치적으로 비참해야 했고, 정치적 성공을 위해서는 사회적 모욕을 감수해야만 했다. 비유대인 사회의 수용이라는 의미에서 동화는 유대인 대중과 똑같이 굴욕적이고 제한된 정치 조건을 공유했지만 이들과는 분명하게 구별되는 예외의 유대인에 한해서 허용되었다. 또는 유대인이 훗날 해방되어 사회적으로 고립된 후, 반유대주의 운동으로 그들의 정치적 지위가 이미 흔들리던 시기에만 동화가 허용되었다. 유대인의 정치적·경제적·법적 평등이라는 현실에 직면한 사회는 어떤 계급도 유대인의 사회적 평등을 승인할 준비가 되어 있지 않다는 점을 그리고 유대인 가운데에서도 오직 제한된 소수만을 수용할 의사를 분명히 표현했다. 예외적 유대인이라는 이상한 찬사를 들었던 이 사람들은 사회가 문호를 개방한 까닭은 그들이 유대인이기는 하지만 유대인 같지 않다는 극히 모호한 사실 때문이라는 것을 잘 알고 있었다. 따라서 이런 종류의 교제를 원한 유대인은 "유대인이고자 하면서도 동시에 유대인이 아니고자" 노력했다.[2]

에라도 갑자기 증오의 주요 표적이 될 수도 있다. 이는 유대인보다 미국의 주류와 더 달라 보이기는 하지만 바로 그래서 정치적으로 덜 위험한 흑인이나 중국인에게는 해당되지 않는다.

2) 진보적인 개신교 신학자인 파울루스(H.E.G. Paulus)가 훌륭한 소책자 *Die jüdische Nationalabsonderung nach Ursprung, Folgen und Besserungsmitteln*, 1831에서

겉보기에는 역설적인 것 같지만, 이것은 굳건한 사실적 토대를 가지고 있었다. 비유대인 사회가 요구한 것은 신참자는 자신들만큼 '교양 있어야' 하며 또 그들이 설령 '평범한 유대인'과 다르게 행동할지라도 결국 유대인이기 때문에 범상함에서 벗어난 특별한 것을 생산해야 한다는 것이었다. 유대인 해방의 주창자들은 사회에 대한 적응 또는 사회에 의한 수용이라는 의미에서 동화를 요구했다. 그들은 이것이 유대인 해방에 이르는 예비 조건 또는 해방의 자동적 결과라고 생각했다. 달리 말하면 유대인의 조건을 실제로 개선하고자 노력했던 사람들이 유대인 문제를 유대인 관점에서 생각하고자 할 때에는 언제나 단순히 사회적 측면에서 접근했던 것이다. 유대 민족사에서 불행한 사실 가운데 하나는 유대인의 친구들이 아니라 적들만이 유대인 문제가 정치적 문제라는 점을 이해하고 있었다는 것이다.

해방의 옹호자들은 유대인 문제를, 본래 비유대인과 유대인 모두에게 적용되는 개념인 '교육'의 문제로 제시하고자 했다.[3] 양 진영의 선구자들이 특별히 '교육을 받았으며' 관대하고 교양 있는 사람들로 구성되었음은 당연지사였다. 물론 그 결과 특별히 관용적이고 교육을 받았으며 교양 있는 비유대인들이 교육을 받은 예외적인 유대인의 사회적 문제로 고민을 했을 수는 있다. 당연한 일이지만, 교양인들 사이에서 편견은 사라져야 한다는 요구는 순식간에 지극히 일방적인 사태가 되었고 결국 유대인만 교육을 받도록 재촉당했던 것이다.

그러나 이것은 단지 문제의 한 측면일 뿐이다. 유대인은 평범한 유

이처럼 놀라우리만치 적절한 관찰을 했다. 당시 유대계 작가들로부터 공격을 받은 파울루스는 동화를 토대로 한 점진적인 개인의 해방을 변론했다.

3) 이런 태도는 1809년 출판된 빌헬름 폰 훔볼트의 「전문가의 의견」에 표현되어 있다. "국가는 유대인을 존경하라고 가르칠 것이 아니라 비인간적이고 편견에 가득 찬 사고 방식을 버려야만 한다." In Ismar Freund, *Die Emancipation der Juden in Preussen*, II, Berlin, 1912, p.270.

대인과는 다르게 행동할 수 있을 정도의 교육을 받아야 한다는 권유를 받았다. 그러나 다른 한편으로 그들은 유대인이기 때문에 받아들여졌다. 즉, 그들의 낯선 이국적 매력 때문이었다. 18세기에 이런 태도의 원천은 새로운 휴머니즘에 있었다. 새로운 휴머니즘은 분명한 어조로 "인류의 새 표본"(헤르더)을 원했고, 모든 유형의 인류와 친밀할 수 있다는 본보기를 제공할 사람들과의 교제를 원했다. 멘델스존 시대의 계몽된 베를린에서 유대인은 모든 사람이 인간임을 증명하는 산 증거 역할을 했다. 이 세대들에게 모제스 멘델스존이나 마르쿠스 헤르츠와의 우정은 항상 유효한 인간 존엄의 증명서였다. 그리고 유대인은 멸시받는 피억압 민족이었기에 인간 존엄의 좀더 완전한 표본이었다. 훗날 오용되고 잘못 인용된 문구, "아시아의 이방인이 우리 영토로 몰려왔다"를 처음 쓴 사람은 유대인의 친구임을 천하에 공표했던 헤르더였다.[4] 그와 동료 인본주의자들은 18세기 내내 "온 세상을 찾아 헤맸으나," 결국 오랜 이웃에게서 발견한 '인류의 새로운 표본'을 이 말로써 환영했다.[5] 인류의 근본적 단일성을 열심히 강조했던 이들은 인간성이 보편적 원리임을 좀더 효과적으로 증명하기 위해서 유대 민족의 기원이 실제보다 낯설고 따라서 더 이국적임을 보여주고자 했다.

프랑스 유대인은 이미 해방을 향유하고 있었으나 독일 유대인은 해방에 대한 아무런 희망이나 욕망을 갖지 못했던 18세기 전환기의 몇십 년간, 프로이센의 계몽된 지식인들은 "전 세계의 유대인이 베를린의 유대인 공동체를 주목하도록 만들었다."[6] (그런데 파리는 아

---

4) J.G. Herder, "Über die politische Bekehrung der Juden," in *Adrastea und das 18. Jahrhundert*, 1801~03.

5) J.G. Herder, *Breife Zur Beförderung der Humanität*, 1793~97, 40. Brief.

6) Felix Priebatsch, "Die Judenpolitik des fürstlichen Absolutismus im 17. und 18. Jahrhundert," in *Forschungen und Versuche zur Geschichte des Mittelalters und der Neuzeit*, 1915, p.646.

니었다!) 이렇게 된 것은 레싱의 『현자 나탄』의 성공 덕택이거나 유대인은 인류의 본보기가 되었으니 '인류의 새 표본'은 개인적으로도 분명 더욱 인간적일 것이라고 이 작품을 잘못 해석한 탓일 것이다.[7] 미라보는 이런 이념에 강한 영향을 받아 멘델스존을 자신의 모범으로 인용하기도 했다.[8] 헤르더는 교육받은 유대인이 "우리로서는 매우 포기하기 어렵거나 거의 불가능한 정치적 판단으로부터 자유롭기 때문에" 편견에서도 더 자유로운 모습을 보여주리라는 희망을 가졌다. 그는 '새로운 상업상의 이권'을 유대인에게 허용하는 당시 관습에 저항하면서 유대인을 "우리 시대와 현재의 헌정 질서에 속하지 않는 관습과…… 해묵은 오만한 민족적 편견들," 즉 유대교에서 해방시킴으로써 "순수하게 인간답게 되어" 인류의 모든 문화와 과학의 발전에 기여할 수 있게 만드는 유대인 해방의 참된 길로서 교육을 제안했다.[9] 거의 같은 시기에 괴테는 어떤 시집에 대한 평론에서 저자인 폴란드계 유대인이 "기독교의 문학과 대학생 이상의 그 무엇을 성취하지 못했다"고 적으면서 진정으로 새로운, 천박한 관습을 넘어서는 모종의 힘을 기대했던 곳에서 일상적 평범함만 발견했다고 불평했다.[10]

우리는 이렇게 과장된 선의가 새로이 서구화되고 교육받은 유대인들에게 미친 파국적인 영향과 그들의 사회적 · 심리적 태도에 미친 충격을 결코 과대평가할 수 없다. 그들은 자기 동포에게 예외적인 사

---

7) 레싱 자신은 그런 환상을 품고 있지 않았다. 모제스 멘델스존에게 보낸 그의 마지막 편지는 가장 분명하게 그가 무엇을 원했는가를 표현하고 있다. 그것은 "기독교도도 유대인도 없는 유럽의 나라로 가는 가장 안전한 지름길"이었다. 유대인에 대한 레싱의 태도에 관해서는 Franz Mehring, *Die Lessinglegende*, 1906년 참조.

8) Honoré Q.R. de Mirabeau, *Sur Moses Mendelssohn*, London, 1788 참조.

9) J.G. Herder, "Ueber die politische Bekehrung der Juden," 앞의 책.

10) Isachar Falkensohn Behr의 "Gedichte eines polnischen Juden"에 대한 괴테의 서평, in *Frankfurter Gelehrte Anzeigen*, Mietau and Leipzig, 1772.

람들이 되고 '자신들과 다른 유대인 간의 분명한 차이'를 인정하며, 정부에 이런 '분리를 법률화할 것을' 요청해야 한다는 부도덕한 요구에 직면했을 뿐 아니라,[11] 심지어 인류의 예외적 표본이 되어야 한다는 기대까지 한 몸에 받았다. 하이네의 개종이 아니라 바로 이런 점들이 유럽의 교양인 사회에 진출할 수 있는 "허가증"이 된 이래, 이들 유대인과 그 미래 세대는 어느 누구도 실망시키지 않기 위해 필사적으로 노력하는 것 외에 무엇을 할 수 있었겠는가?[12]

유대인이 사회로 진출하기 시작한 이래 처음 수십 년 동안, 즉 동화가 따라야 할 전통이 되지 못하고 예외적으로 재능을 타고난 개인들이 성취해야 할 어떤 것으로 여겨지던 동안, 그래도 동화는 순조롭게 진행되었다. 프랑스가 유대인을 가장 먼저 시민으로 인정한 정치적 영광의 땅이었던 반면, 프로이센은 유대인이 사회적 부귀를 얻는 나라가 된 듯이 보였다. 멘델스존이 당대의 많은 유명 인사와 친밀한 관계를 맺었던 계몽의 도시 베를린은 단지 하나의 시작일 따름이었다. 그가 비유대계 사회와 맺었던 관계의 방식은 유럽 역사의 거의 모든 시기마다 유대계 학자와 기독교 학자를 묶어주었던 그런 학자적 유대 관계와 여전히 많은 공통점이 있었다. 그런데 새롭고도 놀라

---

11) Friedrich Schleiermacher, *Briefe bei Gelegenheit der politisch theologischen Aufgabe und des Sendschreibens jüdischer Hausväter*, 1799, in *Werke*, 1846, Abt. I, Band V. 34.

12) 모제스 멘델스존은 여기에 해당되지 않는다. 그는 헤르더와 괴테, 슐라이어마허와 젊은 세대의 다른 구성원들을 거의 알지 못했다. 멘델스존은 독창성으로 많은 사람의 존경을 받았다. 유대 종교에 대한 그의 충성은 확고했기 때문에, 그가 궁극적으로 유대 민족과 절연한다는 것은 불가능한 일이었다. 그러나 그의 후계자들은 이를 당연시했다. 그는 자신을 "지배 국가의 선의와 보호를 구해야만 하는 피억압 민족의 일원"으로 생각했다(그의 "Letter to Lavater," 1770, in *Gesammelte Schriften*, Vol. VII, Berlin, 1930 참조). 즉 그는 자신에 대한 특별한 존경이 자기 민족에 대한 특별한 경멸과 병행한다는 사실을 잘 알고 있었다. 다음 세대의 유대인과는 달리 그는 이 경멸을 공유하지 않았기 때문에 스스로를 예외로 간주하지도 않았다.

운 요소는 멘델스존의 친구들이 관계를 비인격적이고 이데올로기적이며 심지어 정치적 목적을 위해 이용했다는 것이다. 멘델스존 본인은 이런 배후의 동기 일체를 명백하게 부인했다. 그는 자신의 예외적인 사회적 지위와 자유가 자신이 여전히 "프러시아 왕의 영토 안에서 가장 천한 거주민"에 속한다는 사실과 모종의 연관이 있다는 점을 예견하기라도 하듯이 자신의 조건에 전적으로 만족한다고 되풀이하여 말했다.[13]

정치적 권리와 시민의 권리에 대한 이런 무관심 덕분에 멘델스존은 당대의 학식 있는 계몽 인사들과 순수한 관계를 유지해나갔다. 이무관심은 훗날 베를린에서 일찍이 유례가 없을 정도로 화려한 상류사회 인사들을 불러모았던 저 유대계 여성들의 살롱으로까지 이어진다. 1806년 프로이센이 전쟁에서 패하고 나폴레옹의 법률이 독일대다수 지역에 도입되어 유대인 해방 문제가 공적 논쟁의 의제가 된이후, 이런 무관심은 노골적인 공포로 변했다. 교육받은 유대인과 더불어 '뒤처져 있는' 유대인도 해방될 것이고, 해방에서 비롯된 모든유대인의 평등은 이 예외적인 유대인이 누리는 사회적 지위의 토대

---

13) 레싱이 "유럽에서 가장 노예적인 국가"로 서술했던 프러시아는 멘델스존에게 "이제까지 인간을 통치했던 현명한 군주들 중 한 명이 예술과 학문을 활짝 꽃피우고, 합리적 수준의 사유의 자유가 너무나 보편화되어 그 효과가 왕국의 가장 하층민에게까지 미치는 국가"였다. 그런데 "가장 현명한 군주"가 베를린 거주 허가증을 얻으려는 이 유대인 철학자를 그토록 힘들게 만들었던 장본인이고, 자신의 '전주 유대인'이 온갖 특권을 누릴 당시에 그에게 '보호 유대인'이라는 평범한 지위마저 부여하지 않았던 사람이라는 사실을 알게 되면, 이토록 겸손한 그의 만족은 놀랍고 가슴이 아프기까지 하다. 멘델스존은 심지어 모든 독일 지식인층의 친구인 자신이 라이프치히에 사는 친구 라바터를 방문하려고 할 때마다 시장에 끌려가는 황소에게 부과되는 세금과 같은 세금을 내야만 한다는 사실도 알고 있었다. 그러나 이런 조건의 개선과 관련된 어떤 정치적 결론도 그에게 떠오른 적이 없다("Letter to Lavater"와 Menasseh Ben Israel을 번역한 그의 책 서문 참조. in *Gesammelte Schriften*, Vol. III, Leipzig, 1843~45).

가 되는, 그들도 분명히 인식하듯이, 소중한 차이를 없애버릴 것이었다. 마침내 유대인 해방이 이루어졌을 때, 대다수 동화 유대인은 해방 이전에는 유대인으로서의 존재가 견딜 만했고 위험하지 않았지만 그 이후에는 사정이 달라졌다는 사실을 인식하고 도피책으로 기독교로의 개종을 감행했다.

독일에서 진정한 혼성 사회를 이룬 이들 살롱 중 가장 대표적인 것은 라헬 파른하겐(Rachel Varnhagen)의 살롱이었다. 독창적이고 단정하며 인습에 매이지 않는 그녀의 지성은 사람에 대한 깊은 관심과 열정적인 성품과 결합하여 그녀를 가장 빛나고 흥미로운 유대인 여성으로 만들었다. 라헬의 다락방에서 열린, 수수하지만 유명한 야회장에는 '계몽' 귀족, 중산층 그리고 배우가 모여들었는데, 이들 역시 유대인처럼 명망 높은 사회 집단에 속하지 못하는 사람들이었다. 따라서 라헬의 살롱은 당연히 그리고 의도적으로 사회의 언저리에 세워졌고, 사회의 관습이나 편견은 공유하지 않았다.

유대인이 사회에 동화하는 과정이 괴테가 『빌헬름 마이스터』의 교육을 위해 제안했던 지침을 그대로 따랐다는 것도 흥미롭다. 괴테의 이 소설은 중산계급의 교육에 탁월한 모델이 되었다. 이 책에서 시민 청년은 귀족과 작가에게 교육을 받는다. 그는 자신의 인격을 표현하고 드러내는 방법을 배우고, 그 결과 시민의 아들이라는 대단치 않은 지위에서 귀족으로 출세하게 된다. 중산층과 유대인, 다시 말하면 고귀한 귀족 사회에 속하지 못했던 사람들에게는 만사가 '인격'과 그 것을 표현할 수 있는 능력에 달려 있었다. 자신의 실제 모습을 어떻게 연출할지 아는 일이 가장 중요한 것 같았다. 독일에서 유대인 문제가 교육 문제로 간주되었다는 특수한 사실은 이런 초기의 출발과 밀접한 관련이 있다. 그 결과는 유대계 및 비유대계 중산층의 교육적 속물주의로 나타나는 한편, 유대인이 대거 자유전문직업으로 몰리는 현상으로 나타난다.

초기 베를린 살롱의 매력은 인격과 독특한 성격, 재능과 표현력만이 정말 중요하게 여겨졌다는 점이다. 그러한 독특함, 독창성만이 거의 어느 것에도 구속받지 않고 이루어지는 의사소통과 친밀성을 가능하게 했다. 그런데 이런 독특함은 지위나 돈, 성공에 의해서도 또 문학적 명성에 의해서도 대체될 수 없었다. 호엔촐레른의 왕자 루이스 페르디난드와 은행가 아브라함 멘델스존, 또는 정치 평론가이며 외교가인 프리드리히 겐츠와 당시로서는 초현실적 낭만파 작가인 프리드리히 슐레겔의 만남—이들은 라헬의 '다락방'을 찾던 좀더 유명한 방문객들 중 몇 명이다—같은 진정한 인격들의 짤막한 조우는 1806년 끝이 난다. 다락방 여주인은 이 독특한 회합 장소가 생의 최고 즐거움을 간직한 배처럼 침몰했다고 표현했다. 귀족을 따라 낭만주의 지식인도 반유대적이 되었다. 그렇다고 이들이 모든 유대인 친구를 포기한 것은 아니었지만, 그 순수함과 화려한 광채는 사라지고 말았던 것이다.

독일 유대인의 사회사에서 진정한 전환점은 프로이센이 패배한 해가 아니라 그보다 2년 뒤인 1808년, 정부가 유대인에게 정치적 권리를 제외하고는 완전한 시민권을 부여한 자치법을 통과시키면서 찾아온다. 1807년의 평화 조약에서 프로이센은 대다수 유대계 주민과 동부 지방을 잃었다. 이제 영토 안에 남은 유대인은 여하튼 '보호 유대인'이었다. 다시 말하면 그들은 이미 개인적 특권이라는 형태로 시민권을 누리고 있었다. 지방 자치적 해방은 단지 이 특권을 합법화한 것일 뿐이었는데, 1812년의 일반 해방 법령보다도 더 오래갔다. 나폴레옹의 패배 이후 포젠과 이곳의 유대인 주민을 다시 손에 넣은 프로이센은 실제로 1812년의 법령, 즉 가난한 유대인에게도 정치적 권리를 인정하는 셈이 되는 이 법령을 무효화한다. 그러나 지방자치법은 그대로 내버려둔다.

유대인 지위의 실질적 개선과 관련해서는 아무런 정치적 의미를 가지고 있지 않았지만, 이 궁극적인 해방 법령은 프로이센 유대인 대다수가 살고 있던 지방의 상실과 함께 엄청난 사회적 파급 효과를 낳는다. 1807년 이전에 프로이센의 보호 유대인 수는 전체 유대계 주민의 20퍼센트에 불과했다. 해방 법령이 제정되던 당시에는 보호 유대인이 프로이센 유대인의 다수를 형성하고, 그 반대편에는 단지 10퍼센트만이 '이방 유대인'으로 남는다. 이제 부를 지니고 교육을 받은 '예외 유대인'을 그토록 유리한 모습으로 부각했던 가난과 낙후의 어두운 배경은 더 이상 존재하지 않았다. 그리고 사회적 성공과 심리적 자긍심을 위한 비교의 토대로 그토록 중요했던 이 배경은 나폴레옹 이전 모습으로는 다시 돌아오지 않았다. 1816년 폴란드의 지방이 다시 프로이센 영토가 되었을 때, 형식적인 '보호 유대인'(이제 유대교를 믿는 프로이센 시민으로 등록되었다)의 수는 60퍼센트를 상회했다.[14)

사회적으로 말하면, 프로이센에 남겨진 유대인은 자신들을 예외로 평가하게 했던 원래 배경을 상실한 것이다. 이제 그들은 스스로 그런 배경을 만들어야 했지만, 그것은 이미 축소된 배경이었고, 그 앞에서 두드러져 보이려면 개인은 두 배 이상 공을 들여야만 했다. '예외 유대인'은 다시 한번 그저 보통 유대인이 되었다. 그들은 업신여김을 당하는 민족과 따로 떨어진 예외가 아니라 민족의 대표자였던 것이다. 정부 간섭에 따른 사회적 영향은 마찬가지로 부정적이었다. 정부와 대립하여 유대인에게 노골적으로 적의를 드러내는 계급들뿐만 아니라 사회의 모든 계층이 자신들이 사귀는 유대인은 국가가 예외적 잣대를 적용하려 했던 집단의 구성원들처럼 예외적인 개인이 아니라는 사실을 깨닫기 시작했다. 바로 이것이 '예외 유대인'이 항상 두려워했던 일이었다.

베를린 사회는 순식간에 유대인 살롱을 떠나버렸다. 1808년 무렵에 이 회합 장소는 이미 작위 관료들이나 상류 중산층의 저택에서 밀

---

14) Heinrich Silbergleit, *Die Bevölkerungs- und Berufsverhältnisse der Juden im Deutschen Reich*, Vol. I, Berlin, 1930 참조.

려났다. 당시의 수많은 서신 가운데 어느 것을 보아도, 귀족이나 지식인이 잘 알지도 못하는 동부 유럽의 유대인에게 보내던 경멸을 이제 잘 아는 베를린의 교육받은 유대인에게 보내기 시작했음을 알 수 있다. 이 베를린 유대인은 자신은 예외라는 집단의식에서 유래하는 자긍심을 결코 다시 얻지 못할 것이다. 그때부터 그들은 각자, 비록 유대인이지만 유대인이 아니라는 것을 증명해야만 했다. 자신을 미지의 '낙후한 동포' 집단과 구별하는 것만으로는 더 이상 충분치 않았다. 그들은 '유대인이라는 것' 그리고 전체 민족과 구별될 수 있을 정도로―예외로 존재한다는 것을 자랑스러워할 수 있는 개인으로서―뛰어나야만 했다.

정치적 반유대주의가 아니라 사회적 차별이 '유대인이라는 것'(the Jew)이라는 유령을 발견했다. 유대인 개인과 '일반적 유대인, 곳곳에 있으며 아무데도 없는 유대인'을 구별한 최초의 작가는, 1802년에 유대인 사회와 사회적 인정을 얻기 위한 마술 지팡이라 할 수 있는 교육에 대한 그들의 강한 갈증을 신랄하게 풍자한 시를 쓴 무명 평론가였다. 유대인은 속물과 벼락부자의 "원칙"으로 묘사되었다.[15] 다소 상스러운 이런 문학 작품은 라헬 살롱을 드나들던 유명 인사들이 즐겨 읽었을 뿐 아니라 간접적으로는 위대한 낭만파 시인인 클레멘스 폰 브렌타노에게 속물이 유대인임을 재확인시키는 재기 넘치는 논문을 쓰도록 영감을 주었다.[16]

혼합 사회가 일찍이 보여주었던 전원적 풍경과 함께 어떤 나라에

---

15) 그라테나우어(C.W.F. Grattenauer)의 널리 읽힌 팸플릿, 1802년의 *Wider die Juden*보다 훨씬 앞서 1791년 다른 작가가 *Über die physische und moralische Verfassung der heutigen Juden*에서 유대인의 영향력이 베를린에서 점점 증가하고 있음을 지적하고 있다. 이 초기 팸플릿은 *Allgemeine Deutsche Bibliothek*, Vol. CXII, 1792의 서평을 받았지만 아무도 읽지 않았다.

16) 클레멘스 브렌타노의 *Der Philister vor, in und nach der Geschichte*는 이른바 기독교-독일-만찬회라고 하는 유명한 클럽을 위해 쓰였고 그들 앞에서 강연되었다. 이 클럽은 1808년 나폴레옹에 항전하기 위해 결성되었다.

도 또 어떤 시기에도 다시는 돌아오지 못할 그 무엇이 사라져버렸다. 어떤 사회 집단도 자유로운 정신과 마음으로 다시 유대인을 받아들이지 않았다. 유대인에게 친절하게 대할 수는 있었을 것이다. 그것은 자신의 대담함이나 '고약한 심통'에 스스로 흥분했기 때문이거나, 같은 시민을 버림받은 하층민으로 만드는 것에 대한 저항에서였다. 그러나 유대인이 정치적·시민적 추방자이기를 멈추는 곳에서는 어디나 그들은 사회적 하층민이 되었다.

집단 현상으로서 동화는 오로지 유대계 지식인 사이에서만 존재했음을 유념하는 것이 중요하다. 가장 먼저 교육받은 유대인 모제스 멘델스존이 낮은 시민 신분에도 불구하고 최초로 비유대계 사회에 진출할 수 있었던 것은 우연이 아니다. 궁정 유대인과 그의 후계자, 서구의 유대계 은행가와 사업가는 사회적으로 받아들여진 적이 없었고 그들 자신도 제한된 범위의 보이지 않는 게토를 떠나려 하지 않았다. 처음에는 그들도, 때묻지 않은 모든 벼락부자가 그렇듯이 자신들이 떠나온 비참함과 가난의 어두운 배경을 자랑스러워했다. 나중에 온 사방에서 공격을 받았을 때, 그들은 일반 대중의 빈곤과 낙후함에 지대한 관심을 가지게 되었다. 그것이 그들의 안전을 보장하는 상징이며 공격을 방어할 수 있는 하나의 논점이었기 때문이다. 불길한 예감을 안고 그들은 유대법의 좀더 엄격한 요구로부터 서서히 멀어졌지만—그들이 유대교 전통을 완전히 떠난 적은 없다—유대인 대중에게는 여전히 더욱 정통적이고 교조적이기를 요구했다.[17] 유대인 공동체의 자율성이 붕괴되자, 그들은 당국으로부터 유대계 공동체를 보호하고자 할 뿐 아니라 국가 지원으로 그들을 지배하려고 더욱 애쓴다. 그래서 가난한 유대인이 "정부뿐만 아니라 부자 동포들"

---

17) 그래서 로스차일드가는 1820년대 고향인 프랑크푸르트의 유대인 공동체에 주기로 한 막대한 기부금을 철회하는데, 그것은 유대인 아이들에게 일반 교육을 받을 기회를 주고 싶었던 개혁가들의 영향을 막기 위해서였다. Isaak Markus Jost, *Neuere Geschichte der Israeliten*, X, 1846, p.102 참조.

에게도 "이중적으로 의존"하고 있다는 말은 현실을 반영했다.[18]

유대계 저명인사들이(19세기에는 이렇게 불렸다) 유대인 공동체를 통치했지만, 그들은 사회적으로나 지리적으로 이 공동체에 속하지 않았다. 어떤 의미에서 그들과 유대인 사회의 거리는 그들과 이교도 사회의 거리만큼이나 멀었다. 개인적으로 눈부신 출세를 하고 주인들로부터 상당한 특권을 받아 누리고 있었지만, 그들은 사회적 기회가 극히 제한된 일종의 예외 공동체를 형성하고 있었던 것이다. 당연히 궁정 사회에서 멸시당하고 비유대계 중산 계급과의 사업적 연계도 부족하여 그들의 사회적 접촉은 사회의 법 테두리 밖에 있었다. 마찬가지로 그들의 경제 성장도 당시 경제 조건의 영향을 받지 않았다. 이런 고립과 독립은 종종 그들에게 권력과 자부심의 감정을 주었는데, 18세기 초의 다음 일화가 이를 잘 보여준다. "이…… 점잖고 학식 많은 의사가 유대인은 군주도 배출하지 못하고 정부에 참여도 못하면서 자부심이 강하다고 부드럽게 나무라자…… 어떤 유대인이 거만한 태도로 우리는 군주가 아니지만 그들을 통치하고 있다고 대답했다는 것이다."[19]

---

18) 앞의 책, IX, 38쪽. 궁정 유대인과 그들의 사업을 계승한 부유한 유대계 은행가들은 유대인 공동체를 떠나려 하지 않았다. 그들은 정부 당국에 대해 공동체를 대표하고 보호하는 역할을 했다. 그들에게는 종종 공동체를 통치할 수 있는 공식적 권력까지 주어졌는데, 그들은 멀리서 통치를 했고 그래서 유대계 공동체의 과거 자율성은 국민국가에 의해 폐지되기 훨씬 전부터 이들에 의해 위태로워지고 파괴되었다.
자신의 '민족'을 군주처럼 지배하겠다는 야망을 가진 최초의 궁정 유대인은 프라하의 유대인이었는데, 그는 16세기 작센의 선제후 모리츠에게 물품을 공급했던 인물이다. 그는 자기 가문에서 랍비와 공동체 지도자가 선출되게 해달라고 요구했다(Bondy-Dworsky, *Geschichte der Juden in Boehmen, Maehren und Schlesien*, II, Prague, 1906, p.727). 궁정 유대인이 자기 공동체에서 독재자로 군림하는 관행은 18세기에 일반화되었고, 19세기에는 '저명인사들'의 통치가 그 뒤를 이었다.
19) Johann Jacob Schudt, *Jüdische Merkwürdigkeiten*, IV, Frankfurt a.M., 1715~17, Annex, p.48.

이런 자부심은 특권 유대인 사이에서 서서히 자라나던 계급적 오만과는 정반대 현상이다. 자기 민족에게 절대적 군주로 군림하면서 그들은 스스로를 동료들 중의 제1인자로 느꼈던 것이다. 그들은 주인이 내린 어떤 작위보다도 '모든 유대 민족의 특권계급에 속하는 랍비'라는 데에서 또는 '성지의 군주'로서 더 큰 자부심을 느꼈다.[20] 18세기 중반까지 그들은 "다른 어떤 종류의 신하보다 모든 영역에서 가치가 있다"고 말한 네덜란드계 유대인의 의견에 동의했을 것이다. 그리고 그때나 그 이후에나 '배운 기독교인'의 다음 대답을 어느 누구도 완전히 이해하지 못했을 것이다. "그러나 그것은 단지 소수를 위한 행복입니다. 전체 민족으로 볼 때는 가는 곳마다 쫓겨나고 정부도 없이 이민족의 지배를 받으며, 권력도 없고 위신도 없으며 이방인으로 세계를 유랑하고 있습니다."[21]

여러 국립은행가 사이에 사업 관계가 정착되었을 때 계급적 오만이 등장했다. 즉 일류 가문 간의 정략결혼이 이어졌는데 그것은 그때까지 유대인 사회가 알지 못했고 따라서 상관도 없었던 진정한 국제적 카스트 제도에서 정점을 이룬다. 이는 구 봉건 가문과 특권 계층이 급속하게 새로운 계급으로 전환하던 시점에 생겨났기 때문에, 더더욱 비유대인 관찰자의 눈길을 끄는 현상이었을 것이다. 어떤 사람은 유대 민족이 중세의 유물이라는 아주 잘못된 결론에 도달했으며, 이 새로운 카스트가 최근에 탄생했다는 사실을 보지 못했다. 카스트는 19세기에 완성되었고 수적으로는 아마 100가족 이상을 포함하지 않을 것이다. 그러나 이 가문들이 세상의 주목을 받으면서 전체 유대 민족은 하나의 카스트로 여겨지게 되었다.[22]

---

20) Selma Stern, *Jud Suess*, Berlin, 1929, pp.18f.

21) Schudt, 앞의 책, I, 19쪽.

22) 크리스티안 루어는 전체 유대 민족을 "상인 카스트"로 정의한다. Christian Friedrich Ruehs, "Über die Ansprüche der Juden an das deutsche Bürgerrecht," in *Zeitschrift für die neueste Geschichte*, 1815.

궁정 유대인이 정치사적으로 반유대주의의 발생에 아무리 중요한 역할을 했다 하더라도, 이들이 대개는 사업가의 아들이었던 유대계 지식인과 유사한 심리적 특징과 행동 유형을 보이지 않았다면 사회사는 이들을 간단히 무시했을 것이다. 유대계 저명인사는 유대 민족을 지배하고자 했기 때문에 그들을 떠나지 않았던 반면, 유대계 지식인의 특징은 그들을 떠나 사회로 진출하기를 원했던 것이다. 그러나 자신들이 예외라고 느끼는 점은 그들의 공통점이다. 이는 주변 사람들이 그들에게서 느꼈던 감정과 완전히 일치한다. 부유한 '예외 유대인'은 스스로 유대 민족의 공동 운명에서도 제외되었다고 생각했고 정부로부터도 예외적으로 유익한 사람들로 인정받았다. 교육받은 '예외 유대인'은 유대 민족으로부터 제외된 예외적 인간이라고 느꼈으며 사회에서도 그렇게 인정받기를 원했다.

동화가 개종이라는 극단적 방법으로 진행되든 아니든, 그것이 유대인의 생존에 진정한 위협이 된 적은 없었다.[23] 환영을 받든 거절당하든 그것은 그들이 유대인이었기 때문이며, 그들 자신도 이 사실을 잘 알고 있었다. 교육받은 첫 세대의 유대인은 여전히 유대인으로서 정체성을 버리기를 진정으로 원했다. 뵈르네는 "어떤 이들은 나를 유대인이라고 비난하고 어떤 이들은 그 때문에 칭찬하며 또 다른 이들은 내가 유대인이라는 점을 너그럽게 봐주지만, 그것을 의식하고 있다는 점에서는 모두가 같다"고 신랄하게 썼다.[24] 18세기의 이

---

23) 거의 알려지지 않았지만 특히 주목할 만한 사실은 하나의 프로그램으로서 동화는 이교도와의 결혼보다는 더 자주 개종으로 이어졌다는 것이다. 불행하게도 통계는 이런 사실을 밝히기보다 감추기 십상이다. 개종한 유대인과 개종하지 않은 배우자 간의 결합은 모두 혼합 결혼으로 간주되었기 때문이다. 그러나 우리는 독일에서 상당한 수의 가정이 수세대 동안 침례교도였지만 순수한 유대인으로 남은 사례를 알고 있다. 유대인이 개종해도 가족을 떠나는 경우는 드물고 측근의 유대 친구들을 떠나는 경우는 더더욱 드물다는 것이 이를 설명해준다. 어쨌든 유대인 가족은 유대 종교보다 더욱 강한 보존력을 가지고 있다.

넘 위에서 성장한 그들은 여전히 기독교인도 유대인도 없는 나라를 꿈꾸었다. 그들은 학문과 예술에 전념했지만, 유대계 은행가에게 온갖 특권과 명예를 주었던 정부가 유대계 지식인에게 굶어 죽게 하는 벌을 내리는 것을 보았을 때 크게 상심했다.[25] 19세기 초 유대인 대중과 한 묶음으로 취급될지 모른다는 두려움 때문에 이루어진 개종은 이제 그날그날 연명할 빵을 얻기 위한 필수 조건이 되어버렸다. 지조의 결핍에 대한 이런 보상이 전체 세대의 유대인을 국가 및 사회와 치열하게 대립하는 입장으로 몰고 갔다. '인류의 새로운 표본'은 그들이 쓸모 있다면 모두 모반자가 되었으며, 그 시대의 가장 반동적인 정부가 유대계 은행가의 재정 지원을 받았기 때문에 자기 민족의 공식 대표자에 대한 반항은 특히 과격했다. 마르크스와 뵈르네의 반유대적 고발은 부유한 유대인과 유대인 지식인 간의 이런 갈등을 조명하지 않고는 제대로 이해할 수 없다.

그러나 이 갈등이 극렬한 형태로 존재했던 곳은 독일뿐이며, 같은 세기에 일어난 반유대주의 운동 이후까지 지속되지는 못했다. 오스트리아의 경우 19세기 말 이전에는, 즉 반유대주의의 강력한 압박을 느끼기 전에는 언급할 만한 유대계 지식인층이 존재하지 않았다. 이 유대인들은 부유한 동포들과 마찬가지로 합스부르크 왕가의 보호에 의탁하는 길을 선호했다. 그들이 사회주의자로 전향한 때는 사회민주당이 권력을 장악했던 제1차 세계대전 이후뿐이다. 물론 유일하지는 않지만, 이런 규칙에 가장 중요한 예외는 카를 크라우스인데, 그는 하이네, 뵈르네와 마르크스로 이어지는 전통의 마지막 대표자다. 유대인 사업가에 대한, 그리고 명성 예찬 조직인 유대계 저널리즘에 대한 크라우스의 고발은 전임자들보다 더욱 신랄했는데, 그 까닭은 그가 아마 유대인 혁명가의 전통이 없는 나라에 살면서 더욱 고립되

---

24) *Briefe aus Paris*, 74th Letter, February, 1832.
25) 같은 글, 72번째 편지.

어 있었기 때문일 것이다. 정부와 정권이 완전히 바뀌었어도 해방 칙령이 살아남았던 프랑스에서 소수의 유대인 지식인은 새로운 계급의 선구자도 아니었고 전체 지성계에서 특별히 중요한 존재도 아니었다. 그런 문화적 풍토와 교육 프로그램은 독일과 같은 유대인의 행동 유형을 만들어내지 않았다.

한 민족의 실질적 선봉장인 엘리트가 유대인을 인정했을 뿐만 아니라 이상스럽게도 그들과 동화하기를 갈망했던 그 짧은 시기처럼 유대인 역사에서 결정적으로 중요한 동화의 시대가 존재했던 곳은 독일 외에는 없다. 이런 태도는 독일 사회에서 완전히 사라지지는 않았다. 그 흔적은 쉽게 확인될 수 있지만, 이는 최후까지 유대인과의 관계가 결코 당연시된 적이 없었음을 보여준다. 그런 태도는 기껏해야 프로그램 차원에 머물렀고, 최악의 경우에는 낯설고 흥미로운 경험이었다. "게르만 종마가 유대계 암말과 짝을 짓는다"는 비스마르크의 유명한 말은 일반적 관점을 가장 상스럽게 표현한 것일 뿐이다.

이런 사회적 상황은, 설령 그것이 최초로 교육받은 유대인 1세대를 모반자로 만들긴 했지만, 장기적으로는 당연히 모반의 효과적 전통을 창출하기보다 특수한 종류의 타협주의를 산출한다.[26] '보통' 유대인을 차별하고 동시에 교육받은 유대인이 상류 사회의 사교계에 진입하기가 유사한 조건의 비유대인보다 더 쉬웠던 사회에 적응하기 위해, 유대인은 스스로를 '일반 유대인'과 분명하게 구분해야만 했으며 또한 자신들이 유대인이라는 표시도 분명하게 드러내야만 했다. 어떤 상황에서도 간단히 이웃과 섞여 사라져버려서는 안 되었다. 본인들도 완벽하게 이해했다고 할 수 없는 그런 모호성을 합리화하기 위해 그들은 "거리에서는 일반인이고 집에서는 유대인"인 척해

---

26) "의식 있는 떠돌이 하층민"은, 설령 거기 속한 사람들이 그 존재를 스스로 인식하지는 못했지만, 모반의 전통 가운데 유일하게 확립된 전통이다. Bernard Lazare, "The Jew as Pariah. A Hidden Tradition," in: *Jewish Social Studies*, Vol. VI, No. 2, 1944 참조.

야 했을 것이다.27) 이것은 실제로 유대인이기 때문에 거리의 사람들과 다르다는 느낌, 그리고 '보통의 유대인' 같지 않기 때문에 집에서도 다른 유대인과 다르다는 느낌으로 귀결된다.

이처럼 자신을 구별하고자 하는 노력을 집중적으로 기울인 결과로 생겨난 동화 유대인의 행동 유형은 어디에서나 한눈에 식별할 수 있는 유대인 유형을 만들어낸다. 유대인은 국적이나 종교에 의해 규정되는 대신 특정한 심리적 특성과 태도를 공유하는 하나의 사회 집단으로 변형되는데, 이 집단은 '유대인다운 특성'을 구성한다고 추정되는 것의 총계와 다를 바 없다. 달리 표현하면 유대주의는 하나의 심리적 자질이 되고, 유대인 문제는 모든 유대인 개개인에게 복잡한 인격상 문제가 된다.

구별과 차별을 통해 적응하려고 비극적인 노력을 한다는 점에서 새로운 유대인 유형은 두려움의 대상인 '일반 유대인'과 아무런 공통점이 없다. 또한 유대인 언론인이 공격을 당할 때마다 유대인 호교론자가 외워댔던 추상적인 "예언가의 상속인, 세상에서 정의를 장려하는 영원한 수호자"와도 아무런 공통점이 없다. 호교론자의 유대인은 떠돌이 하층민의 특권이며 사회의 가장자리에서 살고 있던 특정한 유대인 반란자가 실제 소유하고 있던 그런 특성——인간다움, 친절, 편견으로부터의 자유, 불의에 대한 예민한 감수성 등을 부여받았다. 문제는 이런 자질이 예언자와도 아무런 상관이 없었고, 더욱 불행스럽게도 유대인은 유대인 사회에도 비유대인 사회의 상류층에도 속하지 않았다는 점이다. 동화된 유대 민족의 역사에서 그들은 단지 하찮은 역할만 맡았을 뿐이다. 다른 한편으로 '일반 유대인'은 전문

---

27) 서구 유럽에서 이루어진 동화의 표어로 사용될 수 있는 이 탁월한 공식은 어느 러시아 유대인이 제의했고 최초로 히브리어로 출판되었다는 사실에는 아이러니한 측면이 없지 않다. 그것은 유다 라입 고르돈(Judah Leib Gordon)의 히브리 시 *Hakitzah ami*, 1863에서 나온다. S.M. Dubnow, *History of the Jews in Russia and Poland*, II, 1918, 228f.

적인 유대인 증오자의 서술에 따르면, 벼락부자가 목표를 달성하려면 반드시 획득해야 할 그런 자질, 즉 비인간적이고 탐욕스러우며 오만하고 비굴한 노예근성에다 어떤 일이 있어도 앞으로 밀고 나가겠다는 단호한 결심을 보여주었다. 이 경우, 문제점은 이런 특성 역시 민족성과는 아무런 상관이 없다는 것이다. 게다가 이 유대계 사업가 계급은 비유대계 사회를 좋아하지도 않았고 유대인의 사회사에서 거의 미미한 역할을 했다. 명예를 훼손당한 민족과 계급이 존재하는 한, 벼락부자의 특징과 버림받은 하층민의 특징은 유대인 사회와 그 밖의 모든 곳에서 너무나 단조롭게 세대마다 재생산될 것이다.

19세기의 유럽 사회에서 유대 민족의 사회사 형성에 결정적이었던 요소는 모든 세대의 유대인이 언젠가는 떠돌이 하층민으로서 사회 밖에 존재하든지, 아니면 벼락부자가 되든지 또는 자신의 출생을 숨기기보다는 "자기 출생의 비밀로 민족의 비밀을 팔아 넘겨야 하는"[28] 파괴적인 조건하에서 사회에 적응하는 길 가운데 하나를 선택해야 한다는 것이었다. 실제로 후자의 길은 험난했는데, 그것은 있지도 않은 비밀을 날조해야 했기 때문이다. 공식적인 사회 바깥에 다른 사회적 삶을 정착시키려 했던 라헬 파른하겐의 독특한 시도가 실패한 이래 떠돌이 하층민이나 벼락부자의 길은 극단적 고독의 길이었으며 순응주의의 길은 끝없는 후회의 길이었다. 이른바 평균치 유대인의 복잡한 심리는 몇몇 다행스러운 경우 매우 현대적인 감수성으로 발전했지만, 이는 모호한 상황에서 기인한다. 유대인은, 벼락부자가 되지 못했다는 하층민의 회한과 민족을 배반하고 평등권을 개인의 특권과 교환했다는 벼락부자의 양심의 가책을 동시에 느꼈던 것이다. 그런데 한 가지 사실만은 분명하다. 즉 어떤 사람이 모호한 사회적 실존을 피하고자 한다면, 그는 유대인으로 존재하는 것이 상류

---

28) 카를 크라우스가 1912년 무렵 이런 말을 했다. Karl Kraus, *Untergang der Welt durch schwarze Magie*, 1925 참조.

특권층이거나 아니면 혜택받지 못한 대중 가운데 어느 한쪽에 속한다는 의미라는 사실을 운명적으로 받아들여야 했다. 그런데 서부와 중부 유럽에서는 지적이고 약간은 인위적인 연대를 통해서만 이 대중에 속할 수 있었다.

평범한 유대인의 사회적 운명을 결정한 것은 그들의 영원한 결단 부족이었다. 사회는 분명 그들에게 마음을 정하라고 강요하지 않았다. 유대인과 관계를 매력적으로 만드는 것은 상황과 성격의 이런 모호성이기 때문이다. 따라서 동화된 유대인 대부분은 호의와 불운의 중간지대에서 살았으며, 그들이 확실하게 알고 있는 것은 성공과 실패가 모두 자신들이 유대인이라는 사실과 불가분의 관계에 있다는 사실뿐이었다. 그들에게 유대인 문제는 단번에 그리고 영원히 그 정치적 의미를 상실했던 것이다. 그러나 그것은 그들의 사생활을 늘 따라다니며 괴롭혔고 개인적 결단에는 더욱 폭군적인 영향력을 행사했다. '거리에서는 일반인, 집에서는 유대인'이라는 속담은 가혹하게도 현실이 된 것이다. 유대인이 정치 문제를 내면적 경험과 사적 감정으로 해결하려 했을 때, 그것은 완전한 도착의 수준으로까지 왜곡되었다. 예를 들면 혼합 결혼 문제처럼 신중한 정책보다는 예측할 수 없는 정열의 법칙이 통제하는 사적 실존이, 공적으로 중요하지만 아직 해결되지 못한 문제들이 가하는 무거운 짐으로 잔뜩 채워질 때, 사생활은 비인간적일 정도로까지 훼손된다.

'일반 유대인'과 닮지 않으면서 여전히 유대인으로 남는다는 것, 다시 말해 유대인이 아닌 척 행동하면서 동시에 유대인임을 충분히 확실하게 보여준다는 것은 결코 쉬운 일이 아니었다. 벼락부자도 아니었고 "의식 있는 떠돌이 하층민"(베르나르 라자르)도 아니었던 평균적 유대인은, 아무런 내용 없이 자신들이 다르다는 사실만을 강조할 수밖에 없었다. 그런데 이 다름은 생래적 특이성에서 사회적 소외에 이르기까지 가능한 모든 심리학적 측면과 변형으로 해석되어왔다. 세상이 평화롭게 돌아가는 한, 이런 태도는 나쁜 결과를 가져오지 않았고 여러 세대를 거치면서 生活양식이 되어버렸다. 인위적으로 복잡해진 내면생활에 집중한 덕분에 유대인은 사회의 비합리적인 요구, 즉 낯설고 흥미로운 존재가 되라는 요구, 어느 정도 직접적인 자기 표현과 자기 현시를 발달시키라는 요구에 대응할 수 있게 된다. 그런데 이런 특성은 원래 배우와 연주가, 즉 사회가 항상 반쯤 부정하면서 반쯤은 칭송했던 사람들의 특성이다. 자신이 유대인임을 자랑스러워하면서 동시에 부끄러워했던 동화된 유대인은 분명히 이 범주에 속하는 사람들이다.

시민 사회가 그 혁명 전통과 기억의 폐허로부터 발달해오는 과정에서, 경제 침투에는 권태의 검은 유령이 그리고 정치 문제에는 일반적 무관심이 첨가되었다. 유대인은 사람들이 때때로 하릴없이 함께 시간을 보내고 싶어 하는 대상이 되었다. 그들이 유대인을 자신과 동등하지 않다고 생각할수록, 더 매력적이고 더 재미있는 사람들이 되었다. 부르주아 사회는 오락거리를 찾았고, 정상적인 인간과 다른 특별한 개인에게 열렬한 관심을 보였다. 이 사회는 신비스러울 정도로 사악하고 비밀스럽고 부도덕한 모든 것의 매력을 발견했다. 그리고 분명 이런 열광적 애호가 유대인에게 사회의 문을 열어주었다. 왜냐하면 이 사회의 틀 안에서 유대인답다는 것은, 그것이 이미 심리적 특성으로 왜곡된 이상 쉽게 악으로 변질될 수 있었기 때문이다. 계몽의 진정한 관용과 인간적인 모든 것에 대한 호기심은 이국적이고 비정상적이며 뭔가 다른 것을 좋아하는 병적인 취향으로 대체된다. 사회에서 여러 유형의 사람들이 차례차례로 이국적인 것, 비정상적인 것, 다른 것을 대표해왔지만, 정치 문제와 조금이라도 연관된 것은 하나도 없었다. 그러므로 시들해져 가는 사교계에서는 오로지 유대인 역할만이 사교계의 사건이라는 좁은 한계를 넘어서는 크기를 지닐 수 있었다.

명성도 높고 악명도 높았던 '예외 유대인'이라는 이방인을 세기말 프랑스 생제르맹 지역의 살롱으로 이끌었던 기이한 길을 추적하기 전에, 우리는 '예외 유대인'의 세련된 자기 기만이 산출한 인물들 가운데 가장 위대한 인물을 기억해야만 할 것이다. 평범한 생각이라도 한 개인에게는 역사적 위대함이라 불리게 될 특성을 얻을 기회가 최소한 한 번쯤은 있는 것 같다. '예외 유대인'의 위대한 인물은 벤저민 디즈레일리였다.

2. 힘센 마법사[29]

벤저민 디즈레일리의 삶에서 주요 관심사는 비컨즈필드 경의 출세였다. 그는 두 가지 특징으로 구별된다. 우선 우리 현대인이 진부하게도 운이라 부르지만 다른 시대는 행운이란 이름의 여신으로 우러러 공경했던 신의 선물이 그것이다. 두 번째로 정신의 순수함, 태평스러움과 상상력을 들 수 있는데, 이것은 우리로서는 설명하기 힘들 정도로 밀접하고 불가사의하게 행운과 결합되어 있다. 그는 출세 외에는 다른 어떤 것도 심각하게 고려하지 않았지만, 이 두 번째 특성으로 인해 그를 출세주의자로 분류하기가 불가능해진다. 그는 순수했기에 하층 계급이라고 느끼며 살아가는 일이 얼마나 어리석은지, 또 "튀는 옷을 입고 머리를 묘하게 빗고 괴상한 표현과 욕설을 사용함으로써"[30] 자신이 유대인이라는 사실을 강조한다면 그 자신과 다른 사람에게 얼마나 더 흥미로울 것이며 자신의 출세에도 훨씬 더 유익할 것인지를 깨달았던 것이다. 그는 높은, 더 높은 상류 사회로 진출할 수 있는 허가를 얻기 위해 다른 어떤 유대계 지식인보다 더 열심히, 더 뻔뻔스럽게 노력했다. 그러나 그는 그들 가운데 유일하게

---

29) 이 제목 구절은 존 스켈턴(John Skleton) 경의 1867년 디즈레일리 스케치에서 따온 것이다. W.F. Monypenny & G.E. Buckle, *The Life of Benjamin Disraeli, Earl of Beaconsfield*, II, New York, 1929, pp.292~293 참조.

30) Morris S. Lazaron, "Benjamin Disraeli," *Seed of Abraham*, New York, 1930, pp.260ff.

자신의 행운, 즉 자연이 하층민에게 베풀어준 기적을 지킬 수 있는 비밀을 발견한 사람이었고 처음부터 '위로 더 위로 올라가기 위해' 굽실거려서는 안 된다는 것을 알고 있는 사람이었다.

그는 연극배우처럼 정치 게임을 했다. 차이가 있다면, 그의 연기가 너무 훌륭하여 자신도 속아 넘어갈 정도라는 것이다. 그의 삶과 출세는 마치 요정 이야기 같다. 이야기 속에서 그는 낭만주의의 푸른 꽃, 이제는 대영 제국의 상징인 앵초꽃을 공주, 즉 영국의 여왕에게 바치는 왕자로 등장한다. 영국의 식민 사업은 태양이 결코 지지 않는 동화의 왕국이었고, 그 수도는 왕자가 공주와 함께 지루한 안개 도시 런던을 벗어나 도망가려던 신비스러운 아시아의 델리였다. 물론 그것은 어리석고 유치한 어린애 같은 짓이다. 그러나 그녀는 레이디 비컨즈필드가 남편에게 쓴 것처럼 이렇게 쓴다. "당신은 돈 때문에 저와 결혼했다는 것을 알아요. 하지만 다시 기회가 주어진다면, 사랑 때문에 할 것이라는 걸 알고 있어요."[31] 우리는 모든 규칙에 어긋나는 것처럼 보이는 행복 앞에서 입을 다물 수밖에 없다. 자신의 영혼을 처음에는 악마에게 팔려고 했지만 악마가 그것을 원하지 않았고 신이 지상의 행복이란 행복은 모두 주었던 그런 사람이 여기에 있다.

디즈레일리는 완전히 동화된 유대인 가정에서 태어났다. 그의 아버지는 계몽된 신사였고 아들이 평범한 시민이 누릴 수 있는 기회를 얻기를 원했기 때문에 아들을 침례교도로 만들었다. 그는 유대 사회와는 전혀 교류가 없었으며 유대교나 관습에 대해서도 아는 바가 없었다. 유대인이라는 것은 처음부터 단순한 출생 사실에 불과했으며, 그는 그것을 실제 지식에 구애받지 않고 자의적으로 미화하고자 했다. 그 결과, 그가 이 사실을 보는 방식이 이교도가 그것을 봄 직한 방식과 동일했다는 것이다. 그는 유대인으로 존재한다는 것이 약점만

---

31) Horace B. Samuel, "The Psychology of Disraeli," in *Modernities*, London, 1914.

큼 기회도 될 수 있음을 다른 유대인보다 더 분명하게 깨달았다. 단순하고 분수를 지킬 줄 아는 아버지와 달리 그는 더도 덜도 아닌 그저 정상적인 인간이 되고 또 "모든 동시대인보다 더욱 두드러져 보이기"만을 원했다.[32] 그 자신의 "올리브색 피부와 까만 눈동자"를 이용하기 시작했고 드디어 "둥근 지붕 같은 이마"로——분명 기독교 사원은 아니었을 것이다——"이제까지 만난 사람들과는 전혀 다른 사람"이 된 것이다.[33] 그는 만사가 '자신을 단순한 인간과의 구분'에 달려 있으며, 자신이 운 좋게 가지게 된 '특이함'을 강조하는 데 달려 있다는 것을 본능적으로 알았다.

이 모든 것은 사회와 그 규칙에 대한 독특한 이해를 말해준다. "대중 사이에서는 범죄인 것이 소수에게는 단지 악덕일 뿐이다"[34]라고 말한 사람은 의미심장하게도 디즈레일리였다. 이는 19세기 사회가 부지불식간에 서서히 폭민과 지하세계의 도덕성이라는 심연 속으로 몰락해갈 때 작용하는 그런 원칙에 대한 가장 심오한 통찰일 것이다. 그는 이 규칙을 알았기 때문에, 유대인이 최고의 기회를 얻을 수 있는 곳은 바로 상류 계급인 척하면서 유대인을 차별하는 무리 가운데에서라는 사실도 알았다. 이 소수의 사교계가 다수와 함께 유대인의 존재를 범죄라고 생각했으므로, 이 '범죄'는 어느 순간 매력적인 '악덕'으로 변할 수 있었다. 디즈레일리가 이국적인 면, 이상한 면, 신비스러운 면, 마술 그리고 비밀스러운 곳에서 나오는 힘을 과시한 것도 바로 사회의 이런 경향을 겨냥했기 때문이다. 그에게 보수당을 선택하게 만들고 의석과 수상의 지위를 얻게 했으며, 끝으로 가장 중요한

---

32) 프루드(J. A. Froude)는 다음 문장으로 『비컨즈필드 경』(1890)의 자서전을 끝맺는다. "그가 인생을 출발할 때 세운 목표는 모든 동시대인보다 더 유명하게 된다는 것이었다. 이 야망이 거칠게 보였겠지만, 결국 그는 용감하게 임했던 경기에서 승리했다."

33) Sir John Skleton, 앞의 책.

34) 그의 소설 『탕크레드』(*Tancred*, 1847)에서.

것인데, 사회의 지속적인 존경과 여왕의 우정을 누리게 한 것도 이 사회적 게임에서 그가 발휘한 묘기였다.

그가 성공한 이유 가운데 하나는 게임의 진실성이었다. 편견이 없는 동시대인이 그에게서 연기와 "절대적인 성실성과 솔직 담백함"[35] 이 묘하게 섞여 있다는 인상을 받았다. 이는 부분적으로는 유대교 특유의 영향이 완전히 배제된 가정교육에서 오는 진정한 순수함 덕분에 얻을 수 있는 특성이었다.[36] 그러나 디즈레일리의 올바른 도덕관념은 영국인으로 태어났기 때문이다. 중세의 유대인 추방 이후 수세기 만에 그들을 다시 받아들였을 때, 영국은 유대인 대중과 유대인의 빈곤을 잘 알지 못했다. 18세기 영국에 정착한 포르투갈 유대인은 교육을 받은 부유한 계층이었다. 러시아에서 일어난 유대인 학살이 근대적인 유대인 이주를 촉발한 19세기 말, 유대인의 빈곤이 런던으로 들어왔으며 그와 함께 유대인 대중과 부유한 동포 간의 차이점도 알려졌다. 디즈레일리가 살았던 시절에 영국에는 국가가 환영하는 유대인만이 살았기 때문에 유대인 문제, 특히 그 대륙적 형태는 전혀 알려지지 않았다. 달리 말하면 영국의 '예외 유대인'은 대륙의 동포들과 마찬가지로 자신이 예외라는 사실을 깨닫지 못했다. 디즈레일리가 "근대의 유해한 교조적 학설, 인간의 자연적 평등"[37]이라고 비웃었을 때, 그는 의식적으로 "인간의 권리보다 영국인의 권리를 선호한다"고 말한 버크의 입장을 따른 것이지만, 소수를 위한 특권이 모든 사람을 위한 권리로 대체된 현실 상황을 무시한 것이다. 디즈레일리는 유대인이 처해 있는 실질적 조건에 무지했기 때문에 또 근대

---

35) Sir John Skleton, 앞의 책.

36) 디즈레일리 스스로 이렇게 진술했다. "나는 내 종족들 가운데에서 자라지 않았고, 그들에 대한 커다란 편견 속에서 길러졌다." 그의 가정 환경에 대해서는 특히 Joseph Caro, "Benjamin Disraeli, Juden und Judentum," in *Monatsschrift für Geschichte und Wissenschaft des Judentums*, 1932, Jahrgang 76 참조.

37) *Lord George Bentinck, A Political Biography*, London, 1852, 496.

공동체에 대한 유대 종족의 영향을 너무나 확신했기 때문에, 유대인이 "북구와 서구의 인종들로부터 모든 영예와 호의를 받아야 한다. 문명화되고 세련된 국가에서 이런 영예와 호의는, 일반 대중을 매혹하고 감정을 고양하는 사람의 몫이어야 한다"[38]고 솔직하게 요구했다.

영국에서 유대인의 정치적 영향력이 로스차일드가의 영국 지점으로 집중된 이래, 그는 나폴레옹의 공략에 로스차일드가 도와준 일을 매우 자랑스러워했으며, 왜 자신이 유대인으로서 정치적 견해를 솔직히 밝혀서는 안 되는지 그 이유를 이해하지 못했다.[39] 침례교도가 된 유대인으로서 그는 어떤 유대 공동체의 공식 대변인이 된 적이 없었다. 그러나 그는 그 시대, 그런 위치에 있는 유대인으로서 유대 민족을 정치적으로 대변할 줄 알았을 뿐만 아니라 노력했던 유일한 사람이었다.

"자신이 유대인이라는 가장 근본적인 사실을"[40] 결코 부정하지 않았던 디즈레일리는 유대적인 모든 것을 칭송했는데, 이 칭송은 유대인에 대한 그의 완전한 무지와 어울리는 것이었다. 그러나 이런 문제에서 자긍심과 무지의 혼합은 당시 막 동화한 유대인 전체의 특징이었다. 커다란 차이점은 디즈레일리는 유대인의 과거와 현재를 잘 몰랐기 때문에 다른 사람들이 공포와 오만에 의해 통제되는 자신들의 행동 유형을 알 듯 모를 듯 반쯤 의식한 상태에서 무심코 드러내는 것을 감히 공개적으로 발설했다는 것이다.

한 평범한 민족의 정치적 야망을 잣대로 유대인의 가능성을 평가했던 디즈레일리의 능력이 가져온 정치적 결과는 더욱 심각했다. 우리가 좀더 악의적 형태의 반유대주의에서 발견하게 되는 것, 즉 유대

---

38) 같은 책, 491쪽.
39) 같은 책, 497쪽 이하.
40) Monypenny and Buckle, 앞의 책, 1507쪽.

인의 영향력과 조직에 관한 이론의 총집합체를 그는 거의 자동적으로 생산했다. 무엇보다도 그는 스스로를 실제로 "선택된 민족의 선택된 사람"이라고 생각했다.[41] 그 자신의 출세보다 더 확실한 증거가 어디 있는가. 이름도 부도 없는 유대인이 유대계 은행가 몇 사람의 도움만으로 영국의 1인자로 출세했던 것이다. 의회에서 인기 없던 사람이 수상이 되고 오랫동안 "그를 사기꾼으로 간주하고 하층민으로 취급했던"[42] 사람들에게서 진정한 인기를 얻었다. 정치적 성공은 결코 그를 만족시키지 못했다. 하원 정복보다 런던 상류 사회로 진출하는 것이 더 어렵고 더 중요한 일이었다. 여왕의 장관이 되는 것보다 그릴리온의 다이닝 클럽 일원으로 선출된 것 ― 그것은 "엄선된 사교 모임으로서 관례적으로 양 정당의 촉망받는 정치가들로 구성되었으며, 사회적으로 거부할 만한 사람들은 이 모임에서 엄격하게 배제되었다"[43] ― 은 분명 더 위대한 승리였다. 예상치 못해 더 기쁜 이 모든 달콤한 승리의 절정은 여왕의 진실한 우정이었다. 엄격하게 통제된 입헌 국민국가인 영국에서 왕은 정치적 특권을 거의 다 잃어버렸지만, 영국 상류 사회에서는 확실하게 최고 자리를 차지했고 유지했기 때문이다. 디즈레일리가 쟁취한 승리의 위대함을 측정하려면 우리는 보수당의 유명한 동료 중 한 사람이었던 로버트 세실(Robert Cecil) 경이 1850년 무렵 "공식적으로는 아무도 말하지 않지만 사석에서는 누구나 다 하는 말을 자신은 그저 솔직하게"[44] 털어놓을 뿐이라고 하면서, 신랄한 공격을 정당화할 수 있었다는 사실을 상기해야만 할 것이다. 디즈레일리의 가장 위대한 승리는 결국 공석에서 그를 기쁘게 하지 않고 의기양양하게 만들지 않을 이야기는 사

---

41) Horace S. Samuel, 앞의 책.
42) Monypenny and Buckle, 앞의 책, 147쪽.
43) 같은 책.
44) 로버트 세실의 논문은 토리당의 가장 권위 있는 기관지 *The Quarterly Review*에 실렸다. Monypenny and Buckle, 앞의 책, 19~22쪽 참조.

석에서도 아무도 하지 않게 되었다는 것이다. 디즈레일리가 유대인으로 태어난 사실의 장점만을 보고 또 그 사실로 인한 특권만을 설교한 정책 덕분에 얻을 수 있던 진정한 대중적 인기가 바로 그의 위대한 승리였다.

디즈레일리의 행운은 부분적으로 그가 항상 시대 요구에 부응했다는 사실, 그 결과 수많은 그의 전기 작가들이 대다수 위인들보다 더욱 완벽하게 그를 이해했다는 사실에 있다. 그는 야망의 산 화신이었다. 즉 어떤 구별과 차이도 허용하지 않는 것처럼 보이는 그런 세기에 발달했던 저 강력한 열정 말이다. 어찌 되었든 세계사를 영웅이라는 19세기의 이상에 따라 해석했던 칼라일(Carlyle)이 디즈레일리에게서 작위를 받지 않겠다고 거절한 것은 분명 잘못이다.[45] 동시대인 가운데 디즈레일리만큼 칼라일의 영웅과 일치하는 사람은 없었다. 즉 특별한 업적 없이도 그 자체로 위대하다는 그의 영웅 개념 말이다. 19세기 후반이 요구했던 천재, 즉 자기 역할을 진지하게 수행하고 정말 관중을 압도할 정도로 천진난만하게 환상적인 트릭과 흥미로운 묘기를 펼치는 위인이라는 중요한 역을 연기하는 이 허풍선이만큼 살아 있는 천재에 어울리고 적합한 사람은 없었다. 정치인은 지루한 사업상 거래를 동양적 취향의 꿈으로 전환한 사기꾼을 사랑하게 되었고 사회가 디즈레일리의 빈틈없는 거래에서 검은 마법의 향기를 감지했을 때, 이 '능력 있는 마법사'는 진정 시대의 마음을 얻게 되었던 것이다.

자신을 다른 인간과 구분하려는 디즈레일리의 야망과 귀족 사회에 대한 동경은 그가 살았던 시대와 나라의 중산층에게는 전형적인 태

---

45) 이 일은 1874년 무렵 일어났다. 칼라일은 디즈레일리를 "저주받은 유대인," "이 세상에서 살았던 사람들 중에 가장 나쁜 사람"이라고 말했다고 전해진다. Caro, 앞의 책 참조.

도였다. 정치적 이유도 경제적 동기도 아니고 오로지 그의 사회적 야망이 가진 추진력이 그를 보수당에 가입하게 했으며 "노동당인 휘그(Whig)당을 적대적인 상대로 택하는 정책, 급진론자와 동맹을 맺는" 정책을 신봉하게 만들었다.[46] 어떤 유럽 국가에서도 중산층 지식인이 자신의 사회 지위에 걸맞을 만한 자긍심을 획득하지 못했기 때문에, 이미 모든 정치적 비중을 잃어버린 뒤에도 귀족이 계속 사회계급을 규정할 수 있었다. 불행한 독일 속물은 계급적 오만에 맞서 절망적으로 투쟁하는 과정에서 '타고난 품성'을 발견했다. 그런데 이 카스트의 오만은 귀족의 몰락에서 자라났고, 부르주아의 돈으로부터 귀족 작위를 보호할 필요성에서 나온 것이었다. 막연한 혈통 이론과 결혼의 엄격한 통제는 전체 유럽 귀족의 역사에서는 비교적 희귀한 현상에 속한다. 디즈레일리는 귀족계급의 욕구에 부응하려면 무엇이 요구되는지를 독일 속물들보다는 더 잘 알고 있었다. 사회 지위를 얻으려는 시민계급의 모든 시도는 귀족적 오만을 납득시키지 못했던 것이다. 그것은 시민계급이 개인을 고려했으며, 계급적 자부심의 가장 중요한 요소인 개인적 노력과 공적 없이, 간단히 말해 출생 덕분에 특권을 누리는 데 대한 긍지가 부족했기 때문이다. 디즈레일리가 계급적 긍지에 대적하기 위해 온 힘을 다해 종족의 긍지를 불러모았을 때,[47] 그는 유대인의 사회 지위가, 그것에 관해 무슨 말을 하든 간에, 적어도 업적이 아니라 출생 사실에만 달려 있다는 것을 알았다.

디즈레일리는 심지어 거기서 한 걸음 더 나아갔다. 매해 많은 중산층 부자가 돈으로 귀족 작위를 사는 것을 보아야만 했던 귀족계급이 자신들의 가치에 대한 심각한 회의에 사로잡혀 있다는 사실을 그는 알고 있었다. 그래서 그는 진부하지만 인기 있는 상상력을 동원하여

---

46) Lord Salisbury in an article in *the Quarterly Review*, 1869.
47) E.T. Raymond, *Disraeli, The Alien Patriot*, London, 1925, p.1.

겁도 없이 영국인은 "벼락부자 출신이고 혼혈 종족의 자손이지만, 자신은 유럽에서 가장 순종 혈통의 자손"이라고 떠벌리기도 하고, "영국 공작의 삶은 주로 아랍 법과 시리아 관습에 의해 규정된다"거나 "유대인 여성은 천국의 여왕이다," "유대 종족의 꽃은 이제 만군의 주님의 오른손 위에 놓여 있다"[48]고 말하면서 게임에서 그들을 패퇴시켰다. 그리고 마침내 "동물적인 인간의 우월성이 귀족의 본질적 자질이기 때문에, 이제 영국에는 실제로 귀족이 더 이상 존재하지 않는다"[49]고 썼을 때, 그는 사실 근대 귀족적인 인종 이론의 가장 취약한 곳을 건드린 셈이다. 그런데 이 이론들은 나중에 시민계급과 벼락부자의 인종관의 출발점이 된다.

유대교와 유대 민족에 속한다는 것은 동화된 유대인 사이에서만 단순한 출생 사실로 변질되었다. 원래 그것은 특수한 종교, 특수한 민족성 그리고 특수한 기억과 특수한 희망을 공유한다는 것을 의미했으며, 특권 유대인 사이에서는 적어도 그때까지 특별한 경제적 이득을 서로 나눈다는 것을 의미했다. 유대계 지식인의 세속화와 동화는 옛 기억과 희망이 사라지고 선민의식만 남는 식으로 그들의 자의식과 자기 해석 방식을 변질시켰다. 물론 디즈레일리가 선택하고 거절하는 신을 믿지 않으면서 그 자신이 선택받았음을 믿은 유일한 '예외 유대인'은 아니었지만, 그는 이 공허한 역사적 사명 개념에서 성숙한 인종 이론을 생산해낸 유일한 사람이었다. 그는 셈족의 원칙이 "우리의 천성 안에 있는 영적인 모든 것을 표현한다"고 단언할 자세가 되어 있었다. 또 "역사의 흥망성쇠는 종족이 전부라는 주요한 해법을 보여준다. 종족이란 '언어 종교'와 상관없는 '역사의 열쇠'라고 할 수 있다"고 단언할 자세가 되어 있었다. "인종을 만드는 것은 단 하나, 피"이기 때문이며, 세상에는 "일류 조직의 순수 인종"으로

---

48) H.B. Sanuel, 앞의 책; Disraeli, *Tancred* and *Lord George Bentinck*.
49) 그의 소설 『코닝스비』(*Coningsby*, 1844)에서.

구성된 "자연이 부여한 본성적 귀족"이 단 하나 있기 때문이라는 것이다.[50]

이 이론과 좀더 현대적인 인종 이데올로기의 밀접한 관계는 더 이상 강조할 필요가 없을 것이다. 또한 디즈레일리의 발견은 이 이론이 사회적 열등감과의 투쟁에 얼마나 잘 이용될 수 있는지를 보여주는 또 하나의 증거가 된다. 왜냐하면 인종주의가 훨씬 더 불길한 형태로 그리고 더 즉각적으로 정치적 목적에 이용되었다면, 그 이론의 설득력과 신빙성은 어떤 사람 자신이 '인종적' 자격 덕분에 태어날 때부터 선택된 귀족이라고 느끼게 해주는 데 있기 때문이다. 이 새롭게 선택된 사람들이 엘리트 계층, 즉 선택된 소수—결국 귀족의 긍지 속에 본질적으로 들어 있는 요소—에 속하지 않았고, 점차 늘어나는 대중과 선택 역시 나누어야만 했다는 사실은 이 이론에 근본적인 해악을 끼치지 않았다. 선민에 속하지 않는 사람이 수적으로 똑같은 비율로 늘어났기 때문이다.

그러나 디즈레일리의 인종 이론은 동화된 유대인의 특수한 세속화가 산출한 부산물일 뿐 아니라 사회 규칙에 대한 탁월한 통찰력의 결과였다. 유대계 지식인만이 일반적인 세속화 과정의 소용돌이 속에 있던 것은 아니다. 세속화 과정은 19세기에 이미 독립적이고 자주적인 인간에 대한 신뢰와 함께 계몽의 혁명적 호소력을 상실했다. 그래서 당시에는 형식적으로 순수한 종교적 신앙이 미신으로 변하는 것을 막을 수 있는 보호 장치조차 없는 상태였다. 유대계 지식인층도 민족종교를 하나의 교파로 전환하는 유대계 개혁가들의 영향에 노출되어 있었다. 그렇게 하기 위해서는 유대교 신앙의 근본적인 두 요소, 즉 메시아 희망과 선택된 이스라엘에 대한 믿음을 변화시켜야만 했다. 그래서 그들은 지상의 국가에서 유대 민족의 격리가 끝나게 될 세계 종말의 날에 대한 경건한 기대와 함께 시온의 궁극적 회복을 묘사하는

---

50) *Lord George Bentinck*; 그의 소설 『엔디미온』(*Endymion*, 1881); 『코닝스비』 참조.

부분을 유대교 기도서에서 삭제했다. 메시아의 희망이 없다면 선민 이념은 영원한 분리를 의미했다. 어느 특정한 민족에게 세상의 구원 이라는 책임을 지우는 선민신앙 없이, 메시아 희망은 보편적 박애주 의와 보편주의의 흐릿한 구름 속으로 증발해버렸다. 박애주의와 보편 주의는 특별히 유대적인 정치적 열의의 특징이 되었다.

유대교의 세속화에서 가장 결정적인 요소는 선민 개념이 메시아에 대한 희망과 분리되었다는 것이다. 그러나 이 두 요소는 유대교에서 인류를 위한 신의 구원 계획의 두 측면이었다. 정치 문제를 궁극적으 로 해결하려는 경향이 메시아 희망에서 생겨났는데, 지상에 천국을 건설하겠다는 것이 그 목표였다. 유대인은 선천적으로 더 영리하고 훌륭하고 건강하고 생존에 더 적합하다는, 즉 역사의 원동력이며 지 상의 소금이라는 환상적인 착각이 신에게 선택받았다는 믿음으로부 터 생겨났다. 지상 천국을 꿈꾸고 모든 민족과 편견으로부터 자유롭 다고 확신했던 열광적인 유대계 지식인들은 실제로는 그들의 아버 지보다, 메시아의 도래와 팔레스타인으로의 귀향을 위해 기도했던 아버지보다 현실과 훨씬 더 동떨어져 있었다. 다른 한편, 어떤 열광 적인 희망도 없던 동화 유대인은 자신들이 지상의 소금임을 스스로 에게 납득시키려 했다. 그들은 율법의 울타리를 통해 다른 국가와 격 리되었던 그들의 아버지보다 이 성스럽지 못한 기만 때문에 훨씬 더 효과적으로 격리되었다. 율법의 울타리가 이스라엘을 이교도와 분 리하지만, 메시아가 오시는 날 파괴될 것이라고 아버지들은 경건하 게 믿어왔던 것이다. 이스라엘을 나머지 인류와 묶고 있던 경건한 희 망의 강한 끈을 실질적으로 끊은 것은, 신을 믿기에는 너무 '계몽되 었고' 항상 예외적인 위치로 인해 자신을 믿을 정도로 충분히 미신적 이었던 저 '예외 유대인'의 기만이었다.

그러므로 세속화는 결국 근대 유대인의 심리학에 결정적으로 중 요한 역설을 생산한다. 그 역설 때문에 유대인의 동화—민족의식 을 말살하고, 민족 종교를 단순한 하나의 교파로 전환했으며, 국가와

198

사회의 무성의하고 모호한 요구에 마찬가지로 모호한 방책과 심리적 책략으로 대응하는 자세를 키웠던——는 유대인의 쇼비니즘을 탄생시켰다. 여기서 우리는 쇼비니즘 개념을 (체스터턴의 말에 따르면) "개인이 경배의 대상이고 이상이며 심지어 우상"이 되는 도착된 민족주의로 이해한다. 유구한 역사를 가진 종교적 선민 개념은 그때부터 유대교의 본질이 아니라 유대적 특성의 본질로 변한다.

이 역설의 가장 강력하고 매력적인 화신은 디즈레일리였다. 그는 영국적 제국주의자이며 유대적 쇼비니스트였다. 상상의 유희라고 할 수 있던 쇼비니즘을 용서하기는 어려운 일이 아니다. 결국 "영국은 그의 상상 속에서 이스라엘"이었기 때문이다.[51] 또한 팽창을 위한 팽창의 일편단심과 아무런 공통점이 없는 그의 영국적 제국주의를 용서하기도 그리 어렵지 않다. 그는 "철저하게 영국인이 된 적이 없었고 또 이 사실을 자랑스러워"했기 때문이다.[52] 이런 기묘한 모순들은 유력한 마법사가 한 번도 진지해본 적이 없으며 항상 상류 사회를 정복하고 인기를 얻기 위해 연기를 했다는 것을 너무나 분명하게 말해준다. 독특한 매력에 이런 모순들이 더해져서, 그의 모든 발언에 기만적 열광과 백일몽의 요소를 덧붙였다. 이것이 그가 그를 추종하는 제국주의자들과 다른 점이다. 그는 운 좋게도 맨체스터 사람들과 사업가들이 아직 제국주의적 꿈을 넘겨받지 않았을 뿐 아니라 '식민지 모험'과 첨예하게 대립하던 시절에 꿈꾸고 행동할 수 있었다. 혈통과 종족에 대한 그의 미신——여기에 그는 황금과 피의 강력한 초자연적 관계에 관한 낭만주의적인 민간 신앙까지 혼합한다——은 아프리카나 아시아, 유럽 어느 곳에서든 발생할 수 있는 학살에 대해 전혀 의심을 품지 않았다. 그는 재능이 대단치 않은 작가로 출발하여 의원, 정당 지도자, 수상, 그리고 영국 여왕의 친구가 되는 기회를 잡

---

51) Sir John Skleton, 앞의 책.
52) Horace B. Samuel, 앞의 책.

은 지성인이었다.

　유대인의 정치적 역할에 관한 디즈레일리의 관점은 아직 정치 경력이 전무한 단순한 작가였던 시절로 거슬러 올라간다. 그러므로 이 문제에 관한 그의 생각은 실제 경험에서 나온 것이 아니었다. 그러나 그는 평생 놀랄 만큼 완강하게 이 생각에 집착한다.

　첫 단편 『알로이』(*Alroy*, 1833)에서 디즈레일리는 엄격하게 분리된 유대인 지배 계급이 통치하는 제국에 대한 계획을 전개한다. 이 단편은 유대인의 권력 잠재력에 대한 그 시대의 환상에서 영향을 받았음을 보여줄 뿐만 아니라, 젊은 작가가 당시의 실질적 권력 조건에 대해 무지하다는 것도 알려준다. 11년 후, 의회에서의 정치적 경험과 유명인사와의 친밀한 교류는 그에게 "유대인의 목표는, 그 이전에 어떠했든 간에, 그의 시대에는 어떤 형태의 정치적 국가를 세우겠다는 주장과는 대체로 분리된 상태다"[53]라는 사실을 가르쳐주었다. 새로운 소설 『코닝스비』에서 그는 유럽 제국의 꿈을 포기하며 유대인의 자금이 궁정과 제국의 흥망성쇠를 결정하고 모든 외교 문제를 지배한다는 환상적인 기획을 전개한다. 그는 선택된 종족에서 또 선택된 사람들이 지닌 비밀스럽고 신비스러운 영향력이라는 이 두번째 생각을 일생 포기한 적이 없었다. 그는 공개적으로 구성된 신비한 통치자 계급이라는 과거의 꿈을 이것으로 대체했다. 그것은 그의 정치 철학의 요점이었다. 정부에 돈을 빌려주고 수수료를 챙겼던, 그가 무척 존경했던 유대계 은행가들과는 대조적으로 디즈레일리는 권력욕이 없는 사람들이 매일매일 그런 권력 잠재력을 사용할 수 있다는 사실을 모르는 아웃사이더 관점에서 전체 사건을 보았던 것이다. 그가 이해할 수 없었던 것은 유대계 은행가가 비유대인 동료보다 정치에 대한 관심이 덜하다는 사실이었다. 어쨌든 유대인의 부가 유대인의

---

53) Monypenny and Buckle, 앞의 책, 882쪽.

정치를 위한 수단에 불과하다는 사실은 디즈레일리에게 당연지사였다. 유대인 은행가가 사업 문제에서 잘 돌아가는 조직을 가지고 있고 국제적으로 뉴스와 정보를 교환한다는 사실을 깊이 알게 될수록, 자신이 지금 다루는 것은 아무도 모르게 세계의 운명을 손아귀에 쥐고 있는 비밀결사 같은 것이라는 그의 확신은 더욱 굳어졌다.

비밀결사가 함께 지키는 유대인 음모에 대한 믿음은 반유대주의를 널리 알리는 데 가장 탁월한 선전 효과가 있으며, 유대인이 살인 의식을 행하고 우물에 독약을 넣었다는 식의 유럽의 전통적 미신을 훨씬 능가했다는 것은 주지의 사실이다. 그런데 디즈레일리가 정확하게 반대되는 목표를 위해 그리고 비밀결사를 진지하게 생각하는 사람이 아무도 없던 시기에 동일한 결론에 도달했다는 것은 매우 시사하는 바가 크다. 왜냐하면 그런 날조가 어느 정도 사회적 동기와 적대감에 기인하는지를 또한 이런 날조가 어떤 사건이나 정치적·경제적 활동을 진부한 진리보다 더욱 그럴듯하게 설명할 수 있는지를 명백하게 보여주기 때문이다. 그를 흉내내지만 훨씬 덜 알려지고 평판도 좋지 않은 유명하지 않은 허풍선이들뿐만 아니라 디즈레일리 눈에도 모든 정치 게임은 비밀 결사 사이에서 이루어지는 것처럼 비쳤다. 유대인뿐만 아니라 정치 조직을 통해 영향력을 행사하지 못하는 집단이나 사회 및 정치 제도에 총체적으로 반대하는 다른 모든 집단도 그에게는 무대 뒤의 권력으로 보였다. 1863년 그는 "비밀 결사와 유럽의 백만장자 사이에 벌어진 싸움, 즉 로스차일드가 승자가 된 싸움"을 목격했다고 생각했다.[54] 또한 그는 "비밀 결사가 인간의 자연적인 평등과 사유 재산의 폐지를 천명했다"[55]고 말한다. 1870년에 가서도 그는 여전히 '수면 아래'의 세력에 관해 진지하게 이야기하

---

54) 같은 책, 73쪽. 브리지스 윌리엄스 부인에게 보내는 1863년 7월 21일자 편지에서.
55) *Lord George Bentinck*, 497쪽.

며, "비밀결사와 국제적 자원, 로마 가톨릭 교회 및 그들의 주장과 방법, 과학과 신앙 간의 영원한 갈등"이 인류 역사의 방향을 결정한다고 진심으로 믿었다.[56]

디즈레일리의 믿을 수 없는 순진함이 이 모든 '비밀' 세력을 유대인과 연결하도록 만들었다. "최초의 예수회 수사도 유대인이었다. 서구 유럽을 깜짝 놀라게 했던 신비한 러시아 외교를 조직하고 주도적으로 수행한 사람도 유대인이었다. 지금 이 순간 독일에서 준비 중인, 실제로 더욱 훌륭한 2차 종교 개혁이 될 강력한 혁명도…… 전적으로 유대인의 후원 아래 발전된 것이다." "유대 종족의 사람들은 (공산주의 집단과 사회주의 집단) 지도부에서 발견된다. 신의 민족이 무신론자와 협력한다. 가장 노련한 축재의 귀재가 공산주의자와 동맹을 맺으며 신의 선택을 받은 특별한 종족이 유럽의 인간쓰레기와 하류 카스트의 손을 잡는다! 이 모든 일은 그 이름까지 유대인 덕분에 얻었으면서도 감사할 줄 모르는 기독교도의 폭정을 더는 참을 수 없어 유대인이 그들을 파멸시키려 하기 때문이다."[57] 디즈레일리의 환상 속에서 세계는 유대인의 것이 되어가고 있었다.

이런 혼자만의 착각은 히틀러의 선전 묘기 가운데 가장 독창적인, 유대인 자본가와 유대인 사회주의자가 비밀 동맹을 맺었다는 슬로건을 이미 선취하고 있다. 전체 도식이 아무리 환상적이고 상상에 불과하다 해도 그 나름의 논리를 가지고 있다는 사실을 부인할 수는 없다. 어떤 사람이 디즈레일리처럼 유대인 백만장자가 유대인 정치가를 만든 장본인이라는 가정에서 출발했다면, 그리고 유대인이 수세기 동안 당했던 모욕(어리석게도 유대인을 옹호하는 선전은 그 일을 여전히 과장하지만, 그것은 분명한 사실이었다)을 고려했다면, 유대인 백만장자의 아들이 노동운동의 지도자가 되는 드물지 않은 사례를

---

56) 그의 소설 『로테어』(*Lothair*, 1870)에서.

57) *Lord George Bentinck*.

보았다면, 또한 유대인 가정의 유대가 얼마나 강한지를 경험으로 알고 있다면, 기독교인에 대한 계산된 복수라는 디즈레일리의 환상은 그리 무리한 억지만은 아니었다. 유대인 백만장자의 아들이 좌파 운동에 끌렸던 것은 바로 그들의 은행가 아버지가 노동자와 공공연한 계급 투쟁을 하지 않았기 때문이라는 것은 물론 사실이다. 그래서 그들에게는 평범한 시민계급의 자식이 당연히 가졌을 계급의식이 없었다. 그리고 정확하게 바로 그 이유 때문에 노동자는 다른 모든 계급이 유대인에게 드러냈던 공공연한 또는 암묵적인 반유대주의 정서를 품지 않았다. 분명히 좌파 운동은 대부분 국가에서 유일하게 진정한 동화 가능성을 제공했던 것이다.

정치를 항상 비밀결사라는 말로 설명하려는 디즈레일리의 맹목적 태도는 훗날 그리 중요하지 않은 많은 유럽 지식인을 확신시켰던 경험에 근거를 두고 있었다. 그의 근본적 경험은 영국 사회에서 자리를 얻는 것은 의회 의석을 얻기보다 훨씬 더 어렵다는 것이었다. 그 시절의 영국 상류 사회는 정당의 차이와는 무관한 고급 클럽으로 조직되어 있었다. 이 클럽은 정치 엘리트의 배출에 극히 중요한 역할을 했지만, 공적 통제에서 벗어나 있었다. 아웃사이더에게는 이 클럽이 실제로 매우 신비스럽게 보였을 것이다. 누구나 다 들어갈 수는 없다는 점에서 그것은 비밀스럽기는 했다. 다른 계급의 사람이 가입을 청할 때, 그리고 그들이 예측도 할 수 없는, 분명히 비합리적인 무수한 난관을 거친 후 거절당하거나 가입되었을 때 비로소 이 클럽은 신비스러운 것이 되었다. 어떤 정치적 영예도 특권 계급과의 친밀한 교제가 안겨주는 승리감을 대체할 수 없었다는 것은 의심할 여지 없이 분명하다. 많은 의미를 함축했던 디즈레일리의 야망은 몇 차례 정치적 패배를 경험한 말년까지도 상처를 입지 않았다. 그는 항상 "런던 사회의 가장 위풍당당한 인물"이었기 때문이다.[58]

---

58) Monypenny and Buckle, 앞의 책, 1470쪽. 이 탁월한 전기는 디즈레일리의 승

디즈레일리는 비밀결사가 가장 중요하다고 순진하게 확신했다는 점에서, 사회 체제 밖에서 태어나 그 규칙을 제대로 이해하지 못했던 새로운 사회 계층의 선구자였다. 사회와 정치의 경계가 지속적으로 불분명해지고 또 혼란스럽게 보이는 조건에도 불구하고 어느 특정한 소수의 계급 이해가 항상 이기는 그런 상황에 처해 있음을 그들은 알게 되었다. 아웃사이더는 분명한 목표를 가지고 의식적으로 조직된 제도만이 그런 괄목할 만한 성과를 이룰 수 있다는 결론을 내릴 수밖에 없었다. 모든 사회 게임에는 반쯤 의식적인 이해와 근본적으로 목적 없는 음모를 명확한 정책으로 전환하려는 확고한 정치적 의지만이 필요했다. 바로 이것이 드레퓌스 사건 당시 프랑스에서 일어난 일이며, 독일에서 히틀러가 권력을 잡기 전 10여 년간의 상황이다.

그러나 디즈레일리는 영국 사회의 아웃사이더였을 뿐만 아니라 유대인 사회에서도 아웃사이더였다. 그는 자신이 그렇게 존경한 유대계 은행가의 심성 구조에 대해 아는 바가 없었다. 만약 이 '예외 유대인'이 부르주아 사회에서 배제되었음에도 불구하고(그들 역시 거기에 속하려고 진정으로 노력하지도 않았다) 정치 활동은 사유 재산과 이익 보호에 집중되어야 한다는 그 사회의 최우선적 정치 원칙을 공유하고 있었다는 사실을 알았더라면 그는 분명 실망했을 것이다. 디즈레일리는 외견상 정치 조직은 아니지만 무한해 보이는 가족 관계

리에 대한 정확한 평가를 제시하고 있다. 테니슨의 *In Memoriam*(canto 64)을 인용하고 난 후, 다음과 같이 계속된다. "한 가지 점에서 디즈레일리의 성공은 데니슨의 시구에서 제안했던 것보다 훨씬 더 강력하고 완전했다. 즉 '그는 정치적 사다리의 맨 위 가로장까지 올랐을 뿐만 아니라 왕좌의 속삭임을 실현했다. 그는 또한 사회도 정복했다.' 디너테이블과 우리가 메이페어의 살롱이라 부르는 곳을 좌지우지하는 인물이었다……. 그리고 그의 사회적 승리는, 철학자들이 그 내재적 가치를 어떻게 생각하든 간에, 업신여김을 당하는 아웃사이더로서는 그의 정치적 승리보다 성취하기에 덜 어렵지는 않았지만 그의 미각에는 더 달콤했을 것이다"(1506쪽).

와 사업 관계로 그 구성원들이 서로 연결된 그런 집단을 보고 깊은 인상을 받았다. 그들과 거래할 때마다 상상력이 작동했고, 수에즈 운하의 주식이 (터키가 파견한 이집트 총독이 무척 매각하고 싶어 한다는 사실을 알았던) 헨리 오펜하임을 통해 영국 정부에 제공되었을 때, 그리고 리오넬 로스차일드에게 400스털링의 대여금을 지원받아 거래가 성사되었을 때, 모든 것이 '증명되었다'고 생각했다.

최근의 분석에 따르면 비밀 결사에 대한 디즈레일리의 과도한 확신과 이론은 분명히 신비스럽기는 하지만 실제로는 망상에 불과한 어떤 것을 설명하려는 열망에서 비롯된 것이다. 그는 '예외 유대인'의 권력이라는 공상을 정치적 현실로 만들 수는 없었다. 그러나 망상을 일반 대중의 공포로 전환하도록 도와주었고, 위험한 요술 동화로 권태로운 사회를 즐겁게 해줄 수 있었다.

광신적 인종주의자 특유의 일관성으로 디즈레일리는 "새롭게 유행하는 근대의 감상적인 국적 원칙"에 대해 경멸하듯이 말했다.[59] 그는 국민국가의 토대 위에서 이루어지는 정치적 평등을 증오했고 그 조건하에서 유대인의 생존을 걱정했다. 그는 인종이 평등화에 대항하여 사회적·정치적 피난처를 제공할 것이라고 생각했다. 그는 유대 민족보다는 당시 귀족을 훨씬 더 잘 알고 있었기 때문에, 그가 귀족의 카스트 이론에 따라 인종사상을 변화시켰다는 것은 놀라운 일이 아니다.

사회적 특권이 없는 사람들이 고안해낸 이 이론은 확실히 오래 지속될 수 있었을 것이다. 그러나 아프리카 쟁탈전 이후 정치 목적에 맞게 각색되면서 순전히 정치적 필요와 결합되지 않았다면 유럽에서 별 의미를 지니지 못했을 것이다. 부르주아 사회 쪽에서 기꺼이 디즈레일리의 이론을 믿으려 했기 때문에, 그는 19세기의 유일한 유대인으로 진정한 인기를 차지할 수 있었다. 결국 그 혼자에게 엄청난

---

59) 같은 책, Vol. I, Book 3.

행운을 가져다준 동일한 경향이 그의 민족에게는 대재앙을 야기했지만, 이는 그의 잘못이 아니었다.

3. 악과 범죄 사이에서

파리는 "19세기의 수도"(발터 베냐민)라고 불렸고, 이는 옳은 말이었다. 약속으로 충만한 19세기는 프랑스 혁명으로 출발했고 시민이 부르주아로 몰락하지 않으려고 100여 년 동안 벌였던 헛된 투쟁과 그 투쟁의 최하점인 드레퓌스 사건을 목격했다. 그리고 다시 14년간의 불건전한 휴지 기간이 주어졌다. 제1차 세계대전은 프랑스가 보유한 마지막 혁명 세대인 클레망소의 과격한 자코뱅식 호소 덕분에 이길 수 있었지만, 탁월한 국민국가의 영광스러운 세기는 끝났으며,[60] 파리는 정치적 의미도 사회적 광채도 없이 모든 국가의 지적 아방가르드의 손에 넘어갔다. 프랑스는 20세기 내내, 즉 디즈레일리 사후 얼마 안 있어 아프리카 쟁탈전과 유럽의 제국주의적 패권 경쟁으로 출발한 20세기에 극히 미미한 역할만을 담당했다. 그러므로 부분적으로는 다른 국가의 경제적 팽창이 야기했고 부분적으로는 국제적 분열에서 기인한 프랑스의 몰락은 국민국가에 내재한 것처럼 보이는 법칙과 형태를 따를 수 있었다.

프랑스에서 1880년대와 1890년대에 발생한 사건은 30, 40년 후 유럽의 모든 국민국가에서 벌어졌다고 할 수 있다. 연대기상으로는 거리가 있음에도 바이마르 공화국과 오스트리아 공화국은 역사적으로 프랑스의 제3공화정과 유사점이 많다. 1920년대와 1930년대에 독일과 오스트리아에서 볼 수 있던 사회적·정치적 유형들은 거의 의식

---

60) Yves Simon, *La Grande Crise de la République Française*, Montreal, 1941, p.20. "프랑스 혁명 정신은 나폴레옹의 패배 이후에도 한 세기 이상을 생존했다……. 그것은 1918년 11월 11일 눈에 띄지 않게 사라져 가기 위해서 승리했던 것이다. 프랑스 혁명? 그 날짜는 정확하게 1789~1918년이어야 한다."

적으로 프랑스의 세기말을 쫓아가는 것처럼 비쳤다.

어쨌든 19세기의 반유대주의는 프랑스에서 절정에 달하지만, 제국주의적 경향의 부재로 이 경향과 접촉하지 못하고 단순히 국가 내부의 이슈로 머물렀기 때문에 곧 섬멸된다. 제1차 세계대전 이후에 이런 종류의 반유대주의를 대변하는 주요 인물이 독일과 오스트리아에서 재등장한다. 이 두 나라의 유대 민족에게 미친 사회적 영향은 비록 덜 예리하고 덜 극단적이었으며 다른 요소들 때문에 더욱 혼란스러웠지만[61] 거의 동일했다.

비유대인 사회에서 유대인의 역할을 말해주는 사례로서 생제르맹 지역의 살롱을 선택한 주된 이유는 그런 상류 사회가 다른 곳에는 없거나 유대인의 역할에 대한 더 진실한 기록이 없기 때문이다. 반은 유대인이었고 위급 상황에서는 스스로 유대인이라 밝힐 자세가 되어 있던 마르셀 프루스트는 '지나간 일'에 대한 탐색으로 돋보이는데, 실제로 그를 존경한 비평가 중 한 사람이 자신의 삶에 대한 변론이라고 평한 작품을 썼다. 20세기 프랑스의 가장 위대한 작가는 일생을 오로지 사회 안에서만 보냈다. 그에게는 모든 사건이 사회 안에서 성찰된 뒤 개인에 의해 숙고된 형태로 보였기 때문에, 성찰과 숙고가 프루스트 세계의 특수한 현실과 구조를 구성했다.[62] 『잃어버린 시간을 찾아서』에서 개인과 이 개인이 다시 사유한 생각들은 시종일관

---

61) 어떤 심리적 현상들이 독일과 오스트리아 유대인에게서 분명한 형태로 나타나지 않는 까닭은 아마 부분적으로 이 세기 동안 시오니즘 운동이 유대인 지식인들에게 미친 영향이 강하기 때문일 것이다. 제1차 세계대전 이후 10년 동안, 그리고 심지어 그 이전에도 시오니즘의 힘은 그것이 심리학적 반응과 사회학적 사실들의 비판적 분석에 빛지고 있는 만큼 정치적 통찰의 은혜를 입고 있지는 않다(그리고 정치적 확신을 산출하지도 않았다). 시오니즘의 영향은 주로 교육학적인 것이었고 시오니스트 운동의 실제 구성원들이라는 비교적 좁은 범위를 훨씬 넘어서는 것이었다.

62) 이 문제에 관한 레비나스의 흥미로운 의견과 비교할 것. E. Levinas, "L'Autre dans Proust," in *Deucalion*, No. 2, 1947.

사회에 속한다. 심지어 그가 무언의 고독 속으로 침잠할 때에도 그러하다. 프루스트 자신도 작품을 쓰기로 결정하면서 결국 이런 고독 속으로 사라졌던 것이다. 세상의 모든 사건을 내면의 경험으로 전환하기를 강요하는 내면의 삶은 거울처럼 되었고, 이 거울의 반사 속에 진리가 나타날 수도 있었다. 삶에 직접 접근하지 않지만 현실이 반영될 때에만 그것을 지각한다는 점에서, 내적 관조자는 사회의 방관자와 닮아 있다. 변두리에서 태어난 아웃사이더일지라도 여전히 합법적으로 사회에 소속된 프루스트는, 이 내면의 경험이 사회의 모든 구성원에게 보이는 측면을 또 그들이 반성하는 측면을 모두 함축할 때까지 그것을 확대했다.

사회가 공적인 용무로부터 완전히 해방되고 정치 자체가 사회생활의 일부가 되어가던 이 시기를 그보다 더 잘 보여주는 증인도 없을 것이다. 시민의 책임감을 누르고 부르주아적 가치가 승리한 것은, 정치적 이슈가 분해되어 눈부시고 황홀한 모습으로 나타난다는 의미였다. 여기에 프루스트 자신이 이 사회의 진정한 대표자였다는 말을 덧붙여야 한다. 그는 이 사회에서 가장 유행하는 두 가지 '악덕'과 관련되어 있었기 때문이다. "유대교에서 벗어난 유대교의 가장 위대한 증인"인 그는 이제까지 있던 서구 유대교에 관한 비교 가운데 가장 어두운 비교를 통해 이 악덕, 즉 유대인이라는 '악덕'과 동성애라는 '악덕'을 서로 결합했다.[63] 이 악덕들은 사회에 반영되고 개인들에 의해 숙고되면서 실로 무척 닮은 모습을 하고 있었다.[64]

악덕이 범죄의 사회적 반영일 뿐이라는 사실을 발견한 사람은 디

---

63) J.E. van Praag, "Marcel Proust, Témoin du Judaisme déjudaizé," in *Revue Juive de Genève*, Nos. 48~50, 1937.
   묘한 일치(아니면 일치 이상인가?)가 유대인 문제를 다루고 있는 영화 「십자포화」에서 일어난다. 줄거리는 리처드 브룩(Richard Brook)의 *The Brick Foxhole* 에서 따왔는데, 「십자포화」에서 살해된 유대인이 동성애자였다는 내용이다.
64) 다음 내용을 위해 특히 *Cities of the Plain*, Part I, pp.20~45 참조.

즈레일리였다. 인간의 사악함이 사회에서 허용된다면, 그것은 더 이상 의지의 행위가 아니라 타고난 심리적 특성이 된다. 사람들은 이 특성을 선택하거나 거부할 수 없다. 그것은 외부에서 그에게 부과된 것이며, 마치 마약이 중독자를 통제하듯 그를 강압적으로 통제한다. 사회는 범죄를 인정하고 그것을 악덕으로 전환함으로써 모든 책임을 부인하고 사람들을 꼼짝달싹 못하게 얽어매는 치명적인 불행의 세계를 세운다. 규범으로부터의 일탈을 모두 범죄라고 보는 도덕주의적 판단은 상류 사회에서는, 열등한 심리학적 이해를 증명할 경우 대개는 편협하며 속물적이라고 간주되지만, 이 판단은 적어도 인간의 존엄성에 대해서는 더 큰 존경심을 보인다. 범죄가 자연적이든 경제적이든 일종의 운명으로 이해된다면, 결국 모든 사람이 범죄를 저지르도록 특별히 예정되어 있다는 의심을 받을 수도 있다. "처벌은 범죄자의 권리"인데, (프루스트의 말로 표현하면) "재판관이 성적 도착자의 살인을 용서하고 유대인의 모반을…… 인종적 예정설에서 도출된 근거를 들어 용서한다면," 범죄자는 그 권리를 박탈당한 것이다. 그런 관용 뒤에 숨어 있는 것은 살인과 모반에 끌리는 마음이었다. 그것은 실제의 모든 범죄자뿐만 아니라 '인종적으로' 그런 범죄를 저지르도록 미리 정해져 있는 모든 사람까지 단 한순간에 제거하겠다는 결심으로 바뀔 수 있기 때문이다. 법적·정치적 기관이 사회와 분리되지 않아서 사회적 기준이 그 안에 침투해 들어가 정치적·법적 규칙이 되는 경우에는 언제나 이런 변화가 일어날 가능성이 있다. 범죄와 악덕을 같다고 생각하는, 도량이 넓어 보이는 태도가 그 자체의 법 규약을 세우도록 허용될 경우, 반드시 법보다 더 잔혹하고 더 비인간적이 될 것이다. 법은 아무리 가혹하더라도 자기 행동에 대한 인간의 독립적 책임성을 존중하고 인정한다.

프루스트가 묘사한 생제르맹 지역은 이런 발전 경향의 초기 단계에 있었다. 이 살롱은 스스로 악덕이라 평가를 내린 것에 끌렸기 때문에 성도착을 허용했다. 프루스트는 '악덕에도 불구하고' 개인적인 매력과 유서 깊은 가문의 이름 때문에 너그럽게 묵인되었던 드 샤를 루스(de Charlus) 씨가 사회적으로 출세하는 과정을 묘사하고 있다. 그는 이제 이중생활을 할 필요가 없으며 수상쩍은 친지를 감출 필요도 없다. 오히려 그들을 그 고급 살롱으로 데려오라는 권유를 받기도 한다. 이전 같으면 다른 사람에게 비정상이라고 의심받지 않기 위해 피했을 사랑이나 아름다움, 질투 같은 대화 소재가 대단한 인기를 누린다. 이는 낯설고 비밀스러우며 교묘하고 괴상한 그런 경험 때문이 었는데, 그는 이 경험을 토대로 자신의 관점을 세웠다.[65]

이와 무척 비슷한 일이 유대인에게도 일어났다. 제2제국의 상류 사회는 귀족 작위를 가진 유대인을 이례적으로 관대하게 대했을 뿐 아니라 환영하기도 했지만, 이제는 유대인이라는 것 자체로 인기가 높아졌다. 이 두 경우 모두 사회의 편견이 없어져서 그렇게 되었던 것은 아니다. 그들은 동성애자가 '범죄자'이거나 유대인이 '반역자'라는 사실에 전혀 의심을 품지 않았다. 단지 범죄와 반역에 대한 태도를 고쳤을 뿐이다. 물론 그들의 새로운 관대함 때문에 생기는 문제는, 그들이 도착을 무서워하지 않는다는 것이 아니라 이제 범죄를 두려워하지 않는다는 것이었다. 그들이 관습적인 판단을 의심한 것은 절대 아니었다. 19세기의 가장 은밀한 질병인 끔찍한 권태와 보편적인 피로가 종기처럼 곪아 터졌다. 곤경에 빠진 상류 사회가 청한 버림받은 자와 떠돌이 하층민은 무슨 일을 하든 간에 적어도 권태라는 병에 걸려 있지는 않았다. 프루스트의 판단을 신뢰한다면, 그들은 세기말 사회에서 열정을 느낄 수 있었던 유일한 사람들이었다. 프루스트가 사회적 관계와 야망의 미로 속에서 우리를 이끌고 가는 실마리는 인간이 지닌 사랑의 능력이다. 드 샤를루스 씨의 도덕에 대한 그릇된 열정에서, 유대인 스완(Swann)의 애인에 대한 절망적인 정절에서, 소설에서 악의 화신으로 묘사되는 알베르틴(Albertine)에 대한 작

---

65) *Cities of the Plain*, Part II, chapter iii.

가 자신의 절망적인 질투에서 드러나는 사랑의 능력인 것이다. 프루스트는 아웃사이더와 신참자, '소돔과 고모라'의 거주자를 더 인간적일 뿐만 아니라 더 정상적이라고 생각한다는 점을 분명하게 보여주었다.

갑자기 유대인과 성도착자의 매력을 발견한 생제르맹 지역 살롱과 "유대인에게 죽음을"이라고 외치는 폭민들의 차이는, 살롱이 아직 공개적으로 범죄를 지지하지 않았다는 점이다. 이는 그들이 아직은 적극적으로 살인에 가담하고 싶지는 않지만, 다른 한편으로는 여전히 유대인에 대한 적대감과 도착에 대한 공포를 고백했다는 것을 의미한다. 이런 상황은 새로운 구성원이 자기 정체를 공공연히 고백할 수도 숨길 수도 없는 모호한 상황으로 귀결된다. 바로 이런 것이 노출과 숨김, 얼치기 고백과 거짓 곡해, 과장된 겸손과 과장된 오만의 복잡한 게임이 나타날 수 있는 조건이다. 이 모든 것은 유대인 또는 동성애자에게 상류 사회 살롱의 문호를 개방하는 동기가 되었다. 하지만 동시에 그들의 지위를 극히 불안전하게 만드는 것이기도 했다. 이런 불투명한 상황에서 유대인이라는 사실은 유대인 개인에게 곧 육체적 오점인 동시에 신비한 개인적 특권이 되었다. 그리고 이 둘은 '인종적 숙명'에 내재했다.

프루스트는 사회가 끊임없이 낯설고 이국적이며 위험한 것을 찾으려고 사방을 살피다가 세련과 기괴함을 동일시하게 되고, 결국 — 현실적이든 환상적이든 — 엽기적인 것을 허용하게 되는 상황을 장황하게 서술한다.[66] 이 엽기적인 것에는 "그 나라 배우들이 공연하는" 이상하고 생경한 "러시아 연극이나 일본 연극," "올챙이배에 화장을 하고 단추를 꼭 채운 성도착적 인물과 같은 것이 있는데, 이들은 그 맛을 생각만 해도 가슴이 설레는 과일의 묘한 향내를 풍기는 이국적이고 수상쩍은 곳에서 온 상자를 연상시킨다."[67] "초자연적 감각"

---

66) 같은 책.

을 가졌을 것 같은 "천재", "그에게서 신의 비밀을 배우기 위해" 상류 사회는 "회전 탁자를 둘러싸고 앉듯이 그 주변에 모여 앉으려고" 한다.[68] 이런 "강신술"적 분위기에서 유대인 신사와 터키 숙녀는 "영매가 다른 세상에서 불러낸 기이한 생물"처럼 보였을 것이다.[69]

이국적이고 낯설며 괴상한 존재의 역할을 '예외 유대인', 즉 한 세기 이상이나 "외국 출신 벼락부자"로 출입을 허용하고 너그럽게 봐주었지만 아무도 그들과의 우정을 자랑스러워하지 않을 그런 사람들이 맡을 수는 없었다.[70] 아무도 모르는 사람, 동화의 첫 단계에 있으면서 유대계 공동체와 동일시되지 않고 그들을 대표하지 않는 사람들이 더 적합했다. 잘 알려진 집단과 동일시된다면 사회의 상상력과 기대감은 심각하게 제한될 것이기 때문이다. 스완처럼 이루 말할 수 없이 예리한 사회적 안목과 일반적으로 좋은 취향을 가진 사람은 받아들여졌다. 그러나 블로흐(Bloch)처럼 "이름 없는 집안 출신으로 대양의 밑바닥에 가해지는 압력처럼 표면 위의 기독교인뿐만 아니라 그 중간에 끼어 있는, 자신보다 우월한 유대 사회의 모든 신분 계층으로부터——그들은 각자 바로 자기 밑에 있는 사람들을 경멸과 멸시로 짓밟았는데——가해지는 엄청나게 강한 압박을 이겨내야만 했던" 사람은 더욱 열광적으로 포용했다. 완전히 생소하고 완전히 악하다고 여겨지는 사람을 기꺼이 받아들이려 했던 상류 사회의 경향은 상층부로 올라가는 거리를 몇 세대나 단축시켰다. 신참들은 "유대계 가정에서 유대계 가정으로 옮겨가면서 그때마다 출세를 도모함으로써 자유로운 야외로 나갈 수 있는 진로를 개척해나갔다."[71] 이런 일이 일어난 시점이, 프랑스 태생 유대인이 파나마 스캔들에서

---

67) 같은 책.

68) *The Guermantes Way*, Part I, chapter i.

69) 같은 책.

70) 같은 책.

71) *Within a Budding Grove*, Part II, "Placenames: The Place."

몇몇 독일계 유대인 모험가의 주도권과 파렴치함 앞에 무릎을 꿇은 직후였다는 것은 우연이 아니다. 작위가 있든 없든 예외 유대인은 그 이전보다 더 적극적으로 반유대적이고 왕정 지향적인 살롱의 상류 사회를 찾았는데, 그들은 그곳에서 제2제국의 좋은 시절을 꿈꿀 수 있었다. 이들 예외 유대인도 이제 사람들이 결코 집으로 초대하지 않을 유대인의 범주에 자신들이 속한다는 사실을 알게 되었다. 그들이 예외에 속하는 유대인이라는 사실 때문에 허용되었다면, 이제는 "견고한 무리, 그 자체로 동질적이며 그들이 옆을 지나갈 때 지켜보는 사람들과는 완전하게 다른" 사람, 벼락부자 동포가 도달한 "단계의 동화에 이르지 못한" 유대인이 선호 대상이 되었다.[72]

예외적인 사람이기 때문에 사회로 진입이 허용된 유대인에 벤저민 디즈레일리가 속했다 하더라도, 그의 세속화된 자기 표현, 즉 '선민 중의 선민'이라는 표현은 유대인의 자기 해석의 범위를 예시해주고 그 경계를 그려주었다고 할 수 있다. 그 표현이 아무리 기괴하고 조야하다 하더라도 사회가 유대인에게 기대하는 것과 그토록 묘하게 일치하지 않았다면, 유대인은 자신들이 맡았던 그런 수상한 역할을 할 수 없었을 것이다. 물론 그들이 의식적으로 디즈레일리의 확신을 받아들인 것도 아니고, 19세기 초 프로이센의 전임자들이 시도했던 처음의 소심하고 도착된 자기 해석을 의도적으로 세련되게 다듬은 것도 아니다. 그들 대부분은 더 없이 행복하게도 유대인의 역사에 대해 전적으로 무지했다. 그러나 유대인은 국가와 사회의 조건이 불투명하고 모호한 서부 및 중부 유럽에서 교육받고 세속화되고 동화될 경우 출생에 따르는 정치적 책임의 기준을 상실했다. 그런데 유대계 명사의 경우 비록 특권과 통치권의 형태이긴 하지만, 여전히 정치적 책임을 느끼고 있었다. 종교적이고 정치적인 연관성을 잃어버리면 유대적 기원은 어디에서나 심리적 특성이 되었고 '유대인다움'으

---

72) 같은 책.

로 변했으며, 그때부터는 계속 미덕이나 악덕의 범주 내에서 고려되었다. '유대인다움'을 범죄로 생각하는 편견이 없었다면 그것이 흥미로운 악덕으로 전도될 수 없었다는 말이 맞다면, '유대인다움'을 생래적인 미덕이라고 여겼던 유대인이 그런 도착과 전도를 저질렀을 것이라는 말도 맞다.

동화된 유대인은 유대교에서 멀어졌다는 비난을 받았으며, 그들에게 내려진 마지막 재앙은, 순교의 전통적 가치를 상실했기 때문에 끔찍하지만 무의미한 고통으로 생각되었다. 그런데 이런 논증은 전통적인 신앙 및 생활 방식에 관한 한, '소외'는 동부 유럽 국가에서도 마찬가지로 명백한 사실이었음을 간과한다. 또한 우리는 보통 서부 유럽의 유대인이 '탈유대화'되었다고 생각하는데, 이는 또 다른 이유에서 잘못이다. 너무나 명백하게 이해관계와 연관된 발언인 유대교의 공식 진술과는 대조적으로, 프루스트의 묘사는 유대인으로 출생했다는 사실이 동화된 유대인의 사생활이나 일상생활에서 가장 결정적 역할을 했음을 보여준다. 종교란 사적 문제라고 하면서 민족종교를 하나의 종파로 만든 유대인 종교 개혁가, 유대 민족에 속한다는 사실을 없애버리기 위해 세계시민인 척 가장했던 유대인 혁명가, "거리에서는 일반인이며 집에서는 유대인"이었던 교육받은 유대인 계층 ─ 이들은 민족 특성을 사적 문제로 바꾸는 데 성공했다. 그 결과 그들의 사생활, 결심과 정서가 '유대인다움'의 중심이 되었다. 유대인으로 출생했다는 사실이 종교적·민족적·사회경제적 의미를 상실할수록, 유대인다움은 더욱 강박적으로 변해갔다. 우리가 보통 육체적 약점이나 장점에 대해 강박관념을 가지듯이, 유대인은 유대인다움에 강박관념을 가졌고, 우리가 악행에 몰두하듯이 그들도 거기에 빠지게 되었다.

프루스트의 '선천적 성향'이란 이런 개인적이고 사적인 강박이다. 유대인으로 출생했다는 사실이 성공과 실패를 좌우하는 사회가 이 강박을 당연한 것으로 정당화했다. 그러나 프루스트는 그것을 '종족의 예정된 운명'이라고 잘못 보았다. 그것은 그가 강박의 사회적 측면과 개인에 의해 다시 사유된 모습만 보았고 묘사했기 때문이다. 또한 기록하는 방관자에게 유대인 패거리가 성도착자에게서 나타나는 행동 패턴과 같은 강박적 행동 유형을 보인 것도 사실이다. 이들은 모두 우월감이나 열등감을 느꼈지만 어떤 경우에든 정상인과는 다르다는 자부심을 가지고 있었다. 이 두 그룹은 모두 그들의 다름이 출생으로 얻어진 자연적 사실이라고 믿었다. 그들은 자신들의 행동이 아니라 자신들의 존재를 끊임없이 정당화했다. 결국 그들은 변명하는 태도와 자신은 엘리트라는 급작스럽고 도발적인 주장 사이에서 흔들리고 비틀거렸다. 그들의 사회적 위치는 자연에 의해 영원히 얼어붙어 한 집단에서 다른 집단으로 옮길 수 없는 것 같았다. 소속되고 싶다는 욕구는 사회의 다른 집단 구성원에게도 있었다──"문제는 햄릿처럼 사느냐 죽느냐가 아니라 속하느냐 속하지 않느냐였던 것이다."73) 그러나 그 정도는 달랐다. 파당으로 분열되고 또 사회적 승인이라는 특별한 상황을 제외하고는 유대인이나 성도착자 같은 아웃사이더를 더 이상 관용하지 않는 사회는 이런 단결성과 배타성의 화신처럼 보였다.

모든 사회는 구성원에게 일정 정도의 연기, 즉 자신의 실제 모습을 표현하고 행동할 수 있는 능력을 요구한다. 파당으로 분열된 사회라면, 그런 요구를 내세우는 것은 사회가 아니라 파당의 구성원이다. 행동은 무언의 요구에 의해 통제되지 개인의 능력에 의해 통제되는 것은 아니다. 그것은 연극에서 배우의 연기가 다른 역할 전체와 조화를 이루어야 하는 것과 마찬가지다. 생제르맹 지역의 살롱은 제각기 극단적인 행동 유형을 보이는 파당의 앙상블로 이루어져 있었다. 성도착자의 역할은 비정상성을 보여주고, 유대인의 역할은 마법을('강령술') 보여주었으며, 예술가의 역할은 다른 형태의 초자연적이고 초

---

73) *Cities of the Plain*, Part II, chapter iii.

인간적인 접촉을 보여주는 것이었다. 귀족의 역할은 평범한 ('부르주아') 사람들과 다르다는 것을 보여주었다. 프루스트가 관찰한 것처럼, 유대인이 드레퓌스를 중심으로 결속했듯이 사회의 대다수 사람들이 희생자를 중심으로 규합할 대재앙의 날을 제외하면, 이 신참들은 배타성에도 불구하고 동종끼리 접촉을 피했다. 구별의 모든 표지는 파당의 앙상블에 의해 결정되었기 때문에 유대인이나 성도착자는 그들만의 사회에서는 그 특성을 잃을 것임을 감지하고 있었다. 즉 그들만의 사회에서는 유대인이란 사실과 동성애는 세상에서 가장 자연스럽고 가장 재미없고 진부한 일이었다. 그러나 그들의 주인 역시 자신을 다르게 보일 수 있게 해주는 상대의 앙상블이 필요했다. 귀족이 아닌 사람은 귀족을 존경했고, 귀족은 유대인이나 동성애자를 존중했던 것이다.

이 파당은 그 자체로 견고하지 않았고, 주위에 다른 파당의 구성원이 없으면 곧 해체되긴 했어도, 그 구성원은 서로를 즉시 식별할 수 있는 이상한 물건이 필요하듯이 신비스러운 신호화언어를 사용했다. 프루스트는 그런 신호가 특히 신참에게 얼마나 중요한지를 상세히 보고한다. 그러나 신호화언어의 대가인 성도착자는 실제로 비밀을 가지고 있는 반면, 유대인은 단지 사람들이 기대하는 신비스러운 분위기를 연출하기 위해 이 언어를 사용했다. 그들의 신호는 기이하게도 그리고 어리석게도 다른 사람들이 이미 잘 알고 있는 어떤 것을 가리켰다. 즉 아무개 공주의 살롱 한구석에 공개적으로 자기 정체를 밝히도록 허락받지 못했지만 그 자체로는 무의미한 이런 자질이 없었다면 결코 갈망하는 이 구석까지 올 수 없었던 유대인이 앉아 있다.

19세기 말에 등장한 새로운 혼합 사회는 최초의 유대인 살롱인 베를린 살롱처럼 다시 귀족을 중심으로 이루어졌다. 당시 귀족은 문화에 대한 열정과 '새로운 인간의 표본'에 대한 호기심은 잃어버렸지만 부르주아 사회에 대한 경멸감은 그대로 간직하고 있었다. 사회적 구별에 대한 욕망은 정치적 평등에 대한, 그리고 제3공화국의 확립과 함께 승인된 정치적 지위와 특권의 상실에 대한 귀족의 대응이었다. 제2제국 시기에 잠시 인위적인 지위 상승이 있었지만, 그 후 프랑스 귀족은 자식을 위해 고위 군장교직을 확보하려고 건성으로 노력하면서도 사회적 배타성으로 명맥을 이어갔다. 정치적 야망보다 훨씬 더 강한 것은 중간계급의 수준에 대한 호전적인 경멸이었다. 이것이 사회적으로 용인할 수 없는 계급에 속하는 개인들과 민족 전체의 출입을 허용한 강한 동기 가운데 하나였음은 확실하다. 프로이센 귀족이 배우나 유대인과 사회적으로 교류하게 만든 동일한 동기가 프랑스에서는 성도착자의 사회적 명성을 가져왔다. 다른 한편 중간 계급은 그동안 부와 권력을 쥐게 되었지만 아직 사회적 자부심은 얻지 못한 상태였다. 국민국가에서 정치적 위계질서의 부재와 평등의 승리는 "밖으로 드러난 사회의 모습이 더욱 민주적이 된 것만큼 은밀하게는 더욱 위계질서를 강조하게" 되었다.[74] 위계 질서의 원칙이 생제르맹 지역의 상류 사회 집단에서 구체적으로 나타난 이래, 프랑스의 모든 사회 집단은 "이런 특징을 다소 변형된 형태로, 어느 정도는 생제르맹 사교계의 풍자화를 통해 재생산했다. 그런데 이 집단은 그 구성원이 어떤 지위나 정치적 이념을 가지고 있는가와 상관없이 가끔 생제르맹 상류 사회를 경멸하는 척했다." 귀족 사회는 겉보기에만 과거의 유물이었다. 실제로 귀족 사회는 "상류 사회 생활의 열쇠와 문법"을 강요함으로써 전체 사회 체제 곳곳에 (프랑스의 국민뿐만 아니라) 영향을 미치고 있었다.[75] 프루스트가 자신의 삶에 대한 변론의 필요를 느끼며 귀족 집단에서 보낸 삶을 다시 바라보았을 때, 그는 그와 같은 사회 분석을 제시했다.

---

74) *The Guermantes Way*, Part II, chapter ii.

75) Ramon Fernandez, "La vie sociale danns l'oeuvre de Marcel Proust," in *Les Cahiers Marcel Proust*, No. 2, 1972.

세기말 사회에 유대인의 역할에서 핵심은, 그들에게 사회의 문호를 연 드레퓌스 사건의 반유대주의였고, 그들의 사회적 영광에 종지부를 찍은 것은 동일한 사건의 결과, 즉 드레퓌스가 무죄라는 발견이었다.[76] 달리 말해, 유대인이 자신에 대해 또는 드레퓌스에 대해 어떻게 생각하든 간에, 유대인은 반역자 종족에 속한다는 사실을 확신하는 한에서만, 그들에게 배정된 사회 역할을 계속 수행할 수 있었다. 반역자가 오히려 통상적인 날조의 어리석은 희생자로 밝혀진다면 그리고 유대인이 무죄라는 사실이 입증된다면, 유대인에 대한 사회적 관심은 정치적 반유대주의처럼 즉시 가라앉을 것이다. 유대인은 다시 평범한 인간으로 간주되고 별로 중요치 않은 사람이 될 것이다. 이렇게 중요치 않은 사람이었던 유대인이 그들 가운데 한 명이 저질렀다고 추정되는 범죄로 인해 일시적으로 다시 관심의 대상으로 부상한 것이다.

그것은 독일과 오스트리아의 유대인이 제1차 세계대전 직후 훨씬 더 심각한 상황에서 누렸던 사회적 영광과 근본적으로 동일한 종류였다. 추정되는 범죄란 유대인에게 전쟁의 책임이 있다는 것이었다. 한 개인의 행동 하나로 정확하게 확인될 수 없는 이 범죄의 경우, 논박이 가능하지 않았고 그래서 유대인이란 존재를 범죄자라고 보던 대중의 평가는 온전한 채 남아 있었다. 다른 한편, 사회는 판이 끝날 때까지 계속하여 유대인을 보고 즐기며 그들에게 매료당했다. 희생양 이론에 심리적 진실이 조금이라도 들어 있다면, 그것은 유대인에 대한 이런 사회적 태도의 결과일 것이다. 왜냐하면 반유대인 법이 사

---

76) 그러나 이 순간에 이스라엘인의 사회 침투를 지향하는 운동들, 양적으로 더 풍부한 운동들과 병행하여 반유대주의 운동이 드레퓌스 사건의 영향으로 생겨났다. 사법적 실수를 발견함으로써 반유대주의에 치명적인 일격을 가할 것이라 생각했다는 점에서 정치인들이 틀린 것은 아니다. 그러나 적어도 잠정적으로 사회적 반유대주의는 반대로 그것에 의해 강화되고 가속화되었다. *The Sweet Cheat Gone*, chapter ii 참조.

회에서 유대인을 내치라고 강요한다면 이 '친유대주의자'는 자신에게서 은밀한 악덕을 제거해야만 한다는 느낌, 불가사의하게도 자신이 사랑했던 이 오점을 스스로 씻어내야만 한다는 느낌을 가졌을 것이다. 그런데 심리학은 유대인 '숭배자'가 왜 결국 그들의 살인자가 되었는지를 결코 설명할 수 없다. 또한 실질적 살인자 가운데 이른바 교육 계층의 비율이 놀랄 만큼 높기는 하지만, 살인 공장을 가동한 사람 가운데 그들이 가장 많다는 사실은 의심을 받을 수 있다. 그러나 그것은 유대인과 가장 친했고 유대인 친구를 가장 좋아했고 그들에게 가장 큰 매력을 느꼈던 사회 계층의 터무니없는 배신 행위를 설명해준다.

유대인에 관한 한, 유대교라는 '범죄'가 상류 사회에서 유행하는 유대인 기질이라는 '악덕'으로 전환한 것은 극히 위험했다. 유대인은 유대교를 피해 개종할 수 있었다. 그러나 유대인 기질로부터는 도피가 불가능했다. 더구나 범죄는 처벌받으면 되지만, 악덕은 박멸의 길밖에 없었다. 유대인 혈통에 대한 사회의 해석과 사회생활의 틀 안에서 유대인이 맡은 역할은 반유대주의 조치가 실행될 때의 파멸적인 철저성과 밀접하게 연관된다. 나치식의 반유대주의는 정치적 정황과 이런 사회적 조건에 뿌리를 두고 있었다. 종족 개념은 더 직접적인 정치적 목적과 기능을 가지고 있었지만, 그것이 가장 악의적인 측면에서 유대인 문제에 적용되었고 또 성공을 거둔 원인은 여론의 동의를 끌어낸 사회 현상과 확신이었다.

유대인을 사건의 진원지로 몰아넣는 데 결정적 역할을 한 힘은 의심할 여지 없이 정치적이다. 그러나 반유대주의에 대한 사회의 반응과 유대인 문제에 대한 개인의 심리적 반향은 특수한 잔인성, 즉 유대인으로 태어난 모든 개인에게 가해진 조직적이고 계산된 폭행과 연관이 있다. 잔인성과 폭력성은 드레퓌스 사건의 반유대주의가 이미 보여준 특징이기도 하다. 만약 우리가 반유대주의의 역사를 하나의 실체이자 단순한 정치 운동으로 생각한다면, '일반 유대인', '어디에나 있으며 아무데도 없는 유대인'에 대한 추적 열풍은 제대로 이해될 수 없다. 정치사나 경제사에서 설명하지 못하고 사건의 표면 아래 감추어진 사회적 요소를 역사가가 인식했던 적은 없다. 단지 (사회가 자신의 삶에 대한 변론의 절망적인 고독과 외로움 속으로 추방한 사람들인) 시인이나 소설가의 예리하고 열정적인 힘에 의해 기록되었을 뿐이다. 만약 그대로 내버려두었다면 단순한 정치적 반유대주의가 걸어갔을 진로, 즉 반유대인 법령이나 대중의 폭발로 귀결되었을 뿐 결코 대량학살로 끝나지 않았을 그런 진로를 바꾼 것은 바로 이런 사회적 요소였다.

드레퓌스 사건으로 또 이 사건이 프랑스 유대인의 권리에 정치적 위협이 됨으로써 유대인이 모호한 영광을 누리는 사회적 상황이 생겨난 이래, 유럽에서 반유대주의는 정치적 동기와 사회적 요소의 불용성 혼합물의 형태로 나타난다. 사회는 유대인을 두드러지게 두둔하면서 강한 반유대주의 운동에 가장 먼저 반응한다. 그래서 "유대인만큼 유럽을 즐겁게 하고 황홀하게 하며 향상시키고 고상하게 만드는…… 종족은 지금 현재까지는 없다"는 디즈레일리의 언급은 위험의 시대에 부분적으로 진실이 되었다. 사회적 '친유대주의'는 항상 정치적 반유대주의에 신비스러운 광신주의를 보태는 것으로 끝났다. 이 광신주의가 없었다면 반유대주의는 대중을 조직할 수 있는 최상의 슬로건이 될 수 없었을 것이다. 자본주의 사회에서 **사회 지위를 잃은** 모든 계급은 결국 그들 자신의 폭민 조직을 통합하고 확립한다. 폭민 조직의 선전과 매력은 다음의 가정을 기초로 한다. 즉 악덕의 형태를 띤 범죄를 기꺼이 자신의 구조 안에 편입하겠다는 의지를 보여준 사회는 이제 공개적으로 범죄자를 허용하고 공적으로 범죄를 자행하면서 악덕을 청소할 차비를 갖출 것이라는 가정 말이다.

제4장 드레퓌스 사건

1. 사건의 진상

드레퓌스 사건은 1894년 말 프랑스에서 발생했다. 프랑스군 참모본부의 유대인 장교였던 알프레드 드레퓌스는 독일군의 스파이 활동을 했다는 혐의로 기소되어 유죄 판결을 받았다. 악마의 섬으로 종신 추방이라는 판결이 만장일치로 채택되었다. 이 재판은 비밀리에 진행되었고, 검찰 당국이 제출한 문건 여러 권 중에서 이른바 명세서만이 공개되었다. 독일 대사관의 무관인 슈바르츠코펜에게 보낸 이 편지의 필적이 드레퓌스의 것으로 추정되었다. 1895년 7월 피카르 중령이 참모본부의 정보 국장이 되었다. 다음 해 3월 그는 참모총장인 보아데프르에게 드레퓌스는 무죄이며, 에스테라지 소령이 범인이라고 보고한다. 여섯 달 후 피카르는 분쟁 지역인 튀니지로 전출된다. 같은 시기에 유대인 소설가인 베르나르 라자르(Bernard Lazare)가 드레퓌스의 형에게 위임을 받아 이 사건을 기록한 첫 번째 팸플릿인 「하나의 사법적 오류, 드레퓌스 사건에 관한 진실」을 발행했다. 1897년 6월 피카르는 상원의 부의장인 쇠레르케스트네르(Scheurer-Kestner)에게 재판의 전모와 드레퓌스의 무죄를 알린다. 같은 해 11월 정치가 클레망소는 사건의 재심을 요구하는 투쟁을 시작한다. 4

주일 후에는 에밀 졸라도 드레퓌스 진영에 가담한다. 1898년 1월 「나는 고발한다」라는 (졸라의) 논설이 클레망소가 운영하는 신문에 실렸다. 이때 피카르는 체포된다. 군을 비방한 죄로 기소된 졸라는 1심과 항소심에서 모두 유죄 판결을 받았다. 1898년 8월 에스테라지가 횡령 혐의로 불명예 제대를 했다. 그는 즉시 영국의 언론인에게 달려가 드레퓌스가 아닌 자신이 그 **명세서**를 작성한 당사자이며 그의 상관이자 전 방첩국장인 산데르 중령의 명령으로 드레퓌스의 필적을 조작했다고 폭로한다. 며칠 후 방첩국의 앙리 중령이 드레퓌스 비밀 문건 가운데 다른 몇 가지도 날조되었음을 고백하고 자살한다. 그때서야 고등법원은 드레퓌스 사건의 재심을 명령했다.

1899년 6월 고등법원은 드레퓌스에게 내려진 1894년의 유죄 판결이 무효임을 선언했다. 재심은 8월 렌에서 열렸다. '정상 참작'이라는 이유로 금고 10년의 유죄 판결이 내려졌다. 일주일 후 대통령은 드레퓌스를 특별 사면했다. 1900년 4월 프랑스에서 세계 박람회가 열렸다. 박람회가 성공리에 치러진 뒤인 5월, 하원은 압도적인 다수로 드레퓌스 사건에 대한 추후의 재심을 반대하기로 의결한다. 같은 해 12월, 이 사건과 관련된 모든 재판과 소송은 일반 사면을 통해 일괄 처리된다.

1903년 드레퓌스는 재심을 청구했다. 그의 탄원은 1906년 클레망소가 총리가 될 때까지 기각되었다. 1906년 7월 고등법원은 렌의 선고를 무효화하고 드레퓌스에 대한 모든 고소를 취하했다. 그러나 고등법원은 고소를 취하할 권한을 가지고 있지 못했다. 따라서 재심을 명령해야만 했다. 만일 군사 법정에서 재심이 열렸다면 드레퓌스에게 유리한 증거가 압도적임에도 불구하고 재차 유죄 판결이 내려졌을 것이다. 그러므로 드레퓌스는 적법하게 무죄 판결을 받지 못했다.[1] 결국 드레퓌스 사건은 실제로는 종결되지 못했다. 피고의 복직

---

1) 이 주제에 관한 가장 포괄적이고 여전히 매우 중요한 연구는 7권으로 된 Joseph

은 결코 프랑스 국민에게 인정받지 못했고, 이 사건이 몰고 왔던 엄청난 동요와 흥분도 완전히 가라앉지 않았다. 특별 사면을 받은 지 9년, 무죄 선고를 받은 지 2년이 지난 1908년 말 클레망소의 간청으로 에밀 졸라의 시신이 판테온으로 옮겨졌을 때, 알프레드 드레퓌스는 거리에서 공개적으로 공격을 받았다. 파리 법정은 가해자들에게 무죄를 선고함으로써 드레퓌스의 무죄 결정에 대한 '반대' 입장을 암시적으로 표현했다.

제1차 세계대전도 제2차 세계대전도 이 사건을 망각 속에 묻을 수 없었다는 사실은 더욱 특이하다. 악시옹 프랑세즈의 요청에 따라 『드레퓌스 사건의 개요』[2]가 1924년에 다시 출판되어 이후 반드레퓌스파의 교본이 되었다. 1931년 「드레퓌스 사건」(레피시와 빌헬름 헤르초크가 르네 케스트너라는 가명으로 극본을 쓴 연극)의 공연 첫날, 관객석에서는 싸움이 일어나고 일등석에는 악취탄이 터졌으며, 악시옹 프랑세즈의 돌격대가 주위에 빙 둘러서서 배우와 관객, 구경꾼 모두를 공포의 도가니로 몰아넣어, 1890년대의 분위기가 여전히 위력을 떨치고 있음을 보여주었다. 정부, 즉 라발(Laval) 정권도 30여 년 전의 정권과 마찬가지로 행동했다. 이 정권은 단 한 번의 공연도 안전을 보장할 수 없음을 기꺼이 시인했으며, 이로써 반드레퓌스파에게 뒤늦었지만 새로운 승리를 안겨주었다. 연극은 중단될 수밖에 없었다. 1935년 드레퓌스가 죽었을 때, 일반 언론은 이 사건을 다루기를 두려워한 반면[3] 좌파 신문은 구태의연한 말로 여전히 드레퓌스

Reinach, *L'Affaire Dreyfus*, Paris, 1903~11이다. 사회주의자의 관점에서 쓰인 최근의 연구 중 가장 상세한 연구는 W. Herzog, *Der Kampf einer Republik*, Zürich, 1933이다. 이 저서의 철저한 연표는 매우 가치 있다. 드레퓌스 사건에 대한 가장 훌륭한 정치적·역사적 평가는 D.W. Brogan, *The Development of Modern France*, 1940의 제6권과 7권에서 발견할 수 있다. G. Charensol, *L'Affaire Dreyfus et la Troisième République*, 1930은 간략하지만 신뢰할 만하다.

2) 장교 두 명이 썼으며 Henri Dutrait-Crozon이란 가명으로 출판되었다.
3) 악시옹 프랑세즈는 1935년 7월 19일자에서 프랑스 언론의 자제를 칭찬했으며,

의 무죄를 주장했고 우익 신문은 드레퓌스의 유죄를 주장했다. 다소 차이는 있지만 오늘날에도 드레퓌스 사건은 프랑스 정치에서 일종의 암호다. 페탱(Petian)이 유죄 판결을 받았을 때 지방 유력지『릴 보아 뒤 노르』는 이 사건을 드레퓌스 사건과 연관지으면서, 법정의 판결은 정치적 갈등을 해결할 수 없고 모든 프랑스 국민에게 정신과 마음의 평화를 가져다줄 수 없기 때문에 "국가는 드레퓌스 사건 때와 마찬가지로 양분된 상태"라고 주장했다.[4]

좀더 광범위한 정치적 측면에서 볼 때, 드레퓌스 사건은 20세기에 속하지만, 유대인 대위인 알프레드 드레퓌스가 겪었던 여러 재판은 완전히 19세기의 전형을 보여준다. 당시 사람들은 지대한 관심을 가지고 법적 절차를 지켜보았는데, 그것은 모든 소송이 그 세기의 가장 위대한 업적인 법의 완벽한 공정성을 검증할 수 있는 기회를 제공했기 때문이다. 오심이 그와 같은 정치적 격론을 유발하고, 싸움질과 주먹질은 물론 끝없이 이어지는 재판과 이의 재심을 부추겼다는 것이 바로 이 시기의 특징이다. 법 앞의 평등이라는 원칙이 문명세계의 양심 속에 너무나 확고하게 자리 잡아서 단 한 차례의 오심만으로도 모스크바에서 뉴욕에 이르기까지 전 세계 여론의 분노를 유발할 수 있었다. 프랑스를 제외하고는 어떤 국가도 이 문제를 정치 쟁점화할 정도로 '근대적'이지 못했다.[5] 유대인 장교 한 사람에게 저지른 프랑

"40년 전의 정의와 진리의 유명한 승자는 단 한 명의 제자도 남기지 않았다"는 견해를 표명했다.
4) G.H. Archambault in *New York Times*, 1945년 8월 18일자, 5면 참조.
5) 유일한 예외는 대부분 나라에서 반드레퓌스 선동을 주도했던 가톨릭 언론들인데, 이들에 대해서는 차후 논의할 것이다. 미국의 여론은 시위는 물론이고 1900년으로 예정되어 있던 파리 박람회의 조직적 불참운동을 시작할 정도였다. 이런 위협의 효과에 대해서는 이후의 본문을 참조하라. 포괄적인 연구로는 컬럼비아 대학에 기록되어 있는 거장 Rose A. Halperin, "The American Reaction to the Dreyfus Case," 1941 참조. 필자는 이 연구를 자유롭게 참고할 수 있게 친절을 베풀어준 베런 교수에게 사의를 표한다.

스의 과오는 한 세기 뒤 독일계 유대인에 대한 박해 전체가 불러일으킨 것보다 더 큰 분노와 단합된 반발을 이끌어낼 수 있었다. 제정 러시아조차 프랑스를 야만 국가라고 비난했으며, 독일에서는 황제의 측근까지 1930년대라면 급진 언론만이 위험을 무릅쓰고 표출할 수 있던 분노를 공개적으로 표현했다.[6]

이 사건의 등장인물은 마치 발자크의 소설에서 잠시 걸어나온 사람들 같았다. 즉 한편에서는 계급을 의식하는 장군들이 자기 무리의 구성원을 광적으로 감쌌고, 다른 한편에서는 차분하고 명철하며 조금은 역설적인 정직함으로 피카르가 이들에게 대항하고 있었다. 이들 옆에서 정체가 불분명한 대다수 의원은 각자 이웃이 무엇을 알고 있는지 전전긍긍했다. 또한 파리 매음굴의 악명 높은 후견자인 공화국의 대통령이 있고, 사회적 교제만이 삶의 목적인 예심 판사가 있다. 그리고 실제 벼락부자로 여자들의 환심을 사려고 집안 재산을 얼마나 축냈는지 동료에게 줄곧 자랑했던 드레퓌스가 있고, 희생심에서 그렇게 했는지 아니면 단순히 참모본부를 매수하려 했는지 본인들도 잘 모르면서 동생의 석방을 위해 애처롭게도 전 재산을 내놓았다가 나중에는 15만 프랑으로 줄였던 드레퓌스의 형들이 있다. 그리고 의뢰인의 무죄를 확신했지만, 자신에게 쏟아질 공격을 피하고 사적 이해관계에 해가 되지 않도록 의심스러운 주제를 변론의 근거로 내세웠던 변호사 드망쥐가 있다. 마지막으로 우리의 모험가 에스테라지가 있다. 그는 오래된 명문가 출신으로 부르주아 세계가 너무 지루해서 영웅주의와 못된 짓거리에서 안식을 찾으려 했다. 과거에 외

---

6) 예를 들어, 독일의 파리 주재 대리인은 렌의 판결이 "야비함과 비겁함의 뒤범벅으로서 가장 분명한 야만의 징표이며" 프랑스는 "이로써 문명국가 그룹에서 떨어져 나갔다"라고 제국 수상인 호엔로에에게 쓰고 있다. 이 구절은 헤르츠크, 앞의 책, 1899년 9월 12일 날짜에서 인용했다. 폰 뷜로의 견해로는 이 사건은 독일 자유주의의 '암호'다. 이에 관해서는 von Buelow, *Denkwuerdigkeiten*, I, Berlin, 1930~31, p.428 참조.

인부대의 부관이었던 그는 대담함과 뻔뻔스러움으로 동료에게 깊은 인상을 심어놓았다. 늘 빚을 지고 있던 그는 유대인 장교들의 결투에서 후견인 노릇을 하면서 살았고, 나중에는 부유한 유대인 동료를 공갈, 협박하면서 살았다. 실제로 그는 소개장을 얻기 위해 유대교 랍비의 중개인으로 일하기도 했다. 몰락할 때에도 그는 발자크의 전통에 충실했다. 그를 유죄 판결로 몰고 간 것은 반역도 아니었고, 만취한 프로이센 창기병 10만 명이 미친 듯이 날뛰며 파리를 약탈하는 광란의 거친 꿈도 아니었다.[7] 그것은 친척의 현금을 횡령한 사기 사건이었다. 에밀 졸라에 대해 우리는 무슨 말을 해야 할까? 런던으로 도망가기 전날 밤, 이 희생을 감내해달라고 간청하는 드레퓌스의 목소리를 들었다고 열렬한 도덕적 열정과 조금은 공허한 파토스, 과장되고 감상적인 수사학으로 고백했던 졸라에 대해 무어라 말해야 할까?[8]

이 모든 것은 여전히 19세기의 전형적 양식이며, 그 자체로는 양차 세계대전을 거치면서 살아남지 못했을 것이다. 에스테라지에 대한 폭민의 열광이나 졸라에 대한 증오의 화염도 이미 오래전에 사그라지고, 한때 조레스의 전의를 불태우게 하고 결국 드레퓌스의 석방을 이끌어낸 귀족과 성직자에 대한 들끓는 반감도 이제 더는 남아 있지 않다. 카굴라르 사건이 보여주듯이 참모 장교들도 쿠데타 모의를 하면서 국민의 분노를 두려워하지 않았다. 교회와 국가가 분리된 이래 프랑스는 성직자를 지지하는 정서로 돌아서지는 않았지만 반성직자 정서는 떨쳐버렸으며, 가톨릭 교회 역시 정치적 포부를 잃었다. 프랑스를 공화국에서 가톨릭 국가로 개종하겠다던 페탱의 시도는 국민의 전적인 무관심과 성직자-파시즘에 대한 하급 성직자의 적대감이라는 난관에 봉착했다.

---

7) Théodore Reinach, *Histoire sommaire de l'Affaire Dreyfus*, Paris, 1924, p.96.
8) 헤르초크가 인용한 대로 요제프 라이나흐(Joseph Reinach)가 전했다. 1898년 6월 18일자.

드레퓌스 사건이 정치적 함의를 지니고 생존할 수 있던 것은 이 사건의 두 요소가 지닌 의미가 20세기에 커졌기 때문이다. 첫째 요소는 유대인에 대한 증오였고, 둘째 요소는 공화정 자체, 즉 의회와 국가 기구에 대한 의혹이었다. 국민 대다수는 옳든 그르든 간에 국가가 여전히 유대인의 영향력과 유대계 은행의 권력 아래에 있다고 생각했다. 현재까지 반드레퓌스라는 용어는 반공화정, 반민주주의 그리고 반유대주의의 경향을 띠는 모든 것에 대한 공인된 명칭으로 사용된다. 몇 년 전까지만 해도 이 용어는 악시옹 프랑세즈의 군주제에서 도리오의 민족 볼셰비즘과 데아의 사회적 파시즘에 이르기까지 모든 것을 포괄했다. 그러나 제3공화국은 수적으로 중요하지 않았던 이런 파시스트 집단 때문에 멸망한 것은 아니다. 그 반대로, 역설적이지만 단순한 진리는 그들의 영향력이 공화정이 몰락할 당시만큼 미약했던 적은 없었다. 프랑스를 몰락의 길로 내몬 것은 더 이상 진정한 드레퓌스파가 없었기 때문이다. 즉, 민주주의와 자유, 평등과 정의가 공화정 형태로 수호되고 실현될 수 있다고 믿는 사람이 없었다.[9] 결국 공화국은 너무 익어버린 과일처럼, 항상 프랑스군의 요직을 차지했던 해묵은 반드레퓌스 도당의 품으로 떨어지고 만다.[10] 그

---

9) 클레망소조차 그의 생애 마지막 무렵 공화정을 더는 신뢰하지 않았다는 사실은 René Benjamin, *Clémenceau dans la retraite*, Paris, 1930, p. 249의 인용문에서 분명하게 드러난다. "희망? 불가능이야! 나를 흥분시키는 것, 이른바 민주주의를 내가 더는 믿지 않는데 무슨 희망을 가질 수 있겠나?"

10) 악시옹 프랑세즈의 유명한 추종자인 베강은 젊은 시절 반드레퓌스파였다. 군 참모부에서 서류를 위조했다가 자살로 생을 마감한 앙리 대령을 기리기 위해 반유대계 신문 『리브르 파롤』이 만든 '앙리 기념비'의 구독자 가운데 한 명이었다. 구독자 명단은 나중에 *L'Aurore*(클레망소의 신문)의 편집인 가운데 한 사람인 퀴야르가 *Le Momument Henry*, Paris, 1899란 제목으로 출판했다. 페탱으로 말하면 그는 1895년에서 1899년까지, 즉 반드레퓌스파로 입증한 사람만이 용인되던 그런 시기에 파리의 군사 정부 참모 그룹에 속했다. Contamine de Latour, "Le Maréchal Pétain," in *Revue de Paris*, I, pp. 57~69. 제1차 세계대전에 참전했던 장군들 중 4명(Foch, Pétain, Lyautey, Fayolle)은 공화정에 반대

것도 적의 수는 적었지만 친구가 한 사람도 없었던 그런 시기에 말이다. 페탱 도당이 독일 파시즘의 산물이 아니라는 사실은 40년 전의 옛 공식을 노예처럼 추종했다는 데서 명백하게 드러난다.

독일이 약삭빠르게 프랑스를 분할하고 경계선을 설정하여 프랑스의 경제 전체를 무너뜨리는 동안, 비시 정권의 프랑스 지도자들은 케케묵은 모리스 바레스의 공식인 '자율적인 지방'을 서투른 솜씨로 수선하다가 프랑스를 더 못쓰게 만들었다. 그들은 다른 어떤 매국노 정부보다 앞서 반유대인 법령을 도입하면서 자신들은 독일에서 반유대주의를 수입할 필요가 없고 유대인을 다스리는 자국의 법은 본질적 측면에서 제국의 법과 다르다고 자랑스럽게 떠벌린다.[11] 그들은 사제가 정치적 영향력을 상실했을 뿐 아니라 실제로 반유대주의적이라는 사실을 증명하기 위해 가톨릭 성직자들을 반유대인 운동에 동원하려 했다. 그러나 유대인 박해에 가장 정열적으로 저항했던 것은 바로 비시 정권이 다시 한번 정치권력으로 끌어들이려던 주교들과 교회회의였다.

20세기를 예시하는 조짐은 일련의 재판을 포함한 드레퓌스 소송 사건이 아니라 드레퓌스 사건 전체였다. 1931년 베르나노스가 지적했듯이[12] "드레퓌스 사건은 분명 지난번 전쟁으로도 끝나지 않은 비극의 시대에 속한다. 그 사건은 고삐 풀린 열정의 소용돌이와 증오의 불꽃의 한복판에서 상상도 못할 만큼 차갑고 굳은 마음을 유지하는 똑같이 비인간적인 성격을 드러냈다." 사건의 진정한 후속편이 발견

하는 태도를 취했고 다섯 번째 장군인 조프르는 성직자적 경향으로 유명하다는 브로간(D.W. Brogan, 앞의 책, 382쪽)의 관찰은 정확하다.

11) 페탱의 반유대인 법령이 단지 제3제국이 강요한 결과였다는 신화는 프랑스 유대인 대다수도 처음에는 믿었다. 그런데 이 신화는 프랑스 쪽에서도 파괴되었다. 특히 Yves Simon, *La Grande crise de la République Française: observations sur la vie politique des francais de 1918 à 1938*, Montreal, 1941 참조.

12) Georges Bernanos, *La grande peur des bien-pensants, Edouard Drumont*, Paris, 1931, p.262와 비교할 것.

된 곳은 분명히 프랑스는 아니었지만, 왜 프랑스가 나치 침략의 손쉬운 제물이 되었는가 하는 이유는 어렵지 않게 찾을 수 있다. 히틀러의 선전은 완전히 잊힌 적이 없는 친숙한 언어로 말했던 것이다. 악시옹 프랑세즈의 "전제주의적 제국주의"[13]와 바레스와 모라스의 허무적 민족주의가 그 원형의 형태로는 결코 성공하지 못했던 것은 모두 부정적인 다양한 원인에 기인한다. 그들은 사회적 문제에 무관심했고 지식인에 대한 자신들의 경멸이 불러일으킨 저 정신적 환영을 대중적 용어로 번역할 능력이 없었던 것이다.

여기서 우리의 근본적 관심사는 드레퓌스 사건의 정치적 방향이지 소송 사건의 법적 측면이 아니다. 그 속에서 분명한 윤곽으로 드러나는 것은 20세기를 특징짓는 일련의 재판이다. 20세기의 첫 수십 년 동안 거의 구별할 수 없을 정도로 흐릿하고 희미했던 것이 드디어 대낮의 환한 빛 속에 드러났고 현대의 주요한 흐름에 속하는 것처럼 모습을 드러내고 있다. 30여 년간 순수하게 사회적인 형태의 부드러운 반유대적 차별이 존재했기 때문에 근대 국가의 국내 정책이 반유대주의라는 이슈로 결정화되었을 때 "유대인에게 죽음을"이라는 외침이 그 이전에 온 나라 구석구석에 메아리쳤던 적이 있는가를 기억하기가 약간 어려워졌다. 30년 동안 세계 음모라는 해묵은 전설은 항상 타블로이드판 신문과 싸구려 소설의 상투적인 예비 기삿거리였다. 그리 오래되지 않은 과거에 '시온 장로 의정서'가 아직 알려지지 않았을 때, 세계 정치를 조종하는 것이 '비밀 로마'인지 또는 '비밀 유대'인지를 결정하느라 온 나라가 골머리를 앓은 사실을 세상은 그리 쉽게 기억하지 못했다.[14]

---

13) Waldemar Gurian, *Der integrale Nationalismus in Frankreich: Charles Maurras und die Action Française*, Frankfurt am Main, 1931, p.92는 왕정주의자 운동과 다른 반동적 경향들을 분명하게 구분하고 있다. 이 저자는 *Die politischen und soziale Ideen des französischen Katholizismus*, M. Gladbach, 1929에서 드레퓌스 사건을 논의하고 있다.

일시적인 평화 상태에 있는 어떤 세계가 파렴치와 잔인함이 위세를 떨치는 상황을 정당화하기 위해 뛰어난 범죄 집단에 굴복하지 않았을 때, 정신적인 자기 증오의[15] 열정적이고 허무적인 철학은 이와 유사하게 명성의 실추로 고통받고 있었다. 쥘 게랭(Jules Guérin)파는 사회 분위기가 다시 준군사적 기습 부대를 허용할 정도가 될 때까지 거의 40년을 기다려야 했다. 프랑스에서는 기이한 음모로만[16] 머물렀던 쿠데타가 독일에서 별 노력도 기울이지 않고 현실이 되기 전에, 19세기 경제가 생산한 하류 계층은 국가의 강력한 소수파가 되기 위해서는 아직 수적으로 성장해야만 했다. 나치즘의 전주곡은 유럽 전체의 무대에서 연주되고 있었다. 따라서 드레퓌스 소송은 완전히 해결되지 못한 기이한 "범죄"[17]이상이며, 가짜 수염과 어두운 안경으로 위장한 참모본부 장교들이 파리의 밤거리에서 엉터리 위조 서류를 팔고 다니는 그런 사건 이상이다. 그 사건의 주인공은 드레퓌스가 아니라 클레망소였고, 시작은 한 유대인 장교의 체포가 아니라 파

---

14) 양측에서 그런 전설을 만들어냈다고 한다. 이에 관해서는 Daniel Halévy, "Apologie pour notre passé," in Cahiers de la quinzaine, Series XL, No. 10, 1910 참조.

15) 분명하게 현대적인 견해를 1898년 졸라의『프랑스로 보낸 편지』에서 발견할 수 있다. "우리는 온 사방에서 자유 개념이 파산했다는 말을 듣는다. 드레퓌스 사건이 갑자기 출현했을 때, 자유에 대한 일반적인 증오가 절호의 기회를 발견했던 것이다. 쇠레르케스트네르가 그런 격노에 찬 공격을 받았던 유일한 이유는 그가 자유를 신봉하고 그것을 위해 노력한 세대에 속했기 때문이라는 것을 모르겠나? 오늘날 사람들은 그런 일에는 어깨를 움츠린다……. 어떤 이가 웃으면서 말한다. '늙은 회색수염,' 농담 하나, '시대에 뒤떨어진 용맹가들.'" Herzog, 앞의 책에서 인용, 1898년 1월 6일자의 책.

16) 쿠데타를 실행하기 위해 1890년대에 이루어진 여러 시도의 희극적 성격은 로자 룩셈부르크가 논문 "Die soziale Krise in Frankreich," in Die Neue Zeit, Vol. I, 1901에서 명석하게 분석하고 있다.

17) 앙리 대령이 참모본부의 지령으로 드레퓌스 서류 일부를 위조했는지, 아니면 자발적으로 그랬는지는 여전히 미결 사항이다. 유사하게 렌의 드레퓌스 변호사 라보리의 암살 사건도 미궁에 빠져 있다. Emile Zola, Correspondance: lettres à Maître Labori, No. 1, Paris, 1929, p.32와 비교할 것.

나마 스캔들이었다.

2. 제3공화국과 프랑스 유대인

1880년에서 1888년까지 수에즈 운하를 건설한 기술자 드 레셉스가 사장으로 있던 파나마 회사는 건설 작업을 크게 진척하지 못한 상태였다. 그럼에도 불구하고 프랑스 내에서는 이 기간에 13억 3553만 8454프랑의 사채를 모금하는 데 성공했다.[18] 프랑스의 중산 계급이 금전 문제에 상당히 신중하다는 사실을 고려할 때, 이 성공적인 모금은 매우 의미심장하다. 회사가 시도한 몇 차례 공공 대출이 항상 의회의 지원을 받았다는 것이 성공의 비결이었다. 운하 건설은 기업의 사적 사업이라기보다 국가의 공공사업이라는 것이 일반적인 견해였다. 그래서 파나마 회사가 도산했을 때 실제로 타격을 입은 것은 공화국의 외교정책이었다. 그러나 이보다 더 중대한 문제는 프랑스 중산층 50만 명의 파산이라는 사실이 몇 해 지나지 않아 드러났다. 언론과 의회의 조사 위원회는 파나마 회사가 몇 년 전부터 이미 파산상태였다는 동일한 결론에 도달한다. 이들의 주장에 따르면 드 레셉스는 내내 기적을 바라며 또 새 기금으로 사업이 다소 진척될 수 있지 않을까 하는 꿈을 간직하며 살아왔다는 것이다. 그는 신규 대출을 승인받기 위해 언론과 절반가량의 의원, 그리고 모든 고위 공무원을 매수해야만 했다. 그런데 이 일을 위해 중개인을 고용해야 했고, 이 중개인들은 그 대가로 엄청난 사례비를 요구했다. 따라서 원래 기업에 대한 공적 신뢰를 담보해야 하는 것, 즉 의회의 채권 보장이 결국 견실하지 못한 민간사업을 거금의 횡령 사건으로 변화시킨 요인임이 입증되었다.

---

18) Walter Frank, *Demokratie und Nationalisms in Frankreich*, Hamburg, 1933, p.273
과 비교할 것.

매수된 의원이나 회사 중역 가운데 유대인은 없었다. 그러나 자크 라이나흐와 코르넬리우스 헤르츠(Cornelius Herz)는 의원들에게 사례금을 지급하는 영예를 얻기 위해 경쟁했다. 라이나흐는 부르주아 정당의 우파 진영에서 일했고 헤르츠는 급진파(프티 부르주아의 반교회 정당)에서 일했다.[19] 라이나흐는 1880년대에 정부의 비밀 재정 고문이었고[20] 따라서 파나마 운하회사와 정부의 관계를 조정하는 역할을 했다. 이에 반해 헤르츠는 이중 역할을 수행했다. 한편으로 헤르츠는 라이나흐가 접촉할 수 없었던 의회의 급진파를 연결해주었다. 다른 한편 그는 부패의 전모를 알게 되자 자신의 보스를 협박하여 그를 더 깊은 수렁으로 빠뜨렸다.[21]

물론 일단의 유대인 중소 상인들이 헤르츠와 라이나흐를 도왔지만, 이들 이름은 당연하게도 망각 속에 묻혀버렸다. 회사 상황이 불확실하면 할수록 사례비는 당연히 많아졌고 결국 대출 금액의 극히 일부만이 회사로 들어왔다. 파산 직전 헤르츠는 의회 내부 거래의 대가로 한 번에 60만 프랑의 선수금을 챙겼다. 그런데 이 선수금 지불은 시기상조였다. 대출은 승인되지 않았고 주주들은 60만 프랑을 고스란히 날렸던 것이다.[22] 추악한 횡령 사건은 라이나흐를 파국으로 몰고 갔다. 헤르츠의 협박에 시달리던 라이나흐는 결국 자살했다.[23]

---

19) Georges Suarez, *La Vie orgueilleuse de Clémenceau*, Paris, 1930, p.156과 비교할 것.

20) 예를 들면 전 장관인 루비에가 조사위원회에서 이를 증언했다.

21) 바레스는 이 문제를 간결하게 표현하고 있다. "라이나흐가 무언가를 삼킬 때마다 이를 다시 토해내게 하는 방법을 알았던 자는 헤르츠였다"(베르나노스, 앞의 책, 271쪽에서 인용).

22) Frank, 앞의 책, "Panama"로 시작되는 장; Suarez, 앞의 책, 155쪽과 비교할 것.

23) 라이나흐와 헤르츠의 싸움은 19세기에는 보기 드물었던 갱들의 폭력적 분위기를 연출했다. 헤르츠의 협박에 대항하면서 라이나흐는 경쟁자를 제거하기 위해 수만 프랑을 지불하고 전직 경찰관의 도움까지 받았다. Suarez, 앞의 책, 157쪽과 비교할 것.

죽기 직전 라이나흐는 프랑스 유대인에게 중요성을 아무리 강조해도 지나치지 않을 조치를 한 가지 취했다. 그는 에두아르 드뤼몽(Edouard Drumont)이 설립한 반유대주의 일간지 『리브르 파롤』에 뇌물을 받은 의원의 명단 — 이른바 '해외 이주자들' — 을 건네주면서 단 한 가지 조건을 달았는데, 그것은 이 사실을 폭로할 때 자신을 개인적으로 보호해달라는 것이었다. 『리브르 파롤』은 정치적으로 영향력이 미미한 작은 신문에서 하룻밤 사이에 일약 나라 최대의 유력지, 즉 30만 부수를 자랑하는 신문으로 변모했다. 이 신문은 라이나흐가 제공한 황금 같은 기회를 신기에 가까운 솜씨와 용의주도함으로 처리했다. 용의자 명단은 쥐꼬리만큼 공개되었고, 그래서 정치가 수백 명이 피 말리는 초조함 속에서 하루하루를 살아야 했다. 드뤼몽의 신문 그리고 이와 함께 반유대주의 언론과 운동이 결국 제3공화국에서 가장 위험한 세력으로 등장했다.

드뤼몽의 표현에 따르면 보이지 않는 것을 보이게 만든 파나마 스캔들은 두 가지를 만천하에 폭로했다. 첫째 의원과 공무원이 사업가가 되었다는 사실이고, 둘째 사적인 사업과 (이 경우에는 회사) 국가 기관을 연결해준 중개인은 거의 유대인이었다는 사실이다.[24] 더욱더 놀라운 사실은 국가 기관과 밀접한 관계를 맺고 있던 유대인은 새로운 인물들이라는 점이다. 제3공화국이 설립될 때까지 국가의 재정을 담당하는 일은 로스차일드가가 거의 독점했다. 경쟁자인 페레르 형제가 동산은행 크레디 모빌리에를 설립하여 이들의 손에서 일부를 빼앗으려던 시도는 타협으로 끝이 났다. 또한 1882년에도 로스차일드가는 유대인 은행가를 파멸하려는 의도로 설립된 가톨릭 일반 조합(Catholic Union Generale)을 파산으로 몰고 갈 수 있을 정도로 여전히 막강했다.[25] 1871년의 평화 조약에서 재정 문제를 협상한

---

24) Levaillant, "La Genèse de l'antisémitisme sous la troisième République," in *Revue des études juives*, Vol. LIII, 1907, p.97.

당사자는 프랑스 측에서는 로스차일드였고 독일 측은 로스차일드가의 과거 대리인이었던 블라이히뢰더였다. 그런데 조약 체결 직후 로스차일드가는 전례 없이 새로운 정책을 내놓았다. 그들은 왕정주의자를 지지하고 공화국을 반대한다고 공개적으로 천명했다.[26] 여기에서 새로운 점은 왕정복고 경향이 아니라 막강한 유대계 경제권력이 현 정부에 반대하는 입장을 취한 사실이다. 그때까지 로스차일드가는 어떤 정치 제도가 권력을 장악하든 상관없이 원만한 관계를 유지해왔다. 그래서 공화국은 그들에게 아무런 소용이 없는 최초의 정부 형태인 것처럼 보였다.

유대인의 정치적 영향력과 사회적 지위는 수세기 동안 정부를 위해 직접 일하며 특별 봉사 대가로 정부의 보호를 받는 친정부 집단이라는 사실에 기인했다. 그들이 정부 기관과 밀접하고 직접적인 관계를 유지할 수 있는 것은, 국가가 국민과 일정 거리를 유지하고 지배 계층이 국가 사업에 무관심한 태도를 취할 때뿐이었다. 이런 상황에서 국가의 관점으로 볼 때 유대인은 그 사회에 속하지 않기 때문에 가장 신뢰할 만한 집단이었다. 의회 제도는 자유주의적 부르주아에게 국가 기관에 대한 통제권을 허용했다. 그러나 이런 부르주아에게 유대인은 같은 계층에 속한 적이 없는 사람들이었다. 따라서 유대인 역시 이 새로운 권력자를 의심의 눈초리로 바라보는 것도 무리는 아니었다. 정권도 과거처럼 유대인이 절실하게 필요하지는 않았다. 그 것은 정부가 이제 의회를 통해 과거의 절대군주나 입헌군주가 꿈조

---

25) Bernard Lazare, Contre l'Antisémitism: histoire d'une polémique, Paris, 1896 참조.

26) 오를레앙가 옹립주의 운동에서 대은행이 맡았던 복잡한 역할에 관해서는 G. Charensol, 앞의 책 참조. 프랑스 유대인 사회에서 막강한 영향력을 행사했던 이 집단의 대변인 중 한 사람은 『골루아』신문의 발행인인 아르투어 마이어였다. 그는 개종한 유대인이었고 격렬한 반드레퓌스파였다. Clémenceau, "Le spectacle du jour," in L'Iniquité, 1899; Herzog, 앞의 책, 1898년 6월 11일자 호엔로에의 일기 기록 참조.

차 꾸지 못했던 정도로 폭넓은 재정적 기회를 얻을 수 있었기 때문이다. 그래서 선도적 유대인 가문들은 서서히 모든 공적인 경제 정책의 무대에서 물러났고, 귀족의 반유대주의 살롱으로 가서 좋았던 옛 시절을 되찾으려는 목적을 가진 반동 운동에 뒷돈을 대주려는 꿈을 꾸었다.[27] 그사이 다른 유대인 그룹, 즉 유대인 금권정치가 가운데 새로운 인물들이 점차 제3공화국의 사업에서 중요한 부분을 담당하기 시작했다. 로스차일드가가 거의 잊고 있던 사실, 하마터면 그들의 권력을 상실하게 만들 뻔했던 사실은 잠시라도 정부에서 관심을 거두어들이면 즉시 정부 각료에 대한 영향력뿐만 아니라 유대인에 대한 영향력도 상실하게 되는 단순한 사실이었다. 외국에서 이주해온 유대인들이 가장 먼저 이 기회를 포착했다.[28] 그 발전 과정을 볼 때 공화국은 단결한 폭민이 일으킨 모반의 논리적 결과가 아니라는 것을 그들은 너무나 잘 알고 있었다. 2만 명가량의 혁명 정부 지지자가 흘린 피와 군사적 패배, 경제적 파멸에서 탄생한 것이 이 정권이었고, 그 통치 능력은 처음부터 의심스러웠다. 실제로 파멸 직전에 이른 사회는 3년 후 독재자를 요구했다. 대통령으로 맥마흔 장군을 얻었을 때(다른 사람과 구별되는 그의 특징은 세단에서의 패배이다), 이 인물은 곧 구식 의회주의자임이 드러났고 몇 년 후(1879) 자리에서 물러났다. 그동안 기회주의자에서 과격파에 이르기까지 그리고 제휴파

---

27) 나폴레옹주의 경향에 관해서는 Frank, 앞의 책, 419쪽 참조. 독일의 외교부 문서 기록실에서 얻은 미공개 문서에 근거하고 있다.

28) 자크 라이나흐는 독일에서 태어나 이탈리아에서 남작이 되었고 프랑스에 귀화했다. 코르넬리우스 헤르츠는 프랑스에서 바이에른 태생 부모의 아들로 태어나 어릴 때 미국으로 건너갔다. 그는 거기서 시민권을 얻고 재산을 모았다. 상세한 내용에 관해서는 Brogan, 앞의 책, 268쪽 이하 비교할 것.
프랑스 태생 유대인이 국책사업에서 자취를 감추는 방식의 특징은 파나마 회사의 사업이 잘 돌아가지 않자, 곧 원래의 재무고문이던 레비-크레미외가 물러나고 라이나흐가 그 자리를 맡았다는 데서 드러난다. Brogan, 앞의 책, Book VI, chapter 2 참조.

에서 급진 우파에 이르기까지 사회의 다양한 세력은 모두 의원들에게 어떤 종류의 정책을 요구할 것이고, 이때 어떤 수단을 사용할 것인지에 관해 이미 마음을 정해놓고 있었다. 올바른 정책은 기득권을 대변하는 것이고 올바른 수단은 부패였다.[29] (레옹 세를 인용한다면) 1881년 이후 사기가 유일한 법이 되었다.

한때 모든 왕가가 궁정 유대인을 거느렸던 것처럼 프랑스 역사상 바로 이 시기에 모든 정당이 유대인을 데리고 있었다는 관찰은 정확하다.[30] 그러나 그 차이는 상당했다. 유대계 자본을 국가에 투자함으로써 유대인은 유럽 경제에서 생산적인 역할을 할 수 있었다. 그들의 지원이 없었다면 18세기에 성취한 업적, 국민국가의 발전과 독립적인 직업 관료의 성장은 상상할 수도 없었을 것이다. 결국 서구의 유대인은 이 궁정 유대인 덕분에 해방을 얻을 수 있었다. 라이나흐와 그 공모자들의 수상한 거래는 그들에게 영구적인 부를 가져다주지도 못했다.[31] 그들이 했던 일이라고는 사업과 정치 사이의 은밀하고 수치스러운 관계에 더 어두운 장막을 친 것이 전부였다. 이미 부패할 대로 부패한 체제에 붙어사는 이 기생충들은 철저하게 타락한 사회에 극히 위험한 알리바이를 제공해주었다. 대중의 분노를 가라앉힐

---

29) Georges Lachapelle, *Les Finances de la Troisième République*, Paris, 1937, pp. 54ff. 관료들이 어떤 방식으로 공적 자금에 대한 통제권을 얻었으며 예산 위원회가 전적으로 사적인 이해관계에 의해 지배당했는지 상세하게 기술되어 있다. 의회 의원들의 경제적 지위에 관해서는 Bermanos, 앞의 책, 192쪽과 비교할 것. "감베타처럼 대다수 의원에게는 갈아입을 속옷도 없었다."

30) 프랑크가 지적하듯이(앞의 책, 321쪽 이하) 우파는 아르투어 마이어를, 불랑제 장군 지지파는 알프레드 나케를, 야당은 라이나흐를, 급진파는 헤르츠를 가지고 있었다.

31) 드뤼몽의 질책은 이 신참들에게만 해당된다. "무에서 출발하여 모든 것을 얻었던 저 위대한 유대인…… 그들이 어디에서 왔는지 아무도 모르고 그들의 삶은 신비의 베일에 싸여 있으며 죽음에 관해서도 추측만이 무성하다……. 그들은 서서히 도달하지 않고 갑자기 뛰어오른다……. 그들은 죽지 않고 서서히 사라져간다"(*Les Trétaux du succès*, Paris, 1901, p.237).

필요가 있을 때, 유대인이었던 그들을 희생양으로 만들 수 있었던 것이다. 그 후에는 만사가 옛 방식대로 굴러갈 수 있었다. 반유대주의자는 유대인이 원래는 건강한 사람의 신체에 붙어 있는 흰개미에 불과하다는 것을 '증명하기' 위하여 부패한 사회에 빌붙어 사는 유대인 기생충을 지목하면 됐다. 체제의 부패가 유대인의 도움 없이 시작되었다는 사실은 그들에게 중요하지 않았다. 또한 (유대인이 소속되어 있지 않던 부르주아 사회에서) 사업가의 정책과 무한 경쟁이라는 사업가의 이상은 결과적으로 국가를 정당정치로 분열시킨다는 사실도, 또 지배 계급은 국가 전체의 이해는 말할 것도 없고 자기 자신들의 이해마저 보호할 능력이 없다는 것이 분명하게 입증된 사실도 중요하지 않았다. 스스로를 애국자라 불렀던 반유대주의자는 자기 민족은 완전무결하다고 생각하고 다른 민족들은 맹렬하게 비난하는 것이 그 본질인 새로운 민족 감정을 소개했다.

유대인은 어느 정도 동질적이고 안정된 국가 기관이 그들을 필요로 하고 그들의 보호에 관심을 기울이는 동안에만 사회 밖의 분리된 집단으로 생존할 수 있었다. 국가 기관의 약화는 그토록 오랜 세월 하나로 묶여 있던 폐쇄적인 유대인 집단의 해체를 가져왔다. 최초의 징후는 최근 귀화한 프랑스 유대인—프랑스 태생의 동포들은 이들에 대한 통제를 상실했다—이 벌인 사건에서 나타났으며, 인플레이션 시대의 독일에서도 비슷한 방식으로 나타났다. 신참은 사업계와 국가 사이의 틈새를 메워주었던 것이다.

이 시기에 시작되었고 위에서부터 강요된 다른 과정이 훨씬 더 파괴적인 영향을 미쳤다. 국가가 파벌들로 분해됨에 따라 폐쇄적인 유대인 사회가 분열되기는 했지만, 그것이 유대인을 고립상태로 몰아넣어 국가와 사회의 외곽에서 계속 무기력하게 지내도록 만든 것은 아니었다. 유대인은 그렇게 하기에는 너무 부유했고, 돈이 권력의 가장 중요한 필수요건이던 시대에 너무 강력했기 때문이다. 유대인은 오히려 정치적 신념에 따라 또는 더욱 빈번하게는 사회적 관계에 따라 다양한 사회 '집단' 속에 흡수되는 경향이 있었다. 그렇다고 그들이 완전히 사라진 것은 아니었다. 반대로 그들은 국가 기관과 일정한 관계를 유지했고, 전혀 다른 형태이긴 하지만, 여전히 국가사업을 조종했다. 그러므로 그들이 제3공화국에 적대적이라는 사실이 공공연한 비밀이었음에도 불구하고 로스차일드는 러시아 차관의 투자 임무를 맡기도 했다. 또한 침례교도이며 열렬한 왕정주의자인 아르투어 마이어는 파나마 스캔들에 연루되었다. 이는 민간 상업과 정부 기관 사이의 주요 연결 고리 역할을 맡았던 프랑스 유대인 사회의 이 신참들 뒤를 프랑스 토착 유대인이 이어받은 것을 뜻한다. 그러나 과거에는 유대인이 결집력 강한 집단이었으며, 이들이 국가에 얼마나 유용한지는 더 이상 논의할 필요가 없었다면, 이제 그들은 파당으로 분열되어 서로 적대적이지만, 모두 국가를 희생하여 호사스럽게 살기 위해 사회를 돕는다는 동일한 목표를 향해 경주하고 있었다.

3. 공화국에 저항하는 군대와 성직자

제2제국의 유산인 군대는 겉보기에는 앞서 언급한 일들과는 동떨어져 있고 모든 부패와 무관한 듯 보였다. 불랑제(Boulanger) 사태 때처럼 군주제 옹호와 군주제 부활의 음모가 공개적으로 표현되었을 때조차도 공화국은 군대를 장악하려 하지 않았다. 고위 장교계급은 여전히 혁명 전쟁 동안 망명자로서 연합군 편에서 조국인 프랑스에 대항하여 싸웠던 구 귀족 가문의 자손으로 이루어져 있었다. 이 장교들은 혁명 이후 내내 반공화정 운동과 반동적 집단을 지원한 가톨릭 성직자의 영향을 강하게 받고 있었다. 출신 가문은 다소 처지지만 성직자의 도움으로 승진하기를 원했던 장교들에게도 이런 영향력은 마찬가지로 강력했다. 가문의 혈통에 상관없이 인재를 뽑는 교회의 오랜 관행 때문에 이들은 성직자의 영향력 아래 놓여 있었던 것이다.

사회와 의회의 분파에는 누구나 가입할 수 있지만 구성원의 이동이 심해 충성심이 약했다. 이와 대조적으로 군대는 신분 사회의 특징이라 할 수 있는 엄격한 배타성에 사로잡혀 있었다. 장교들을 단결시켜 공화제와 모든 민주 세력에 대항하는 반동의 보루를 구축하게 만든 것은, 군인 생활이나 직업에 대한 명예도 아니고 군인정신도 아니었다. 그것은 오로지 신분정신이었다.[32] 국가가 군대를 민주화하고 시민권에 예속시키는 일을 포기함으로써 중대한 결과가 나타났다. 군대는 마치 국가의 외부 집단처럼 되었고, 그 충성이 어느 방향으로 전환될지 아무도 예견할 수 없는 그런 무장 권력이 생겨났다. 신분의 지배를 받는 이 권력은 그대로 방치해둘 경우에 실제로 어느 누구를 옹호하지도 반대하지도 않는다는 사실이 우스꽝스럽게 끝난 쿠데타 이야기에서 분명하게 드러난다. 반대 진술이 있긴 하지만, 군대는 이 쿠데타에 가담하려 하지 않았다고 한다. 최종 분석 결과에 따르면 그들의 악명 높은 왕정복고주의도 공화국 내에서 스스로를 하나의 독립적인 이해 집단으로 정립하기 위한, 즉 "공화국과는 상관없이, 공화국에도 불구하고 그리고 공화국에 대항해서까지" 자신들의 특권을 지키기 위한 하나의 구실에 불과하다는 것이다.[33] 후대의 역사가들처럼 당시 저널리스트들도 종종 드레퓌스 사건에서 드러난 군대와 시민권력 간의 갈등을 "사업가와 군인"[34]의 대립이라는 관점에서 설명하려고 용감하게 노력했다. 그러나 오늘날 우리는 반유대적 경

---

32) 익명의 탁월한 논문, "The Drefus Case: A Study of French Opinion," in *The Contemporary Review*, Vol. LXXIV, October, 1898 참조.

33) 룩셈부르크, 앞의 책 참조. "군대가 움직이지 않으려 했던 이유는 공화국의 시민 권력에 반대한다는 것을 보여주기를 원하면서 동시에 왕정에 완전히 의탁함으로써 저항의 힘을 잃는 것을 원치 않았기 때문이다."

34) 막시밀리안 하르덴(독일계 유대인)이 드레퓌스 사건에 대해 *Die Zukunft* (1898)에 기고한 글이 바로 이 제목을 달고 있다. 반유대적 경향의 역사가 발터 프랑크도 드레퓌스 사건을 다룬 책 한 장(章)의 제목으로 이 슬로건을 사용한다. 반면 베르나노스(앞의 책, 413쪽)는 "옳든 그르든 민주주의는 군대를 가장 위험한 경쟁자로 보고 있다"고 동일한 어조로 언급하고 있다.

향을 함축하고 있는 이런 해석이 얼마나 부당한지를 잘 안다. 참모본부의 정보국도 사업에서는 상당한 전문가였다. 그들은 가죽 상인이 가죽을 매매하듯 또 공화국의 대통령이나 그 사위가 훈장을 매매하듯 날조된 명세를 공공연히 거래하고 이것들을 외국 무관에게 거리낌 없이 팔아넘기지 않았던가?[35] 프랑스가 숨겨야 하는 군사기밀보다 더 많은 것을 알아내려 했던 독일 무관 슈바르츠코펜의 열성은 자신들이 만들어낸 정보만을 팔 수밖에 없었던 방첩국의 신사들을 분명 난처하게 만들었을 것이다.

가톨릭계 정치가들이 저지른 중대한 실책은 프랑스 군부가 공화제를 반대하는 것처럼 보인다는 단순한 이유로 군부를 자신들의 유럽 정책에 이용할 수 있을 것이라고 생각한 점이다. 실제로 교회는 이 실수의 대가로 프랑스에서 모든 정치적 영향력을 상실하게 되었다.[36] 사태를 알 만한 위치에 있던 에스테라지가 제2국을 묘사했듯이[37] 정보국이 천박한 날조 공장임이 폭로되었을 때 프랑스의 어느 세력도, 심지어 군대조차도 교회만큼 심각한 타격을 받지 않았다. 19세기 말의 가톨릭 성직자들은 한두 가지 이유에서 세속 권력이 국민에게 권위를 잃어가던 그런 영역에서 자신들이 과거에 누렸던 정치 권력을 회복하고자 시도했다. 중요한 사례로 에스파냐와 오스트리아-헝가리 제국을 들 수 있다. 에스파냐는 퇴폐적인 봉건 귀족제로 인해 국가의 경제와 문화가 몰락했고 오스트리아-헝가리 제국은 민족 간의 갈등으로 국가가 분열될 위기에 처해 있었다. 프랑스에서도 상황은 마찬가지였다. 국가는 상충하는 이해관계의 수렁 속으로 급속히 빠져드는 것 같았다.[38] 제3공화국에 의해 정치적 진공 지대로

---

35) 파나마 스캔들 이전에 이른바 '윌슨 사건'이 일어났다. 대통령의 사위가 공공연히 훈장을 매매했음이 발각되었던 것이다.

36) Edouard Lecanuet, *Les Signes avant-coureurs de la séparation*, 1894~1910, Paris, 1930 참조.

37) Bruno Weil, *L'Affaire Dreyfus*, Paris, 1930, p.169 참조.

남아 있던 군대는 서서히 가톨릭 교회의 지도를 수용했다. 클레망소가 말했듯이 군대가 민간 사회에 구현된 원칙을 수호해야 하는 자신의 존재 근거를 잃지 않도록, 가톨릭 교회는 적어도 민간 권력의 지도를 지지했다.

당시 가톨릭 교회가 누린 대중성은 일반 국민의 회의주의가 널리 펴져 있었기 때문이다. 이 회의주의는 공화정과 민주주의 치하에서 모든 질서와 안정, 정치적 의지가 상실되는 현상을 목도한 데에서 유래했다. 많은 사람에게 교회의 엄격한 위계질서는 혼돈으로부터의 유일한 탈출구였다. 실제 성직자가 누리고 있던 신망은 어떤 종교적 부흥 운동 때문이 아니라 바로 이 때문이라 할 수 있다.[39] 실제로 교회의 가장 강력한 지지자는 이른바 '지적인' 가톨릭 교파, 즉 '신앙이 없는 가톨릭'의 대표자들이었다. 차후 왕정주의와 극단적 민족주의 운동 전체를 주도해가는 이 가톨릭 교도는 교회의 내세적 토대에 대한 믿음 없이 권위주의적 제도에 더 많은 권력을 부여할 것을 요구했다. 이것이 드뤼몽이 최초로 주창했고 후에 모라스가 지지했던 노선이었다.[40]

정치 공작에 깊이 연루된 가톨릭 성직자는 화해와 타협의 정책을 추종했다. 드레퓌스 사건의 윤곽이 분명히 드러났을 때, 그들은 이런 정책으로 놀라운 성공을 거두었다. 예컨대 재심 소송을 맡은 빅토르

---

38) Clemenceau, "La Croisade," 앞의 책과 비교할 것. "스페인은 로마 가톨릭의 속박에 괴로워하고 있다. 이탈리아는 굴복한 것처럼 보인다. 유일하게 남아 있는 나라는 가톨릭 국가인 오스트리아인데, 이 나라도 이미 사투를 벌이고 있다. 혁명의 프랑스, 지금도 교황 무리가 이 나라에 대항하기 위해 배치되어 있다."

39) Bernanos, 앞의 책, 152쪽 참조. "이 점은 아무리 반복해도 충분치 않다. 제국의 몰락과 패배에 뒤이어 나타난 반동 운동의 실질적 수혜자들은 성직자들이었다. 이들 덕분에 민족적 반동 운동은 1873년 이후 종교 부흥 운동의 성격을 띠게 되었다."

40) 드뤼몽과 '지적인 가톨릭'의 기원에 대해서는 베르나노스, 앞의 책, 127쪽 이하 참조.

바슈의 집은 성직자 세 사람의 주도하에[41] 공격을 당했고, 그렇게 하는 동안 도미니크 수도회의 디동 신부처럼 유명한 인사가 아르퀼 대학 학생들에게 "칼을 빼들어 응징하고 머리를 베고 닥치는 대로 부수라"[42]고 선동했다. 『리브르 파롤』이 발표한 (감옥에서 자살한 중령의 아내[43]) 앙리 부인을 위한 기금 기부자 명단인 '앙리 기념비'에 이름을 영원히 남긴 300명 남짓한 하위 성직자들의 관점도 이와 유사했다. '앙리 기념비'는 당시 프랑스 상류층의 극심한 부패를 후세에 길이 증명하는 기념비이기도 했다. 드레퓌스 위기 동안 가톨릭 교회의 정치 노선에 영향을 미친 것은 보통 사제나 수도회 또는 신자가 아니었다. 유럽의 경우 프랑스, 오스트리아, 에스파냐에서 가톨릭 교회의 보수적인 정책이나 빈, 파리, 알제리에서 반유대주의 경향에 대한 교회의 지지는 예수회의 직접적 영향에 따른 결과였다. 반유대주의 가톨릭 성직자 진영을 글이나 말로 매우 훌륭하게 대표한 집단이 바로 예수회였다.[44] 이런 결과가 빚어지게 된 까닭은 수습 성직자들에게 4대에 걸쳐 유대인 혈통과의 무관함을 입증하게 했던 예수회의 계율이었다.[45] 또한 19세기 이후 교회의 국제 정책은 예수회가 장악

---

41) Herzog, 앞의 책, 1898년 1월 21일자와 비교할 것.

42) Lecanuet, 앞의 책, 182쪽 참조.

43) 앞의 주 10) 참조.

44) 예수회에서 발행하는 잡지 *Civiltà Cattolica*는 수십 년 동안 가장 분명하게 반유대주의를 표방하는 잡지였고 세계에서 영향력 있는 가톨릭계 잡지 가운데 하나였다. 이탈리아가 파시즘 국가가 되기 훨씬 전부터 반유대주의 선전물을 실었고 그 정책은 나치의 반기독교적 태도에도 별 영향을 받지 않았다. Joshua Starr, "Italy? Anti semites," in *Jewish Social Studies*, 1939 참조.
   L. Koch, S. J.에 따르면 "모든 수도회 중에서 예수회가 규정 때문에 유대교의 영향을 가장 견고하게 막을 수 있다." *Jesuiten-Lexikon*, Paderborn, 1934, "유대인" 항목에서.

45) 원래 1593년의 종교 회의에 따라 유대인 혈통을 가진 모든 기독교인은 추방되었다. 1608년의 법령은 5대까지 거슬러 올라가 재조사할 것을 요구하고 있다. 1923년의 마지막 조항은 이것을 4대로 줄였다. 개별적인 경우에 수도원 원장은 자신의 재량으로 이러한 요구사항들을 포기할 수 있었다.

했다.[46)]

　우리는 이미 국가 기구의 와해로 로스차일드가가 반유대주의 경향의 귀족 집단 속으로 용이하게 진입하게 된 과정을 살펴보았다. 생제르맹 지역 상류 사회는 귀족에 봉해진 소수의 유대인뿐만 아니라 개종한 아첨꾼들에게도 문호를 개방했는데, 반유대주의 경향을 가진 이들 유대인도 외지에서 온 신참들과 마찬가지로 이리저리 떠밀리는 수난을 겪었다.[47)] 매우 기이하게도 드레퓌스 가족처럼 합병 이후 파리로 이주해온 알자스의 유대인이 이런 사회적 상승에서 가장 중요한 부분을 차지한 집단이었다. 이들의 과장된 애국심은 이주 유대인과 자신을 구분하려는 방식에서 가장 뚜렷하게 나타났다. 드레퓌스 가족은 프랑스 유대인 가운데 특유의 반유대주의를 채택함으로써 사회에 동화하고자 했던 부류에 속했다.[48)] 프랑스 귀족계급에게 이런 식으로 적응하는 것은 불가피한 결과를 가져왔다. 유대인은 새로 사귄 친구들의 자식들처럼 자기 자식들에게도 고급 장교의 경

---

46) H. Boehmer, *Les Jésuites*, 독일어 번역, Paris, 1910, p.284와 비교할 것. "1820년 이래…… 예수회가 지령하는 교황의 칙령에 저항할 수 있는 독립적인 민족 교회 같은 것은 존재하지 않게 되었다. 우리 시대의 고위 성직자들은 교황청 앞에 텐트를 치고, 교회는 위대한 예수회 논쟁가인 벨라르민이 그렇게 되어야 한다고 요구했듯이 절대 군주제가 되었다. 그래서 예수회가 그 정책을 지시하고 단추 하나를 눌러 그 발전을 결정하게 되었다."

47) Clemenceau, "Le spectacle du jour," 앞의 책. "로스차일드, 반유대주의 귀족 전체의 친구인 그는…… 교황보다 더 교황주의자인 아르투어 마이어와 같은 종류의 사람이었다."

48) 드레퓌스가 속한 알자스 유대인에 관해서는 André Foucault, *Un nouvel aspect de l'Affaire Dreyfus*, in Les Oeuvres Libres, 1938, p.310쪽 참조. "파리의 유대계 부르주아 계급의 눈에 그들은 민족주의적 침략자의 화신이었다……. 벼락부자 출신으로 같은 종교를 믿는 신자들을 대하는 귀족들의 태도는 거리를 둔 경멸감이었다. 프랑스식 양식에 완벽하게 동화하고 유서 깊은 가문과 친분관계를 맺으면서 살고 가장 화려한 관직을 차지하려는 그들의 욕망, 유대 민족의 상업적 요소와 최근에 귀화한 갈리시아 지방의 '폴란드인'에 대한 그들의 경멸로 그들은 거의 자기 동족을 배반하는 반역자 모습을 하고 있었다……. 1894년의 드레퓌스파? 왜, 그들은 반유대주의자들이었다!"

력을 마련해주기 위해 노력한다. 바로 여기에서 최초로 분쟁의 싹이 튼다. 유대인의 상류 사회 진입은 비교적 원만하게 진행되었다. 상류 계급은 왕정복고의 꿈에도 불구하고 정치적으로 무력한 상태였고, 이래도 그만 저래도 그만 식으로 무슨 일이건 과도하게 신경 쓰지 않았다. 그러나 군대 내에서 평등을 확보하려는 유대인의 시도는 예수회의 결정적 반대에 부딪힌다. 예수회는 고해실의 영향을 전혀 받지 않는 장교들의 존재를 눈감아줄 준비가 되어 있지 않았던 것이다.[49] 더욱이 유대인은 뿌리 깊은 신분 정신에 대항해야 했다. 살롱의 편안한 분위기는 그들로 하여금 그것을 잊게 만들었다. 전통과 소명에 의해 이미 강화된 신분 정신은 제3공화국과 시민 정부에 대한 강한 적대감으로 한층 더 증폭되었다.

어느 현대 사학자는 유대인과 예수회의 투쟁을 "두 경쟁자 간의 투쟁"으로 묘사하고 있다. 즉 "예수회 고위 성직자와 유대인의 금권정치가 프랑스 한복판에서 보이지 않는 전선처럼 서로 맞서 있다"는 것이다.[50] 유대인은 예수회를 자신들로서는 어찌할 수 없는 최초의 적수라 생각했고, 동시에 예수회는 반유대주의가 얼마나 강력한 무기인지를 즉각 깨달았다는 점에서 이 묘사는 타당하다고 할 수 있다. 바로 이것이 반유대주의라는 "중대한 정치적 개념"[51]을 범유럽 차원에서 이용하려 했던 최초의 시도이자 히틀러보다 앞선 유일한 시도였다. 그러나 다른 한편으로 투쟁이 평등한 두 '적수 간'의 싸움이었다는 가정은 명백히 잘못된 것이다. 유대인은 분열된 공화국의 다른 정파가 장악했던 것보다 더 높은 권력을 원하지 않았다. 당시 그들이

49) "K.V.T." in *The Contemporary Review*, LXXIV, p.598과 비교할 것. "민주주의의 의지로 모든 프랑스인은 군인이 되려고 한다. 교회의 의지로 가톨릭 신자들은 단지 지휘권을 가지려 한다."

50) Herzog, 앞의 책, 35쪽.

51) 베르나노스, 앞의 책, 151쪽과 비교할 것. "우스꽝스러운 과장어법, 반유대주의는 자신의 진정한 정체를 보여준다. 그것은 일종의 변덕, 정신적 기벽에 불과하지만 주요한 정치적 개념이다."

원한 것은 자신들의 사회적·경제적 이해를 추구하는 데 충분한 영향력이었다. 그들은 국가 경영에서 일정한 정치적 지분을 열망하지 않았다. 이를 추구한 조직적 집단은 예수회뿐이었다. 드레퓌스 재판 전에 발생한 일련의 사건은 유대인이 얼마나 결사적이고 정력적으로 군대 내에서 자리를 확보하고자 했는지를, 또 당시에도 벌써 이들에 대한 적대감이 얼마나 일상적이었는지를 잘 보여준다. 몇 안 되는 유대인 장교는 언제나 지독한 모욕의 대상이었고, 끊임없이 동료와의 결투를 강요당했다. 그러나 이교도 동료들은 결투의 후견인 역할을 맡기를 꺼렸다. 저 악명 높은 에스테라지가 기존의 규칙을 벗어나 처음으로 유대계 장교의 결투 후견인으로 무대에 등장한 것은 바로 이런 정황에서였다.[52]

드레퓌스의 체포와 유죄 선고가 그저 우연히 정치적 대란에 불을 지핀 사법부의 단순한 실수였는지, 아니면 참모본부가 매국노로 낙인찍으려는 뚜렷한 목적을 갖고 주도면밀하게 날조된 명세서를 계획했는지는 다소 불분명한 문제로 남아 있다. 드레퓌스가 참모본부에 배속된 최초의 유대인이었고, 이런 상황은 당시 조건에서는 단순한 혐오가 아니라 격렬한 분노와 경악을 불러일으킬 수 있었다는 사실이 후자의 가정을 지지한다. 어쨌든 유대인에 대한 증오심은 평결이

---

52) 에스테라지가 1894년 7월 에드몽 드 로스차일드에게 보낸 편지 참조. J. Reinach, 앞의 책, II, 53쪽 이하에서 인용. "크레미외 대위가 그의 후견인으로 서줄 기독교 장교를 발견할 수 없었을 때 나는 서두르지 않았습니다." T. Reinach, *Histoire sommaire de l'Affaire Dreyfus*, pp.60ff.와 비교할 것. Herzog, 앞의 책, 1892년 날짜와 1894년 6월 참조. 여기서 이 결투의 목록이 상세하게 들어 있고 에스테라지 중재인들의 이름이 기록되어 있다. 마지막 기회는 1896년 9월이었는데, 그때 그는 1만 프랑을 받았다. 이 잘못된 관용은 나중에 불안한 결과를 낳게 된다. 편안하고 안전한 영국에서 에스테라지가 상세하게 사건의 전말을 폭로하고 거기다 사건의 수정을 무리하게 요구했을 때, 반유대주의 언론은 그가 자기비난의 대가로 유대인에게서 매수당했다는 의견을 제기했다. 이 생각은 여전히 드레퓌스의 유죄를 주장하는 주요 논거로 제출되고 있다.

내려지기 전에 분출되었다. 스파이 사건의 경우 모든 정보의 비공개를 요구했던 관행과는 대조적으로 참모본부 장교들은 『리브르 파롤』에 사건의 세부상황과 피고인 이름을 기꺼이 제보했다. 이들은 유대인이 정부에 영향력을 행사하여 재판에 압력을 가하고 사건 전체를 무마하지 않을까 염려했던 것이 분명하다. 특정한 유대인 집단이 유대계 장교들의 위태로운 상황에 지대한 관심을 기울였다는 사실이 알려지면서 참모본부의 염려는 다소 신빙성을 얻었다.

또한 파나마 운송회사의 스캔들이 당시 여론의 기억에 생생했고, 러시아에 로스차일드가 차관을 제공한 후 유대인에 대한 불신이 상당히 증폭되었다는 사실을 반드시 기억해야 한다.[53] 국방부 장관 메르시에는 재판이 새로운 국면을 맞을 때마다 부르주아 언론의 찬사를 받았으며, 사회주의자의 기관지인 조레스 신문도 그에게 "엄청난 재력과 부패한 정치가의 가공할 만한 압력을 물리쳤다"는 격찬을 아끼지 않았다.[54] 이런 격찬이 『리브르 파롤』로부터 "브라보 조레스!"라는 찬사를 끌어냈다는 것은 특이한 일이다. 2년 뒤 베르나르 라자르가 오심에 관한 첫 번째 팸플릿을 발행했을 때, 조레스의 신문은 그 내용에 대한 논평을 삼가면서도 이 사회주의자가 로스차일드 추종자이며 아마 돈을 받은 하수인일 것이라고 비난했다.[55] 마찬가지

---

53) Herzog, 앞의 책, 1892년에 어떤 방식으로 로스차일드가 사람들이 공화국에 적응하기 시작했는지 상세하게 보여준다. 가톨릭 교회가 화해 시도를 했다는 사실을 보여주는 교황의 제휴 정책이 나온 것도 정확하게 같은 해라는 사실은 호기심을 불러일으키기에 충분하다. 그래서 로스차일드의 방향이 성직자들의 영향을 받았다는 것도 불가능하지만은 않다. 러시아에 대한 5억 프랑의 차관에 관해서 뮌스터 백작은 적절한 관찰을 하고 있다. "투기는 프랑스에서 사라졌다⋯⋯. 자본가들은 자신들의 안전을 협상할 방법을 찾지 못하고 있다⋯⋯. 그리고 이는 차관의 성공에 기여할 것이다⋯⋯. 유대인 거물들은 자신들이 돈을 벌면 하찮은 자기 동포들을 가장 잘 도와줄 수 있을 거라고 믿고 있다. 결과는 프랑스 시장은 러시아 담보물들로 차고 넘치지만 프랑스인은 여전히 형편없는 루블을 받고 좋은 프랑을 주고 있다." Herzog, 같은 책.
54) J. Reinach, 앞의 책, I, 471쪽과 비교할 것.

로 1897년 말 드레퓌스의 복권 투쟁이 시작되었을 때에도, 조레스는 거기서 두 부르주아 그룹, 즉 기회주의자와 성직자 간의 갈등밖에 볼 수 없었다. 끝으로 독일의 사회민주주의자 빌헬름 리프크네히트는 상류층의 일원이 잘못된 평결의 희생자가 될 수 있다고는 상상하지 못했기 때문에 렌의 재심 이후에도 여전히 드레퓌스의 유죄를 믿었다.[56)

급진파와 사회주의 언론의 의심은 반유대인 감정으로 강하게 채색되어 있었는데, 드레퓌스 가족이 재심을 관철하려는 시도에서 보여준 이상한 전술 때문에 이 의심은 더욱 굳어질 수밖에 없었다. 드레퓌스 가족은 무고한 사람을 구하려고 하면서 유죄를 인정할 경우에 택할 수 있는 방법을 동원했던 것이다. 그들은 유명세의 치명적 테러를 받고 있었고, 그래서 오로지 은밀한 전술에만 의지했다.[57) 그들은 돈을 아끼지 않았고, 가장 소중한 조력자이며 이 사건에서 가장 중요한 인물인 라자르를 마치 매수당한 대리인처럼 대했다.[58) 클레망소, 졸라, 피카르, 라보리 ─ 드레퓌스 진영에서 좀더 활동적인 인물들만 거명하자면 ─ 는 결국 다소 공공연하고 시끌벅적한 방식으로 사건

---

55) Herzog, 앞의 책, 212쪽과 비교할 것.

56) Max J. Kohler, "Some New Light on the Dreyfus Case," in *Studies in Jewish Bibliography and Related Subjects in Memory of A.S. Freidus*, New York, 1929와 비교할 것.

57) 예를 들어 드레퓌스 가족은 사회의 지도인사들에게 이의 탄원서를 돌리라는 작가 아르투르 레비(Arthur Lévy)와 학자 레비-브륄(Lévy-Bruhl)의 제안을 즉석에서 거절했다. 그 대신 그들은 접촉할 수 있는 모든 정치가에게 일련의 개인적 접근을 시도했다. Dutrait-Crozon, 앞의 책, 51쪽과 비교할 것. 또한 Foucault, 앞의 책, 309쪽 참조. "이렇게 멀리 거리를 두고 볼 때 우리는 프랑스 유대인이 비밀리에 서류 작업을 하는 대신 자신들의 분노를 적절하고 떳떳하게 표현하지 않았는지 놀랄 것이다."

58) Herzog, 앞의 책, 1894년 12월과 1898년 1월을 비교할 것. 또한 Charensol, 앞의 책, 79쪽; Charles Péguy, "Le Portrait de Bernard Lazare," in *Cahiers de la quinzaine*, Series XI, No. 2, 1910 참조.

의 더 구체적 측면에서는 손을 떼면서 자신들의 명성을 지킬 수 있었다.[59]

드레퓌스를 구제할 수 있는 근거는 단 하나였다. 부패한 의회의 음모, 붕괴 중인 사회의 적나라한 부패, 성직자의 권력욕 등에 당당히 대처할 수 있는 것은 인권에 기반을 둔 자코뱅당의 엄밀한 국민 개념, 즉 클레망소의 말을 빌리면 한 사람의 인권 침해는 만인의 인권 침해라고 주장하는 공동체의 삶에 대한 공화주의 관점이었다. 의회나 사회에 의지한다는 것은 싸움을 시작하기도 전에 지는 꼴이었다. 한편으로 유대인의 재력은 어떤 점에서는 부유한 가톨릭 부르주아보다 결코 우월하지 않았다. 다른 한편, 생제르맹 지역의 성직자와 귀족 가문을 비롯하여 반교회적 경향의 급진 프티 부르주아 계급에 이르기까지 사회의 모든 상류 계급은 유대인을 정치 통일체에서 공식적으로 제거하기를 원했다. 그들은 이런 방식으로 오명을 씻고 자신들의 결백을 입증할 수 있으리라 생각했다. 그렇게 함으로써 유대인과 사회적·상업적 접촉을 못한다 해도, 이는 충분히 감수할 만한 대가라고 생각했다. 마찬가지로 조레스 신문에서 언급했듯이, 의회는 드레퓌스 사건을 의회의 유서 깊은 청렴함을 회복할 수 있는, 정확하게는 다시 획득할 수 있는 절호의 기회로 보았다. 마지막으로, 그러나 중요성에서는 결코 뒤지지 않았던 이유는 '유대인에게 죽음

---

59) 렌의 법정이 열리는 도중에 드레퓌스 가족이 급하게 소송 의뢰를 취소한 후 발생한 라보리의 퇴진은 커다란 물의를 빚었다. 상세한 설명은, 많은 부분 과장되었지만, 프랑크, 앞의 책, 432쪽에서 볼 수 있다. 라보리 본인의 진술은 답변으로 자신의 고매한 성품을 변호하는데, 그것은 *La Grande Revue*(1900년 2월호)에 실렸다. 자문인 겸 친구였던 라보리에게 이 일이 일어난 후, 졸라는 갑자기 드레퓌스 가족과 관계를 끊어버렸다. 피카르와 관련하여 *Echo de Paris*(1901년 11월 30일자)는 렌 이후 그는 드레퓌스 가족과 아무런 관계를 맺지 않았다고 보도했다. 프랑스나 심지어 전 세계가 피고인이나 그 가족들보다 사건의 실제 의미를 더 잘 파악하고 있다는 사실 앞에서 클레망소는 더욱더 이 사건을 흥미로운 것으로 생각하는 경향을 보였다. Weil, 앞의 책, 307~308쪽과 비교할 것.

을'이나 '프랑스는 프랑스인을 위해' 같은 슬로건을 은근히 지지하는 과정에서, 대중과 현재의 정부 및 사회를 화해할 수 있는 마법 같은 공식이 발견되었던 것이다.

4. 국민과 폭민

선동으로 모든 것을 이룰 수 있으며 큰 소리로 또는 교활하게 이야기함으로써 사람을 설득하여 어떤 일이라도 시킬 수 있다고 생각하는 것이 우리 시대의 일반적 오류라고 한다면, "인민의 목소리가 신의 소리다"[60]라는 생각과 클레망소가 매우 냉소적으로 표현했듯이 지도자의 임무는 영리하게 이 소리를 따르는 것이라는 생각이 이 시대의 일반적 믿음이었다. 이 두 관점 모두 폭민을 국민의 풍자로 보기보다는 오히려 동일시하는 근본적 오류에서 기인한다.

폭민은 일차적으로 각 계급의 낙오자들을 대표하는 집단이다. 이 때문에 폭민을 국민과 혼동하기 쉽다. 국민 역시 사회의 모든 계층을 아우르기 때문이다. 국민이 모든 혁명에서 진정한 대의제를 위해 투쟁했다면, 폭민은 항상 '강한 자', '위대한 지도자'를 소리 높여 외친다. 폭민은 자신을 소외시킨 사회를 증오하며, 자신을 대변해주지 않는 의회 역시 증오하기 때문이다. 그래서 폭민의 지도자들이 훌륭한 결과를 얻을 수 있던 수단인 국민 투표제는 폭민에게 의존하는 정치가들의 낡은 개념이다. 반드레퓌스파의 지성적 지도자 가운데 한 사람인 데룰레드는 '국민투표에 의한 공화국'을 소리 높여 요구했다.

제3공화국의 상류 사회와 정치가는 일련의 스캔들과 공적 사기를 통해 프랑스 폭민을 탄생시켰다. 그들은 자기 자식에게 부모처럼 부

---

60) Clemenceau의 논문, 1898년 2월 2일, 앞의 책과 비교할 것. 반유대주의 슬로건을 가지고 노동자들의 지지를 얻으려는 시도의 무용성과 특히 레옹 도데(Léon Daudet)의 노력에 대해서는 왕정주의자 작가인 Dimier, *Vingt ans d'Action Française*, Paris, 1926 참조.

드러운 친밀감을 느꼈다. 이 느낌은 감탄과 두려움이 뒤섞인 것이었다. 사회가 폭민에게 해줄 수 있는 일은 말로 그들을 보호하는 것뿐이었다. 폭민이 유대인 가게를 습격하고 거리에서 유대인을 공격했을 때, 상류 사회는 격렬한 폭력을 아이들의 무해한 놀이쯤으로 생각하는 듯한 발언을 했다.[61] 이런 측면에서 당시 문서들 가운데 가장 중요한 것은 '앙리 기념비'와 거기서 유대인 문제에 대해 제시되었던 다양한 해결책이다. 즉 유대인은 그리스 신화의 마르시아스처럼 갈기갈기 찢어 죽여야 한다, 라이나흐는 끓는 물에 산 채로 집어넣어야 한다, 유대인은 기름에 튀기거나 바늘로 온몸을 찔러 죽여야 한다, "목까지 할례를 시켜야 한다" 등이었다. 일부 장교들은 이 나라의 10만 유대인을 상대로 신형 총을 시험하고 싶어 안달했다. 신청자들 가운데 1000명이 넘는 장교가 있었으며, 현역 장성 4명과 국방부장관 메르시에가 포함되어 있었다. 상당수 지성인과[62] 심지어 유대인까지 이 목록에 들어 있다는 사실은 놀랍다. 상류층은 폭민이 자신들의 살 중의 살이며 피 중의 피임을 알고 있었다. 당시 한 유대계 역사가는 폭민이 거리를 지배하자 유대인이 더 이상 안전하지 못하게 되었음을 두 눈으로 목격하고서도 이를 "위대한 집단 운동"[63]이라고 은밀한 찬사를 늘어놓았다. 이는 대다수 유대인이 자신을 제거하려

---

61) 이 점에서 무척 특징적인 것은 J. Reinach의 앞의 책, I, 233쪽 이하와 III, 141쪽에 있는 현 사회의 다양한 묘사들이다. "상류 사회의 여주인들은 게랭과 보조를 맞추었다. 그들의 생각도 그 정도에서는 거의 그들의 언어 못지않다. 다모하이의 아마존에서 공포를 불러일으켰을 것이다……." 이런 맥락에서 특별히 흥미로운 것은 André Chevrillon, "Huit Jours à Rennes," in *La Grande Revue*, February, 1900이다. 그는 특히 다음과 같은 의미심장한 사건을 이야기한다. "내 친구 몇 사람에게 드레퓌스에 관해 말하고 있던 내과의사가 '나는 그를 고문하고 싶어'라고 평했다. 그러나 여자들 중 한 명이 대답하기를 '나는 그가 무죄이기를 바라요. 그러면 더 큰 고통을 겪을 거니까요.'"

62) 지성인들 가운데에는 이상하게도 폴 발레리가 포함되어 있다. 그는 3프랑을 기부했는데, 아무런 생각 없이 그렇게 한 것은 아니다.

63) J. Reinach, 앞의 책, I, 233쪽.

는 사회에 얼마나 깊이 뿌리 내리고 있었는지를 잘 보여준다.

베르나노스가 드레퓌스 사건과 관련하여 반유대주의를 주요한 정치적 개념이라고 기술한다면, 그의 말은 폭민과 관련해서는 분명히 옳다. 이전에도 베를린과 빈에서 알바르트와 슈퇴커, 쇠너러와 뤼거가 반유대주의를 시도했다. 그러나 프랑스만큼 그 효력이 분명하게 입증된 곳은 없었다. 폭민의 눈에는 유대인이 자신들이 증오하는 모든 것에 대한 구체적 실례였다는 사실은 의심할 여지가 없다. 그들이 사회를 증오한다면 사회가 유대인을 얼마나 관대하게 다루는지를 지적할 수 있었다. 그들이 정부를 증오한다면, 국가가 어떻게 유대인들을 감싸며 이들과 한통속인가를 지적하면 되었다. 폭민이 유대인만을 제물로 삼았다는 생각은 잘못되었지만, 어쨌든 유대인은 그들이 애호하는 희생물 중 으뜸 자리를 차지할 수밖에 없었다.

사회와 정치적 대의제도에서 배제된 폭민은 필연적으로 의회 밖의 행동에 의지하게 된다. 더욱이 이들은 몸을 숨기고 무대 뒤에서 활동하는 그런 운동과 영향력에서 정치적 삶의 실질적 힘을 찾으려는 경향이 있었다. 19세기의 유대인도 (특히 라틴 국가에서) 프리메이슨단과 예수회와 마찬가지로 이 부류에 속했다.[64] 이들 중 어느 한 집단이 거대한 음모를 수단으로 세계 지배에 열을 올리는 비밀결사를 구성했다는 것은 결코 사실이 아니다. 그럼에도 불구하고 그들의 영향력은, 그것이 아무리 공공연한 사실이었다 하더라도, 로비나 집회소, 고해실 등의 영역에서 광범위하게 작용하면서 공식적인 정치 영역 너머까지 미치고 있었다. 프랑스 혁명 이후에도 이 세 집단은 유럽 군중의 눈에 세계 정치의 중심축으로 비쳐지는 의심스러운 영광을 공유했다. 드레퓌스 위기 정국에서 이들은 이런 일반의 견해를 이

---

64) 유럽의 미신에 관한 연구는 아마 유대인이 이처럼 아주 최근 들어 전형적인 19세기 상표의 미신의 대상이 되었다는 사실을 밝힐 것이다. 그들에 앞서 장미 십자회원들, 템플 기사단원, 예수회와 프리메이슨단이 미신의 대상이었다. 19세기 역사를 취급하는 일은 이런 연구의 부족에 어려움을 겪는다.

용하여 제각기 다른 집단이 세계 지배의 음모를 꾸민다고 맹렬히 공격했다. '비밀 유다'라는 슬로건은 제1차 시온주의자 회의(1897)에서 유대인의 세계 음모의 핵심을 찾아내려 했던 예수회 단원들의 조작이었음은 의심할 여지가 없다.[65] 마찬가지로 '비밀 로마'라는 개념은 반교회적 프리메이슨단에서 비롯되었으며, 일부는 몇몇 유대인의 무차별적인 중상모략 탓이기도 하다.

1899년 반드레퓌스파가 정세 변화를 감지하면서 유감을 느끼고, 클레망소가 이끌던 진정한 공화주의자 소집단이 폭민의 한 분파가 자기편으로 돌아섰다는 사실을 갑자기 깨닫고는 묘한 감정을 가졌을 때, 폭민이 얼마나 변덕스러운지 만천하에 드러난다.[66] 자코뱅 당원 클레망소의 목소리가 일단의 프랑스 국민을 위대한 전통으로 되돌리는 데 성공한 반면, 어떤 사람의 눈에 극단적으로 대립하던 두 진영은 "천민 대중의 인정을 받기 위해 하찮은 싸움을 벌이는 야바위꾼 집단"[67]으로 비쳤다. 따라서 위대한 학자 에밀 뒤클로는 다음과 같이 말할 수 있었다. "전 국민 앞에서 공연되고 언론이 부채질하여 결국 모든 국민이 배역을 맡게 된 이 드라마에서 우리는 서로를 헐뜯는 고대 비극의 합창과 반대 합창을 본다. 무대는 프랑스이고 관객은 세계다."

예수회가 이끌고 폭민이 지원한 군대는 마침내 승리가 확실한 싸움에 나선다. 시민 권력의 반격도 효과적으로 제압했다. 반유대주의 언론은 파나마 스캔들에 연루된 하원의원의 이름이 적힌 라이나흐 리스트를 공개함으로써 사람들의 말문을 막았다.[68] 돌아가는 사태

---

65) "Il caso Dreyfus," in *Civiltà Cattolica*, February 5, 1898년 2월 5일자 참조. 앞서 말한 진술에 대한 예외 중에서 가장 주목할 만한 것은 예수회의 피에르 루뱅(Pierre Charles Louvain)의 것인데, 그는 '의정서'를 비난했다.

66) Martin du Gard, *Jean Barois*, pp.272ff.; Daniel Halévy, in *Cahiers de la quinzaine*, Series XI, cahier 10, Paris, 1910과 비교할 것.

67) Georges Sorel, *La Revolution dreyfusienne*, Paris, 1911, pp.70~71과 비교할 것.

68) 의원들의 손이 어느 정도로 묶여 있었는지 뛰어난 인물 중 한 사람이며 상원

를 볼 때 별로 노력하지 않아도 승리할 것처럼 보였다. 제3공화국 사회와 정치가들 그리고 그들이 일으킨 여러 스캔들과 사건 때문에 사회 지위를 상실한 하층민이 새로운 계급으로 등장했다. 이들에게는 자기 이익에 반하는 투쟁을 기대할 수 없었다. 정반대로 이들은 폭민의 언어와 관점을 채택했다. 예수회는 군대를 통해 부패한 시민 권력을 지배할 수 있을 것 같았으며, 따라서 무혈 쿠데타의 길이 활짝 열린 것 같았다.

이색적인 방법을 동원하여 악마의 섬에서 친척을 구하려 했던 드레퓌스 가족만 있었다면, 그리고 반유대주의적인 사교계와 훨씬 더 반유대주의적인 군대에서 지위를 유지하는 데에 관심을 가진 유대인만 있었다면, 만사는 분명 앞에서 언급한 대로 되었을 것이다. 이 사람들이 군대나 사회를 공격하지 않을까 하고 걱정할 이유는 분명 없었다. 유대인의 유일한 희망은 사회에서 계속 받아들여지는 동시에 군대에서 묵인되는 것이 아니었던가? 따라서 군대든 민간 집단이든 그들 때문에 불면증에 시달릴 필요는 없었다.[69] 그래서 좋은 가톨릭 배경에다 군에서의 앞날도 창창하며 유대인에 대한 '적절한' 적개심을 가졌지만 아직 목적이 수단을 정당화한다는 원칙을 받아들이지 않은 고급 관리가 참모본부의 정보부서에 앉아 있다는 사실이 알려졌을 때, 적지 않은 당혹감이 일었다. 이처럼 직업적 야망과 사회적 파벌에서 완전히 초탈해 있던 사람이 바로 피카르였다. 참모본부는 곧 그의 단순하고 조용하며 정치에 무관심한 정신을 충분히 맛보게 된다. 피카르는 영웅이 아닐뿐더러 순교자는 더더욱 아니었다.

부의장이었던 쇠레르케스트네르의 경우에서 잘 드러난다. 그가 재판에 대해 항의하자마자 『리브르 파롤』은 그의 사위가 파나마 스캔들에 연루되었음을 증명했다. Herzog, 앞의 책, 1897년 11월의 연대표 참조.

69) Brogan, 앞의 책, VII, 1장. "사태를 그대로 덮어두려는 욕망을 가진 사람들은 프랑스 유대인, 특히 부유한 유대인 사이에 드물지 않았다."

그는 공적 문제에 남들만큼의 관심을 가지며 위기의 순간 (남보다 먼저 나서지는 않더라도) 평상시 임무를 수행하는 것처럼 조국을 위해 분연히 일어설 수 있는 평범한 시민이었다.[70] 그럼에도 불구하고 클레망소가 몇 번의 망설임과 주저 끝에 드디어 드레퓌스가 무죄이고 공화국이 위험에 처해 있다는 사실을 확신하게 되었을 때, 재판의 심각성은 더욱 커진다. 투쟁을 시작할 당시에는 졸라, 아나톨 프랑스, 뒤클로, 사학자 가브리엘 모노, 사범학교의 사서 뤼시앙 에르(Lucian Herr) 등 몇 안 되는 저명한 작가들과 학자들이 재판을 위해 모였다. 여기에 젊은 지식인들로 이루어진 중요하지 않은 소집단이 가세했는데, 이 지식인들은 나중에 『반월수첩』(Cahiers de la quinzaine)으로 유명해진다.[71] 그러나 그것이 클레망소 지원자의 전체 명단이었다. 그를 기꺼이 지원해줄 정치 집단도 없었고 단 한 명의 유명 정치인도 없었다. 클레망소의 접근은 어떤 특정한 오심(誤審)을 반대하는 것이 아니라 정의, 자유, 시민의 미덕 같은 '추상적' 이념에 근거했기 때문에 위대했다. 그것은 간단히 말해 과거 자코뱅 애국주의를 구성하는 주요 요소였고, 바로 이에 대항하여 비방과 매도가 쏟아졌던 것이다. 시간이 흘러도 클레망소가 위협과 실망에도 흔들림 없이 동일한 진리를 공표하고 그것을 요구로 구체화하자, 좀더 '구체적인' 민족주의자들도 설자리를 잃었다. '형이상학의 혼란' 속에서 길을 잃었다

---

70) 사건의 진상을 발견한 직후 피카르는 튀니스의 위험한 자리로 추방되었다. 그러자 곧 그는 유서를 작성했고 전체 사건을 폭로했으며 자신의 변호사에게 서류의 사본을 위탁했다. 몇 달 후 그가 여전히 살아 있다는 사실이 밝혀지자, 그의 명예를 더럽히고 그가 '매국노' 드레퓌스의 공범자라고 비난하는 이상한 편지들이 물밀듯이 쏟아져 들어왔다. 그는 '밀고'하겠다고 위협하는 악당 패거리 취급을 받았다. 이 모든 것이 소용없게 되자, 그는 체포되어 군대에서 쫓겨났고 훈장을 박탈당했다. 이 모든 일을 그는 차분하게 견뎌냈다.

71) 샤를 페기(Charles Peguy)가 이끈 이 그룹에는 젊은 로망 롤랑(Romain Rolland), 수아레스, 조르주 소렐, 다니엘 할레비와 베르나르 라자르 등이 속했다.

고 드레퓌스 지지자들을 비난했던 바레스와 같은 대중 추종자들도 '호랑이'의 추상적 개념이 몰락한 사업가의 제한된 지성이나 숙명론적 지식인들의 무기력한 전통주의보다 정치적 현실에 더 가깝다는 사실을 깨닫게 된다.[72] 현실론적 민족주의자들의 구체적인 접근이 결과적으로 그들을 어디로 데려갔는지를 샤를 모라스의 매우 귀중한 이야기가 잘 설명해준다. 즉 프랑스가 패한 뒤 남쪽 지방으로 비행하는 동안 그는 여자 점성술사와 우연히 만나는 "영광과 기쁨"을 누리게 되는데, 이 여자는 최근 사건의 정치적 의미를 해석해주면서 나치와 동조하라고 충고했다.[73]

드레퓌스가 체포된 후 클레망소의 캠페인이 시작되기 전까지의 3년 동안 반유대주의가 입지를 확보했다. 또 반유대주의 언론의 발행부수도 싸구려 신문과 비교할 정도로 증가했지만, 거리는 조용했다. 단지 폭민이 흥분하여 행동하는 경우는 클레망소가 『오로르』에 기고를 시작할 때, 졸라가 「나는 고발한다」를 발행했을 때 그리고 렌의 법정이 심리와 재심으로 이어지는 암울한 소송 과정을 시작했을 때뿐이었다. 소수파로 알려진 드레퓌스파가 일격을 날리면 뒤이어 다소 폭력적인 거리 소요가 일어났다.[74] 참모본부가 조직한 폭민은 주목할 만했다. 흔적은 군대에서 직접 『리브르 파롤』로 이어진다. 이 신문은 직간접적으로 기사들을 통해서나 편집인들의 개인적 개입을 통해 학생, 왕정주의자, 모험가나 단순한 악당 패거리를 동원하여 거리로 내몰았다. 졸라가 한마디라도 의견을 표명하면, 그의 창문으로

---

72) M. Barrès, *Scènes et doctrines du nationalisme*, Paris, 1899를 비교할 것.

73) Yves Simon, 앞의 책, 54~55쪽 참조.

74) 교수 5명이 재심을 찬성한다고 선언한 이후 렌 대학의 교수실은 난장판이 되었다. 졸라의 첫 기고문이 발표된 후 왕정파 학생들은 『피가로』 사무실 앞에서 데모를 했고, 그 이후 신문은 동일한 유형의 기고문은 포기했다. 친드레퓌스 신문 『라바타유』의 발행인은 거리에서 구타당했다. 1894년 법령을 결국 무효화했던 판결 폐기 법정의 판사들은 이구동성으로 '불법 폭행'의 협박을 받았다고 보고했다. 이런 사례들은 더 많이 열거할 수 있다.

돌이 날아왔다. 쇠레르케스트네르가 식민지 장관에게 편지를 쓰면, 그는 갑자기 길거리에서 몰매를 맞기도 하고 신문들은 그의 사생활에 대해 치사한 공격을 가했다. 한 번 기소를 당한 졸라가 만약 사면을 받는다면 그가 산 채로 법정을 나가지 못하리라는 데 의견이 일치했다.

"유대인에게 죽음을"이라는 외침이 나라를 휩쓸었다. 리옹, 렌, 낭트, 투르, 보르도, 클레르몽페랑과 마르세유—실제로 모든 곳에서—반유대주의 폭동이 일어났고 그것들은 항상 동일한 근원으로 거슬러 올라갔다. 대중의 분노는 어느 곳에서나 동일한 날, 정확하게 동일한 시간에 발생했다.[75] 게랭의 지도 아래에서 폭민은 군대의 면모를 갖췄다. 반유대주의 돌격부대가 거리에 나타나 모든 친드레퓌스 집회는 피바다로 끝날 것임을 분명히 했다. 경찰은 명백하게 이들과 공모했다.[76]

반드레퓌스파 가운데 가장 현대적인 인물은 아마 쥘 게랭일 것이다. 사업이 실패하자 그는 경찰의 끄나풀로 정치 경력을 쌓기 시작한다. 그러면서 항상 암흑가의 특징을 나타내는 규율과 조직에 대한 예리한 감각을 연마한다. 반유대주의 연맹의 창립자이자 우두머리가 되면서, 이것을 그는 나중에 정치적 채널로 전환할 수 있었다. 상류층은 그에게서 최초의 범죄 영웅을 발견한다. 상류 사회가 게랭을 추종하면서 부르주아 사회는 도덕 규약과 윤리 측면에서 자신들이 그동안 견지했던 수준과 영원히 결별했음을 명백하게 보여준다. 연맹의 배후에는 두 귀족, 오를레앙 공작과 모레스 후작이 있었다. 후작

---

75) 1898년 1월 18일 반유대주의 시위는 보르도, 마르세유, 클레르몽페랑, 낭트, 루앙과 리옹에서 일어났다. 그다음 날 학생 소요가 루앙, 툴루즈와 낭트에서 발생했다.

76) 가장 조야한 사례는 렌의 경찰국장 사례다. 빅토르 바슈 교수의 집이 폭도 2000명에게 습격당했을 때, 자신은 더 이상 그의 신변 안전을 보장할 수 없기 때문에 교수가 사표를 내야 한다고 강력하게 충고했다.

은 미국에서 재산을 잃었고 파리의 도살자들을 조직하여 살인 여단을 만든 일로 유명해졌다.

이런 현대적 경향을 가장 잘 보여주는 사건은 이른바 포르 샤브롤(Fort Chabrol)의 익살스러운 포위 공격이었다. 경찰이 동맹의 지도자를 체포하기로 결정했을 때 반유대주의 동맹의 최고 정예 대원들은 여기 이 '갈색 집들'(Brown Houses)의 첫 번째 집에 모여 있었다. 기계 장치는 기술적 완벽함의 극치였다. "창문에는 철제 셔터가 내려져 있었다. 지하실에서 지붕까지 전기 경보장치와 전화 시스템이 설치되어 있었다. 빗장과 자물쇠가 걸려 있는 거대한 출입문 뒤쪽으로 4~5미터쯤에는 큰 주철 그릴이 있었다. 오른편, 그릴과 주요 출입구 사이에는 철판처럼 보이는 조그만 문이 있었고, 그 뒤에는 살인 부대가 엄선한 파수병들이 밤낮으로 망을 보면서 보초를 서고 있었다."[77] 알제리 학살의 선동자인 막스 레지스(Max Régis)는 현대에 와서 주목을 끄는 또 다른 인물이다. 흥분에 들뜬 파리의 오합지중에게 "유대인의 피로 자유의 나무에 물을 주라"고 격려했던 것도 젊은 레지스였다. 레지스는 합법적인 방법으로 권력을 쟁취하기를 원했던 운동의 분파를 대표한다. 이 계획에 따라 그는 알제리 시장으로 선출되어, 자신의 직분을 이용하여 학살의 물꼬를 텄던 것이다. 이 학살에서 유대인 몇 사람이 살해되었고 유대인 여성이 강간당했으며 유대인 소유 상점이 약탈당했다. 유명한 프랑스 반유대주의자이며 세련되고 교양 있는 에두아르 드뤼몽이 의회 의석을 차지한 것도 그 덕분이었다.

이 모든 사태에서 새로운 것은 폭민의 활동이 아니었다. 선례는 넘칠 만큼 풍부했다. 그 당시 새롭고 놀라운 요소—모두가 우리에게는 너무나 낯익은 것들이지만—는 폭민의 조직, 그 지도자들이 만끽하던 영웅 숭배였다. 바레스, 모라스, 도데는 분명히 젊은 지식인

---

77) Bernanos, 앞의 책, 346쪽과 비교할 것.

엘리트 집단이었으며, 폭민은 이들이 주장하던 '구체적인' 민족주의의 직접적 대리인이 되었다. 국민을 경멸한 이 엘리트 집단은 그 자체 근래의 파멸적이고 퇴폐적인 심미주의 예찬의 산물이다. 그런데 그들은 바로 폭민에게서 남성적이고 원시적인 '힘'의 생생한 표현을 발견했다. 최초로 폭민을 국민과 동일시했고 그 지도자를 민족적 영웅으로 전환한 것도 그들이고 그들의 이론이다.[78] 곧 다가올 유럽 지식인층 붕괴의 최초 조짐이 바로 그들의 염세주의 철학과 파멸에 대한 기쁨이었다.

클레망소조차 폭민을 국민과 동일시하려는 유혹에서 벗어나지 못했다. 특히 그로 하여금 이런 실수를 하게 만든 것은 '추상적인' 정의의 문제에 대해 노동당이 시종일관 취했던 모호한 태도였다. 사회주의자를 포함하여 어떤 정당도 "문명인 사이에 어떤 일이 닥치든 정의를 위해 부서지지 않는 결속의 기반을 확립하기 위해"[79] 정의 자체를 쟁점화할 준비는 되어 있지 않았다. 사회주의자는 노동자의 이해관계를 대변했고, 기회주의자는 자유주의적 자본가의 이해관계, 연합론자는 가톨릭계 상류 사회의 이해관계, 급진주의자는 반성직자 경향의 프티 부르주아의 이해관계를 대변했다. 사회주의자들은 동질적이고 통일된 계급의 이름으로 주장할 수 있는 유리한 입장에 있었다. 부르주아 정당과 달리 그들은 무수한 파당과 결사체로 분열된 사회를 대변하지 않았다. 그럼에도 불구하고 그들은 인간의 유대성에 대한 좀더 숭고한 의무로 고민하지 않았다. 또한 공동체적 삶이 진정으로 무엇을 의미하는지 전혀 알지 못했다. 그들의 전형적인 태도는 프랑스 사회주의당에서 조레스의 맞수였던 쥘 게드(Jules

---

78) 이 이론에 대해서는 특히 Charles Maurras, *Au Signe de Flore; souvenirs de la vie politique; l'Affaire Dreyfus et la fondation de l'Action Française*, Paris, 1931; M. Barrès, 앞의 책; Léon Daudet, *Panorama de la Troisième République*, Paris, 1936 참조.

79) Clemenceau, "A la dérive," 앞의 책과 비교할 것.

Guesde)의 발언, 즉 "법과 명예는 한낱 말에 불과하다"는 발언이다.

민족주의자의 특징이었던 허무주의는 반드레퓌스파의 독점물이 아니었다. 그 반대로 대다수 사회주의자와 드레퓌스를 옹호했던 많은 사람, 게드와 같은 사람도 같은 투로 말했다. 가톨릭 신문『라크루아』가 "드레퓌스가 무죄냐 유죄냐의 문제가 아니라 군대의 친구가 이기느냐 아니면 적이 이기느냐의 문제다"라고 논평했다면, 약간의 수정만 하면 드레퓌스 패거리도 이와 일치하는 정서를 분명히 표현했다.[80] 폭민뿐만 아니라 상당수 프랑스 국민은 어떤 집단의 주민이 법으로부터 배제되든 배제되지 않든 관심이 없다는 입장을 표명했다.

폭민이 드레퓌스 옹호자를 상대로 테러 캠페인을 시작하자마자, 그들 앞에는 활짝 길이 열렸다. 클레망소의 증언처럼 파리의 노동자들은 전체적인 사건에 아무런 관심이 없었다. 부르주아 계급의 여러 파당이 그들끼리 승강이를 한다면, 그것은 자신들의 이해관계에 아무런 영향을 미치지 않는다고 생각했다. 클레망소는 이렇게 썼다. "국민의 공개적인 동의를 업고, 그들은 세상 앞에 자신들의 '민주주의'가 실패했음을 선언했다. 주권자인 국민은 자신들이 정의의 왕좌에서 밀려났음을, 확고한 위엄을 빼앗겼음을 그들을 통해 보여주었다. 왜냐하면 이 재난이 국민 자체와 공모하여 우리에게 닥쳤다는 사실은 부인할 수 없기 때문이다……. 국민은 신이 아니다. 이 새로운 신이 어느 날 비틀거리면서 넘어지리라는 것은 누구나 예상할 수 있는 일이었다. 집단적 독재자는 이 나라 구석구석에 널리 퍼져 있어 왕좌에 군림하는 단 한 사람의 독재자와 마찬가지로 흔쾌히 받아들일 수 없는 존재였다."[81]

---

80) 바로 이런 문제가 드레퓌스 옹호자들, 특히 샤를 페기 집단을 가장 실망시켰다. 드레퓌스파와 반드레퓌스파 사이에 존재하는 이 혼란스러운 유사점은 마르탱 뒤 가르의 교훈적인 소설『장 바로』(*Jean Barois*, 1913)의 주제다.

81) *Contre la Justice*(1990)의 서문.

클레망소는 마침내 한 사람의 권리 침해는 모든 사람의 권리 침해라는 사실을 조레스에게 납득시켰다. 그러나 그가 이렇게 할 수 있었던 것은 범죄자들이 혁명 이래 국민의 철천지원수인 귀족과 성직자였기 때문이었다. 결국 노동자들이 거리로 나선 것은 부자와 성직자에 대한 저항 때문이었지 공화국 옹호나 정의와 자유의 수호 때문이 아니었다. 조레스의 연설이나 클레망소의 기고문이 인권에 대한 과거의 혁명적 열정의 향취를 풍기는 것은 사실이다. 또한 이 열정은 사람들을 투쟁으로 규합하기에 충분할 만큼 강했다는 것도 맞는 말이다. 하지만 그들은 정의와 공화국의 명예뿐만 아니라 먼저 자신의 계급 '이익'이 위험에 처해 있음을 확신할 수밖에 없었다. 실제로 다수의 국내외 사회주의자는 여전히 부르주아 계급의 내분에 간섭하거나 공화국을 구하는 문제로 근심하는 것은 실수라고 생각했다.

적어도 부분적으로나마 이런 무관심한 분위기에서 노동자를 떼낸 최초의 인물은 국민의 열렬한 사랑을 받던 에밀 졸라였다. 그러나 유명한 공화국에 대한 고발장에서 그는 정확한 정치적 사실들을 비껴가면서 '비밀 로마'라는 유령을 불러냄으로써 폭민의 열정에 굴복한 최초의 인물이다. 이것은 조레스가 열렬히 수용한 반면, 클레망소는 마지못해 받아들인 태도였다. 그의 팸플릿에서 발견하기는 어렵지만, 졸라의 진정한 업적은 의연한 불굴의 용기에 있다. 삶과 활동을 통해 국민을 '우상 숭배의 경계' 지점까지 찬양했던 이 사람은 이런 용기를 가지고 대중에게 도전하고 투쟁하고 마침내 대중을 정복하기 위해 분연히 일어났다. 그러나 클레망소와 마찬가지로 그 역시 내내 대중 가운데에서 국민과 폭민을 구분하지 못했다. "가장 막강한 군주에게 저항하고 그들에게 허리를 굽히기를 거부할 사람들은 많지만, 군중에게 저항하고 잘못 인도된 대중 앞에 혼자 일어나서, '예'가 요구될 때 감히 '아니요'라고 말하기 위해 무기도 없이 팔짱을 낀 채 달래기 힘든 그들의 격분과 대면할 사람은 거의 없다. 그런 사람이 졸라였다!"[82]

「나는 고발한다」가 발간되자마자 파리의 사회주의자들은 첫 회의를 열어 드레퓌스 사건의 정정을 요구하는 결의를 통과시켰다. 그러나 닷새 후에 사회주의자 장교 32명이 즉각 '계급의 적' 드레퓌스의 운명은 자신들의 관심사가 아니라는 성명을 발표했다. 이 성명의 배후에는 파리의 당원 대다수가 있었다. 사건이 진행되는 내내 대오의 분열이 발생하기는 했지만, 당은 그때부터 반유대주의 연맹이 거리를 통제하는 것을 막을 수 있을 만큼 충분한 드레퓌스파를 확보할 수 있었다. 어떤 사회주의자 모임은 반유대주의를 '새로운 형태의 반동'이라고 낙인찍기도 했다. 그러나 몇 달 후 의회 선거에서 조레스는 낙선했다. 그 이후 얼마 안 가 국방부 장관 카베냐크가 드레퓌스를 공격하면서 군대를 필수 불가결하다고 칭송하는 연설로 의회를 대접했을 때, 그 연설문을 파리의 벽에 게시하자는 결의에 반대한 의원은 단 두 명이었다. 이와 마찬가지로 같은 해 10월 파리에서 대규모 파업이 발생했을 때, 독일 대사 뮌스터는 확신에 가득 차서 베를린에 이렇게 보고한다. "다수 대중과 관련하여 이는 결코 정치적 이슈가 되지 못합니다. 노동자들은 단순히 높은 임금을 얻기 위해 거리로 나섰고 이것이 그들이 궁극적으로 얻고자 하는 목적입니다. 드레퓌스 사건에 관한 한 그들은 결코 근심을 해본 적이 없습니다."[83]

넓은 의미에서 드레퓌스 지지자는 누구였는가? 졸라의 「나는 고발한다」를 열독한 30만 프랑스인은 누구였으며 클레망소의 논설을 정기적으로 읽은 사람은 누구였는가? 마침내 프랑스의 모든 계급과 심지어 모든 가정을 드레퓌스 사건에 대해 서로 대립하는 분파로 분열시킨 사람은 누구인가? 대답은 그들이 어떤 정당이나 동질적 집단을 형성하지 않았다는 것이다. 독특하게도 이 집단은 법률가나 공무원보다는 내과 의사로 구성되었고 또 일반적으로 상류 계급보다는

---

82) Clemenceau, 몇 년 후 상원 연설에서; Weil, 앞의 책, 112~113쪽과 비교할 것.
83) Herzog, 앞의 책, 1898년 10월 10일 날짜 참조.

제4장 드레퓌스 사건 261

하류 계급에서 충원되었다. 그러나 그들은 대체적으로 다양한 여러 요소의 혼합이었다. 졸라와 페기처럼 서로 전혀 딴판인 사람들, 사건 직후 절교하여 각자의 길로 갈 사람들이었다. "그들은 아무런 공통점이 없을뿐더러 심지어 서로 갈등 관계에 있는 정당과 종교 공동체에서 왔다……. 그들은 서로를 알지 못했다. 그들은 싸웠고 때때로 다시 싸울 것이다. 스스로 기만하지 말라. 그들은 프랑스 민주주의의 '엘리트'다."[84]

클레망소가 그 당시 자신에게 귀기울이는 사람들만을 진정한 프랑스 국민으로 생각할 만큼 자기 확신에 차 있었더라면, 그는 자신의 나머지 경력을 특징짓는 숙명적인 자존심에 희생되지 않았을 것이다. 드레퓌스 사건에서 얻은 경험은 국민에 대한 절망, 인간에 대한 경멸, 그리고 오로지 그 자신만이 공화국을 구원할 수 있다는 믿음을 키웠다. 그는 폭민의 익살에 박수갈채를 보내는 아첨꾼의 연기를 견딜 수 없었다. 그래서 그는 폭민을 국민과 동일시하기 시작하면서 실제로 선수를 쳐서 스스로를 궁지로 몰아넣었고, 스스로를 엄격한 무관심으로 몰고 갔다. 이런 태도가 이후 그의 특징이 된다.

프랑스 국민의 불일치는 모든 가정에서 명백하게 드러났다. 그런데 노동당 계층에서만 그것이 정치적으로 표현된다는 사실은 특징적이다. 재심을 위한 캠페인이 시작될 때는 모든 의회 단체나 나머지 사람들도 만장일치로 드레퓌스에 반대하는 입장이었다. 그러나 이는 부르주아 정당들이 유권자의 진정한 감정을 대변하지 못한다는 것을 의미한다. 왜냐하면 그토록 명백하게 드러난 사회주의자들의 분열이 대중의 모든 계층에게서도 똑같이 나타났기 때문이다. 정의를 위한 클레망소의 청원을 지지하는 소수는 어디나 존재했고, 이 이질적인 소수가 드레퓌스파를 구성했다. 그들이 군대와 군대를 후원하는 공화국의 부패한 공범자들을 상대로 벌인 투쟁은 1897년 말에

---

84) "K.V.T.," 앞의 책, 608쪽.

서 1900년 박람회 개최까지 프랑스의 국내 정치를 규정하는 중요한 요소였다. 그것은 또한 국가의 외교 정책에 상당한 영향을 미쳤다. 그럼에도 불구하고 적어도 부분적인 승리로 귀결될 투쟁은 모두 의회 밖에서 전개되었다. 이른바 의회는 노동자와 부르주아 계급의 각 계각층에서 뽑은 600명의 대표로 구성되었는데, 1898년 드레퓌스 지지자는 단 두 명이었다. 그중 한 명이 조레스였고, 그는 재선에 실패했다.

드레퓌스 사건에서 우려되는 점은 폭민만이 장외 노선에 따라 일해야 하는 것은 아니었다는 사실이다. 의회, 민주주의, 공화국을 위해 투쟁하는 소수파도 역시 의사당 밖에서 투쟁을 벌일 수밖에 없었다. 두 집단의 유일한 차이점은, 한 편이 거리에 나서면 다른 편은 언론과 법정에 호소했다는 것이다. 달리 말해 드레퓌스 위기 동안 프랑스의 정치 활동은 모두 의회 밖에서 수행되었다. 몇 차례 의회 투표가 군대 편을 들고 재심에 반대했지만 이 결정을 무효화하지 못했다. 의회가 필요하다는 정서가 되살아나기 시작했을 때, 즉 파리 박람회가 열리기 직전, 국방부 장관 갈리페가 이것이 결코 국가의 정서를 대변하지는 않는다고 천명할 수 있었다는 것은 의미심장한 일이다.[85] 다른 한편으로 재심에 반대하는 투표는 예수회파와 일부 과격한 반유대주의자들이 군대의 지원을 받아 시도하려 했던 쿠데타 정책을 인정하는 것이라고 해석할 필요는 없다.[86] 그것은 오히려 기존

---

85) 국방부 장관 갈리페는 발데크에게 썼다. "프랑스 국민 대다수가 반유대적이라는 점을 잊지 맙시다. 그러므로 공무원과 상원의원들은 말할 것도 없고 전체 군대와 대다수 프랑스인이 우리 편입니다……. J. Reinach, 앞의 책, V, 579쪽과 비교할 것.

86) 이런 시도들 가운데 가장 잘 알려진 것은 데룰레드의 시도인데, 그는 1899년 2월 대통령 폴 포르(Paul Faure)의 장례식에 참석하는 동안 로제 장군에게 반란을 부추기려 했다. 파리의 독일 대사들과 무관들은 이런 시도들을 몇 달마다 보고했다. 상황은 Barres, 앞의 책, 4쪽에 잘 요약되어 있다. "렌에서 우리는 우리의 전장을 발견했다. 우리가 필요한 것은 군인들, 특히 장군들이

질서의 변화에 대한 명백한 저항 때문이었다. 실제로 의회의 마찬가지로 압도적인 다수는 아마 군대-성직자 독재를 거부했을 것이다.

정치는 기득권을 직업적으로 대변하는 것이라고 배운 의회 구성원들은 그들의 '소명'과 이익이 달려 있는 기존 질서가 유지되기를 열망했다. 더구나 드레퓌스 사건은 국민도 자신의 대표가 정치인으로 기능하기보다 특수한 이익을 추구하기를 원한다는 것을 보여주었다. 선거 유세에서 이 사건을 언급하는 것은 분명 어리석은 일이었다. 이것이 단지 반유대주의 때문이라면 드레퓌스파의 상황은 분명 절망적이었을 것이다. 실제로 그들도 선거 기간에 노동자 계급에게 상당한 지지를 얻었다. 그럼에도 불구하고 드레퓌스를 지지한 사람들조차 이 정치 문제를 선거에 끌어들이기를 원치 않았다. 조레스가 의석을 잃은 까닭은 그가 이 문제를 선거 캠페인의 중심으로 만들겠다고 고집했기 때문이다.

클레망소와 드레퓌스파가 각 계층에서 상당수 사람들을 설득하여 재심을 요구하는 데 성공했다면, 가톨릭 교도는 한덩어리로 대응했다. 이들 사이에 견해 차이는 없었다. 예수회가 귀족과 참모본부를 조종했다면, 일반 신도들은 중산 계급과 하층 계급을 움직여 같은 일을 했다. 이들의 기관지 『라크루아』는 프랑스의 가톨릭계 신문 가운데 최고의 발행 부수를 자랑했다.[87] 두 세력은 모두 공화국에 대항하는 선동의 주안점을 유대인에게 두었다. 이 둘은 모두 스스로를 '국제 유대계'의 음모에 대항하여 분투하는 군대와 공익의 수호자인 것처럼 행동했다. 그러나 프랑스 가톨릭 교도의 태도보다 더욱 놀라운 것은 전 세계 가톨릭 언론이 일치단결하여 드레퓌스에 반대한 사실이다. "이 모든 언론인은 상급자의 명령에 따라 행진했고 여전

다—또는 더 정확하게 말한다면 장군 한 명이다." 단지 이 장군이 존재하지 않는다는 것은 우연이 아니었다.

87) 브로건은 심지어 전체 성직자들을 선동했던 책임을 승천교단에 돌릴 정도다.

히 행진하고 있다."[88] 사건이 진행되면서 프랑스의 유대인 반대 선
동이 국제 노선을 따르고 있다는 사실이 점점 더 명백해졌다. 심지어
『시빌타 카톨리카』는 유대인이 프랑스, 독일, 오스트리아와 이탈리
아 등 모든 나라에서 추방되어야 한다고 천명했다. 가톨릭계 정치인
들은 현대 정치가 식민지에 대한 야망의 상호 작용에 토대를 두어야
한다는 것을 처음 깨달은 사람들이었다. 그래서 그들은 유대인이 영
국의 첩자이며, 따라서 유대인 배척은 영국 혐오와 동일하게 생각해
야 한다고 단언하면서 반유대주의를 제국주의와 연계했다.[89] 유대
인이 드레퓌스 사건의 주인공이었기 때문에 이 사건은 좋은 게임 기
회를 제공했던 것이다. 영국이 프랑스인에게서 이집트를 빼앗아간
다면 유대인이 비난받을 것이며,[90] 반면 영미 동맹을 위한 운동은 물
론 '로스차일드 제국주의' 때문이었다.[91] 가톨릭계의 게임이 프랑스
에 국한되지 않았다는 사실은 이 특별한 장면이 막을 내리자마자 한
층 분명해진다. 1899년이 저물 무렵 드레퓌스가 사면을 받고, 프랑스
의 여론이 예정된 박람회의 보이콧에 대한 두려움 때문에 갑자기 변
했을 때, 교황 레오 13세의 인터뷰만 있으면 전 세계로 반유대주의가
확산되는 것을 막을 수 있었다.[92] 특히 비가톨릭 교도 가운데 열광
적인 드레퓌스 옹호자가 존재했던 미국에서 1897년 이후 가톨릭 언
론을 중심으로 반유대주의 정서의 뚜렷한 부활을 탐지할 수 있었다.

---

88) "K.V.T.," 앞의 책, 597쪽.
89) "사건의 최초의 자극은 아마 런던에서 왔을 것이다. 1896~98년의 콩고-나일
    선교사업은 런던에서 약간의 동요를 유발했던 것"이라고 모라스는 악시옹
    프랑세즈(1935년 7월 14일)에서 말했다. 런던의 가톨릭 언론은 예수회를 옹호
    한다. "The Jesuits and the Dreyfus Case," in *The Month*, Vol. XVIII, 1899 참조.
90) *Civiltà Cattolica*, February 5, 1898.
91) 특히 조르주 맥더몽 신부의 독특한 기사 참조. C.S.P., Mr. "Chamberlain's
    Foreign Policy and the Dreyfus Case," in *Catholic World*, Vol. LXVII,
    September, 1898.
92) Lecanuet, 앞의 책, 188쪽과 비교할 것.

그런데 이 정서는 레오 13세의 인터뷰 이후 하룻밤 사이에 가라앉는다.[93] 반유대주의를 가톨릭주의의 도구로서 사용한다는 '거대한 전략'은 실패임이 입증되었던 것이다.

5. 유대인과 드레퓌스파

불운한 드레퓌스 대위 사건이 온 세상에 보여준 것은 모든 유대인 귀족과 백만장자에게는 여전히 과거 하층민 시절의 요소, 즉 나라도 없고 인권도 존재하지 않으며 사회가 기꺼이 특권 계층에서 배제하기를 원하는 그런 하층민의 요소가 남아 있다는 사실이었다. 어느 누구보다 해방된 유대인이 이 사실을 가장 이해하기 힘들었다. 베르나르 라자르는 이렇게 썼다. "해외 동포와의 연대를 거부하는 것으로는 충분치 않다. 그들은 자신들의 비겁함 때문에 생겨난 모든 죄악까지 이들에게 덮어씌워야 한다. 그들은 토착 프랑스인보다 더 감정적인 애국주의자라는 사실로도 만족하지 않는다. 모든 해방 유대인처럼 그들은 자유의사로 모든 결속의 끈을 끊어버렸다. 수난받는 동포 한 사람을 옹호할 준비가 된 사람이 프랑스에는 30~40명 정도이지만, 가장 과격한 애국주의자들과 나란히 악마의 섬에서 보초를 서겠다는 사람은 수천 명이나 될 정도였다."[94] 그들은 자신이 살고 있는 나라의 정치 발전에 너무나 미미한 역할을 했다는 바로 그런 이유 때문에 금세기 들어 법적 평등을 맹목적으로 숭배하기에 이르렀다. 그것은 이들에게 영원한 안전을 보장하는 확실한 토대였던 것이다. 드레퓌스 사건이 발생하여 안전이 위협받고 있음을 그들에게 경고하자, 그들은 분열적인 동화의 과정에 깊이 빠져 들어간다. 바로 이로 인해 그들에게는 정치적 지혜의 결여 현상이 더욱 심화된다. 사회적

---

93) Rose A. Halperin, 앞의 책, 59쪽, 77쪽 이하와 비교할 것.
94) Bernard Lazare, *Job's Dungheap*, New York, 1948, p.97.

속물근성과 큰 사업, 그리고 여태까지 알지 못했던 이윤 기회의 무거운 중량 아래 정치적 열정이 억눌려 있는 그런 사회 집단 속으로 그들은 급속하게 동화되어갔다. 이런 경향이 불러온 반감을 그들은 가난하고 아직 동화하지 못한 이주 동포에게 돌림으로써 제거하고자 했다. 상류 사회가 자신들에게 사용했던 것과 동일한 전술을 사용하면서, 그들은 스스로 이른바 **동구 유대인**과 관계를 끊는 고통을 감수했다. 러시아와 루마니아의 학살에서 표출된 정치적 반유대주의를 중세의 잔재로 가볍게 처리해버리고, 그것이 현대 정치의 현실이라는 사실을 거의 받아들이지 않았다. 단순한 사회적 반유대주의 이상의 것이 압력을 가했기 때문이라면 그들은 드레퓌스 사건에서 단순한 사회 지위 이상의 것이 위험에 처해 있다는 사실을 이해할 수 없었다.

드레퓌스를 전심전력으로 지원한 사람들이 프랑스 유대인 가운데 소수에 불과한 이유는 바로 이것이다. 피고인의 가족을 포함하여 유대인은 정치 투쟁을 겁내며 뒤로 물러났다. 바로 이런 이유 때문에 드레퓌스 가족은 졸라의 변호인이기도 했던 라보리를 렌의 법정에서 사퇴시켰으며, 드레퓌스의 두 번째 변호사 드망쥐는 의혹이라는 논점을 근거로 변론을 전개할 수밖에 없었다. 그렇게 하여 찬사를 쏟아 부으면서 군대나 장교들의 공격 가능성을 억제하기를 바랐다. 무죄 석방에 이르는 최선의 길은, 모든 것이 결국 법정 오류의 가능성으로 모아지고 그 희생자가 우연히 유대인인 것처럼 가장하는 방법이라고 그들은 생각했다. 결과는 2차 평결이었고, 문제의 진실과 직면하기를 거부하던 드레퓌스는 재심을 포기하고 그 대신 온정적 조치를 청원하라는, 즉 유죄를 인정하는 방향으로 나가라는 권유를 받는다.[95] 유대인은 정치 전선에서 자신들을 상대로 전개되는 조직적

---

95) Fernand Labori, "Le mal politique et les partis," in *La Grande Revue*, October-December, 1901과 비교할 것. "렌에서 피의자가 유죄를 인정하고 피고인이

투쟁이 이 사건에 개입되어 있음을 보지 못했다. 그래서 이런 토대 위에서 도전에 대응할 자세가 되어 있던 사람들의 협력을 그들은 저지했다. 그들이 얼마나 사태의 진실을 보지 못했는지 클레망소의 경우에서 분명하게 드러난다. 국가의 기초인 정의를 위한 클레망소의 투쟁에는 분명 유대인에게 평등권을 되돌려주는 것도 포함되어 있었다. 그러나 한편으로 계급 투쟁이 전개되고 다른 한편에서는 감정적 애국주의가 만연하던 시대에, 그것이 억압자와 싸우는 피억압자의 사실적 언어로 동시에 표현되지 않았다면 정치적 추상으로 남았을 것이다. 클레망소는 현대 유대인이 알고 있던 몇 안 되는 진정한 친구 가운데 하나였다. 그가 유대인이 유럽의 피압박 민족 가운데 하나라는 사실을 전 세계 앞에서 인정하고 선언했기 때문이다. 반유대주의자는 유대인 벼락부자들을 출세한 하층민으로 생각하는 경향이 있었고, 모든 행상인이 로스차일드 같은 인물이 되지 않을까, 벼락부자가 되지는 않을까 두려워했다. 그러나 정의를 향한 열렬한 열정을 가진 클레망소는 로스차일드가를 여전히 학대받는 민족의 구성원으로 보았다. 프랑스의 국가적 불행에 대한 고뇌는 그의 눈과 마음을 저 "불행한 사람들에게도, 즉 자기 민족의 지도자인 척하면서도 곧잘 그들을 곤경에 내버려두는" 사람들, 또 무지와 나약함과 두려움에서 강자들의 찬사에 현혹되어 능동적인 투쟁에는 전혀 협력하지 않지만 전투가 이겼을 경우에는 "승자의 지원을 받으려 돌진할" 수 있는 움츠리고 위축된 집단에도 열리게 했던 것이다.[96]

사면을 얻기를 희망하면서 재심 청구를 포기하던 그 순간부터 중대한 보편적 인간의 문제였던 드레퓌스 사건은 확실하게 종결되었다." "Le Spectacle du jour"라는 논문에서 클레망소는 알제리의 유대인에 관하여 "그들을 위하여 로스차일드는 최소한의 항의도 표명하려 하지 않는다"고 말한다.

96) *L'Iniquite*에 실린 클레망소의 논설 "Le Spectacle du jour" "Et les Juifs!" "La Farce du syndicat" "Encore les juifs!" 참조.

6. 사면과 그 의미

드레퓌스 드라마가 희극이었다는 사실은 오로지 그 마지막 장에서 분명해진다. 분열된 국가를 일치단결시키고 의회를 재심 찬성의 방향으로 변화시켰으며 결국 극우에서 사회주의자에 이르는 완전히 이질적인 집단을 화해하도록 도와준 신은 바로 1900년의 파리 박람회였다. 신문에 매일 실리는 클레망소의 사설이나 졸라의 파토스, 조레스의 연설이나 성직자와 귀족에 대한 대중의 증오도 이루지 못했던 일, 다시 말해 의회의 정서를 드레퓌스에게 유리하도록 변화시킨 것은 결국 박람회가 보이콧될지도 모른다는 두려움 때문이었다. 1년 전 만장일치로 재심을 기각했던 의회가 이제 3분의 2의 찬성으로 반드레퓌스적인 정부에 대한 불신임안을 통과시킨 것이다. 1899년 7월 발테크-루소 내각이 권력을 장악한다. 대통령 루베(Loubet)는 드레퓌스를 사면시키고 사건을 완전히 종결시킨다. 박람회는 가장 청명한 상업적 하늘 아래서 개장되고 일반적인 친교 모임이 뒤를 잇는다. 심지어 사회주의자가 정부 직책의 적임자가 되기도 한다. 유럽에서 최초의 사회주의자 장관인 밀랑(Millerand)은 상공부 장관이 된다.

의회는 드레퓌스 옹호자가 되었다. 그것이 궁극적 결말이었다. 물론 그것은 클레망소에게는 패배였다. 그는 최후까지 모호한 사면과 심지어 더 모호한 특사를 비난했다. 졸라는 이렇게 썼다. "이루어진 것이라고는 명예로운 사람과 폭력배를 악취 나는 사면으로 일괄 처리한 것이다. 모든 게 한 단지 속에 던져졌다."[97] 클레망소는 처음과 마찬가지로 완전히 혼자였다. 사회주의자, 특히 조레스는 사면과 특사를 모두 환영했다. 이는 그들에게 정부 내의 직책을 보장해주고 그들의 특수한 이해관계를 좀더 광범위하게 대변해주는 일이 아니던

---

97) *Correspondance: lettres à Maître Labori*에 있는 1899년 9월 13일자 졸라의 편지와 비교할 것.

가? 몇 달 후인 1900년 5월 박람회의 성공이 확실시되자 드디어 진실이 밝혀진다. 이 모든 유화 정책은 드레퓌스파를 희생시킨 대가였다. 차후의 재심에 대한 제안은 425 대 60으로 기각되었으며, 1906년 클레망소 정부도 상황을 바꾸지 못했다. 재심을 감히 일반 법정에 맡기지 못했던 것이다. 상고 법원을 통한 (불법적인) 무죄 석방은 타협이었다. 그러나 클레망소의 패배가 교회와 군대의 승리를 의미하지는 않았다. 제정 분리와 교구 교육 금지령은 프랑스에서 가톨릭 교회의 정치적 영향력을 종식시켰다. 이와 비슷하게 정보 업무를 국방부, 다시 말해 행정 당국의 소관으로 일임함으로써 군대가 내각이나 의회에 공갈과 협박으로 영향력을 행사하지 못하게 막았다. 또한 자기 이익을 위해 경찰의 취조 업무를 할 수 있던 권한을 박탈했다.

1990년 드뤼몽은 프랑스 학술원에 입후보한다. 그의 반유대주의는 한때 가톨릭 교도에게 찬양을 받았고 국민의 갈채를 얻었다. 그러나 이제 "퓌스텔(Fustel) 이래 가장 위대한 역사학자"(르메트르)는 다소 외설적인 『반처녀들』(*Demi-Vierges*)의 저자인 마르셀 프레보(Marcel Prévost)에게 자리를 양보하지 않을 수 없었으며, 새로운 '학술원 회원'은 예수회 신부 듀 락(Du Lac)의 축하를 받는다.[98] 예수회조차 이제 제3공화국과의 분쟁을 조정한다. 드레퓌스 사건의 종결은 성직자 반유대주의의 종말을 의미한다. 제3공화국이 채택한 타협은 피고인에게 정식 재판을 승인하지 않은 채 그의 결백을 인정했으며, 한편으로 가톨릭 조직의 활동을 제한했다. 베르나르 라자르는 양편을 위한 평등권을 요청했지만, 국가는 유대인을 위해 한 가지 예외를 허용했고 다른 하나의 예외는 가톨릭 교도의 양심의 자유를 위협하는 것이었다.[99] 대립하던 양 진영은 모두 법의 외부에 자리 잡게 되었고, 그

---

98) Herzog, 앞의 책, 97쪽과 비교할 것.
99) 드레퓌스 사건에서 라자르가 차지하는 위치는 샤를 페기가 "Notre Jeunesse," in *Cahiers de la quinzaine*, Paris, 1910에서 가장 잘 서술하고 있다. 그를 유대인 이익의 진정한 대변자라고 간주하면서 페기는 라자르의 요구를 다음과 같이

결과 유대인 문제와 정치적 가톨릭주의는 그때부터 실질적인 정치의 장에서 추방되었다.

19세기의 지하세력들이 기록 역사의 조명을 받는 계기가 되었던 유일한 에피소드는 이렇게 끝이 났다. 유일하게 가시적인 성과는 그것이 시온운동을 탄생시켰다는 사실이다 ─ 시온운동은 반유대주의에 대항하여 유대인이 발견할 수 있던 유일한 대답이었고, 자신들을 세계적 사건의 중심에 세웠던 적대감을 심각하게 고려한 유일한 이데올로기였다.

정리하고 있다. "그는 공평무사한 법의 열렬한 지지자였다. 드레퓌스 사건에서 법의 공명정대, 종교적 칙령의 경우에도 공명정대한 법이었다. 이는 사소한 일 같아 보인다. 그러나 그 파급 효과는 클 수도 있다. 이 일로 그는 고립되어 죽게 된다"(Lazare, *Job's Dungheap* 서론에서 인용). 라자르는 종교 집회를 통제하는 법에 반대한 최초의 드레퓌스파 중 한 사람이었다.

제2부
제국주의

할 수만 있다면
저 별들을 훔쳤으면 좋으련만.
• 세실 로즈

제5장 부르주아 계급의 정치적 해방

    1884년에서 1914년에 이르는 30년은 아프리카 쟁탈과 범운동의 탄생으로 끝난 19세기와 제1차 세계대전으로 시작된 20세기를 갈라 놓는 분기점이다.[1] 이 30여 년은 제국주의 시대인데, 이때 제국주의 는 유럽에서 정체되어 있었지만 아시아와 아프리카에서는 숨가쁘게 전개되었다. 이 시기의 근본 양상 중 몇 가지는 20세기의 전체주의 현상과 너무나 유사해 보이기 때문에 이 시기 전체를 다가오는 대재 난의 예비 단계로 보아도 무방할 것 같다. 다른 한편으로 이 시기는 그 평온함 때문에 여전히 19세기의 일부로 보인다. 이 가깝지만 여전 히 먼 과거를 우리는 이야기의 결말을 미리 알고 있는 사람의 현명 한 눈으로 본다. 즉 이 시대가 2000년이 훨씬 넘는 서구 역사의 지속 적 흐름과는 거의 완전히 단절되었음을 아는 사람의 현명한 눈으로 보게 된다. 또한 공포조차 온건했으며 체면에 의해 통제되어서 일반 적으로 건전한 외양에 가까웠던 이 시대에 대해, 여전히 '안전의 황

---

1) J. A. Hobson, *Imperialism*, London, 1905, p.19. "편의상 1870년을 의식적인 제 국주의 정책이 시작된 원년으로 간주한다 하더라도, 이 운동이 1880년대 중반 까지 충분한 힘을 얻지 못했음은 분명해질 것이다."

금시대'라 불리는 이 시대에 대해 모종의 향수를 느끼고 있다는 점을 우리는 인정해야만 한다. 달리 말해 이 과거가 우리와 아무리 가깝다 하더라도, 포로 수용소와 죽음의 공장에 대한 우리의 경험이, 서구 역사의 다른 모든 시기와 마찬가지로, 당시의 일반적 분위기와 동떨어져 있다는 사실을 우리는 철저하게 의식하고 있다.

제국주의 시대에 유럽 내부의 핵심 사건은 정치적 지배에 대한 포부 없이 먼저 경제력에서 두드러진 역량을 발휘한 역사상 최초의 계급인 부르주아 계급의 정치적 해방이었다. 부르주아 계급은 국민국가 안에서 또 그와 함께 발전해왔는데, 정의에 따르면 국민국가는 계급으로 분열된 사회를 지배하면서도 이 사회를 초월하는 것이었다. 부르주아 계급은 이미 통치 계급으로 자리 잡았을 때도 모든 정치적 결정을 국가에 위임했다. 단지 국민국가가 자본주의 경제의 지속적 성장을 위한 뼈대로서 적합하지 않다는 사실이 드러났을 때 국가와 사회의 잠재적 투쟁은 노골적인 권력 투쟁이 되었다. 제국주의 시대에는 국가와 부르주아 계급 가운데 어느 편도 결정적인 승리를 얻지 못했다. 국가 기관은 야만적이고 과대 망상적인 제국주의자들의 야망에 철저히 저항했고, 자신의 경제적 목적을 위해 국가와 공권력을 이용하려는 부르주아 계급의 시도는 항상 절반의 성공만 거두었다. 이런 상황은 독일 부르주아 계급이 히틀러의 운동에 모든 것을 걸고 폭민의 도움으로 통치하겠다는 열망을 가졌을 때 변했지만, 그것은 너무 늦은 시도였음이 곧 증명된다. 부르주아 계급은 국민국가의 파괴에 성공했지만 너무나 많은 희생을 치러 승리라 할 수 없는 승리였다. 폭민은 혼자 힘으로도 정치를 할 수 있는 능력이 있음을 입증했고 다른 모든 계급 및 기관과 협력하여 부르주아 계급을 타파했던 것이다.

1. 팽창과 국민국가

"팽창이 전부다"라고 말했던 세실 로즈는 매일 밤 머리 위 하늘을
쳐다보면서 "우리가 결코 갈 수 없는 저 별들, 저 거대한 세계들. 할
수만 있다면 훔쳤으면 좋으련만" 하고 절망했다.[2] 그는 새로운 시대,
즉 제국주의 시대를 움직이는 원리를 발견했던 것이다(20년이 채 안
되어 영국의 식민지 속령은 450만 제곱마일과 6600만 주민으로 증가했
고, 프랑스는 350만 제곱마일과 2600만 주민을, 독일은 100만 제곱마일
과 1300만의 원주민을 지닌 새로운 제국을, 벨기에는 왕을 통해서 90만
제곱마일과 850만 주민을 획득했다[3]). 그러나 로즈는 지혜롭게도 제
국주의에 내재하는 광기와 그것이 인간 조건에 모순된다는 사실을
동시에 인식했다. 물론 어떤 통찰이나 비애도 그의 정책을 바꾸지는
못했다. 그는 과대망상에 빠질 가능성이 매우 높은 야심 찬 사업가의
평범한 능력을 완전히 뛰어넘을 수 있는 번뜩이는 지혜를 결코 사용
하지 않았다.

거의 같은 시기에 (독일 진보당 당수인) 오이겐 리히터는 "세계 정
치가 한 국가에 의미하는 바는 과대망상이 한 개인에게 의미하는 바
와 같다"고 말했다.[4] 그러나 그가 무역과 항만 건설로 민간 기업을
지원하자는 비스마르크의 제안을 제국 의회에서 반대했다는 사실
은 그가 당시 국가의 경제적 현안을 비스마르크보다 이해하지 못했
음을 분명하게 보여준다. 독일의 오이겐 리히터, 영국의 글래드스턴,

---

2) S. Gertrude Millin, *Rhodes*, London, 1933, 138쪽.

3) 이 수치들은 Carlton J. H. Hayes, *A Generation of Materialism*, New York, 1941,
   237쪽에서 인용했으며 1871년에서 1900년까지의 시기가 적용되었다. 또한
   Hobson, 앞의 책, 19쪽 참조. "15년 만에 약 375만 제곱마일이 대영 제국에,
   100만 제곱마일과 1400만 인구가 독일에, 350만 제곱마일과 3700만 인구가 프
   랑스에 더해졌다."

4) Ernst Hasse, *Deutsche Weltpolitik*, Flugschriften des Alldeutschen Verbandes,
   No. 5, 1897, p.1 참조.

프랑스의 클레망소처럼 제국주의에 반대하거나 이를 무시했던 사람들은 대체로 현실감각을 상실하여 무역과 경제가 이미 모든 국가를 세계 정치 속으로 끌어들였다는 사실을 깨닫지 못한 사람들처럼 보였다. 국가의 원칙은 편협한 지역적 무지에 이르렀고 제정신으로 치르는 전투는 패배하기 십상이었다.

제국주의적 팽창에 초지일관 반대하는 정치인이 받는 보상이라고는 온건과 혼동뿐이었다. 그리하여 비스마르크는 1871년 아프리카의 프랑스 속령을 알자스-로렌과 바꾸자는 제안을 거부했으며, 20년 후 우간다, 잔지바르, 비투를 반환하는 대가로 영국에서 헬골란트를 받았다. 독일 제국주의자들이 그에게 말했듯이 한 욕조를 사용하는 두 왕국도 불공평한 것은 아니었다. 1880년대의 클레망소는 제국주의 정당이 영국에 대항하기 위해 이집트에 원정군을 파견하기를 원했을 때 이에 반대했고, 30년 후 프랑스와 영국의 동맹을 위해 모술 유전 지역을 영국에 넘겨주었다. 그래서 글래드스턴은 이집트의 크로머(Cromer)로부터 "대영 제국의 운명을 안전하게 맡길 수 없는 인물"이라는 비난을 받았다.

일차적으로 국가 영토의 관점에서 생각한 정치인이 제국주의에 의심의 눈초리를 보낸 것은, 그들이 '해외 모험'이라 부르던 것 이상의 문제가 거기에 연관되어 있었다는 점을 제외한다면 대체로 정당하다. 그들은 통찰에 의해서라기보다 본능적으로 이 새로운 팽창 운동, 즉 "애국주의를 가장 잘 표현하는 것은…… 돈벌이이고"(휴엡-슐라이덴) 국기는 '상업적 자산'(로즈)이 되는 팽창 운동이 국민국가라는 정치 제도를 파괴할 수 있다는 사실을 알았다. 정복이나 제국 건설이 비난받는 데에는 정당한 이유가 있었다. 로마 제국처럼 일차적으로 법에 기초하기 때문에 정복 이후에 보편적 법을 가장 이질적인 민족들에게도 적용함으로써 이들을 통합할 수 있던 정부만 이 일을 성공적으로 수행해왔던 것이다. 그러나 국민국가는 정부에 대한 동질적인 주민의 능동적 동의에 ("매일의 인민투표"5)) 기반을 두었기 때문에 통일적인 원칙이 없었다. 따라서 정복할 경우에 통합보다 동화시켜야 하고 정의보다 동의를 강요해야 했다. 다시 말하면 독재로 변질될 수밖에 없는 것이었다. 로베스피에르가 "만약 식민지들이 우리에게 명예와 자유의 비용을 치르게 한다면, 식민지들은 멸망할 것이다"라고 외쳤을 때 그는 이 사실을 이미 인식하고 있었다.

정치의 영원한 최상 목적인 팽창은 제국주의의 중심적인 정치 이념이다. 팽창은 일시적 약탈 행위도 정복을 통한 지속적 동화도 의미하지 않기 때문에 정치사상과 행위의 유구한 역사에서 전적으로 새로운 개념이다. 이 개념이 이렇게 놀라운 독창성을 가지는 이유—전적으로 새로운 개념이란 정치에서 매우 희귀하기 때문에 놀랍다—는 이 개념이 실제로 정치 개념이 아니라 사업 투기의 영역에서 유래하기 때문이다. 이 영역에서 팽창은 19세기의 특징인 산업 생산과 경제 거래의 영속적인 확장을 의미한다.

산업 성장은 운영 현실이기 때문에 경제 영역에서 팽창은 적절한 개념이다. 팽창은 사용되고 소비될 수 있는 상품의 생산이 실질적으로 증가하는 것을 의미했다. 생산 과정은 인간 세계를 위해 생산하고 이 세계를 건설하며 이 세계에 물품을 공급하고 개선하는 인간의 능력만큼이나 무한하다. 생산이 극히 다른 정치 체제로 조직된 다양한 민족에게 의존하고 그 생산품이 공유되는 한 생산과 경제 성장이 저하될 때의 한계는 경제 문제인 동시에 정치 문제가 된다.

제국주의는 자본주의 생산을 지배하는 계급이 국가의 한계를 뛰어넘어 경제적으로 팽창하려 할 때 탄생했다. 부르주아 계급은 경제적 필요에서 정치로 뛰어들었다. 영구적 경제 성장을 고유의 법칙으로

---

5) Ernest Renan은 그의 고전적 에세이 *Qu'et-ce Qu'une nation?*, Paris, 1882에서 "실질적 동의, 함께 살겠다는 열망, 분할되지 않은 유산을 소중하게 보존하려는 의지"를 국가를 형성하는 방식으로 한 민족의 구성원을 하나로 통합하는 주요 요소라고 강조한다. *The Poetry of the Celtic Races, and other Studies*, London, 1896에서 인용.

하는 자본주의 체계를 포기하지 않으려면, 이 법칙을 모국의 정부에 강요하여 팽창을 외교 정책의 궁극 목표로 천명하도록 해야 했기 때문이다.

부르주아 계급은 '팽창을 위한 팽창'이란 슬로건을 내걸고 세계 정치의 길로 들어서도록 정부를 설득했으며, 이는 부분적 성공을 거두었다. 부르주아 계급이 제안한 새로운 정책은 몇몇 국가가 동시에 경쟁적으로 팽창을 시작했다는 사실에서 자연적 한계와 균형을 잠시나마 발견한 듯했다. 초기 단계의 제국주의는 '경쟁하는 제국'의 투쟁으로 묘사될 수 있지만, "전체의 공인된 세계가 하나의 헤게모니 아래 통합되는 국가 연합의 이념이었던 고대와 중세의 제국 이념"과는 구별된다.[6] 하지만 이런 경쟁은 단지 과거의 수많은 유산 가운데 하나로서, 인류를 우월 다툼을 하는 여러 국가로 이루어진 가족이라고 간주하는, 지금도 여전히 지배적인 국가 원리를 용인하는 것이다. 또는 한 경쟁자가 다른 모든 경쟁자를 제패하기 전에 안정을 이루는 예정된 한계를 자동으로 구축한다는 자유주의적 믿음을 용인할 뿐이다. 하지만 이런 행복한 균형이 신비한 경제 법칙의 필연적 결과인 적은 거의 없었다. 오히려 균형을 가져온 것은 대개 정치 기관의 조정이나 경쟁자들에게 연발 권총의 사용을 금했던 경찰이었다. 완전히 무장한 기업인 제국 간의 경쟁이 어떻게 한 제국의 승리와 다른 제국의 멸망으로 끝나지 않을 수 있는가 하는 문제는 이해하기 힘들다. 달리 말해 경쟁은 팽창과 마찬가지로 정치 원리가 아니며, 통제하거나 제지하기 힘들 때만 정치권력을 필요로 한다.

경제 구조와 달리 정치 구조는 무한히 확장될 수 없다. 정치 구조는 인간의 무한한 생산성에 기반을 두지 않기 때문이다. 모든 형태의 정부와 조직체 가운데 국민국가는 무한 성장에 가장 부적합하다. 그 토대에 대한 진정한 동의가 무한히 확장될 수 없고 또 피정복 민족들

---

6) J. A. Hobson, 앞의 책.

에게서 진정한 동의를 얻어내기가 매우 힘들기 때문이다. 어떤 국민 국가도 떳떳한 양심으로 이민족 정복을 시도할 수 없었다. 그런 양심은 정복국가가 야만족에게 우월한 법을 강요한다는 확신이 설 경우에만 생겨날 수 있기 때문이다.[7] 그러나 국민은 자국의 법을, 자기 민족과 영토 밖에서는 타당성을 상실하는 유일한 국민적 실체의 부산물로 생각했다.

국민국가가 정복자로 등장하면 언제나 피정복 민족의 민족의식과 주권에 대한 열망은 고취되었고 제국을 건설하려는 모든 시도는 좌절되고 말았다. 그래서 프랑스는 알제리를 자국의 한 주로 병합했지만 자국법을 아랍 민족에게 적용할 수는 없었다. 프랑스는 오히려 계속 이슬람법을 존중했고 아랍 시민들에게 '인격적 신분'을 인정했다. 이는 법적으로 센 지방과 같은 프랑스의 일부로서 명목상 프랑스 영토이지만 주민은 프랑스 시민이 아닌 어처구니없는 잡종을 탄생시켰다.

영국의 초기 '제국 건설자'는 정복에 대한 확고한 신념을 영구적인 지배 방법이라 말했지만, 가장 가까운 이웃인 아일랜드 사람들을 대영 제국이나 영연방의 광범위한 구조 안에 병합시킬 수 없었다. 그러나 제1차 세계대전이 끝난 후 아일랜드가 영연방 자치령의 지위를 부여받고 영연방의 온전한 구성원이 되었을 때, 실패는 명백하게 드러나지는 않았지만 현실이었다. 가장 오래된 '속령'이면서 가장 최근에 자치령이 된 아일랜드는 자치령 지위를 비난했고(1937), 참전을 거부하면서 영국과 관계를 단절했다. "아일랜드를 멸하는 데 실

---

7) 양심의 가책은 모든 정치 조직의 토대인 동의에 대한 믿음에서 유래한다. Harold Nicolson, *Curzon: The Lase Phase 1919~25*, Boston-New York, 1934에 이집트에서 영국이 펼친 정책을 논의하는 부분에서 이 문제가 잘 서술되어 있다. "우리가 이집트에 주둔하는 정당한 이유는 정당한 정복의 권리나 힘이 아니라 동의의 요소에 대한 우리 자신의 믿음이다. 1919년에 이 요소는 분명한 형태로 존재하지 않았다. 그것은 1919년 3월 이집트인 폭동으로 극적인 방식으로 도전받는다."

패한"(체스터턴) 이후 영구적인 정복에 의한 지배는 아일랜드의 국민적 저항 정신만 일깨웠을 뿐 "영국의 잠자는 제국주의 정신"은[8] 불러일으키지 못했다.

연합 왕국이라는 국가 구조는 피정복 민족의 신속한 동화와 합병을 불가능하게 했다. 영연방은 결코 '국가들의 연방'이 아니라 연합 왕국의 상속자, 즉 하나의 국가가 전 세계에 흩어져 있는 것이었다. 분산과 식민화는 정치 구조를 확장하는 것이 아니라 이식했고, 그 결과 새 연방 체제의 구성원들은 공동의 과거와 법 때문에 모국과 긴밀한 결속관계를 유지했다. 아일랜드의 사례는 다양한 민족이 만족스럽게 함께 살 수 있는 제국주의 구조를 건설하는 데 연합 왕국이 얼마나 부적절했는지를 보여준다.[9] 영국은 로마식의 제국 건설보다 그리스의 식민화 모델에 더 정통하다는 사실이 입증되었다. 영국의 식민주의자는 이민족을 정복하여 자신의 법을 적용하는 대신, 4대륙에서 새로 얻은 영토에 정착하면서 동일한 영국의 구성원으로 남았

---

8) 글래드스턴이 제안한 최초의 아일랜드 자치 법안(Home Rule Bill)이 무효화된 것에 기뻐하면서 솔즈베리 경이 이렇게 말했다. 뒤이은 보수당—당시에 이들은 제국주의자였다—정권 동안(1885~1905) 영국-아일랜드 분쟁은 해결되지 못했을 뿐만 아니라 더 악화되었다. Gilbert K. Chesterton, *The Crimes of England*, 1915, p.57ff. 참조.

9) 발로아(Valois) 왕가가 브르타뉴와 부르고뉴를 프랑스로 합병하는 데 성공한 것처럼 왜 국가 발전의 초기 단계에서 튜더가가 아일랜드를 대영 제국으로 합병하는 데 성공하지 못했는지는 여전히 수수께끼다. 그러나 아일랜드를 하인들에게 나누어줄 거대한 전리품으로 취급한 크롬웰 정권이 유사한 과정을 무자비하게 중단시켰을 것이다. 어쨌든 프랑스 국가의 형성에 프랑스 혁명이 지닌 의미처럼 영국 국가의 형성에 결정적 의미를 지닌 크롬웰 혁명 이후에 연합 왕국은 이미 성숙기에 도달했고, 이 성숙기에는 한 정치 체제가 초기 단계에만 지닐 수 있는 동화 및 통합 능력의 상실이 수반되게 마련이다. 그 뒤를 이어 슬프고 긴 강압의 이야기가 뒤따른다. "강압은 국민이 조용히 살라고 가해진 것이 아니라 조용히 죽으라고 가해진 것이다"(Chesterton, 앞의 책, 60쪽).
최근의 발전을 포함한 아일랜드 문제의 역사적 연구에 관해서 Nocholas Mansergh의 공평하고 탁월한 연구서인 *Britain and Ireland*(in *Longman's Pamphlets on the British Commonwealth*, London, 1942)와 비교할 것.

다.[10] 놀랍게도 지구상에 분산된 한 국가 위에 세워진 연방의 연맹 구조가 제국 건설에 내재하는 난관들을 조정하고 이민족들을 연방의 "사업에서 온전한 파트너"로 인정할 수 있을 정도로 충분히 탄력적인가는 앞으로 살펴보게 될 것이다. 그런데 전쟁이 진행되는 동안 인도의 민족주의자가 단호하게 거부한 자치령은 보통 일시적이고 과도기적인 해결책으로 여겨져왔다.[11]

국가의 정치 체제와 정치적 방책으로서 정복 사이에 내재하는 모순은 나폴레옹의 야망이 실패한 이후 분명하게 드러났다. 그 이후 정복이 공식적으로 비난받고 국경 분쟁을 조정하는 데에 미미한 역할만을 해온 것은 인도주의적 고려 때문이 아니라 바로 그런 실패의 경험 때문이었다. 프랑스의 국기 아래 유럽을 통합하고자 했던 나폴레옹의 실패는 한 국가에 의한 정복은 피정복 민족의 민족의식을 일깨워 정복자에 대한 반란을 유발하거나 전제정치를 낳는다는 사실을 분명히 보여주었다. 전제정치는 동의를 필요로 하지 않기 때문에 이민족의 지배에는 성공할지 모르지만, 자국민의 국가 제도를 파괴해

---

10) 제국주의 시대가 시작되기 바로 직전에 프루드가 했던 다음 진술이 그 특징을 매우 잘 보여준다. "캐나다나 케이프, 오스트레일리아나 뉴질랜드로 이주하는 영국인이 국적을 잃지 않고, 데번셔나 요크셔에 살듯이 영국 땅에 살면서 대영 제국이 존속하는 동안 영국인으로 남을 수 있는 제도가 정착되도록 합시다. 크림 전쟁의 싸움터인 발라클라바의 소택지에 가라앉은 돈의 4분의 1을 사용해 이 식민지에 200만 명의 우리 국민을 이주시키고 정착시킨다면, 우리가 아쟁쿠르에서 워털루에 이르기까지의 모든 전쟁보다 더 국가의 저력에 기여할 것입니다." Robert Livingston Schuyler, *The Fall of the Old Colonial System*, New York, 1945, pp. 280~281에서 인용.

11) 유명한 남아프리카 작가인 얀 디셀붐(Jan Disselboom)은 다음 질문에 답하는 영연방 주민들의 태도를 매우 무뚝뚝하게 표현하고 있다. "영국은 단지 사업에서 파트너일 뿐이다……. 모두 긴밀하게 동맹을 맺은 같은 종족에서 나왔다. ……이 인종을 주민으로 하지 않는 제국의 지역들은 사업에서 파트너가 된 적이 없다. 그들은 우위를 점한 파트너의 사적인 재산이었다. 백인 영토를 가지거나 인도의 영토를 가질 수 있지, 둘 다 가질 수는 없다"(A. Carthill, *The Lost Dominion*, 1924에서 인용).

야 권력을 유지할 수 있다.

프랑스는 영국이나 유럽의 다른 국가와는 대조적으로 최근에 객관적인 법을 제국과 결합해 고대 로마의 의미에서의 제국을 건설하고자 했다. 프랑스인은 "프랑스는 프랑스 문명의 이기를 확산하고자 행진한다"고 믿으면서, 단독으로 국가 체제를 제국적 정치 구조로 발전시키고자 시도했다. 그들은 피정복 민족은 한편으로 프랑스 문명의 동호인이라는 점에서 형제로, 다른 한편으로 프랑스의 빛을 따르고 지도를 받는다는 점에서 속국민으로 취급함으로써 해외의 점령국들을 국가 조직에 병합하고자 했다.[12] 이는 유색 대표들이 프랑스에서 의석을 차지하고 알제리가 프랑스의 일부로 천명되었을 때 일부 성사되었다.

이런 야심 찬 기획은 모국을 위해 해외 점령국을 야만적으로 착취하는 결과를 낳았다. 모든 이론과는 정반대로 프랑스 제국은 실제로 국가 방위의 관점에서 평가되었으며,[13] 식민지는 프랑스의 주민을 적으로부터 보호하기 위해 흑인 부대를 만들 수 있는 군인의 나라로 간주되었다. 푸앵카레가 1923년에 한 유명한 말, "프랑스는 4000만의 나라가 아니라 1억의 나라다"는 "대량생산 방식으로 산출된 경제적 형태의 군대"[14]의 발견을 지적한다. 클레망소가 1918년 평화 협상에서 "프랑스가 미래에 독일의 침략을 당할 경우 유럽의 프랑

---

12) Ernet Barker, *Ideas and Ideals of the British Empire*, Cambridge, 1941, p.4. 또한 프랑스 제국의 설립에 관한 훌륭한 견해에 관해서는 *The French Colonial Empire*(Information Department Papers, No. 25, London: 왕립외교연구소, 1941), p.9ff. 참조. "목표는 식민지 국민을 프랑스 국민으로 동화시키거나, 이런 일이 가능하지 않은 더 미개한 공동체의 경우, 그들을 동료로 '참가시켜' 프랑스 본국과 해외 프랑스 간의 차이는 지리적 차이일 뿐 근본적 차이가 아니도록 만드는 것이었다."

13) Gabriel Hanotaux, "Le Général Mangin," in *Revue des Deux Mondes*, Tome 27, 1925 참조.

14) W.P. Crozier, "France and her 'Black Empire'," in *New Republic*, 1924년 1월 23일자.

스 영토를 수호하기 위해 흑인 군대를 징집할 수 있는 무제한적 권리"[15]만을 고려할 것이라고 주장했다. 참모본부가 그의 계획을 수행했지만 그가 프랑스를 구하지 못했다는 사실을 우리는 불행하게도 잘 알고 있다. 그러나 그는 여전히 의심스러운 프랑스 제국의 가능성에 치명타를 날렸다.[16] 이처럼 맹목적이고 절망적인 민족주의와 비교해볼 때, 위임 통치 체제로 타협한 영국의 제국주의자는 민족 자결의 수호신처럼 보였다. 그들이 곧 '간접 통치'에 의한 위임 체계, 즉 행정관이 이 민족을 "직접 통치하지 않고 그들의 종족이나 지방 당국을 중간에 내세워" 통치하는 위임 체계를 오용하기 시작했다는 사실에도 불구하고 그러했다.[17] 문화와 종교, 법과 관련된 문제에

---

15) David Lloyd George, *Memoirs of the Peace Conference*, I, New Haven, 1939, 362ff.

16) 모국을 위해 해외 속국들을 잔인하게 착취하려는 유사한 시도는, 나폴레옹의 패배로 네덜란드의 식민지들이 더욱 가난해진 모국으로 반환된 이후, 동인도 네덜란드가 시도했다. 강제 개간으로 원주민들은 네덜란드 정부의 이익을 위한 노예로 전락했다. 1860년대 처음으로 출판된 물타툴리(Multatuli)의 *Max Havelaar*는 해외기관이 아니라 모국 정부를 겨냥한 것이다(de Kat Angelino, *Colonial Policy*, Vol. II, *The Dutch East Indies*, Chicago, 1931, p.45 참조).

이 시스템은 곧 폐기되었고, 네덜란드령 인도는 얼마 동안 "모든 식민 국가의 감탄"의 대상이 되었다(Sir Hesketh Bell, 우간다와 북부 나이제리아의 전 지사, *Foregin Colonial Administration in the Far East*, 1928, Part I). 네덜란드의 방식은 프랑스와 많이 비슷하다. 자격을 갖춘 원주민에게 유럽인 신분을 부여하고 유럽의 교육 제도를 소개하는 방식, 그리고 점진적 동화를 유도하는 다른 방책들이 그렇다. 그러므로 네덜란드도 속국민들의 강한 민족 독립 운동이라는 비슷한 결과를 얻었다.

현재의 연구에서 네덜란드와 벨기에의 제국주의는 소홀히 다루어지고 있다. 전자의 경우는 프랑스와 영국 방식의 기이하게 변형된 혼합물이다. 후자는 벨기에 국가나 벨기에 부르주아 계급의 팽창 이야기가 아니라, 어떤 정부의 감독도 받지 않고 어떤 다른 기관과 무관한 벨기에 왕 개인의 팽창 이야기다. 네덜란드나 벨기에식의 제국주의는 모두 전형적인 제국주의 형태가 아니다. 네덜란드는 1880년대에 팽창을 시도하지 않았고 단지 과거의 속국들을 합병하여 정리하고 현대화했다. 벨기에령 콩고에서 저질러진 부적절한 잔혹 행위를 해외 속령의 일반적 사례로 제시한다면 이는 너무나 불공평할 것이다.

서 피정복 민족의 자체 정책에 맡겨두고 영국 법과 문화의 확산에는 무관심하고 자제하는 태도를 견지함으로써 영국은 제국을 건설하려는 국가의 시도에 내재하는 위험한 모순을 피하려고 했다. 그러나 이런 노력이 원주민의 민족의식 발전과 주권 및 독립 요구의 아우성을 다소 늦출 수 있을지는 몰라도 완전히 억제하지는 못했다. 이는 어떤 인간이 다른 인간보다 우월하다는 의식, '열등한 종'에 대해 '우월한 종'이 일시적이 아니라 근본적으로 우월하다는 새로운 제국주의 의식을 엄청나게 강화했다. 이는 반대로 피지배 민족의 자유를 위한 투쟁을 가열시켰고 영국의 지배가 가져오는 확실한 혜택을 보지 못하게 만들었다. "원주민을 한 민족으로 정말 존중했고 어떤 경우에는…… 한 개인으로 사랑했음에도 불구하고, 감독 없이 스스로 자치할 능력이 없고 앞으로도 없으리라 믿었던" 행정 감독관들의 무관심 때문에[18] '원주민'들은 자신들이 나머지 인류로부터 영원히 배제되었고 분리되었다는 결론을 내릴 수밖에 없었다.

제국주의는 제국의 건설이 아니며 팽창은 정복이 아니다. 영국의 정복자들, 과거에 "인도에서 법을 파괴한 사람들"(버크)은 영국 화폐의 수출업자나 인도 민족의 행정관과는 공통점이 없었다. 후자가 법령을 적용하는 사람에서 입법자로 변했더라면, 이들은 아마 제국의 건설자가 되었을지도 모른다. 그러나 요점은 영국은 이런 일에 관심이 없었으며 이들을 전혀 지원하지 않았을 것이라는 점이다. "아프리카인이 아프리카인으로 남아 있기를" 원했던 공무원들은 실제로 제국주의적 성향을 가진 이런 사업가들에게 동조했던 반면, 헤럴드 니컬슨(Harold Nicolson)이 한때 "소년 시절의 이상"[19]이라 불렀던

---

17) Ernest Barker, 앞의 책, 69쪽.

18) Selwyn James, *South of the Congo*, New York, 1943, p.326.

19) 소년기의 이상과 그것이 대영 제국에서 수행했던 역할에 관해서는 제7장 참조. 이 이상이 어떻게 개발되고 장려되었는지는 Rudyard Kipling, *Stalky and Company*에 서술되어 있다.

것을 아직 버리지 못한 소수의 사람은 그들이 "더 나은 아프리카인이 되도록"[20] ── 이것이 무엇을 의미하든 간에 ── 돕고자 했다. 이들은 "영국의 행정, 정치 체계를 후진국 주민의 통치에 적용하기를 꺼렸으며,"[21] 영국 왕실의 광범위한 속령들을 영국에 종속시키는 것을 원치 않았다.

모국의 제도가 다양한 방식으로 전체 제국에 통합되어 있던 고대의 제국 구조와 달리, 제국주의의 특징은 국가 제도가 식민지를 통제할 수는 있었지만 그 행정부와 분리되었다는 것이다. 이렇게 분리하게 된 실질적 동기는 교만과 존중의 기이한 혼합이었다. '뒤떨어진 주민'이나 '열등한 인종'을 직접 대했던 해외 행정관의 새로운 교만은 어떤 국가도 자신의 법을 이민족에게 강요할 권리가 없다고 생각하던 고향의 구식 정치가의 존중과 유사점이 있다. 사태의 본질상 교만은 통치 책략임이 드러났으며, 반면 완전히 부정적인 것이던 존중은 사람들이 함께 살아갈 수 있는 새로운 길은 비록 열어주지 못했지만 무례한 제국주의자들이 일정한 한도 내에서 법령에 따라 통치하도록 만들었다. 결국 어쨌든 비유럽 민족이 서구의 지배에서 얻을 수 있던 이익은 모두 국가 기관과 정치가들의 적절한 제재 덕분이었다. 그러나 식민지 관청은 '경험 없는 다수'인 국민의 개입에 항상 저항했는데, 국민은 '경험 많은 소수'인 이 제국주의 행정관들에게 모국에서 일반적으로 이루어지는 정의와 자유의 수준에 따라 통치하라고, 다시 말해 모국을 "모방하라고"[22] 강요했다.

팽창을 위한 팽창 운동이 국민국가에서, 즉 어떤 다른 정치 체제보다 국경을 그리고 정복 가능성의 제한을 특징으로 하는 국민국가

---

20) Ernest Barker, 앞의 책, 150쪽.
21) Lord Cromer, "The Government of Subject Races," in *Edinburgh Review*, January, 1908.
22) 같은 책.

에서 성장했다는 사실은 원인과 결과의 불합리한 불일치 — 이것은 근대사의 기호다 — 를 보여주는 사례다. 근대사에서 사용되는 용어의 심한 혼란은 이런 불일치가 낳은 부산물일 뿐이다. 역사가들은 고대 제국과 비교하여 정복을 팽창으로 오해했고 연방과 제국의 차이를 (제국주의 이전의 역사가들은 플랜테이션과 속령, 식민지와 보호령, 좀더 나중에는 식민주의와 제국주의의 차이를 연방과 제국의 차이로 생각했다[23]) 무시했다. 즉 그들은 영국민의 수출과 영국 화폐의 수출이 다르다는 사실을 무시함으로써[24] 근대사에서 대부분 중대한 사건이 마치 흙무더기가 쌓여 산이 된 것처럼 보인다는 걱정스러운 사실을 간단히 처리하려 했다.

약탈을 위해 전 세계를 돌아다니면서 새로운 투자 가능성을 탐색하고 돈이 너무 많은 사람들의 이윤 추구 동기와 너무 가난한 사람들의 도박 본능에 호소하는 소수의 자본주의자가 연출한 광경을 목격한 현대의 역사가들은 제국주의에 로마나 알렉산드로스 대왕의 위용을 입히려 한다. 이런 위용은 뒤이어 발생한 모든 사건을 인간적으로 좀더 참을 만한 것으로 만든다. 원인과 결과의 불일치는 대영 제국이 일시적으로 방심한 탓에 얻어졌다는, 불행하게도 진실인 유명한 견해에서 드러난다. 히틀러를 제거하는 데 제2차 세계대전이 필

---

23) '제국'과 '영연방'을 분명하게 구분하기 위해 제국주의라는 용어를 처음 사용한 학자는 홉슨이다. 그러나 근본적 차이점은 이미 잘 알려져 있었다. 예컨대 미국 혁명 이후 영국의 모든 자유주의적 정치인이 신봉했던 '식민지의 자유'라는 원칙은 식민지가 "'영국민으로 구성되거나 또는 ……대의제를 안전하게 도입할 수 있을 정도로 영국 주민들이 섞여 있는" 한 유효했다. Robert Livingston Schuyler, 앞의 책, 236쪽 이하 참조.
19세기 들어 우리는 영연방의 해외 속령을 세 유형으로 구분해야 한다. 하나는 오스트레일리아나 다른 자치령과 같은 정착지나 플랜테이션, 식민지, 둘째는 인도 같은 상업 기지와 속령, 셋째는 앞의 지역들을 위해 주둔한 희망봉 같은 해군 또는 군사 기지 등이 그것이다. 이 모든 속령은 제국주의 시대에 통치와 정치 의미에서 변화를 겪었다.
24) Ernest Barker, 앞의 책.

요했던—희극적이기 때문에 더더욱 수치스럽다—우리 시대에 와서 이런 사실은 극히 분명해진다. 이와 유사한 일이 이미 드레퓌스 사건에서, 다시 말해 괴상한 음모로 시작하여 익살극으로 끝난 투쟁을 마무리하기 위해 국가의 최고 인재들이 필요했던 이 사건에서 일어난 바 있다.

제국주의의 유일한 위엄은 국가가 이를 상대로 한 전투에서 패했다는 사실에 있다. 제국주의에 대한 무성의한 반대의 비극은 새로운 제국주의 사업가들이 많은 국회의원을 매수할 수 있었다는 것이 아니다. 청렴결백한 사람들이 제국주의가 세계 정치를 행할 수 있는 유일한 방법이라고 믿은 사실이 부정부패보다 더 나빴다. 모든 국가가 해군 기지와 원자재에 대한 접근을 필요로 했기 때문에, 그들은 합병과 팽창이 국가를 구원하기 위해 이루어진다고 믿게 되었다. 그들은 과거에 무역을 위한 해군 및 상업 기지의 창설과 새로운 팽창 정책 사이의 근본적 차이를 깨닫지 못한 최초의 사람들이다. 세실 로즈가 "당신들은 세계 무역을 장악하지 않으면 살 수 없다"고 그들에게 말했을 때, "당신들의 무역은 세계이고 당신들의 삶도 영국이 아니라 세계이며, 그래서 팽창과 세계의 보존이라는 문제를 다루어야 한다는 사실을 각성하라"고[25] 말했을 때, 그들은 그를 믿었다. 그들은 원치도 않고 때로는 알지도 못한 채 제국주의 정치의 공모자가 되었다. 또한 그들은 그들의 '제국주의'가 폭로되어 비난받았던 최초의 사람들이었다. 클레망소의 경우도 그랬다. 그는 프랑스 국가의 미래를 너무 걱정했기 때문에 식민지의 인력은 침략자에 대항하여 프랑스 시민을 보호할 것이라는 희망에서 '제국주의자'가 되었다.

의회나 자유 언론으로 대변되는 국가 양심은 살아 있었고, 식민지를 소유했던 모든 유럽 국가—영국, 프랑스, 벨기에, 독일이나 네덜란드—에서 식민지 행정관들은 의회와 자유 언론을 불쾌하게 생각

---

25) Millin, 앞의 책, 175쪽.

했다. 영국에서는 의회가 통제하던 런던의 제국주의 정부와 식민지 행정관을 구분하기 위해 이 세력을 "제국의 대리인"이라 불렀다. 그런데 그로써 영국 정부는 제국주의에서 제거하려 애썼던 정의의 흔적과 가치를 오히려 그것에 부여하게 되었다.[26] 정치적으로 "제국의 대리인"은 원주민이 보호받을 뿐만 아니라 영국인과 '제국 의회'가 어떤 면에서 그들을 대변한다는 사상으로 표현된다.[27] 여기서 영국인은 제국의 건설에서 프랑스의 실험에 매우 근접하고 있다. 물론 영국인은 피지배 민족에게 실질적인 대표권을 줄 정도까지 가지는 않았지만. 그럼에도 불구하고 국가 전체가 정복 민족을 위한 신탁통치 국가이기를 바랐고, 최악의 사태를 막기 위해 변함없이 최선을 다했다는 것도 사실이다.

"제국의 대리인"(오히려 국가의 대리인이라 불러야 할 것이다)과 식민지 행정관 사이의 갈등은 영국 제국주의 역사의 주요한 실마리다. 크로머가 1896년 이집트를 통치하는 동안 솔즈베리 경에게 올렸던 "탄원", 즉 "영국 정부의 부서로부터 나를 구해달라"는 탄원은[28] 1920

---

26) 이런 틀린 명칭은 아마 영국의 남아프리카 통치 역사에서 유래할 것이다. 지역 총독이었던 세실 로즈와 제임슨이 런던의 '제국 정부'가 원치 않는데도 정부를 보어인과의 전쟁에 개입시킨 시대로 거슬러 올라간다. "실제로 로즈와 특히 제임슨은 영국보다 3배나 큰 지역의 절대적 지배자였고 이 지역은 '식민지의 고등 판무관의 인색한 동의나 공손한 검열 없이' 관리될 수 있었다." 고등 판무관은 단지 '명목적 통제권'을 가진 제국 정부의 대리인이었다(Reginal Ivan Lovell, *The Struggle for South Africa*, 1875~99, New York, 1934, p.194). 영국 정부가 국민국가의 전통적인 그리고 헌법적 제약이 없는 지역의 유럽 주민들에게 사법권을 양도했던 지역에서 무슨 일이 일어났는지는 독립 이후, 다시 말하면 '제국 정부'가 개입할 수 있는 권한을 상실한 시점 이후에 벌어진 남아프리카 연맹의 비극에서 잘 볼 수 있다.
27) 1908년 5월 하원에서 찰스 딜크와 식민성 차관 사이에 벌어진 토론은 이런 점에서 흥미롭다. 딜크는 연방 식민지에 자치권을 부여하는 일은 유색 노동자에 대한 백인 농장주의 지배로 귀결될 것이라는 이유를 들어 경고했다. 그는 원주민들도 영국 하원에 대표를 가지고 있다는 대답을 들었다. G. Zoepfl, "Kolonien und Kolonialpolitik," in *Handwörterbuch der Staatswissenschaften* 참조.

년대에 국가와 국가가 지지했던 모든 사안이 인도 상실의 위기에 책임이 있다는 비난을 과격한 제국주의자들로부터 공개적으로 받을 때까지 거듭 반복되었다. 제국주의자는 인도 정부가 "자신들의 존재와 정책을 영국의 여론 앞에 정당화해야" 한다는 사실에 깊이 분개했다. 이런 여론의 통제는 "행정적 학살"[29] 조치를 불가능하게 만들었다. 제1차 세계대전이 끝난 후 이 학살 조치는 다른 곳에서는 극단적인 평정 수단으로[30] 이따금 사용되었는데, 그것이 실제로 인도의 독립을 막았을지도 모른다.

독일에서도 국회의원과 아프리카의 식민지 행정관 사이에 비슷한 적대감이 팽배해 있었다. 1897년 카를 페터스(Carl Peters)는 독일의 남동 아프리카 식민지의 관직에서 파면되었고 원주민에 대한 잔혹 행위 때문에 정부 직책에서도 물러나야만 했다. 식민지 총독인 치머러(Zimmerer)에게도 비슷한 일이 일어났다. 1905년 종족의 추장들은 처음으로 제국 의회에 불만을 털어놓았다. 그 결과 식민지 행정관들이 이들을 감옥에 가두었을 때, 독일 정부가 개입했다.[31]

---

28) Lawrence J. Zetland, *Lord Cromer*, 1923, p.224.
29) A. Carthill, *The Lost Dominion*, 1924, pp.41~42 and 93.
30) 극동의 '평정' 사례는 『옵서버』(*The Observer*, 1920)를 위해 로렌스가 쓴 기사 '프랑스, 영국과 아랍인들'에서 상세하게 서술되어 있다. "먼저 아랍의 승리가 있었고, 영국의 지원병들은 징벌 군대로 출정했다. 그들은 분투하여 목표에 이르렀고, 이곳은 그동안 대포, 비행기와 포함의 폭격을 받았다. 결국 마을 하나가 불타고 지역 전체는 평정되었을 것이다. 이 경우에 독가스를 사용하지 않는 것이 이상했다. 주택 폭격은 여자와 아이들을 죽이는 누더기 같은 방식이다……. 독가스 공격은 그 지역의 주민들을 말끔하게 전멸시킬 것이다. 통치 방법으로 그것이 현재 시스템보다 더 비도덕적이지는 않다. 데이비드 가넷(David Garnett)이 편집한 로렌스의 *Letters*, New York, 1939, p.311 이하 참조.
31) 다른 한편으로는 1910년 식민성 차관 데른부르크는 원주민들을 보호하기 위해 식민지 농장주들에 대항했다는 이유로 사임해야 했다. Mary E. Townsend, *Rise and Fall of Germany's Colonial Empire*, New York, 1930; P. Leutwein, *Kämpfe um Afrika*, Luebock, 1936.

프랑스의 통치도 마찬가지였다. 파리 정부가 임명한 총독들은 알제리에서처럼 식민지 주민들로부터 강한 압력을 받았거나, 아니면 원주민을 통치하는 기존 방식을 개혁하기를 거부했다. 그들은 이 개혁이 "(그들) 정부의 약한 민주주의 원칙"[32]의 영향을 받았다고 주장했다. 제국주의 행정관은 어디에서나 국가의 통제가 자신들의 통치에 심각한 부담이고 위협이라고 느꼈다.

그런데 제국주의자들이 전적으로 옳았다. 한편으로 법령이나 자의적 관료에 의한 통치에 반대하면서 다른 한편으로 국가의 위대한 영광을 위해 속령을 영구 보존하려는 사람들보다 제국주의자들이 피지배 민족을 현대적으로 통치할 수 있는 조건을 더 잘 알고 있었다. 민족주의자보다 제국주의자가 국가라는 정치 체제가 제국을 건설할 능력이 없다는 사실을 더 잘 알고 있었다. 국가의 행진과 민족의 정복이 자체의 내재적 법을 따른다면, 피지배 민족이 자주 국민으로 부상하고 정복자는 패배하는 결론이 나온다는 점을 인식하고 있었다. 그래서 민족적 포부와 제국의 건설을 결합하려 했던 프랑스의 방식은 1880년대 이후 공개적으로 제국주의의 길로 나섰던 영국의 방식보다, 설령 민주주의 제도를 유지하던 모국의 제약을 받았다 하더라도 덜 성공적이었다.

2. 권력과 부르주아 계급

제국주의자는 국가를 실제로 수립하지 않고도 정치권력을 확대하기를 원했다. 제국주의 팽창은 기이한 경제 위기 때문에 촉발되었다. 즉 과잉 저축의 결과로 자본이 과잉 생산되고 '남아도는' 돈이 발생했는데, 이 돈이 국민국가의 경계 안에서는 생산적 투자처를 더 이상

---

32) 마다가스카르의 전 총독이며 페탱의 친구였던 레옹 카일라(Léon Cayla)의 말이다.

찾을 수 없게 되었다. 권력의 투자가 돈의 투자를 위한 길을 열어주지 않는 대신 권력의 수출이 수출된 돈의 뒤를 온순하게 따르는 일이 처음으로 발생했다. 그 까닭은 먼 이국에서 이루어지는 통제 불가능한 투자는 사회의 많은 구성원을 투기꾼으로 만들고 전체 자본주의 경제를 생산 체계에서 금융 투기 체계로 변화시키며 생산 이익을 수수료 이익으로 대체할 것이기 때문이었다. 제국주의 시대가 등장하기 바로 직전의 10년, 즉 1870년대는 사기와 금융 스캔들, 주식 투기가 유례없이 증가한 시기였다.

제국주의 이전의 발전을 주도한 개척자들은 유대계 금융업자였다. 이들은 자본주의 체계 밖에서 재산을 얻었는데, 국제적으로 보증된 차관을 얻기 위해 성장하는 국민국가는 이들을 필요로 했다.[33] 건전한 정부 재정을 위한 세금 제도가 확립되면서 이 집단이 자신들의 몰락을 두려워할 충분한 이유가 나타났다. 수세기 동안 위탁 업무로 돈을 벌었던 그들은 국내 시장에서 이익을 낼 수 없었던 자본의 투자에 종사하고 싶어 했고 또 권유를 받은 최초의 사람들이다. 유대계 국제 금융업자들은 근본적으로 국제적인 사업 운용에 안성맞춤이었다.[34]

---

33) 이 내용과 다음 내용을 제2장과 비교할 것.

34) 제국주의 발전을 연구한 과거 연구자들은 모두 이 유대인의 요소를 강조하는 반면 최근의 저서에서 그것이 거의 아무런 역할을 하지 않는다는 사실은 흥미롭다. 관찰이 믿을 만하고 분석이 매우 정직하기 때문에 특별히 언급할 가치가 있는 것은 이 점에서 홉슨의 변화다. "Capitalism and Imperialism in SouthAfrica," in *Contemporary Review*, 1900이란 주제로 쓴 첫 논문에서 그는 이렇게 말했다. "금융업자는 대부분 유대인이었다. 그들은 탁월한 국제적 금융통이었고 영어를 말하지만 대부분 대륙 출신이었기 때문이다……. 그들은 그곳에(남아프리카의 트란스발)에 돈을 벌려고 왔으며, 일찍 와서 돈을 가장 많이 번 사람들은 경제적 어금니를 포획물의 시체에 그대로 둔 채 대개 철수했다. 그들은 지구 위의 다른 지점에 정착할 준비를 했기 때문에 요하네스 부근 세계 제1의 금 산지인 랜드(Rand)를 잡았다. 일차적으로 그들은 금융 투기꾼이었다. 즉 산업의 진정한 결실이나 심지어 다른 사람들의 산업에서 이득을 취하지 않고 건설, 판매나 회사의 금융 조작으로 돈을 버는 사람들이었다." 홉슨이 그 이후에 쓴 연구서 『제국주의』에서 유대인은 언급조차 되지 않

더욱이 초기에는 정부 자체 ─ 먼 나라에서 투자하기 위해서는 어떤 형태로든 정부의 지원이 필요했다 ─ 다수가 투기꾼이던 국제 금융계의 신출내기보다 유대계 금융업자를 선호했다.

금융업자들이 국가 생산이라는 좁은 틀 안에서 무위와 태만의 저주를 받은 잉여 재산에 자본 수출의 물꼬를 터준 후, 부재 주주들은 엄청나게 증가한 이윤에 상응하는 엄청난 위험 부담에도 아랑곳하지 않는다는 사실이 곧 분명해진다. 수수료를 챙기는 금융업자도, 심지어 국가가 지원한다 해도 이 주주들에게 위험을 보장해줄 충분한 권력을 가지고 있지 못했다. 오로지 국가의 물질 권력만이 그렇게 할 수 있었다.

돈의 수출에 이어 통치권력도 수출되어야 한다는 사실이 분명해지면서, 일반적으로 금융업자들, 특수하게는 유대인 금융업자의 입지는 상당히 약화되었다. 제국주의적 무역과 기업의 지도권은 점차 자국 부르주아 계급의 구성원들이 넘겨받게 된다. 이런 측면에서 세실 로즈의 경력은 특히 시사적이다. 사업에 새로 뛰어든 신참인 그는 몇 년 안에 막강한 유대계 금융업자를 모두 밀어냈다. 1885년에 블라이히뢰더는 동아프리카 회사의 설립에 협력했던 파트너였지만, 독일이 14년 후 미래의 거대한 제국주의 기업인 지멘스와 도이치뱅크의 힘으로 바그다드 철도를 건설하기 시작했을 때 히르시 남작에게 자리를 빼앗겼다. 아무튼 유대인에게 실질적 권력의 양도를 꺼렸던 정부와 정치적 함의를 지닌 사업에 참여하기를 꺼렸던 유대인의 주저가 맞아떨어졌기 때문에 유대인 집단의 막강한 부에도 불구하고 초기 단계의 투기와 수수료 벌이가 끝난 후에 진정한 권력 투쟁이 전개되지 못했다.

는다. 그동안 유대인의 영향력과 역할이 일시적이고 다소 표면적이었음이 분명해졌던 것이다.

남아프리카에서 활동한 유대인 금융업자의 역할에 관해서는 제7장 참조.

각국 정부는 사업이 점차 정치적 이슈로 전환되고 비교적 소규모 집단의 경제적 이해관계가 국가적 이해 자체와 동일시되는 경향이 증가하는 현상을 염려의 눈초리로 관망했다. 그러나 권력을 수출할 수 있는 유일한 대안은 국가 재산의 상당 부분을 고의로 희생하는 길밖에 없는 것처럼 보였다. 공권력을 확대 적용해야만 외국 투자 운동을 합리적으로 조정할 수 있었고 모든 저축을 도박에 걸도록 조장한 잉여 자본의 투기 현상을 다시 국가의 경제 시스템 안으로 통합할 수 있었다. 국가는 경제 체제가 지탱할 수 없는 큰 손실과 국민에게 맡겨둔다면 누구라도 꿈꿀 커다란 이득 가운데 하나를 선택해야 할 경우 어쩔 수 없이 후자를 선택할 것이기 때문에 국가는 권력을 확대했다.

　경찰과 군대 같은 공권력은 국가의 틀 안에서는 다른 국가 제도와 나란히 그리고 이 제도에 의해 통제되었지만, 미개하거나 약한 국가에서는 이 제도와 분리되어 국가를 대표하는 지위로 올라갔는데, 이것이 권력의 수출로 나타난 결과다. 산업도 정치 조직도 존재하지 않으며 폭력이 어떤 서구 국가에서보다 더욱 허용되는 이 후진 지역에서는 이른바 자본주의의 법칙이 실제로 현실을 창조할 수 있었다. 사람이 사람을 낳듯이 돈으로 돈을 벌려는 부르주아 계급의 허황한 꿈은, 돈이 생산에 투자되어야 하는 먼 길을 가야 하는 한 추악한 꿈에 머물렀다. 돈이 돈을 낳은 것이 아니라 사람이 사물과 돈을 만들었다. 행복한 성취라는 새로운 비밀은 경제 법칙이 더 이상 소유 계급의 탐욕을 방해해서 안 된다는 것이었다. 돈은 결국 돈을 낳을 수 있었다. 그것은 권력이 경제법이든 윤리법이든 모든 법을 완전히 무시하고 부를 독점할 수 있었기 때문이다. 수출된 돈이 권력의 수출을 자극하는 데 성공할 때에만 소유주의 계획을 성사시킬 수 있었다. 무제한적 권력 축적만이 무제한적 자본 축적을 가져올 수 있었다.

　응급조치로 출발했던 해외 투자와 자본 수출은 수출된 권력의 보호를 받으면서 곧 모든 경제 체제가 영구적 특징이 되었다. 제국주의적 팽창 개념에 따르면 팽창은 그 자체 목적이지 잠정적 수단이 아니다. 이런 팽창 개념은 국민국가의 가장 중요한 영구적 기능 가운데 하나가 권력의 팽창이라는 사실이 명백해지면서 정치사상에 등장했다. 국가가 고용한 통치자들은 곧 국가 안에 새로운 계급을 형성했으며, 활동 영역은 모국에서 멀리 떨어져 있었지만 모국의 정치에 큰 영향력을 행사했다. 그들은 실제로 폭력을 관리하는 사람에 불과했기 때문에 오로지 권력 정치의 관점에서만 사고할 수 있었다. 그들은 일상적 경험 덕분에 하나의 계급으로서 권력이 모든 정치 구조의 본질이라고 주장한 최초의 사람들이었다.

이 제국주의 정치 철학이 새로운 까닭은 폭력에 우월한 지위를 부여했기 때문도 아니고 권력이 근본적인 정치 현실이라는 사실을 발견했기 때문도 아니다. 폭력은 정치 행위에서 언제나 최후의 논쟁 수단이었으며, 권력은 늘 통치와 지배의 가시적인 표현이었다. 그러나 그 이전까지 이것들이 정치 체제의 의식적 목표나 명확한 정책의 궁극적 목적이 된 적은 없었다. 권력을 그대로 내버려둘 경우에 늘 더 많은 권력만을 성취할 것이며, (법을 위해서가 아니라) 권력을 위해 관리되는 폭력은 파괴적 원칙으로 변하여 위반할 것이 더 이상 남아 있지 않을 때까지 멈추지 않을 것이기 때문이다.

그러나 뒤이어 등장한 권력 정치에 내재한 이 모순은, 어떤 목적도 목표도 없는 영원한 과정의 맥락에서 그것을 이해한다면 뜻이 통하게 된다. 그렇게 되면 업적 검사는 무의미해질 수 있으며, 권력은 모든 정치 행위의 끝없는 자가 발전기로 여겨질 수 있다. 그것은 돈이 돈을 낳는 무한한 자금 축적과 같은 것이다. 무제한적 팽창이란 개념은 자본의 무제한적 축적에 대한 희망을 유일하게 실현할 수 있으며, 목표도 없이 권력을 끝없이 축적하게 한다. 그런데 이 개념은 새로운 정치 체제의 설립—제국주의 시대에 이르기까지 항상 정복의 궁극적 결과였던—을 거의 불가능하게 만들었다. 실제로 무제한적 팽창의 논리적 결과는 피정복 민족의 것이든 모국민의 것이든 모든 생활 공동체를 파괴하는 것이다. 새롭든 오래되었든 모든 정치 구조는 그대로 내버려두면 안정적 힘을 발전시키고 이 힘은 영원한 변화와 팽창을 저지하기 때문이다. 그러므로 모든 정치 단체는 증대하는 권력의 영원한 흐름의 일부로 간주될 때 잠정적인 장애물처럼 보이게 된다.

과거 온건한 제국주의 시대에 끝없이 증대하는 권력의 관리자는 피정복 영토를 병합하려 하지 않았으며, 기존의 후진적 정치 공동체를 지나간 삶의 황량한 폐허로 보존하려 했다. 반면 이들을 계승한 19세기 제국주의자는 자민족과 다른 민족이 소유한 안정된 정치 구조를 해체하고 파괴했다. 단순한 폭력의 수출은 하인을 주인으로 만들었지만, 새로운 것을 창조할 수 있는 주인의 특권을 부여하지 않았다. 모국에 폭력이 독점적으로 집중되고 엄청나게 축적됨으로써 하인은 파괴의 적극적 대리인이 되었다. 그래서 결국 총체적 팽창은 국가와 민족을 파괴하는 힘으로 변했던 것이다.

권력이 봉사의 대상인 정치 공동체에서 분리될 경우, 권력은 정치 행위의 본질이 되고 정치사상의 중심이 된다. 경제 요소가 이런 결과를 가져온 것은 사실이다. 그러나 권력이 경제적·사회적 지배 계급의 숨은 욕망, 은밀한 확신과 일치하지 않았더라면, 권력이 유일한 정치적 내용으로 도입되고 팽창이 권력의 유일한 목표로 채택되어도 보편적 박수갈채를 얻지 않았을 것이며, 또 정치 체제가 해체되어도 아무도 반대하지 않는 결과는 나오지 않았을 것이다. 부르주아 계급은 국민국가에 의해 또 공무에 대한 관심 부족 때문에 오랫동안 통치에서 배제되었지만, 이제 제국주의 덕분에 정치적으로 해방되었던 것이다.

제국주의는 자본주의의 마지막 단계라기보다 부르주아 계급이 정치 지배를 실현하는 첫 단계로 이해해야 한다. 유산계급이 통치하려는 포부를 가지고 있지 않았다는 사실, 그리고 재산권을 확실하게 보호해줄 것 같은 국가라면 어떤 유형이든 만족했다는 사실은 잘 알려져 있다. 실제로 국가는 그들에게 잘 조직된 경찰력일 뿐이었다. 이런 그릇된 조심성이 전체 부르주아 계급을 정치 체제의 권외에 머무르게 했다. 왕정 체제의 백성이나 공화국의 시민이기 이전에 그들은 본질적으로 사적 개인이었다. 이런 사적 특성과 돈벌이에 대한 일차적 관심은 일련의 행동 유형을 발달시켰다. 이 행동 유형은 경쟁 사회에서의 경험에서 유래하는 속담, "어떤 것도 성공처럼 성공하지 못한다" "권력은 옳다" "정의는 편의다" 등의 속담에서 표현된다.

제국주의 시대에 사업가는 정치가가 되고 정치인으로서 갈채를 받는 반면, 정치인이 진지하게 받아들여지는 경우는 그들이 성공한 사업가의 언어로 말하고 '대륙적으로 사고할' 때뿐이다. 이 사적인 관행과 책략은 점차 공무의 운영 규칙과 원칙이 된다. 19세기 말에 시작해서 여전히 계속되는 이 재평가 과정에서 중요한 사실은 부르주아 원칙이 외교 업무에 적용되면서 이 과정이 시작되었고 국내 정치로는 단지 서서히 확대되었다는 점이다. 그러므로 관련국들은 무모함이 과거 사생활에서만 판을 쳤고 국가는 이에 대항해 자신과 개인적 시민들을 방어해야 했지만, 이제 이 무모함이 공적으로 중요한 정치 원칙으로 부상하려 한다는 사실을 알아차리지 못했다.

공익을 사적 이해관계에서 도출하려 시도했고 사적 이익을 위해 국가 공동체―그 토대와 궁극적 목표는 권력의 축적이다―를 생각하고 그 윤곽을 그렸던 위대한 사상가의 철학에 현대의 권력 신봉자들이 완전히 동의한다는 사실은 의미심장하다. 설령 부르주아 계급이 오랫동안 홉스를 인정하지 않았다 하더라도, 그는 실제로 그들이 자신들의 철학자라고 정당하게, 배타적으로 주장할 수 있는 유일한 철학자였다. 홉스의 『리바이어던』[35]에 나타나는 정치 이론에 따르면 국가는 공무와 관련하여 개인의 이익이 옳은가 아니면 그른가

___

35) 다음의 모든 인용문은, 주석이 아니라면 『리바이어던』에 나온다.

를 결정하는 구성법—신의 법이든 자연법이든 또는 사회계약법이든—에 근거하는 것이 아니라 개인의 이익 자체에 근거하므로 "사적 이익은 공적 이익과 같다."[36]

필적할 상대가 없이 장엄한 홉스의 논리가 예측하지 못한 부르주아의 도덕 기준은 하나도 없다. 그는 인간 자체에 관해서가 아니라 부르주아 인간에 관해 거의 완벽한 묘사를 제공하며, 300년이 흐른 지금도 시대에 뒤떨어지지 않을 뿐만 아니라 탁월성에서 추월당하지 않은 분석을 제공한다. "이성은…… 계산일 뿐이다." "자유로운 주체, 자유 의지…… 의미 없는…… 말에 불과하다. 다시 말해 불합리하다." 인간은 이성도 없고 진리를 위한 능력도 없고 자유 의지도 없는—다시 말해 책임질 능력이 없는—존재이며, 인간은 본질적으로 사회의 기능일 뿐이다. 따라서 그를 판단하는 기준은 "그의 평가나 가치…… 그의 가격이다. 다시 말해 그의 힘을 사용하는 대가로 제공될 수 있는 것만큼이다." 이 가격은 사회에 의해, 공급과 수요의 법칙에 따르는 '타인들의 존경'에 의해 끊임없이 평가되고 재평가된다.

홉스에 따르면 권력은 축적된 통제력으로서 개인이 자기 이익에 기여하는 방식으로 가격을 결정하고 수요와 공급을 조절하게 한다. 개인은 절대적인 소수의 관점에서, 완전한 고립 속에서 자신의 이익을 고려할 것이다. 그런 다음 그는 다수의 도움을 받아야만 자신의 이익을 추구하고 성취할 수 있다는 사실을 깨닫게 될 것이다. 그러므로 사람이 오로지 자신의 개인적 이해관계에 따라서만 조종된다면, 권력욕은 인간의 근본적 열정임이 틀림없다. 권력은 개인과 사회의

---

36) 이 내용이 개인의 이익과 공익 간의 모순을 제거했다는 전체주의의 평계와 우연히 일치한다는 것은 충분히 의미심장하다(12장 참조). 그러나 홉스는 사적 이익이 국가의 이익과 같은 것처럼 보이게 하면서 사적 이익을 특히 보호하고자 했던 반면, 전체주의 정권은 사생활이 존재하지 않는다고 선언한 사실을 간과해서는 안 된다.

관계를 조정하고 또 다른 모든 야망을 조정한다. 왜냐하면 재물, 지식과 존경은 그 결과로서 뒤따르기 때문이다.

홉스는 권력 투쟁에서나 권력을 얻을 수 있는 타고난 능력에서 모든 인간은 같다는 사실을 지적한다. 왜냐하면 인간의 평등은 인간이 원래 다른 인간을 죽일 수 있는 힘을 충분히 가지고 있다는 사실에 근거하기 때문이다. 약함은 교활함으로 보완될 수 있다. 잠재적 살인자로서 인간의 평등은 모든 인간을 똑같이 불확실한 위치에 세우며, 이로부터 국가에 대한 필요성이 발생한다. 국가의 존재 이유는 다른 사람들로부터 위협을 느끼는 개인의 안전에 필요하기 때문이다.

홉스 인간관의 핵심적 특징은 최근 칭송받고 있는 사실주의적 염세주의가 결코 아니다. 인간이 홉스가 생각하는 그런 존재라면 그는 어떤 국가도 발견할 수 없을 것이기 때문이다. 홉스는 실제로 이 존재를 확고하게 정치 공동체 안으로 통합하는 데 성공하지 못했고 또 성공하기를 원치도 않았다. 홉스의 인간은 국가가 패배해도 국가에 대한 충성 의무가 없으며, 포로로 붙잡혔을 경우에는 국가를 배반해도 용서받을 것이다. 국가 공동체 밖에서 사는 사람(예를 들면 노예)은 동료에 대한 의무는 없지만, 할 수 있는 만큼 많은 사람을 죽여도 된다. 그 반대로 "다른 사람을 지키기 위해, 그가 유죄든 무죄든 상관없이 국가 공동체의 무력에 저항할 자유는 어떤 사람도 가지고 있지 않다"는 사람과 사람 사이에는 동료 의식도 책임도 없다는 의미다. 그들을 한데 묶는 것은 공동의 이익이고, 이 공동의 이익은 모든 사람이 그것을 위해서 죽음을 예상하는 중죄가 될 수도 있다. 이 경우 그들은 "국가 공동체의 무력에 저항할 수 있고" "함께 협력하고 지원하고 서로를 방어할 수 있는…… 권리가 있다. 왜냐하면 그들은 단지 그들의 생명을 지키기 때문이다."

따라서 어떤 공동체의 구성원이라는 것은 홉스에게 잠정적이고 제한된 사건이며, 이 사건은 ("모든 사람을 제압할 수 있는 권력이 없는 곳에서 교제를 하면서 기쁨은 느끼지 못하고 그 반대로 엄청난 슬픔만 느끼는") 개인의 고독하고 사적인 성격을 근본적으로 바꾸지 못하고 또 그와 동료 사이에 영구적 유대를 만들지도 못한다. 홉스의 인간관은 국가 공동체에 토대를 제공하려는 그의 목적과 맞지 않으며, 대신 모든 진정한 공동체를 쉽게 파괴할 수 있는 일관된 행동 유형을 제공하는 것처럼 보인다. 이것은 홉스가 고안한 국가 공동체의 내재적이고 공인된 불안정성으로 귀결된다. 국가 공동체의 개념이 그 자체의 해체를 함축하고 있는 것이다——"(외환이든 내란이든) 전쟁에서 적이 승리한다……. 그렇게 되면 국가 공동체는 해체되고 각자는 임의대로 자신을 보호한다"——홉스가 거듭 언급한 가장 주요한 목적이 최대한의 안전과 안정을 보장하는 것이었기 때문에 이 불안정성은 그만큼 더 놀랍다.

이 인간관을 심리학적 사실주의나 철학적 진리를 얻기 위한 시도로 생각하는 것은 홉스에게 또 철학자로서 그의 위엄에 심각한 불의를 행하는 일일 것이다. 실제로 홉스는 그런 일에는 흥미가 없으며, 오로지 정치 구조 자체에 관심이 있다. 그는 리바이어던의 필요에 따라 인간의 모습을 묘사한다. 그가 정치 이론의 윤곽을 그리면서 마치 인간에 대한, 즉 "오로지 권력을 열망하는" 존재에 대한 사실주의적 통찰에서 출발한 것처럼, 그리고 이런 통찰에서 출발하여 권력에 굶주린 이 동물에 적합한 정치 체제의 구상으로 나아가는 것처럼 하는 것은 논증과 확신을 위해서다. 그의 인간관이 이치에 맞게 되고 또 추정된 인간의 사악함이라는 진부한 사실을 넘어설 수 있는 유일한 과정은 바로 반대 과정이다.

이 새로운 국가 체제는 17세기에 발생한 새로운 부르주아 사회를 위해 고안되었으며, 이 인간관은 그 사회에 적합한 새로운 유형의 인간을 위한 스케치다. 국가 공동체의 토대는 권리의 위임이 아니라 권력의 위임이다. 국가 공동체는 살해에 대한 독점권을 요구하고 그 대가로 죽지 않을 수 있는 조건부 보장을 제공한다. 안전은 법이 제공하고, 이 법은 (옳고 그름에 대한 인간의 기준에 따라 인간이 확립한 것이 아니라) 국가의 권력 독점으로부터 직접 나온다. 이 법은 절대권력으로부터 직접 흘러나오기 때문에, 그 지배를 받는 개인의 눈에 법은 절대적 필요성을 대변한다. 국가의 법에 관해서는——즉 국가가 독점한, 축적된 사회 권력——옳고 그름의 문제는 없으며, 단지 절대적인 복종, 부르주아 사회의 맹목적 순응주의가 있을 뿐이다.

공적이고 국가적인 삶은 개인에게 필연성을 가장하고 나타나며, 개인은 정치 권리를 박탈당하고 점차 자신의 사생활과 개인적 운명에 새로운 관심을 가지게 된다. 이 관심은 점점 더 커져간다. 개인은 모든 시민이 연관된 공적인 일을 관리할 수 있는 기회로부터 배제되었기 때문에, 사회 내의 적법한 자기 자리를 잃고 또 동료와의 자연적 관계를 상실한다. 그는 이제 자신의 사생활을 다른 사람들의 사생활과 비교함으로써만 자신의 사생활에 대한 판단을 내릴 수 있다. 사회 안에서 동료와의 관계는 경쟁의 형태를 띠게 된다. 필연성을 가장한 국가가 공무를 조정하자마자, 경쟁자의 사회적 또는 국가적 경력은 기회의 통제하에 들어온다. 각자가 천부적으로 권력에 대한 동등한 능력을 갖추고 있으며 상대방의 공격에 대한 보호를 국가로부터 동등하게 받는 개인의 사회에서는 오로지 기회만이 누가 성공할지 결정한다.[37]

---

37) 기회가 삶 전체의 궁극적인 결정자 위치로 부상하게 되는 경향은 19세기에 이르러 절정에 달한다. 그와 함께 문학의 새로운 장르, 단편 소설이 등장하고 드라마의 몰락이 시작된다. 드라마는 행동 없는 세계에서는 무의미하게 된 반면 단편 소설은 필연성의 희생자이거나 행운의 총아인 인간의 운명을 적절한 형태로 다룰 수 있었기 때문이다. 발자크는 이 새로운 장르의 가능성을 모두 보여주었으며, 나아가 인간의 열정을 인간의 운명, 즉 미덕도 악덕도 이성도 자유 의지도 담고 있지 않은 인간의 운명으로 표현했다. 원숙기에 도달한 단편 소설은 광범위한 인간사 전체를 해석하고 재해석하면서 자신의 운명에 대한 심취라는 새로운 복음을 전파할 수 있었다. 이런 자기 운명에 대한 심취는 19세기 지식인 사이에 커다란 역할을 했다. 이러한 심취를 수단으로 예술가와 지식인은 자신과 속물 사이에 경계를 그으려 했고 또 행운과 악운의 무자비함으로부터 스스로를 보호하려 했다. 그들은 고통과 이해와 미리 정해진

부르주아의 기준에 따르면 완전히 불운하고 완전히 실패한 사람은 자동적으로 경쟁에서 제외된다. 경쟁은 사회생활이다. 행운은 명예와, 불운은 수치와 동일시된다. 개인은 국가에 자신의 정치 권리를 넘기면서 사회 책임도 위임한다. 즉 그는 범죄자로부터 보호해달라고 국가에 요구하는 것처럼 가난한 사람들을 돌보아야 하는 짐으로부터도 면제해달라고 요구한다. 빈곤자와 범죄자 간의 차이는 사라진다──이 둘은 모두 사회 밖에 있다. 실패한 사람들은 고대 문명이 그들에게 남겨두었던 미덕을 빼앗긴다. 불운한 자들은 더 이상 기독교적 자비에 호소할 수 없다.

홉스는 사회에서 배제된 사람들──실패자, 불운아, 범죄자──을 사회와 국가에 대한 모든 의무로부터, 만약 국가가 그들을 돌보지 않는다면 해방시켰다. 그들은 자신들의 권력욕을 마음껏 발산할 것이고, 자신들의 원초적인 살해 능력을 사용하여 사회가 오로지 편의상 감추고 있는 자연적 평등을 복구하라는 명령에 따른다. 홉스는 사회적 부랑자들이 살인 갱단으로 조직될 것이라고 예상하고 이를 부르주아적 도덕 철학의 논리적 결과로 정당화한다.

권력은 본질상 목적에 이르는 수단이기 때문에 권력에 기반을 둔 공동체는 질서와 안정의 고요함 속에서 부식할 수밖에 없다. 공동체의 완벽한 안전은 그것이 모래 위에 쌓여 있음을 드러낸다. 더 많은 권력의 획득이 기존 질서를 보장할 수 있는 유일한 길이다. 공동체는 자신의 권위를 부단히 확장하고 또 권력을 축적함으로써 안정을 유지할 수 있다. 홉스의 국가 공동체는 동요하는 불안정한 구조이며 항상 외부로부터의 새로운 지주를 공급받아야만 한다. 그렇지 않으면 국가 공동체는 하룻밤 사이 붕괴하고, 자신의 기원인 사적 이해관계

역할의 수행에 대한 현대적 감수성이 풍부한 재능을 전개했다. 이 재능은 다른 것이 되지 못한다면 적어도 의식적인 희생자가 되라고 요구하는 인간 존엄성이 너무나 필요로 하는 것이다.

의 목적 없고 무분별한 혼란으로 빠질 것이다. 홉스는 자연 상태의 이론, 즉 만인의 만인에 대한 "영원한 전쟁의 조건"에 관한 이론에서 권력 축적의 필연성을 구체화한다. 이 상태에서 다양한 개별 국가는 국민이 국가의 권위에 복종하기 전까지 서로 대치하고 있는 것처럼 대치한다.[38] 상존하는 전쟁의 가능성은 국가에 영속성의 전망을 보증한다. 그 까닭은 전쟁이 국가로 하여금 다른 국가를 희생시켜 자신의 권력을 증대하게끔 만들기 때문이다.

겉모습만 보고 개인의 안전에 대한 홉스의 탄원과 국가에 내재하는 불안정 사이에 명백한 모순이 있다고 생각하는 것은 잘못이다. 여기서 그는 다시 설득하려 하고 어떤 기초적인 안전 본능에 호소하려한다. 이 안전 본능은 '모든 백성을 위협하는' 권력에 대한 절대적 복종의 형태, 즉 널리 만연한 압도적 공포——이는 안전한 사람의 근본적인 정서는 아니다——로 『리바이어던』의 백성들에게 남아 있을 수있다. 홉스의 출발점은 부상하는 부르주아 계급이 만든 새로운 사회체제의 정치 욕구에 대한 탁월한 통찰이다. 무한한 재산 축적의 과정에 대한 부르주아 계급의 근본적 믿음은 모든 개인적 안전을 제거하려 했다. 홉스는 정치 구조에 혁명적인 변화를 제안했을 때 사회적이고 경제적인 행동 유형에서 필수적인 결론을 도출했다. 그는 새로운 계급의 새로운 욕구와 이해관계에 상응할 수 있던 새로운 체제의 윤곽을 그렸다. 그가 실제로 달성한 업적은 어떤 사람이 도래하는 부르주아 사회와 조화를 이루기를 원한다면 그가 되어야 하고 행동해야만 할 그런 인간상이었다.

---

38) 세계 정부라는 자유주의 이념이 현재 유행인데, 이 이념은 다른 모든 자유주의적 정치권력 이념과 마찬가지로 '모두를 압도하는' 중앙 권위에 복종하는 개인들이라는 개념에 토대를 두고 있다. 단지 국가가 개인을 대신한다는 것이 차이일 뿐이다. 세계 정부는 진정한 의미의 정치, 즉 자신들의 권력이 최대한 효력을 발휘하는 가운데 함께 살아가고 있는 서로 다른 민족들을 극복하고 제거하려 한다.

인간적이고 신적인 모든 일(심지어 인간에 대한 신의 통치는 "그들을 창조했다는 데서가 아니라…… 불가항력적 권력에서 추론된다)의 원동력이 권력이라는 홉스의 주장은 재산의 무한한 축적은 권력의 무한한 축적에 근거한다는 확고한 이론적 전제조건에서 유래한다. 권력에 기초한 공동체의 내재적인 불안정성과 관련 있는 철학적 이미지는 무한한 역사 과정이라는 이미지다. 즉 권력의 끝없는 성장과 일치하기 위해 개인들, 민족들과 결국 모든 인류를 끌어들이는 역사의 무한한 과정 말이다. 자본 축적의 무제한적 과정은 증가하는 재산을 부단히 성장하는 권력으로 보호할 수 있는 '무제한적 권력'을 가진 정치 구조를 필요로 한다. 새로운 사회 계급의 근본적인 역동성을 인정한다면, "더 많은 권력과 수단을 획득하지 않고 현재 가진 것으로 잘살 수 있는 권력과 수단을 그는 확실하게 보장할 수 없다"는 말은 전적으로 맞다. '지난 300년간 이 이론적 인식의 진리를 실행의 유용성'으로 전환한 국가가 없었고 또 홉스의 권력 철학을 공개적으로 수용할 정도로 정치적 의식을 가지고 있고 경제적으로 성숙한 부르주아 계급도 없었다는 주목할 만한 사실도 이 결론의 일관성을 바꾸지 못한다.

자본의 무한한 축적을 보호하기 위해 필요한 권력의 무한한 축적 과정은 19세기 후반의 '진보적' 이데올로기를 결정했으며 제국주의 부상의 전조가 되었다. 재산의 무제한적 성장이라는 소박한 환상이 아니라 권력 축적은 이른바 안정적인 경제 법칙을 보장할 유일한 방책이라는 깨달음이 진보를 불가항력적인 것으로 만들었다. 혁명이 일어나기 전의 프랑스에서 사유된 18세기의 진보 개념이 의도한 바는 현재를 극복하고 미래를 통제할 수 있는 수단으로서 과거 비판이었다. 진보는 인간 해방에서 정점을 이룬다. 그러나 이 개념은 부르주아 사회, 즉 인간의 해방과 자율성을 원치 않을 뿐만 아니라 초인간적이라 추정되는 역사 법칙을 위해 모든 것과 모든 인간을 희생시

킬 준비가 되어 있는 부르주아 사회의 무한한 진보와는 아무런 상관
이 없다. "우리가 진보라 부르는 것은…… 저항할 수 없도록 (역사의
천사를) 미래 속으로 내모는 폭풍우다. 천사는 미래에 등을 돌리고
그의 발밑에서 폐허더미는 하늘 높이 쌓여간다."[39] 조이스의 말을
빌린다면, 마르크스의 무계급 사회에 대한 꿈만이 인류를 역사의 악
몽에서 깨우는데, 이 꿈에서 18세기 개념의 유토피아적인 마지막 흔
적이 나타난다.

별을 합병할 수 없어 화가 난 제국주의 성향의 사업가는 권력 자체
를 위해 조직된 권력은 더 많은 권력을 낳는다는 사실을 깨달았다.
자본의 축적이 자연적·국가적 한계에 도달하면, "팽창이 전부다"라
는 이데올로기를 가지고서만 그리고 그에 상응하는 권력 축적 과정
을 통해서만 과거의 동력을 다시 작동시킬 수 있다는 사실을 부르주
아 계급은 깨닫게 된다. 그러나 동시에, 영구적인 동력의 진정한 원
칙이 발견된 것처럼 보일 때 특별히 낙천적인 진보 분위기는 흔들린
다. 이는 모든 사람이 진보 자체의 불가항력을 의심하기 시작했다는
의미가 아니다. 많은 사람이 과거에 세실 로즈를 두려워하게 했던 것
을 보기 시작했다는 의미다. 즉 멈출 수 없고 안정을 이룰 수 없는 과
정에 인간의 조건과 지구의 한계가 심각한 장애가 되며, 그래서 이
과정이 한계에 도달하자마자 일련의 파괴적 재앙이 시작될 수 있다
는 사실이었다.

제국주의 시대에 권력의 철학은 엘리트의 철학이 되었다. 엘리트
는 권력에 대한 갈증을 오로지 파괴를 통해서만 가라앉힐 수 있다는
사실을 발견했고 인정할 자세가 되어 있던 사람들이었다. 이것이 바

---

39) Walter Benjamin, "Über den Begriff der Geschichte," *Institut für Sozialforschung*, New York, 1942, 등사판 인쇄물 ── 제국주의자들은 자신들의 진보 개념의 함의를 잘 알고 있었다. 인도의 관청에서 일하던 대표적인 작가 는 카르틸이라는 필명으로 쓴 글에서 이렇게 말한다. "진보의 개선 마차에 눌 려 짜부라진 사람들을 우리는 항상 가엾게 생각해야 한다"(앞의 책, 209쪽).

로 그들의 허무주의의 중요한 원인이다. (프랑스에서는 세기 전환기에, 독일에서는 1920년대에 특히 확연하게 눈에 띄는) 이 허무주의는 천박한 진보의 미신을 마찬가지로 천박한 운명의 미신으로 대체했으며, 자동적 진보의 광신자들이 경제 법칙의 불가항력을 열정적으로 전도했던 것처럼 자동적 파멸을 열정적으로 설교했다. 위대한 성공 예찬론자 홉스는 성공하기까지 3세기가 걸렸다. 이는 프랑스 혁명과 인간을 입법자이며 시민으로 규정하는 혁명의 인간관이 부르주아 계급이 자기 고유의 역사관, 즉 필연적 과정으로서 역사라는 관점을 발전시키지 못하도록 막았기 때문이다. 그러나 또한 일부는 정치 공동체의 혁명적인 함의, 즉 서구 전통과 대담하게 결별했기 때문이기도 한데, 이 점을 홉스가 지적했던 것이다.

권력의 생산과 축적을 유일한 목적으로 하는 기계의 궁극적 목적에 이바지하지 않고 부합하지 않는 모든 인간과 사상은 위험하고 해를 끼친다. 홉스는 '고대 그리스인과 로마인'의 책은 기독교의 '최고선'의 가르침과 마찬가지로 '예단'이라고 판단한다. "고대 도덕 철학자의 책에서 나오는 말"처럼, 또는 "어떤 사람이 자신의 양심에 반해서 행동한다면, 그것이 무엇이든 그는 죄인이다"와 "법은 정의와 불의의 규칙이다"는 교의처럼. 전제정치는 서구 역사에서 여러 번 나타났음에도 한 번도 철학적 근거를 얻는 영예를 가지지 못했다. 그런데 홉스가 원한 것이 바로 이런 전제정치의 정당화였다는 사실을 상기한다면, 우리는 서구 정치사상의 전통에 대한 그의 깊은 불신에 놀라지 않을 것이다. 리바이어던이 결국 전제정치의 영원한 통치가 되었다는 사실을 홉스는 자랑스럽게 인정한다. "전제정치의 이름은 통치권의 이름 이상도 이하도 의미하지 않는다……. 내가 생각하기에 전제정치에 대한 공공연한 증오를 관용한다는 것은 국가 일반에 대한 증오를 관용한다는 것이다."

홉스는 철학자였기 때문에 발전의 절정에 이르기까지 300년이 걸렸던 부르주아 계급의 발생 과정에서 새로운 계급의 반전통적 특성을 탐지해낼 수 있었다. 그의 『리바이어던』은 새로운 정치 원칙에 대한 한가한 사색이나 인간의 공동체를 통치하는 근거에 대한 해묵은 탐색에는 관심이 없다. 엄밀히 말하면 그것은 새로운 계급의 발생에서 도출되는 '결과의 계산'인데, 이 계급의 실존은 본질적으로 동력으로서의 재산, 새로운 재산 생산 장치에 묶여 있다. 부르주아 계급을 탄생시킨 이른바 자본 축적은 재산과 부의 개념 자체를 변화시켰다. 재산과 부는 이제 축적과 획득의 결과가 아니라 시작으로 간주된다. 부르주아 계급을 소유 계급으로 분류하는 것은 단지 피상적으로 정확할 뿐이다. 왜냐하면 삶을 영원히 부유해지는 과정으로 생각하는 사람이나 돈을 단순히 소비를 위해 유용한 물건이 아니라 어떤 신성한 것으로 간주하는 사람이면 누구나 속할 수 있다는 것이 이 계급의 특징이기 때문이다.

그러나 재산 자체는 사용과 소비를 필요로 하기 때문에 끊임없이 줄어든다. 가장 극단적이고 유일하게 안전한 형태의 재산은 파괴인데, 그것은 우리가 파괴하는 것만이 확실하게, 영원히 우리 것이기 때문이다. 소비하지 않고 소유물을 확대하려고만 하는 재산 임자는 불편한 한계, 즉 인간은 죽어야만 하는 불행한 사실을 발견하게 된다. 죽음은 재산과 획득이 결코 진정한 정치 원칙이 될 수 없는 진정한 이유다. 본질적으로 재산에 토대를 둔 사회 체계는 오로지 모든 재산의 궁극적인 파괴를 향해 나아갈 수밖에 없다. 지구의 한계가 정치 체제의 근거인 팽창에 도전하는 것처럼 개인적 삶의 유한성은 사회의 토대인 재산에 심각한 도전장을 던진다. 모든 개인 욕구와 소비 가능성의 범위를 넘어 자동적이고 부단한 부의 성장을 계획하며 인간 삶의 한계를 초월함으로써 개인의 재산은 공적 사안이 되고 단순한 사생활의 영역을 벗어나게 된다. 본질상 일시적이며 인간의 자연 일생에 의해 제한을 받는 사적 이익은 이제 공적 사안의 영역으로 달아나고, 끊임없는 축적을 위해 필요한 무한한 시간을 이 영역에서 빌려온다. 이 사회는 개미와 벌의 것과 유사한 사회를 창조하는 것처럼 보인다. 개미와 벌의 사회에서 "공적 재산은 사유 재산과 구분되지 않는다. 천성적으로 자신들의 사적 이익에 마음을 쓰지만, 그들은 그렇게 함으로써 공익을 산출한다."

그러나 인간은 개미도 벌도 아니기 때문에 모든 것이 기만이 된다. 마치 사적 이익이 단순한 덧셈으로 질적으로 새로운 전체 이익을 산출할 수 있기라도 하는 것처럼 공적인 삶은 사적인 이해관계들의 총계라는 기만적인 양상을 띠게 된다. 이른바 모든 자유주의적인 정치 개념(다시 말하면 모든 전 제국주의적 부르주아 계급의 정치관) — 신비스럽게도 경쟁적인 활동의 총계에서 유래하는 은밀한 균형이 조절하는 무한 경쟁 또는 적절한 정치적 미덕으로서 '계몽된 이기심'의 추구, 사건의 단순한 연속에 내재하는 무한한 진보와 같은 개념들 — 은 다음의 공통점을 가지고 있다. 즉 사적인 삶과 개인적인 행동 유형들을 더하고 그 총계를 역사나 경제 또는 정치 법칙이라고 제시한다. 그러나 자유주의 개념은 공적인 사안에 대한 부르주아 계급의 본능적인 불신이나 천성적인 적대감을 표현하기 때문에 서구 문화의 옛 기준과 역동적이고 자동적인 원칙인 재산에 대한 새로운 계급의 믿음 사이의 잠정적 타협에 불과하다. 자동적으로 증가하는 부가 실제로 정치 행위를 대신하는 정도까지 과거의 기준은 후퇴했다.

홉스는 제대로 인정받은 적은 없었지만 진정한 부르주아 계급의 철학자였다. 끝없는 과정으로 사유된 부의 획득은 축적 과정이 조만간에 존재하는 모든 지역 경계를 개방하라고 강요할 것이므로 정치 권력의 점유에 의해서만 보장될 수 있다는 사실을 그는 깨달았기 때문이다. 그는 무한한 획득의 길로 들어선 사회는 이에 상응하는 권력 생산의 무한한 과정에 적합한 역동적인 정치 조직을 설계해야만 한다는 사실을 미리 내다보았다. 심지어 그는 순전히 상상의 힘으로 그런 사회와 그 전제적인 정치 체제에 꼭 들어맞을 새로운 인간 유형의 주요한 심리적 특성의 윤곽을 그릴 수 있었다. 홉스는 이 새로운 유형의 인간이 필연적으로 권력 자체를 숭배할 것임을 예견했으며, 설령 실제로는 사회가 그가 가진 모든 자연적 힘, 미덕과 악덕을 양도하도록 강요하며 또한 그를 전제정치에 대항하여 봉기할 권리도 없는 불쌍하고 온순하며 하찮은 사람으로 또 권력을 추구하기는커녕 기존의 모든 정권에 복종하며 심지어 가장 친한 친구가 고위 권력의 불가해한 국가 이성에 무고한 희생자가 되어도 손가락 하나 까닥하지 않는 사람으로 만들 것임에도 불구하고 그가 권력에 목마른 동물이라고 불리면 우쭐해질 것이라고 예상했다.

왜냐하면 개개의 구성원이 축적하고 독점한 권력에 기반을 둔 국가는 필연적으로 각 개인을 무력하게 만들고 그의 자연적·인간적 능력을 박탈하기 때문이다. 그것은 인간을 권력 축적 기계의 한 부품으로 강등시키고, 이 기계의 궁극적 운명에 대해 장엄한 사유를 하면서 스스로를 위로하도록 내버려둔다. 이 기계의 구조는 내재적 법칙을 단순히 따름으로써 지구를 멸망시킬 수 있는 방식으로 작동한다.

이 국가 공동체의 궁극적인 파괴 목적이 드러나는 곳은 인간의 평등을 죽일 수 있는 '능력의 평등'으로 해석한 철학적 논리다. '영구 전쟁의 조건하에서' 다른 국가들과 공존하면서, 무장한 국경 지대와 주변의 이웃을 향해 설치된 대포가 전쟁터에 있기 때문에, 국가 공동체는 "이익에 가장 이바지하는" 것 외에 다른 행동 법칙을 따르지 않으며, 서서히 약한 국가들을 멸망시켜 결국 "모든 사람에게 승리, 아니면 죽음을 제공하는" 최후의 전쟁에 이르게 될 것이다.

"승리 또는 죽음"으로 리바이어던은 실제로 다른 민족들의 실존에 수반되는 모든 정치 장애를 극복할 수 있으며, 전 지구를 자신의 전제정치 안에 포함시킬 수 있다. 그러나 최후의 전쟁이 일어나고 모든 사람이 이 전쟁에 동원된다면 궁극적 평화는 지구에 정착하지 못한다. 권력 축적 기계장치가 없다면 지속적 팽창은 가능하지 않은데, 이 기계는 자신의 무한한 과정 속으로 삼켜버릴 수 있는 재료들을 더 많이 필요로 하게 된다. 마지막 승자로 남은 국가가 '혹성을 합병하는' 길로 나아가지 않는다면, 권력 생산의 무한한 과정을 새로 시작하기 위해 스스로를 파괴하는 길로 나아갈 수밖에 없을 것이다.

3. 폭민과 자본의 동맹

제국주의가 1880년대 아프리카 쟁탈전과 함께 정치 무대로 들어섰을 때, 사업가는 이를 장려했고 권력을 잡고 있던 정권은 이에 열렬히 반대했으며 놀랍게도 광범위한 교육 계층이 이를 환영했다.[40] 제국주의는 이 교육 계층에 신이 내린 선물 같았고 모든 악의 치유책이며 모든 갈등을 해소하기 위한 용이한 만병통치약 같았다. 제국주의가 어떤 점에서는 이런 기대를 실망시키지 않은 것이 사실이다. 제국주의는 새로운 사회, 정치 세력으로부터 위협받던 정치, 사회 구조에 생명을 연장할 수 있는 유예 기간을 주었던 것이다. 이 과거의 구조들은 다른 정황에서라면 또 제국주의적 발전이 간섭하지 않았다면 양차 세계대전이 일어나기 전에 사라졌을 것이다.

상황이 그렇듯이 제국주의는 모든 문제를 제거했고 전쟁 전 유럽에 만연해 있던 기만적인 안전감을 산출했다. 이런 기만적 감정은 많은 사람을 속일 수 있었지만 가장 민감한 정신의 소유자들까지 그렇게 하지는 못했다. 프랑스의 페기와 영국의 체스터턴은 자신들이 공허한 가식의 세계에서 살고 있으며 이 세계의 안정이란 모든 가식 가운데 가장 거대한 가식이라는 사실을 본능적으로 알았다. 모든 것이 산산이 부서지기 시작하기 전까지는 시대에 분명히 뒤떨어진 정치

---

40) "공무원은 공격적인 외교 정책을 가장 순수하고 자연스럽게 지원했다. 제국의 팽창은 귀족과 전문직 계급의 자식들이 명예롭고 유익한 직업을 얻을 수 있는 새로운 성장 분야를 제공했기 때문에 그들 마음에 와닿았다"(J.A. Hobson, "Capitalism and Imperialism in South Africa," 앞의 책). "특히…… 정치적 제휴에 관심 없고 또 개인의 경제적 이해관계를 염두에 두지 않는 애국적인 교수들과 언론인들이 1870년대와 1880년대 초 제국주의의 외부 공략을 지원했다"(Hayes, 앞의 책, 220쪽).

구조의 안정성은 기정사실이었고, 또 끈질기고 태평하게 장수를 누리고 있었기 때문에 발밑의 땅이 진동하고 있다고 느끼는 사람들이 거짓말을 하는 것처럼 보였다. 수수께끼의 해답은 제국주의였다. 운명적인 물음, 왜 유럽의 국제 예의가 결국 이 악이 널리 퍼져, 좋든 나쁘든 상관없이 모든 것이 파괴되도록 내버려두었는가 하는 물음에 대한 대답은 모든 정부가 자신의 국가가 비밀리에 해체하고 있으며 또 정치 체제는 내면에서부터 붕괴하고 있어서 자신들이 유예된 시간 위에 살고 있다는 것을 잘 알고 있었다는 것이다.

처음에 팽창은 자본의 과잉 생산의 출구로서 무해하게 보였으며, 자본 수출이라는 치료책을 제공했다.[41] 불평등한 분배에 기초한 사회 체계에서 자본가의 생산으로 인한 부의 엄청난 증가는 '과잉 저축'으로 귀결된다. 다시 말해 생산과 소비를 위해 국가가 수용할 수 있는 능력의 한도 안에서 쓰일 데가 없는 자본의 축적으로 귀결된다. 이런 돈은 실제로 남아도는 것이었고 아무도 필요로 하지 않았지만, 성장 중이던 어떤 계급이 소유한 돈이었다. 제국주의 시대가 시작되기 전 몇십 년 동안에 발생한 위기와 불황은[42] 자본주의자에게 그들

---

41) 이 부분과 다음 부분을 위해 J. A. Hobson, *Imperialism* 참조. 홉슨은 1905년에 이미 대가다운 방식으로 경제적 추진력과 동기뿐만 아니라 그것의 정치적 함의까지 분석했다. 1938년 그의 초기 연구가 재(再)출판되었을 때 홉슨은 수정하지 않은 텍스트에 대한 서론에서 자신의 책이 "오늘날의…… 주요한 위험과 소란이…… 이미 한 세대 전에 잠재적이거나 가시적으로 세상에 존재했다……"는 것을 입증했다고 말했다.

42) 영국에서 1860년대에, 대륙에서 1870년대에 발생한 심각한 위기와 제국주의의 명백한 관계는 헤이스(Hayes), 앞의 책, 주석에서(219쪽), 그리고 스카일러의 책에서 언급되었다. 후자는 "되살아난 이민에 대한 관심은 제국주의 운동의 초기에 중요한 요소이며" 이런 관심은 1860년대 말에 "영국의 상업과 산업에서 발생한 심각한 불황"이 원인이다(280쪽). 스카일러는 조금 상세하게 "빅토리아 시대 중반기의 강한 반제국주의 정서"를 서술하고 있다. 불행하게도 스카일러는 영연방과 본토를 구분하지 않았다. 제국주의 이전의 자료들에 대한 논의는 이런 구분을 용이하게 했을 텐데도 그렇다.

의 경제 생산 체계가 이제부터 "자본주의자 사회의 외부"[43])에서 오는 수요와 공급에 좌우된다는 생각을 심어주었다. 이런 수요와 공급은, 자본주의 시스템이 모든 계급과 그들의 생산력을 장악하지 못하는 한, 국가의 내부에서 나왔다. 자본주의가 경제 구조 전체에 깊이 침투하여 모든 사회 계층이 그 생산과 소비 시스템의 궤도 안에 들어오면, 자본가는 전체 시스템의 붕괴를 그저 앉아서 보고 있을지 또는 새로운 시장을 찾을지, 다시 말해 아직 자본주의의 지배를 받지 않았기 때문에 새로운 비자본주의적 수요와 공급을 제공할 수 있는 새로운 국가들로 침투해 들어가든 양자택일을 해야 했다.

제국주의 시대를 열었던 1860년대와 1870년대의 불황에서 가장 결정적인 사실은 부르주아 계급이 처음으로 이 불황 때문에, 수세기 전 "자본의 원초적 축적"(마르크스)을 가능하게 했고 이후의 모든 축적을 작동시켰던 단순한 강탈의 원죄가 결국 반복되어야만 한다는 사실을 깨닫지 않을 수 없었다는 것이다.[44]) 다시 말해 축적의 원동력을 급격하게 약화시키지 않으려면 말이다. 파멸적인 생산 장애를 야기함으로써 부르주아 계급뿐만 아니라 국가 전체를 위협했던 이 위험에 직면하여 자본 생산자들은 자신들의 생산 체계의 형식과 법칙이 "애초에 전 지구를 계산에 넣고 있다"는 점을 인식했다.[45])

---

43) Rosa Luxemburg, *Die Akkumulation des Kapitals*, Berlin, 1923, p.273.

44) Rudolf Hiferding, *Das Finanzkapital*, Wien, 1910, p.401. 그는 제국주의가 "갑자기 원래 자본주의의 부 축적 방법을 다시 사용했다"는 사실을 언급한다. 그러나 이 사실의 함의를 분석하지는 않았다.

45) 제국주의의 정치 구조에 대한 로자 룩셈부르크의 탁월한 통찰에 따르면, "자본 축적의 역사적 과정은 모든 측면에서 비자본주의적 사회 계층"에 의존하며, 그래서 "제국주의는 나머지 비자본주의 세계의 소유물을 얻기 위해 경쟁하는 자본 축적의 정치적 표현이다"(앞의 책, 273쪽 이하, 361쪽 이하). 이렇게 비자본주의 세계에 대한 자본주의의 본질적 의존성은 제국주의의 다른 모든 측면의 기초를 이룬다. 그렇게 되면 제국주의는 과잉 저축과 불평등한 분배의 결과로(Hobson, 앞의 책) 또는 과잉 생산과 이에 따른 새 시장에 대한 욕구의 결과로 설명될 수 있거나(Lenin, *Imperialism, the Last Stage of Capitalism*, 1917),

포화상태에 이른 자국 시장과 원자재의 부족, 위기의 증가에 대한 최초의 반응은 자본 수출이었다. 남아도는 부의 소유자들은 처음에는 팽창이나 정치 통제가 없는 외국 투자를 시도했다. 이는 사기와 금융스캔들, 주식 시장 투기와 같은 전대미문의 난장판으로 끝났고, 외국 투자가 국내 투자보다 더욱 급속하게 증가한 이후 사태는 더욱 심각해졌다.[46] 과잉 저축에서 나오는 큰돈은 소시민들의 노동의 결과인 푼돈을 위해 길을 닦아주었다. 국내 기업은 외국 투자에서 들어오는 높은 이윤과 보조를 맞추기 위해 사기 수법으로 관심을 돌렸으며, 기적적인 보상을 희망하면서 자기 돈을 창문 밖으로 던지는 사람들을 점점 더 많이 끌어들였다. 프랑스의 파나마 스캔들과 독일과 오스트리아의 창업 사기는 고전적인 예가 되었다. 엄청난 손실은 엄청난 이윤의 약속에서 비롯되었다. 작은 돈의 소유주들은 그만큼 더 빨리 돈을 잃었고, 큰 잉여 자본의 소유주들은 갑자기 전쟁터라 할 수 있는 곳에 자신들만 남겨져 있다는 사실을 깨닫게 되었다. 전체 사회를 도박꾼의 공동체로 전환하는 데 실패한 후에 그들은 다시 쓸모없는 존재가 되었고 정상적인 생산 과정에서 배제되었다. 반면 소동이 지난 후 다른 모든 계급은 비록 다소 가난해지고 기분은 상했을지언정 생산 과정으로 조용히 돌아올 수 있었다.[47]

아니면 원자재 공급 부족의 결과로(Hayes, 앞의 책), 또는 국가의 이윤율을 균등하게 하기 위한 자본 수출로 설명될 수 있다(Hilferding, 앞의 책).

46) Hilferding, 앞의 책, 409쪽, 주석에 따르면 외국 투자에서 발생하는 영국의 수입은 1865년에서 1898년 사이에 아홉 배나 증가한 반면, 국내 수입은 두 배에 그쳤다. 그는 덜 두드러지지만 이와 유사한 현상이 독일과 프랑스의 외국 투자에서도 발생했으리라 가정한다.

47) 프랑스의 경우, George Lachapelle, *Les Finances de la Troisième République*, Paris, 1937; D.W. Brogan, *The Development of Modern France*, New York, 1941 참조. 독일의 경우, Max Wirth, *Geschichte der Handelskrisen*, 1873, chapter 15; A. Schaeffle, "Der 'grosse Boersenkrach' des Jahres 1873," in *Zeitschrift für die gesamte Staatswissenschaft*, Band 30, 1874와 같은 흥미로운 최신 증언들과 비교할 것.

돈의 수출과 외국 투자 자체는 제국주의가 아니며 또 반드시 팽창이라는 정치적 책략으로 귀결되지는 않는다. 과잉 자본의 소유주들이 "외국에 상당량의 자기 재산"을 투자하는 것으로 만족하는 한, 설령 이런 경향이 "과거의 모든 민족주의 전통에 역행"한다 하더라도,[48] 그들은 국가에서 소외되었다는 사실을, 어쨌든 자신들은 국가의 기생충에 불과하다는 사실을 확인했을 뿐이다. 그들이 투자에 대한 정부의 보호를 요구했을 때에만 (초창기의 사기 단계를 거친 후 그들이 도박의 위험에 대비해 정치를 이용할 수 있다는 사실을 알게 된 이후) 그들은 국가의 삶에 재진입할 수 있었다. 이렇게 호소를 하면서 그들은 부르주아 사회의 기존 전통, 즉 항상 정치 제도를 개인 재산의 보호 도구로만 간주하라는 전통을 따랐던 것이다.[49] 새로운 자산가 계급의 발생과 산업 혁명의 다행스러운 시기적 일치가 부르주아 계급을 생산자이며 생산을 자극하는 사람으로 만들었던 것이다. 이 계급이 본질적으로 생산의 공동체인 현대 사회의 기본 기능을 수행하는 한, 그들의 부는 국가 전체에 중요한 기능을 한다. 잉여 자본의 소유자들은 부르주아 계급 내에서도 진정한 사회적 기능을 다하지

---

48) J. A. Hobson, "Capitalism and Imperialism," 앞의 책.

49) Hilferding, 앞의 책 참조. "그러므로 외국에 기득권을 가지고 있던 모든 자본가는 강력한 국가 권력을 요구했다……. 수출된 자본은 자국의 국가 권력이 새로운 영역을 완전히 지배할 때에 가장 안전하다고 느꼈다……. 국가가, 가능하다면, 그 이윤을 보장해야 했다. 그래서 자본 수출은 제국주의적 정책에 호의를 보였다"(406쪽). "국가의 정치권력이 세계 시장에서 금융 자본을 위한 경쟁적인 도구가 되었을 때, 국가를 대하는 부르주아 계급의 태도는 완전히 변했다. 부르주아 계급은 경제적 중상주의와 정치적 절대주의에 투쟁하면서 국가에 적의를 가지게 되었다……. 이론적으로는 적어도 경제생활은 국가 개입에서 완전히 자유로웠다. 국가는 정치적 역할을 안전 보호와 시민 평등의 정착에만 국한하려 했다"(423쪽). "그러나 팽창 정책에 대한 욕구는 부르주아 계급의 심성 구조에 혁명적 변화를 야기했다. 그들은 이제 더 이상 평화주의자와 인본주의자가 아니었다"(426쪽). "사회적으로 팽창은 자본주의 사회의 보존을 위한 절대 필요한 조건이다. 경제적으로 그것은 이윤율의 유지와 일시적인 이윤율 증가를 위한 조건이다"(470쪽).

도 않으면서 —그것이 착취하는 생산자의 기능이었다 하더라도—
이윤을 원한 최초의 집단이었고 그 결과 어떤 경찰도 국민의 분노로
부터 이들을 구할 수 없었다.

따라서 팽창은 잉여 자본에만 하나의 도피처가 된 것은 아니다. 더
욱 중요한 사실은 팽창이 잉여 자본의 소유자들을 쓸모없고 기생적
인 존재로 남을지도 모를 위협적 전망으로부터 보호해주었다는 것
이다. 팽창은 불평등한 분배의 결과로부터 부르주아 계급을 구해주
었으며, 부가 더 이상 국가의 틀 안에서 생산 요소로 사용되지 못하
고 전체 공동체의 이상인 생산과 충돌하게 된 시기에 소유의 개념을
다시 활성화했다.

잉여 재산보다 더 오래된 것은 자본주의 생산의 다른 부산물이다.
즉 산업 확장의 시기 이후에 늘 따라오게 마련인 위기가 생산 사회에
서 영구적으로 제거한 인간 폐기물이 그것이다. 할 일이 없어 늘 한
가한 사람들은 잉여 재산의 소유자만큼이나 공동체에 무용지물이었
다. 이들이 사회에 실질적 위협이 된다는 사실은 19세기 내내 인식되
었고 이들의 수출은 캐나다와 오스트레일리아 영토뿐만 아니라 미
국 영토에 사람들을 거주시키는 데 도움이 되었다. 제국주의 시대에
나타난 새로운 사실은 남아도는 이 두 세력, 잉여 자본과 잉여 인력
이 손을 잡고 함께 나라를 떠났다는 것이다. 통치권력을 수출하고 또
국가가 재산과 노동을 투자한 지역을 합병하는 팽창은 부와 인구의
측면에서 증가하는 손실을 막을 수 있는 유일한 대안처럼 보였다. 제
국주의와 무제한적 팽창 개념은 영구적인 해악에 대해 영구적인 치
료제를 제공하는 것처럼 보였다.[50]

---

50) 독일 제국주의는 이런 동기를 아주 노골적으로 밝혔다. 전독일연합(1891년
    창설)의 초기 활동 가운데 독일 이주자들의 시민권 취득을 막으려는 노력도
    포함되었다. 또한 제국 설립 25주년 기념식에 즈음하여 빌헬름 2세가 행한 최
    초의 제국주의적 연설에는 다음의 전형적인 구절이 들어 있다. "독일 제국은
    세계 제국이 되었습니다……. 우리 동포 수천 명이 지구 곳곳에, 멀리 떨어진

그런데 아이러니컬하게도 잉여 자본과 잉여 인력이 함께 묶여 수출된 최초의 국가가 그 자체로 무용지물이 되었다. 남아프리카는 인도로 가는 해로를 보장하기 때문에 19세기 초에 영국의 속령이 되었다. 그러나 수에즈 운하의 개통과 뒤이은 이집트의 행정적 정복은 케이프에 있는 옛 상업 기지의 중요성을 상당히 감소시켰다. 모든 유럽 국가가 인도에 있는 재산이나 상업적 이해관계가 없어질 때마다 그렇게 했듯이 영국은 아프리카에서 철수할 가능성이 높았다.

남아프리카가 예기치 않게 "제국주의의 촉성 온실"로[51] 발전한 사실에서 드러나는 특별한 아이러니 그리고 어떤 의미에서 상징적인 정황은 남아프리카가 본국에 모든 가치를 상실했을 때 갑자기 매력을 발산했다는 데 있다. 즉 1870년대 다이아몬드 광산이 발견되고 1880년대 거대한 금광이 발견된 것이다. 따라서 어떤 대가를 치르더라도 이윤을 추구하려는 새로운 욕망은 여기서 처음으로 과거의 행운 사냥과 합쳐진다. 금광 채굴자, 모험가와 대도시의 인간쓰레기가 산업 국가의 자본과 함께 암흑 대륙으로 이주한다. 그때부터 자본의 괴상한 축적에 의해 탄생된 폭민은 투자를 위한 새로운 가능성 외에 아무것도 발견하지 못한 탐험길에 자신을 낳은 자본을 동반한다. 남아도는 부의 소유자들은 지구의 네 구석에서 온 잉여 인력을 사용할 수 있는 유일한 사람들이었다. 이들은 함께 최초의 기생충 천국을 건설했다. 이 기생충의 생명의 근거는 금이었다. 남아도는 돈과 남아도는 사람의 산물인 제국주의는 가장 쓸모없고 비현실적인 상품을 생산하는 일로 놀라운 경력을 쌓기 시작한다.

곳에도 살고 있습니다. 신사 여러분, 저를 도와 이 거대한 독일 제국을 우리의 본국에 통합하는 것이 여러분의 엄숙한 의무입니다." 주 10) 프루드의 진술과 비교할 것.

51) E. H. Damce, *The Victorian Illusion*, London, 1928, p.164. "색슨족 영토의 여행 안내서에 또 제국 역사의 전문적 철학자들에도 포함되지 않았던 아프리카는 대영 제국의 촉성 재배실이 되었다."

팽창이라는 만병통치약이 국가 체제의 밖에서 존재하던 잉여 세력에게만 위험한 해결책을 제공했다면 그것이 비제국주의자들에게 그토록 커다란 유혹이 되었을지는 여전히 의심스럽다. 제국주의 기획에서 의회의 모든 정당이 공모했다는 것은 기록으로 남아 있다. 이 측면에서 영국 노동당의 역사는 거의 세실 로즈의 초기 예언을 정당화하는 일련의 확실한 사례 중 하나다. "노동자들은 미국인들이 자신들을 무척이나 좋아하고 자신들과 가장 깊은 연대감을 나누지만 여전히 자신들의 상품을 국내로 들이지 않고 있다는 사실을 알게 된다. 노동자들은 또한 러시아, 프랑스와 독일도 지역적으로 같은 짓을 하고 있음을 알게 되고, 자신들이 주의하지 않으면 세상에서 무역을 할 장소는 아무데도 없을 것이라는 사실을 알게 된다. 그래서 노동자들은 제국주의자가 되었고 노동당은 이를 따른 것이다."[52] 독일에서는 자유주의자들이 (보수당이 아니라) 제1차 세계대전의 발발에 상당히 기여한 유명한 해군 정책의 실질적 후원자였다.[53] 사회당은 제국주의 해군 정책(사회당은 1906년 이후 독일 해군 건립 기금 마련을 되풀이하여 제안했다)의 적극적인 지원과 외교 정책의 모든 문제를 완전히 무시하는 태도 사이에서 동요했다. 이따금 이루어지는 **룸펜프롤레타리아**에 대한 경고와 제국주의자의 식탁에서 떨어지는 부스러기가 노동자 계급에게 뇌물이 될 수 있다는 경고도 일반 당원의 마음을 사로잡는 제국주의 계획의 강한 호소력을 당이 이해하게 만들지는 못했다. 마르크스주의자의 관점에서 폭민과 자본의 동맹이라는 새로운 현상은 너무나 부자연스럽고 계급 투쟁의 교리와도 명백하

---

52) Millin, 앞의 책에서 인용.

53) "의회의 우파가 아니라 자유주의자가 해군 정책의 지지자였다." Alfred von Tirpitz, *Erinnerungen*, 1919. 또한 Daniel Frymann(Heinrich Class의 필명), *Wenn ich der Kaiser wär*, 1912 참조. "진정한 제국주의 정당은 국민 자유당이다." 제1차 세계대전 동안 유명한 독일의 쇼비니스트 프리만은 보수주의자에 관해 이렇게 덧붙인다. "인종 독트린에 관한 보수 진영의 무관심도 언급할 만한 가치가 있다."

게 배치되기 때문에 제국주의적 시도의 실질적 위험——인류를 주인 인종과 노예 인종으로, 고급 종족과 하급 종족으로, 유색 민족과 백인으로 나누는 것, 이 모든 것은 국민을 폭민의 토대 위에서 통합하려는 시도였다——을 완전히 간과했다. 제1차 세계대전의 발발로 국제적 연대감이 파괴되었는데도, 그 때문에 사회주의자들의 자기 만족과 프롤레타리아에 대한 신뢰는 방해받지 않았다. 제국주의자들은 이미 오래전부터 이 경제 법칙을 따르지 않는데도, 또 해외에서 이 법칙은 이미 '제국의 대리인' 또는 '인종 대리인'에 희생되었는데도, 고위 금융계에 종사하는 소수의 늙은 신사들만이 양도할 수 없는 이윤율의 권리를 신봉하고 있음에도 사회주의자들은 여전히 제국주의의 경제 법칙을 시험하고 있었다.

제국주의에 대한 대중의 저항은 기이하게도 미약했고 자유주의 정치인이 저지른 수많은 모순 행위와 지키지 못한 약속 등은 종종 기회주의나 뇌물 탓으로 돌려졌다. 그런데 여기에는 더 깊은 다른 원인이 있다. 글래드스턴 같은 사람이 자유당의 당수로서 했던 약속, 즉 수상이 되면 이집트에서 철수하겠다는 약속을 지키지 못하게 한 것은 기회주의도 뇌물도 아니었다. 반쯤 의식적으로 그리고 거의 분명하지 않은 형태로 이 사람들은 국가 자체가 계급으로 심각하게 분열되었고 계급 투쟁은 너무나 보편적으로 현대 정치 생활의 특징이 되었으며 국가의 결집력 자체가 위험에 처해 있다고 확신했는데, 이 점에서 국민들도 생각이 같았다. 팽창이 국가 전체에 공동의 이익을 제공한다면, 그리고 제공하는 한 팽창은 구원자로 보였다. 주로 이런 이유 때문에 제국주의자들은 "애국주의에 붙어 사는 기생충"[54]이 되었다.

물론 부분적으로 그런 희망은 국내 갈등을 외국에서의 모험으로 '치유하려는' 과거의 나쁜 관행과 상관 있다. 그러나 차이점은 뚜렷

---

54) J. A. Hobson, 앞의 책, 61쪽.

하다. 모험가들은 특성상 시간적으로나 공간적으로 제한되어 있다. 그들은 대체로 실패하고 오히려 갈등을 첨예화하지만 일시적으로는 갈등의 극복에 성공할 수 있다. 팽창은 무제한적이라고 가정했기 때문에, 제국주의적 팽창의 모험은 영원한 해결책으로 보였다. 더 나아가 제국주의는 민족주의 슬로건보다는 견고한 경제적 이해관계의 토대에 의존하고 있었기 때문에 통상적 의미에서 모험은 아니었다. 공익이 개인 이익의 총계와 동일시되는 이해 충돌의 사회에서 팽창 자체는 다시금 국가 전체의 공동 이익처럼 보였다. 유산 계급과 통치 계급은 모든 사람에게 경제 이익과 소유에 대한 열정이 국가의 심오한 토대라는 사실을 납득시켰기 때문에, 심지어 비제국주의 정치인조차 공동의 경제 이익이 지평에 나타나면 쉽게 설득당하여 양보했다.

두 원칙의 내적 모순에도 불구하고, 왜 민족주의가 그토록 분명하게 제국주의적 경향을 발전시켰는가 하는 이유가 바로 여기에 있다.[55] 국민국가가 이민족 통합에 부적합하면 할수록(이는 본국 체제의 헌법에 위배되는 사항인데) 이들을 더욱 탄압했다. 이론적으로 민족주의와 제국주의 사이에는 심연이 있다. 그러나 실천에서 이 심연은 종족의 민족주의와 철저한 인종주의로 극복될 수 있었고 극복되어왔다. 처음부터 각국의 제국주의자들은 자신들은 '정당들을 초월해' 있다고 또 국가 전체를 대변하는 유일한 사람들이라고 역설했고 자랑했다. 이는 해외에 재산을 조금 가지고 있거나 전혀 가지지 못했던 중부 및 동부 유럽 국가들의 경우에 해당하는 말이다. 이 지역에서 폭민과 자본의 동맹은 국내에서 일어났으며, 그만큼 더 국가의 제

---

55) J.A. Hobson, 앞의 책. 그는 제국주의와 민족주의의 근본적인 대립과 제국주의가 되려는 민족주의의 경향을 처음 인식한 학자다. 그는 제국주의를 민족주의의 도착으로 불렀는데, "여기서 국가는…… 다양한 국가 유형이 건전하게 서로 자극을 주며 경쟁하는 상태를 제국들이 흉악하게 투쟁하는 상태로 전환한다"(9쪽).

도와 모든 정당을 불쾌하게 생각했고 (더욱 폭력적으로 공격했다.)[56]

제국주의 정치가들은 어디에서나 경멸과 무관심으로 국내 문제를 대했지만, 특히 영국에서는 더 했다. 앵초단 연맹* 같은 '정당을 초월한 정당'은 단지 부차적 영향력을 행사한 반면, 제국주의는 양당 시스템을 이른바 프런트 벤치 시스템으로 변형시킨 주된 원인이었다. 프런트 벤치 시스템은 의회에서 "야당의 권력 감소"와 "하원에 대한 내각 권력"의 성장을 초래했다.[57] 물론 이것은 정당과 특수한 이익의 투쟁을 넘어서는 하나의 정책으로 수행되었으며 또 국가 전체를 대변한다고 주장하던 사람들에 의해 수행되었다. 그런 언어는 정확하게 정치적 이상주의의 불꽃을 여전히 간직한 사람들을 유혹하고 기만하기 위한 것이었다. 단합을 위한 외침은 국민을 전쟁으로 유도하는 전장의 구호를 정확하게 닮아 있었다. 그러나 어느 누구도 보편적이고 영구적인 단합의 도구에서 보편적이고 영구적인 전쟁의 세균을 감지하지 못했다.

정부 관료는 어떤 다른 집단보다 제국주의가 민족주의적 형태를 갖추는 데 적극적으로 관여했으며, 제국주의와 민족주의의 혼동에 주된 책임을 져야 한다. 국민국가는 영원한 관료 체제로서 공무원 집단을 만들었고 그들에게 의존했다. 이들은 계급 이해와 정권의 변동에 상관없이 봉사했다. 그들의 직업적 명예와 자기 존중 ─ 특히 영국과 독일에서 ─ 은 그들이 국가 전체의 종이라는 사실에서 나온다. 그들은 계급과 분파로부터 독립하려는 국가의 주장을 지원하는 데 직접적인 관심을 보인 유일한 집단이었다. 국민국가 자체의 권위

---

56) 8장 참조.
* Primrose League; 디즈레일리를 추모하여 1883년에 결성된 보수당원의 단체.
57) J.A. Hobson, 앞의 책, 146쪽 이하. "하원에 대한 내각의 권력은 꾸준히 그리고 급속하게 커졌고 여전히 커지고 있다는 점에는 의심할 여지가 없다"고 브라이스는 1901년에 *Studies in History and Jurisprudence*, I, 1901, p.177에서 언급했다. 프런트 벤치 시스템의 운영을 알려면 Hilaire Belloc and Cecil Chesterton, *The Party System*, London, 1911 참조.

가 대체로 공무원의 경제적 독립과 정치적 중립에 의존한다는 사실은 우리의 시대에 더욱 명백해졌다. 국가의 몰락은 국가의 영구적인 행정 부패 그리고 공무원은 국가가 아니라 유산계급에 고용되어 있다는 일반의 확신과 더불어 시작되었다. 19세기가 끝날 무렵 유산 계급은 너무나 유력해졌기 때문에 국가의 피고용인이 민족을 위해 봉사하는 척 가장하는 것은 거의 우스꽝스러운 일이 될 정도였다. 계급 분화로 인해 그들은 사회 밖에 남겨졌고 그들 자체의 도당을 형성할 수밖에 없었다. 식민지 행정을 하면서 이 공무원들은 국가에 통합되지 못하는 상황에서 벗어날 수 있었다. 멀리 떨어진 나라에서 이민족을 통치하면서 그들은 집에서 머물 때보다 더 국가의 영웅적인 종복, "봉사를 통해 영국 민족을 영광스럽게 하는"[58] 종복인 체할 수 있었다. 식민지는 제임스 밀(James Mill)이 묘사하듯이 이제 단순히 "상류 계급을 구제하는 거대한 외부 시스템"이 아니었다. 식민지는 멀리 떨어진 국가를 지배하고 낯선 민족을 통치하면서도 바로 영국의 이익에 종사할 수 있는 유일한 방법을 발견한 영국 민족주의의 중추가 되었다. 공무원들은 실제로 "각 국가의 고유한 정신이 종속된 종족을 다루는 체계에서 가장 명백하게 드러난다"[59]는 사실을 믿었다.

영국, 독일 또는 프랑스의 시민은 실제로 집에서 멀리 떨어져야만 비로소 영국인이나 독일인 또는 프랑스인으로 머물 수 있었다. 본국에서 그는 경제적 이해관계나 사회적 의무의 그물망에 너무나 깊이 얽혀 있었기 때문에 다른 계급 구성원에게보다 자기 계급에 속한 외

---

58) 크로머 경의 기념비 제막식에서 커즌 경이. Lawrence J. Zetland, *Lord Cromer*, 1932, p.362 참조.

59) Sir Hesketh Bell, 앞의 책, Part I. 300쪽.
네덜란드 식민지 행정에서도 동일한 정서가 지배적이었다. "최고의 과제, 비교할 수 없이 고귀한 과제가 동인도의 관료를 기다린다…… 이 행정 기관에 종사하는 것은 가장 높은 명예로 간주되어야 한다…… 해외 네덜란드의 사명을 수행하는 선별된 장치다." De Kat Angelino, *Colonial Policy*, II, Chicago, 1931, p.129 참조.

국인에게 더 친밀감을 느낄 정도였다. 팽창은 민족주의에 새로운 유예 기간을 주었고 그래서 국가 정치의 도구로 받아들여졌다. 새로운 식민지 사회와 제국주의자 연맹의 구성원들은 "정당 투쟁으로부터 멀리 떨어져 있는" 느낌을 가졌으며, 더 멀리 가면 갈수록 자신들이 "오로지 국가의 목적을 대변한다"[60]는 믿음은 더욱 강해졌다. 이는 제국주의 이전 유럽 국가의 절망적인 상황을 보여주며, 그들의 제도가 얼마나 허약하고 그들의 사회 체계가 인간의 증대된 생산력에 직면하여 얼마나 시대에 뒤떨어졌는지를 보여준다. 이것을 유지하고 보존하기 위한 수단도 절망적이었고, 결국 만병통치약은 병보다 — 덧붙여 말하자면 그것이 치료하지 못했던 — 더 큰 해악을 끼쳤음이 입증되었다.

자본과 폭민의 동맹은 시종일관 제국주의적이었던 모든 정책의 출발점에서 발견된다. 몇몇 국가, 특히 영국에서 너무 부자인 사람들과 너무 가난한 사람들 사이의 새로운 동맹은 해외 재산에만 국한되었다. 식민지 방식과 통상적인 국내 정책 사이에 날카로운 경계선을 그었고 그래서 상당한 성과를 거두면서 제국주의가 모국에 주었던 무서운 부메랑 효과를 피할 수 있었던 영국 정치인들이 지닌 양식의 결과가 이른바 영국 정책의 위선이다. 다른 국가, 특히 독일과 오스트리아에서 자본가와 폭민의 동맹은 범운동의 형태로 본국에 영향을 미쳤고, 좀더 작은 범위지만 프랑스에서는 이른바 식민지 정책으로 본국에 영향을 미쳤다. 이 '운동들'의 목표는, 전체 국가를 (국가의 '잉여' 부분만이 아니라) 제국주의화하는 것이었고 또 외국 영토를 강탈하고 이방 민족을 영구히 억압하기 위해 국가를 조직하는 방식으로 국내와 국외 정책을 결합하는 것이었다.

---

60) 독일의 '식민지연맹'의 회장, 호엔로에-랑겐부르크가 1884년에. Mary E. Townsend, *Origin of Modern German Colonialism, 1871~85*, 1921 참조.

자본주의 조직에서 폭민이 발생하는 현상은 이미 일찍이 관찰되었고 그 성장은 19세기의 모든 위대한 역사가가 신중하게 그리고 우려와 함께 언급했다. 부르크하르트에서 슈펭글러(Spengler)에 이르기까지 모든 역사적 염세주의는 본질적으로 이런 관찰에서 유래한다. 그러나 순수한 현상 자체를 슬픈 심정으로 다루었던 역사가들이 포착하지 못했던 사실은 폭민이 성장하는 산업 노동자와도 또 더욱 분명하게는 국민 전체와도 동일시될 수 없으며, 실제로 모든 계급의 폐물들로 구성되었다는 사실이었다. 폭민은 이렇게 구성되었기 때문에 폭민과 그 대표자들이 계급 차이를 폐지한 것처럼 보였고, 또 계급 국가 밖에 있는 그들은 왜곡된 형태 또는 희화화된 형태의 국민이라기보다 국민 자체(나치가 말하듯이 국가 공동체)처럼 보였다. 역사적 염세주의자들은 이 새로운 사회 계층의 본질적인 무책임성을 알았고 또 민주주의가 전제정치로, 그 독재자들이 폭민에게서 발생하고 폭민을 지지 기반으로 둘 그런 전제정치로 바뀔 가능성을 정확하게 예측했다. 그들이 알지 못한 사실은 폭민이 부르주아 사회의 폐물일 뿐만 아니라 이 사회가 직접 생산한 부산물이며, 그래서 결코 이 사회와 분리할 수 없다는 것이다. 그 때문에 그들은 상류 사회가 지하 세계를 지속적으로 동경하고 찬양하게 되며, 이런 동경과 찬양이 19세기를 관통하고 또 상류 사회가 모든 도덕 문제에서 한 걸음 한 걸음 후퇴하고 자손들의 무정부주의적 냉소주의를 점점 더 좋아한다는 사실에 주목하지 못했다. 세기 전환기에 드레퓌스 사건은 프랑스에서 지하 세계와 상류 사회가 너무나 밀접하게 연대하고 있어 반드레퓌스파의 '영웅' 가운데 어느 누구도 그중 한 범주에 분명하게 소속시키기 어려울 정도임을 잘 보여주었다.

아버지와 자손을 한데 묶는 이런 소속감은 발자크 소설에서 고전적인 표현을 찾는데, 그것은 모든 경제적·정치적 또는 사회적 고려보다 먼저 존재하는 것으로 홉스가 300년 전 그렸던 새로운 유형의 서구인의 근본적인 심리적 태도를 상기시킨다. 그러나 과거에 홉스의 '사실주의'가 제안했고 당시 새로이 폭민과 그 지도자들이 제안한 도덕 수준의 혁명적 변화를 상류 사회가 결국 수용할 자세를 보인 것은 주로 제국주의에 앞서 발생한 위기와 경기 침체 시기에 부르주아 계급이 획득한 통찰력 덕분이었다. '최초의 자본 축적'의 '원죄'는 체계가 굴러가게 하기 위해 추가로 죄를 필요로 한다는 사실이 서구 전통의 제약을 떨쳐버리라고 부르주아 계급을 설득하는 데 어떤 부르주아적 철학자나 그 지하 세계보다 훨씬 더 효과적이었다. 결국 독일 부르주아 계급은 위선의 가면을 벗어던졌고 공개적으로 폭민과의 관계를 고백했으며, 자신의 소유권과 이익을 옹호하라고 명시적으로 그들에게 위임했다.

이런 일이 독일에서 일어났다는 것은 의미심장하다. 부르주아 사회의 발전은 영국과 네덜란드에서 비교적 조용히 전개되었고, 이 국가의 부르주아 계급은 안전과 공포에서 해방된 세월을 오랫동안 향유했다. 그러나 프랑스에서 부르주아 사회의 발생은 거대한 대중 혁명으로 중단되었고 이 혁명의 결과는 부르주아 계급의 패권 향유와 상충했다. 게다가 부르주아 계급이 19세기 후반에 이르기까지 완전히 발전하지 못한 독일에서 부르주아 계급은 출발부터 그들과 거의 같은 전통을 가진 혁명적인 노동자 계급과 함께 성장했다. 부르주아 계급이 자기 나라에서 불안감을 느끼면 느낄수록 동시에 위선의 무거운 짐을 벗으려는 유혹을 그만큼 더 강하게 느끼게 되는 것은 명약관화하다. 상류 사회와 폭민의 유사성은 독일에서보다 프랑스에서 일찍 드러났지만 결국 두 나라에서 똑같이 강해졌다. 그러나 프랑스에서는 혁명적 전통과 비교적 약한 산업화로 인해 규모가 작은 폭민이 나타남으로써 프랑스의 부르주아 계급은 결국 국경 너머에서 도움을 찾게 되고 히틀러 독일과 동맹하지 않을 수 없게 된다.

부르주아 계급의 장구한 역사적 진화의 성격이 유럽 국가마다 어떻게 다르게 나타나든지 간에 제국주의 이데올로기와 전체주의 운동에서 볼 수 있는 폭민의 정치 원칙은 부르주아 사회의 정치 태도와 놀라울 정도로 흡사하다. 만약 부르주아 사회가 위선을 씻고 기독교 전통에 양보하는 오점을 정화했다면 말이다. 최근에 부르주아가 폭민의 허무주의적 태도를 지적으로 매력적이라 생각하는 것은 폭민이 실제로 탄생하기 훨씬 전부터 있던 원칙의 유사성 때문이다.

달리 말하면 제국주의의 탄생을 특징짓는 원인과 결과의 불일치에는 그 나름의 이유가 있다. 어떤 계기 — 과잉 축적에 의해 발생한 남아도는 부, 이 부는 안전하고 이익이 되는 투자처를 찾기 위해 폭민의 지원을 필요로 한다 — 가 항상 부르주아 사회의 근본 구조 안에 들어 있는 힘을 작동시켰다. 설령 이 힘이 고상한 전통과 축복받은 위선에 의해 — 라로슈푸코(La Rochefoucauld)는 악덕이 미덕에 갚아주는 찬사를 이렇게 불렀다 — 가려져 있었다 하더라도. 동시에 완전히 무원칙한 권력 정치는, 국민 대중이 어떤 원칙에도 얽매이지 않게 되고 또 자신들을 돌보는 국가와 사회의 능력을 능가할 정도로 수적으로 거대해지며 권력 정치가 이런 국민 대중을 이용할 때에 비로소 활개를 칠 수 있었다. 제국주의 정치가들만이 이 폭민을 이용할 수 있었고 또 인종 교의만이 그들에게 영향을 주었기 때문에 제국주의는 현대의 심각한 국내, 사회, 경제 문제들을 해결할 수 있는 유일한 길인 것처럼 보였다.

홉스의 철학이 현대의 인종 이론을 포함하지 않았다는 것은 사실이다. 즉 폭민을 선동하는 인종 이론이나 또는 인간이 자본 축적과 권력 축적의 끝없는 과정을 수행하다가 결국 그 논리적 결과인 자기 파괴로 나아가게 만드는 조직 형태를 매우 분명하게 서술한 제국주의적 인종 이론 같은 것은 그 안에 없다. 그러나 홉스는 적어도 모든 인종 이론의 필수 조건을 함축한 정치사상은 제공했다. 즉 국제법의 유일한 규제 이념인 인류 이념의 원칙에서 배제라는 개념을 제공했다. 홉스는 외교 정치가 필연적으로 인간의 계약 밖에서 만인에 대한 만인의 영구적인 투쟁에 종사하며 이 투쟁이 '자연 상태'의 법칙이라는 가설에서 출발하기 때문에 모든 자연주의 이데올로기를 위한 최고의 이론적 토대를 제공한 셈이다. 즉 국가는 원래 서로 분리되어서 아무런 상호 관계를 맺지 않는 종족이며, 인류의 연대감에 대한 의식도 없고 동물처럼 오로지 자기 보존의 본능만을 지닌 종족이라는 자연주의적 이데올로기 말이다. 인류 이념의 가장 중요한 상징은 인간 종의 공통적 기원인데, 이제 그런 인류 이념은 더 이상 유효하지 않다. 왜냐하면 갈색 인종, 황인종이나 흑인은 백인과는 다른 종의 원숭이를 조상으로 두었으며, 이 모든 인종은 원래 지구에서 사라질 때까지 서로 전쟁을 해야 할 운명이라는 이론만큼 더 설득력 있는 것은 없기 때문이다.

우리가 홉스의 끝없는 권력 축적 과정에 갇혀 있다는 것이 사실로 입증되었다면, 폭민 조직은 불가피하게 국가를 종족으로 전환하는 형태를 취할 것이다. 왜냐하면 권력 축적과 팽창 과정에서 다른 인간과의 자연적 관계를 모두 상실한 개인들을 통합하기 위해 사용할 수 있는 끈이 축적 사회의 조건에서는 달리 없기 때문이다.

인종주의는 실제로 서구 세계와 전체 인간 문명의 운명을 완성할지도 모른다. 러시아인이 슬라브족이 되고, 프랑스인이 흑인 부대의 지휘자 역할을 맡고 영국인이 '백인'으로 변한다면, 모든 독일인이 아리아인이 되었다는 불길한 주문처럼, 그렇게 되면 이 변화는 그 자체 서구인의 종말을 의미한다. 학식 있는 과학자들이 무슨 말을 하건 간에 인종은, 정치적으로 말해서, 인류의 시작이 아니라 종말이고 민족의 기원이 아니라 쇠퇴이며, 인간의 자연적 탄생이 아니라 그의 부자연스러운 죽음이기 때문이다.

제6장 인종주의 이전의 인종사상

종종 확인되듯이 인종사상이 독일의 창작품이라면, '독일의 사상'(그것이 무엇이든 간에)은 나치가 불행한 세계 정복 기도를 시작하기 훨씬 전에 서구 정신 세계의 많은 부분을 결정적으로 지배했을 것이다. 히틀러주의가 1930년대 국제 사회와 유럽 사회에서 강한 호소력을 가질 수 있었던 것은 인종주의가 비록 독일에서만 국가 원리였음에도 이미 곳곳의 여론에서 강력한 추세가 되기 때문이다. 1939년 독일의 탱크들이 파괴의 행진을 시작하기 훨씬 전에 나치의 정치적 전쟁 기구는 이미 작동하고 있었다. 왜냐하면 정치적 전투에서 인종주의는 어떤 유급 첩자나 제5열*보다 더 강력하다고 추정되었기 때문이다. 여러 국가의 수도에서 20여 년 동안 쌓은 경험에 힘입어 나치는 자신들의 최고 '선전'이 자신들의 인종 정책이라는 확신을 가지고 있었다. 그들은 타협도 많이 하고 약속을 지키지 못했음에도 불구하고, 편의 때문에 이 정책에서 벗어난 적이 없었다.[1) 인종주의가 시

---

* 스파이나 사보타주 집단.
1) 독일-러시아 조약 동안 나치 선전은 '볼셰비즘'에 대한 공격을 중단했지만 인종 노선을 포기하지는 않았다.

종일관 또 이토록 철저하게 사용된 적은 과거에 한 번도 없었지만, 그래도 그것이 신무기나 비밀 무기는 아니었다.

문제의 역사적 진실은 인종사상의 기원이 18세기에 있지만 19세기에 모든 서구 국가에서 동시에 출현했다는 것이다. 인종주의는 세기 전환기에 제국주의 정책의 강력한 이데올로기였다. 인종주의가 옛 유형의 인종 견해들을 모두 흡수하고 다시 활성화한 것은 분명하다. 그러나 이 과거의 인종사상들은 하나의 세계관이나 이데올로기로서의 인종주의를 창조하거나 그것으로 전환할 수는 없었다. 19세기 중반에 인종적 견해들은 여전히 정치적 이성의 잣대로 여겨졌다. 토크빌은 고비노(Gobineau)에게 보낸 편지에서 그의 교의에 대해 이렇게 쓰고 있다. "그것들은 십중팔구 틀렸으며 분명 유해하다."[2] 인종사상은 서구 세계의 주요한 정신적 기여 중 하나였지만, 그것이 지난 세기말까지는 권위와 중요성을 인정받지 못했다.[3]

"아프리카 쟁탈"이 시작된 운명의 날이 오기까지 인종사상은 자유주의의 일반적 틀 안에서 여론의 동의를 얻기 위해 서로 논쟁하고 투쟁했던 많은 자유로운 견해들 가운데 하나였다.[4] 그 가운데 단지 몇 개만이 자격을 갖춘 이데올로기가 되었다. 다시 말하면 다수를 매료하고 설득할 만큼 강하며 현대의 평균적 삶의 다양한 경험과 상황을 거치면서도 그들을 인도할 충분히 포괄적이라고 입증된 하나의 견해에 기초한 이론 체계가 되었다. 왜냐하면 이데올로기와 단순한 견해의 차이점은 전자가 역사를 해명할 수 있는 열쇠나 모든 '우주의 수수께끼'를 풀 수 있는 해결책을 소유하고 있다고 주장하고 또 자연

---

2) "Lettres de Alexis Tocqueville et de Arthur de Gobineau," in *Revue des Deux Mondes*, 1907, Tome 199, Letter of November 17, 1853.

3) '이념의 역사'의 형태로 인종사상에 대한 가장 탁월한 역사적 설명을 시도한 이는 Eric Voegelin, *Rasse und Staat*, Tuebingen, 1933이다.

4) 19세기의 상호 모순되는 견해들의 주인공들에 관해서는 Carlton J.H. Hayes, *A Generation of Materialism*, New York, 1941, pp.111~122.

330

과 인간을 통제한다고 추정되는 숨겨진 보편 법칙에 대한 깊은 지식을 소유한다고 주장하는 데 있기 때문이다. 힘든 설득의 경쟁에서 살아남을 만큼 뛰어난 이데올로기는 거의 없었고, 단지 두 이데올로기만이 다른 이데올로기들을 물리치고 정상에 올랐다. 즉 역사를 계급의 경제적 투쟁으로 해석하는 이데올로기와 역사를 인종의 자연적싸움으로 해석한 이데올로기가 그것이다. 이 두 이데올로기의 대중호소력은 너무나 강해 국가의 지원을 얻을 수 있었고 공식적인 국가교의로 자리 잡게 되었다. 인종사상과 계급사상이 의무적인 사고 유형으로 발전하는 통상적인 범위를 훨씬 넘어서까지 자유로운 여론은 그것들을 수용하게 되었고 그래서 지식인들뿐만 아니라 대중도이 두 관점 중 어느 하나와도 일치하지 않는 과거나 현재를 제시하면수용하지 않을 정도가 되었다.

우리 시대의 주요 이데올로기들에 내재하는 엄청난 설득력은 우연한 것이 아니다. 설득이란 경험이나 욕망 가운데 어느 하나에 호소하지 않으면, 다시 말해 즉각적인 정치적 욕구에 호소하지 않으면 불가능하다. 이 문제에서 타당성은 다양한 갈래의 다원주의자들이 우리가 믿기를 바라는 과학적 사실로부터 나오는 것도 아니고, 문명의흥망성쇠의 법칙을 발견하려던 역사가들이 발견했다고 사칭하는그런 역사 법칙으로부터 나오는 것도 아니다. 모든 성숙한 이데올로기는 이론적 교의가 아니라 정치 무기로서 만들어지고 계승되며 개선되어왔다. 어떤 이데올로기는 때때로 원래의 정치 의미를 바꾸어왔는데, 인종주의가 바로 그 경우다. 그러나 이것들 중 정치적 삶과직접적 접촉이 없는 이데올로기란 상상할 수 없다. 이데올로기의 과학적 측면은 부차적인 것으로서 우선 빈틈없는 논증을 제시하려는욕구에서 생겨난다. 두 번째 이데올로기의 과학적 측면은, 자신의연구 결과에 대해서는 관심을 갖지 않고 연구실 밖으로 급히 달려나가 삶과 세계에 대한 자신의 새로운 해석을 대중에게 설교하고자 하는 과학자들도 이데올로기의 설득력에 사로잡혀 있기 때문에 발생한다.[5] 오늘날 그 범주 체계 안에 인종사상이 깊이 침투하지 않은 학문이 하나도 없는 것은 과학적 발견 때문이 아니라 이 '과학적' 설교자 때문이다. 이로 인해 역사가들——그중 몇 사람은 과학이 인종사상에 책임이 있다고 생각하는 경향이 있는데——이 어떤 문헌학적 또는 생물학적 연구 결과가 인종사상의 결과가 아니라 원인이라고 생각하게 되었다.[6] 그 반대가 오히려 더 진리에 가까웠을 것이다. 실제

---

5) "헉슬리는 자신의 과학 연구를 1870년대부터 소홀히 했고, 신학자들을 보고 짖고 무는 '다윈의 불독' 역할을 하느라 바빴다"(Hayes, 앞의 책, 126쪽). 과학의 결과를 대중화하려는 에른스트 헤켈의 열정은 적어도 과학 자체에 대한 열정만큼이나 강했는데, 이 대중화의 열정을 최근 그를 성원하는 나치 작가인 브뤼허가 강조하고 있다. H. Bruecher "Ernst Haeckel, Ein Wegbereiter biologischen Staatsdenkens," in *Nationalsozialistische Monatshefte*, 1935, Heft 69. 과학자들이 무엇을 할 수 있는지 보여주기 위해 상당히 극단적인 두 사례가 인용되었다. 두 사람은 제1차 세계대전 동안 글을 썼던 명망 있는 학자들이다. 독일 예술사가인 Josef Strzygowski는 그의 *Altai, Iran und Völkerwanderung* (Leipzig, 1917)에서 북유럽인은 독일인, 우크라이나인, 아르메니아인, 페르시아인, 헝가리인, 불가리아인과 터키인으로 이루어졌다는 사실을 발견했다(306~307쪽). 파리의 의사학회는 독일 인종의 '과도한 대변량'(polychesia)과 '특이한 체취'(bromidrosis)에 대한 상세한 보고를 발표했을 뿐만 아니라 독일 스파이를 찾는 데 '소변 분석' 방법을 이용하라고 제안했다. 독일인의 소변은 다른 인종의 소변이 15퍼센트의 질소를 함유하는 데 반해 20퍼센트를 함유하고 있다는 사실이 '발견'되었다. Jacques Barzun, *Race*, New York, 1937, p.239 참조.

6) 이 대상물은 부분적으로 인종이란 개념이 언급되는 모든 사례를 계산에 넣고 싶어 했던 학생들의 열의의 결과이기도 하다. 그런데 이들은 비교적 무해한 작가들, 인종을 통한 설명을 하나의 가능한 그리고 때로는 매혹적인 견해로만 간주한 작가들을 완전한 인종주의자로 오해했다. 그 자체로 무해한 이런 견해들은 초기 인류학자들이 그들의 연구 출발점으로 제시한 것이다. 전형적인 사례는 19세기 중반의 유명한 프랑스 인류학자 폴 브로카(Paul Broca)의 소박한 가정인데, 그는 "두뇌가 인종과 관계가 있으며 두개골 측정이 두뇌의 내용을 알아내는 데 가장 좋은 방법이다"는 가설을 세웠다(Jacques Barzinb, 앞의 책, 162쪽에서 인용). 이 주장은 인간의 본성에 관한 개념적 지원이 없다면 터무니없는 것이다.

19세기 초 문헌학자들의 '아리안주의'라는 개념은 인종주의를 공부하는 거의 모든 연구자로 하여금 이들을 인종-사상의 선동가나 고안자로 분류하게 만들었는데, 이들 문헌학자들은 아무런 잘못이 없다. Ernest Seillière, *La Philosophie*

로 힘이 정의라는 교의가 자연 과학을 정복하고 적자생존의 '법칙'을 산출하기까지 여러 세기가 걸렸다. 다른 예를 들면, 미개인들은 예전 사람들이 남긴 부패한 찌꺼기라고 주장하는 메스트르(Maistre)와 셸링의 이론이 19세기의 정치적 장치에나 진보 이론에 마찬가지로 어울린다면, 우리는 아마 '원시인'에 관해 많이 듣지 못했을 것이며, 어떤 과학자도 원숭이와 인간 사이의 상실된 고리를 찾는 데 시간을 허비하지 않았을 것이다. 이 비난의 대상은 과학 자체가 아니라 동료 시민들보다 이데올로기의 최면에 더 심하게 걸린 과학자들이다.

인종주의가 제국주의 정치의 주된 이데올로기적 무기라는 사실은 너무나 명백하여 많은 연구자는 이런 자명한 공리를 피하고 싶어하는 것 같다. 그 대신 인종주의는 일종의 과장된 민족주의라는 해묵은 오해가 여전히 통용되고 있다. 인종주의는 전적으로 다른 현상으로서 국가의 정치 체제를 파괴하는 경향이 있음을 증명한 학자들의 귀중한 업적은 특히 프랑스에서 일반적으로 간과되었다. 근대인의 정신을 지배하기 위한 인종사상과 계급사상 간의 치열한 경쟁을 목격한 일부 학자들은 인종사상에서는 민족이 표현되고 다른 사고에서는 국제적 경향이 표현된다는 점을 인식하면서, 전자가 민족전쟁의 정신적 준비라면 후자는 시민전쟁을 위한 이데올로기라고 믿으려는 경향을 보였다. 제1차 세계대전이 해묵은 민족 갈등과 새로운 제국주의적 갈등의 기이한 복합물이기 때문에, 즉 낡은 민족주의 슬로건이 어떤 제국주의적 목표보다 참전 국가의 대중에게 더 강력한 호소

---

de l'Imperialisme, 4 vols., 1903~06의 말로 표현하면, "거기에는 일종의 도취가 있었다. 현대 문명은 자신들의 가계를 되찾았다고 믿었고…… 여기서 하나의 유기체가 탄생하는데, 그것은 하나의 동일한 단체 안에 산스크리트어와 유사한 언어를 가진 모든 국가를 포함한다"(Préface, Tome I, p. xxxv). 달리 표현하면, 이 사람들은 18세기의 인본주의적 전통에 있었고 낯선 민족과 이국 문화에 대한 열광을 공유하고 있었다.

력을 가지고 있음이 입증된 복합물이었기 때문에 그런 사고 경향이 가능했다. 그러나 도처에 매국노와 부역자가 들끓었던 이 전쟁은 인종주의가 모든 국가에서 시민 갈등을 부추길 수 있고 시민전쟁을 준비시키는 장치로서 이제껏 고안된 것 가운데 가장 교묘한 장치라는 사실을 입증했어야만 했다.

왜냐하면 인종사상은 실제로 유럽 민족들이 새로운 국가 체제를 준비해오다가 어느 정도 완성하던 순간 활발한 정치 무대로 진입했기 때문이다. 인종주의는 처음부터 지리적·언어적·전통적 기준을 비롯한 모든 기준에 의해 규정되는 국가의 경계를 모두 의도적으로 뛰어넘었으며, 국가와 정치의 존재 자체를 부정했다. 계급사상보다 인종사상이 유럽 국가 간 우호 증진에 더 큰 그늘을 드리웠으며, 결국 이들 국가를 파괴하는 강력한 무기로 성장했다. 역사적으로 말하면 인종주의자는 애국주의에서는 다른 모든 국제적 이데올로기의 대표자들보다 더 나쁜 기록을 가지고 있다. 그래서 그들은 민족이 국가를 설립하는 원리, 즉 인류의 이념이 보장하는 모든 민족의 평등과 연대의 원리를 부정한 유일한 사람들이었다.

1. 시민의 '민족'에 대항하는 귀족의 '인종'

전혀 이질적이고 낯설며 심지어 야만적이기까지 한 여러 민족에 대한 관심이 서서히 증가하는 현상은 18세기 프랑스의 특징이었다. 이때 중국의 회화들이 감탄을 자아내고 모방되었으며, 18세기의 유명한 작품 가운데 하나의 제목이 『페르시아인의 편지』(*Lettres Persanes*)였고, 여행가들의 보고서가 사회에서 즐겨 읽혀졌던 때도 바로 이 시기였다. 야만적이고 미개한 민족의 정직성과 단순함이 문화의 천박함과 인위성과 대조를 이루었던 것이다. 19세기에 여행 기회가 급격히 늘어나면서 비유럽 세계가 일반 시민의 안방으로 소개되기 훨씬 전인 18세기에 프랑스 사회는 유럽의 경계 훨씬 너머에 있는 여러 문화와 나라의 정신적 내용물을 파악하고자 애썼다. '인류의 새로운 표본'에 대한 지대한 열성은 프랑스 국민뿐만 아니라 프랑스 국기 아래에서 사는 갖가지 색깔의 민족들도 함께 해방시켰던 프랑스 혁명 영웅들의 마음을 가득 채웠다. 낯선 이국에 대한 이런 열성은 동포애의 메시지에서 그 절정에 다다랐다. 왜냐하면 이 동포애는 새롭고 놀라운 모든 '인류의 표본'들에서 라브뤼예르(La Bruyère)의 격언, 이성은 온갖 풍토로 되어 있다를 증명하려는 욕망에 고무되었기 때문이다.

나중에 국가를 파괴하고 인간성을 말살하는 인종주의의 권력으로 판명난 것의 싹을 추적하다 보면 국가를 창조한 이 세기와 인간성을 존중한 이 나라에 이르게 된다.[7] 다른 곳에서 유래하는 여러 민족이 프랑스에 공존한다는 것을 최초로 가정한 작가가 동시에 확고한 계급사상을 정교화한 작가라는 사실은 주목할 만하다. 프랑스 귀족 드 불랭빌리에(de Boulainvillieres) 백작은 18세기 초에 저술을 시작했지만 그 저서들은 그의 사후에야 출판되었는데, 그는 프랑스 역사를 두 민족의 역사로 해석했다. 그중 독일계는 오랫동안 그 땅에 거주해온 '갈리아인'들을 정복하고 자신들의 법률을 그들에게 적용했으며 그들의 땅을 빼앗고 마침내 지배계급, 즉 "정복의 권리"와 "최강자에 대한 복종의 필연성"에 기반하여 절대적 권리를 확보했던 "귀족계급"으로 자리 잡았다.[8] 제3신분과 그들의 변호인인 지식인과 법조인들로 구성된 새로운 집단의 정치 권력이 증대하는 데 대항하는 논리를 찾겠다는 일념으로 불랭빌리에는 프랑스 왕이 자신들의 제1인자로

---

7) 16세기 *Franco-Gallia*의 작가 프랑수아 오트만(François Hotman)은 종종 18세기 인종 교의의 선구자로 간주된다(Ernest Seillière, 앞의 책). 이런 오해에 대해 테오필 시마르(Théophile Simar)는 정당한 이의를 제기했다. "오트만은 튜턴족의 옹호자가 아니라 왕정에 억압당하던 국민들의 옹호자로 보인다"(*Etude Critique sur la Formation de la doctrine des Races au 18e et son expansion au 19e siècle*, Bruxelles, 1922, p.20).

8) *Histoire de l'Ancien Gouvernement de la France*, 1727, Tome I, p.33.

서 귀족계급을 대표하지 않고 국민 전체를 대표하고자 했던 까닭에 군주 제도와도 투쟁해야만 했다. 새로 부상하던 이 계급은 잠시 동안 왕을 가장 강력한 보호자로 생각했다. 그는 확고한 제1인자 자리를 귀족에게 찾아주기 위해 귀족들이 프랑스 국민과의 공통된 기원을 부정하고 국가의 단일성을 깨며 원래의 영원한 차별성을 주장해야 한다고 제안했다.[9] 차후의 귀족 옹호자보다 더욱 대담하게 불랭빌리에는 국토와의 어떤 운명적 관계도 부인했다. 그는 '갈리아인'이 프랑스에서 더 오래 살았고, '프랑스인'은 이방인이고 야만인임을 인정했다. 그는 자기 학설의 토대를 오로지 정복의 영구적 권리에 두었고 그래서 "프리슬란트*는…… 프랑스의 진정한 요람이다"라고 주장하는 데 별 어려움을 느끼지 못했다. 제국주의적 인종주의가 실제로 발달하기 몇 세기 전에 그는 자기 이론의 내재적 논리에 따라 프랑스의 원래 거주민들을 현대적 의미에서의 원주민, 또는 그의 용어로는 '신하'—프랑스 왕의 신하가 아니라—정복 민족의 후손인 까닭에 특권을 누리며 출생권에 의해 '프랑스인'으로 불리는 모든 사람의 신하로 간주했다.

불랭빌리에는 17세기의 권력이 권리라는 학설로부터 깊은 영향을 받았으며, 그가 근대의 철저한 스피노자 제자 가운데 한 사람이라는 것도 분명하다. 그는 스피노자의 『윤리학』(*Ethics*)을 번역했고 『신학-정치 논고』(*Traité théologico-politique*)도 분석했다. 그가 스피노자의 정치사상을 수용하고 적용하는 과정에서 힘은 정복으로 바뀌었고 정복은 인간과 민족의 본성과 특권을 판단하는 유일한 잣대로 작용했다. 여기서 우리는 권력 권리 학설이 차후 겪게 될 자연주의적 변형의 최초 흔적을 발견하게 된다. 불랭빌리에가 당시 빼어난 자유사

---

9) 불랭빌리에의 역사가 제3신분에 대항하는 정치 무기의 의미를 가지고 있었다는 사실은 Montesquieu, *Esprit des Lois*, 1748, XXX, chapter x에서 진술되고 있다.

* 네덜란드 최북부 지역.

상가의 한 사람이었고 단지 교권 반대주의 때문에 기독교 교회를 공격하지는 않았다는 사실이 이런 견해를 구체적으로 뒷받침해준다.

그런데 불랭빌리에의 이론은 인종을 다루지 않고 여전히 민족을 논한다. 그의 이론은, 설령 정복이라는 역사적 행위가 피정복 민족의 자연적 특성들에 이미 영향을 미쳤다 하더라도, 물리적 사실에서 우월 민족의 권리의 근거를 찾지 않고 역사적 행위인 정복에서 찾고 있다. 그의 이론은 제3신분과 동맹을 맺고 있던 절대군주제가 어느 정도 대변하던 새로운 국가 관념을 반박하기 위해 프랑스 내에 존재하는 상이한 두 민족을 고안해낸 것이다. 불랭빌리에는 국민 이념이 비교적 참신하고 혁명으로 느껴졌지만 프랑스 혁명에서 그랬던 것처럼 그것이 얼마나 밀접하게 민주적 형태의 정부와 연관되어 있는지를 아직 보여주지 못했던 시기에 반국가적이었다. 그는 시민전쟁이 무엇인지 알지 못한 채 프랑스로 하여금 시민전쟁을 준비하도록 만들었다. 많은 귀족이 스스로를 국가의 대표자로 생각하지 않고 동포보다는 '같은 사교계와 조건'을 가진 외국인들과 더 많은 공통점을 지닌 분리된 지배 계급으로 생각했고, 그는 이 귀족을 대표했다. 이런 반국가적 경향은 이주민의 환경에 영향을 미쳤고 마침내 19세기 후반 새롭고도 노골적인 인종주의 교의에 흡수되었던 것이다.

프랑스 혁명이 일어나고 대다수 프랑스 귀족이 독일과 영국으로 피난가지 않으면 안 되게 되었을 때, 불랭빌리에의 사상은 비로소 정치 무기로서 그 유용성을 발휘하기 시작했다. 그동안에도 그가 프랑스 귀족계급에 미친 영향력은 여전했다. 이는 또 다른 백작인 뒤보낭세의 저서에서 볼 수 있는데,[10] 그는 프랑스 귀족이 대륙의 동료들과 더욱 밀접한 관계를 유지하기를 원한 사람이다. 혁명 전야에 이 프랑스 봉건주의의 대변인은 너무나 불안하여 "야만족 출신 귀족들의

---

10) Dubuat-Nancay, *Les Origines de l'Ancien Gouvernement de la France, de l'Allemagne et de l'Italie*, 1789.

국제연맹 결성"[11]을 희망했다. 독일 귀족에게서만 도움을 기대할 수 있던 까닭에 여기에서도 프랑스의 진정한 기원은 독일과 같으며 프랑스의 하층 계급은 더 이상 노예는 아니지만 태어날 때부터 자유로운 것이 아니라 귀족에 의한 '해방', 즉 천부적으로 자유로운 귀족의 은총으로 자유로워졌다고 여겼다. 몇 년 후 프랑스의 망명자들은 정복을 통해 노예로 만들었다고 생각한 이민족의 반란을 막기 위해 실제로 귀족들의 국제연맹을 결성하고자 노력했다. 그리고 이런 시도를 구체적으로 실행하면서 발미(Valmy) 전투라는 대재난을 겪었지만, 1800년경 갈리아-로마의 혼합 인종으로 게르만족에 대항하고자 했던 샤를 프랑수아 도미니크 드 빌리에(Charles François Dominique de Villiers)나 10년 후 게르만 민족의 연맹을 꿈꾸었던 윌리엄 엘터(William Alter)[12] 같은 망명자는 패배를 인정하지 않았다. 프랑수아 기조(François Guizot)가 나중에 기술했듯이, 프랑스 혁명이 "이민족들 간의 전쟁"이라고 굳게 확신했기 때문에, 자신들이 매국노라는 생각은 결코 하지 않았을 것이다.

불랭빌리에가 다소 차분하던 시대의 여유와 공명정대함을 가지고 다른 피정복 민족의 본질 자체를 평가절하하지 않으면서 귀족의 권리를 오로지 정복의 권리로 옹호하려 한 반면, 프랑스 망명객 가운데 의심스러운 인물 중 하나인 드 몽틀로시에(de Montlosier) 백작은 "노예 출신으로 모든 인종과 모든 시대의 혼합물인 이 새로운 민족"을 공개적으로 경멸했다.[13] 시대는 분명 바뀌었고, 이제 더는 정복되지 않은 인종이 아닌 귀족들도 변해야만 했다. 그들은 정복만이, 즉

---

11) Seillière, 앞의 책, xxxii쪽.

12) René Maunier, *Sociologie Coloniale*, Paris, 1932, Tome II, p. 115 참조.

13) 몽틀로시에는 망명 중에도 프랑스의 비밀경찰 국장인 푸셰와 긴밀한 관계를 유지하고 있었는데, 이자가 망명객의 비참한 재정 상황을 개선하는 데 도움을 주었다. 후에 백작은 프랑스 사회에서 나폴레옹을 위한 비밀 요원으로 활동한다. Joseph Brugerette, *Le Comte de Montlosier*, 1931; Simar, 앞의 책, 71쪽 참조.

무력의 힘만이 인간의 운명을 결정한다는, 불랭빌리에와 몽테스키외도 소중하게 생각한 과거의 이념을 포기했다. 수도원장인 아베 세이예(Abbé Sieyès)가 유명한 팸플릿에서 제3신분에게 "자신들을 여전히 정복 종족의 후손으로 생각하고 또 그들의 권리를 상속받았다고 터무니없는 주장을 하는 이 모든 가문을 독일 프랑켄의 숲으로 돌려보내라"[14]고 말했을 때, 귀족 이데올로기의 붕괴가 도래했다.

프랑스 귀족이 부르주아 계급과의 투쟁에서 자신들은 다른 민족에 속하고 다른 계보학적 기원을 가지며 프랑스보다는 국제적 신분 계급과 더 밀접한 관계를 맺고 있다는 사실을 발견한 초창기부터 프랑스의 모든 인종 이론은 게르만주의를 옹호하거나 아니면 프랑스인과 비교해서 적어도 북유럽인의 우월성을 지지했다. 혁명에 참여한 사람들이 정신적으로 스스로를 로마인과 동일시했다면, 그것은 그들이 귀족계급의 '게르만주의'에 대항하여 제3신분의 '라틴주의'를 내세워서가 아니라 스스로를 로마 공화국의 계승자라고 생각했기 때문이다. 귀족계급의 종족적 확인과는 대조적으로 이런 역사적 주장은 '라틴주의'가 하나의 인종적 교리로 등장하는 것을 막았던 원인 가운데 하나일 것이다. 어쨌든 역설적으로 들릴지 모르지만 프랑스인이 독일인이나 영국인보다 더 먼저 게르만적 우월성이라는 고정관념을 주장한 것은 사실이다.[15] 1806년 프로이센의 패배 이후 생겨난 독일인의 인종 의식도 프랑스에 적대적이었지만 프랑스의 인종 이데올로기의 흐름을 바꾸지는 못했다. 1840년대 오귀스탱 티에리(Augustin Thierry)는 계급과 인종을 동일시하고 "게르만족 귀족계급"과 "켈트족 부르주아 계급"을 구별해야 한다고 고집했으며,[16] 귀

---

14) *Qu'est-ce-que le Tiers Etat?*(1789)는 혁명이 발발하기 직전 출판되었다. J.H. Clapham, *The Abbé Sieyès*, London, 1912, p.52에서 재인용.

15) "역사적 아리안주의의 기원은 18세기의 봉건주의이며 19세기 게르만주의의 지원을 받았다"고 Seillière는 앞의 책, ii쪽에서 말했다.

16) *Lettres sur l'histoire de France*, 1840.

족인 레뮈사(Rémusat)는 유럽 귀족의 게르만적 기원을 재차 주장했다. 마지막으로 고비노 백작은 프랑스 귀족계급이 일반적으로 수용하고 있던 견해를 완전한 역사적 교리로 발전시켰는데, 이 교리는 문명 몰락의 비밀 법칙을 발견했으며 역사를 자연과학의 지위로까지 끌어 올렸다고 주장한다. 그와 더불어 인종사상은 그 첫 번째 단계를 완성하고 두 번째 단계에 막 접어들었는데, 이 단계의 영향력은 1920년대까지 감지할 수 있다.

2. 국가 해방의 대체물로서의 인종의 단일성

독일에서 인종사상은 구 프로이센 군대가 나폴레옹에게 패배하기 전까지는 발달하지 못했다. 이 개념은 귀족과 그들의 대변인보다는 프로이센의 애국자들과 정치적 낭만주의 덕분에 발생했다. 시민전쟁의 무기이자 국민을 분열시킨 프랑스의 인종사상과는 대조적으로 독일의 인종사상은 외국의 지배에 대항하여 국민을 통합하려는 노력에서 고안되었다. 그 고안자는 국경 너머에서 동맹군을 찾지 않았으며 국민들에게 공통의 기원에 대한 의식을 일깨우기를 원했다. 악명 높게도 국제적 관계를 유지한 귀족들은 여기서 배제되었다——다른 유럽 귀족들보다 독일의 시골 귀족들이 특히 국제적이지 못했다. 어쨌든 독일의 인종사상이 가장 배타적인 귀족계급에 기반을 둘 가능성은 이로써 배제되었다.

여러 군소 국가들을 통일하려는 시도는 독일에서 오랫동안 실패를 거듭했고 이런 시도에는 항상 인종사상이 수반되었기 때문에, 그것은 초기 단계에서 더 일반적인 민족 감정과 너무나 밀접하게 결합되어 있었다. 그래서 단순한 민족주의와 선명한 인종주의를 구분하기가 어려웠다. 무해한 민족 정서는 오늘날 인종차별적이라고 여겨지는 용어로 표현되었다. 그래서 20세기 독일 상표의 인종주의와 독일 민족주의의 특수한 언어를 동일시하는 역사가들조차 이상하게도 나치즘을 독일 민족주의로 오해했고, 따라서 히틀러 선전의 엄청난 국제적 호소력을 과소평가하는 데 일조했다. 독일 민족주의의 이런 특수 조건이 변화한 것은 1870년 이후 국가의 통일이 실제로 이루어지고 독일의 인종주의가 독일의 제국주의와 함께 완전히 발전했을 때였다. 그러나 독일 특유의 인종사상에 항상 주요한 역할을 한 특징들은 초기부터 그대로 남아 있었다.

프랑스와 달리 프로이센 귀족들은 자신들의 이해관계가 절대군주정치의 지위와 밀접하게 연관되어 있다고 느꼈고, 그래서 적어도 프리드리히 2세 이후 합법적인 국민 전체의 대표자로 인정받고자 노력했다. 프로이센 귀족은 프로이센의 개혁이 진행된 몇 년(1808~12)을 제외하고는 정권 장악을 원했을지도 모를 부르주아 계급의 출현에 놀라지 않았으며 중산층과 왕가의 제휴를 두려워할 필요도 없었다. 1809년까지 나라의 여러 제후 가운데 가장 큰 땅을 소유한 대지주인 프로이센 왕은 개혁자들의 온갖 노력에도 불구하고 여전히 귀족들 가운데 1인자로 머물러 있었다. 그러므로 인종사상은 귀족계급의 밖에서, 독일어권 민족들의 통일을 원하기 때문에 공통의 기원을 주장하던 특정한 민족주의자들의 무기로 발전했다. 프로이센 귀족의 배타적 통치에 반대했다는 의미에서 그들은 자유주의자들이었다. 공통의 기원이 공통의 언어에 의해 규정되는 한 인종사상이라고 말할 수는 없다.[17]

1814년 이후에야 비로소 이런 공통의 기원이 종종 '혈연관계', 가족의 유대나 종족의 통일이라는 용어 또는 순수한 혈통과 같은 용어로 서술되기 시작했다는 것은 주목할 만하다. 가톨릭 신자인 요제프

---

17) 이는 예를 들면 Friedrich Schlegel, *Philosophische Vorlesungen aus den Jahren*, 1804~06, II, 357에 해당된다. 에른스트 아른트(Ernst Moritz Arndt)도 마찬가지다. Alfred P. Pundt, *Arndt and the National Awakening in Germany*, New York, 1935, pp.116ff. 참조. 독일 인종 사상의 가장 인기 있는 현대적 속죄양인 피히테조차 민족주의의 경계를 넘어서지 못했다.

괴레스(Josef Goerres)와 민족적 자유주의자인 에른스트 모리츠 아른트나 얀(F.L. Jahn)의 저서에서 거의 동시적으로 나타난 이 정의들은 독일인에게 참된 민족 감정을 불러일으키고자 했던 희망이 궁극적으로 실패했다는 증거다. 사람들을 국민의 신분으로 끌어올리는 데 실패함으로써, 즉 공통의 역사적 기억이 없고 미래의 공동 운명에 대해 모두가 냉담한 가운데 자연주의적 호소가 나타난 것이다. 자연주의적 호소는 프랑스 국민의 영예로운 힘으로 전 세계에 알려진 것을 대체할 수 있는 종족 본능에 대고 말을 걸었다. "모든 인종은 독립적이고 완전한 전체"[18]라는 유기적 역사론을 고안한 사람들은 정치적 국민의 대체물로서 민족적 단일성에 대한 이데올로기적 정의를 필요로 했던 사람들이다. 유기체적 단일성의 발전에 가장 적합하지 못한 민족인 독일인들이 순수한 비혼혈의 "진정한 민족"[19]이 되는 행운을 가졌다는 아른트의 진술이 나온 것은 좌절된 민족주의 때문이었다.

민족을 유기적 또는 자연주의적으로 정의하는 경향은 독일의 여러 이데올로기, 그리고 독일 역사주의의 두드러진 특징이다. 그럼에도 불구하고 이것은 아직 인종주의가 아니다. 왜냐하면 '인종적' 관점에서 말하는 사람들이 진정한 국민 신분의 주축인 만인의 평등 이념을 여전히 지지했기 때문이다. 그래서 여러 민족의 법률과 동물적 삶의 법칙들을 비교하는 논문에서 얀은 진정으로 평등한 다수의 민족이 있어야 한다고 주장하고, 민족이 다수가 있어야만 비로소 인류가 실현될 수 있다[20]고 말한다. 그래서 훗날 폴란드와 이탈리아의 민

---

18) Joseph Goerres, in *Rheinischer Merkur*, 1814, No. 25.

19) In *Phantasien zur Berichtigung der Urteile über künftige deutsche Verfassungen*, 1815.

20) "잡종 동물들은 실질적 생식력이 없다. 이와 유사하게 혼합 민족들은 그들 자신의 번식력이 없다……. 인간의 조상은 죽었고 원래 인종은 소멸했다. 바로 이 때문에 모든 사라지는 민족은 인류에게 불행이다……. 인간의 고결함은 한 민족에게서만 표현되는 것은 아니다"(*Deutsches Volkstum*, 1810).
비슷한 예를 괴레스도 표현하는데, 그는 국민을 자연주의적으로 정의했음에

족해방 운동에 강한 유대감을 표시한 아른트는 "다른 민족을 정복하고 지배하는 자는 모두 저주를 받으라"[21]고 외쳤다. 독일의 민족 감정이 참된 민족 발전의 결실이 아니라 외국의 점령에 대한 반작용에서 비롯된 까닭에[22] 민족적 교의들은 특별히 부정적 성격을 띠었으며, 국민을 둘러싸고 하나의 벽을 만들어 지리학적으로나 역사적으로 분명하게 규정될 수 없던 국경선을 대신하도록 할 작정이었다.

초기의 프랑스 귀족 정치에서 인종사상은 내부 분할의 도구로 고안되었고 결국 내전의 무기로 드러났다면, 독일의 초기 인종 교리는 국가의 내부적 통합의 무기로 고안되었지만 결국 국가 간 전쟁의 무기가 되었다. 제3공화국의 적들이 인종사상을 부활시키지 않았더라면, 프랑스의 주요 계급이던 귀족의 몰락으로 이 무기는 아마 무용지물이 되었을 것이다. 이와 마찬가지로 근대의 제국주의 입안자들이 국민의 지지를 얻기 위해 또 점잖은 민족주의의 덮개로 소름 끼치는 자신들의 얼굴을 가리기 위해 유기적 역사론을 부활시키지 않았다면, 그것은 독일의 국가 통일이 이루어졌을 때 벌써 그 의미를 상실했을 것이다. 그런데 독일 인종주의의 다른 원천에 대해서는 이런 논리가 적용되지 않는다. 그것은 비록 정치 무대에서 멀리 떨어져 있는 듯이 보이지만 차후의 정치적 이데올로기에 훨씬 더 강한 영향력을 행사했다.

정치적 낭만주의는 이제까지 다른 무책임한 견해들을 양산했다고 비난받아왔고 비난받을 수도 있었지만, 거기다 인종사상을 고안

도 불구하고("모든 구성원은 공통의 혈연으로 묶여 있다"), 그가 "어떤 갈래도 다른 갈래를 지배할 권리는 없다"(앞의 책)고 말할 때 그는 진정한 민족 원칙을 따르고 있다.

21) *Blick aus der Zeit auf die Zeit*, 1814. Alfred P. Pundt, 앞의 책에서 재인용.

22) "투쟁도 허사로 돌아가고 오스트리아와 프로이센이 패배하자 비로소 나는 진정으로 독일을 사랑하기 시작했다……. 독일이 정복과 종속에 굴복했을 때 그것은 내게 확고한 것이 되었다"고 E.M. Arndt는 *Erinnerungen aus Schweden*, 1818, p.82에서 쓰고 있다. Pundt, 앞의 책, 151쪽에서 재인용.

했다는 비난도 받았다. 거의 어떤 견해도 일시적으로는 기반을 확보할 수 있었다. 아담 뮐러와 프리드리히 슐레겔의 사상은 근대적 자유의 지적 유희를 가장 잘 보여준다. 그 어떤 사물도 어떤 역사적 사건이나 어떤 정치적 관점도 모든 것을 끌어안고 파괴시키는 이 열정으로부터 안전하지 못했다. 이런 열정으로 이 최초의 지식인 계급은 새롭고 매혹적인 견해를 얻을 기회를 항상 발견할 수 있었다. 노발리스는 "평범한 것에 고상한 의미를 부여하고 일상적인 것에 신비스러운 모습을 입히며, 잘 알려진 것에 미지의 위엄을 불어넣기를" 원하면서 "세계는 낭만적이 되어야 한다"[23]고 말했다. 이렇게 낭만화된 대상 가운데 하나가 국민이었다. 국민은 당장 국가나 가족, 귀족 또는 그밖의 무엇으로 바뀔 수 있었다. 낭만주의 지성인들은 젊었을 때는 생각이 떠오르는 대로, 나이가 들어 일상의 빵이 중요한 현실을 배운 훗날에는 돈을 지불하는 후원자의 부탁대로 그렇게 대상을 변화시킨 것이다.[24] 그러므로 19세기를 가득 채웠던, 자유롭게 경쟁하던 여러 견해의 발전을 연구하려면 독일식 낭만주의를 떠올리지 않고는 거의 불가능하다.

이 최초의 근대 지식인들이 실제로 마련해놓은 것은 어떤 단일 의견의 발전이 아니라 근대 독일 학자들의 특수한 정신적 태도였다. 근대의 독일 학자들은 현실 — 낭만주의자조차 못 보고 지나칠 수는 없는 현실 — 이 위험에 처할 경우, 다시 말해 그들의 지위라는 현실이 위험에 처할 경우 그들이 기꺼이 제시하지 않을 이데올로기는 하나도 없을 것이라는 사실을 어느 때보다 잘 입증했다. 이런 독특한 태도 때문에 낭만주의는 개인의 '개성'을 무한히 우상화하는 데 가장 탁월한 구실을 제공해주었다. 개인의 자의성 자체가 천재의 증거가

23) Novalis, "Neue Fragmentensammlung(1798)," in *Schriften*, Leipzig, 1929, Tome II, p.335.
24) 독일 낭만주의적 태도에 관해서는 Carl Schmitt, *Politische Romantik*, München, 1925 참조.

되었다. 이른바 개인의 생산성, 다시 말해 그의 '관념'의 자의적 게임에 이바지하는 것은 무엇이나 인생관과 세계관의 중심이 될 수 있었다.

낭만주의의 개성 숭배에 내재하는 이런 냉소주의는 지식인들 사이에 일종의 근대적 태도를 생겨나게 했다. 이 운동의 마지막 상속자인 무솔리니가 스스로를 "귀족주의자이자 민주주의자로, 혁명적이자 반동적으로, 프롤레타리아이자 프롤레타리아 반대자로, 평화주의자이자 평화 반대자로" 묘사했을 때, 그는 이런 태도를 가장 잘 대변하고 있었다. 낭만주의의 무정한 개인주의는 "누구나 스스로 자신의 이데올로기를 만들어낼 자유가 있다"는 것보다 더 심각한 것을 의미하지 않았다. 무솔리니의 실험에서 새로운 점은 그가 "가능한 모든 힘을 기울여 그것을 실행에 옮기고자 했다는 것"이다.[25]

이런 내재적 '상대주의' 때문에 낭만주의가 인종사상의 발전에 직접적으로 기여한 사실은 거의 무시될 수 있었다. 모든 사람이 언제든지 적어도 하나의 개인적이고 자의적인 의견을 가질 수 있는 무정부적 게임에서 떠오를 수 있는 모든 견해는 당연히 공식화되고 활자화되어야 한다. 이 혼란보다 더욱 중요한 특징은 그 자체 궁극적 목표로 간주되던 개성에 대한 근본적 믿음이었다. 귀족과 부상하던 중산층 계급 사이의 갈등이 정치 무대에서 결코 투쟁으로 번지지 않은 독일에서 개성 숭배는 어느 정도 사회적 해방을 얻을 수 있는 유일한 수단으로 발전되었다. 이 나라의 지배 계급은 상인들의 부가 늘어나고 비중이 커졌음에도 불구하고 상업에 대한 전통적인 경멸과 상인과의 교제에 대한 혐오를 적나라하게 드러냈다. 그래서 일종의 자긍심을 가질 수 있는 수단을 발견하기가 쉽지 않았다. 독일의 고전적 성장소설 『빌헬름 마이스터』에서 부르주아 계급의 사회적 영역에는

---

25) Mussolini, "Relativismo e Fascismo," in *Diuturna*, Milano, 1924; F. Neumann, *Behemoth*, 1942, pp.462~463에서 재인용.

'개성'이 없기 때문에 중산층 출신의 주인공이 귀족과 배우들에게 교육을 받는데, 이 소설은 이들이 처한 절망적인 상황을 보여주는 충분한 증거다.

독일의 지식인들은 자신들이 속한 중산층을 위한 정치 투쟁을 진척시키지는 못했지만 사회 지위를 위해서는 격렬한, 그리고 불행하게도 매우 성공적인 전투를 치렀다. 귀족을 옹호하는 글을 썼던 지식인들조차 사회 계급이 문제가 되면 자신들의 이해관계가 위태롭다는 것을 느꼈다. 그들은 출생의 권리와 자질과 경쟁하기 위해서 부르주아 사회에서 널리 인정받고 있던 '선천적 개성'이라는 새 개념을 만들어냈다. 오래된 가문의 후계자란 타이틀처럼 '선천적 개성'은 날 때부터 주어지지 공적 때문에 얻는 것은 아니었다. 국가 형성을 위한 공통의 역사가 없기 때문에 유기적 발전이라는 자연주의적 개념을 만들어 이를 극복했듯이, 사회 영역에서도 자연(본성) 자체가 당시 정치 현실에서 거부되었던 자격을 부여해주는 것으로 여겨졌다. 자유주의 저술가들은 남작이나 다른 낡아빠진 작위들, 주었다가 빼앗을 수 있는 그런 작위와 대립되는 것으로 "참된 귀족성"을 자랑했으며, 자신들의 천부적 특권은 "힘이나 천재성"처럼 인간 행위에서 기인하지 않는다고 암시적으로 주장했다.[26]

이 새로운 사회적 개념의 특수한 논점은 즉각 확인되었다. 오랜 기간 단순한 사회적 반유대주의만 존재했는데 이때 유대인 증오가 정치 무기로 발견되고 준비되었다. 이 시기에 평균적인 상인의 행동과 유대인 동료들의 행동을 갈라놓은 것은 '선천적 개성'의 결핍, 재치와 생산성의 천성적인 부족, 타고난 장사 기질 등이었다. 부르주아 계급은 귀족의 계급적 오만에 대항하여 어느 정도 자긍심을 가지

---

26) 자유주의 저술가인 부흐홀츠(Buchholz)가 귀족에 대항하여 썼던 흥미로운 팸플릿, *Untersuchaungen über den Geburtsadel*, Berlin, 1807, p.68 참조. "진정한 귀족성…… 부여될 수도 빼앗을 수도 없다. 왜냐하면 권력이나 천재성과 같이 그것은 스스로 나타나 홀로 존재하기 때문이다."

려고 열정적으로 노력했지만 감히 정치적 리더십을 위한 투쟁은 하지 못했다. 그들은 처음부터 자기 민족의 하층 계급을 무시하기보다 다른 민족을 낮추어 보려 했다. 이런 시도들 가운데 가장 의미심장한 것은 클레멘스 브렌타노(Clemens Brentano)의 문학 작품이다.[27] 이것은 "기독교-독일 만찬회"라는 이름으로 1808년에 결성된 나폴레옹 증오자들의 극단적 민족주의 클럽을 위해 쓰였고 여기서 널리 읽혔다. 브렌타노는 매우 궤변적이고 재치 있게 '선천적 개성', 천재적인 개인과 '속물'—그는 즉각 프랑스인과 유대인을 속물이라 생각하는데—의 차이를 지적했다. 이후에 독일의 부르주아 계급은 귀족이 전형적으로 부르주아 계급의 것으로 여긴 모든 자질을 다른 민족들의 특성으로, 맨 처음에는 프랑스인에게, 그다음에는 영국인에게 그리고 마지막으로는 항상 유대인에게 돌릴 것이다. '선천적 개성'이 출생 때 얻는다고 하는 신비스러운 자질은 지주 귀족이 자신의 것이라 주장한 것과 똑같다.

이런 방식으로 귀족의 기준이 인종사상의 발생에 기여했다 하더라도, 독일의 귀족계급은 이런 정신적 태도의 형성에 기여한 바가 거의 없다. 이 당시에 나름의 정치 이론을 전개한 유일한 지주 귀족인 루트비히 폰 마르비츠는 한 번도 인종차별적 용어를 사용한 적이 없었다. 그에 따르면 국가는 언어에 의해 나뉘어 있다—그것은 육체적 차이가 아니라 정신적 차이다. 설령 프랑스 혁명에 격렬하게 반대했다 하더라도, 그는 다른 국가에 대한 한 국가의 침략 가능성이라는 주제에 이르러서는 로베스피에르처럼 말한다. "자신의 국경을 확장하려는 목표를 가진 국가는 전체 유럽의 국가 사회에서 불성실한 배반자다."[28] 귀족의 기준으로 혈통의 순수성을 고집한 자는 아담 뮐

---

27) Clemens Brentano, *Der Philoster vor, in und nach der Geschichte*, 1811.

28) "Entwurf eines Friedenspaktes," in Gerhard Ramlow, *Ludwig von der Marwitz und die Anfänge konservativer Politik und Staatsauflassung in Preussen*, Historische Studien, Heft 185, p.92.

러였고, 권력자가 권력을 빼앗긴 자를 통치한다는 명백한 사실을 약자는 강자의 지배를 받아야 한다는 자연법으로 기술함으로써 사실의 범위를 넘어선 사람은 할러(Harler)였다. 물론 귀족들은 자신들의 권력 강탈이 합법적일 뿐 아니라 자연법과도 일치한다는 사실을 알았을 때 열광적으로 환호했다. 또한 19세기 내내 부르주아들이 이전 어느 때보다 주의해서 "하층 신분과의 결혼'을 피한 것은 부르주아 계급의 개념 규정의 결과였다.[29]

독일의 민족주의자들이 1814년의 전쟁 동안 그리고 그 이후 공식화했던 주장, 즉 민족의 본질로서 종족의 공통적 기원과 낭만주의자들이 강조했던 천부적 개성 및 자연적 귀족성은 지성적 차원에서 독일 인종사상의 길을 닦았다. 전자로부터 유기체적 역사론과 그 자연법 사상이 발생했고, 후자로부터는 19세기 말 초인이라는 기이한 인체 모형이 생겨나는데, 이 초인의 자연적 운명은 세계 지배다. 이런 경향들이 나란히 등장하는 한, 그것들은 정치 현실에서 일시적으로 도피할 수 있는 수단일 뿐이었다. 그것들이 결합했을 때, 완전한 이데올로기로서 인종주의의 토대를 구축했다. 그러나 이런 일이 독일에서 먼저 일어나지 않았다. 우선 프랑스에서 발생했고, 그것을 완성한 사람도 중산층 지식인들이 아니라 뛰어난 재능을 가졌지만 좌절했던 귀족, 고비노 백작이었다.

3. 역사에 대한 새로운 해결의 열쇠

1853년 아르투르 드 고비노(Arthur de Gobineau) 백작은 『인종 불평등론』(*Essai sur l'Inégalité des Races Humaines*)을 출판하는데, 이 책은

---

29) Sigmund Neumann, *Die Stufen des preussischen Konservatismus*, Historische Studien, Heft 190, Berlin, 1930 참조. 특히 48쪽, 51쪽, 64쪽, 82쪽. Adam Mueller에 관해서는 Elemente der Staatskunst, 1809 참조.

50년도 채 안 된 19세기의 전환기에 역사적으로 인종 이론의 기본서가 된다. 4권으로 된 저작의 첫 문장——"문명의 몰락은 역사의 모든 현상 가운데 가장 두드러지고 동시에 가장 모호한 현상이다"[30]는 저자의 근본적으로 새롭고 근대적인 관심과 염세적 분위기를 분명하게 암시한다. 저서 곳곳에 배어 있는 염세적 분위기는 과거의 모든 요소와 상충하는 견해들을 통합할 수 있는 이데올로기적 힘이었다. 인류가 태곳적부터 과거의 문화들, 몰락한 제국들, 소멸된 민족들에 관해 가능한 한 많이 알고자 한 것은 사실이다. 그러나 고비노 이전의 어느 누구도 시대와 장소와 상관없이 모든 문명이 흥하고 망하는 단 하나의 이유, 단 하나의 힘을 발견하겠다는 생각을 하지 못했다. 쇠퇴 학설은 인종사상과 밀접한 관계가 있는 듯하다. 또 다른 '인종 신봉자'인 벤저민 디즈레일리도 역사 문명의 몰락에 마찬가지로 매료당했지만, 다른 한편으로 헤겔은, 비록 그의 철학이 대부분 변증법적 역사 발전의 법칙을 다루고 있지만, 결코 문화의 흥망성쇠 자체나 국가의 소멸을 설명하는 법칙에 관심을 두지 않았다는 사실은 우연의 일치가 아닐 것이다. 그런데 고비노는 정확하게 바로 그런 법칙을 제시하고 있다. 다원주의나 어떤 다른 진화이론의 영향을 받지 않은 이 역사가는 역사학을 자연과학의 계열로 진입시켜 모든 사건의 진행을 설명하는 자연 법칙을 발견했고 모든 정신적 발화나 문화 현상을 정확한 과학의 힘을 빌려 "우리의 눈이 볼 수 있고 우리의 귀가 들을 수 있으며 우리의 손이 만질 수 있는" 어떤 것으로 환원했다고 자랑했다.

낙천적인 19세기의 한가운데에서 출발한 이 이론에서 가장 놀라운 것은 저자가 문명의 몰락에 매료되었지만 문명의 발생에는 거의 아무런 관심이 없었다는 점이다. 『인종 불평등론』을 기술할 당시 고비노는 자신의 이론이 현실 정치의 무기로 사용될 가능성에 대해서는

---

30) Adrien Collins가 번역한 *The Inequality of Human Races*, 1915에서 재인용.

전혀 생각하지 않았으며, 따라서 내재적으로 불길한 쇠퇴 법칙의 결론들을 과감히 도출할 수 있었다. 서구 문명의 몰락만을 예언한 슈펭글러와 달리 고비노는 '과학적' 정확성으로 지구상에서 인간——그의 말로 표현하면 인간 종——의 확실한 소멸을 예측했다. 인간의 역사를 다시 기술한 4권을 마치며 그는 "어떤 사람은 인간이 지구를 지배한 총기간을 1억 2000년에서 1억 4000년으로 잡고 싶어 한다. 이것은 두 시기로 나뉘는데, 청년기에 속하는 첫 번째 시기는 지나가 버렸고…… 두 번째 시기가 시작되었으며 노쇠를 향해 치닫는 몰락의 과정을 목격할 것이다."

니체보다 30여 년 앞서 고비노가 데카당스의 문제에 관심을 가졌다는 사실은 정당하게도 줄곧 지적되어왔다.[31] 그러나 여기에는 차이가 있다. 즉 니체는 데카당스 운동의 절정기에 프랑스의 보들레르, 영국의 스윈번(Swinburne), 독일의 바그너와 함께 저술 활동을 하면서 유럽 데카당스의 기초적 경험을 한 반면, 고비노는 근대 염세의 다양성을 거의 알지 못했으며, 따라서 심리적으로 복잡하지 않고 단순하게 (그리고 올바르게) 계급으로서 귀족의 운명을 염려한 불랭빌리에와 프랑스 망명 귀족의 마지막 상속자로 간주되어야 한다. 그는 순진하게도 프랑스 민족의 기원에 관한 18세기의 학설을 거의 문자 그대로 받아들였다. 즉 부르주아 계급은 갈리아-로마 노예들의 후손이고 귀족은 게르만 민족이라는 것이다.[32] 귀족의 국제적 특성에 관한 주장도 마찬가지다. 그의 이론의 좀더 근대적인 측면은 그가 사기꾼일 가능성이 있다는 (프랑스어 제목도 매우 의심스럽다) 점에서 또 그가 과거의 학설들을 우스꽝스러울 정도로 무리하게 과장했다는 점에서 드러난다——그는 자신이 스칸디나비아의 해적을 거쳐 오딘에

31) Robert Dreyfus, "La vie et les prophéties du Comte de Gobineau," in *Cahiers de la quinzaine*, Ser. 6, Cah. 16, Paris, 1905, p.56 참조.
32) *Essai*, Tome II, Bool IV, p.445; "Ce qui est arrivé à la France en 1870," in *Europe*, 1923.

이르는 혈통에 속하며, "나 역시 신의 종족이다"라고 주장했다.[33] 하지만 그의 실질적 중요성은 진보 이데올로기가 무성하던 때에 파멸, 완만한 자연 재난에 의한 인류의 종말을 예언한 사실에 있다. 고비노가 저서를 집필하기 시작했을 때, 즉 부르주아의 왕 루이 필리프 시대에 귀족계급의 운명은 확정된 것처럼 보였다. 귀족은 더 이상 제3신분의 승리를 두려워할 필요가 없었다. 승리는 이미 기정사실이었고 따라서 그들은 단지 불평만 할 수 있을 따름이었다. 고비노가 표현했듯이 귀족들의 고통은 몇십 년 후 모든 인간적인 것의 연약함을 지난해의 눈으로 표현한 데카당스 시인들의 커다란 절망감과 흡사하다. 고비노 본인만을 놓고 본다면 이런 유사성은 우연적이라 할 수 있다. 그러나 유사성이 확고한 것으로 자리 잡자마자, 어떤 것도 프랑스의 로베르 드레퓌스나 독일의 토마스 만과 같은 세기 전환기의 훌륭한 지성인들이 오딘의 후손을 진지하게 생각하는 것을 막지 못했다. 무시무시한 것과 어처구니없는 것이 서로 합하여 인간적으로 이해하기 힘든 혼합물로, 20세기의 트레이드마크인 혼합물로 나타나기 훨씬 전에 어처구니없는 것은 죽일 수 있는 힘을 상실했다.

고비노가 때늦게 명성을 얻은 것은 독특한 염세적 분위기, 즉 18세기의 마지막 10여 년간 지배한 절망의 분위기 덕분이었다. 그러나 이런 사실이 그가 "죽음과 무역의 명랑한 춤"(조셉 콘래드) 세대의 선구자였음을 의미하지는 않는다. 그는 사업을 신봉하는 정치가도 아니었고 죽음을 예찬하는 시인도 아니었다. 우연히 인종주의를 고안해낸 그는 좌절한 귀족과 낭만적 지식인을 뒤섞어놓은 기이한 인물이었다. 우연히 바로 그때에 그는 프랑스 내의 두 민족이라는 과거의 교리를 단순히 받아들일 수도 없었고, 그래서 변화된 상황을 고려하여 낡은 경향, 즉 가장 훌륭한 인간들이 반드시 사회의 정상에 있어야 한다는 교리들을 수정해야 했다. 애석하게도 스승들과 달리 그는

---

33) J. Duesberg, "Le Comte de Gobineau," in *Revue Générale*, 1939.

가장 훌륭한 사람들, 귀족들이 과거 지위의 회복을 바랄 수 없는 까닭을 설명해야만 했다. 그는 프랑스 신분 제도의 몰락을 처음에는 프랑스의 몰락, 다음에는 서구 문명의 몰락 그리고 마지막으로 전 인류의 몰락과 차례차례 동일시했다. 그렇게 하여 그는 후대 작가들과 전기 작가들이 그토록 칭송한 발견, 즉 문명의 몰락은 인종의 퇴화에 기인하며 인종의 몰락은 혈통의 혼합에 기인한다는 발견을 했던 것이다. 이 발견은 피가 섞일 경우 열등한 인종이 항상 우세해진다는 주장을 함축하고 있다. 이런 식의 논증은 세기 전환기 후에는 거의 평범한 것이 되는데, 그것은 '적자생존'이라는 다른 고정관념을 취했던 고비노의 동시대인들의 진보 교리와는 맞지 않는 것이었다. 승승장구하던 부르주아 계급의 자유주의적 낙관론은 역사를 해명할 수 있는 단서나 피할 수 없는 몰락의 증거물을 원하기보다는 신판 힘-권리 이론을 원했다. 고비노는 미국의 노예 문제에 가담하고 약삭빠르게 자신의 전 체계를 흑백 갈등의 토대 위에 세워 폭넓은 청중을 얻으려 노력했으나 모두 허사로 돌아갔다. 엘리트 사이에서 성공을 거두기 위해 그는 거의 50년을 기다려야 했다. 제1차 세계대전으로 죽음의 철학이 큰 파장을 일으키기 시작하자 비로소 그의 저작들은 폭넓은 인기를 누릴 수 있었다.[34]

고비노가 정치에서 실제로 찾고자 했던 것은 귀족정치를 대체할 수 있는 '엘리트'의 규정과 창출이었다. 군주 대신 그는 '군주의 종족'인 아리안족을 제안했다. 그는 아리안족이 민주주의를 통해 나타

---

34) 프랑스의 평론 잡지 *Europe*, 1923의 고비노 기념호 참조. 특히 Clément Serpeille de Gobineau, "Le Gobinisme et la pensée moderne." "전쟁이 중반기에 이르러서야 나는 비로소 『인종에 관한 논고』(*Essai sur les Races*)가 생산적인 가정의 영감을 받아 만들어졌다는 생각을 하게 되었다. 이 가정은 우리 눈앞에서 벌어지고 있는 어떤 사건을 설명할 수 있는 유일한 가장인 것이다……. 나는 이 견해가 거의 만장일치로 받아들여진다는 사실을 기록하면서 놀랐다. 전쟁이 끝난 후 나는 거의 모든 젊은 세대에게 고비노의 저서는 하나의 계시가 되었다는 사실에 주목하게 되었다."

난 열등한 비아리안족에 의해 침몰당할 위기에 처해 있다고 말한다. 인종사상은 독일 낭만주의의 '선천적 개성'의 조직화를 가능하게 만들었고, 이 아리안족을 다른 사람들을 지배할 운명을 가진 자연적인 귀족계급의 구성원으로 규정해주었다. 인종과 인종 간의 혼혈이 개인을 전적으로 결정하는 요소라면 ─ 고비노는 '순수한' 종이 존재한다고는 생각하지 않았다 ─ 신체적 우월성은 모든 개인 속에 그가 현재 처한 사회적 상황이 어떻든 간에 진화하고 있으며 또 모든 예외적인 개인은 '살아남은 메로빙거의 자손', 즉 '왕의 후손'에 속한다고 주장할 수 있을 것이다. 스스로 귀족처럼 느낀다고 단언함으로써 봉건 귀족 가문의 옛 특권을 가지고 있다고 억지주장을 펼 수 있는 '엘리트'가 인종 덕택에 구성될 수 있다. 인종 이데올로기 자체의 수용은 한 개인이 '좋은 혈통'을 가졌다는 주장, '귀족의 피'가 그의 몸에 흐른다는 주장 그리고 기원의 우월성은 권리의 우월성을 함축한다는 주장의 결정적 증거가 될 것이다. 그래서 백작은 하나의 정치적 사건, 즉 귀족의 몰락에서 서로 모순되는 두 가지 결론을 끄집어낸다 ─ 인간종의 몰락과 새로운 선천적 귀족의 형성을. 그러나 그는 자신의 가르침이 내재적 모순을 해결하고 실제로 적용되는 것을 살아서 보지 못했다. 인종에 근거한 새로운 귀족은 인류를 파멸하려고 극도로 노력하면서 '불가피한' 인류의 몰락을 초래하기 시작한 것이다.

고비노는 선구자인 망명 프랑스 귀족들의 선례를 좇아 자신의 엘리트 인종에게서 민주주의와 "가나안의 괴물"인 애국주의에 대항할 성채를 발견했다.[35] 프랑스가 왕국이든 제국이든 아니면 공화국이든 간에 그 통치는 인간의 본질적 평등에 기초한 까닭에, 여전히 홀

---

35) *Essai*, Tome II, Book IV, 440쪽, 445쪽 주석. '조국'이라는 말은 갈리아-로만 계층이 일어나서 정치 역할을 맡은 이래 비로소 그 의미를 되찾았다. 그들의 승리와 함께 애국주의는 다시 미덕이 되었다."

류한 '조국'이었기 때문에 또 가장 나쁘게도 프랑스는 당시 흑인조차 시민권을 누리는 유일한 국가였기 때문에 고비노가 프랑스 국민에게 헌신하지 않고 영국 국민에게, 1871년 프랑스의 패배 이후 독일 국민에게 헌신한 것은 자연스러운 일이었다.[36) 여기서 품위의 결여는 우연이 아니며 기회주의도 불행한 우연의 일치가 아니다. "성공만큼 성공하는 것은 없다"는 옛 속담은 다양하고 자의적인 견해들에 익숙해진 사람들을 두고 하는 말이다. 현실에 대한 단서를 쥐고 있다고 짐짓 주장하는 이데올로기주의자들은 최근에 일어난 사건에 따라 어떤 사건에 대한 견해를 바꾸거나 변형시켜야만 했으며, 현실이라는 가변적인 신과 충돌을 일으킬 수는 없었다. 자신들의 확신으로 모든 상황을 정당화해야만 하는 사람에게 믿을 만한 사람이 되라고 요구하는 것은 어처구니없는 일일 것이다.

나치가 엘리트 인종으로 자리 잡으면서 공공연하게 독일인을 포함한 모든 민족을 경멸할 때까지 프랑스의 인종주의 ─ 애국주의의 연약함으로 빠지지 않았기 때문에 ─ 는 논리적으로 가장 일관된 입장을 견지했다는 사실은 인정해야만 한다. (이런 태도는 마지막 전쟁 동안에도 변하지 않았다. 아리안족의 혈통은 더 이상 독일인의 전유물이 아니라 앵글로색슨족, 스웨덴과 노르만족과의 공동 소유물이었지만, 국가·애국주의·법은 여전히 "편견에 빠진, 허구적이고 이름뿐인 가치"로 여겨졌다.)[37) 히폴리트 텐(Hippolyte A. Taine)조차도 '독일 민족'의 천재적 우월성을 확고하게 믿었다.[38) 에른스트 르낭(Ernst Renan)은

36) Seillière, 앞의 책, Tome I: *Le Comte de Gobineau et l'Aryanisme historique*, p.32 참조. "그의 *Essai*에서 독일은 게르만적이 아니며 영국이 훨씬 더 게르만적이다……. 분명 고비노는 나중에 마음을 바꾸었지만, 그것은 성공의 영향으로 인한 것이었다." 연구하는 동안 열렬한 고비노 옹호자가 된 세이르 ─ "20세기의 허파가 적응해야 할 지적 풍토" ─ 에게 성공이 고비노의 급작스러운 견해 수정의 충분한 이유처럼 보인 것도 주목할 만큼 흥미로운 사실이다.

37) 사례는 더 많이 열거할 수 있다. Camille Spiess, *Impérialismes, Gobinisme en France*, Paris, 1917에서 인용.

비록 지역적 독창성과 인종 간의 원천적 차이를 무너뜨릴 수 있는 위대한 힘이 바로 문명이라고 주장했지만, 단호한 "인간 종의 구분"을 통해 '셈족'을 '아리안족'에 대립시킨 최초의 인물이라 할 수 있을 것이다.[39] 1870년 이후[40] 프랑스 저술가들의 특징을 이루는 다소 산만하고 부정확한 인종 이야기들은, 이들이 엄격한 의미에서 인종주의자가 아니라 하더라도, 엄밀히 말하면 반민족적이고 친게르만족 노선을 따르고 있다.

철저하게 반민족적인 고비니즘 경향이 프랑스 민주주의와 나중에는 제3공화국의 적에게 실질적이든 허구적이든 국경을 넘어서는 동맹을 맺도록 도움을 주었다면, 인종과 '엘리트'의 특수한 혼합물은 국제적 인텔리겐치아에게 역사의 대운동장에서 가지고 놀 수 있는 새롭고 흥미로운 심리학적 장난감을 마련해주었다. 고비니즘의 루이의 자손은 19세기 후반의 낭만적 영웅, 성자, 천재 및 초인과 가까운 인척이다. 이들은 모두 독일 낭만주의 출신이라는 점을 숨길 수 없다. 낭만주의의 견해에 내재하는 무책임성은 고비니즘의 인종 혼합으로부터 새로운 자극을 받았다. 왜냐하면 이 혼합은 자아의 깊은 심연으로까지 추적할 수 있는 과거의 역사적 사건을 보여주기 때문이다. 이것이 의미하는 바는 내적 경험들이 이제 역사적 의미를 부여받을 수 있으며 자아가 역사의 전쟁터가 되었다는 것이다. "『인종 불평등론』을 읽은 이후 어떤 갈등이 내 존재의 숨겨진 근원을 자극할 때마다, 나는 내 영혼 안에서 격렬한 전투, 즉 백인, 황인종, 셈족 그리고 아리안족 사이에 전투가 일어나고 있다고 느꼈다."[41] 이 고백과

---

38) 텐의 입장에 관해서는 John S. White, "Taine on Race and Genius," in *Social Research*, February, 1943 참조.

39) 고비노의 견해에 따르면 셈족은 흑인과 섞여 질이 떨어진 백인 잡종 인종이다. 르낭에 대해서는 *Histoire Générale et Système comparé des Langues*, 1863, Part I, pp.4, 503과 그밖에 여러 곳 참조. 똑같은 구분을 그의 책 *Langues Sémitiques*, I, 15에서도 볼 수 있다.

40) 이런 점은 Jacques Barzun, 앞의 책에서 잘 드러나 있다.

이와 유사한 고백이 낭만주의의 진정한 계승자인 현대 지식인의 정신 상태 — 이들이 어떤 견해를 가지고 있든 간에 — 를 보여주는 의미심장한 것이지만, 그럼에도 불구하고 그것들은 어떤 이데올로기에 의해서도 협력을 강요당했을 사람들이 근본적으로 악의가 없었고 정치적으로 순수했음을 말해준다.

4. '영국인의 권리' 대 인간의 권리

독일 인종사상의 씨앗이 나폴레옹 전쟁 동안 뿌려졌다면 훗날 인종이데올로기의 영국적 발전은 프랑스 혁명 동안 시작되었으며, 아마 그 기원은 프랑스 혁명을 "지금까지 세계에서 발생한 가장 놀라운 위기"라고 격렬하게 비난한 에드문트 버크에게로 거슬러 올라갈 것이다.[42] 영국의 정치사상뿐만 아니라 독일의 정치사상에 미친 그의 막강한 영향력은 이미 익히 알려진 사실이다. 그러나 이런 사실은 독일과 영국의 인종사상이 프랑스적 갈래와는 다르지만 서로 유사한 까닭에 특히 강조되어야 할 것이다. 이런 유사점은 두 나라가 프랑스를 격퇴시켰으며 또 자유—평등—박애의 이념을 외국의 발명품으로 홀대하는 경향을 보였다는 사실에서 비롯된다. 사회적 불평등이 영국 사회의 토대를 이루는 까닭에 '인간의 권리'가 문제가 되었을 때 영국 보수주의자들의 심기는 무척이나 불편했다. 19세기 토리당원들에게 널리 유포된 견해에 따르면 불평등은 영국의 민족성에 속했다. 디즈레일리는 "영국인의 권리에서 인간의 권리보다 더 나은 것"을 발견했으며, 제임스 스티븐(James Stephen) 경에게 "프랑스인이 그런 것에 흥분하는 것만큼 거지 같은 것은 역사에서 거의 없다"

---

41) 이 놀라운 신사는 바로 잘 알려진 작가이며 역사가인 엘리 포르(Elie Faure)다. "Gobineau et le Problème des Races," in *Europe*, 1923.

42) *Refelctions on the Revolution in France*, 1790, Everyman's Library Edition, New York, p.8.

고 말했다.[43] 바로 그 때문에 영국과 독일은 19세기 말까지 인종사상을 민족 노선으로 발전시킬 수 있었던 반면, 동일한 견해가 프랑스에서는 그 시작부터 정말 반민족적인 모습으로 나타났다.

프랑스 혁명의 '추상적 원리'를 반박하는 버크의 주된 논거는 다음 문장에 들어 있다. "조상으로부터 상속받았고 후손에게 물려주어야 할 양도 유산으로서 또 좀더 일반적이거나 더 중요한 권리와 상관없이 이 왕국의 국민에게 특별히 속하는 재산으로서 우리의 자유를 주장하고 옹호하는 것은 우리 헌법의 한결같은 정책이었다." 바로 자유의 특성에 적용된 유산 개념은 영국의 민족주의가 프랑스 혁명 이래 특이한 인종 감각을 얻게 된 이데올로기적 토대였다. 중산층 작가가 고안한 이 개념은 작위와 토지와 함께 상속된 특권의 총계로서 자유라는 중세 개념을 직접 수용했음을 의미한다. 버크는 영국 내 특권 계급의 권리를 침해하지 않으면서 이 특권의 원리를 확장하여 전체 영국 국민을 포함시켰다. 다시 말하면 영국 국민을 전체 국가 가운데 일종의 귀족계급으로 설정했다. 그러므로 그는 자신들의 시민권을 인간의 권리로 주장하는 자들을 경멸했으며, 그가 보기에 이 권리는 오직 '영국인의 권리'로만 주장하는 것이 적합했다.

영국에서 민족주의는 과거의 봉건 계급들에 대한 심각한 공격 없이 발전했다. 이런 식의 발전은 17세기부터 점점 더 많은 수의 젠트리*들이 부르주아의 상층부를 흡수하여 종종 평민조차 귀족의 지위를 획득할 수 있었던 까닭에 가능했다. 이런 과정을 거쳐 귀족의 통상적인 계급적 오만은 상당히 줄어들었고 그래서 국민 전체를 염려하는 강한 책임감이 창출되었다. 그러나 똑같은 이유로 봉건적인 개념과 태도는 어느 곳에서보다 더 용이하게 하층민의 정치 이념에 영

---

43) *Liberty, Equality, Fraternity*, 1873, p.254. 비컨즈필드 경에 관해서는 Benjamin Disraeli, *Lord George Bentinck*, 1853, p.184 참조.
* 귀족 다음가는 계급, 상류 사회.

향을 미칠 수 있었다. 따라서 상속 개념은 거의 수정되지 않은 채 수용되었고, 전체 영국의 '가계'에 적용되었다. 귀족적 기준의 수용으로 말미암아 영국식의 인종사상은 상속 이론과 근대적 등가물인 우생학에 사로잡히게 되었다.

유럽인들은 자신들의 인류 개념에 지구상의 모든 민족을 포함시키려는 실질적인 시도를 한 이후 자신들과 다른 대륙에서 발견한 사람들 사이의 상당한 신체적 차이 때문에 화가 나 있었다.[44] 영속적으로 동일한 인간과 이성의 본질이 각각 달리 표현된다는 다양성에 대한 18세기의 열정도, 같은 부모의 후손이라는 점에 근거하여 인간의 일치와 평등을 주장하는 기독교 교리가 과연 새 종족을 대면한 사람들의 가슴속에 여전히 유지될 수 있는가 하는 중대한 물음에 꽤나 빈약한 논증을 제공해주었다. 우리가 아는 한, 이 새로운 종족들은 문화적 행위나 일상적인 관습에서 인간의 이성과 감정이라 할 만한 것을 표현하지 못했으며 단지 매우 저급한 수준의 인간 제도를 발전시켰을 뿐이었다. 새로운 문제는 아프리카 종족에 대한 좀더 상세한 지식을 보유하고 있던 유럽과 미국의 역사 무대에서 등장했는데, 특히 미국과 영국의 식민지에서 기독교에 의해 확실하게 폐지되었다고 주장되던 여러 형태의 사회 조직들로 되돌아가는 퇴보를 가져왔다. 그런데 엄격한 인종적 토대 위에 구축된 노예제조차 19세기 이전에는 노예 소유자들에게 인종의식을 불러일으키지 않았다. 18세기 내내 미국의 노예 소유주들은 노예제를 일시적 제도로 생각했고, 그래서 그것을 점진적으로 폐지하기를 원했다. 이들 대부분은 아마 제퍼슨과 마찬가지로 "신이 정의롭다는 생각이 들때 나는 두려움에 떤다"

---

44) 이러한 내적 당혹감의 온건하지만 의미심장한 메아리는 많은 18세기 기행문에서 발견된다. 볼테르는 자신의 『철학사전』(*Dictionnaire Philosophique*) 사람 항목에서 특별히 언급할 만큼 그것이 중요하다고 생각했다. "게다가 우리는 이 지구에 살고 있는 인종들이 얼마나 서로 다른지 그리고 서로 만났던 최초의 흑인과 백인의 놀라움이 얼마나 컸을지를 보았다."

고 말했을 것이다.

흑인 종족의 문제가 동화와 교육의 열망으로 해결되었던 프랑스의 경우 위대한 과학자 르클레르 드 뷔퐁(Leclerc de Buffon)은 최초로 인종 분류표를 제시했다. 유럽인을 기준으로 하여 다른 민족들을 유럽인과의 차이에 따라 분류했는데, 이 분류표는 이런 특성들을 엄격하게 병렬함으로써 평등을 가르쳤다.[45] 감탄할 정도로 정확한 토크빌의 표현을 빌리자면, 18세기는 "인종의 다양성을 믿었지만 인류의 화합을 믿었다."[46] 독일에서는 헤르더가 인종이라는 "천박한 단어"를 인간에게 적용하기를 거부했으며, 상이한 종들의 분류표를 이용한 최초의 문화 역사가인 구스타프 클렘[47]은 인류라는 이념을 연구의 보편적 틀로 여전히 존중했다.

그러나 노예제 폐지 이후 함께 살아가야 할 문제를 해결해야 했던 미국과 영국에서는 사태가 훨씬 어려웠다. 1880년대의 '아프리카 쟁탈' 이후 서구의 인종주의에 영향을 미친 남아프리카를 예외로 한다면, 이들 국가는 현실 정치에서 인종 문제를 최초로 다룬 국가들이었다. 노예제 폐지는 기존의 심각한 난관을 풀 해결책을 제시하기보다는 오히려 내재했던 갈등을 첨예화했다. 이는 특히 '영국인의 권리'가 인간의 권리를 천명할 수 있는 새로운 정치적 방향에 의해 대체되지 못한 영국에서 두드러졌다. 따라서 1834년 영국 식민지에서 실행된 노예제 폐지와 미국의 남북전쟁에 앞서 일어난 토론은 영국에서는 매우 심각한 여론의 혼란을 야기했다. 이 여론은 최근 수십 년 동안 발생한 다양한 자연주의적 교리들이 성장할 수 있는 비옥한 토양을 마련해주었다.

이런 자연주의적 교리를 가장 먼저 대변한 이들은 다원설론자였

---

45) *Histoire Naturelle*, 1769~89.

46) 앞의 책, 1852년 5월 15일자 편지.

47) Gustav Klemm, *Allgemeine Kulturgeschichte der Menschheit*, 1843~52.

다. 성서를 지독한 거짓말이라고 반박하는 그들은 인간 '종들' 사이의 어떤 관계도 부정했다. 이들의 주된 업적은 모든 인간과 모든 민족을 결합하는 고리인 자연법 이념을 파괴한 데 있었다. 다원설의 논리는 예정된 인종적 우월성을 명기하지는 않았지만, 자의적으로 인간의 상호 이해와 의사소통의 신체적 불가능성이라는 깊은 심연을 통해 모든 민족을 상호 고립시켰다. 다원설은 왜 "동은 동이고 서는 서이며 그래서 그들은 결코 서로 만날 수 없는지" 그 이유를 설명해 주었고, 따라서 식민지에서 인종 간의 결혼을 막고 혼혈인에 대한 차별을 심화하는 데 많은 기여를 했다. 다원설에 따르면 혼혈인은 참된 인간이 아니다. 그들은 어떤 인종에도 속하지 않고 "모든 세포가 내란의 무대"인 일종의 괴물이다.[48]

영국의 인종사상에 미친 다원설의 영향이 지속적이라는 사실이 결국 입증되었지만, 19세기에 다원설은 여론에서 다른 교리에 패배할 운명에 처해 있었다. 이 다른 교리도 상속의 원리에서 출발했지만, 19세기의 정치 원리인 진보를 상속의 원리에 첨가했다. 그래서 이 교리는 정반대의, 하지만 훨씬 더 설득력 있는 결론에 이르게 된다. 즉 인간은 인간뿐만 아니라 동물의 삶과도 관련되어 있으며, 열등 인종의 존재는 인간과 짐승이 단지 정도 차이로 구분된다는 것을 분명히 보여주며, 강력한 생존 투쟁은 모든 생명체를 지배한다는 것이다. 다윈주의는 과거의 힘-권리 교리가 걸어간 길을 그대로 따른다는 사실로 더 큰 힘을 얻게 된다. 이 교리가 귀족들에 의해서 배타적으로 사용될 때에는 정복이라는 거만한 언어를 말한 반면, 이제는 일상의 빵을 위한 생존 투쟁을 익히 알고 있고 안전한 벼락부자가 되고자 싸운 사람들의 신랄한 언어로 번역되었다.

다윈주의는 상속을 토대로 인종과 계급 지배를 위한 이데올로기적 무기를 제공한 까닭에 다른 모든 교리를 압도할 정도로 성공을 거두

---

48) A. Carthill, *The Lost Dominion*, 1924, p.158.

었고 인종차별을 찬성하거나 반대하는 양쪽 모두에게 이용될 수 있었다. 정치적으로 말한다면 다윈주의 자체는 중립적이었다. 그래서 그것은 가장 첨예한 형태의 제국주의 이데올로기뿐만 아니라 온갖 종류의 평화주의와 세계주의를 낳았다.[49] 1870~80년대 영국에서 다윈주의는 공리주의와 반식민지주의를 표방하는 정당의 손아귀에 있었다. 사회학을 생물학의 일부로 취급한 최초의 진화론 철학자 허버트 스펜서는 자연도태가 인류의 진화에 유익하며 영구 평화를 가져오리라 믿었다. 다윈주의는 정치적 논쟁에 두 가지 중요한 개념을 제공했다. 하나는 필연적이고 자동적인 '적자생존'이라는 낙관적 주장을 담고 있는 생존 투쟁 개념이고, 다른 하나는 동물의 삶으로부터 발전해온 인간의 진화 속에 들어 있는 것처럼 보이는 불확정적 가능성이라는 개념인데, 이것은 우생학이라는 신 '과학'을 탄생시켰다.

적자만이 필연적으로 살아남는다는 교의는 사회의 최상층부가 종국적으로 '적자'라는 의미를 함축하고 있다. 그런데 이 교의는 정복의 교의가 종말을 맞았을 때, 다시 말하면 영국의 지배계급이나 식민지 속령의 영국인 지배가 더 이상 절대적으로 안전하지 않게 되었을 때, 그리고 오늘의 '적자'가 내일도 여전히 적자로 남을지가 매우 의심스럽게 되었을 때 종말을 맞게 된다. 그러나 다윈주의의 다른 부분, 즉 동물적 삶으로부터 시작된다는 인간의 계보학은 불행하게도 살아남는다. 우생학은, 누가 적자로 판명될 수 있는지를 예언하지도 못하고 또 여러 민족에게 영구적인 적합성을 발전시킬 수 있는 수단을 제공하지 못하는 생존 교리의 곤란한 불확실성을 극복할 것이라고 장담했다. 응용 우생학의 가능한 결론은 슈펭글러의 『서구의 몰락』(Decline of the West)에 대한 반작용으로서 1920년대 독일에서 강조되었다.[50] 도태 과정은 인간의 배후에서 작용하는 자연적인 필연성

---

49) Friedrich Brie, *Imperialistische Strömungen in der englischen Literatur*, Halle, 1928 참조.

에서 '인위적인', 즉 의식적으로 적용된 신체적 수단으로 바뀌면 되었다. 야수성은 우생학에 항상 내재했다. 따라서 안락사는 "가족과 국가의 쓸데없는 지출"을 절약해준다는 에른스트 헤켈의 언급은 우생학의 특징을 잘 말해준다.[51] 결국 다윈주의의 최후 사도들은 독일에서 과학적 탐구의 영역을 떠나기로 결심했다. 즉 인간과 원숭이 사이에 상실한 연결 고리를 탐색하기를 그만두고, 그 대신 다윈주의자들이 원숭이라고 생각한 것으로 인간을 바꾸려는 실질적인 노력을 시작한 것이다.

그런데 나치즘이 전체주의 정책의 일환으로 인간을 짐승으로 변화시키려는 시도를 하기 전에 엄밀한 유전적 토대 위에서 인간을 신으로 끌어올리고자 하는 노력은 수없이 많았다.[52] 허버트 스펜서뿐만 아니라 초기의 모든 진화론자와 다윈주의자들은 "인간의 유인원적 기원에 대한 믿음만큼이나 천사 같은 인간의 미래에 대한 강한 믿음을 가지고 있었다."[53] 선택된 유전은 "유전적인 천재"로 귀결된다고

---

50) 예를 들어 Otto Bangert, *Gold oder Blut*, 1927 참조. "그렇게 하여 문명은 영원할 수 있다"(17쪽).

51) In *Lebenswunder*, 1904, pp.128ff.

52) 진화론이 과학의 망토를 걸치기 1세기 전에 경고의 목소리들은 단지 순수한 상상의 단계에 있는 광기의 내재적 결론을 예언했다. 볼테르는 한 번 이상 진화론적 견해를 가지고 장난을 쳤다. 주로 "Philosophie Générale: Métaphysique, Morale et Théologie," *Oeuvres Complètes*, 1785, Tome 40, pp. 16ff. 참조. —*Dictionnaire Philosophique*, Article "Chaîne des Etres Créés"에서 그는 이렇게 쓰고 있다. "처음에 우리 상상은 천연의 조잡한 물질이 조직된 물질로 지각하지 못한 사이 이행한다는 것에 즐거워한다. 즉 식물에서 식충류(말미잘, 해면 등)로, 식충류에서 동물로, 동물에서 인간으로, 인간에서 정신으로, 조그만 유체로 둘러싸인 영혼에서 비물질적 실체로, 그리고…… 신으로…… 최고 존재에 의해 창조된 가장 완벽한 영혼, 그는 신이 될 수 있는가? 신과 그 사이에는 무한대가 놓여 있지 않은가? ……원숭이와 인간 사이에는 분명 빈 공간이 존재하지 않는가?"

53) Hayes, 앞의 책, 11쪽. 헤이스는 정당하게도 이 모든 초기 물질주의자들의 강한 실천적 도덕성을 강조했다. 그는 "도덕과 신앙의 이 기이한 분리"를 "나중에 사회학자들이 시간 지체라 서술하는" 현상으로 설명했다(130쪽). 그러나

믿었으며,54) 그래서 귀족제는 정치의 산물이 아니라 자연 도태의 결과이자 순수한 혈통의 자연스러운 산물이라는 주장이 다시 제기되었다. 전체 민족을 자연적인 귀족—그중 가장 성공적인 표본은 천재나 초인으로 발전하는데—으로 변형시킨다는 것은 비정치적 수단을 통해 구 지배계급을 새로운 '엘리트'로 대체하려고 꿈꾸던 좌절한 자유주의 지식인들이 만들어낸 많은 '관념' 중 하나였다. 세기말에 저술가들은 정치적 주제를 당연한 것처럼 생물학이나 동물학의 관점에서 다루었고, 동물학자들은 마치 정치가들을 위한 완전무결한 지침을 발견했다는 듯이 「우리 외교 정책의 생물학적 관점」을 썼다.55) 이들 대부분은 영국인의 국민 이익과 일치되도록 '적자생존'을 통제하고 규제하는 새로운 길을 제시했다.56)

우리가 독일의 헤켈이나 프랑스의 바셰르 드 라푸쥐(Vacher de Lapouge)처럼 학문 연구의 고요함을 버리고 선전 활동을 위한 조사 연구를 했던 다른 물질주의자들이 시간 지체에 크게 고통당하지 않았다는 사실을 볼 때, 또 다른 한편으로 프랑스의 바레스처럼 물질주의적 교의에 물들지 않았던 동년배들이 드레퓌스 사건 동안 프랑스를 휩쓸었던 사악한 잔인성의 실질적 옹호자들이었다는 사실을 볼 때, 이러한 설명은 다소 미약하게 보인다. 서구 사회에서 도덕이 갑작스럽게 붕괴한 것은 어떤 '이념들'의 자동적 발전에 의해서라기보다 일련의 새로운 정치 사건과 새로운 정치·사회 문제들, 즉 당황하고 혼란에 빠진 인류가 직면한 문제들에 의해 초래된 것처럼 보인다.

54) 1869년에 출판되어 널리 읽힌 프랜시스 골턴(Fr. Galton)의 책 제목이 그렇다. 이 책은 다음 수십 년 동안 동일한 주제를 다룬 저서들의 홍수를 야기했다.

55) 「우리 외교 정책의 생물학적 관점」은 P. Charles Michel이 *Saturday Review*, London, February, 1896에 출판했다. 이런 종류의 중요한 저서는 Thomas Huxley, *The Struggle for Existence in Human Society*, 1888이다. 그의 주요 논제는 문명의 몰락이 출생률이 통제되지 않는 한 필연적이라는 것이다. Benjamin Kidd, *Social Evolution*, 1894; John B. Crozier, *History of Intellectual Development on the Lines of Modern Evolution*, 1897~1901; Karl Pearson, *National Life*, 1901. 런던 대학 유전학 교수인 그는 진보를 일종의 비인간적인 괴물로서 방해가 되는 모든 것을 게걸스럽게 먹어 치운다고 서술한 최초의 인물이다. Charles H. Harvey, *The Biology of British Politics*, 1904에서 "국가 내에서" "삶을 위한 투쟁"을 엄격하게 통제함으로써 한 국가는 다른 민족들과 생존을 위한 불가피한 투쟁에서 전능하게 될 수 있다는 논리를 세운다.

이런 진화론적 교의의 가장 위험한 측면은 19세기 중산 계급의 자긍심에 중요한 개인적 성취와 개성에 대한 강조를 결합했다는 것이다. 이 중산 계급은 귀족이 아니라 위대한 인물들이 국가의 진정한 대표자이며 이들이 '인종의 천재'를 구현한다는 사실을 증명할 과학자들을 원했다. 이 과학자들은 위대한 인물이 "인종의 개인화이며, 인종의 최고 표본"이라는 벤저민 디즈레일리의 과거 견해를 '증명함'으로써 정치적 책임에서 벗어날 수 있는 이상적인 도피 수단을 제공했다. 이 '천재'의 발전은 다른 진화론의 사도가 "영국인은 초인이며 영국의 역사는 그의 진화 역사다"[57]라고 단순히 천명했을 때 논리적 결론을 발견한다.

　　영국과 독일의 인종사상에 마찬가지로 의미심장한 사실은 귀족이 아닌 중산층 작가들이 최초로 그것을 구상했고 귀족의 혜택을 모든 계급으로 확대하려는 욕망에서 탄생했으며 진정한 민족 감정에 의해 조장되었다는 것이다. 독일의 인종사상뿐만 아니라 영국의 인종사상의 특징은 이런 관점에서 천재와 영웅에 대한 칼라일의 이념은 "대영 제국의 아버지"의 교의라기보다—실로 매우 부당한 비난이라 할 수 있는—"사회적 개혁가"의 무기라고 할 수 있다.[58] 영국과 독일에서 광범위한 독자를 얻은 그의 영웅 숭배는 독일 낭만주의의 개성 숭배와 동일한 근원에서 나온다. 그것은 사회 환경과는 무관한 개성의 천부적인 위대함을 단언하고 숭배하는 것이었다. 19세기 중반부터 제국주의가 나타난 19세기 말에 이르기까지 식민지 운동에 영향을 미친 사람들 가운데 칼라일의 영향에서 벗어날 수 있었던 사람은 한 명도 없었지만 어느 누구도 노골적인 인종주의를 설파한

---

56) 특히 K. Pearson, 앞의 책 참조. 그러나 골턴은 이미 이렇게 말했다. "미래 세대 인간종의 자연적인 소질의 개선은 대체로 우리의 통제하에 있다는 사실을 강조하고 싶다"(앞의 책, ed. 1892, xxvi쪽).

57) *Testament of John Davidson*, 1908.

58) C. A. Bodelsen, *Studies in Mid-Victorian Imperialism*, 1924, pp. 22ff.

다는 비난을 받지는 않았다. 칼라일 자신도 그의 '흑인 문제'에 관한 에세이에서 서인도가 '영웅들'을 생산하도록 도와줄 수 있는 방법에 관심을 기울이고 있다. 찰스 딜크의 『위대한 영국인』(*Greater Britain*, 1869)은 종종 제국주의의 시작으로 간주되는데,[59] 그는 영국의 식민지 주민들은 영국의 일부로 찬양했을 뿐만 아니라 그들과 그들의 영토를 단순한 식민지로 얕잡아보던 사람들에 대항한 진보적인 급진론자였다. 실리(J.R. Seeley)의 『영국의 팽창』(*Expansion of England*, 1883)은 출판한 지 2년도 채 안 되어 8만 부가 팔렸는데, 여전히 인도인을 외국인으로서 존경하고 그들을 '야만족'과 분명히 구분하고 있다. 백인으로서 인종주의의 종족 철학에 최초로 개종했던 보어족을 찬양해서 의심을 받던 프루드조차 "남아프리카의 자치는 원주민에 대한 유럽 해외 이주민의 통치이며 진정한 의미에서 자치가 아니"[60]기 때문에 남아프리카에 너무 많은 권리를 이양하는 것에 반대했다.

독일에서도 그렇지만, 귀족에게서 완전히 해방되지 않았고 그래서 인종사상의 첫 싹을 배양한 중산 계급이 영국의 민족주의를 탄생시켰고 발전시켰다. 그러나 통일이 되지 않았기 때문에 역사적 또는 지리적 사실을 대체할 수 있는 이데올로기적 장벽을 필요로 했던 독일과 달리 영국의 섬은 천연 국경에 의해 주변 세계와 완전히 분리되어 있었고, 국가로서 영국은 바다 건너, 본국으로부터 수천 마일 떨어진 곳에 널리 퍼져 있는 식민지에 사는 사람들을 통합할 수 있는 이론을 고안해내야만 했다. 그들 간의 유일한 연결 고리는 공통의 조상, 공통의 기원과 공통의 언어였다. 합중국의 분리는 이런 고리 자체가 지배를 보장하지 않는다는 사실을 보여주었다. 미국뿐만 아니라 다른 식민지들도, 물론 마찬가지로 격렬하지는 않았지만, 본국과는 다른

---

59) E.H. Damce, *The Victorian Illusion*, 1928. "제국주의는 딜크의 『위대한 영국인』으로 시작한다."

60) "Two Lectures on South Africa," in *Short Studies on Great Subjects*, 1867~82.

헌법 노선에 따라 발전하려는 강한 경향을 드러냈다. 이 과거의 영국 국가들을 구하기 위해 칼라일에 영향을 받은 딜크는 "색슨 왕국"을 말하는데, 이 단어는 미국 국민을 되찾을 수 있는 것처럼 보였다. 그래서 그의 책의 3분의 1은 미국의 국민에게 할애되어 있다. 급진론자이기 때문에 딜크는 독립 전쟁이 두 국가 간에 일어난 것이 아니라 영국적 형태의 18세기 내란인 것처럼 행동할 수 있었다. 이런 점에서 그는 뒤늦게 공화당원들에게 협력한 셈이다. 사회적 개혁주의자들과 급진주의자들이 영국 민족주의의 발기인이었다는 놀라운 사실의 이유 중 하나가 바로 여기에 있다. 식민지가 하층 계급을 위한 탈출구라고 생각했기 때문에 그들이 식민지를 원한 것은 아니다. 그들은 영국 제도가 배출한 좀더 과격한 자손들이 본국에 미치는 영향력을 유지하기를 원했다. 이런 모티프가 프루드에게서도 강하게 나타나는데, 그는 "식민지를 간직하기를 원했다. 그것은 산업화된 영국에서 가능한 것보다 더 고상한 생활양식과 더 단순한 사회 상태를 이 식민지에서 재생산할 수 있다고 생각했기 때문이었다."[61] 그리고 이런 생각은 실리의 『영국의 팽창』에 결정적 영향을 미쳤다. "우리가 전체 제국을 한데 묶어 생각하는 데 익숙해 있고 그것을 모두 영국이라 부른다면 바로 거기에 합중국이 있다는 것을 알게 될 것이다." 나중에 정치적 저술가가 '색슨 왕국'이라는 단어를 어디에 사용하든 간에 딜크 작품에서는 한정된 지역에 의해 통합될 수 없었던 국가를 위한 정말 정치적인 의미를 가지고 있었다. "모든 여행에서 나를 동반하고 인도한 생각 — 내가 외국에서 감추어진 것을 연 열쇠 — 은 이미 지구를 띠 모양으로 둘러싸고 있으며 아마 결국 전 지구로 퍼지게 될 우리 인종의 위대함이라는…… 생각이었다"(서론). 딜크에게 공통의 기원, 유산, '인종의 위대함'은 신체적 사실도 아니고 역사를 해명할 수 있는 단서도 아니었다. 그것은 현재의 세상에서 더욱 필요한 길잡

---

61) C.A. Bodelsen, 앞의 책, 199쪽.

이였고 무한한 공간에서 유일하게 믿을 수 있는 연결고리였다.

영국의 해외 이주민들은 지구 곳곳에 퍼져 있었기 때문에 가장 위험한 민족주의 개념, '민족적 사명' 이념은 영국에서 특히 강력했다. 설령 민족의 사명 자체가 오래전부터 국민의 신분을 동경하는 모든 나라에서 인종 이념에 물들지 않고 발전했다 하더라도, 결국 그것은 인종사상과 특별한 유사성을 가진 것으로 판명된다. 위에서 인용된 영국의 민족주의자들은 차후의 경험에 비추어보면 경계선에 위치한 경우로 간주될 수 있다. 그들은 예컨대 프랑스의 지도—주재—아래 하나로 통합되고 조직되며 재건된 인류에 대한 희망을 표현한 프랑스의 오귀스트 콩트보다 더 해롭다고 할 수는 없다.[62] 그들은 영국이 인간의 실존에 대한 최상의 보증인이라고 생각했지만, 결코 인류의 이념을 포기하지 않았다. 단지 민족주의적 개념을 강조할 수밖에 없었다. 사명 이념은 땅과 국민을 묶는 끈을 함축하지만, 민족주의 개념에는 끈의 분리가 내재하기 때문이었다. 이런 분리는 영국의 정치에서 유포된 이데올로기가 아니라 모든 정치인이 계산에 넣어야만 할 확고한 사실이었다. 이들이 나중의 인종주의자들과 다른 점은 그들 중 아무도 진지하게 인종으로서 다른 민족들을 하등 인종으로 차별하려 하지 않았다는 것이다. 다만 그들이 언급한 나라들, 캐나다와 오스트레일리아가 거의 비어 있는 땅이었고 심각한 인구 문제가 없었기 때문이라 할지라도.

그래서 역사와 정치의 결정적 요소로서 인종과 인종적 우월성에 대한 믿음을 거듭 강조한 최초의 영국 정치인이 식민지와 영국의 해외 이주민들에 대한 특별한 관심 없이—"우리가 통치하지 않는 식민지의 무거운 짐"—영국의 제국주의 권력을 아시아로 확장하기를 원했던 것은 우연이 아니다. 또한 그가 실제로 심각한 인구 및 문화적 문제를 가진 아시아의 유일한 식민지에서 대영 제국의 지위를 한

---

62) Auguste Comte, *Discours sur l'ensemble du Positivisme*, 1848, pp.384ff.

층 강화한 사람이었다는 사실은 우연이 아니다. 그가 바로 벤저민 디즈레일리였는데 그는 영국의 여왕을 인도의 여황제로 만들었다. 그는 인도를 제국의 초석으로 간주했고 영국 국민을 유럽 대륙의 국가들과 연결한 끈을 끊기를 원한 최초의 정치인이었다.[63] 그 때문에 그는 영국의 인도 통치에서 일어난 근본적인 변화에 주춧돌을 놓았던 것이다. 이 식민지는 버크가 "인도의 범법자"라 부른 정복자들에 의해 냉혹하게 통치되고 있었다. 그런데 인도는 이제 행정 조치를 통한 영구적 통치의 확립을 목표로 하는 신중한 계획 행정을 얻게 되었다. 이 실험은 버크가 경고한 위험, 즉 "인도의 범법자들"이 "영국을 위한 입법자들"이 될지도 모를 위험에 영국을 한 걸음 더 근접시켰다.[64] "영국 역사에서 인도 제국의 건설보다 자랑스러워해야 할 이유가 더 많은 사건은 없다"고 생각하는 사람들에게 자유와 평등은 "사소한 것에 내건 거창한 이름"이었다.[65]

디즈레일리가 도입한 정책은 배타적인 상류 계급이 외국에 정착시킨다는 의미였는데, 이 계급의 유일한 기능은 식민지 건설이 아니라 통치였다. 디즈레일리가 생전에 보지 못한 이 이념을 실현하기 위해

---

63) "우리가 아시아에서 그리고 그 결과로서 서유럽에 행사해야 할 권력과 영향력"(W.F. Monypenny and G.E. Buckle, *The Life of Benjamin Disraeli, Earl of Beaconsfield*, II, New York, 1929, 210). "유럽이 단견으로 말미암아 열등하고 고갈된 처지로 전락한다 하더라도 영국에게는 찬란한 미래가 있을 것이다(같은 책, I, Book IV. ch. 2). 왜냐하면 "영국은 이제 더 이상 단순한 유럽의 권력이 아니기 때문이다……. 영국은 유럽의 권력이라기보다 아시아의 권력이다" (같은 책, II. 201쪽).

64) Burke, 앞의 책, 42~43쪽, "하원의 권력은…… 실제로 컸다. 그리고 그것은 자신의 위대함을 오랫동안 유지할 수 있을지도 모른다……. 하원이 인도의 범법자들이 영국을 위한 입법자가 되는 것을 막을 수 있는 한 그렇게 할 수 있을 것이다."

65) Sir James F. Stephen, 앞의 책, 253쪽과 그밖에 여러 곳. 또한 그의 "Foundations of the Government of India," in *The Nineteenth Century*, LXXX, 1883 참조.

인종주의는 실제로 필수 불가결한 도구였다. 그것은 사람들이 한 민족에서 "최상급 조직을 가진 순수 인종"으로, 위에서 인용한 디즈레일리 본인의 말로 반복한다면, 스스로 "자연의 귀족"이라고 느끼는 인종으로 전환하는 위험천만한 사태를 예고하고 있다.[66]

우리가 이제까지 살펴본 것은 우리 시대의 소름 끼치는 모든 경험을 겪고 난 지금에서야 비로소 볼 수 있는 견해, 즉 인종주의의 첫 징조에 관한 이야기다. 인종주의가 각국에 존재하던 인종사상의 여러 요소를 부활시켰다 하더라도, 그것은 우리가 관심을 가졌던 '내재적 논리'에 의해 주어진 이념의 역사가 아니다. 인종사상은 여러 가지 정치적 갈등을 위한 편리한 논증을 대주는 원천이기는 하지만 그 나라의 정치적 삶에 어떤 독점적 권리도 소유하지 않았다. 그것이 기존의 이해갈등이나 정치 문제를 첨예화하고 부당하게 이용하기는 했지만, 새로운 갈등을 만들거나 정치적 사유의 새로운 범주를 생산하지는 않았다. 인종주의는 그때까지 전혀 알려지지 않았고 고비노나 디즈레일리와 같은 '인종'의 열렬한 옹호자들에게조차 전적으로 낯선 경험과 정치적 정황에서 발생했다. 거기에는 멋지고 간편한 생각을 하는 인물들과 잔인한 행위도 서슴지 않는 인면수심의 사람들 간에 깊은 심연이 존재하며, 어떤 지적인 설명도 그 심연을 이을 수 없다. '아프리카 쟁탈'과 새로운 제국주의 시대로 서구인들이 새롭고 놀라운 경험에 노출되지 않았다면, 인종적 관점의 사유는 분명 19세기의 다른 무책임한 견해들과 더불어 사라졌을 것이다. 설령 인종사상이 문명세계에 그때까지 존재한 적이 없었다 하더라도, 제국주의는 자신의 행위에 대해 유일하게 가능한 '설명'과 변명으로 인종주의를 고안할 필요가 있었을 것이다.

그러나 인종사상은 존재했기 때문에 그것은 인종주의에 강력한 도

---

66) 디즈레일리의 인종주의에 관해서는 제3장과 비교할 것.

움이 되었음이 입증되었다. 전통을 자랑할 수 있었던 견해의 존재 자체가 새로운 교의의 파괴적 힘을 감추는 데 기여했다. 이 새로운 교의가 국가적 명망이나 이와 유사한 전통의 승인과 같은 겉모습을 지니지 않았다면, 서구가 그때까지 유지한 과거의 모든 정치적·도덕적 수준과 전적으로 모순되는 그 성격은 그것이 유럽 국가의 동맹을 파괴하기 전에 이미 노출되었을 것이다.

제7장 인종과 관료정치

　이민족을 정치적으로 조직하고 통치하기 위해 두 가지 새로운 정책이 제국주의의 처음 10년 동안 발견되었다. 하나는 정치 통일체의 원칙으로서 인종이었고 다른 하나는 외국을 지배하는 원칙으로서 관료정치였다. 민족의 대체물로 인종이 없었다면 아프리카 쟁탈과 투자 열기는 아마 모든 골드러시의 무의미한 "죽음과 무역의 춤"(조셉 콘래드)으로 머물렀을 것이다. 정부의 대체물로 관료정치가 없었다면 인도의 영국 재산은 전 지역의 정세를 변화시키지 않은 채 "인도의 범법자"(버크)의 무모함에 내맡겨졌을 것이다.

　이 둘은 실제로 암흑 대륙에서 발견되었다. 유럽인이나 문명인이 전혀 이해할 수 없던 사람들, 그들의 인간성이 이민자들에게 너무나 두렵고 치욕적이어서 같은 인간에 속한다고 생각하고 싶지도 않던 사람들을 설명하는 임시방편이 인종이었다. 인종은 사람을 압도하는 아프리카의 기괴함─야만인들이 거주하고 그들로 넘쳐흐르는 전체 대륙─에 대한 보어인들의 대답이었다. 그것은 "청천벽력"처럼 그들을 사로잡아 눈을 뜨게 했던 광기의 설명이었다. "모든 짐승을 절멸하라."[1] 이런 대답은 현대사에서 가장 무시무시한 대량학살로 귀결된다. 보어인이 저질렀던 호텐토트족 말살, 독일령 남동부 아프리카에서 자행된 카를 페터스의 잔인한 살인, 평화로운 콩고 주민의 대량학살로 2000만 내지 4000만 인구가 800만으로 줄었다. 마지막으로 최악의 결과로 보어인의 대답은 이런 평정 수단이 정상적이고 당당한 외교 정책으로 의기양양하게 도입되는 결과로 이어졌다. 1900년 의화단(義和團) 반란*에 맞서 싸운다는 조건으로 떠나는 독일 원정군에게 빌헬름 2세가 권고한 것처럼 권고한 문명국가의 우두머리가 과거에 한 번이라도 있는가. "1000년 전 아틸라의 지도하에 훈족이 명성을 얻어 그 덕분에 아직까지 역사 속에 살아 있는 것처럼, 바라건대 독일의 이름도 중국에서 그런 식으로 알려져 어떤 중국인도 감히 다시 독일인에게 곁눈질하지 못하게 하라."[2]

인종이 유럽 토착의 이데올로기이든 충격적 경험에 대한 임시 설명이든 상관없이 항상 서구 문명에서 가장 악질적인 인자들을 매료시켰다. 반면에 관료정치는 최선의, 그리고 종종 가장 총명한 유럽 지식인층이 발견했고 이들을 매료시켰다. 어떤 다른 동방의 전제군주들보다 더욱 은밀하게 서류 보고서와[3] 법령으로 통치하던 행정가는 법을 지키지 않는 무자비한 사람들 가운데에서 군사적 기율의 전통에서 벗어난 사람이었다. 오랫동안 그는 번쩍번쩍 빛나는 갑옷을 입고 힘없는 원주민들을 보호하기 위해 보내진 현대적 기사라는 정

---

1) Joseph Conrad, "Heart of Darknes," in *Youth and Other Tales*, 1902는 아프리카에서 겪은 실질적인 인종 경험을 가장 잘 조명한 작품이다.

* 의화단의 난은 1899년 11월부터 1901년 9월까지 서양의 영향과 간섭에 반대하여 백련교 분파인 의화권이라는 비밀결사가 일으킨 반란.

2) Carlton J. Hayes, *A Generation of Materialism*, New York, 1941, p.338에서 인용. 이보다 더 나쁜 경우는 물론 아프리카 역사에서 가장 어두운 페이지에 책임이 있는 벨기에 왕 레오폴드 2세의 경우다. "(콩고의) 원주민을 1890년 2000만 내지 4000만에서 1911년 850만으로 줄인 잔인 무도한 폭행의 죄를 추궁당할 수 있는 유일한 사람이 있었다 ─ 레오폴드 2세." Selwyn James, *South of the Congo*, New York, 1943, p.305 참조.

3) *The Lost Dominion*, 1924, p.70에 나오는 A. Charthill의 "Indian System of Government by reports" 참조.

직하고 진지한 소년 시절 이상을 가지고 살아왔다. 그 민족의 부를 위해서가 아니라 다른 국가의 부를 위해서 어떤 민족을 지배할 것을 요구하는 원대한 투자 정책의 복잡한 게임 속에서 움직이지 않고 과거의 "삼위 일체——전쟁, 무역과 해적"(괴테)이 지배하는 세계에서 움직이는 한, 행정가는 싫건 좋건 이 일을 수행했다. 관료정치는, 모든 지역이 또 다른 개입을 위한 디딤돌로 간주되며 모든 민족이 또 다른 정복의 수단으로 간주되는 팽창이라는 거대한 게임을 위한 조직이었다.

종국에는 인종주의와 관료정치가 여러 방면에서 서로 연관되는 것으로 판명되었지만, 양자는 따로따로 발견되었고 발전했다. 이런저런 연유로 그것을 완벽하게 만드는 일에 연루된 사람들 중 어느 누구도 그 결합이 제공하는 권력 축적과 파괴의 완전한 잠재력을 인식하지 못했다. 이집트에서 평범한 영국 무관에서 제국주의 관료로 변신한 크로머 경은 남아프리카의 인종 광신주의자들이 제한적이고 합리적인 정치 공동체(나치가 죽음의 수용소에서 행했던 것처럼)를 건설하려는 목적을 위해 대량학살(카르틸이 40년 후 무뚝뚝하게 말하듯이 "행정적 대량학살")을 조직하는 것은 생각조차 못한 것과 마찬가지로 행정을 학살과 연결한다는 생각은 꿈에도 하지 못했다.

1. 암흑 대륙의 유령 세계

항해하는 유럽인들의 식민지 사업은 19세기 말까지 두 가지 눈에 띄는 형태의 업적을 이루었다. 하나는, 근래 발견된 인구 희박지역에 본국의 법적·정치적 제도들을 수용한 새로운 거주지를 설립하는 것이었다. 다른 하나는, 잘 알려진 이국적인 나라의 이민족들 한가운데에 해양 및 상업 기지를 건설하는 것이었는데, 그 유일한 기능은 그리 평화롭지 않은 방법으로 세계 귀중품들의 교환을 장려하는 데 있었다. 식민화는 미국과 오스트레일리아에서 이루어졌다. 이 두 대륙은 고유한 문화와 역사가 없어서 유럽인들 손에 떨어졌던 것이다. 상업 기지는 아시아의 특징이었다. 이곳에서 유럽인들은 수세기 동안 영구 통치나 정복 의지 또는 원주민의 말살이나 영구 정착의 야망을 보이지 않았다.[4] 이 두 형태의 해외 사업은 거의 4세기라는 장기간에 걸쳐 점진적으로 전개되었는데, 이 기간 정착지들은 점차 독립하게 되고 상업 기지의 소유는 유럽 국가들의 상대적 세력에 따라 국가들 사이에서 이동했다.

　유럽이 식민지 역사의 과정에서 건드리지 않은 유일한 대륙은 아프리카의 암흑 대륙이었다. 아랍인과 그 종족들이 거주하는 북쪽 해안은 잘 알려진 곳으로 고대 이래 이런저런 방식으로 유럽의 영향권에 속해 있었다. 이주민들을 끌기에는 인구가 너무 많았고 착취당하기에는 너무 가난했기 때문에 이 지역들은 온갖 종류의 외부 통치에서 무정부 상태로 무시당해왔지만, 기이하게도——이집트 제국의 멸망과 카르타고의 파멸 이후——진정한 독립과 신뢰할 만한 정치 조직을 얻은 적이 한 번도 없었다. 유럽 국가들이 되풀이하여 지중해 너머로 건너가서 아랍 국가들에 통치권을 행사하고 무슬림 민족들에게 기독교를 강요하려 했던 것이 사실이지만, 북아프리카 지역을 해외 속령처럼 취급하려 하지는 않았다. 그 반대로 유럽 국가들은 종종 이들 지역을 본국에 합병하기를 열망했다. 최근에도 이탈리아와 프랑스가 이처럼 해묵은 전통을 여전히 따르고 있는데, 이 전통은 1880년대 영국이 정복 의도나 합병 의도도 없으면서 수에즈 운하를 보호하기 위해 이집트로 들어갔을 때 깨진다. 요점은 이집트가 부당한 취

---

4) 미국과 오스트레일리아의 식민지화는 원주민의 수적 열세로 비교적 짧은 기간 잔인한 제거 작업을 동반했지만, "현대의 남아프리카 사회의 발생을 이해하려면 케이프의 경계선 너머의 땅이 오스트레일리아의 무단 이주자들 앞에 놓여 있던 미개척지가 아니었다는 사실을 아는 것이 무척 중요하다. 그것은 이미 반투족이 많이 거주하고 있던 정착지였다." C.W. de Kiewiet, *A History of South Africa, Social and Economic*, Oxford, 1941, p.59 참조.

급을 당했다는 것이 아니라 영국(지중해 연안에 있지 않은 국가)이 이집트 자체에 흥미가 없었고 단지 인도에 있는 보물 때문에 이집트가 필요했다는 것이다.

제국주의가 이집트를 그 자체로 인해 때때로 탐내던 나라에서 인도를 위한 군사 기지와 더 큰 팽창을 위한 디딤돌로 변모시킨 반면, 정확하게 그 반대되는 일이 남아프리카에서 일어난다. 17세기 이래 희망봉의 의미는 식민지 재산의 중심지인 인도에 달려 있었다. 인도에 상업 기지를 건설한 국가는 모두 희망봉에 해군 기지를 필요로 했고, 인도에서의 거래가 폐지되면 버렸다. 18세기 말에 영국의 동인도 회사는 포르투갈, 네덜란드와 프랑스를 누르고 인도에 무역 독점권을 얻었다. 남아프리카 점령이 당연히 뒤따랐다. 제국주의가 단순히 식민지 무역이라는 과거 방향을 그대로 유지했다면 (이것은 종종 제국주의로 오해받는데), 영국은 1869년 수에즈 운하 개통과 함께 남아프리카의 거점을 폐지했을 것이다.[5] 오늘날 남아프리카는 영연방에 속하지만, 다른 자치령들과는 항상 달랐다. 비옥한 토지와 희박한 인구라는 정착의 주요한 전제 조건이 결여되어 있었고, 영국 실업자 5000명을 19세기 초 이주시키려는 시도는 실패로 돌아갔다. 영국 섬으로부터의 이주 물결이 19세기 내내 지속적으로 남아프리카를 피했을 뿐만 아니라, 남아프리카는 최근까지 영국으로의 역이민 물결이 이어지는 유일한 영연방 자치령이다.[6] 영국의 가장 과격한 '색슨주의' 옹호자들이 "제국주의의 온실"(담스)처럼 된 남아프리카에 대한 권리를 주장한 적은 없었다. 또한 그것이 아시아 제국을 꿈꾸는

---

5) "1884년까지 영국 정부는 남아프리카에서 자신의 권력과 영향력을 기꺼이 축소하려 했다"(de Kiewiet, 앞의 책, 113쪽).

6) 1924~28년에 영국에서 남아프리카로의 이주와 남아프리카로부터 역이주는 영국인이 다른 이주자들보다 나라를 떠나려는 경향을 더 강하게 가지고 있다는 것, 그리고 한 해만 예외로 하고 매년 이주해 들어오는 영국인보다 더 많은 영국인이 나라를 떠나고 있음을 보여준다.

가장 낭만적인 사람들의 환상으로 나타나지도 않았다. 이 사실 자체는 제국주의 이전 시대의 식민지 사업과 해외 정착 사업이 제국주의 자체의 발전에 미친 실질적 영향력이 얼마나 미약했는지를 보여준다. 식민지 희망봉이 제국주의 이전 정책의 틀 안에 남아 있었다면, 그것은 가장 중요하게 되었을 바로 그 순간에 버려졌을 것이다.

1870년대와 1880년대 금광과 다이아몬드 광산의 발견이 제국주의적 세력의 촉매 역할을 우연히 하지 않았다면, 그 자체로는 거의 아무런 영향력이 없었을 것이다. 그렇다 하더라도 과잉이라는 문제에 대한 영원한 해결책을 발견했다는 제국주의자들의 주장이 원래 지구상에서 가장 많이 남아도는 원료에 대한 열광에서 나왔다는 사실은 주목할 만하다. 금은 인간의 생산 활동에서 아무런 역할을 하지 않았고 철, 석탄, 석유나 고무에 비교하면 중요하지 않았다. 그 대신 금은 단순한 부의 가장 고대적인 상징이었다. 금은 산업 생산에서 채굴을 지원하는 여윳돈과 채굴하는 잉여 인력과 흡사했다. 금은 퇴폐적인 사회와 시대에 뒤떨어진 정치 조직을 위한 영원한 구세주를 발견했다는 제국주의자들의 가식에 영구성과 모든 기능적 결정 요소의 독립성이라는 자체의 가식을 더한다. 모든 전통적 절대 가치와 결별하려는 사회가 경제 영역, 즉 모든 것이 정의상 기능적이기 때문에

연도	영국으로 들어오는 이주민	총 이주민	영국에서 나가는 이주민	총 이주민
1924	3,724	5,265	5,275	5,857
1925	2,400	5,426	4,019	4,483
1926	4,094	6,575	3,512	3,799
1927	3,681	6,595	3,717	3,988
1928	3,285	7,050	3,409	4,127
합계	17,184	30,911	19,932	22,254

이 수는 Leonard Barnes, *Caliban in Africa. An Impression of Colour Madness*, Philadelphia, 1931, p.59, 주에서 인용.

실제로 절대 가치는 존재하지도 존재할 수도 없는 경제 영역에서 하필이면 그것을 찾기 시작했다는 것은 시사하는 바가 크다. 절대 가치의 이런 기만이 고대로부터 금의 생산을 모험가, 도박꾼, 범죄자처럼 정상적이고 건전한 사회의 울타리 밖에 있는 사람들의 사업으로 만들었다. 남아프리카 골드러시의 새로운 경향은 이곳에 있던 행운 사냥꾼들이 문명 사회 외부에 존재하던 사람들이 아니라 그 반대로 매우 분명하게 이 사회의 부산물, 자본주의 제도의 불가피한 찌꺼기이며 잔인하게 잉여 인력과 잉여 자본을 생산하는 경제의 대표라는 것이다.

케이프로 돌진하여 내려왔던 잉여 인력, 즉 "4대륙의 보헤미안들"[7)]은 아직 과거의 모험가들과 공통점을 많이 가지고 있었다. 그들 역시 이렇게 느꼈다. 즉 "나를 수에즈 운하의 동쪽 어딘가로 데려가다오. 최고의 인물과 최악의 인물이 같은 곳/10계명도 없고 남자가 갈망을 키울 수 있는 곳." 차이는 그들의 도덕성이나 비도덕성이 아니라 "모든 민족과 모든 피부색"[8)]이 뒤섞인 이 군중과 한패가 되는가는 더 이상 그들이 결정할 문제가 아니라는 것이었다. 또한 그들은 자발적으로 사회로부터 걸어나온 것이 아니라 사회가 그들에게 침을 뱉고 내쫓은 것이다. 그들은 문명의 허용된 경계 너머로 모험하려는 사람들이 아니라 쓸모 없고 기능이 없는 단순한 희생자였다. 그들의 유일한 선택은 부정적인 것, 즉 노동 운동을 거부하는 결정이었다. 노동 운동은 잉여 인력 가운데 가장 나은 인물들이나 과잉 현상으로 인해 위협을 받은 자들이 일종의 반(反)사회를 만들어 이를 통해 동료 의식과 목적을 지닌 인간 세계로 되돌아갈 수 있는 길을 찾으려는 수단이었다. 그들은 그들 자신의 천성에 의해 스스로가 만든

---

7) J.A. Froude, "Leaves from a South African Journal," in *Short Studies on Great Subjects, 1867~82*, Vol. IV, 1874.

8) 같은 곳.

것이 아니었다. 그들은 그들에게 일어난 사건의 산 상징, 인간 제도의 불합리성의 산증인이었다. 그들은 과거의 모험가들처럼 개인이 아니라 그들과 아무런 상관이 없는 사건들의 그림자였다.

콘래드의 『암흑의 심장』에 나오는 쿠르츠 씨처럼 그들은 "속속들이 텅 비어 있었고" "두둑한 배짱도 없이 무모했으며 호방함이 없이 탐욕스러웠고 용기 없이 잔인했다." 그들이 믿는 것은 아무것도 없었고 "어떤 것이든 믿을 수 있었다——어떤 것이든." 그들은 사회적으로 허용된 가치를 지닌 세계에서 추방되어 스스로에게 내맡겨졌고, 그들이 모국으로 돌아간다면 쿠르츠 씨 같은 위험 인물이 될 약간의 재능 외에는 믿을 것이라고는 하나도 없었다. 왜냐하면 그들의 텅 빈 영혼에서 갑자기 출현할 수 있는 유일한 재능이란 "과격 정당의 찬란한 지도자"가 될 혹세무민의 소질이었기 때문이다. 재능이 더 많은 사람은 독일인 카를 페터스(아마 쿠르츠의 모델이었을 것이다)와 같이 걸어다니는 원한의 화신이었다. 페터스는 공공연히 "하층 떠돌이로 취급받는 데 신물이 나서 이제 주인종에 속하기를 원한다"[9]고 고백했다. 그러나 재능이 있든 없든 그들은 모두 "룰렛 게임에서 살인에 이르기까지 무엇이든 할 준비가 되어 있었고" 그들에게 다른 사람은 "한 마리 파리에 불과했다." 그래서 그들은 앞으로 나타날 살인자 유형, 즉 용서할 수 없는 유일한 죄는 자신의 화를 돋우는 것이라고 생각하는 살인자 유형에 적합한 매너 규약을 스스로 만들었거나 재빨리 익혔던 것이다.

물론 그들 중에는 콘래드의 『승리』에 나오는 존스 씨처럼 권태 때문에 "위험과 모험의 세계"에서 산다면 어떤 대가도 치르겠다는 사람도 있었고, 헤이스트 씨처럼 모든 인간적인 것에 대한 경멸에 취해서 "떨어진 나뭇잎처럼…… 어떤 것에도 달라붙지 않고" 표류하는 사람도 있었다. 그들은 모든 것이 농담처럼 되는 세계에 저항할 수

---

9) Paul Ritter, *Kolonien im deutschen Schrifttum*, 1936, 서론에서 인용.

없을 정도로 매료당했던 것이다. 이 세계는 그들에게 "위대한 농담"을 가르쳐주었다. 그것은 "절망의 극복"이었다. 완벽한 신사와 완벽한 악당이 "무법의 거대한 야생 정글"에서 서로 만났고, 너무나 닮지 않아서 또 다른 모습으로 위장한 같은 영혼이어서 서로 "잘 어울린다"는 것을 알게 되었다. 우리는 드레퓌스 사건 동안 상류 사회의 행태를 목격했고 디즈레일리가 악과 범죄 사이의 사회 관계를 발견하는 것을 지켜보았다. 여기에서도 우리는 그 자신의 지하 세계와 사랑에 빠진 상류 사회의 이야기를 본다. 그리고 범죄자가 품위 있고 차갑게 "불필요한 권력 행사"를 피하면서 또 좋은 매너로 자신의 범죄 주변에 사악하고 세련된 분위기를 만들 수 있을 때 더욱 고양되는 범죄자의 느낌에 관한 이야기, 즉 본질적으로 항상 동일한 이야기를 보고 있다. 범죄의 야만성과 범죄를 저지를 때의 매너의 대조, 세련됨이 자신과 완벽한 신사 사이에 세워질 수 있는 깊은 이해의 가교가 되었다. 그런데 결국 유럽에서 윤리적 가치의 지연 효과로 인해 발생하는 데 수십 년 걸린 것이 식민지적 모험의 유령 세계에서는 전기 쇼트처럼 급작스럽게 폭발했다.

모든 사회적 제약과 위선을 벗어나서 그리고 원주민의 삶을 배경으로 하면서 신사와 범죄자는 피부색을 함께 나눈 사람들로서의 친밀감을 느꼈을 뿐만 아니라, 공포와 웃음의 결합을 위해, 다시 말해 그들 자신의 유령 같은 실존의 완벽성을 위해 게임하는 기분으로 범죄를 저지를 수 있는 가능성이 무한한 세계가 주는 충격을 느꼈다. 원주민의 삶은 이런 유령 같은 사건의 모든 결과에 대한 그럴듯한 보증이었다. 왜냐하면 그것은 이 남성들에게는 "단순한 그림자 게임"처럼 보였기 때문이다. "지배 인종이 불가해한 목표와 욕구를 추구하면서 아무런 영향도 받지 않고 남몰래 통과할 수 있는 그림자 게임 말이다."

원주민들의 세계는 문명의 현실에서 도피한 남성들에게는 완벽한 무대장치였다. 무자비한 태양 아래에서 완전히 적대적인 자연에 둘러싸여 그들은 목적 달성을 위한 미래도 이미 완성한 과거도 없이 살고 있는 인간들, 정신병 환자처럼 이해할 수 없는 인간들을 대면하고 있었다. "이 선사시대의 인간이 우리를 저주하거나 우리를 경배한다고, 아니면 우리를 환영한다고—누가 말할 수 있었겠는가? 우리는 주변 환경의 이해로부터 차단되어 있었다. 우리는 마치 유령처럼 그들 옆을 미끄러져 지나쳤으며, 정신병원의 열광적인 소동 앞에서 정신이 멀쩡한 사람이 그렇게 하듯이 놀라고 내심 겁에 질려 있었다. 우리는 그 모든 것으로부터 너무 멀리 떨어져 이해할 수 없었고, 이미 지나가버려 우리에게 어떤 흔적도 어떤 기억도 남기지 않는 태고 시대의 캄캄한 밤을 지나가고 있었기 때문에 기억할 수도 없었다. 지구는 이 세상 것 같지 않았고 인간들은…… 아니다, 그들은 인간이 아닌 존재가 아니었다. 그렇다, 가장 나쁜 것은—그들 역시 인간 존재일지 모른다는 의혹이었다. 그런 생각이 서서히 들었다. 그들은 고래고래 소리지르고 껑충껑충 뛰었으며 빙빙 돌면서 무시무시한 표정을 지었다. 그러나 너를 전율시킨 것은 그들이—너희들처럼—인간이라는 생각, 네가 이 거칠고 격정적인 소란과 먼 친척뻘이 된다는 생각이었다"(『암흑의 심장』).

   역사적으로 보아 "선사시대 인간"의 존재가 아프리카 쟁탈 이전의 서구인에게 거의 아무런 영향을 미치지 않았다는 사실은 기이한 일이다. 그러나 유럽 정착민보다 수적으로 우세한 원시 부족이 멸종되었다는 점을 고려할 때, 흑인 수하물이 노예로서 유럽적 특성이 강한 미국으로 수출되는 한, 또는 개인들이 개별적으로 암흑대륙의 오지로 표류해 들어가서, 자기 세계를 구축할 만큼 수적으로 많던 야만인의 어리석은 세계에다 상아 사냥이라는 유럽 모험가들의 어리석음을 더할 수 있는 한, 어떤 일도 일어나지 않았다는 것은 공식 기록상의 사실이다. 다수의 이런 모험가들은 인간이 존재한다는 사실이 오히려 완전한 고독을 강조하는 대륙, 인구가 넘쳐나는 대륙의 고독한 야만 속에서 미쳐갔다. 어느 누구도 인간적 풍경으로 바꾸겠다고 애쓰지 않았던 이 대륙의 자연, 아무 손도 닿지 않았던 너무나 적대적인 자연은 무한한 참을성으로 "인간의 환상적인 침입이 끝나기를" 기다리는 듯이 보였다. 그러나 그들의 광기는 개인적 경험의 문제로 남았고 정치적으로 아무런 영향을 미치지 못했다.

이런 상황은 아프리카 쟁탈전 동안 대륙에 도착한 사람들과 함께 변한다. 이들은 더 이상 고독한 개인들이 아니었다. "유럽 전체가 (이들을) 만드는 데 기여했다." 그들은 대륙의 남부에서 집결했는데, 거기서 그들은 보어인을 만났다. 이들은 유럽이 거의 잊은 네덜란드 분리 집단이었는데, 이제 낯선 환경의 도전에 자연스럽게 입문시켜주는 중개인으로 봉사했다. 잉여 인력의 대응은, 완전히 분리해 살긴 했지만 이제까지 흑인 야만인의 세계에서 살아온 유일한 유럽 집단의 대응에 의해 결정되었다.

보어인은 17세기 중반 인도로 항해하는 배에 신선한 채소와 고기를 공급해주기 위해 케이프에 머물렀던 네덜란드 정착민들의 후손이다. 18세기에 그들의 뒤를 따랐던 이들은 몇 안 되는 프랑스의 위그노 집단이 전부였다. 작은 네덜란드 분파가 소수민족으로 성장할 수 있던 것은 높은 출생률 덕분이었다. 유럽 역사의 흐름에서 완전히 고립된 그들은 "거의 어떤 민족도 그들보다 앞서 걸어가지 않았고 어떤 민족도 성공적으로 걸어가지 못한"[10] 그런 길을 떠나게 된다.

보어족을 발전시킨 두 가지 주요한 물질적 요소는 단지 대규모 소 사육에만 이용될 수 있는 극히 척박한 토양과 종족 단위로 조직화하여 유목 사냥꾼으로 살고 있던 많은 흑인 주민이었다.[11] 척박한 땅으로 말미암아 서로 가까이 정착하지 못했고 네덜란드 이주 농민들은

---

10) Lord Selbourne in 1907. "남아프리카의 백인들은 그들 이전에 어떤 민족도 걸어가지 않았고 거의 어떤 민족도 성공적으로 걸어가지 못한 그런 길에 전념하게 된다." Kiewiet, 앞의 책, 6장 참조.

11) 특히 Kiewiet, 앞의 책, 3장 참조.

고향의 촌락 조직을 따라 하지 못했다. 넓은 공간의 황야가 가로막혀 서로 고립된 대가족들은 일종의 씨족을 구성하지 않을 수 없었다. 공동의 적, 즉 수적으로 백인 정착민들보다 우세한 흑인 종족이라는 항존하는 위협은 이 씨족들이 서로 전쟁을 하지 못한 유일한 이유였다. 비옥한 토지의 부족과 풍부한 원주민이라는 이중 문제의 해결책은 노예였다.[12)

그러나 노예제는 실제로 여기서 일어난 일을 서술하기에 매우 부적절한 단어다. 우선 노예제는 일부 야만인들을 길들이기는 했지만, 결코 그들 모두를 붙잡지 못했다. 그래서 보어인은 인간으로서의 자존심과 인간 존엄의 느낌 때문에 같은 인간으로 받아들이지 못했던 인종을 처음 보고 느낀 끔찍한 두려움을 결코 잊어버릴 수 없었다. 자신과 같지만 어떤 경우에도 자신과 같아서는 안 되는 어떤 것에 대한 공포가 노예 제도의 바탕에 남아 있었고 그것이 인종차별 사회의 토대가 되었다.

인류는 민족들의 역사를 기억하지만 선사시대 부족에 대해서는 단지 전설적인 지식만을 가지고 있다. '인종'이라는 단어는 사람들이 그런 부족과 마주치게 될 때, 즉 어떤 역사적 기록도 없는 부족, 또 우리 자신의 역사에 대해서도 알지 못하는 그런 부족과 마주치게 될 때에만 정확한 의미를 지닌다. 이들이 '선사시대 인간'을 대표하는지, 지구상에서 우연히 살아남은 최초의 인간 생명의 견본인지, 또는 문명을 멸망시킨 미지의 재앙에서 '역사 이후' 살아남은 생존자인지 우리는 알지 못한다. 그들은 분명 하나의 거대한 대재앙, 즉 작은 재

---

12) "노예와 호텐토트족은 함께 해외 이주민들의 사고와 습관에 주목할 만한 변화를 유발했다. 왜냐하면 기후와 지리조건만이 보어인 특유의 특징을 형성하지는 않았기 때문이다. 노예와 가뭄, 호텐토트족과 고립, 값싼 노동력과 땅이 결합하여 남아프리카 사회의 제도와 습관을 창조했다. 억센 네덜란드인과 위그노 교도들에게 태어난 아들과 딸들은 들판일과 모든 힘든 육체 노동을 노예 인종의 기능으로 생각하도록 배웠던 것이다"(Kiewiet, 앞의 책, 21쪽).

난이 잇달아 일어나서 이런 재난의 단조로움이 인간 삶의 자연 조건
처럼 보일 때 일어날 법한 대재앙의 생존자처럼 보였다. 어찌 되었건
이런 의미에서의 인종은 자연이 특별히 적대적인 지역에서만 발견
된다. 그들을 다른 인간들과 다르게 만드는 것은 그들의 피부색이 아
니라 그들이 자연의 일부처럼 행동한다는 사실, 그들이 자연을 자신
들의 명백한 주인으로 대우한다는 사실, 그들이 인간적 세계, 인간적
현실을 창조하지 않았고 그래서 자연은 그 자체의 장엄함을 그대로
지닌 유일한 압도적인 현실로 남았다는 사실 — 이 자연에 비해 그들
은 유령처럼, 비현실적으로 무시무시하게 보인다는 사실이었다. 그
들은 그 자체로 '자연적인' 인간이며 특별히 인간적인 성격, 특별히
인간적인 현실이 결여되어 있었기 때문에 유럽인이 그들을 학살했
을 때에도 스스로 살인했다는 사실을 깨닫지 못했던 것이다.

게다가 암흑 대륙에서 자행된 원주민 부족에 대한 몰상식한 학살
은 이 부족들의 전통과 일치했다. 적대적인 부족의 말살은 모든 아프
리카 원주민의 전쟁에서 관례였으며, 흑인 지도자가 여러 부족을 자
신의 휘하에 통합할 때에도 폐지되지 않았다. 19세기 초 줄루족을 유
별나게 기율이 강한 호전적인 조직으로 통일했던 차카 왕은 줄루 민
족도 줄루 국가도 세우지 않았다. 그는 유일하게 100만 이상의 약한
부족들의 절멸에 성공했다.[13] 규율과 군사 조직만으로는 국가 체제
를 세울 수 없기 때문에, 파괴는 인간이 받아들일 수도 없고 그래서
인간 역사에 기억될 수도 없는 비현실적이고 불가해한 과정의 비기
록 에피소드로 남는다.

보어인의 경우 노예 제도는 한 유럽 민족과 한 흑인 종족의 쟁의
조종의 형태이며[14] 단지 겉모양만 저 역사적 사례들, 즉 노예제가 정

---

13) James, 앞의 책, 28쪽 참조.
14) 남아프리카 식민지 건설의 진정한 역사는 유럽인 식민지의 발전이 아니라 전
    적으로 새롭고 독특한 사회, 다양한 인종과 피부색과 문화적 업적을 가졌고
    인종적 형질유전의 갈등과 불평등한 사회적 집단의 대립에 의해 형성된 사회

복이나 노예 매매의 결과였을 때의 역사적 사례들과 닮았다. 어떤 정
치 통일체도 어떤 지역적 조직도 보어인을 통합하지 못했고, 어떤 영
토도 결정적으로 식민지가 되지 않았으며, 흑인 노예는 어떤 백인 문
명도 섬기지 않았다. 보어인은 땅에 대한 농부의 관계를 상실했고
또 같은 인간에 대한 문명인의 감정을 상실했다. "누구나 이웃집 연
기의 횡포에서 도망갔다"[15)]는 것이 그 나라에서 통용되는 규칙이었
다. 개개의 보어인 가족은 완벽한 고립 속에서 흑인 야만인들 가운데
에서 보어인이 겪은 일반적인 유형의 경험을 되풀이했고, 그들을 절
대적인 무법으로 통치하고 있었다. 그들의 통치는 친절한 이웃들, 즉
"스캔들과 교수대와 미치광이 요양소의 지독한 공포 속에서 도살자
가 되기도 하고 경찰이 되기도 하면서 당신을 습격할 수도 있고 당신
을 환호할 수도 있는 친절한 이웃들의 방해를 받지 않았다"(콘래드).
흑인 부족들을 통치하고 그들의 노동에 기생하여 살아가면서 보어
족은 원주민 부족 지도자 ─ 이들의 지배를 폐지하면서 ─ 의 지위와
유사한 지위를 갖게 되었다. 어쨌든 원주민들은 이들을 좀더 높은 형
태의 부족 지도자, 복종해야 할 일종의 자연적 신으로 인정했다. 그
러므로 보어인의 신 역할은 그들 스스로 맡은 것만큼이나 흑인 노예
들에 의해 부과된 측면도 있다. 이 흑인 노예들의 백인 신에게 법이
란 당연히 자유의 박탈만을 의미했고 통치는 씨족의 야만적 자의성
의 제한을 의미했다.[16)] 보어인들이 원주민들에게서 발견한 것은 아
프리카가 풍부하게 제공하는 '원료'였고 그들은 이 원료를 부의 생
산이 아니라 단순히 인간의 실존에 필수 불가결한 것을 위해서만 사
용했다.

남아프리카에서 흑인 노예는 곧 실제로 일하는 유일한 주민들이

의 성장을 서술하고 있다"(Kiewiet, 앞의 책, 19쪽).

15) Kiewiet, 앞의 책, 19쪽.

16) "(보어인의) 사회는 반항적이었지만 혁명적이지는 않았다"(같은 책, 58쪽).

되었다. 그들의 노고는 이제껏 알려진 노예 노동의 단점, 이를테면 솔선수범의 결여, 태만, 연장의 무시, 일반적인 비효율성 등을 특징으로 하고 있다. 그래서 그들의 노동은 주인이 겨우 살아가기에 충분한 정도였고 결코 문명을 기르는 상대적 풍족함에 이르지 못했다. 네덜란드인을 보어인으로 만들고 인종사상에 뚜렷한 경제적 의미를 준 것은 타인의 노동에 대한 절대적 의존과 어떤 형태의 노동과 생산성에 대한 총체적 경멸이었다.[17]

　서구인이 스스로 창조하고 제조한 세계에서 살면서 느끼는 자긍심에서 전적으로 소외되어 있던 최초의 유럽인 집단이 보어인이었다.[18] 그들은 원주민들을 원료로 취급했고 야생나무의 열매를 먹고 살아가듯이 그들에게 의존하여 살았다. 게으르고 비생산적인 보어인은 흑인 부족이 수천 년 동안 살아온 동일한 수준으로 식물처럼 단조롭게 살아가는 데 동의했다. 원주민의 생활을 처음 대한 유럽인들을 사로잡은 엄청난 공포는 겉으로 보기에 야생동물처럼 자연의 일부 같은 인간 존재에게서 엿보이는 비인간성에 의해 촉발되었다. 보어인이 노예에 의존해 생계를 이어간 것은 정확하게 원주민들이 야

---

17) "생활 수준을 개선하거나 노예와 하인 계급의 기회를 증대하기 위한 어떤 시도도 이루어지지 않았다. 이런 식으로 식민지의 제한된 부는 그 백인 주민의 특권이 되었다……. 그래서 일찍이 남아프리카는 자의식 강한 집단이 인종과 피부색의 구별을 사회적·경제적 차별의 장치로 바꿈으로써 가난하고 퇴락한 나라에서 살아가는 삶의 가장 나쁜 결과들로부터 도피할 수 있다는 것을 배웠다"(같은 책, 22쪽).

18) 요점은 예를 들어 "서인도에서 케이프만큼의 많은 노예를 보유한다는 것은 부의 표시이고 번영의 원천이었을 것이라는" 점이다. 반면 "케이프에서 노예 제도는 비기업적인 경제의 기호였다……. 그들의 노동은 비경제적·비효율적으로 사용되었다"(같은 책). 바르네스와 다른 많은 관찰자를 다음의 결론에 이르게 한 것은 주로 이것이었다. "그러므로 남아프리카는 외국이다. 관점이 결정적으로 비영국적이라는 의미에서만 그런 것이 아니라 조직 사회를 이루기 위한 시도로서 그 존재 이유가 기독교 국가의 설립 원칙과는 배치된다는 좀더 근본적인 의미에서도 그러하다"(앞의 책, 107쪽).

생 그대로의 변하지 않는 자연에 기대어 생계를 이어간 것과 똑같은 방식이다. 보어인이 공포와 곤궁 속에서 이 야만인들을 마치 다른 형태의 동물처럼 생각하고 이용하기로 결정했다면, 그들은 자신들의 퇴보로 끝날 과정, 즉 결국 그저 피부색만 다를 뿐인 흑인들과 함께 그들 옆에서 살아가는 백인으로 퇴보해가는 과정에 승선한 것이다.

1923년 전체 백인 인구의 10퍼센트를 이루던 남아프리카의 가난한 백인들,[19] 그 생활수준이 반투족과 크게 다르지 않은 백인들은 오늘날 이런 가능성을 경고하는 사례다. 그들의 가난은 거의 전적으로 노동을 경멸한 결과이며, 흑인 부족의 삶의 방식에 동화한 데서 비롯되었다. 그들은 가장 원시적인 경작 방법이 필요한 소출을 내지 못할 때까지 또는 지역의 동물들을 말살하면서 땅을 불모로 만들었다.[20] 그들은 흑인 노동자들이 떠나면 어김없이 농장을 포기했고, 과거의 노예들과 함께 금과 다이아몬드 중심지로 흘러왔다. 그러나 값싼 비숙련 노동자로서 즉시 채용되었던 원주민들과는 대조적으로 그들은 사람들이 보통 피부색으로 생계비를 벌지 않는다는 의식을 모두 상실했으며 백색 피부의 권리로서 베풀어지는 자선을 요구했고 또 당연시하며 받았다.[21] 오늘날 그들의 인종의식은 가장 격렬하다. 그것은 단지 그들이 백인 공동체의 일원이라는 것 외에 잃을 것이 없기

---

19) 이는 약 16만 명과 일치한다(Kiewiet, 앞의 책, 181쪽). 제임스(앞의 책, 43쪽)는 1943년 가난한 백인 주민을 50만 명으로 잡고 있는데, 이는 백인 인구의 20퍼센트에 해당한다.

20) "반투족과 같은 생계 수준에서 살아가던 가난한 백인 아프리카 주민들은 일차적으로 보어인의 무능력과 영농 과학을 배우지 않겠다는 완고한 거부의 결과였다. 반투족처럼 보어인은 땅이 척박해질 때까지 경작하고 야생동물이 존재하지 않을 때까지 사냥을 하면서 한 지역에서 다른 지역으로 옮겨다니기를 좋아했다"(같은 책).

21) "그들 인종은 원주민에 대한 우월성을 주장할 수 있는 그들의 권리였다. 그리고 손일을 하는 것은 백색 인종이기 때문에 그들에게 주어진 위엄과 마찰을 일으켰다……. 이런 혐오감은 가장 비도덕적이던 사람들에게 권리로서 자선을 요구하는 권리로 변질된다"(Kiewiet, 앞의 책, 216쪽).

때문만이 아니라, 인종사상이 노동자가 되면서 인간 문명의 정상적인 일부가 되어가던 그들의 옛 노예들이 처한 조건보다는 자신들의 조건을 더욱 적절하게 설명해주는 것처럼 보이기 때문이다.

인종주의는 제국주의가 그것을 주요한 정치 이념으로 착취하기 이전에 백인과 흑인이 공존하는 이 사회에서 통치 수단으로 사용되었다. 인종주의의 토대와 구실은 여전히 경험 자체였다. 즉 상상과 이해를 초월하는 낯선 어떤 것에 대한 끔찍한 경험이었다. 간단히 말해 거기에는 인간이 없다고 천명하는 것이 차라리 구미가 당길 것이다. 그러나 모든 이데올로기적 설명에도 불구하고 흑인들은 완강하게 인간적 면모를 간직하기를 고집했기 때문에, '백인들'은 자신들의 인간성을 재규정할 수밖에 없었다. 그래서 그들 자신은 인간 이상의 존재이며 명백하게 신에 의해 흑인들의 신이 되도록 선택되었다고 결정하기에 이른다. 이런 결론은 야만인과의 모든 공통적인 끈을 극단적으로 부정하기를 원할 때 피할 수 없는 논리적 결론이다. 실제로 그것은 기독교가 처음으로 인간 자의식의 위험한 곡해를 결정적으로 제어할 수 없었다는 것을 의미하며, 최근에 나타난 다른 인종차별 사회들에서 기독교가 본질적으로 비효과적일 것임을 예시하는 징후였다.[22] 보어인은 인간의 공통 기원에 대한 교의를 간단히 부정했고 아직 과거 이스라엘 사람들의 민족적 종교라는 한계를 넘어서지 못한 구약 성경의 구절들을 이단이라고도 부를 수 없을 정도의 미신으로 바꾸었던 것이다.[23] 유대인과 마찬가지로 그들은 스스로를 선민

---

22) 네덜란드 개혁 교회는 보어인이 케이프에서 활동하던 기독교 선교사들의 영향력에 대항하여 투쟁을 벌일 때 선두에 서 있었다. 그러나 1944년 그들은 한 걸음 더 나아가 "만장일치로" 보어인과 영어 사용 시민들의 결혼에 반대하는 동의안을 채택한다(1944년 7월 18일자 『케이프타임스』에 따르면. *New Africa*, Council on African Affairs, Monthly Mulletin, October, 1944에서 인용).

23) Kiewiet(앞의 책, 181쪽). "성경에서 끄집어내어, 19세기에 다윈의 이론들에 가해졌던 대중적 해설로 강화된 인종적 우월성의 교의"에 대해 언급하고 있다.

이라고[24] 확고하게 믿었다. 근본적 차이점은 그들이 신의 인류 구원을 위해서가 아니라 단조로운 고역을 선고받은 다른 종을 마찬가지로 단조롭게 지배하기 위해 선택되었다는 것이다.[25] 이것이 네덜란드 개혁 교회가 선포했고 오늘날에도 여전히 다른 기독교 종파들의 선교사들과는 날카로운 대조를 이루면서 선포하는 바와 같이 지상에서의 신의 의지다.[26]

다른 상표의 인종주의와 달리 보어인의 인종주의에는 약간의 독창성, 말하자면 약간의 순수함이 있다. 문헌학이나 다른 지적 업적이 전혀 없다는 사실이 진술의 최고 증인이다.[27] 그것은 절망적인 삶의 조건들, 즉 혼자 고립되어 있는 한, 남에게 말할 수도 없고 이치에 맞지도 않는 그런 삶의 조건에 대한 절망적인 반작용이었고 반작용으로 남는다. 사태는 영국인의 도착과 함께 일어나기 시작했다. 영국인은 1849년에도 여전히 군사 기지로 불리던 (식민지나 플랜테이션과는 반대되는 의미로) 그들의 새 식민지에 아무런 관심을 보이지 않았다. 그러나 영국인의 존재 ─ 다시 말해 원주민들을 다른 동물 종으로 간주하지 않은 영국인은 그들에게 다른 태도를 보였으며, 노예제를 폐

---

24) "구약의 신은 유대인에게처럼 그들에게도 거의 민족적 인물이었다……. 케이프타운 클럽에서 발생한 잊히지 않는 장면이 기억나는데, 거기에 대담한 영국인 한 명이 네덜란드인 서너 명과 우연히 함께 식사를 하고 있었다. 그런데 그가 과감하게도 예수는 유럽인이 아니고 법적으로 말하면 남아프리카 합중국으로 이주해온 불법 이주민이라는 말을 했다. 네덜란드인은 이 말에 너무나 충격을 받아 거의 의자에서 넘어질 뻔했다"(Barnes, 앞의 책, 33쪽).

25) "원주민을 분리하고 낮은 인종으로 취급하는 것은 보어인 농부에게 신이 정하신 일이고, 그 반대 논리를 펴는 것은 범죄이며 신성 모독이다"(Norman Bentwich, "South Africa, Dominion of Racial Problem," in *Political Quarterly*, Vol. X, No. 3, 1939).

26) "오늘날까지 선교사는 보어인에게 근본적으로 반역자, 백인에 대항하여 흑인을 지지하는 백인이다"(S. Gertrude Millin, *Rhodes*, London, 1933, p.38).

27) "그들에게 예술도 문학도 없고 건축물도 거의 없었기 때문에, 그들은 농장, 성경과 혈통에 의존하여 자신들을 원주민 및 외래인들과 날카롭게 구분했다.

지하려던 그들의 차후 시도(1834년 이후)와 무엇보다도 부동산에 분명하게 정해진 경계를 설정하려던 그들의 노력——는 정체되어 있던 보어인 사회에 격렬한 반작용을 촉발했다. 이런 반작용이 19세기 내내 동일하게 반복되는 유형을 따른다는 것이 보어인의 특징이다. 즉 보어 농장주들은 후회 없이 집과 농장을 버리고 내륙의 황무지로 이주해 들어갔다. 자기 재산의 제한을 받아들이기보다 차라리 그 모든 것을 버렸던 것이다.[28] 이것이 보어인이 가는 곳마다 적응을 하지 못하고 불편함을 느꼈다는 것을 의미하지는 않는다. 그들은 나중에 이민해온 어떤 사람들보다 아프리카에 잘 적응했고, 적응하고 있지만 아프리카에서였지 어떤 제한된 특별 지역에서 그랬던 것은 아니었다. 그들의 광적인 이주 여행은 영국의 행정기관을 대경실색하게 만들었는데, 그것은 분명히 그들 스스로 하나의 부족으로 변했으며 한 지역에 대한 유럽인의 애착심을 상실했다는 것을 말해준다. 그들은 수세기 동안 암흑 대륙을 유랑한 흑인 부족과 똑같이 행동했다——유랑의 무리가 우연히 머무르는 곳에서는 항상 편안함을 느꼈고 정착하려는 시도는 마치 죽음처럼 느꼈다.

뿌리가 없다는 것은 모든 인종 조직의 특징이다. 유럽의 '운동들'

---

28) "진정한 이주민은 경계를 싫어했다. 영국 정부가 식민지와 그 안에 사는 농민들을 위해 확고한 경계를 설정하기를 고집했을 때, 그들은 무엇인가를 빼앗긴 것이다. 그 스스로 경계를 넘어 물과 임자 없는 땅이 있고 방랑의 법을 금하는 영국 정부도 없는 곳으로 가는 것, 종의 불평에 대답하라고 백인을 법정으로 끌어내지도 않는 곳으로 가는 것이 최상의 방법이었다"(같은 책, 54~55쪽). "대이주, 식민지 역사에서 유일무이한 운동"(58쪽)은 "좀더 강력한 정착 정책의 실패였다. 10가족의 정착을 위해 1캐나다 타운십(36제곱미터) 전 지역을 필요로 하는 관행은 남아프리카 전체 지역으로 확대되었다. 그 때문에 분리된 거주 지역으로 백인과 흑인을 격리하는 일은 영원히 불가능해졌다……. 보어인을 영국법의 영향권이 미치지 않는 곳으로 데려감으로써 대이주는 그들에게 원주민들과의 '적절한' 관계를 확립해주었다"(56쪽). "최근에 대이주는 저항 이상의 것이 되었다. 그것은 영국 정부에 대항하는 반란이 되었고 20세기의 앵글로-보어 인종주의의 주춧돌이 되었다"(James, 앞의 책, 28쪽).

이 의식적으로 목표로 삼은 것, 즉 사람들을 유목민의 무리로 변화시키려 한 것은 실험실 연구처럼 보어인의 초기의 애처로운 시도에서 관찰될 수 있다. 하나의 의식적 목표로서 뿌리가 없다는 것은 일차적으로 '잉여' 인간들을 위한 자리가 없는 세계에 대한 증오에서 비롯되기 때문에 이 세계의 파괴가 최상의 정치적 목적이 될 수 있던 반면, 보어인에게 뿌리가 없다는 것은 인간이 세운 세계가 전혀 없었고 또 노동으로부터 너무 일찍 해방되었기 때문이다. 동일한 놀라운 유사성이 '운동'과 보어인의 '선택'에 대한 해석 사이에 뚜렷이 존재한다. 그러나 범게르만, 범슬라브나 폴란드 메시아 운동의 선택은 지배를 위한 일종의 의식적 도구였지만, 보어인이 행한 기독교 곡해는 비참한 '백인들'이 마찬가지로 불행한 '흑인들'에 의해 신성으로 경배되는 소름 끼치는 현실에 기인한다. 문명세계로 전환할 수 없는 환경에서 살면서 그들은 자신보다 더 높은 가치를 발견할 수 없었다. 그러나 요점은 인종주의가 재앙의 자연적 결과이든 또는 재앙을 가져오기 위한 의식적 도구이든 상관없이 그것은 항상 노동에 대한 경멸, 지역적 제한에 대한 증오, 일반적인 뿌리 상실과 신이 자신들을 선택했음을 믿는 행동주의적 신앙과 밀접하게 연관되어 있다.

영국의 초기 남아프리카 통치자들, 선교사들과 군인들, 탐험가들은 보어인의 태도가 현실에 바탕을 두었다는 사실을 깨닫지 못했다. 그들은 영구 정착한 유럽인들이 절망적일 정도로 수적 열세였기 때문에 절대적인 유럽의 패권 — 결국 그들은 보어인만큼이나 이에 관심을 가지고 있었다 — 은 인종주의가 없다면 유지될 수 없다는 것을 이해하지 못했다.[29] "아프리카에 정착한 유럽인들이 나라의 관습이 그렇기 때문에 야만인처럼 행동하는 것에"[30] 그들은 무척이나 놀랐

---

29) 1939년 남아프리카 연방의 전체 인구는 950만 명이고, 그중 700만 명이 원주민이며 250만 명이 유럽인이었다. 유럽인 가운데 125만 이상이 보어인이고 3분의 1이 영국인, 10만 명이 유대인이었다. Norman Bentwich, 앞의 책 참조.
30) J.A. Froude, 앞의 책, 375쪽.

고, 백인 신이 흑인 그림자를 지배하는 유령 세계에 생산성과 이윤을 희생한다는 것은 그들의 단순한 공리주의 정신에 어리석어 보였다. 골드러시 기간에 영국인과 다른 유럽인들이 정착하면서, 그들은 어떤 이윤 동기로도 다시 유럽 문명으로 불러들일 수 없고 유럽인이 제시하는 낮은 보상과의 어떤 접점도 상실한 한 주민 집단에 서서히 자신들을 맞추어갈 수 있었다. 왜냐하면 이 두 가지, 이윤 동기나 보상을 통한 자극은 아무도 성취하기를 원치 않고 누구나 신이 될 수 있는 사회에서 의미도 호소력도 상실했기 때문이다.

2. 황금과 인종

킴벌리의 다이아몬드 광산과 위트워터스랜드의 금광은 우연히 이 인종의 유령 세계에 있었다. 즉 "뉴질랜드와 오스트레일리아로 가는 이민자들이 한 배 가득 타고 눈길 한번 주지 않고 지나가는 것을 보았던 나라가 이제 사람들이 자신의 부두로 허둥지둥 몰려와서 내륙 금광으로 서둘러 가는 것을 보았다. 그들 대부분은 영국인이었지만, 개중에는 리가와 키에프, 함부르크와 프랑크푸르트, 로테르담과 샌프란시스코에서 온 사람들도 적지 않았다."[31] 그들 모두는 "안정된 산업보다 모험과 투기를 선호하고 또 일상생활에서 일을 잘하지 못하는 부류……"에 속했다. "그들 가운데에는 미국과 오스트레일리아에서 온 광부들, 독일 투기꾼, 상인, 살롱 주인들, 전문 도박꾼, 법정 변호인……, 육군과 해군의 전직 장교들, 좋은 집안의 차남들…… 놀라울 정도로 각양 각색의 사람들이 모인 집단이었고, 그들 사이에서 돈은 금광의 신기한 생산성으로부터 물처럼 흘러나왔다." 그들에게 가세한 원주민 수천 명은 "다이아몬드를 훔치거나 번 돈을 총과 탄약에 써버리기 위해"[32] 먼저 왔던 사람들이다. 그러나 이들은 곧

---

31) Kiewiet, 앞의 책, 119쪽.

월급을 받고 일하기 시작했으며 "가장 침체된 식민지 지역이 갑자기 활동으로 폭발했을"때[33] 고갈되지 않을 것처럼 보이는 값싼 노동력의 공급원이 되었다.

원주민과 값싼 노동력이 풍부하다는 사실이 이 골드러시와 다른 곳의 골드러시의 가장 중요한 차이점이었다. 지구 곳곳에서 몰려온 폭민들이 더 이상 광산을 파지 않아도 된다는 것이 곧 분명해졌다. 어쨌든 남아프리카의 영원한 매력, 즉 모험가들을 영구적으로 눌러 앉도록 유혹한 원천은 금이 아니라 노동으로부터의 영원한 해방을 기약하는 이 인간 원료들이었다.[34] 유럽인들은 단지 감독관으로 봉사했고 심지어 숙련 노동력과 기술자들을 배출하지도 않았다. 이 둘은 꾸준히 유럽에서 수입해야만 했다.

최종 결과이기 때문에 그 중요성에서만 두 번째인 차이점은 이 골드러시가 단순히 그 자체에 내맡겨져 있던 것이 아니라 재정 지원을 받아 조직화되었고 축적되어 넘쳐나는 부를 통해 그리고 유대계 금융가들의 도움으로 정상적인 유럽 경제와 연계되어 있었다는 사실이다. 처음부터 "먹이를 노리며 날고 있는 독수리 같던 약 100명의 유대계 상인"[35]이 실제로 중개인 역할을 했고 이들을 통해 유럽 자본은 금광과 다이아몬드 산업으로 투자되었다.

갑자기 폭발적으로 늘어나는 활동에 참여하지 않고 참여하기를 원치 않았던 유일한 남아프리카 주민 집단이 보어인이었다. 외국인들은 시민권을 원치 않았지만 영국의 보호가 필요해서 얻었으며, 그 때문에 케이프에 대한 영국 정부의 영향력이 강화되는 것처럼 보였다.

32) Froude, 앞의 책, 400쪽.
33) Kiewiet, 앞의 책, 119쪽.
34) "뉴질랜드의 양고기에 풍부한 강수량과 목초처럼, 오스트레일리아의 모직에 무수한 싼 목초지처럼, 또 캐나다의 밀에 비옥한 대초원처럼 남아프리카의 금광과 산업에 값싼 원주민 노동력은 같은 역할을 했다"(Kiewiet, 앞의 책, 96쪽).
35) J.A. Froude, 같은 책.

그래서 보어인들은 이 외국인들을 증오했다. 보어인은 항상 그래왔던 것처럼 반응했다. 그들은 킴벌리의 다이아몬드가 가득한 땅과 요하네스버그 부근의 금광이 있는 농장을 팔고 다시 한번 내륙의 황무지로 이동했다. 그들은 이 새로운 유입 인구가 영국의 선교사들, 정부 관료들이나 평범한 개척자들과는 다르다는 것을 알지 못했다. 보어인이 황금이라는 새로운 우상이 혈통이라는 자신들의 우상과 전혀 조화를 이루지 못하는 것도 아니고 또 새로운 군중이 자신들처럼 문명을 세우는 데 적합하지 않으며 일하기를 싫어한다는 사실을 깨달았을 때에는, 이들이 자신들에게 영국 관료들처럼 법을 지키라고 요구하지도 않고 기독교 선교사들처럼 비위에 그슬리는 인간 평등 개념을 요구하지도 않을 것이라는 사실을 깨닫게 되었을 때는 너무 늦었다. 황금 사냥으로 얻은 부에서 자기 몫을 챙길 수 있는 기회를 이미 상실했을 때였다.

보어인들이 두려워하고 회피한 것은 실제로 일어나지 않은 나라의 산업화였다. 정상적인 생산과 문명은 실제로 인종 사회의 생활양식을 자동적으로 파괴하리라는 점에서 그들은 옳았다. 정상적인 노동 시장과 상품 시장은 인종의 특권을 폐지했을 것이다. 그러나 곧 남아프리카 인구의 반에게 생계 수단을 제공해주는 금과 다이아몬드는 그런 의미에서 상품이 아니었으며, 오스트레일리아의 양모나 뉴질랜드의 고기 또는 캐나다의 밀과 같은 방식으로 생산되는 것이 아니었다. 경제에서 금이 차지하는 비합리적이고 비기능적인 위치가 그것으로 하여금 합리적 생산 방식에 의존하지 않도록 만들었다. 합리적 생산 방식은 물론 흑인과 백인 급여의 엄청난 불균형을 묵인하지 않았을 것이다. 투기 대상이며 본질적으로 가치 측면에서 정치 요소에 의존하는 금은 남아프리카에서 "활력의 근원"[36]이 되었지만 새로

---

36) "금광은 연방의 활력의 근원이 되었다……. 주민의 반이 직간접적으로 금광 산업으로 살아가고 있었다. 그리고…… 정부 재정의 반이 직간접적으로 금광

운 경제 질서의 토대가 될 수 없었고 되지도 못했다.

보어인 역시 외국인의 단순한 현존 자체를 두려워했다. 이들을 영국의 개척자들로 오해했기 때문이었다. 그러나 외국인들은 오로지 벼락부자가 되기 위해 그곳으로 왔으며, 빠른 성공을 얻지 못했던 사람이나 유대인처럼 돌아갈 나라가 없는 사람들만이 그곳에 머물렀다. 어떤 집단도 영국 개척자들이 오스트레일리아나 캐나다, 뉴질랜드에서 했던 대로 유럽 국가의 모범에 따라 공동체를 건설하는 데 관심을 두지 않았다. "트란스발 정부*는 세계의 어떤 정부와도 다르다. 그것은 실제로 정부가 아니라 2만의 주주를 가진 무한 책임 회사다"[37]라고 행복하게 발견한 이는 버네토였다. 이와 비슷하게 결국 영국-보어 전쟁은 일련의 오해에서 비롯되었다. 보어인은 이 전쟁을 통합된 남아프리카를 만들려는 영국 정부의 장구한 탐색 과정의 정점이라고 믿었지만 그것은 잘못된 생각이었다. 전쟁은 실제로 주로 투자 이해로 촉발되었다.[38] 보어인이 패했다면 그들은 단지 이미 일부러 포기했던 것, 즉 부에 대한 그들의 몫을 잃었을 뿐이었다. 그러나 그들은 인종 사회의 무법성에 대해 영국 정부를 포함한 모든 유럽 집단의 동의를 분명하게 얻어냈다.[39] 오늘날 각계 각층의 주민들, 영

으로부터 나왔다"(Kiewiet, 앞의 책, 155쪽).

* 남아프리카 북동부의 주, 세계 제1의 금산지.

37) Paul H. Emden, *Jews of Britain, A Series of Biographies*, London, 1944, '카이로에서 케이프까지' 참조.

38) Kiewiet(앞의 책, 138~139쪽)는 다른 '정황들'을 언급하고 있다. "트란스발 정부의 특허나 개혁을 지키려는 영국 정부의 어떤 시도도 불가피하게 영국 정부를 금광 부호들의 대리인으로 만들었다……. 다우닝가에서 분명하게 알든 모르든, 영국 정부는 자본과 채광 투자에 지원했다."

39) 보어 전쟁 이전 세대의 영국 정치가들이 주저하고 회피하는 듯한 태도를 보인 것은 원주민에 대한 의무와 백인 공동체에 대한 의무 사이에서 영국 정부가 우유부단했기 때문이다……. 그러나 이제 보어 전쟁은 원주민 정책에 대한 결단을 강요했다. 평화를 위하여 영국 정부는 자치권이 이전 공화국에 주어지기 전에는 원주민의 정치 지위를 변화시킬 어떤 시도도 행하지 않겠다고

국인이나 남아프리카인이든, 조직화된 노동자이든 자본가이든 인종 문제에 동의하고 있다.[40] 나치 독일의 등장과 독일 국민을 인종으로 전환하려는 그 의식적인 시도는 보어인의 정치적 입지를 상당히 강화한 반면, 독일의 패배로 그것이 약화되지는 않았다.

보어인은 어떤 다른 외국인들보다 금융업자들을 더 두려워했다. 그들은 이 금융업자들이 잉여 자본과 잉여 인력을 결합할 수 있는 결정적 인물이며, 본질상 일시적인 황금 사냥을 좀더 광범위하고 좀더 영구적인 사업으로 전환하는 것이 그들의 기능이라는 사실을 알고 있었다.[41] 더구나 영국과의 전쟁은 곧 좀더 결정적인 측면을 보여주었다. 즉 먼 타국에서 얻은 자신들의 엄청난 이익을 정부가 보장하라고 당연한 것처럼 요구하는 ─ 마치 외국 민족과의 전쟁에 투입된 군대는 자국 범죄자들의 소탕에 개입하는 자국 경찰 병력에 불과하다는 듯이 ─ 외국 투자자들이 전쟁을 부추긴 것은 명백한 사실이었다. 이런 종류의 폭력을 황금 및 다이아몬드 생산이라는 그늘진 사업에 들여온 사람이 세실 로즈처럼 폭민 자체에서 배출되었고 팽창을 위한 팽창을 이윤보다 더 믿는 사람이라는 사실이 보어인에게는 중요하지 않았다.[42] 대부분이 유대인이었고 잉여 자본의 소유주가 아니

약속했다. 이러한 시대적 결정에서 영국 정부는 원래의 인도주의적 입장에서 물러났고 그 때문에 보어 지도자는 자신들의 군사적 패배를 의미하는 평화 협상에서 주목할 만한 승리를 거두었다. 영국은 백인과 흑인 간의 활력적인 관계에 대한 통제를 가하려는 노력을 포기했다. 다우닝가는 개척자들에게 양보했던 것이다"(Kiewiet, 앞의 책, 143~144쪽).

40) "남아프리카인과 영어로 말하는 국민들이 원주민을 어떻게 다룰 것인가 하는 문제에 의견 일치를 보지 못하는 것은 전적으로 잘못된 생각이다. 그 반대로 이 문제는 그들이 합의를 본 몇 안 되는 문제들 중 하나다"(James, 앞의 책, 47쪽).

41) 이는 주로 알프레드 베잇의 방식 때문이었는데, 그는 1875년 함부르크 회사를 위해 다이아몬드를 매입하려고 그곳에 왔다. "그때까지 투기꾼들만이 금광 투기사업의 주주들이었다……. 베잇의 방식은 진짜 투자자들도 끌었다"(Emden, 앞의 책).

라 대표자에 불과한 금융업자들은 투기와 도박에 정치적 의도를 개입시키고 폭력을 사용하는 데 필요한 정치적 영향력도 충분한 경제력도 없었다.

설령 금융업자들이 결과적으로 제국주의에서 결정적 요소는 아니었다 하더라도, 그 초기에 제국주의의 분명한 대표자였음은 의심할 여지가 없다.[43] 그들은 자본의 과잉 생산과 이에 수반하는 현상으로서 경제적·도덕적 가치의 완전한 전도에 이익을 본 사람들이었다. 단순한 상품 거래와 단순한 생산 이윤 대신에 자본 자체의 거래는 유례 없는 스케일로 이루어졌다. 이 사실 하나로도 그들은 중요한 위치에 서게 되었다. 게다가 외국 투자에서 흘러들어오는 이윤은 곧 상업 이윤보다 훨씬 더 빠른 속도로 증가했으며, 그래서 상인과 무역업자들은 금융업자에게 선두 자리를 내주게 되었다.[44] 금융업자의 주요한 경제적 특징은 생산이나 개발 또는 상품의 교환이나 보통 은행업을 통해서 이윤을 얻는 것이 아니라 오로지 수수료로 얻는다는 것이었다. 이런 사실이 금융업자에게 비현실적 이미지, 유령 같은 실존과 정상적인 경제에서도 본질적으로 무익하다는 이미지 ─ 남아프리카에서 일어난 많은 사건의 전형적 이미지 ─를 주기 때문에, 우리의

---

42) 이런 측면에서 매우 전형적인 것은 버네토의 사업이 로즈 집단과 합병하게 되었을 때 그가 보여준 태도였다. "버네토에게 병합은 재정거래에 불과했고 이를 통해 돈을 벌기를 원할 뿐이었다……. 그래서 그는 회사가 정치와 아무런 상관이 없기를 원했다. 그러나 로즈는 단순한 사업가가 아니었다……" "내가 세실 로즈의 교육을 받았더라면, 세실 로즈라는 사람은 없었을 것이다"(같은 책)라고 버네토가 생각했던 것이 얼마나 잘못되었는지 이를 통해 분명히 드러난다.

43) 제5장, 주 34)와 비교할 것.

44) 외국 투자에서 나오는 이윤의 증대와 외국 무역의 상대적 감소는 제국주의의 경제적 측면의 특징이다. 1899년 대영 제국의 전체 해외 및 식민지 무역은 1800만 파운드의 수입을 가져다준 반면, 같은 해 외국 투자 이윤은 9000만 파운드에서 1억 파운드에 이르렀다. J. A. Hobson, *Imperialism*, London, 1938, pp.53ff. 참조. 투자는 분명히 단순한 무역보다 더 의식적으로 원대한 개발 정책을 요구한다.

맥락에서 중요하다. 금융업자들은 분명 어떤 사람을 착취하지도 않았고 그들의 사업적 모험의 진로를, 이 사업이 일반적인 사기극으로 판명되든 또는 뒤늦게 확인된 건전한 기업이든, 통제하지도 않았다.

그런데 금융업자로 전환한 사람들이 유대인 중에서 폭민 부류였다는 사실도 의미심장하다. 남아프리카에서 금광의 발견이 러시아에서 일어난 최초의 현대적인 유대인 학살과 일치하며, 그래서 소수의 유대인 이주자들이 남아프리카로 간 것은 사실이다. 그러나 소수의 유대계 금융업자들이 행운 사냥꾼들과 무법자들보다 먼저 가지 않았다면, 또 주민들이 자신들의 대리인으로 생각할 수 있는 이 신참들에게 즉각 관심을 가지지 않았다면, 이 온갖 사람들이 모인 국제적인 군중 속에서 그리 중요한 역할을 하지 못했을 것이다.

유대계 금융업자들은 실제로 대륙의 모든 나라에서 왔다. 그곳에서 이들은 계급의 관점에서 다른 남아프리카 이주민들과 마찬가지로 남아도는 불필요한 인력이었다. 그들은 몇 안 되는 유대계 명망가 가족과는 다른 사람들이었다. 이 명망가들의 영향력은 1820년 이후 꾸준히 감소했고 그래서 이들은 이 명망가들의 사회 지위로 흡수될 수 없었다. 이들은 우리가 1870년대와 1880년대부터 모든 유럽의 수도에서 발견하는 새로운 계급의 유대계 금융업자들이다. 그들은 출생 국가를 떠난 후 국제적인 주식 시장 도박으로 행운을 잡기 위해 그곳에 모여들었다. 그들은 옛 유대계 가문들이 당황할 만큼 이런 일을 곳곳에서 벌였고, 그래서 그들이 활동 영역을 해외로 이전하기로 결정하면 이 가문들은 너무나 반가워했다. 달리 말해 유대계 금융업자들은 합법적인 유대계 은행업에서 불필요했던 것처럼 그들이 대표하는 자본도 합법적 산업에서 불필요하게 되었고 합법적 노동의 세계에서 행운 사냥꾼이 된 것이다. 남아프리카에서 상인들은 국가 경제에서 차지한 지위를 금융업자들에게 잃을 처지에 놓였는데, 버네토 가나 베잇가, 새미마크가와 같은 신참들도 유럽에서보다 훨씬

더 쉽게 옛 유대계 개척자들을 1인자 위치에서 제거할 수 있었다.[45)]
다른 곳에서는 거의 그렇지 못했지만 남아프리카에서 유대인이 자
본과 폭민의 초기 동맹 관계에서 제3의 요소가 되었다. 그들은 광범
위하게 동맹 관계를 작동시켰고 금광과 다이아몬드 광산에 자본이
유입되고 투자가 이루어지게 했으며, 그 때문에 곧 어느 누구보다도
눈에 띄는 존재가 되었다.

    그들이 유대인 출신이라는 사실은 금융업자 역할에 언뜻 정의를
내리기 힘든 어떤 상징적 분위기 ─ 본질적으로 고향과 뿌리가 없다
는─를 더했다. 그래서 전체 사건을 상징화하고 신비의 요소를 도
입하는 데 일조했다. 여기에 또 그들이 가지고 있던 실질적인 국제적
관계를 덧붙여야 할 것이다. 그것은 전 세계를 지배하는 유대인의 정
치적 힘에 관한 일반 대중의 기만을 자연스럽게 자극했다. 드러나지
않는 국제적 유대 권력에 관한 모든 환상적인 견해 ─ 원래는 유대
계 은행 자본과 국가의 사업 영역 간의 밀접한 관계 때문에 나온 견
해─가 유럽 대륙에서보다 남아프리카에서 더욱 치명적인 것은 이
해가 가는 일이다. 여기서 유대인은 처음으로 인종 사회의 한가운데
로 끌려 들어가게 되었고, 거의 자동으로 보어인에 의해 모든 '백인'
을 대표하여 특별한 증오의 대상이 되었다. 즉 그들은 전체 사업의
대표자일 뿐만 아니라 '흑인'과 '백인'이 사는 정상적인 세계에 개
입한 악마 같은 원칙의 화신, 즉 다른 '인종'이었다. 더 오래되고 출
처가 더욱 분명한 선민 주장을 하는 유대인에게 보어인의 선민 주장
을 확신시키기가 힘들 것이라는 의심에서 이런 증오가 일부 비롯되

---

45) 18세기와 19세기 초반 남아프리카에 왔던 초기 유대계 개척자들은 모험가들
    이었다. 19세기 중반에 상인들과 무역업자들이 이들을 따라왔는데, 그중 가
    장 탁월한 사람들은 어업, 물개잡이나 고래잡이 같은 산업이나 타조 사육 산
    업으로 전환했다. 후에 그들은 대개 킴벌리 다이아몬드 산업으로 뛰어들 수
    밖에 없었는데, 여기서는 버네토와 베잇가와 같은 뛰어난 업적을 이루지는
    못했다.

었던 만큼 증오는 더욱더 격렬했다. 기독교는 단순히 그 원칙 자체를 부인하는 반면, 유대교는 직접적 도전이고 경쟁자처럼 보였다. 나치가 의식적으로 남아프리카에 반유대주의 운동을 일으키기 훨씬 전에 인종 문제는 반유대주의의 형태로 외국인과 보어인 간의 갈등 속에 침투했다.[46) 이 반유대주의는 남아프리카의 황금과 다이아몬드 경제에서 유대인의 중요성이 세기 전환기까지 살아남지 못했기 때문에 그만큼 더 주목할 만하다.

황금 및 다이아몬드 산업이 제국주의적 발전의 단계에 도달하고 부재 주주들이 자국 정부의 정치 보호를 요구하자마자, 유대인이 중요한 경제적 위치를 유지할 수 없는 것으로 드러났다. 그들은 의지할 모국의 정부도 없었고 남아프리카 사회에서 그들 위치는 너무나 위태로웠기 때문에, 문제가 되는 것은 단순한 영향력 감소 이상이었다. 유대인이 단지 사회에서 어떤 지위를 얻는다면, 그럴 경우 배타적인 영국 클럽의 입회를 의미하는데, 그들은 남아프리카에서 경제적 안정과 영구 정착─다른 어떤 외국인 집단보다 그들이 더 필요로 했던 것인데─을 유지할 수 있을 것이다. 이는 세실 로즈가 자신의 더 비어스 컴퍼니를 알프레드 베잇의 회사와 합병시킨 후[47) 버네토 다이아몬드 신탁회사로 들어갈 수 있는 길을 돈으로 사면서 매우 퉁명스럽게 내뱉었던 말에서 드러나듯이, 그들은 신사라는 신분을 얻기 위해 자신들의 영향력을 이용해야만 했다. 그러나 이 유대인들은 단순한 경제력 이상을 제공해야만 했다. 유대인만큼이나 신출내기에다 모험가였던 세실 로즈가 결국 영국의 훌륭한 은행 사업계에서─

---

46) Ernst Schultze, "Die Judenfrage in Sued-Afrika," in *Der Weltkampf*, Vol. XV, No. 178, October, 1938.

47) 버네토는 킴벌리 클럽에 진출하기 위해 로즈에게 자신의 주식을 팔았다. "이는 단순한 금전 거래가 아니었다"고 로즈는 버네토에게 말한 것으로 전해진다. "나는 당신을 신사로 만들겠다고 제안하는 것이오." 버네토는 8년 동안 신사로서의 삶을 즐기다가 자살했다. Millin, 앞의 책, 14쪽, 85쪽 참조.

이들과는 유대계 금융업자들이 어찌 되었건 어느 누구보다 더 좋은 관계를 맺고 있었는데 — 받아들여진 것은 그들 덕분이었다.[48] "금의 지분을 담보로 돈을 한푼이라도 빌려주는 영국은행은 한 곳도 없었을 것이다. 킴벌리에서 온 다이아몬드 사내들의 무한한 신뢰가 고향의 같은 신도들에게 자석과 같은 영향력을 미쳤다."[49]

골드러시는 세실 로즈가 유대인의 재산을 빼앗고 투자 정책을 영국의 손에서 자신의 손으로 가져온 다음 케이프에서 중심 인물이 된후에 비로소 완전히 제국주의적인 사업이 된다. 주주들에게 지급된 배당금의 75퍼센트는 해외로 유출되는데, 그중 대부분은 영국으로 유입되었다. 로즈는 영국 정부로 하여금 자신의 사업에 관심을 갖게만들었고 폭력 수단의 수출과 팽창은 투자를 보호하기 위해 필수적이며 그런 정책은 모든 국가 정부의 신성한 의무라고 그들을 설득했다. 다른 한편으로 그는 케이프에 부재 주주가 소유하지 않은 모든기업을 경시하는 이른바 전형적으로 제국주의적인 경제 정책을 도입한다. 그래서 결국 금광 회사들뿐만 아니라 정부도 풍부한 광물 자원의 개발과 소비재의 생산을 격려하지 않게 된다.[50] 이런 정책을 시작함으로써 로즈는 보어인을 진정시키는 데 가장 효과적인 요소를 도입하게 된다. 모든 진정한 산업적 기업을 무시하는 것은 정상적인 자본주의 발달을 피하고 인종 사회의 정상적 종식을 막을 수 있는 가

---

48) "한 유대인에서(이 경우에는 함부르크에서 온 알프레드 베잇) 다른 유대인으로 가는 길은 쉬웠다. 로즈는 로스차일드 경을 만나기 위해 영국으로 갔고 로스차일드 경은 그를 승인했다"(같은 책).

49) Emden, 앞의 책.

50) "남아프리카는 거의 모든 평화 산업적 에너지를 금의 생산에 집중했다. 보통 투자자들은 금에 투자하는데, 그것은 금이 가장 빠르고 가장 큰 수익을 제공하기 때문이었다. 그러나 남아프리카는 철, 금속, 구리, 석면, 망간, 주석, 납, 백금, 크롬, 운모, 흑연 등의 광물 자원을 보유하고 있었다. 이것들은 탄광과 얼마 되지 않는 소비재 생산 공장과 함께 '2급' 산업으로 알려져 있었다. 공적 부문의 투자 관심은 제한적이었다. 또한 금광회사와 주로 정부가 이 2급 산업의 발전을 저지했다(James, 앞의 책, 333쪽)

장 견실한 보증이었던 것이다.

제국주의는 나라를 오스트레일리아나 캐나다식으로 발전시키지도 않고 전체 국가로부터 이윤을 얻어내는 것이 아니라 단 하나의 특수한 영역에 투자한 자금의 높은 회전율에 만족하기 때문에 결코 두려워할 대상이 아니라는 것을 보어인이 인식하는 데 수십 년이 걸렸다. 그러므로 특수 투자로부터 이윤이 안전하게 보장되는 한, 제국주의는 이른바 자본주의 생산과 평등주의 경향의 법칙을 기꺼이 포기하고자 했다. 이는 결과적으로 단순한 수익성의 법칙을 폐지하는 결과로 나타났고, 남아프리카는 폭민과 자본의 동맹에서 폭민이 우세한 요소가 될 때마다 나타나는 현상의 첫 사례가 되었다.

한 가지 점에서, 그리고 이것이 가장 중요한 것인데, 보어인은 나라의 명백한 주인으로 남았다. 합리적 노동과 생산 정책들이 인종적 고려와 갈등에 빠지게 되면 후자가 승리했다. 이윤 모티프는 항상 인종 사회의 요구에 희생되었고 종종 높은 대가를 치렀다. 정부가 반투족 고용인 1만 7000명을 해고하고 200퍼센트나 높은 백인 임금을 지불했을 때 철도의 채산성은 하룻밤 사이 상실되었다.[51] 원주민 지방자치단체의 고용인이 백인으로 대체되면 지방자치정부를 위한 비용 지출은 엄청나게 증가했다. 결국 흑백차별법은 모든 흑인 노동자들을 기계를 만지는 직업에서 배제했고 산업 기업체에 생산 비용의 엄청난 증가를 강요했다. 보어인의 인종 세상은 두려워해야 할 사람이 아무도 없었다. 가장 두려워할 필요가 없는 사람은 백인 노동자였는데, 그 노동 조합은 흑백차별법이 충분히 과격하지 않다고 심하게 불평했다.[52]

얼핏 폭력적인 반유대주의가 유대인 금융업자들이 사라졌는데도

---

51) James, 앞의 책, 111~112쪽. "정부는 이런 정책이 사기업의 고용주가 따라야 할 좋은 범례라고 간주했다……. 여론은 곧 많은 고용주의 고용 정책에 변화를 강요했다."

52) James, 앞의 책, 108쪽.

또 모든 유럽 주민에게 인종주의를 성공적으로 주입했는데도 여전히 남아 있다는 것은 첫눈에 놀라운 일로 보일 것이다. 유대인도 분명 인종주의에서 예외는 아니었다. 그들도 다른 사람들처럼 인종주의에 적응했고 흑인에 대한 그들의 행동은 나무랄 데 없었다.[53] 그러나 그들은 그 사실을 의식하지 못한 채 또 어떤 특수한 정황의 압력을 받아 나라의 강력한 전통 중 하나와 결별했다.

"비정상적인" 행동의 첫 조짐은 유대계 금융업자들이 금광과 다이아몬드 산업에서 누렸던 지위를 상실한 직후 나타났다. 그들은 나라를 떠나지 않고 백인 집단이라는 독특한 위치에 영구적으로[54] 정착했다. 그들은 아프리카 활력의 근원에도 속하지 않고 "가난한 백인 쓰레기"에도 속하지 않았다. 그 대신 그들은 즉시 산업을 키우고 직업을 만들었다. 이 산업과 직업은 남아프리카의 견해에 따르면 금과 직접 연관되지 않는 "부차적인" 것이었다.[55] 유대인은 의류 및 가구 제조업자, 가게 주인과 내과의사, 변호사나 언론인과 같은 전문직 종

---

53) 여기에서 다시 한번 초기의 개척자들과 금융업자들 간의 결정적 차이점을 19세기 말까지 확인할 수 있다. 예를 들면 사울 살로몬은 케이프 의회의 흑인 우호적 의원이었는데, 그는 19세기 초 남아프리카에 정착한 어떤 가족의 후손이었다. Emden, 앞의 책.

54) 1924~30년에 유대인 1만 2319명이 남아프리카로 이주한 반면 떠난 사람은 461명뿐이었다. 같은 기간 이민의 환상이 깨어진 후 나라로 이주해온 사람이 총 1만 4241명이었다는 사실을 고려하면, 이 숫자는 아주 놀라운 것이다 (Schultze, 앞의 책 참조). 우리가 이 숫자를 주 6)의 이민 표와 비교해보면, 유대인이 1920년대 남아프리카로 왔던 전체 이민자들의 3분의 1을 대략 차지하고 그들이 다른 모든 외국인 범주와 달리 거기에 영구 정착했다는 사실을 추론할 수 있다. 나라를 떠난 사람들의 총계에서 그들이 차지하는 비율은 2퍼센트도 채 안 된다.

55) "라비드 아프리카너 민족주의 지도자들은 연방에 유대인이 10만 2000명 있다고 개탄했다. 그들 대다수는 백인 노동자, 산업체의 고용인, 가게 주인이나 전문 직업인이었다. 유대인은 남아프리카의 2급 산업을 세우는 데 많은 기여를 했다—즉 금과 다이아몬드 채광 이외의 산업들—특히 의류와 가구 공장에 집중되어 있었다"(James, 앞의 책, 46쪽).

사자가 되었다. 달리 말하면 그 나라 폭민의 조건과 그들의 인종차별적 태도에 아무리 잘 적응했다고 생각하더라도, 유대인은 남아프리카 경제에 정상성과 생산성을 도입함으로써 폭민의 가장 중요한 유형을 파괴했다. 그 결과 맬런 씨가 연합에서 모든 유대인을 추방하는 법안을 의회에 상정했을 때 그는 모든 가난한 백인과 전체 남아프리카 태생 백인 주민들의 열렬한 지지를 받았다.[56]

경제적 기능에서의 변화, 즉 남아프리카 유대인이 황금과 인종의 그림자 세계에서 가장 그림자 같은 특성을 대변하는 기능을 하다가 주민 가운데 유일하게 생산적인 부문으로 전환한 것은 보어인이 원래 가지고 있던 두려움을 기이하게도 뒤늦게 확인하는 계기가 되었다. 그들은 남아도는 부의 중개인으로서 또는 황금 세계의 대표로서 유대인을 증오하는 것이 아니었다. 그들은 유대인이 서구 문명, 즉 적어도 인종의 유령 세계를 치명적 위험에 빠뜨리게 될 이윤 추구 문명의 정상적 생산 부문으로 나라를 전환하려는 외국인들의 이미지를 가지고 있기 때문에 그들을 두려워하고 경멸했던 것이다. 그리고 외국인들로부터 황금 수혈을 받을 수 있는 길은 차단되었지만 비슷한 상황에서 다른 외국인들이 그랬던 것과 달리 나라를 떠날 수 없었던 유대인이 그 대신 '2차' 산업을 발전시켰을 때 보어인이 옳았음이 입증된 것이다. 유대인은 어떤 다른 이미지 때문이 아니라 혼자 힘으로 인종 사회에 진정한 위협이 되었던 것이다. 오늘날의 사태처럼 유대인은 인종이나 금을 믿는 모든 사람—이는 실제로 남아프리카에 살고 있는 전체 유럽 주민들이다—의 일치된 적대감에 맞서고 있었다. 그러나 그들은 서서히 그리고 점진적으로 인종 사회를 극복하고 벗어나던 유일한 다른 집단, 즉 정규 노동과 도시 생활의 영향을 받아 자신들의 인간성을 점점 더 인식하던 흑인 노동자들과 공동 전선을 펼칠 수도 없었고 펼치려고 하지도 않았다. '백인'들과 대조적으

---

56) 같은 책, 67~68쪽.

로 유대인은 순혈의 인종적 기원을 가지고 있었지만 인종을 맹목적으로 숭배하지 않았고, 인종차별 사회의 폐지는 그들에게 해방의 약속을 의미했을 뿐이었다.

인종주의와 반유대주의를, 문명을 파괴하고 새로운 국가를 설립하는 주요한 정치 무기로 간주한 나치와 달리, 남아프리카에서는 인종주의와 반유대주의가 당연한 일이고 기존 질서의 자연스러운 결과였다. 그것들이 세상에 나오기 위해 나치즘이 필요한 것은 아니었다. 단지 비간접적 방식으로 나치즘에 영향을 미쳤을 뿐이다.

그러나 남아프리카의 인종 사회는 유럽인의 행동에 실질적이고 즉각적인 부메랑 영향을 미쳤다. 인도와 중국의 값싼 인력이 내수 공급이 일시적으로 주춤할 때마다 남아프리카로 미친 듯이 수입되었기 때문에[57] 유색 인종에 대한 태도 변화는 아시아에서 곧 감지되었다. 아시아에서 사람들은 처음으로 유럽인들을 정신 잃을 정도로 놀라게 한 아프리카 노예들과 같은 방식으로 취급되었던 것이다. 차이가 있다면 인도인과 중국인이 인간 이하의 취급을 당한 데에는 변명이나 인간적으로 이해할 만한 이유가 없었다는 것이다. 어떤 의미에서 진정한 범죄가 시작된 곳은 여기뿐이다. 왜냐하면 아시아에서는 누구나 다 자신이 무슨 일을 하는지 알고 있었기 때문이다. 인종사상이 아시아에서 다소 변형된 것은 사실이다. '백인'이 어깨에 짐을 지면서 말하곤 하는 '높은 인종과 낮은 인종'은 여전히 점진적 발전의 범위와 가능성을 시사하고 있으며 그 이념은 두 개의 완전히 다른 동물종이라는 개념에서 약간 벗어나 있는 듯이 보인다. 다른 한편 인종

---

57) 10만 이상의 인도 하급 노동자가 19세기 나탈의 설탕 농장으로 수입되었다. 이들에 이어 중국인 노동자들이 금광에서 일하게 되었는데, 이들의 수는 1907년 약 5만 5000명이었다. 1910년 영국 정부는 중국인 금광 노동자들의 본국 송환령을 내리고 1913년에는 인도나 다른 아시아 지역에서의 이주를 금지했다. 1931년 아시아인 14만 2000명은 여전히 남아프리카 연방에 살고 있으며, 이들은 아프리카 원주민과 같은 대우를 받고 있다(Schultze, 앞의 책 참조).

원칙은 낯설고 이상한 아시아 사람이라는 해묵은 개념을 대체했고, 그래서 그것은 아프리카에서보다 더욱 의식적으로 사용된 지배 무기였다.

전체주의 정권에 더 중요하지만 덜 즉각적으로 나타난 것은 아프리카의 인종차별 사회에서의 다른 경험이었다. 즉 이윤 모티프는 신성한 것이 아니며 파기될 수 있다는 경험, 사회는 경제와는 다른 원칙에 따라 작동한다는 경험, 그런 상황은 합리적 생산과 자본주의 체제의 조건 아래에서 혜택을 덜 받은 사람들을 선호할 것이라는 경험이다. 남아프리카의 인종 사회는 폭민에게 커다란 교훈을 주었다. 폭민은 이 교훈을 분명하지 않은 형태로 어렴풋이 느끼고 있었다. 즉 혜택받지 못한 집단은 순전히 폭력을 통해 자신보다 더 낮은 계급을 만들어낼 수 있고, 이런 목적을 위해 혁명이 필요한 것이 아니라 지배 계급 집단과 단결이 필요하며, 이민족이나 뒤떨어진 민족들이 그런 전술에 최고 기회를 제공한다는 것이었다.

아프리카 경험의 완전한 충격을 가장 먼저 깨달은 사람은 카를 페터스와 같은 폭민 지도자들이었다. 페터스는 폭민들도 지배 계급에 속해야 한다고 결정했다. 아프리카 식민지는 나중에 나치 엘리트가 될 집단을 개화하는 데 가장 비옥한 토양이 되었다. 여기서 그들은 국민이 인종으로 변화하는 모습을 직접 눈으로 보았고 이 과정에서 주도권을 잡음으로써 자신의 국민을 지배 인종의 위치에 밀어넣을 수 있다는 것을 알게 되었다. 여기서 그들은 역사 과정은 필연적으로 '진보적'이라는 환상에서 치유되었다. 왜냐하면 무언가로 향해 나아가는 것이 과거 식민지화의 진행 경로였다면 "네덜란드인은 모든 것으로부터 벗어나는 길을 걸었고,"[58] "경제의 역사가 인간은 점진적으로 수렵 생활에서 목축업을 거쳐 결국 정착 농경 생활로 발전했다고 가르쳤다면," 보어인의 이야기는 "집약적인 경작의 선두에 서 있

58) Barnes, 앞의 책, 13쪽.

던 나라에서"온 사람이 "서서히 양치기와 사냥꾼이"[59]될 수도 있다
는 것을 분명하게 보여주었기 때문이다. 보어인이 야만 종족의 수준
으로 후퇴했기 때문에 이론의 여지 없이 이들 종족의 주인으로 남을
수 있었다는 것을 폭민 지도자들은 아주 잘 알고 있었다. 그들은 기
꺼이 그 대가를 치르고자 했고 인종별로 조직된 사회의 수준으로 떨
어지고자 했다. 그렇게 함으로써 그들이 다른 '인종들'에 대한 통치
권을 살 수만 있다면 말이다. 그리고 그들은 지구 곳곳에서 모여든
사람들과의 경험을 통해 서구의 문명화된 세계의 전 폭민이 그들 편
이라는 것을 알고 있었다.[60]

3. 제국주의의 성격

제국주의 지배의 주요한 두 가지 정치적 장치 중에서 인종은 남아
프리카에서 발견되었고 관료제는 알제리, 이집트와 인도에서 발견
되었다. 전자가 같은 인간이라는 것이 유럽인들에게 수치였고 공포
였던 종족에 대한 의식적 반작용이었던 반면, 후자는 유럽인들이 절
대적으로 자신들보다 열등하며 동시에 자신들의 특별한 보호가 필
요하다고 생각한 이민족에 대한 통치 수단이었던 행정의 결과였다.
달리 말해 인종은 인간적인 어떤 것도 더 이상 존재할 수 없는 무책
임성으로 도피하는 것이고, 관료제는 어떤 사람도 동포를 위해 또 어

---

59) Kiewiet, 앞의 책, 13쪽.
60) "경제학자들이 높은 임금은 상여금의 형태이며 보호 노동은 비경제적이라고
  선언하면, 백인 주민들 가운데 불행한 사람들은 현대 생활에서 궁극적으로
  확실한 발판을 발견했다면 희생은 괜찮다는 대답이 주어졌다." "그러나 전통
  적인 경제학자들의 목소리가 대전 이후 무시당한 것은 남아프리카에서만은
  아니었다……. 영국이 자유 무역을 포기하고 미국이 황금본위제를 폐지하며
  제3제국이 독재정치를 채택하는 것을 보았던 세대에게 백인종의 우월한 지
  위를 보장하는 식으로 경제 생활은 조직되어야 한다는 남아프리카의 주장이
  아주 부적절한 것은 아니었다"(Kiewiet, 앞의 책, 224~245쪽).

떤 국민도 다른 국민을 위해 떠안을 수 없을 과중한 책임감의 결과였다.

버크의 '범법자들'을 계승한 인도의 영국 행정관들이 가진 과장된 책임감은 대영 제국을 실제로 '무심결에' 얻었다는 사실에 물적 토대를 두고 있다. 그래서 이미 일어난 사실과 우연히 자신들 수중에 들어온 것을 지켜야 할 과제와 직면했던 사람들은 우연을 일종의 의지 행위로 바꿀 수 있는 해석을 찾아야만 했다. 이렇게 역사적으로 주어진 사실을 변화시키는 작업은 고대 이래로 전설이 수행해왔고, 영국의 지식인들이 지어낸 전설은 영국 관료제의 관료와 비밀 요원의 형성에 결정적 역할을 했다.

전설은 언제나 역사를 만드는 데 강력한 역할을 했다. 타락에 재능이 없는 사람, 의논도 없이 다른 사람들이 한 행위의 상속인이 된 사람 그리고 항상 의식적 행동이라기보다 무한히 연결된 사건 결과처럼 보이는 책임감의 짐을 지고 있는 사람은 자기 미래의 운명을 풀 비밀 열쇠를 감춘 듯한 과거에 대한 설명과 해석을 요구한다. 전설은 미래의 무한한 공간을 통과할 때 안전하게 인도할 것을 기약하는, 모든 고대 도시와 제국, 민족의 영적인 토대였다. 전설은 한 번도 사실을 확실하게 말하지 않지만 항상 자신의 중요성을 역설하면서 현실 너머의 진리, 기억 저편의 회상을 제공한다.

역사의 전설적 설명은 사실과 실제 사건의 뒤늦은 수정으로 작용한다. 이 수정은 역사 자체가 인간으로 하여금 행하지 않은 행동과 결코 예측하지 못한 결과에 대해 책임을 지게 만들기 위해 필요한 것이다. 고대 전설의 진리 ——전설이 섬겼던 도시와 제국과 민족이 먼지로 사라진 지 수세기가 지난 후에도 전설에 매혹적인 현실성을 부여하는 진리 ——는 과거의 사건을 일반적으로는 인간 조건에, 특수하게는 정치적 야망에 부합하게 만드는 형식에 불과한 것이다. 사건에 관한 꾸며낸 이야기 속에서 그는 그 사건에 책임을 지고 과거 사건들을 자신의 과거로 간주하는 데 동의했다. 전설은 그를 그가 행하지 않은 것의 주인으로 만들고 그가 원 상태로 돌릴 수 없는 것을 처리할 수 있게 해주었다. 이런 의미에서 전설은 인류의 가장 먼 기억이 아니라 바로 인간 역사의 실질적 시작인 것이다.

역사적이고 정치적인 전설의 번성은 기독교의 탄생과 함께 급격한 종말을 맞는다. 아담의 날로부터 최후의 심판에 이르는 기독교적 역사 해석은 구원에 이르는 유일한 길로 간주되는데, 그것은 인간 운명에 대해 가장 강하고 포괄적인 전설적 설명을 제공한다. 기독교인들의 영적 통일이 국가의 다원성에 무너진 후, 구원에 이르는 길이 모든 사건에 적용할 수 있는 보편적 이론이라기보다 개인적 신앙의 불확실한 조항이 되었을 때, 새로운 종류의 역사적 설명이 비로소 나타났다. 19세기는 가장 다양하고 상호 모순되는 이데올로기들의 동시적 탄생이라는 기이한 광경을 우리에게 제공했다. 이 이데올로기는 다른 방법으로는 이해할 수 없는 사실들에 대한 숨겨진 진실을 알고 있다고 제각기 주장했다. 그러나 전설은 이데올로기가 아니다. 전설은 보편적 설명을 목표로 하지 않고 항상 구체적인 사실들에 관심을 가진다. 국가의 성장이 건국 전설을 동반하지 않은 곳은 아무데도 없으며, 근대에 들어 시도된 독특한 건국 전설은 국가의 몰락이 명백해지고 제국주의가 구식 민족주의의 자리를 차지하는 것처럼 보였을 때 이루어졌다.

제국주의 전설의 저자는 러드야드 키플링이었고 그 주제는 대영제국이었으며 그 결과는 제국주의적 성격이었다(제국주의는 현대 정치의 성격을 형성한 유일한 학파다). 대영 제국의 전설은 영국의 제국주의 현실과는 아무런 상관이 없었던 반면, 영국의 가장 탁월한 아들들을 자신에게 봉사하도록 강요하거나 현혹했다. 왜냐하면 이데올로기가 평균치의 평범한 인물들을 유인하고, 무대 뒤의 무시무시한 비밀 권력에 대한 속삭임이 가장 못난 폭도들을 유인하듯이 전설은 바로 우리 시대의 최고 엘리트들을 유인했기 때문이다. 의식적인 식민지 건설에서 전 세계의 이민족들을 통치하고 지배하는 길로 들어선 영국 민족보다 전설 이야기나 정당화를 환기할 수 있는 정치 구조는 분명 없었다.

키플링이 이야기하는 건국전설은 영국 섬의 국민들이 처한 근본적인 현실에서 출발한다.[61] 바다로 둘러싸여 있는 그들은 배를 발명함으로써 물, 바람, 태양 세 요소의 도움을 얻는다. 배는 항시 위험한 이 요소들의 동맹을 가능하게 만들었고 영국인을 세계의 주인으로 만들었다. "너희는 세상을 얻을 것이다"라고 키플링은 말한다. "너희가 어떻게 그 일을 하는지 아무도 관심을 두지 않고, 너희가 어떻게 일을 하는지 아무도 알지 못한 채 세상을 지킬 것이다. 그리고 너희는 세상을 등에 지고 나를 것이다. 어느 누구도 네가 그 일을 어떻게 하는지 보지 못한 채. 그러나 너나 너희 자손들도 그 하찮은 일로부터 4가지 선물—하나는 바다를 위한 선물, 하나는 바람을 위한 선물, 하나는 태양을 위한 선물 그리고 하나는 너를 실어나르는 배를 위한 선물—외에는 어떤 것도 얻지 못할 것이다……. 왜냐하면 세상을 얻고 세상을 지키고 세상을 등에 실어 나름으로써—육지로 또는 바다로 또는 공중으로—너희 자손들은 항상 네 가지 선물을 가질 것이기 때문이다. 그들은 선견지명과 무거운 입, 엄격함—지독한 엄격함을 지닐 것이다. 그리고 언제나 조금씩 적보다 앞서갈 것이다—그래서 그들은 적법한 기회에 바다를 건너는 모든 사람에게 호위병이 될 것이다."

「최초의 선원」에 관한 작은 이야기가 고대의 건국 신화와 비슷한 까닭은 그것이 영국인을 유일하게 정치적으로 성숙한 민족, 즉 세상을 어떻게 단결시킬지 관심도 보이지 않고 알지도 못하는 야만족들 한가운데에 세계 번영의 책임을 지고 법을 걱정하는 유일한 민족으로 제시하기 때문이다. 불행하게도 이런 묘사에는 고대 전설의 내적

---

61) Rudyard Kipling, "The First Sailor," in *Humorous Tales*, 1891.

인 진실성이 없다. 세상은 그들이 그 일을 어떻게 하는지 관심을 가졌고 알고 있었으며 보고 있었다. 그런 이야기들은 영국인이 "하찮은 일로부터 어떤 것도 얻지" 않았다는 말을 세상이 수긍하도록 만들 수 없었다. 그러나 영국에는 키플링의 전설과 일치하며 전설을 가능하게 하는 어떤 현실이 존재하고 있었다. 그것은 기사도, 고결함과 용맹 같은 미덕이었다. 설령 그것들이 세실 로즈나 커즌 경이 통치하는 정치적 현실에서는 전혀 어울리지 않았다 하더라도.

'백인의 짐'이 위선이거나 인종주의라는 사실도 가장 탁월한 몇몇 영국인이 진지하게 그 짐을 지고 제국주의의 비극적이고 돈키호테 같은 바보로 만드는 것을 막지는 못했다. 영국에서 위선의 전통만큼이나 현실적인 것은 덜 알려진 다른 전통이다. 이 전통은 용-살해자의 전통이라고 부르기 쉬운 것인데, 이 용-살해자는 열정적으로 먼 이국 땅의 낯설고 순박한 사람들에게 가서 이들을 수세기 동안 괴롭혀온 수많은 용을 죽인다. 키플링의 다른 이야기 「조상의 무덤」에는 더 많은 진리가 들어 있다.[62] "넓은 바다에 돌고래들이 줄을 지어 따라오듯이 여러 세대에 걸쳐 인도에 봉사해온" 친(Chinn) 가족의 이야기가 전해진다. 그들은 가난한 사람의 농작물을 훔치는 사슴을 총으로 쏘고 그에게 좀더 나은 경작 방법의 비밀을 전수해주며, 유해한 미신으로부터 그를 해방시키고 웅장한 스타일로 사자와 호랑이를 죽인다. 그들이 받은 유일한 보상은 '조상의 무덤'과 전체 인도 부족들이 믿는 한 가족 전설이다. 이에 따르면 "존경하는 조상은……자신의 호랑이를 가지고 있었다─안장을 얹은 호랑이인데, 그 등에 올라타고 나라에서 가고 싶은 모든 곳을 누비고 다녔다." 불행하게도 시골구석을 타고 달리는 것은 "전쟁 또는 페스트나─어떤 나쁜 일의 확실한 조짐이었고" 이 특수한 경우에는 "백신 접종의 기호"였다. 그래서 집안의 막내인 친은 군대의 위계 질서에서 그리 중요하지

---

62) In *The Day's Work*, 1898.

않은 하급 장교였지만 인도 부족들과 관련되는 한 가장 중요한 인물이었다. 그는 조상의 야수를 총으로 쏘고 그래서 사람들이 "전쟁이나 페스트 또는 그밖의 어떤 것"에 대한 두려움 없이 예방 접종을 할 수 있었다.

현대 생활에 관한 한, 친 가족은 실제로 "대다수의 다른 사람들보다 운이 좋았다." 그들의 기회는 그들이 평온하고 자연스럽게 청춘이 가진 최고의 꿈을 실현하는 삶을 살도록 태어났다는 것이다. 다른 소년들이 '고상한 꿈'을 접어야만 했을 때, 그들은 그 꿈을 행동으로 옮기기에 충분한 나이가 되었던 것이다. 30년의 관직 생활을 마치고 은퇴할 때, 그들의 기선은 "외부로 나가는 군대 수송선을 만나고 이 배는 가족의 의무를 향해 그의 아들을 동쪽으로 싣고 간다." 그래서 정부가 고용하고 군대가 비용을 지불하는 용-살해자로서 친 씨 존재의 권력은 다음 세대로 넘어갈 수 있게 된다. 영국 정부는 분명 봉사의 대가를 지불하지만, 그들이 결국 누구를 위해 일생을 보냈는지 불분명하다. 그들이 실제로 여러 세대를 거쳐 이 특별한 인도 부족에게 봉사했을 가능성이 크며, 적어도 이 부족 자체가 이 사실을 확신하고 있다는 것은 위안이 되는 일이다. 고위직은 이 하급 중위 친의 이상한 의무와 모험에 대해서는 아는 바가 거의 없다는 사실, 그리고 그의 조부가 성공적으로 환생하여 그가 되었다는 것을 거의 모른다는 사실은 그의 꿈같은 이중 생활이 방해받지 않고 현실적 토대를 가질 수 있게 해준다. 그는 물과 소문이 스며들 틈이 없는 벽으로 나누어진 두 세상에 살고 있는 것이다. "초라하고 호랑이처럼 사나운 나라의 중심"에서 태어나 평화롭고 균형 잡히고 정보에 어두운 영국에서 자기 민족 가운데에서 교육을 받았기 때문에 그는 영원히 두 민족과 함께 살 준비가 되어 있으며, 이 두 민족의 전통, 언어, 미신과 편견에 뿌리를 내리고 그것들에 정통하게 된다. 그는 단숨에 폐하의 순종적 하급 장교에서 원주민 세계의 흥미진진하고 고상한 인물로, 널리 사랑받는 약자의 수호자로, 옛이야기의 용-살해자로 변신할 수 있다.

중요한 점은 공식적인 영국 통치의 무대 뒤에서 자기 역할을 수행하는 이 괴상하고 돈키호테 같은 약자의 수호자가 한 미개 종족의 소박한 상상의 산물이라기보다 유럽과 기독교 전통의 최상 요소들을 함축하고 있는 꿈의 산물이라는 것이다. 그것이 설령 소년 시절 이상의 무익함으로 그 질이 저하되었다 하더라도 그렇다. 원주민들에게 서구 세계의 위대함을 가르칠 수 있는 사람은 황제폐하의 군인도 아니고 영국의 고위 관료도 아니었다. 소년 시절의 이상을 버릴 수 없고 그래서 식민지 근무를 자청했던 사람들만이 그런 일에 적합했다. 제국주의는 이들에게, 어른이 되기를 원한다면 자신의 청년기를 잊어야만 하는 사회로부터 도피할 수 있는 우연한 기회에 불과했다. 영국 사회는 그들이 먼 이국으로 떠나는 것이 그저 반가웠다. 이런 상황에서 공적 교육 제도는 소년 시절의 이상을 묵인하고 심지어 장려했다. 식민지 근무는 그들을 영국에서 멀리 데려갔고, 말하자면 소년 시절의 이상을 성인의 성숙한 이념으로 전환하지 못하게 막았다. 19세기 말부터 낯설고 기이한 나라들이 훌륭한 영국 청년들을 매료했고, 가장 정직하고 가장 위험한 요소들을 그 사회에서 제거했으며, 이런 행복에 덧붙여 소년 시절의 고귀함을 보존하고 석화할 수 있게 했다. 이런 상황이 서구의 도덕 수준을 그대로 유지하고 또 미성숙하게 만들었던 것이다.

　　크로머 경은 인도의 제국주의 이전 정부 시절 재무부 위원과 총독 비서를 지냈는데 영국의 용-살해자의 범주에 속하는 사람이다. 오로지 후진국 주민들을 위한 "희생정신"과 "통치하고자 하는 욕망과 능력 모두를 갖춘 관료 계급을 탄생시킨"[63] 대영 제국의 영광에 대한 "의무감"[64]에 이끌려 그는 1894년 총독 자리를 거절했고, 10년 후 외

---

63) Lawrence J. Zetland, *Lord Cromer*, 1932, p.16.
64) Lord Cromer, "The Government of Subject Races," in *Edinburgh Review*,

412

무부 장관직을 거부한다. 시시한 사람이라면 만족시켰을 법한 그런 명예 대신에 그는 1883년에서 1907년까지 눈에 띄지 않지만 전권을 가진 이집트의 총영사가 되었다. 여기서 그는 최초의 제국주의 행정관이 되는데, 분명 "공직을 통해 영국 민족을 영예롭게 만든 사람 가운데 둘째가라면 서러워할"[65] 사람이었다. 그러나 그는 아마 평온한 자부심 속에서 죽을 수 있던 마지막 인물이었다. "이것이 영국의 포상으로 충분하다──어떤 고귀한 대가도 얻은 적이 없다,/해방된 민족의 축복/의무를 행했다는 의식."[66]

크로머 경이 이집트로 간 것은 "영국인이 사랑하는 인도를 지키려면 멀리 나가 나일 강변에 확고한 발판을 심어야 한다"[67]는 것을 깨달았기 때문이다. 이집트는 그에게 목적을 위한 수단일 뿐이었고 인도의 안전을 위해 필수적인 팽창이었다. 거의 동시에 또 다른 영국인이 반대편 끝에 반대되는 이유로 아프리카 대륙에 발을 디뎠다. 즉 세실 로즈는 남아프리카로 가서, 영국인이 '사랑하는 인도'를 위한 모든 의미를 상실한 이후 케이프를 구했던 것이다. 로즈가 생각하는 팽창 개념은 북쪽에 있는 더 훌륭한 동료의 것보다 훨씬 앞선 것이었다. 그에게 팽창은 이미 소유하고 있는 것을 유지한다는 분별 있는 동기에 의해 정당화될 필요가 없는 것이었다. "팽창이 전부다." 그리고 인도, 남아프리카와 이집트는 오로지 지구의 크기에 의해 제한되는 팽창에서 하나의 디딤돌로서 똑같이 중요하거나 중요하지 않다. 분명 천한 과대망상증 환자와 희생 정신과 책임감을 지닌 교육받은 인물 사이에는 심연이 가로놓여 있었다. 그러나 그들은 거의 동일한 결과에 도달했고 비밀의 '거대한 게임'에 똑같은 책임이 있었다. 이 게임은 인종의 유령 세계 못지않게 제정신이 아니었고 정치에 해로

January, 1908.

65) 크로머를 위한 기념비 제막식에서의 커즌 경, 앞의 책, 362쪽 참조.

66) 크로머 경이 쓴 긴 시에서 인용. Zetland, 앞의 책, 7~18쪽 참조.

67) 크로머 경이 1882년에 쓴 편지에서. 같은 책, 87쪽.

웠다.

　로즈의 남아프리카 통치와 크로머의 이집트 지배의 두드러진 유사점은 이 두 사람 모두 그 나라들을 그 자체 바람직한 목적이 아니라 단순히 더 높다고 생각되는 목적을 위한 수단으로 간주했다는 것이다. 그래서 이들은 무관심하고 냉담한 태도에서 또 국민에 대한 관심이 부족하다는 점에서 서로 닮아 있었다. 이런 태도는 아시아 전제군주들의 잔인함과 독선과도 다를 뿐만 아니라 정복자의 착취와 횡포 또는 한 인종이 다른 인종을 몰상식하고 무정부적으로 탄압하는 행태와도 다르다. 크로머가 인도를 위해 이집트를 통치하자마자 그는 곧 '후진 국민'들의 수호자 역할을 상실하며 "예속된 인종의 자기 이해가 전체 제국 조직의 주요한 토대다"[68]라는 말을 더 이상 정직하게 믿을 수 없게 되었다.

　무관심은 영국 관청의 모든 구성원의 새로운 태도가 되었다. 무관심은 뇌물과 선물에 의해 이루어지는 전제군주와 백성들 간의 마지막 연결 고리조차 허용하지 않기 때문에 전제정치와 독선주의보다 더 위험한 통치 형태였다. 영국 행정의 완전 무결함은 독재 정부를 아시아의 통치자나 무모한 정복자가 이제껏 그랬던 것보다 더 비인간적이고 백성들이 친해지기 어려운 정부로 만들었다.[69] 완전 무결함과 무관심은 심지어 갈등을 허용하지 않을 정도로 이해관계의 절대적 분할을 상징했다. 비교해볼 때 착취, 탄압이나 부패는 인간 존엄성의 수호자 같았다. 왜냐하면 착취자와 착취당하는 자, 탄압하는 자와 탄압받는 자, 뇌물을 주는 자와 받는 자는 여전히 같은 세계에서 살고 같은 목적을 공유하며 같은 것을 소유하기 위해 서로 투쟁하기 때문이었다. 무관심이 파괴한 것은 이런 유사점이었다. 그중 가장

---

68) Lord Cromer, 앞의 책.

69) 수뢰는 "러시아 질서의 철조망 가운데 가장 인간적인 제도였을 것이다."
　　Moissaye J. Olgin, *The Soul of the Russian Revolution*, New York, 1917.

나쁜 것은 냉담한 행정관이 이 새로운 형태의 통치를 고안했다는 것을 알지 못했고 그의 태도가 "낮은 수준에서 살고 있는 사람들과의 강제적 접촉"이라는 조건 때문에 생긴 태도라고 믿고 있었다는 것이다. 근본적으로 무해한 허영심이 가미된 개인적 우월성을 믿는 대신 행정관은 "비교적 높은 수준의 문명에 도달한 국가"[70]의 일원이라고 생각했고 그래서 개인적 업적과는 무관하게 출생에 의해 자신의 지위를 누린다고 느꼈다.

크로머 경의 경력은 그것이 과거의 식민지 행정에서 제국주의적 행정으로의 전환점을 구현하기 때문에 매력적이다. 이집트 임무에 대한 그의 첫 반응은 "합병"이 아니라 "어떤 이름도 붙일 수 없고 전례도 없는 혼합 형태의 통치"[71]였던 국사에 대한 뚜렷한 불안과 격정이었다. 1885년 공직에 근무한 지 2년이 지난 후에도 그는 여전히 자신이 명목상 영국의 총영사이지만 실제로는 이집트 통치자인 그런 시스템에 대한 심각한 의혹을 품고 있었다. 그리고 "그 효과적인 작동이 몇몇 사람의 판단과 능력에 매우 의존하는 고도로 미묘한 메커니즘……은 철수 가능성을 항상 염두에 둘 때 정당화될 수 있다……. 그런 가능성이 너무나 요원하여 실질적으로 고려할 수 없다면…… 다른 권력과 타협하여…… 그 채무를 보증하면서 국가 통치를 공개적으로 맡는 것이 우리에게 차라리 나을 것이다"[72] 의심할 여지 없이 크로머가 옳았고 점령 또는 철수는 사태를 정상화했을 것이다. 그러나 전례가 없는 "혼합 형태의 통치"는 모든 제국주의 사업의 특징이 되었다. 그 결과 몇십 년이 지난 후 생활양식으로서 인종 사회는 전례가 없다는 셀본 경의 초기 통찰이 허사가 된 것과 마찬가지로 가능한 그리고 불가능한 형태의 통치에 대한 크로머의 심

---

70) Zetland, 앞의 책, 89쪽.
71) 크로머 경이 1884년에 쓴 편지에서. 같은 책, 117쪽.
72) 1885년 자유당 의원인 그랜빌 경에게 보낸 편지에서. 같은 책, 219쪽.

각한 초기 판단을 모든 사람이 상실했다. 아프리카의 조건에 대한 이 두 가지 판단, 즉 남쪽에는 전례가 없는 생활양식, 북쪽에는 전례가 없는 통치의 결합보다 제국주의의 초기 단계를 더 잘 특징짓는 것도 없다.

그 후 몇 년 안에 크로머는 "혼합 형태의 통치"에 스스로 체념하며 만족했다. 그의 편지에서 그는 그 형태를 정당화하고 이름도 전례도 없는 통치의 필요성을 해석하기 시작한다. 생애가 끝날 무렵 그는 (「피지배 인종의 통치」라는 에세이에서) 관료의 철학이라 부를 수 있는 것의 요강을 기술한다.

크로머는 법적 조약이나 문서로 쓰인 정치 조약 없이 "개인의 영향력"만으로 외국에서 "충분히 효과적으로 공적 사안을 감독할 수"[73] 있다는 사실을 인식하는 데서 출발한다. 이런 종류의 비공식적 영향력은 잘 규정된 정책보다 더 나은데, 그것은 정책 방향이 순식간에 바뀔 수 있고 난관이 닥쳤을 경우 모국 정부를 개입시키지 않아도 되기 때문이라는 것이다. 이는 고도로 훈련된 믿을 만한 참모들을 요구한다. 이들의 충성과 애국심은 개인의 야망이나 허영심과 결합되어 있지 않아야 하고 자신들의 이름이 업적과 연결되기를 바라는 인간적 야망을 포기할 수 있어야 한다. 그들의 가장 큰 열정은 익명성이며("영국의 관리에 대해 적게 말하면 말할수록 더 좋다"),[74] 무대 뒤의 역할이다. 그들이 가장 경멸하는 것은 명성이며 그것을 좋아하는 사람들이다.

크로머는 이 모든 자질을 보유하고 있었다. 그가 "은신처에서 끌려 나왔을" 때 그리고 "예전에는 무대 뒤의 소수에게만 알려졌던 사실이 전 세계에 공개되었을"[75] 때만큼 그의 강한 분노를 유발한 경우

---

73) 1886년 로즈베리 경에게 보낸 편지에서. 같은 책, 134쪽.
74) 같은 책, 352쪽.
75) 1893년 로즈베리 경에게 보낸 편지에서. 같은 책, 204~205쪽.

는 없었다. 그의 긍지는 "어느 정도 숨어서 줄을 당기는"[76] 데 있었다. 그 대신 그의 작업을 가능하게 하기 위해 관료는 모든 공적 제도, 즉 의회, "영국의 행정 조직"이나 언론의 통제로부터 — 칭찬이든 비난이든 — 안전하다는 느낌을 가져야 했다. 민주주의의 성장이나 기존의 민주 제도의 단순한 기능도 위험이 될 수 있었다. 왜냐하면 "한 국민에 의한 다른 국민의, 즉 영국 국민에 의한 인도 국민의"[77] 통치가 불가능하기 때문이다. 관료 제도는 언제나 전문가, "숙련된 소수"의 통치였다. 이 소수는 "비숙련 다수"로부터의 끊임없는 압력에 저항해야만 했으며, 또 어떻게 하면 그것에서 벗어나는지를 잘 알고 있었다. 모든 국민은 근본적으로 경험이 없는 다수였고 그래서 정치나 공적 사안과 같은 고도로 전문적인 문제를 믿고 맡길 수 없었다. 게다가 관료들은 정치적 사안에 대한 일반적인 정치 이념을 가지고 있지 않다고 여겼다. 그들이 애국주의 때문에 본국의 정치 원칙이 원래부터 우수하다고 믿는 잘못된 길로 가서는 안 되었다. 이는 본국의 정치 원칙을 후진 국민들의 통치에 "모방적으로" 적용하는 결과를 가져올 것이고, 이것이 크로머에 따르면 바로 프랑스 시스템의 주요한 결점이었던 것이다.[78]

어느 누구도 세실 로즈가 허영심의 부족으로 고통받았다고 주장할 수 없을 것이다. 제임슨에 따르면 그는 적어도 4000년 동안 기억되기를 바랐다. 그러나 자기 미화에 대한 욕망에도 불구하고 그는 너무나 얌전한 크로머 경처럼 비밀 통치라는 이념을 생각해냈다. 유언장 쓰기를 극도로 좋아한 로즈는 유언장에서 (공직 생활 20년 동안)

---

76) 1893년 로즈베리 경에게 보낸 편지에서. 같은 책, 192쪽.
77) 1904년 이후 의회에서 행한 크로머의 연설에서. 같은 책, 311쪽.
78) 수단 합병을 위한 행정적 유형을 협상하고 고려하는 동안 크로머는 전체 사안을 프랑스의 영향권 밖에 두어야 한다고 강하게 주장했다. 그것은 그가 아프리카에서 영국의 독점을 확실하게 하기를 원했기 때문에 그랬던 것이 아니라 "종속된 인종에 적용되는 자신의 행정 시스템에 대한 확신이 너무나 없었기" 때문이었다(1899년 솔즈베리에게 보낸 편지에서. 같은 책, 248쪽).

자신의 돈이 "자신의 계획을 실행하기 위해…… 비밀결사"를 설립하는 데 사용되어야 한다고 역설했다. 이 비밀결사는 "로욜라의 예수회처럼 조직되어 무언가를 행하려는 야망을 가진 사람들의 축적된 재산의 지원을 받아야 한다." 그래서 결과적으로 "한창나이의 2000 내지 3000명이 각자 생애의 가장 민감한 시기에 설립자의 꿈을 가슴에 새기고 전 세계에 흩어질 것이다. 더욱이 각자는 특히 ─수학적으로─ 설립자 목적에 이바지할 수 있는지에 따라 선발되어야 한다."[79] 크로머보다 선견지명이 있던 로즈는 비밀결사를 "북구 인종"의 모든 구성원에게 개방했다.[80] 그래서 그 목표는 영국의 발전과 영광이라기보다 ─영국은 "아프리카 대륙, 성지와 유프라테스 골짜기, 키프로스와 칸디아섬, 남아메리카, 태평양의 섬들…… 말레이제도, 중국과 일본의 해안"을 점령했고 "궁극적으로 미국을 발견"하는 것[81] ─ 즉 '북구 인종'의 팽창이다. 즉 그들을 비밀결사로 조직하여 지구상의 모든 민족에 대한 관료제 지배를 확립하려는 것이다.

　로즈의 기이한 천부적 허영심을 압도하고 비밀의 매력을 발견하게 만든 것은 크로머의 천부적 의무감을 압도한 것과 같다. 즉 그것은 팽창의 발견이었다. 팽창은 어떤 특별한 나라에 대한 특별한 욕망 때문에 추구되는 것이 아니었다. 팽창은 모든 나라가 또 다른 팽창을 위한 디딤돌로만 작용할 뿐인 그런 무한한 과정으로 생각되었다. 이런 개념에서 보면 명예욕은 더 이상 자신의 국민을 위해 어떤 다른 민족을 영광스럽게 정복함으로써 충족될 수 있는 것이 아니었다. 마

---

79) 로즈는 유언장을 6개 작성했다(첫 번째 유언장은 이미 1877년 만들어졌다). 모든 유언장이 '비밀결사'를 언급하고 있다. 자세한 인용문을 보려면, Basil Williams, *Cecil Rhodes*, London, 1921 ; Millin, 앞의 책, 128쪽, 331쪽 참조. 인용문은 스테드(W.T. Stead)를 근거로 한 것이다.

80) 로즈의 '비밀결사'는 매우 명망 있는 로즈 장학회로 끝나는데, 이 장학회에는 오늘날까지 영국인뿐만 아니라 모든 "북구 인종"의 구성원들, 독일인, 스칸디나비아인과 미국인도 가입할 수 있다.

81) Basil Williams, 앞의 책, 51쪽.

찬가지로 의무감은 특수한 과제를 수행하고 특별한 봉사 의식을 가지고 있다고 해서 면해지는 것도 아니었다. 어떤 사람이 개인적 자질이나 결점을 가지고 있다 하더라도 그가 한번 팽창이라는 끝없는 과정의 큰 소용돌이 속에 휩쓸려 들어가면 그는 곧 과거의 그가 더 이상 아니고 과정의 법칙에 복종하게 된다. 또한 그는 전체 과정을 계속 작동시키기 위해 자신이 봉사해야 한다고 생각하는 그런 익명의 힘과 스스로를 동일시하게 된다. 그는 자신을 단순한 기능으로 생각하고, 그런 기능성과 역학적 흐름의 구현이 자신이 이룰 수 있는 최대 업적이라고 간주한다. 그래서 자신은 절대로 "그릇된 일을 할 수 없으며 자신이 한 일은 항상 옳다"고 말할 정도로 로즈는 분별력을 잃게 되었다. "자신이 원하는 것을 행하는 것이 자신의 의무였다. 그는 스스로를 신으로— 그 이하는 결코 아니었다—느꼈다."[82] 그러나 좀더 냉철한 크로머 경이 관료를 "제국주의 정책의 집행에서 비교할 수 없을 정도의 가치를 지닌 도구"[83]라고 말했을 때, 그가 지적한 것은 스스로를 자발적으로 단순한 도구나 단순한 기능으로 전락시키는 인간들이라는 동일한 현상이었다.

팽창의 힘을 대변하는 익명의 비밀 요원들은 분명 인간이 만든 법에 복종해야 한다고 느끼지 않았다. 그들이 따르는 유일한 '법'은 팽창의 '법'이었고, 그들의 '합법성'의 유일한 증거는 성공이었다. 그들의 실패가 입증된다면, 또 어떤 이유에서든지 그들이 더 이상 '비교할 수 없을 정도의 가치를 지닌 도구'가 되지 못한다면, 그들은 기꺼이 완전한 망각 속으로 사라져야만 했다. 그들이 성공을 구가하는 한, 자신보다 더 위대한 힘을 구현한다는 느낌 때문에 그들은 비교적 쉽게 사직할 수 있었고, 심지어 갈채와 찬미를 경멸할 수 있었다. 그들은 성공할 때는 거만한 괴물이 되고 실패할 때는 겸손한 괴물이 되

82) Millin, 앞의 책, 92쪽.
83) Cromer, 앞의 책.

었다.

통치 형태로서 관료제의 바탕에는, 또 항상 변하고 일시적인 법령으로 법을 대체하는 그 내재된 특성의 바탕에는 인간을 역사의 힘과 신비스럽게 동일시하는 미신이 놓여 있다. 그런 정치 제도의 이상은 역사의 줄을 당기는 무대 뒤의 사람이었다. 크로머는 결국 이집트와의 관계에서 "쓰여진 도구 또는 실체가 있는 모든 것"[84] ── 심지어 합병 선언도 ── 을 피했는데, 인간이 만든 조약에 대한 의무 없이 오로지 팽창의 법에만 복종하는 자유를 얻기 위해서였다. 그래서 관료는 모든 상황을 따로따로 법령으로 처리하면서 모든 보편적 법을 피한다. 모두가 법에 복종해야 하기 때문에 어느 누구도 신이 될 수 없는 영구적 공동체를 확립할 위험이 법에 내재된 안정성에 있기 때문이었다.

그 본질이 목표 없는 과정인 이 시스템에서 유형의 핵심 인물은 관료와 비밀 요원이었다. 이들이 오로지 영국의 제국주의를 섬기는 한, 이 두 유형은 자신들이 용-살해자, 약자의 수호자의 후손임을 부인하지 않았고, 그래서 관료 정권을 그 고유의 극단적 형태로 몰고 가지는 않았다. 크로머가 죽은 지 거의 20년 후 한 영국 관료는 "행정적 대량학살"이 인도를 대영 제국 안에 묶어둘 수 있는 방법임을 알았지만, 그는 또한 다른 곳에서는 무척 현실적인 이 계획으로 미운 "영국 행정 당국"의 지원을 얻으려 한다는 것이 얼마나 유토피아적 생각인지를 알았다.[85] 인도 총독 커즌 경에게는 크로머의 고상한 품격

---

84) 1886년 로즈베리 경에게 보낸 크로머 경의 편지에서. Zetland, 앞의 책, 134쪽.

85) 판례집에 따른 통치라는 인도 시스템은 (영국에서) 의심스럽게 여겨졌다. 인도에는 배심원에 의한 재판도 없었고 판사들은 여왕의 유급 하인이었으며 그들 중 많은 판사는 언제든 해임될 수 있었다…… 형식적 법을 신봉하는 사람들은 인도의 실험을 불편한 심정으로 바라보았다. "만약 전제정치와 관료제가 인도에서 잘 작동한다면, 언젠가는 비슷한 방식을 여기에도 도입하자는

이 없었다. 폭민의 인종 기준이 최신 유행의 속물 형태로 제공된다면, 그것도 기꺼이 수용하고자 하는 사회의 특성을 그는 잘 보여주었다.[86] 그러나 속물 근성은 광신과 양립될 수 없었고 그래서 효과를 본 적이 없었다.

영국의 비밀 요원들의 경우도 마찬가지다. 그들의 출신 역시 당당했고—용-살해자가 관료가 되었듯이 모험가는 비밀 요원이 되었다—그들은 또한 정당하게도 창립 신화에 대한 권리를 청구할 수 있는데, 그 신화는 키플링이 『킴』에서 이야기하는 거대한 게임의 신화다.

"킴이 사랑한 것은 게임 그 자체를 위한 게임"이기 때문에 키플링이 그를 칭송할 때 무슨 뜻으로 그렇게 했는지를 모험가라면 누구나 다 잘 안다. 여전히 "이 위대하고 멋진 세계"에 감탄할 줄 아는 사람은 "자선 단체의 선교사들과 서기들이 게임의 아름다움을 전혀 볼 줄 모른다"는 것이 게임을 반박하는 논증이 될 수 없다는 것을 안다. "백인 소녀의 입에 키스하는 것은 죄이고 흑인의 구두에 키스하는 것은 미덕"[87]이라고 생각하는 사람들이 발언할 권리는 더욱 없다. 궁극적으로 삶은 그 자체를 위해 살아야 하고 사랑해야 하는 것

논리로 사용될 수 있지 않는가?" 하고 그들은 말했다. 어쨌든 인도 정부는 "영국의 여론 앞에서 자신의 존재와 정책을 정당화해야 할 것이라는 점을 잘 알고 있었으며, 또 여론이 탄압을 결코 묵과하지 않을 것도 잘 알고 있었다"(A. Carthill, 앞의 책, 41~42쪽, 70쪽).

86) 그의 *Curzon: The Lase Phase 1919~25*, Boston-New York, 1934에서 헤럴드 니콜슨(Harold Nicolson)은 다음 이야기를 말해준다. "플랑드르 전선의 후방에는 커다란 양조장이 있었고, 병졸들은 참호에서 돌아오면 양조장의 통 안에서 목욕할 수 있었다. 커즌은 단테풍의 광경을 보았다. 그는 증기 속에서 벌거벗은 채 장난치는 수백 명을 주의 깊게 바라보고는 이렇게 말했다. '저런! 하층계급 사람들이 저렇게 피부가 하얄 거라고는 생각지도 못했어.' 커즌은 이 이야기의 신빙성을 부정했을 것이다. 그럼에도 불구하고 그는 그것을 좋아했다"(47~48쪽).

87) Carthill, 앞의 책, 88쪽.

이기 때문에 게임 자체를 사랑하고 모험을 즐기는 것은 가장 위대한 삶의 상징처럼 보였다. 『킴』을 제국주의 시대의 유일한 소설로 만든 것은 저변에 깔린 열정적인 인간성이다. 이 소설에서 진실한 형제애가 "높은 인종과 낮은 인종"을 연결하며, 거기서 "영국인이며 영국인의 아들"인 킴은 "한 줄을 잡아당기는" "체인-인간들"을 이야기할 때 정확하게 "우리"라고 말한다. 이 "우리"—제국주의 신봉자의 입으로 말해지기 때문에 이상하긴 하지만—에는 "이름도 없고 단지 숫자 하나와 철자 하나"를 가진 것을 자랑스러워하는 사람들을 덮어버리는 익명성 이상의 것이 있으며, "머리에 걸린 현상금"에 대한 일반적인 자부심 이상의 것이 있다. 그들을 동지로 만드는 것은 동일한 존재 경험—위험, 두려움, 끊임없는 의혹, 습관의 완전한 결여, 끊임없이 정체를 바꾸는 자세—이며, 그것이 그들에게 삶 자체의 상징이 된다. 예를 들어 인도 전체에서 일어나는 사건의 상징이며 "전체 인도를 왕복으로 왔다갔다하면서 그 삶을 즉각 함께 나누면서 그래서 더 이상 "그 모든 것 한가운데 홀로, 한 사람으로" 존재하지 않으며, 자신의 개체성과 국민성이라는 좁은 울타리에 갇혀 있지 않게 된다. 거대한 게임을 하면서 그 사람은 마치 자신이 유일하게 가치 있는 삶을 살고 있다는 듯한 느낌을 가질 것이다. 왜냐하면 그는 장신구라고 여길 수 있는 모든 것을 떼버렸기 때문이다. 그가 가족이나 정규적인 직업, 확실한 목표, 야망과 태어난 공동체 안에서의 확고한 자리 등과 같은 모든 통상적인 사회 관계를 스스로를 끊어버릴 때, 삶 자체는 환상적으로 강화된 순수성 속에 남게 된다. "모든 사람이 다 죽으면 거대한 게임도 끝난다. 그전에는 결코 아니다." 어떤 사람이 죽으면 삶도 끝난다. 그전에는 그가 자신이 원했던 것을 다 이룬다 해도 삶이 끝나는 것이 아니다. 게임에 궁극적 목적이 없다는 사실이 게임을 삶 자체와 흡사하게 만드는 위험한 요소다.

목적이 없다는 것이 바로 킴의 실존의 매력이다. 그가 이상한 임무를 맡은 것은 영국을 위해서도 인도를 위해서도, 다른 가치가 있거나 가치가 없는 이유를 위해서도 아니다. 팽창을 위한 팽창이나 권력을 위한 권력이라는 제국주의적 개념이 그에게 적합할지 모르지만 그는 그런 공식에 특별히 신경을 쓰지도 않았을 것이고 분명 그런 용어를 만들지도 않았을 것이다. 그는 "그 이유를 따지기 위해서가 아니라 행동하고 죽기 위해서"라는 자신의 특별한 길로, 아무런 질문도 하지 않고 발걸음을 내디뎠다. 그를 유혹한 것은 오로지 게임의 본질적인 무한성과 비밀 자체였다. 또한 비밀은 삶의 근본적인 신비성을 상징하는 것 같았다.

타고난 모험가들이 무한하다고 정의되는 정치 게임을 제국주의에서 발견한 것은 천성적으로 사회와 모든 정치 체제 밖에서 거주하는 그들의 잘못이 아니다. 그들은 무한한 게임이 정치에서 단지 재앙으로 끝날 수밖에 없으며 정치 비밀이 간첩의 천박한 이중성보다 더 고상한 결과로 끝난 적이 없다는 것을 알지 못했을 것이다. 우스운 일은 거대한 게임의 선수들을 고용한 고용주는 이들이 무엇을 원하는지 잘 알고 있었고 익명에 대한 이들의 열정을 평범한 스파이 행위를 위해 이용했다는 것이다. 그러나 이윤에 굶주린 투자자들이 얻은 이런 승리는 오래가지 않았다. 몇십 년이 지난 후 전체주의 게임의 선수들을 만났을 때, 그들도 속았던 것이다. 전체주의 게임은 이윤 같은 배후 동기 없이 진행되며 그래서 그 게임에 자금을 대는 사람들조차 멸망시킬 정도로 살인적인 능률성을 가졌다.

그러나 이런 일이 일어나기 전에, 제국주의자들은 (용-살해자의 면모가 섞인) 모험가에서 비밀 요원, 즉 아라비아의 로렌스로 변신했던 탁월한 인물을 파멸시켰다. 로렌스는 겁도 없이 자신을 실험했고, 돌아와서는 자신이 "잃어버린 세대"에 속한다고 믿었다. 그는 이런 일이 일어난 것은 "과거의 인물들이 자신들이 아는 예전 세계와 비슷하게 세계를 개조하기" 위해 "다시 나타나서 우리의 승리를 가로챘기"[88] 때문이라고 생각했다. 실제로 과거의 인물들은 이런 일에 극히 비능률적이었고, 자신들의 승리를 권력과 함께 "잃어버린 세대"

에 속하는 다른 사람들에게, 즉 로렌스보다 나이가 더 많지도 않고 크게 다르지도 않은 사람들에게 건네주었다. 차이가 있다면, 이미 모든 객관적 근거를 상실해서 이제 단지 일종의 사적이고 돈키호테적인 기사도가 되어버린 도덕에 로렌스가 여전히 집착하고 있었다는 점이다.

로렌스가 아라비아의 비밀 요원의 길로 빠진 것은 둔하고 점잖은 사람들의 세계를 떠나고 싶은 강력한 욕구 때문이었다. 자신과 이 세계에 염증을 느꼈기 때문에 이 세계의 연속성은 그에게 아무런 의미가 없어졌다. 아랍 문명에서 그를 가장 매료한 것은 "일종의 도덕적 발가벗음을 포함하는 것처럼 보이는…… 발가벗음의 복음"이었는데, 이 도덕적 발가벗음은 "가정의 수호신으로부터 스스로를 정화한"[89] 것이었다. 그가 영국 문명으로 돌아온 이후 무엇보다 피하려 했던 것은 자신의 삶을 사는 것이었고, 그래서 결국 영국 군대에 졸병으로 입대하는, 이해할 수 없는 행동을 하게 된다. 군대는 분명 한 인간의 명예가 그 개인의 개성 상실과 동일시될 수 있는 유일한 제도였던 것이다.

제1차 세계대전의 발발로 로렌스가 아랍인들을 부추겨 터키 지배자들에게 모반을 일으키게 하고 영국 편에서 싸우게 만들라는 임무를 띠고 중동의 아랍으로 갔을 때, 그는 바로 거대한 게임의 한가운데로 들어서게 되었다. 목적을 이루기 위해서는 아랍 부족들 가운데 민족 운동을 선동하는 길뿐이었다. 이 민족 운동은 궁극적으로는 영국 제국주의에 이바지하기 위한 것이었다. 로렌스는 아랍의 민족 운동이 자신의 최대 관심사인 것처럼 행동했고, 이 역할을 너무나 완벽하게 수행하여 결국 그 자신도 그것을 신봉하게 되었다. 그러나 다시

---

88) T.E. Lawrence, *Seven Pillars of Wisdom*, Introduction(first edition, 1926). 이 부분은 조지 버나드 쇼의 충고에 따라 후기 판에서는 생략되었다. T.E. Lawrence, *Letters*, edited by David Garnett, New York, 1939, pp.262ff. 참조.

89) 1918년 쓰인 편지에서. *Letters*, 244쪽.

그는 거기에 속하지 않게 되었다. 궁극적으로 "그들의 방식대로 생각할" 수 없었고 "그들의 성격을 가질"[90] 수 없었다. 아랍인처럼 행세하면서 자신의 "영국적 자아"[91]를 상실했을 뿐이다. 그는 크로머 경이 사용했을 법한 후진 민족에 대한 온정적 통치라는 명백한 정당화에 속았다기보다 오히려 자기 삭제의 완전 비밀에 매료당했다. 크로머보다 한 세대 이전의 더 비극적 인물이었던 그는 자신의 전체 인격을 재조정해야 하는 역할에 커다란 기쁨을 느꼈다. 그래서 그는 거대한 게임에 맞추어가다가 아랍 민족 운동의 힘의 화신이 되었다. 결국 그가 아무리 위대하다 하더라도 그를 넘어서는 큰 힘과 비밀 동맹을 맺음으로써 그는 모든 자연적인 허영심을 잃었고, "다른 사람들을 경멸하는 것이 아니라" 역사의 힘과 동맹을 맺지 않고 스스로 주도하여 "행하는 모든 행위를" 지독하게 경멸하게 되었다.

전쟁이 끝나면서 로렌스가 비밀 요원의 가면을 벗고 자신의 "영국적 자아"[92]를 어느 정도 회복해야 했을 때, 그는 "서구와 그 관습을 새로운 눈으로 바라보게 되었다. 그들은 그 모든 것을 나를 위해 파괴했다."[93] 여론이 미화하지도 않았고 또 제한하지도 않았던 게임, 20대에 왕과 수상을 넘어서는 명성을 그에게 가져다주었던 무한히 거대한 게임 ── 그가 "그것을 만들었고 그것을 가지고 놀았기"[94] 때

---

90) T.E. Lawrence, *Seven Pillars of Wisdom*, Garden City, 1938, chapter i.

91) 같은 책.

92) 이 과정이 얼마나 모호하고 어려웠는지는 다음 일화가 잘 말해준다. "로렌스는 클러리지가에서의 만찬 초대와 뒤이어 해리 린지 부인의 집에서 열리는 파티 초대를 수락했다. 그는 아랍 의상을 입고 만찬이 아니라 파티에 나타났다." 1919년에 일어났던 일이다. *Letters*, 272쪽, 주 1).

93) Lawrence, 앞의 책, 1장.

94) 로렌스는 1929년 이렇게 쓰고 있다. "나처럼 그렇게 빨리 위로 올라간 사람은…… 그리고 세계의 정점 내부에서 일어나는 일을 나처럼 많이 본 사람은 야망을 잃을 것이고 정점에 다다를 때까지 어떤 사람을 움직이게 만드는 통상적인 행위 동기에 싫증을 낼 것이다. 나는 왕도 수상도 아니었지만 그들을 만들었고 그들과 놀았으며, 그 이후에는 그 방향으로 내가 할 일이 그렇게 많

문에 —— 으로부터 로렌스는 익명에 대한 강박적인 열정과 그가 자신의 삶으로 아직 할 수 있는 어떤 것도 자신을 만족시키지 못할 것이라는 깊은 확신을 안고 귀향했다. 위대한 것은 그 자신이 아니라 그가 적절하게 수행한 그의 역할이었고 그의 위대함은 자신의 산물이 아니라 게임의 결과라는 사실을 완벽하게 인식하고 나서 그는 이런 결론을 내렸던 것이다. 이제 그는 "위대해지고 싶지" 않으며 "다시 존경받는 사회의 명예로운 회원"이 되지 않기로 결심했다. 실로 그는 "나 자신을 위해 무언가를 하겠다는 어떤 욕망으로부터 치유"[95] 되었던 것이다. 그는 어떤 힘의 환영이었고 힘과 기능을 그에게서 박탈했을 때 그는 산 자들 가운데 허깨비가 되었다. 그가 미친 듯이 찾은 것은 다른 역할이었고 이것이 우연히 '게임'이었던 것이다. 조지 버나드 쇼가 마치 다른 세기에서 온 사람인 것처럼 친절하게 그러나 잘 이해하지 못하면서, 그렇게 위대한 업적을 이룬 사람이 그들에게 털어놓지 않는지를 이해하지 못한다는 듯이 질문했던 게임이었다.[96] 그가 다른 역할을 맡고 다른 일을 해야만, 그 자신과 세상이 아라비아에서 그가 했던 행위와 그를 동일시하지 않을 것이고, 또 그의 옛 자아를 새 인격으로 대체하지 않을 것이다. 과거의 자아를 잃어버린 후 그는 근본적으로 새로운 자아를 다시 얻고 싶지 않았기 때문에 또다시 "아라비아의 로렌스"가 되기를 원치 않았다. 그의 위대함은 그가 현실과 명성으로 이어지는 편한 길과 값싼 타협을 거절할 만큼 열정적이었다는 데에, 또 자신은 단지 기능이었고 하나의 역할을 수행했을 뿐이며 따라서 "아라비아에서 했던 일로부터 어떤 식의 이익

지 않았다"(*Letters*, 653쪽).

95) 같은 책, 244쪽, 447쪽, 450쪽. 특히 1918년의 편지(244쪽)를 조지 버나드 쇼의 1923년(447쪽) 편지와 1928년(616쪽) 편지를 비교할 것.

96) 조지 버나드 쇼는 1928년 로렌스에게 "무엇이 진정으로 당신의 게임입니까?"라고 물으면서 군대에서 그의 역할이나(그가 "훌륭한 신원 조회를 얻을" 수 있는) 야경꾼 일을 찾는다는 것이 그의 진심이 아닐 것이라고 가정했다.

도 얻어서는 안 된다"는 인식을 망각하지 않았다는 데에 있다. "그는 자신이 얻은 모든 예우를 거부했다. 그의 명성으로 인해 제의가 들어온 일자리는 거절해야 했고, 돈을 받고 자기 이름으로 언론에 글을 쓰면서 자신의 성공을 부당하게 이용할 수 없었다."[97]

감동적인 비통함과 위대함으로 가득한 로렌스의 이야기는 단순히 유급 관리나 고용된 스파이 이야기가 아니다. 그것은 바로 진정한 요원, 관리의 이야기이며, 역사적 필연성의 흐름으로 들어가서——끌려 들어가서 세계를 지배하는 비밀 요원이나 관리가 되었다고 실제로 믿은 사람의 이야기다. "나는 보행기를 영원한 흐름 속으로 던졌다. 그래서 그것은 흐름을 가로지르거나 거슬러 올라가는 사람보다 더 빨리 갈 수 있었다. 나는 결국 아라비아 운동을 믿지 않았다. 그러나 그 시간에 그 장소에서 그것이 필연적이라고 생각했다."[98] 크로머가 인도를 위해 이집트를 통치하고 로즈가 또 다른 팽창을 위해 남아프리카를 지배한 것처럼 로렌스는 어떤 다른 배후의 예측할 수 없는 목적을 위해 행동했다. 그가 거기에서 얻을 수 있었던 유일한 만족——제한된 것이나마 어떤 업적을 이루었다는 차분하고 떳떳한 마음이 결여된 만족이었지만——은 어떤 기능을 수행한다는 느낌, 어떤 큰 운동에 사로잡혀 내몰리고 있다는 느낌에서 비롯되었다. 그는 런던으로 돌아와 절망감 속에서 이런 종류의 "자기 만족"의 대체물을 찾으려 했고 "모터 달린 자전거를 타고 쾌속으로 달리면서 그것을 얻었다."[99] 로렌스는 한 번도 어떤 운동 이데올로기의 광신에 사로잡힌 적이 없었지만——아마 그 시대의 미신에 빠지기에는 그가 너무 좋은 교육을 받았기 때문일 것이다——가능한 한 인간적 책임에 대한 절망에서 오는 매력, 영원한 흐름과 흐름의 영원한 운동이 발산하

---

97) Garnett, 앞의 책, 264쪽.
98) *Letters*, in 1930, 693쪽.
99) 같은 책, in 1924, 456쪽.

는 그 매력을 경험했다. 그는 그 흐름에 투신했고, 한 개인으로서 그에게 남아 있던 것은 어떤 불가해한 품위와 "올바른 길로 나아갔다"는 데 대한 자부심뿐이었다. "어느 정도까지 개인이 고려되는가 하는 문제로 나는 여전히 골머리를 앓고 있다. 그가 올바른 길로 나아간다면 내가 생각하기에 많이 고려될 것이다."[100] 이로써 서구인의 진정한 자부심은 끝났다. 즉 그는 그가 내면에 간직한 목적으로서는 더 이상 고려되지 않으며, 세상에 법을 부여함으로써 "그 자신의 일을 할 수도 없고 그렇게 행해진 것을 자기 것이 될 수 있도록 순수하게 보존할 수도 없다."[101] 그러나 역사와 필연성의 은밀한 힘과 동맹하여—그 자신은 이 역사와 필연성의 기능에 불과하다—"그가 올바른 길을 나아갈 때에만" 그에게 기회가 주어진다.

유럽의 폭민이 백색 피부가 아프리카에서 얼마나 "사랑스러운 미덕"인지를 발견했을 때,[102] 영국의 정복자가 인도에서 행정관이 되어 더는 법의 보편적 타당성을 믿지 않고 단지 통치하고 지배할 수 있는 그 자신의 천부적 능력을 확신할 때, 용-살해자가 '높은 인종'의 '백인'이나 관료나 스파이로 변신하여 끝없는 운동 속에서 무한하고 음흉한 동기를 가진 거대한 게임을 할 때, 영국 정보부가 (특히 제1차 세계대전 이후) 나라의 공익에 이바지하기보다 전 세계를 지배하는 신비한 힘에 기여하려 했던 영국의 최고 인재들을 끌어들였을 때, 가능한 모든 끔찍한 사건을 위한 무대가 마련된 것처럼 보였다. 많은 요소가 바로 눈앞에 놓여 있어 한데 모이기만 하면 인종주의의 토대 위에 전체주의 정권이 창출될 수 있었다. "행정적 학살"은 인도 관료가 제안한 반면, 아프리카의 장교들은 "인권 같은 윤리적 고려

---

100) 같은 책, 693쪽.
101) Lawrence, 앞의 책, i장.
102) Millin, 앞의 책, 15쪽.

가"백인 지배에 "장애가 되어서는 안 된다"고 선언했다.[103]

그나마 다행스러운 사실은 영국의 제국주의 지배가 천박한 단계로까지 그 수준이 떨어졌다 하더라도 잔인성이 양차 세계대전 사이에 그 이전보다는 미미한 역할을 했고 최소한의 인권은 항상 지켜졌다는 것이다. 처칠이 "폐하의 제국의 청산"이라 부른 길을 미리 닦은 것, 그래서 결국 영국이 영국 민족의 연방으로 전환하는 결과를 가져온 것은 명백한 광기의 한가운데에서도 유지되었던 이 온건함이었다.

---

103) 영국계 남아프리카 시민인 토머스 와트 경이 말했듯이. Barnes, 앞의 책, 230쪽 참조.

제8장 대륙의 제국주의: 범민족 운동

나치즘과 볼셰비즘은 어떤 다른 이데올로기나 정치 운동보다 범게르만주의와 범슬라브주의에 더 많은 빚을 지고 있다. 이런 사실은 외교 정책에서 가장 명백하게 드러난다. 외교 정책에서 나치 독일과 소비에트 러시아의 전략은 제1차 세계대전 이전 그리고 대전 중에 일어난 범민족 운동이 그 윤곽을 그려서 익히 알려진 정복 프로그램을 따르기 때문에 전체주의의 목표는 종종 독일이나 러시아의 민족적 이해관계를 추구하는 것으로 오해받기도 했다. 히틀러나 스탈린은 통치 방식을 개발하면서 제국주의에 빚을 졌다는 사실을 한 번도 인정한 적이 없었던 반면, 양자는 범민족 운동의 이데올로기에 신세를 졌다는 것과 그 슬로건을 모방했다고 인정하는 데 주저하지 않았다.[1]

---

1) 히틀러는 『나의 투쟁』(New York, 1939)에서 이렇게 쓰고 있다. 빈에서, "나는 일반적으로는 세계관이라 할 수 있고 특수하게는 정치적 사유 방식이라 할 수 있는 것의 초석을 놓았다. 나중에는 그 세부 사항을 다듬어 완벽하게 하면 되었는데, 그것은 그 후에도 나를 떠난 적이 없었다"(129쪽). ──스탈린은 최근의 전쟁 기간에 범슬라브 슬로건으로 돌아왔다. 전승자인 러시아인이 소환했던 1945년 소피아의 범슬라브 대회는 결의안을 채택했다. 이 결의안은 "러시아어를 일반적인 의사소통의 언어로 동시에 모든 슬라브 국가의 공식 언어로 천명하는 것은 국제 정치적으로 필연적일 뿐만 아니라 도덕적으로도 필연적임을"

범민족 운동의 탄생은 제국주의의 탄생과 일치하지 않는다. 1870년 무렵 범슬라브주의는 이미 슬라브 민족 숭배의[2] 다소 애매하고 혼란스러운 이론에서 벗어났으며, 범게르만 정서는 19세기 중반에 벌써 오스트리아에서는 일반화되었다. 그러나 그것이 운동으로 결정화되고 넓은 계층의 상상력을 사로잡은 것은 1880년대 서구 국가들의 제국주의적 팽창이 승리를 거두면서였다. 식민지를 소유하지 않았고 해외로 팽창할 꿈도 꾸지 못했던 중부와 동부 유럽 국가들은 그들도 "다른 대국의 국민들처럼 팽창할 권리를 가지고 있으며, 그들이 이런 가능성을 해외에서 얻지 못한다면 그것을 유럽에서 할 수밖에 없다"고 결정한다.[3] 범게르만주의자들과 범슬라브주의자들은 다음과 같은 의견에 동의했다. 즉 권력의 중심으로부터[4] 지리학적 연속성 속에서 팽창하기 위해 "대륙 국가"에서 사는 "대륙 민족"인 그들은 대륙에서 식민지를 찾아야 하고,[5] "나는 바다를 지배하고 싶

선포했다(*Aufbau*, New York, April 6, 1945 참조). 그 직전에 불가리아 라디오는 불가리아 주교 회의의 대주교 슈테판(Stefan)의 메시지를 방송했다. 대주교는 러시아 민족에게 "메시아적 사명을 기억하라"고 촉구하면서 곧 도래할 "슬라브 민족의 통일"을 예언했다(*Politics*, January, 1945 참조).

2) 슬라브 숭배에 대한 자세한 서술과 토론에 대해서는 Alexandre Koyré, *La philosophie et le problème national en Russie au début du 19e siècle*(Institut Français de Leningrad, Bibliothèque Vol. X, Paris, 1929).

3) Ernst Hasse, *Deutsche Politik*, 4 Heft. *Die Zukunft des deutschen Volkstums*, 1907, p.132.

4) Ernst Hasse, 앞의 책, 3 Heft. *Deutsche Grenzpolitik*, pp.167~168. 이런 종류의 정치지리학적 이론들은 범게르만 연맹 구성원인 알도이첸 사이에서 유행했다. 그들은 항상 독일의 정치지리학적 욕구를 러시아의 그것과 비교했다. 그런데 흥미롭게도 오스트리아의 범게르만주의자들은 그런 비교를 하지 않았다.

5) 슬라브 숭배적 작가인 다닐레프스키(Danilewski)의 *Russia and Europe*(1871)은 범슬라브주의의 기본서가 되는데, 그는 러시아인의 "정치적 능력"을 칭송한다. 그것은 러시아인의 "거대한 천년 국가" 때문인데, "이 국가는 여전히 성장하고 있으며 그 권력은 유럽 권력처럼 식민지 지배의 방식으로 팽창하지 않고 항상 그 핵인 모스크바를 중심으로 집중되어 있기 때문이다." K. Staehlin, *Geschichte Russlands von den Anfängen bis zur Gegenwart*, 1923~39, 5 vols, IV/1,

다는 말로 (표현되는)…… 영국의 이념"에 대항하여 "나는 육지를 지배하고 싶다[6)]는 말로 (표현되는) 러시아의 이념을 세울 것이며, 결국 "바다에 대한 육지의 엄청난 우월성…… 해양 권력에 비해 육지 권력이 훨씬 더 중요하다는 사실은……" 분명해질 것이다.[7)]

　해외 식민지와 구분되는 대륙 제국주의가 중요한 까닭은 응집력 있는 팽창이라는 대륙 제국주의의 개념이 통치 방식과 제도에서 식민지와 본국 간의 지리적 거리를 허용하지 않기 때문에 제국주의와 그 모든 결과를 유럽에서 느끼게 하기 위해 반드시 부메랑 효과가 필요하지 않았다는 사실에 있다. 대륙 제국주의는 실로 본국에서 시작되었다.[8)] 국민국가의 협소함에 대한 경멸이 대륙 제국주의와 해외 제국주의의 공통점이었지만 대륙 제국주의가 경제적 논점에서 국민국가를 반대하는 것이 아니었다. 경제 논리는 국가적 욕구를 "확대된 종족의식"[9)]으로 종종 표현하는데, 이 종족의식은 역사와는 무관

---

274 참조.

6) 인용문은 1940년대 저술활동을 한 폴란드의 정치평론가 슬로바키(J. Slowacki)의 것이다. N.O. Lossky, *Three chapters from the History of Polish Messianism*, Prague, 1936, in International Philosophical Library, II, 9 참조.
　최초의 범민족주의 운동인 범슬라브주의(Hoetzsche, *Russland*, Berlin, 1913, p.439 참조)는 범게르만주의가 "대륙을 생각하기" 40년 전에 이런 정치지리학적 이론을 표현했다. 영국의 해양 권력과 대륙의 육지 권력 간의 차이는 너무나 뚜렷하여 어디에서 영향을 받았는지 탐구하는 일은 무리일 것이다.

7) Reismann-Grone, *Ueberseepolitik oder Festlandspolitik?*, 1905, in Alldeutsche Flugschriften, No. 22, p.17.

8) 범게르만 동맹의 에른스트 하세(Ernst Hasse)는 특정한 민족들(폴란드인, 체코인, 유대인, 이탈리아인 등)을 해외 제국주의가 비유럽 대륙에서 원주민들을 다루는 것과 동일한 방식으로 다룰 것을 제안했다. *Deutsche Politik*, 1. Heft: *Das Deutsche Reich als Nationalstaat*, 1905, p.62 참조. 이런 점이 1886년 설립된 범게르만 동맹과 상업 지리학을 위한 중앙협회(1863년 설립)와 같은 초기의 식민지 협회들과의 주요 차이점이다. 범게르만 동맹의 활동에 대한 믿을 만한 서술은 Mildred S. Wertheimer, *The Pan-German League, 1890~1914*, 1924에 들어 있다.

9) Emil Deckert, *Panlatinismus, Panslawismus und Panteutonismus in ihrer Bedeutung für die politische Weltlage*, Frankfurt a/M, 1914, p.4.

하게 그리고 그 부족이 어디에 살고 있든[10] 유사한 종족 기원을 가진 모든 민족을 하나가 되게 한다는 것이다. 그래서 대륙 제국주의는 열광적으로 인종사상의 전통[11]을 흡수하여 인종사상과의 유사성을 가지고 출발했고 특수한 경험에 거의 의존하지 않았다. 대륙 제국주의의 인종사상은 완전히 이데올로기였고, 항상 실질적인 경험에 토대를 둔 해외 제국주의가 표명한 유사한 이론들보다 더 급속하게 편리한 정치 무기로 발전했다.

범민족 운동은 일반적으로 제국주의 토론에서 주목을 받지 못했다. 대륙 제국이라는 그들의 꿈은 해외 팽창의 좀더 구체적인 결과에 가려 빛을 잃었으며, 경제에 대한 관심 부족은[12] 초기 제국주의의 엄청난 이윤과 급격한 대조를 이루었다. 게다가 거의 모든 사람이 정치와 경제는 대체로 동일한 것이라고 믿었던 시대에 이 두 제국주의 상품 간의 유사점이나 중요한 차이점은 간과하기 십상이었다. 범민족

---

10) 범게르만주의자들은 이미 제1차 세계대전 이전에 게르만 민족이면서 다른 국가의 권위 아래서 살고 있는 국가가 다른 독일인과, 독일 민족이 아니면서 우연히 독일에서 살고 있는 민족이 다른 독일을 구분하자는 말을 했다. Daniel Frymann(pseud. for Heinrich Class), *Wenn ich der Kaiser wär. Politische Wahrheiten und Notwendigkeiten*, 1912.
오스트리아가 제3제국에 합병되었을 때, 히틀러는 오스트리아의 독일인에게 전형적으로 범게르만적인 슬로건을 외쳤다. 그는 그들에게 이렇게 말했다. "우리가 어디에서 태어났든지 간에," 우리는 모두 "독일인의 자손이다." 바인스(N.H. Baynes)가 편집한 *Hitler's Speeches*, II, 1942, 1408.

11) Th.G. Masaryk, *Zur russischen Geschichts- und Religionsphilosophie*(1913)는 다닐레프스키(257쪽) 이후 슬라브 숭배주의의 "동물학적 민족주의"를 묘사하고 있다. 범게르만 동맹의 공식 역사가인 오토 본하르트(Otto Bonhard)는 자신들의 이데올로기와, 고비노와 체임벌린의 인종주의 사이에 밀접한 관계가 있음을 진술하고 있다. *Geschichte des alldeutschen Verbandes*, 1920, p.95 참조.

12) 예외가 Friedrich Naumann, *Central Europe*(London, 1916)이다. 나우만(Naumann)은 중부 유럽의 많은 민족을 독일의 지도 아래 하나의 통일된 "경제 민족"으로 대체하기를 원했다. 그의 책은 제1차 세계대전 내내 베스트셀러였지만, 단지 오스트리아 사민당에만 영향을 미쳤을 뿐이었다. Karl Renner, *Oesterreichs Erneuerung. Politisch-programmatische Aufsätze*, Vienna, 1916, pp.37ff.

운동의 주창자들은 국민국가의 연로한 지도 집단이 망각했던 모든 외교 정책의 이슈를 인식하고 있었다는 점에서 서구의 제국주의자들과 닮았다.[13] 그러나 지식인층에 대한 그들의 영향력은 훨씬 더 명백했다──러시아의 지식인들은 소수를 제외하고는 모두 범슬라브주의자들이었고, 범게르만주의는 오스트리아에서 학생 운동으로 시작했다.[14] 좀더 점잖은 서유럽 제국주의와의 주요 차이점은 자본주의의 지원이 부족했다는 것이다. 대륙 제국주의의 팽창 시도는 남아도는 돈과 남아도는 인력의 수출이 선행되지 않았다. 유럽이 이것들을 수출할 기회를 제공하지 않았기 때문이다. 대륙 제국주의의 지도자들 가운데 사업가는 거의 없었고 모험가도 드물었으며, 대개의 구성원은 자유 전문직 종사자들, 교사와 공무원들이었다.[15]

해외 제국주의가 반민족주의적 경향에도 불구하고 이미 한물간 국민국가 제도들의 수명을 연장하는 데 성공한 반면, 대륙 제국주의는 분명하게 기존의 모든 정치 제도에 대한 적대감을 감추지 않았다. 따라서 대륙 제국주의의 일반적 정서는 훨씬 더 반항적이었고 그 지도자들은 혁명적 수사에 훨씬 더 정통했다. 해외 제국주의가 모든 계급의 쓰레기들에게 실제로 충분한 만병통치약을 제공한 반면, 대륙 제국주의는 이데올로기와 운동 외에는 제공할 것이 없었다. 그러나 역

---

13) "적어도 전쟁이 일어나기 전까지 외교 사안에 대한 대정당들의 관심은 국내 이슈에 가려졌다. 범게르만 동맹의 태도는 달랐고 이는 의심할 여지 없이 선전에 이용할 수 있는 강점이었다"(Martin Wenck, *Alldeutsche Taktik*, 1917).

14) Paul Molisch, *Geschichte der deutschnationalen Bewegung in Oesterreich*, Jena, 1926, p.90 참조. "대학생 단체가 단순히 일반적인 정치 상황을 반영하지는 않는다. 반대로 강력한 범게르만적 의견은 대체로 대학생 단체로부터 유래하며, 거기서 일반 정치로 유입되었다."

15) 범게르만 동맹의 구성원들, 지방 직원들과 집행부 직원들의 사회적 구성에 관한 유용한 정보는 Wertheimer, 앞의 책에서 찾을 수 있다. 또한 Lothar Werner, *Der alldeutsche Verband, 1890~1918*, Historische Studien, Heft 278, Berlin, 1935와 Gottfried Nippold, *Der deutsche Chauvinismus*, 1913, pp.179ff. 참조.

사 해명의 열쇠를 정치 행동보다 선호한 시대, 그리고 공동체가 분열되고 사회적 원자화 현상이 진행되는 와중에 사람들이 어떤 대가를 치러도 어딘가에 소속되기를 원한 시기에는 이것으로 충분했다. 백색 피부의 이점은 흑인이나 황인종의 환경에서는 더더욱 쉽게 이해될 수 있었다. 이 백색 피부의 가시적 차이는 동양인과 서양인 간 또는 아리안족과 비아리안족 간의 순전히 상상 속의 차이로 멋지게 대체될 수 있었다. 요점은 즉각적 관심을 불러일으키지 못하는 다소 복잡한 이데올로기와 조직이 유형적 이익과 평범한 확신보다 훨씬 더 매력적이라는 사실이 입증된 것이다.

큰 성공을 거두지 못했음에도 불구하고 대중에 대한 잘 알려진 호소력으로 범민족 운동은 처음부터 해외 제국주의보다 더 강한 매력을 발산했다. 대중적 호소력은 구체적인 실수와 프로그램의 지속적인 변화를 이겨내는데, 그것은 나중에 등장할 전체주의 집단, 즉 실질적인 목표에 관한 한 유사하게 모호하며 그날그날 정치 노선을 바꾸기 쉬운 그런 집단을 예시하고 있다. 범민족 운동의 회원들을 한데 묶었던 것은 확실하게 정해진 목표라기보다 일반적인 정서였다. 해외 제국주의도 팽창을 정복 프로그램의 제1순위에 두었고 그래서 손쉽게 제공되는 모든 영토를 점령했다. 그러나 남아도는 돈의 수출이 아무리 수시로 변하는 변덕스러운 일이라 하더라도, 그것은 다음 팽창을 제한하는 역할을 했다. 범민족 운동의 목표는 인간의 계획과 지리적 제한이라는 다소 무정부적인 요소조차 지니지 않았다. 설령 세계 정복을 위한 특수한 계획이 없다 하더라도, 그들은 총체적 지배와 모든 인간적 문제를 건드리고 포괄한다는 분위기, 도스토옙스키가 말했던 것처럼 "범 휴머니즘"의 분위기를 만들어냈다.[16]

폭민과 자본의 제국주의적 동맹 관계에서 주도권은 윤곽이 뚜렷

---

16) Hans Kohn, "The Permanent Mission," in *The Review of Politics*, July, 1948에서 인용.

한 폭민 정책이 매우 일찍 발달한 남아프리카를 제외하고는 대개 사업의 대표자들에게 있었다. 다른 한편으로 범민족 운동에서는 항상 폭민이 주도권을 쥐었는데, 폭민 지도자들은 예나 지금이나 특정한 부류의 지식인들이었다. 이들에게는 여전히 전 세계를 지배하겠다는 야망이 없었을 뿐만 아니라 총체적 지배의 가능성에 대해서는 꿈도 꾸지 않았다. 그러나 그들은 어떻게 군중을 조직하는지를 알고 있었고 인종사상을 단순히 이데올로기나 선전용이 아니라 조직적 목적에 이용할 수 있다는 점을 인식하고 있었다. 독일화된 중부 유럽이나 러시아화된 동부 및 남부 유럽의 비교적 온건한 외교 정책 이론에서 인종사상의 중요성은 단지 피상적으로 이해되었다. 그러나 이 이론들은 나치즘과 볼셰비즘의 세계 정복 기획에서 출발점 역할을 했다.[17] 제국 밖에 있는 '게르만족'과 '신성 러시아' 밖에 있는 "우리의 소수 슬라브 동포"는 민족의 자결권을 위한 편한 빌미, 다음 팽창을 위한 쉬운 디딤돌이 되었다. 그러나 더욱 본질적인 것은 전체주의 정권들이 신성의 아우라를 물려받았다는 사실이다. 슬라브 지식인들이나 독일 지식인들에게 온갖 종류의 미신을 일깨우려면, 단지 '신성 러시아'나 '신성 로마 제국' 같은 과거를 상기시키기만 하면 되었다.[18] 사이비 신비주의 요소를 띤 지식인들의 허튼소리는 수많은 자의적 역사 회고들로 더욱 풍부해졌는데, 깊이와 넓이에서 민족주의

---

17) Danilewski, 앞의 책은 미래의 러시아 제국 안에 모든 발칸 반도 국가, 터키, 헝가리, 체코슬로바키아, 갈리시아와 트리에스테를 포함한 이스트리아를 포함시키고 있다.

18) 슬라브 숭배주의자인 악사코프(K.S. Aksakow)는 19세기 중반에 집필 활동을 했는데, 그는 나중의 범슬라브주의자들이 그랬던 것처럼 글자 그대로 "신성 러시아"라는 공식 이름을 사용했다. Th.G. Masaryk, 앞의 책, 234쪽 이하 참조. 범게르만주의의 모호한 난센스의 전형을 보여주는 이는 Moeller van den Bruck, *Germany's Third Empire*(New York, 1934)인데, 이 책에서 그는 이렇게 선언한다. "오로지 한 교회만이 있듯이 하나의 제국만이 존재한다. 그밖에 이런 명칭을 청구하는 것은 모두 국가이거나 공동체 또는 종파다. 오로지 하나의 제국만이 존재할 뿐이다"(263쪽).

의 한계를 넘어서는 듯한 정서적 호소력을 가지고 있었다. 어쨌든 거기에서 새로운 종류의 민족주의적 감정이 생겨났고 그 폭력성은 군중을 동원할 수 있는 탁월한 동력으로 밝혀졌으며 정서적 중심지였던 과거의 민족적 애국주의를 대체하기에 아주 적합한 것으로 드러났다.

중부 및 동부 유럽의 거의 모든 국가와 민족의 특징이라 할 수 있는 이 새로운 유형의 종족 민족주의는 내용과 의미의 측면에서——폭력성에서는 다르지 않지만——서구 민족주의의 극단적 형태와 아주 다르다. 보통 세기 전환기에 나타나 과거를 낭만적으로 미화하고 죽은 자들을 병적으로 숭배했던 모라스와 바레스의 순수 민족주의와 연관하여 생각되는 쇼비니즘(극단적 애국주의)도 가장 거칠고 환상적으로 표출될 때에도 다른 나라에서 태어나 자란 프랑스인이 프랑스 언어나 문화에 대한 지식이 없어도 육체와 정신의 어떤 신비한 자질 덕분에 "타고난 프랑스인"이 된다고 주장하지는 않았다. 오로지 "확대된 종족의식"과 함께 어떤 사람의 민족성을 그의 정신과 동일시하는 특수한 현상이 나타나며, 내면으로 전환된 자부심이 생겨난다. 이 내면적 자부심은 더 이상 공적 사안에만 관심을 가지는 것이 아니라 모든 단계의 사생활에도 침투하기 때문에 결국 "모든 진정한 폴란드인의 사생활은…… 폴란드인 전체의 공적 생활이 된다."[19]

심리학적 관점에서 가장 폭력적인 쇼비니즘과 이 종족 민족주의의 중요한 차이 중 하나는 눈에 보이는 국가의 영적·물적 업적과 관련하여 외향적인 반면, 다른 하나는 가장 온화한 형태에서도 (예를 들면 독일의 청년 운동에서처럼) 내향적이며, 보편적인 민족적 자질의 화신으로 간주되는 개인의 영혼에 모든 관심을 집중한다는 것이다. 쇼비니즘이 지닌 신비한 매력은 (순수 민족주의의 경우처럼) 과거에 실제로 존재한 어떤 것을 가리키면서 이것을 인간 통제를 넘어서는

---

19) George Cleinow, *Die Zukunft Polens*, II, Leipzig, 1914, pp.93ff.

영역으로 올리려 한다는 데 있다. 다른 한편 종족주의는 존재하지 않는, 그러나 미래에는 완벽하게 실현시킬 사이비 신비주의적 요소들로부터 출발한다. 종족주의는 자기 집중에 내재하는 엄청난 오만 때문에 쉽게 식별할 수 있다. 이런 오만으로 그것은 감히 한 민족을 또 그 과거와 현재를 고귀한 내면의 자질이라는 잣대로 측량하고, 밖으로 드러나는 실존, 전통, 제도와 문화를 거부할 수밖에 없는 것이다.

정치적으로 말한다면, 종족 민족주의는 자신의 민족이 "적들의 세계"로 포위되어 있고, "한 민족이 다른 모든 민족과 대항하고"있다고 주장하며, 이 민족과 다른 민족들 간의 근본적 차이가 존재한다고 주장한다. 그것은 자신의 민족이 유일무이하고 개성적이며 다른 민족들과 비교할 수 없다고 주장하며, 종족 의식이 인간의 본질을 파괴하는 데 사용되기 훨씬 전에 인류의 가능성을 이론적으로 부정했다.

1. 종족 민족주의

대륙 제국주의가 1880년대의 급작스러운 팽창에 참여하여 몫을 얻지 못한 나라들의 좌절된 야망에서 발생한 것처럼 종족주의는 국가 해방에 참여하지 않고 하나의 국민국가의 주권을 얻지 못한 민족들의 민족주의로서 나타났다. 이 두 종류의 좌절이 결합된 다민족 국가인 오스트리아-헝가리와 러시아에서 범민족 운동은 자연스럽게 가장 비옥한 토양을 발견했다. 게다가 오스트리아-헝가리 왕국이 민족 통일 운동을 하는 슬라브 및 독일계 민족주의자들을 은신시켰기 때문에, 범슬라브주의와 범게르만주의는 처음부터 왕국의 파괴 작업에 몰두했고, 그래서 그곳은 범민족 운동의 중심지가 된다.[20] 1870년

---

20) 크림전쟁(1853~56) 동안 러시아의 민속학 연구자이며 문헌학자인 미하엘 파고딘(Michael Pagodin)은 황제에게 편지를 보내는데, 거기서 그는 슬라브 민족을 러시아가 유일하게 믿을 수 있는 강력한 동맹자라고 불렀다(Staehlin, 앞의 책, 35쪽). 바로 그 직후 "위대한 러시아 제국의 건설자 중 한 사람인" 니콜

에 벌써 러시아의 범슬라브주의자들은 범슬라브 제국을 위한 최상의 출발점이 오스트리아의 분열일 것이라고 주장했으며, 오스트리아의 범게르만주의자들은 자국의 정부에 너무나 폭력적으로 대항했기 때문에 독일의 범게르만 연합조차 종종 오스트리아의 운동 동지들의 "과장"에 대해 불평했다.[21] 독일의 지도하에 중부 유럽을 경제적으로 통일한다는 독일의 청사진과 이와 유사한 독일의 범게르만주의자들의 대륙 제국 기획은 오스트리아의 범게르만주의자들이 이를 이해했을 때 갑자기 "지구상의 모든 게르만적 삶의 중심지가 되고 모든 게르만족 국가와 동맹을 맺는"[22] 구조로 바뀌게 된다.

범슬라브주의의 팽창 경향이 러시아 황제를 난처하게 만들었듯이, 오스트리아의 범게르만주의자들이 청하지도 않았는데 제국에 충성심을 표하고 오스트리아에 충성하지 않겠다고 공언했을 때 비스마르크도 분명 비슷한 감정을 느꼈을 것이다.[23] 민족 감정이 때때로 얼마나 고양되든지 간에, 또는 민족주의자들의 주장이 비상 시기에 종

라이 무라브예프아무르스키(Nikolai Muravyev-Amursky) 장군은 슬라브족이 오스트리아와 터키로부터 해방되기를 희망했다(Hans Kohn, 앞의 책). 그리고 1870년에는 "범슬라브 연방을 위한 필수조건으로서 오스트리아의 파괴"를 요구하는 군대 소책자가 등장했다(Staehlin, 앞의 책, 282쪽).

21) Otto Bonhard, 앞의 책, 58쪽 이하; Hugo Grell, *Der alldeutsche Verband seine Geschichte, seine Bestrebungen, seine Erfolge*, in Alldeutsche Flugschriften, No. 8, 1898 참조.

22) 1913년의 오스트리아 범게르만 프로그램에 따르면. Eduard Pichl(al. Herwig), *Georg Schoenerer*, 6 vols., VI, 1938, p.375에서 인용.

23) 비스마르크를 찬양하던 쇠너러가 1876년 "거대 권력으로서 오스트리아는 끝나야 한다"(Pichl, 앞의 책, I, 90쪽)고 선언했을 때, 비스마르크는 생각을 한 후 그의 오스트리아 찬양자에게 "강력한 오스트리아는 독일에 극히 중요하고 필수적이다"고 말했다. F.A. Neuschaefer, *Georg Ritter von Schoenerer*, Hamburg, 1935 참조. 범슬라브주의에 대한 러시아 황제의 태도는 더욱 모호한데, 그것은 범슬라브주의의 국가 개념이 전제 정권에 대한 강력한 대중적 지원을 포함하기 때문이었다. 이와 같이 구미가 당기는 상황에서도 황제는 슬라브 숭배주의자들과 그 계승자들이 팽창을 요구했을 때 거절했다. Staehlin, 앞의 책, 30쪽 이하 참조.

종 얼마나 터무니없어지든지 간에 그들이 정해진 국가 영토에 묶여서 제한된 국민국가 내의 자부심의 통제를 받는 한 그들은 그 한계 안에서 머물렀다. 그러나 범민족 운동의 종족주의는 이런 한계를 단숨에 밟고 넘어섰다.

범민족 운동이 얼마나 현대적 현상인지를 우리는 그것이 반유대주의에 대해 전적으로 새로운 입장을 취했다는 점에서 측정할 수 있다. 오스트리아의 슬라브계 민족이나 황제가 지배하는 러시아에서 폴란드계 주민들처럼 억압받는 소수민족들은 항상 정권과 갈등 관계에 있기 때문에 유대계 공동체와 유럽의 국민국가 간의 은밀한 관계를 발견하기 쉽고, 이 발견은 대개 좀더 근본적인 적대감으로 이어질 수 있다. 국가에 대한 적대감이 애국심의 부족과 동일하지 않은 곳에서는 어디에서나, 예컨대 러시아 황제에게 충성하지 않는 것이 폴란드 민족에 대한 충성심의 표시인 폴란드나 독일계 주민들이 위대한 민족적 인물로서 비스마르크를 우러러보는 오스트리아에서, 반유대주의는 더욱 과격한 형태를 취한다. 유대인이 탄압적인 국가 기구와 외국 탄압자의 대리인으로 보이기 때문이다. 그러나 소수민족의 지위나 오스트리아의 범게르만주의의 주창자인 쇠너러가 겪은 특수한 경험도 범민족 운동에서 반유대주의가 했던 근본적 역할을 설명하지 못한다. 즉 쇠너러는 자유주의 정당의 당원이었을 때 로스차일드가 오스트리아의 철도 체계를 장악하게 된 것과 합스부르크 왕가 사이에 무언가 연관 관계가 있다는 것을 알게 되었던 것이다.[24] 그러나 이런 일 자체만으로 그가 "우리 범게르만주의자들은 반유대주의를 우리 민족 이데올로기의 대들보로 생각한다"[25]고 천명하지는 않았을 것이다. 마찬가지로 이와 유사한 어떤 일로 인해 범슬라브주의

---

24) 제2장 참조.
25) Pichl, 앞의 책, I. 26쪽. 번역은 Oscar Karbach, "The Founder of Modern Political Antisemitism: Georg von Schoenerer," in *Jewish Social Studies*, Vol. VII, No. 1, January, 1945에서 인용.

자인 러시아 작가 로자노프가 "'콤마'처럼 '유대인을 어떻게 할 것인가?'라는 질문이 끼어들지 않는다면 러시아인의 생활에는 아무런 문제가 없다"[26]고 주장하지는 않았을 것이다.

반유대주의가 전체적인 인생관과 세계관의 중심으로 — 이는 프랑스의 드레퓌스 사건 동안 반유대주의가 수행한 단순한 정치적 역할과도 구분되고, 독일의 슈퇴커 운동에서 선전도구 역할과도 구분되는데 — 갑자기 출현하게 된 중요한 이유는 정치적인 사실이나 정황에 있다기보다 종족주의의 성격에 있다. 범민족 운동의 반유대주의가 가지는 진정한 의미는 유대인 증오가 처음으로 유대 민족과 관련된 실질적 경험들, 정치적·사회적·경제적 경험들과 분리되어 오로지 이데올로기의 고유한 논리를 따른다는 것이었다.

종족 민족주의는 대륙 제국주의의 배후에서 작용하던 원동력이었다. 그것은 완전히 성숙한 서구 국민국가의 민족주의와는 거의 아무런 공통점이 없다. 대중을 대변하고 국가 주권을 가졌다고 주장하는 국민국가는 프랑스 혁명 이래 19세기 동안 발달했는데, 그것은 두 요소가 결합한 결과였다. 이 두 요소는 러시아와 오스트리아-헝가리에서는 18세기 동안 분리되어 있었고 지금도 분리되어 있다. 즉 국가와 민족성이었다. 자신들이 문화적이고 역사적인 하나의 독립체라는 의식을 가지면서, 또 자신들이 살고 있는 영토는 역사의 가시적 흔적이 남아 있는 — 영토의 개발은 조상들이 공동으로 일구어낸 산물이며 그 미래는 공동 문명의 경로에 달려 있다 — 영원한 집이라는 것을 의식하게 되면서, 국가는 역사의 무대에 등장하며 해방된다. 국민국가가 들어선 곳에서는 어디에서나 이동이 종식된 반면, 동부와 남부 유럽 지역에서는 국민국가가 수립되지 못했다. 이 지역에서는 한곳에 뿌리를 내리고 사는 농민계급이 뒷받침하지 못했기 때문이

---

26) Vassiliff Rozanov, *Fallen Leaves*, 1929, pp.163~164.

다.[27] 사회학적으로 국민국가는 유럽의 해방된 농민계급의 정치 단체였고, 이런 이유로 국가의 군대는 19세기 말까지, 다시 말하면 이 군대가 농민계급을 진정으로 대표할 때까지만 이 국가 내에서 자신들의 확고한 지위를 유지할 수 있었다. 마르크스가 말했듯이, "군대는 영세 농민들의 '명예가 걸린 사안'이었다. 그들은 스스로 영웅으로 돌변하여 근래에 얻은 재산을 수호했다……. 군복은 그들의 관복이었고 전쟁은 그들의 시였다. 한 구획 토지는 조국이었고 애국주의는 이상적 형태의 시가 되었다."[28] 강제 징집에서 절정에 이르는 서구의 민족주의는 정착한 그리고 해방된 농민계급의 산물이었다.

서구 민족의 민족성 의식은 비교적 최근에 발달한 반면, 국가 구조는 수세기에 걸친 군주제와 계몽 절대군주제의 역사로부터 얻어진 것이다. 새로운 공화정 형태이든 또는 개혁적인 입헌군주제이든 국가는 어떤 민족이든 상관없이 영토 안의 모든 주민을 보호해야 할 의무를 자신의 최고 기능으로 물려받았으며, 최상의 법적 제도로 기능하게 되어 있었다. 국민국가의 비극은 국민들의 국가 의식 향상이 이런 기능과 충돌하게 되었다는 것이다. 국민의 의사라는 명목으로 국가는 단지 '국민'들에게만 시민권을 인정할 수밖에 없었고 출생이나 혈통의 권리로 인해 국가 공동체에 속하는 사람들에게만 온존한 시민권과 정치 권리를 부여할 수밖에 없었다. 이는 국가가 부분적으로 법의 도구로부터 국민의 도구로 전환했다는 것을 의미한다.

민족이 국가를 정복하는 현상은[29] 절대군주제의 몰락과 뒤이은 근대적 계급의 발달로 촉진되었다. 절대군주는 전체로서 국민의 이해에 봉사해야 하며 그런 공동의 이해가 존재한다는 증거가 되어

---

27) C.A. Macartney, *National States and National Minorities*, London, 1934, pp.432ff. 참조.

28) Karl Marx, *The Eighteenth Brumaire of Louis Bonaparte*, 드 레옹(De Leon)의 영역본, 1898.

29) J.T. Delos, *La Nation*, Montreal, 1944는 이 주제에 관한 탁월한 연구서다.

야 하고 가시적 대표자가 되어야 한다. 계몽 절대군주제는 "왕은 국민에게 명령하고 이해관계는 왕에게 명령한다"[30]는 로한의 말에 기초한다. 왕과 국민의 주권이 폐지되면서 이 공동 이익은 국가 기구의 통제를 차지하기 위한 계급 이해관계 간의 영구적 갈등에 의해, 즉 영구 내전으로 대체될 위험에 끊임없이 처하게 되었다. 또 본질적 공동체를 상징하는 군주 없이 국민국가의 시민들을 묶어줄 수 있는 유일한 끈은 민족적인 것, 다시 말하면 공통 기원인 것 같았다. 그래서 모든 계급과 집단이 계급이나 집단의 이해관계에 따라 좌우되는 세기에 오로지 공통 기원만이 국가 전체의 이익을 보증할 수 있는 것으로 추정되었다. 이런 공통 기원의 감상적인 표출이 민족주의다.

프랑스 혁명이 인권 선언을 국가 주권에 대한 요구와 결합함으로써 국민국가가 탄생하자 국가와 민족 간의 잠재적 갈등이 밖으로 드러난다. 동일한 기본권이 한편으로는 모든 인간의 양도할 수 없는 유산으로, 다른 한편으로는 특수한 민족의 유산으로 동시에 청구되었다. 또한 동일한 국가가 인권에서 나온다고 추정되는 법에 복종한다고 천명하는 동시에 어떤 보편적인 법에 구속되지 않으며 자신보다 더 위에 있는 것을 인정하지 않는 주권자에게 복종한다고 천명했던 것이다.[31] 이런 모순 때문에 그때부터 인권은 단지 국가의 권리로서만 보호되고 보장되며 최상의 과제가 주민들의 인권과 시민권, 국민권을 보호하고 보장하는 데 있는 국가 제도가 자신의 법적·합리적인 외양을 상실하게 된다. 또한 국가는 낭만주의자들에 의해──그 존재 자체가 이미 법을 초월해 있거나 법 위에 있음을 의미하는── '민족혼'의 모호한 대표자로 해석될 수 있었다. 따라서 국가의 주권

---

30) Duc de Rohan, *De l'Intérêt des Princes et Etats de la Chrétienté*, 1638 참조. 이 책은 리슐리외 추기경에게 헌정되었다.

31) 주권 원칙을 가장 잘 조명하고 있는 논의의 하나는 여전히 Jean Bodin, *Six Livres de la République*, 1576이다. 보댕의 중요한 이론을 잘 서술하고 논의하고 있는 책은 George H. Sabine, *A History of Political Theory*, 1937이다.

은 원래 지녔던 국민의 자유라는 함축적 의미를 상실했고 무법적 자의성이라는 밀교적 아우라로 둘러싸이게 되었다.

민족주의는 본질적으로 국가가 민족의 도구로 전도되고 시민이 민족의 구성원과 동일시되는 현상을 표현한다. 종전의 봉건 질서를 대신한 계급 투쟁이 국가와 사회의 관계를 결정한다. 사회에는 자유주의적 개인주의가 만연했다. 자유주의적 개인주의는 국가가 실제로 계급을 통치했지만 잘못되게도 단지 개인들을 통치한다고 믿었으며, 국가는 그 앞에서 만인이 복종해야만 하는 일종의 개인, 그러나 최상의 개인이라고 생각한 것이다. 국가가 국민들이 사회적으로 원자화되어도 국민들을 보호하고 동시에 국민들이 원자화된 국가에서 남아 있을 수 있도록 보장하는 것은 국민의 의사인 것처럼 보였다. 이 과제에 잘 대처하기 위해 국가는 이미 과거에도 존재한 중앙 집중화 경향을 한층 더 강화해야 했다. 폭력과 집권의 모든 도구를 독점하는 중앙 집중적 행정만이 계급이 지배하는 사회에서 꾸준히 생산되는 원심력을 견제할 수 있었다. 그래서 민족주의는 중앙 집중적인 국가와 원자화된 사회를 하나로 접착하는 소중한 접합제가 되며, 실제로 국민국가의 개인들 사이에서 유일하게 작용하는 살아 있는 관계임이 밝혀진다.

민족주의는 정부에 대한 이 초기의 충성심을 항상 지켜왔으며, 국민과 국가 간 그리고 원자화된 사회의 국민들 간의 불확실한 균형 상태를 유지하는 기능을 상실한 적이 없다. 국민국가의 토착 시민들은 종종 귀화 시민들, 즉 출생에 따라서가 아니라 법에 의해, 그리고 국민으로부터가 아니라 국가로부터 권리를 얻은 사람들을 무시한다. 그러나 그들은 국가의 이방인과 민족의 이방인을 가르는 범게르만주의적 구분을 제안할 정도는 아니다. 이런 구분은 차후 나치 법령에 나타난다. 전도된 형태의 국가라 할지라도 법적 제도인 한, 민족주의는 법의 통제를 받는다. 그리고 국가가 국민과 영토를 동일시함으로써 생겨나는 한, 정해진 국경의 제한을 받는다.

민족의식이 아직 막연하고 불명확한 종족의식을 넘어서지 않은 민족들의 국민적 반응은 이와는 전혀 달랐다. 그들의 언어는 모든 유럽 언어가 문학적 목적에 적합하기 전까지 거쳤던 방언 단계를 벗어나지 못했다. 그들의 농민계급은 아직 당에 깊은 뿌리를 내리지 못하고 해방 직전에 있었으며, 그들의 국민적 자질은 공적 사안과 문명의 문제라기보다 간단히 휴대할 수 있는 사적 문제, 그들의 인격에 내재한 그런 문제처럼 보였다.[32] 서구 국가들의 국가적 자존심과 경쟁하기를 원한다면, 그들은 보여줄 영토도 국가도 역사적 업적도 없었고 단지 그들 자신을 가리킬 수밖에 없었다. 다시 말하면 최선의 경우 그들의 언어이며——마치 언어 자체가 이미 하나의 업적인 것처럼——최악의 경우 그들의 슬라브적 또는 게르만적 또는 하느님만 아는 영혼을 가리키는 것이었다. 순진하게 모든 민족이 실질적으로 잠재적인 국민이라고 가정한 시대에 오스트리아-헝가리나 차르가 지배하는 러시아 또는 발칸 국가에서 탄압받는 민족들에게 남아 있는 것은 그것 외에 아무것도 없었다. 이들 국가에서는 국민-영토-주권이라는 서구 국가의 삼위일체를 실현할 수 있는 조건이 갖추어져 있지 않았고, 국경은 오랫동안 끊임없이 변했으며, 주민들은 지속적으로 이동하는 상태에 있었다. 여기에 살던 대다수 사람들은 조국이나 애국심이 무엇을 의미하는지 전혀 알지도 못했으며, 지리적으로 분명하게 제한된 공동체를 위한 책임감도 알지 못했다. 이것이 발틱해에서 아드리아해에 이르는 "다민족 주민 벨트"(매카트니)로 발생하는 곤

---

32) 이런 맥락에서 흥미로운 것은 오스트리아의 카를 레너(Karl Renner)와 오토 바우어(Otto Bauer)의 사회주의적 제안으로서 민족의식을 영토상의 토대로부터 분리해 일종의 개인 지위로 만들자는 것이다. 이는 물론 여러 민족 집단이 자신들의 민족 특성을 잃지 않은 채 전 제국에 흩어져 있던 상황에 상응하는 제안이다. Otto Bauer, *Die Nationalitätenfrage und die österreichische Sozialdemokratie*, Vienna, 1907, 개인적(영토적 원칙에 반대로서) 원칙에 관해서는 332쪽 이하, 353쪽 이하 참조. "개인적 원칙은 국가를 영토적 통일체가 아니라 단순한 사람들의 연합으로 조직하고자 한다."

란한 문제였고 그것이 가장 분명하게 표출된 곳이 오스트리아-헝가리의 이중 군주국이었다.

종족 민족주의는 이런 뿌리가 없다는 박탈감에서 성장한 것이다. 이런 정서는 오스트리아-헝가리의 주민들 사이에서뿐만 아니라 좀 더 높은 차원이긴 하지만 제정 러시아의 불행한 지식인들 가운데 광범위하게 퍼져 있었다. 뿌리가 없다는 느낌은 '확대된 종족의식'의 진정한 근원이었다. 이 종족의식은 이 민족의 구성원들은 확실한 집이 없지만 '종족'의 다른 일원들이 우연히 살고 있는 곳에서는 어디든지 고향처럼 느낀다는 것을 의미했다. 쇠너러는 이렇게 말했다. "빈뿐만 아니라 독일인이 살고 있는 어떤 장소라도 끌린다는 것이 우리의 특징이다."[33] 범민족 운동에서 주목할 만한 점은 그들이 결코 민족 해방을 이루려 하지 않았지만 팽창을 꿈꾸면서 갑자기 국민의 공동체라는 좁은 울타리를 뛰어넘었고 그 구성원들이 전 지구상에 흩어져 있어도 항상 하나의 정치적 요소로 남게 될 민족 공동체를 선포했다는 것이다. 이와 유사하게 그리고 항상 민족의 과거에 대한 탐구와 함께 시작되는 소수민족의 민족해방 운동과는 반대로 그들도 역사를 고려하지 않은 것은 아니지만 자신들의 공동체의 토대를 운동이 나아가야 할 미래 속에서 보았던 것이다.

종족 민족주의는 중부와 남부 유럽의 모든 피압박 민족들을 감염시켰지만, 널리 흩어져 살고 있는 대규모 소수민족인 해외 거주 독일인들 및 슬라브인들을 모국이라 할 수 있는 독일 및 러시아와 연결할 수 있었던 그런 민족들에게서 새로운 형태의 조직인 범민족 운동으로 발전할 수 있었다.[34] 상대적 우월성, 민족 사명이나 백인의 책

---

33) Pichl, 앞의 책, I, 152쪽.
34) 성숙한 범민족 운동이 이런 조건들을 갖추지 않은 곳에서 발달한 적은 없다. 범라틴주의는 라틴 국가들이 독일의 위협에 대항하기 위한 목적에서 동맹을 이루려다가 실패로 끝난 시도에 대한 틀린 명칭이다. 폴란드의 메시아 신앙조차 때때로 폴란드인이 지배했다고 추정되는 영토 이상의 것을 요구한 적이

임으로 만족했던 해외 제국주의와는 대조적으로 범민족 운동은 선민에 대한 절대적 권리 주장으로 출발했다. 민족주의는 종종 종교의 정서적 대체물로 서술되지만, 범민족 운동의 종족주의만이 유일하게 새로운 종교 이론과 성스러움에 대한 새로운 개념을 제공했다. 러시아의 범슬라브주의자들로 하여금 러시아 민족이 원래 기독교적 자질을 지녔다고 말하게 한 것 — 도스토옙스키에 따르면 러시아 민족은 "민족들 가운데 크리스토퍼"이며 신을 세상사 안으로 직접 데리고 온다[35] — 은 그리스정교 안에서 러시아 황제가 차지하는 위치와 기능이 아니었다. 범슬라브주의자들이 과거 지녔던 자유주의적 경향을 포기하고 반정부적 태도와 가끔 일어나는 박해에도 불구하고 신성 러시아의 든든한 수호자가 된 것은 "근대의 진정한 신적 민족"[36]이라는 주장 때문이었다.

오스트리아의 범게르만주의자들은 이들과 유사한 자유주의 과거를 가지고 있음에도 반성직자적 태도를 고수했고, 반기독교적이지만 신의 선택을 받았다는 유사한 주장을 했다. 자칭 쇠너러의 사제였던 히틀러는 전쟁이 막바지에 이르렀을 때 이렇게 진술했다. "전능하신 하느님이 우리 민족을 창조하셨다. 우리 민족을 수호함으로써

없다. Decker, 앞의 책 참조. 그는 1914년 이렇게 진술한다. "범라틴주의는 점차 쇠퇴해졌고 민족주의와 국가의식은 점차 강해져서 유럽의 어떤 곳에서보다 이곳에 가장 거대한 잠재력이 존재하게 되었다"(7쪽).

35) Nicolas Berdyaev, *The Origin of Russian Communism*, 1937, p.102. 악사코프는 1855년 러시아 민족을 "지구상의 유일한 기독교 민족"이라 불렀고(Hans Ehrenberg and N.V. Bubnoff, *Oestliches Christentum*, Bd. I, pp.92ff 참조), 시인 튜체프(Tyutchev)는 동시에 "러시아 민족이 기독교인인 것은 그들 신앙의 정통성을 통해서뿐만 아니라 더욱 사적인 것을 통해서다. 러시아 민족은 포기와 희생의 능력으로 기독교인이 되었으며, 이 포기와 희생은 그들의 도덕적 특성의 기초가 된다"고 단언하고 있다. Hans Kohn, 앞의 책에서 인용.

36) Chaadayev, *Philosophical Letters. 1829~31*은 세계 역사가 러시아 민족을 중심으로 전개된다고 생각한 최초의 체계적 시도다. Ehrenberg, 앞의 책, I, 5쪽 이하 참조.

우리는 신의 창조물을 수호하는 것이다."[37] 다른 편, 즉 범슬라브주
의의 지지자들에게서 들을 수 있는 답변도 마찬가지로 그 유형에 충
실한 것이다. "독일의 야수들은 우리의 적일 뿐만 아니라 신의 적이
다."[38] 이와 같은 최근의 표현들은 순간의 선전 욕구에서 태어난 것
이 아니며, 이런 종류의 광신이 단순하게 종교 언어를 남용하는 것은
아니다. 실제로 신학이 그 배후에 있었고, 초기의 범민족 운동에 추
진력을 제공했으며, 현대의 전체주의 운동의 발전에 상당한 영향력
을 지속적으로 행사했다.

　인간의 신적 기원에 대한 유대교-기독교의 신앙에 대항하여 범민
족 운동은 자기 민족의 신적 기원을 설파했다. 그들에 따르면 불가피
하게 어떤 민족에 속하는 인간은 자신의 신적 기원을 오로지 간접적
으로, 즉 어떤 민족의 구성원 자격을 통해 얻는다는 것이다. 그러므
로 신적 기원을 가진 선택된 민족에 속해야만 한 개인은 자신의 신적
인 가치를 가질 수 있다. 그가 국적을 바꾸기로 결심하는 순간 이 자
격을 박탈당한다. 이 경우 그는 자신에게 신적 기원을 부여한 모든
관계를 단절하고 형이상학적인 무국적 상태로 추락하게 된다. 이런
생각이 가져다줄 정치적 이익은 두 가지다. 그것은 국적을 영원한 자
질로 만들고, 어떤 민족에게 무슨 일이 일어났던지 ─ 이주, 정복, 분
산 ─ 상관없이 역사에 의해 더 이상 영향을 받지 않게 만든다. 그러
나 더욱 즉각적 충격은 자기 민족의 신적 기원과 모든 다른 비(非)신
적 민족들을 절대적으로 갈라놓음으로써 민족의 개별적인 구성원들
간의 차이 역시, 그것이 사회적이든 경제적이든 심리적이든 모두 사
라진다는 것이다. 신적 기원은 사람들을 오만한 로봇으로 이루어진
"선택된" 획일적 집단으로 바꾼다.[39]

---

37) *New York Times*, January 31의 기록에 따르면 1945년 1월 30일자 연설.

38) *The Journal of the Moscow Patriarchate*, No. 2, 1944에 인용된 탐포프의 대주교
　　루크(Luke)의 말.

39) 이런 사실은 러시아의 예수회 회원이었던 이반 가가린(Ivan G. Gagarin) 왕자

이 이론의 허위성은 그것의 정치적 유용성만큼이나 한눈에 드러난다. 신은 인간─그의 기원은 명백하게 생식을 통한 것이다─을 창조하지도 않았고, 민족─그것은 인간의 조직 결과로 탄생했다─을 창조하지도 않았다. 인간은 그들의 자연적 출생, 그들의 다른 조직, 역사적 운명에 따라 불평등하다. 그들의 평등은 오로지 권리의 평등, 다시 말해 인간의 목적에 의한 평등이다. 그러나 인간의 의도에 의한 평등 뒤에는 또 다른 평등이 있다. 유대교-기독교에 따르면 이 다른 평등은 인간의 역사, 인간의 본성과 목적을 넘어서서 모든 인간은 공통 기원─유일하게 신의 창조물인 신비롭고 정의할 수 없는 최초의 인간─에서 유래한다는 관념 속에 표현되어 있다. 신적 기원은 형이상학적 개념인데, 정치적 목적의 평등, 즉 지상에 인류를 세우겠다는 토대 위에 서 있다. 19세기의 실증주의와 진보사상은 논증할 수 없는 것을 논증하기 시작하면서 인간 평등의 목적을 곡해했다. 즉 인간은 자연에 의해 평등하고 단지 상황과 역사로 달라질 뿐이며, 그래서 그들은 상황이나 교육에 의해서가 아니라 오로지 권리에 의해 평등해질 수 있다는 것이다. 민족주의와 '민족적 사명'이란 개념은 민족들의 가족으로서 인류라는 개념을 위계 질서를 가진 구조로 왜곡한다. 즉 역사와 조직의 차이는 자연적 기원에 기인하는 인간들 사이의 차이로 잘못 해석된다. 인간의 공통 기원을 부정하고 인류를 세운 공동의 목적을 부인하는 인종주의는 다른 민족들과 뚜렷이 구분되는 한 민족의 신적 기원이라는 개념을 도입한다. 그로써 일시적이고 변화할 수 있는 인간 노력의 산물을 신적 영원과 무한성의

가 그의 소책자 *La Russie sera-t-elle catholique?*(1856)에서 인식한 것이다. 그는 여기서 슬라브 숭배주의자들을 공격하는데, 그것은 "그들이 가장 완벽한 종교적·정치적·민족적 획일성을 정립하고자 하기 때문이다. 그들은 외교 정책을 통해 국적에 상관없이 모든 동방 정교 기독교인과 종교와 상관없이 모든 슬라브인을 융합해 거대한 슬라브 및 정교 제국을 만들기를 원한다"고 했다 (Hans Kohn, 앞의 책에서 인용).

구름으로 가려버린다.

이 무한성은 범민족 운동의 철학과 인종사상 간의 공통 분모로 작용하며, 이론적 관점에서의 내재적 친화 관계를 설명한다. 신이나 자연이 한 민족의 기원으로 간주될 수 있느냐는 정치적으로 중요하지 않다. 자신의 민족에 대한 주장이 얼마나 기고만장한가와는 상관없이 이 두 경우 민족은 동물로 변하여 늑대가 여우와 다르듯이 러시아인은 독일인과 다르게 보인다. '신적인 민족'이 살고 있는 세상에서 그는 모든 다른 약한 종의 타고난 박해자이거나 다른 모든 강한 종의 타고난 희생자다. 동물 왕국의 규칙만이 그 세계의 정치적 운명에 적용할 수 있을 것이다.

범민족 운동의 종족주의와 한 민족의 "신적 기원"이라는 개념은 자유주의적 개인주의와 인류 개념 및 인간의 존엄성 개념을 경멸했기 때문에 커다란 호소력을 얻었다.[40] 한 개인의 가치가 우연히 독일인 또는 러시아인으로 태어났다는 사실에 전적으로 좌우된다면, 인간의 존엄성이 설자리는 없게 된다. 그러나 그 대신 민족의 모든 구성원 가운데 새로운 결합, 상호 신뢰의 감정이 있다. 그것은 실제로 현대인의 정당한 우려, 즉 원자화된 사회에서 고립된 개인으로 살아가면서 단순히 수가 많다는 사실과 강요된 결합에 의해 보호받지 못한다면 자신들에게 무슨 일이 일어날지 걱정하는 마음을 진정하는 데 적절한 것이다. 이와 유사하게 유럽의 다른 지역보다 역사의 격랑에 더 시달렸고 서구의 전통에 내린 뿌리도 더 약했던 "다민족 주민 벨트"는 다른 유럽 민족들보다 더 일찍 인류라는 이상에 대해 또 인간의 공통 기원을 믿는 유대교-기독교 신앙에 공포를 느꼈다. 그들은 "고상한 야만인"이 환상임을 전혀 감추지 않았다. 식인종의 습관

---

40) "인간은 자신의 개성을 파괴하고 그것을 사회적이고 비개인적인 실존으로 대체하기 위해 일하는 것 외에 다른 목적을 가지고 있지 않다는 점을 사람들은 인식할 것이다." Chaadayev, 앞의 책; Ehrenberg, 앞의 책, 60쪽에서 인용.

을 연구하지 않고도 악의 가능성을 조금 알고 있었기 때문이다. 민족들이 서로에 관해 많이 알면 알수록 다른 민족들을 자신과 똑같은 사람이라고 인정하지 않게 되었으며 점점 더 인류의 이념으로부터 후퇴하게 되었다.

　종족적 고립과 주인 인종의 야망이 지닌 호소력은 인류가, 그것이 종교적 이상이든 인본주의적 이상이든 공동으로 책임진다는 의미를 함축하고 있다는 본능적 감각에서 나온다.[41] 지리적 거리의 단축은 이를 가장 중요한 정치적 현안으로 만들었다.[42] 그것은 또한 인류와 인간의 존엄성에 대한 이상적 담론을 과거지사로 만들었다. 왜냐하면 이 모든 꿈같은 멋진 견해와 그 유서 깊은 전통이 갑자기 굉장한 시의적절성을 지니기 때문이었다. 모든 인간이 죄가 있다는 주장, 물론 '인류'를 주창한 자유주의자들의 어법에는 들어 있지 않은 그런 주장조차 모든 감정에서 정화된 인류라는 이념의 정치적 결론은 어떤 형태로든 인간은 인간이 저지른 모든 죄에 책임을 져야 하며 모든 민족은 다른 민족이 저지른 만행에 책임을 질 수밖에 없다는 것임을 이해하는 데 충분하지 않았다.

---

41) Frymann, 앞의 책, 186쪽에 나오는 다음 구절은 그 특징을 잘 보여준다. "우리는 우리 민족에 대해 자질과 결점을 알고 있다──인류에 대해 우리는 알지 못하므로 인류에 대해 염려하거나 열광하라고 한다면 거절할 것이다. 인류에 속하기 때문에 우리가 사랑해야 한다는 것, 그것은 어디에서 시작하고 어디에서 끝나는가……? 미르(제정 러시아의 촌락 공동체 ─ 옮긴이)의 퇴폐적인 농부나 야만적인 농부, 동아프리카의 흑인, 남서부 아프리카의 혼혈 독일인이나 갈리시아와 루마니아의 참을 수 없는 유대인도 모두 인류의 구성원들인가? ……우리는 독일 민족의 결속을 믿을 수 있다──이 영역 밖의 사람은 누구든 우리와는 상관없다."

42) 지리적 거리에서 오는 위축감은 나우만의 『중부 유럽』에 표현되어 있다. "한 마리 양과 한 사람의 목자'가 있게 될 날은 여전히 요원하다. 그러나 훌륭하든 그렇지 않든 무수한 목자가 양떼를 유럽의 목초 위로 거리낌없이 몰고 가던 때는 이미 지났다. 거대한 스케일의 산업 정신, 초국가적 조직의 정신이 정치를 사로잡고 있다. 세실 로즈가 말했듯이 사람들은 '대륙적으로' 생각한다." 이 몇 개 문장은 당시 무수한 기사와 소책자들에 인용되었다.

종족주의와 인종주의는 매우 파괴적이기는 하지만 공동 책임의 곤경을 피할 수 있는 매우 현실적인 방법이다. 그것의 형이상학적 무근거는 정착하지 못한 동부와 남부 유럽 민족의 뿌리 뽑힌 처지와 너무나 일치했고 마찬가지로 유동적인 현대 도시 대중의 필요에 부합했다. 그래서 전체주의가 그것을 즉시 움켜잡은 것이다. 심지어 가장 탁월한 반민족주의적 교의인 마르크스주의를 광신적으로 수용한 볼셰비즘도 범슬라브주의 선전이 다시 소비에트 러시아에 도입되는 것을 막지 못했다. 이 이론들이 한 민족을 다른 모든 민족으로부터 고립시킬 수 있다는 점에서 소중한 가치를 지녔기 때문이다.[43]

오스트리아-헝가리와 제정 러시아의 통치 시스템은 여러 민족에 대한 탄압에 기반을 두었는데, 그래서 종족 민족주의를 실질적으로 육성하는 데 기여했다는 것은 틀림없는 사실이다. 러시아에서 이런 탄압은 관료들의 독점 과제였는데, 이 관료들은 러시아인들도 탄압했기 때문에 단지 러시아의 지식인만이 범슬라브주의자가 되는 결과를 가져왔다. 그 반대로 이중 군주국은 문제가 많은 민족들에게 다른 민족들을 탄압할 수 있을 정도의 자유를 부여하는 식으로 통치했다. 그 결과 탄압받는 민족들이 범민족 운동 이데올로기의 진정한 대중적 토대가 되었다. 19세기에도 합스부르크 왕가가 생존할 수 있었던 비결은 여러 민족의 상호 대립과 착취 ──독일인은 체코인을, 헝가리인은 슬로바키아인을, 폴란드인은 루테니아인을 착취했다── 상황이 초민족적 국가 기구를 지탱하고 균형을 유지해주었기 때문이다. 여기서 억압받는 민족들에게 자명한 사실은 한 민족의 해방은

---

43) 이런 점에서 매우 흥미로운 것은 소비에트 러시아의 유전학 분야의 새 이론들이다. 획득한 성질의 유전이 의미하는 것은 불리한 조건에서 살고 있는 주민들이 좀더 나쁜 유전적 형질을 물려주며 그 반대도 마찬가지라는 것이다. "간단히 말해 타고난 주인 인종과 종 인종이 있다." H.S. Muller, "The Soviet Master Race Theory," in *New Leader*, July 30, 1949.

다른 민족들을 희생하여 얻을 수 있으며 탄압이 자기 민족이 세운 정권에서 나온다면 자유를 기꺼이 포기할 수 있다는 것이었다.

　이 두 갈래의 범민족 운동은 러시아나 독일 정부의 지원 없이 성장했다. 그러나 그 때문에 오스트리아의 범민족 운동 지지자들이 오스트리아 정부에 대한 대반역에 기뻐하지 않았던 것은 아니다. 독일이나 러시아에서 항상 부족했던 대중적 지지를 오스트리아 범민족 운동에 상당량 제공한 것은 바로 대중을 반역의 정신으로 교육할 수 있는 이런 가능성이었다. 러시아에서 "농민들을 자극하여 황제에게 대항하게 하는 것보다 시골 지주들에게 반기를 들게 하는 것"[44]이 더 쉬운 일이듯이, 정부를 공격하도록 독일 노동자들을 부추기는 것보다 독일 부르주아를 공격하게 하는 것이 더 쉬웠다. 독일 노동자와 러시아 농민의 태도에서 차이점은 분명 엄청나다. 전자는 그리 사랑받지 못하는 황제를 민족 단합의 상징으로 생각했고, 후자는 정부의 우두머리를 지상에서 신을 진정으로 대표하는 사람으로 간주했다. 그러나 러시아나 독일 정부는 오스트리아 정부만큼 약하지 않았고 또 그 권위가 땅에 떨어지지 않았기 때문에 범민족 운동이 혁명적 소요로부터 정치 자본을 도출할 수 없었다는 사실이 이 차이보다 더 중요하다. 오로지 오스트리아에서만 혁명적 반동력이 범민족 운동을 통해 자연스럽게 배출되었다. 제국을 분열시켜 통치한다는 책략은 그리 매끄럽게 수행되지 못했다. 이 책략은 민족 정서의 원심적 경향을 줄이는 데 큰 역할은 못했지만 우월 콤플렉스와 일반적으로 정부에 대한 불충실한 정서를 조장하는 데 큰 성공을 거두었다.

　제도로서 국가에 대한 적대감은 모든 범민족 운동 이론들의 두드러진 특징이다. 슬라브족 숭배자들의 반국가적 태도는 정당하게도

---

44) G. Fedotov, "Russia and Freedom," in *The Review of Politics*, Vol. VIII, No. 1, January, 1946은 실로 역사적 글쓰기의 걸작이라 할 수 있다. 그것은 전체 러시아 역사의 요점을 제공해준다.

"공식적 민족주의 체계 내에서 발견되는 어떤 것과도 전적으로 다른 것"[45]으로 서술되었고, 국가는 바로 그 성격으로 인해 민족과는 다른 것으로 이해되었다. 슬라브족의 우월성은 국가에 대한 러시아 민족의 무관심, 그리고 그들 스스로 자신의 정부로부터 분리된 독립체의 상태를 유지하는 데서 비롯된다고 생각되었다. 이것이 슬라브족 숭배자들이 러시아인을 '국가 없는 민족'이라 부를 때 뜻하는 바이며, 이것이 이 '자유주의자들'로 하여금 전제정치를 감수하게 만든 것이다. 국민은 '국가 권력', 즉 그 권력의 절대성에 참견하지 않아야 한다는 전제정치의 요구와 일치했다.[46] 정치적으로 좀더 분명한 태도를 보인 범게르만주의자들은 국가 이익보다 민족 이익이 우선한다고 고집했고,[47] "세계 정치는 국가의 틀을 넘어서며", 또 역사의 과정에서 유일하게 영원한 요소는 국민이지 국가가 아니라는 논리를 폈다. 그래서 상황에 따라 변하는 국민의 요구는 항상 국가의 정치 행위를 결정해야만 한다고 주장했다.[48] 그러나 독일과 러시아에서 제1차 세계대전이 끝날 때까지 거창한 구호로만 남았던 것이 이중 군주국에서는 충분히 현실적인 측면을 가지고 있었다. 즉 이중 군주국의 몰락은 정부에 대한 악의에 찬 경멸을 불러일으켰다.

범민족 운동의 지도자들이 반동보수주의자들이거나 '반혁명주의자'라고 가정하는 것은 심각한 오류다. 설령 사회 문제에 특별한 관심을 보이지 않았다 하더라도 그들은 자본주의 착취에 동조하는 실

---

45) N. Berdyaev, 앞의 책, 29쪽.

46) K.S. Aksakov in Ehrenberg, 앞의 책, 97쪽.

47) 예를 들면 쇠너러는 오스트리아의 헌법정당이 여전히 민족 이익을 국가 이익에 종속시킨다고 불평한다(Pichl, 앞의 책, I, 151쪽). 또한 범게르만주의자 E. Reventlow, *Judas Kampf und Niederlage in Deutschland*, 1937, pp.39ff. 참조. 레벤트로프는 나치를 범게르만주의의 실현으로 보는데, 그것은 나치가 민족의 삶의 기능들 중 하나에 불과한 국가의 '우상화'를 거부하기 때문이다.

48) Ernst Hasse, *Deutsche Weltpolitik*, 1897, in Alldeutsche Flugschriften, No. 5 and *Deutsche Politik*, 1. Heft: *Das deutsche Reich als Nationalstaat*, 1905, p.50.

수를 저지르지는 않았으며, 그들 대부분은 자유주의적이고 진보적인 정당에 소속되어 있었고 그중 몇몇은 계속 당원으로 남아 있었다. 실제로 범게르만 동맹은 "외교 문제에서 대중의 통제를 얻으려는 실질적 시도를 구체화했다. 그것은 강한 민족주의적 경향을 가진 여론의 효과와…… 대중적 요청의 힘을 빌려 국가 정책을 제안할 수 있다고 확고하게 믿었다."[49] 범민족 운동으로 조직되어 인종 이데올로기의 영향을 받은 폭민은 입헌 정부를 세운 혁명적 행동을 보여준 민족, 당시 노동 운동에서만 그 진정한 대표자들을 발견할 수 있던 민족과 아무런 상관이 없었다는 점을 제외한다면, 폭민은 "확대된 종족의식"을 가졌고 애국심이 없다는 점에서 오히려 '인종'과 더 닮았다고 할 수 있다.

범게르만 운동과는 대조적으로 범슬라브 운동은 러시아 지식인 전체가 만들었고 확산시켰다. 그 조직 형태가 훨씬 더 불완전했고 정치 프로그램에서 훨씬 더 일관성이 없었지만, 범슬라브 운동은 오랫동안 주목할 만한 높은 수준의 문학적 궤변과 철학적 사변을 유지했다. 로자노프는 성적 능력에서 유대인과 기독교인들의 기이한 차이에 관해 곰곰이 생각한 후, 유대인은 "이 힘과 하나가 되어 있지만 기독교인들은 이 힘과 분리되어 있다"[50]는 놀라운 결론에 도달한다. 반면 오스트리아의 범게르만주의 지도자들은 선전용 노래들, 엽서나 쇠너러의 맥주잔, 산보용 지팡이나 성냥갑 등으로 일반인의 관심을 끄는 데 열심이었다.[51] 그러나 결과적으로 "셸링과 헤겔을 해고하고 이론의 탄약을 공급하기 위해 자연과학을 요청한" 것은 범슬라브 운동도 마찬가지였다.[52]

---

49) Wertheimer, 앞의 책, 209쪽.

50) Rozanov, 앞의 책, 56~57쪽.

51) Oscar Karbach, 앞의 책.

52) Louis Levine, *Pan-Slavism and European Politics*, New York, 1914는 과거의 슬라브 숭배자 세대에서 새로운 범슬라브 운동으로 변화하는 과정을 서술하고

범게르만 운동은 게오르그 폰 쇠너러 한 사람이 설립했고, 주요 지지 세력은 독일-오스트리아 학생들이었다. 이 운동은 처음부터 두드러지게 비속어를 사용했고 훨씬 더 광범위하고 다양한 사회 계층에 호소할 목적을 가지고 있었다. 따라서 쇠너러는 "반유대주의가 외교 정책의 방향을 강요하고…… 국가의 내부 구조를…… 붕괴시킬 도구로 쓰일 가능성이 있다는 것을 가장 먼저 인지한" 사람이었다.[53] 이런 목적에 유대인이 적합한 까닭은 명백했다. 즉 유대인은 합스부르크 왕가와 관련하여 중요한 지위에 있었고, 동질적인 혈통을 가진 시민들로 구성된 국민국가에서보다 다민족 국가에서 더욱 쉽게 분리된 민족으로 — 적어도 이론적으로는 — 인식될 수 있었다. 그러나 이런 사실은 분명 오스트리아의 반유대주의가 유달리 폭력적이었는지를 설명해주고 쇠너러가 이 이슈를 얼마나 빈틈없이 영리하게 이용했는지를 보여줄 수 있지만, 이 두 범민족 운동에서 반유대주의가 수행한 중심적인 이데올로기의 역할을 이해하는 데 도움을 주지는 않는다.

범민족 운동의 감정적 원동력으로서 "확대된 종족의식"은 반유대주의가 그들의 구심점이 되고 관심을 집중하는 이슈가 되기 전에 이미 완전히 발달한 형태를 갖추었다. 철학 사변에서 유구하고 훌륭한 역사를 가졌지만 정치적으로는 분명하게 효과가 없던 범슬라브주의가 반유대주의에 눈을 돌린 것은 19세기 마지막 10년 동안이었다. 쇠너러는 많은 유대인이 아직 그의 당원이었을 때에도 이미 공개적으로 국가 제도에 대한 적대감을 표명했다.[54] 독일에서 슈퇴커 운동이 반유대주의가 정치적 선전 무기로 유용하다는 점을 과시하고 있을

있다.

53) Oscar Karbach, 앞의 책.
54) 오스트리아에서 범게르만주의의 강령이었던 린츠 강령은 원래 유대인 조항이 없었다. 1882년 기초 위원회에는 유대인이 세 명 있었다. 유대인 조항은 1885년에 첨가되었다. Oscar Karbach, 앞의 책 참조.

때, 범게르만 동맹은 반유대주의적 경향을 처음으로 드러내 보이지만, 1918년 전까지 유대인을 조직에서 축출할 정도는 아니었다.[55] 슬라브족 숭배자들은 때때로 유대인에게 적의를 보였지만 그것이 러시아의 전체 지식인층의 반유대주의로 확대된 것은 1881년 황제 암살 이후 정부가 주도한 일련의 유대인 학살이 유대인 문제에 여론을 환기하면서부터였다.

이와 같은 시기에 반유대주의를 발견한 쇠너러는 아마 거의 우연히 잠재력을 인식했을 것이다. 그는 무엇보다 합스부르크 제국을 멸망시키고자 했기 때문에 다민족 체제에 의존하는 국가 구조에서 한 민족을 배제하는 효과를 계산하는 것은 어려운 일이 아니었다. 이 특수한 구조의 조직과 관료제의 불안정한 평형상태는 모든 민족에게 일정 정도의 평등을 보장하는 온건한 탄압이 대중 운동에 의해 와해되면 곧 깨질 수 있었던 것이다. 그러나 이런 목표는 슬라브 민족에 대한 범게르만주의자들의 격렬한 증오만으로도 달성될 수 있었다. 이 증오는 범게르만 운동이 반유대주의로 돌아서기 훨씬 전에 이미 존재했으며, 유대인 구성원들도 이미 승인했던 것이다.

제1차 세계대전이 발발하기 전, 기만적인 평온의 시기에 반유대주의 선전이 일반적으로 잠잠해졌음에도 불구하고 범민족 운동의 반유대주의가 이런 시기에 살아남을 수 있었던 것은 동부 유럽의 종족 민족주의와 결합했기 때문이다. 왜냐하면 범민족 운동의 민족 이론과 유대 민족의 뿌리 없는 실존 사이에는 원래부터 유사성이 있었기 때문이다. 유대인은 종족적인 민족의 완벽한 사례였고 그들의 조직은 범민족 운동이 열심히 흉내 내는 모델이었으며, 그들의 생존과 그들이 가지고 있다고 추정되는 권력은 인종 이론의 정확성에 대한 최고의 증거였다.

이중 군주국에서 다른 민족들이 땅에 제대로 뿌리를 내리지 못했

---

55) Otto Bonhard, 앞의 책, 45쪽.

고 공동 영토의 의미를 지각하지 못했다면, 유대인은 고향도 없으면서 수세기 동안 정체성을 지켜왔고 그래서 하나의 민족을 구성하는 데 반드시 영토가 필요하지 않다는 것을 증명하는 증거로 끌어들일 수 있었다.[56] 국가는 단지 부차적일 뿐이며, 여러 세기를 거쳐 조직되었지만 반드시 가시적인 제도로 대변되지 않는 민족이 가장 중요하다고 범민족 운동이 주장한다면, 유대인은 국가도 없고 가시적인 제도도 없는 민족의 완벽한 모델이었다.[57] 종족 민족주의자가 역사적 업적에 상관없이 또 기록된 사건들에 대한 참여 여부와 상관없이 민족적 자부심의 중심지로서 자신들을 지적했다면, 타고난 어떤 신비스러운 심리적·육체적 자질이 그들을 독일이 아닌 독일 정신의 화신으로 또 러시아가 아닌 러시아 정신의 화신으로 만든다고 그들이 믿었다면, 설령 그들이 그것을 어떻게 표현할지 모른다고 하더라도 동화된 유대인의 유대인다운 특성은 바로 유대정신의 개인적 구현이라 할 수 있다는 것을 그들은 알았다. 또 선민 주장을 포기하지 않은 세속화된 유대인의 고유한 자부심은 업적이나 전통과는 무관하게 단순히 유대인으로 태어났기 때문에 다르며 더 낫다고 믿는 데서 나온다는 것을 종족 민족주의자는 알고 있었다.

이런 유대인다운 태도, 이 유대인의 종족 민족주의는 근대 국가 내에서 유대인이 차지하고 있던 비정상적 위치, 즉 사회와 국가의 경계 밖의 위치로 빚어진 결과였다. 단지 다른 서구 국가들의 사례를 통해 자신들의 민족성을 의식하게 된 소수민족 집단의 불안정한 위치와 나중에 인종주의가 효과적으로 동원할 수 있었던 뿌리 뽑힌 대도

---

56) 결코 반유대주의자가 아닌 사회주의자 오토 바우어가 이렇게 말한다. 앞의 책, 373쪽.

57) 유대인이 스스로를 어떻게 해석하는지 알아보려면 A.S. Steinberg, "Die weltanschaulichen Voraussetzungen der jüdischen Geschichtsschreibung," in *Dubnov Festschrift*, 1930. "우리가 유대인의 역사에 표현된 삶의 개념을 확신한다면…… 국가 문제는 우리가 어떻게 대답하든 간에 그 중요성을 상실한다."

시 대중의 위치는 여러 면에서 유사점이 많았다. 이들은 모두 사회의 경계 밖에 존재했고, 국민의 정치 조직으로 유일하게 만족스러운 조직처럼 보였던 국민국가의 정치 체제 외부에 자리 잡고 있었다. 그런데 이들은 곧 유대인이 자신들보다 더 행복하고 운이 좋은 경쟁자임을 알아차렸다. 유대인이 자신들의 고유한 사회를 구성할 수 있는 길을 발견한 것처럼 보였기 때문이다. 유대인 사회는 가시적인 대표자들이나 정상적인 정치적 배출구를 가지고 있지 않았기 때문에 국가의 대체물이 될 수 있었다.

그러나 유대인을 이런 인종 이데올로기의 중심으로 몰고 간 것은 범민족 운동의 선민 주장이 심각하게 유대인의 선민 주장과 충돌할 수 있다는 좀더 명확한 사실이었다. 유대인의 선민사상이 자기 민족의 신적 기원에 대한 종족 이론과 공통점이 없다는 것은 문제가 되지 않았다. 폭민은 역사적 정확성이라는 미묘한 문제에는 관심을 두지 않았고, 인류를 설립한다는 유대인의 역사적 사명과 지구상의 다른 민족들을 지배한다는 자신들의 '사명' 사이의 차이를 알지 못했다. 그러나 범민족 운동의 지도자들은 유대인이 자신들과 마찬가지로 세상을 둘—즉 자신들과 나머지 다른 사람들—로 나누었다는 것을 잘 알고 있었다.[58] 이런 이분법에서 보면 유대인은 다시금 무언가를 물려받은 운 좋은 경쟁자로 보였고, 이방인들이 무에서 시작해 쌓아야 할 것을 이미 가지고 있다고 인정받는 경쟁자로 보였다.[59]

---

58) 이 두 개념의 유사성은 다음의 일치점에서 드러나는데, 이런 사례들은 그밖에도 많다. 슈타인베르그는 앞의 책에서 유대인에 관해 이렇게 말한다. "그들의 역사는 통상적인 모든 역사적 법칙의 밖에서 전개된다." 차다예프는 러시아인을 예외적인 민족이라 불렀다. 베르댜예프는 퉁명스럽게 이렇게 말한다(앞의 책, 135쪽). "러시아의 메시아 신앙은 유대인의 메시아 신앙과 흡사하다."

59) 반유대주의자인 E. Reventlow, 앞의 책 참조. 또한 친유대주의자인 러시아 철학자 블라디미르 솔로프요프(Vladimir Solovyov)는 *Judaism and the Christian Question*(1884)에서 종교적인 두 민족, 러시아인과 폴란드인 사이에 세 번째

반유대주의가 단지 선망의 한 형태에 불과하다는 것은 반복한다고 해서 진실이 되지 않는 '뻔한 상투어'다. 어떤 민족이 행위와 업적으로부터 분리되어 있으면 항상, 그리고 공동으로 이룩한 세계와 그들을 잇는 자연적인 끈이 끊어졌거나 어떤 이유에서든 존재하지 않을 때, 그들은 자신들에게 주어진 적나라한 사실에만 의존하려는 경향을 보이고 자신들의 신성을 주장하고 전 세계 구원의 사명을 가지고 있다고 주장하게 된다. 이런 일이 서구 문명에서 발생할 경우, 해묵은 유대인의 주장은 어쩔 수 없이 이들에게 걸림돌이 된다. 이런 사실을 범민족 운동의 지도자들은 잘 알고 있었다. 또한 유대인의 수와 권력을 볼 때 유대인 증오를 이데올로기의 주춧돌로 만들 만큼 유대인 문제가 중요한가 하는 현실적 질문을 그들이 무시한 이유도 여기에 있다. 그들 자신의 민족적 자부심이 모든 업적과는 무관한 것처럼, 유대인에 대한 그들의 증오도 유대인의 특별한 행위와 악행과는 무관하게 되었다. 이 이데올로기적 주춧돌을 정치 조직을 위해 유용하게 쓸 수 있는 방법을 알지 못했지만, 범민족 운동들은 이 점에서 완벽하게 의견일치를 보였다.

범민족 운동의 이데올로기가 만들어진 시기와 정치적으로 진지하게 적용된 시기가 차이가 나는 시간적 지연 현상을 우리는 '시온 장로 의정서'—1900년경 파리에 있던 러시아 비밀경찰이 니콜라이 2세의 정치 고문이며 범슬라브주의자로서 유일하게 영향력 있는 지위에 있던 포비예도노스체프의 제안으로 위조한 문서다—가 1919년 모든 유럽 국가와 언어를 통과하는 승리의 행렬을 시작할 때까지[60] 반쯤은 잊혀 있었다는 사실을 들어 설명할 수 있다. 30년 후 이 문서의 발행 부수는 히틀러의 『나의 투쟁』에만 뒤졌을 뿐이다. 문서를 위

종교적 민족인 유대인을 소개했다. Ehrenberg, 앞의 책, 314쪽 이하; Cleinow, 앞의 책, 44쪽 이하 참조.

60) John S. Curtiss, *The Protocols of Zion*, New York, 1942 참조.

조한 사람이나 그 일을 지시한 사람도 경찰이 사회의 중심적 제도가 되고 나라의 전체 권력이 의정서에 적혀 있듯이 유대인의 것이라 추측되는 원칙에 따라 조직될 날이 오리라고는 꿈에도 생각하지 않았을 것이다. 아마 맨 처음으로 경찰이 소유한 통치의 잠재력을 인식한 사람은 스탈린이었을 것이다. 그러나 인종주의의 위계 질서 원칙을 이용할 줄 알았던 사람은 쇠너러보다 더 영리한 히틀러였음이 틀림없다. 그는 '가장 나쁜' 민족이 존재한다는 반유대주의 주장을 이용하여 '가장 훌륭한' 민족과 '가장 나쁜 민족' 사이에 피정복, 피지배 민족들을 조직할 줄 알았고, 범민족 운동의 우월 콤플렉스를 일반화하여 유대인을 제외한 모든 민족이 자신들보다 더 나쁜 한 민족을 내려다볼 수 있게 만들었던 것이다.

은폐된 혼동과 드러난 절망이 섞인 몇십 년이 지난 후에야 비로소 광범위한 층의 국민들이 태생적으로 악마적인 유대인만이 이룰 수 있다고 이제까지 믿었던 것을 자신들도 이룩하게 되리라고 인정하게 되었다. 아무튼 범민족 운동의 지도자들은 사회 문제를 막연히 인식하고는 있었지만 외교 정책에 편향되어 있었다. 그래서 그들은 반유대주의가 국내 정치와 외교정치를 묶어줄 수 있는 필수적 연결고리라는 사실을 볼 수 없었다. 그들은 아직 그들의 '민족 공동체', 다시 말하면 완전히 뿌리 뽑히고 인종 이데올로기로 세뇌된 무리를 바로 세우는 방법을 모르고 있었다.

범민족 운동의 광신적 경향이 유대인을 이데올로기적 중심으로 삼아 그들을 내리치면서 유럽 유대인의 종말이 시작되었다는 사실은 역사가 이제까지 시도한 가장 논리적이며 가장 가혹한 복수극 가운데 하나였다. 왜냐하면 볼테르에서 르낭과 텐에 이르는 '계몽주의자'들의 주장, 즉 유대인의 선민 개념 그리고 종교와 민족을 동일시하는 경향과 역사에서 절대적인 위치를 점유하며 신과 유일한 관계를 맺고 있다는 유대인의 주장이 서구 문명에 이제까지 알지 못했던 광신적 요소를 (진리의 배타적 소유를 주장하는 기독교에 의해 전해

내려온) 들여왔으며, 다른 한편으로 위험스럽게 인종적 왜곡에 가까운 민족적 자부심이라는 요소를 들여왔다는 그들의 주장에도 일리가 있기 때문이다.[61] 정치적 결과를 놓고 볼 때 유대교와 온전한 유대 신앙에는 신의 내재성이라는 이단적 교리가 없으며 심지어 그것에 적대적이라는 사실은 그리 중요하지 않다.

왜냐하면 신으로 하여금 단 하나의 민족, 즉 자신의 민족을 선택하게 만들었던 종교의 왜곡이 종족 민족주의이기 때문이다. 고대로부터 유일하게 생존해 있는 민족과 함께 이 고대 신화는 서구 문명에 깊이 뿌리를 내리고 있기 때문에 현대의 폭민 지도자는 어느 정도 그럴듯하게 신을 민족들 간의 사소한 시비에 끌어들여 그들이 미리 조작한 선거에 신이 동의하는지 물을 정도로 뻔뻔스러울 수 있었다.[62] 인종주의자들의 유대인 증오는 신이 선택한 민족, 신의 섭리로 성공을 보장받은 민족이 자신들이 아니라 유대인일지도 모른다는 미신적 우려에서 나왔다. 거기에는 결국 모든 외양에도 불구하고 세계 역사에서 마지막 승자로 등장할 것이라는, 이성적으로 이해할 수 없는 보증을 받았다고 그들이 두려워하는 민족에 대한 의지박약한 분노가 있었던 것이다.

왜냐하면 신의 왕국을 지상에 실현하는 것이 신의 사명이라는 유대인의 관념은 성공과 실패라는 통속적 용어로 표현될 때에만 폭민

---

61) Berdyaev, 앞의 책, 5쪽 참조. "모스크바 왕국에서 종교와 민족은, 고대 히브리 민족의 의식 속에서 그랬던 것처럼 함께 성장했다. 메시아 의식은 유대교의 속성인 것과 같은 방식으로 러시아 정교의 속성이다."

62) 광기의 훌륭한 사례는 레옹 블루아(Léon Bloy)의 다음 구절이다. 광기는 다행스럽게도 프랑스 민족주의의 특징이 아니다. "프랑스는 민족 가운데 으뜸이라서 다른 모든 민족이, 누구든 상관없이 프랑스 개의 빵을 먹을 수 있다면 영광으로 생각해야 할 것이다. 프랑스가 행복하다면 세계의 나머지 민족은 프랑스의 행복을 위한 대가로 노예나 멸망을 감수하더라도 만족해야 한다. 그러나 프랑스가 고통을 당한다면 신이, 그 무서운 신이 고통을 당하는 것이다……. 이는 예정조화의 비밀처럼 그렇게 절대적이고 불가피한 것이다." R. Nadolny, *Germanisierung oder Slavisierung?*, 1928, p.55에서 인용.

에게 의미가 있었기 때문이다. 공포와 증오는 유대교에 기원을 둔 기독교가 이미 서구인을 정복했다는 사실로 더욱 증폭되고 합리화되었다. 범민족 운동의 지도자들은 자신들의 우스꽝스러운 미신에 이끌려 유대교 신앙의 역학에 들어 있는 숨겨진 작은 톱니를 발견했다. 그것이 유대교 신앙을 완전히 전도하고 왜곡해서 선민사상은 공동 인류라는 이상의 궁극적 실현을 위한 신화가 아니라 최종 파멸을 위한 신화가 되었다.

2. 무법의 유산

법과 합법적 제도를 공공연히 무시하고 무법성을 이데올로기적으로 정당화하는 경향은 해외 제국주의의 특징이라기보다 대륙 제국주의의 특징이라 할 수 있다. 이는 부분적으로 외국 대륙에 대한 통치의 비합법성을 본국 제도의 합법성과 분리할 수 있는 지리적 거리가 대륙 제국주의자들에게 없었다는 데 기인한다. 범민족 운동이 헌법에 기초한 정부를 알지 못하는 나라에서 발생했고, 그래서 그 지도자들은 정부와 권력을 위로부터의 자의적 결정이라는 관점에서 생각했다는 것도 마찬가지로 중요하다.

법에 대한 경멸은 모든 운동의 특징이 되었다. 이런 경멸은 범게르만 운동보다 범슬라브 운동에서 더욱 분명하게 표현되지만, 러시아와 오스트리아-헝가리의 실질적 통치 조건을 반영한다고 할 수 있다. 제1차 세계대전이 발발할 당시 유럽에 남아 있던 유일한 이 두 전제군주국을 다민족 국가 관점에서 서술하는 것은 그림의 일부만을 보여주는 셈이다. 여러 민족이 사는 영토를 다스리는 만큼 그들은 관료제를 통해 (국민을 착취할 뿐만 아니라) 그들을 직접 다스린다는 점에서 다른 정권과 구분된다. 정당은 미미한 역할을 했고 의회는 입법 기능을 가지고 있지 않았다. 국가는 법령을 적용하는 행정을 통해 통치했다. 이중 군주국에게 의회란 그리 영리하지 못한 토론회 정도의 의미를 띠고 있었다. 러시아에서나 전쟁 전의 오스트리아에서 비중 있는 반대 세력은 거의 없었고, 단지 외부 집단들이 반정부 활동을 했다. 이 집단은 의회 제도 안으로 들어가면 대중의 관심과 지원을 잃을 뿐이라는 것을 알고 있었다.

법적으로 관료제에 따른 통치란 법령에 의한 통치이고, 이는 헌법에 기초한 정권에서는 단지 법을 집행할 뿐인 권력이 모든 입법 활동의 직접적 근원이 된다는 것을 뜻한다. (법은 특별한 사람들이나 집회에 이르기까지 그 출처를 규명할 수 있는 반면) 법령의 출처는 익명이며, 그래서 정당화가 필요 없는 절대 권력에서 유래하는 것처럼 보인다. 법의 '함정'에 대한 포비예도노스체프의 경멸은 원칙에 둘러싸인 입법자의 자유가 결여된 상황에 대한 행정가의 영원한 경멸이고, 법 해석의 제약을 받아 제대로 행동을 취하지 않는 법 집행자에 대한 경멸이다. 단순히 법령을 집행하면서 끊임없이 활동하고 있다는 환상을 가진 관료는 영원히 '법적 정확성'에 사로잡혀 있으며 그래서 권력 밖에 머무르는 이 '비현실적인' 사람들보다 자신이 훨씬 더 우월하다고 느낀다. 그에게 권력은 모든 것의 근원이다.

행정가는 법이 무력하다고 생각한다. 법은 정의상 그 적용과 분리되어 있기 때문이다. 다른 한편으로 법령은 적용되는 경우를 제외하고는 전혀 존재하지 않는다. 법령은 적용 가능성 외에 어떤 다른 정당화도 필요로 하지 않는다. 모든 정부가 법령을 비상시에 사용하지만, 비상사태 자체는 명백한 정당화이며 자동적인 제한이다. 관료제 정부에서 법령은 권력자들이 제정한 것이 아니라 권력 자체의 구체화로 보이고 행정가는 법령의 우연한 대리인에 불과한 것처럼 보인다. 평범한 사람이 이해할 수 있는 일반적 원칙이 법령의 배후에 있는 것이 아니다. 단지 전문가만이 자세히 알 수 있는 항상 변하는 상황이 있다. 법령의 통치를 받는 사람들은 법령 자체를 이해하는 것이 불가능하고 또 관료제가 특수한 상황과 법령의 실용적 의미를 조직적으로 무시하여 백성들이 알지 못하게 하기 때문에, 그들은 무엇이 실제로 자신들을 통치하는지 결코 알지 못한다. 법령으로 통치하고 그래서 종종 **법령 정권**[62a]으로 정의되는 식민지 제국주의는 물론 위험했다. 그러나 원주민들을 다스리는 행정가들이 외국에서 왔고 침략자로 여겨졌다는 사실 자체가 종속민들에 대한 그 영향력을 완화했다. 러시아나 오스트리아에서처럼 자국의 통치자와 관료제가 합법 정부로 인정받는 곳에서만 법령 통치는 자의성과 비밀스러운 분위기를 조성했고, 이 분위기가 효과적으로 정권의 단순한 편의주의를 은폐했다.

법령 통치는 이질적으로 구성된 주민과 넓은 영토를 지배하는 데 그리고 탄압 정책에 확실한 강점을 보였다. 법령 통치가 법령 제정과 적용 사이에 있는 모든 중간 단계를 무시하고 정보를 통제하여 국민들의 정치적 추론을 원천적으로 봉쇄하기 때문에 그 효율성은 탁월했다. 법령 통치는 지역 관습의 다양성을 쉽게 극복할 수 있었고 느리게 발전하는 일반법에 의존할 필요가 없었다. 그것은 지역적 자율성으로 발생하는 모든 문제점을 자동으로 무시하기 때문에 중앙 집권적 행정 구축에 가장 유용했다. 좋은 법에 의한 통치가 종종 지혜의 통치로 불린다면 적절한 법령에 따른 통치는 아마 영리함의 통치라 해야 할 것이다. 왜냐하면 먼 장래의 동기와 목표를 계산하는 것은 영리하며, 일반적으로 인정된 원칙들로부터 추론하는 방식으로 이해하고 창조하는 것은 현명하기 때문이다.

관료 정부는 종종 국민국가의 몰락——특히 눈에 띄게는 프랑스에서——에 동반하는 현상으로서 공무원 제도의 기형적 변형과는 구분되어야 한다. 프랑스에서 행정은 혁명 이래 모든 정권 변동에도 살아남았고, 국가에서 기생충처럼 자기 몸을 지켜왔으며, 자신들의 계급 이해를 키워왔고, 결국 아무 쓸모 없는 유기체가 되었다. 즉 그 유

62a) M. Larcher, *Traité Elémentaire de Législation Algérienne*, 1903, Vol. II, pp.150~152 참조. "법령 정권은 모든 프랑스 식민지의 정부 형태다."

일한 목적은 정상적인 경제 발전과 정치 발전을 방해하고 발뺌하는 데 있는 것 같았다. 물론 이 두 유형의 관료제 사이에는 외형상 유사점이 많다. 특히 그 하급 관료들이 놀라우리만큼 심리적으로 닮아 있다는 점에 지나친 관심을 기울일 때 그러하다. 그러나 프랑스 국민이 행정을 필요악으로서 수용하는 심각한 실수를 저지르기는 했지만, 행정이 나라를 다스리도록 내버려두는 치명적 과실을 저지르지는 않았다──설령 그로써 나라를 통치하는 집단이 없어지는 결과가 발생했다 하더라도. 프랑스 정부의 분위기는 비효율적이고 무능하지만 결코 신비주의적 아우라를 조성하지는 않았다.

관료제가 하나의 통치 형태가 될 때, 신비주의는 관료제의 특징이 된다. 관료제의 지배를 받는 국민들은 어떤 일이 발생하는 원인을 결코 알지 못하고 또 법의 합리적 해석이 존재하지 않기 때문에, 중요한 것은 오로지 적나라한 사건들 자체다. 어떤 사람에게 일어나는 일은 해석의 주제가 되는데, 그 해석 가능성은 무한하고 이성에 의해 제한되지도 않으며 지식에 구속받지도 않는다. 이런 무한한 해석과 억측의 틀 안에서──이는 혁명 이전 모든 장르의 러시아 문학의 특징이라 할 수 있는데──삶과 세계의 전체 구조는 신비스러운 은밀함과 깊이를 지니게 된다. 이런 분위기는 무한할 것 같은 풍부함으로 위험스러운 매력을 발산한다. 고통은 행동보다 더 광범위하게 해석될 수 있다. 고통은 영혼의 내면으로 향하여 인간 상상력의 모든 가능성을 해방시키는 반면, 행동은 외부로 드러나는 결과와 통제 가능한 경험에 의해 끊임없이 제어되고 그래서 불합리로 해석되기 때문이다.

구식 관료 지배와 최신식 전체주의 정권 간의 두드러진 차이점 가운데 하나는 러시아와 오스트리아의 전쟁 전 지배자들이 권력의 헛된 광채만으로 만족했고 권력의 외적인 운명을 통제하는 것으로 흡족해했으며 영혼의 내면 생활을 그대로 내버려두었다는 점이다. 절대권력의 의미를 좀더 잘 이해한 전체주의 관료제는 사적인 개인과 그의 내면 생활에 마찬가지로 잔인하게 개입한다. 이 극단적인 효율성의 결과, 그 통치 아래에서 국민의 내적 자발성은 소멸하고 그들의 사회적·정치적 활동도 전면 중단된다. 그래서 구식 관료제 아래서는 정치적으로만 비생산적인 반면, 그 뒤를 이은 전체주의 통치 아래서는 모든 영역이 불모에 시달리게 된다.

범민족 운동의 발생을 목격한 시대는 다행스럽게도 여전히 총체적 불모성을 알지 못했다. 그 반대로 순진한 관찰자(대부분 서구인들처럼)들에게 이른바 동구의 영혼은 비할 데 없이 풍부했고 그 심리는 더 심오했으며, 그들의 문학은 '천박한' 서구 민주주의의 문학보다 더 깊은 의미를 담고 있었다. 고통의 '깊이'까지 들어가는 이 심리적·문학적 탐험은 오스트리아-헝가리를 통과하지는 못했는데, 그 까닭은 이곳의 문학이 독일어 문학이고 독일어 문학은 결국 일반적인 독일 문학의 일부였기 때문이다. 심오한 난센스를 쓰도록 영감을 주는 대신, 오스트리아의 관료제는 그 위대한 근대 작가들이 유머 작가나 전체 문제의 비평가가 되는 원인이 되었다. 프란츠 카프카는 우연이 영원히 지배하는 조건하에서 사는 사람들을 사로잡고 있는 운명의 미신, 즉 어떤 사건의 이성적 의미가 그들의 지식과 이해를 넘어서기 때문에 그것에 특별한 초월적 의미를 부여하는 불가피한 경향을 잘 알고 있었다. 그는 그런 사람들과 그들의 음울하고 아름다운 민화가 지닌 기이한 매력을 알고 있었다. 그들의 민화는 좀더 운 좋은 민족들의 밝고 가벼운 문학보다 더 우수한 것처럼 보였다. 그는 곤궁한 상황에 처해 있다는 데 대한 자부심, 심지어 사악한 필연성에 얽혀 있다는 데 대한 자부심을 보여주었으며 악과 불행을 숙명과 동일시하는 혐오스러운 자만을 폭로했다. 이런 분위기의 주요한 요소들이 아직 완전하게 표현되지 않았던 세상에서 그가 이런 일을 할 수 있었다는 것은 기적이다. 필요한 모든 결론을 내리고 현실이 직시하기를 소홀히 했던 것을 완성할 수 있는 자신의 커다란 상상력을 그는 신뢰했던 것이다.[63]

당시 러시아 제국이 유일하게 관료정치의 완벽한 모습을 제공하고 있었다. 나라의 혼란스러운 조건—통치하기에 너무 거대한 나라, 정치조직에 대한 어떤 경험도 없이 관료제의 불가해한 권력자 밑에서 식물처럼 살아가는 원시적인 주민들이 있던 나라—은 무정부적이고 모험적인 분위기를 불러일으켰다. 이런 분위기에서 하급 관리들의 변덕과 무능력 그리고 모순에서 비롯되는 일상적 사건들은 어떤 철학의 탄생에 자극제가 되었다. 이 철학은 우연한 사건 속에 진정한 삶의 구세주, 말하자면 신의 섭리의 환영 같은 것이 있다고 생각했다.[64] 문명화된 나라의 천박한 권태와 비교해 러시아의 조건은 훨씬 더 "흥미롭다"고 주장한 범슬라브주의자들에게 마치 신성이 불행한 러시아 국민의 영혼 속에 들어 있는 것처럼 보였고, 지구상 어느 곳에서보다 러시아 국민들과 조화를 이루는 것처럼 보였다. 끝도 없이 이어지는 문학적 변형의 흐름 속에서 범슬라브주의자들은 러시아의 깊이와 격렬함을 서구의 피상적 진부성과 대립시켰다. 서구는 고통도 희생의 의미도 알지 못하며 불모의 문명 뒤에는 감추어진

---

63) 특히 바나바(Barnabases)의 『성』(*The Castle*, 1930)에 나오는 멋진 이야기 참조. 이 이야기는 러시아 문학의 기묘한 희화화로 읽힌다. 그 가족은 나병 환자 취급을 받으면서 저주 속에 살고 있는데, 결국 그들 스스로가 나병 환자처럼 느끼게 된다. 단지 예쁜 딸들 중 하나가 주요 직책을 가진 관리의 음란한 구애를 끝내 거절했기 때문이다. 소박한 마을 사람들은 사소한 일까지 관료정치의 통제를 받았고, 심지어 생각까지도 전능한 관료들의 변덕에 구속받는 노예들이었다. 그들은 이미 오래전에 한 사람이 옳고 그른 것은 그들에게는 순전한 '운명'의 문제이고 이 운명이 그들을 바꿀 수 없다는 사실을 깨닫고 있었다. 노출되는 사람은 K.가 순진하게 가정하는 것처럼 음란한 편지의 발송인이 아니라 낙인찍히고 더럽혀지는 수신인이다. 마을 사람들이 '운명'이라 말할 때 의미하는 바가 이것이다. K.의 관점에서 "그것은 부당하고 괴상하지만, 그는 마을에서 이런 의견을 가진 유일한 사람이다."
64) 우연한 사건의 신격화는 물론 자기 운명의 주인이 되지 못한 모든 사람의 합리화로 작용한다. 예를 들면 Steinberg, 앞의 책 참조. "왜냐하면 유대인 역사의 구조에 결정적 요소는 우연한 사건이기 때문이다. 사건은…… 종교의 언어로 섭리라 불린다"(34쪽).

천박함과 진부함이 있다는 것이었다.[65] 전체주의 운동의 호소력은, 특히 히틀러가 등장하기 전의 독일과 오스트리아에서 유행했지만, 마찬가지로 1920년대의 일반적인 유럽 지식인층을 사로잡은 모호하지만 광적인 반서구 정서에 빚진 바가 많다. 실질적인 권력 장악의 순간까지 전체주의 운동은 심오하고 풍부한 '비합리성'에 대한 이런 정열을 이용할 수 있었으며, 망명 러시아 지식인들이 전체적으로 혼란스러운 유럽의 정신 태도에 적지 않은 영향력을 행사한 중요한 시기 동안 전적으로 문학적인 이런 태도가 전체주의의 토대를 마련하는 데 강력한 정서적 요소가 되었다는 사실이 입증되었다.[66]

정당과는 반대로 운동은 단순하게 관료 장치로 변질되지는 않았지만[67] 관료 정권에서 조직 모델의 가능성을 보았다. 범슬라브주의자 포고딘은 제정 러시아의 관료제를 찬양한 나머지 그것에 관해 다음과 같이 서술했는데, 이런 찬양은 모든 범슬라브주의자도 공유했을 것이다. "가장 단순한 원칙에 따라 건설되었고 한 사람 손으로 조종

---

65) 어떤 러시아 작가가 언젠가 이렇게 말했다. 범슬라브주의는 "서구에 대한 무자비한 증오심과 러시아적인 모든 것에 대한 병적 숭배를 발생시켰다……. 우주의 구원은 아직 가능하지만 오로지 러시아를 통해서만 이루어질 수 있다……. 곳곳에서 자신들의 이념의 적들을 보았던 범슬라브주의자들은 자신들에게 동의하지 않는 모든 이들을 박해했다……"(Victor Bérard, *L'Empire russe et le tsarisme*, 1905). 또한 N.V. Bubnoff, *Kultur und Geschichte im russischen Denken der Gegenwart*, 1927, in Osteuropa: Quellen und Studien. Heft 2, chapter, v 참조.

66) Ehrenberg, 앞의 책은 결론에서 이 점을 강조한다. 키레예프스키(Kirejewski), 초먀코프(Chomjakow)와 레온티에프(Leontiew)의 사상들은 "아마 혁명 이후 러시아에서는 소멸했을지 모른다. 그러나 이제 그것들은 전 유럽에 퍼졌으며 오늘날 소피아, 콘스탄티노플, 베를린, 파리, 런던에서 생생하게 살아 있다. 러시아인들, 특히 이 작가들의 사제들은…… 책을 출판하고 전 유럽에서 읽히는 잡지들을 편집한다. 그들이 이 사상들—그들의 영적인 아버지의 사상들—을 대변한다. 러시아의 정신은 유럽의 정신이 되었다"(334쪽).

67) 정당기구의 관료화에 관해서는 Robert Michels, *Political Parties; a sociological study of the oligarchical tendencies of modern democracy*(1911년 독일어판에서 Glencoe가 1949년 영어판으로 번역)는 여전히 기본서로 간주된다.

되는 거대한 기계 장치…… 어떤 방향과 어떤 속도를 그가 선택하든 상관없이 단 하나의 동작으로 언제든지 작동할 수 있다. 그것은 단순히 기계적 동작이 아니다. 그 기계는 유전으로 물려받은 감정들, 지상에 살고 있는 그들의 신, 황제에게 복종하고 헌신하며 그를 무한히 신뢰하는 감정들로 살아 숨쉬는 기계다. 누가 감히 우리를 공격할 것이며 우리가 복종을 강요하지 못할 사람이 누가 있겠는가?"[68]

범슬라브주의자들은 동지인 범게르만주의자들보다 국가에 대해 덜 적대적 입장을 취했다. 심지어 그들은 종종 황제를 납득시켜 운동의 우두머리로 만들려고 노력하기도 했다. 물론 황제의 위치는 오스트리아–헝가리 황제를 포함한 모든 유럽 군주의 지위와는 상당히 달랐고 또 러시아의 전제정치는 서구적 의미에서 합리적 국가로 발전된 적이 없었으며 끝까지 유동적이고 무정부적이며 비조직 형태로 남았기 때문이다. 그러므로 러시아의 전제정치는 범슬라브주의자들에게 유일무이한 성스러움의 후광에 둘러싸인 거대한 원동력처럼 보였다.[69] 범게르만주의와는 대조적으로 범슬라브주의는 슬라브인과 그 운동의 욕구에 부합하기 위해 새로운 이데올로기를 고안할 필요가 없었으며, 제정 러시아를 반서구적이며 반헌법적이고 반국가적 운동의 표출로 해석하고 신비화하면 되었다. 무정부적 권력을 이렇게 신비화함으로써 범슬라브주의는 모든 권력의 초월적 성격과 내재적 선함이라는 가장 유해한 이론을 탄생시켰다. 권력은 자연과 인간의 모든 활동에 침투하는 신성의 방사로 간주되었다. 권력은 이제 무언가를 성취하기 위한 수단이 아니었다. 권력은 단순히 존

---

68) K. Staehlin, "Die Entstehung des Panslawismus," in *Germano-Slavica*, 1936, Heft 4.

69) M.N. Katkov: "모든 권력은 신으로부터 유래한다. 그러나 러시아의 황제는 세상의 다른 통치자들과는 다른 특별한 의미를 부여받았다……. 그는 그리스도에 대한 신앙 고백의 창시자인 동로마 제국 황제의 계승자다……. 러시아와 세상의 나머지 국가들을 갈라놓는 차이점의 신비가 바로 여기에 있다." Salo W. Baron, *Modern Nationalism and Religion*, 1947에서 인용.

재했고 인간들은 신의 사랑을 위해 권력에 봉사하도록 봉헌되었다. 권력의 "무한하고 무시무시한 힘"을 통제하고 제한하려는 어떤 법도 명백한 신성모독이었다. 권력의 완벽한 자의성으로 인해 권력 자체는 그것이 황제의 권력이든 성의 권력이든 상관없이 신성시되었다. 법은 권력과 양립하지 못할 뿐 아니라 죄가 많은 것이며 "신적"인 것의 발전을 방해하는 인간이 만든 "덫"이다.[70] 정부가 어떤 일을 하든 "최고의 집행 능력"[71]인 것이다. 범슬라브 운동은 다만 이런 권력을 신봉하고 권력에 대한 대중의 지지를 조직화하면 되었다. 이런 대중의 지지는 결국 전 국민으로 확산될 것이고 그들을 신성하게 만들 것이다. 이 국민은 한 사람의 자의적 의지에 복종하고 법의 지배도 이해관계의 지배도 받지 않는 거대한 무리, 단지 숫자로 인한 응집력과 그들 자신의 신성함에 대한 확신으로 함께 모인 거대한 무리인 것

---

70) 포비예도노스체프는 *Reflections of a Russian Statesman*, London, 1898에서 이렇게 말한다. "권력은 그 자체를 위해서가 아니라 신의 사랑을 위해 존재한다. 그것은 인간이 봉헌하는 전례다. 거기서 권력의 무한하고 엄청난 힘과 무한하고 엄청난 책임이 나온다"(254쪽). "법은 국민을 위한 덫일 뿐 아니라······ 국민을 다스리는 일에 종사하는 당국에도 하나의 덫이다······. 법을 집행하는 모든 단계마다 법 자체 안에 제한적 규정이 있다면······ 당국은 의심으로 인해 방황할 것이고 법에 의해 약화될 것이며······ 책임의 공포에 짓눌릴 것이다"(88쪽).

71) 카트코프(Katkov)에 따르면, "러시아 정부는 다른 나라에서 이런 용어로 이해되고 있는 것과 완전히 다르다······. 러시아에서 정부는 이 단어가 지닌 가장 고귀한 의미에서 집행 중에 있는 최고 권력이다······." Moissaye J. Olgin, *The Soul of the Russian Revolution*, New York, 1917, p.57. ──여기에서 우리는 좀더 합리적인 형태의 이론을 발견한다. "정복에 기초했으며 계급과 인종 갈등으로 위협받고 있는 국가에서는 법적 보장이 필요하다. 계급이 서로 조화를 이루고 인종들이 평화롭게 지내는 러시아에서 그것은 쓸데없다"(Hans Kohn, 앞의 책). 권력의 우상화가 범게르만주의에서는 덜 명확한 역할을 하기는 하지만, 거기에도 항상 법을 반대하는 경향은 있었다. 이런 경향은 프라이만의 앞의 책에서 분명하게 표출되는데, 그는 1912년에 이미 "보호감금", 다시 말하면 나치가 강제 수용소를 채우기 위해 사용한 것으로서 어떤 법적 근거도 없는 감금 제도를 도입하자고 제안했다.

이다.

처음부터 "물려받은 정서의 힘"이 부족했던 운동은 기존의 러시아 전제정치의 모델과 두 가지 측면에서 달라야만 했다. 확고하게 자리잡은 관료정치라면 필요 없을 선전을 그들은 해야 했고, 이런 선전 작업을 폭력 요소를 도입하면서 실행했다.[72] 또한 그들은 "물려받은 정서"의 역할을 할 수 있는 대체물을 대륙 정당들이 이미 상당한 정도로 개발한 이데올로기에서 발견했다. 이데올로기를 사용하는 데 차이점이 있다면 이해관계를 대변하면서 이데올로기적 정당화를 첨가했을 뿐 아니라 이데올로기를 조직 원칙으로 사용했다는 것이다. 정당이 계급 이해의 조직체였다면 운동은 이데올로기의 구체화였다. 달리 말하면 운동은 "철학을 책임졌으며, 한 집단 안에 있는 도덕적 일반개념을 개별화했다"고 주장했다.[73]

실제로 이념의 구체화는 먼저 헤겔의 국가론과 역사론에서 이루어졌고, 그 후 프롤레타리아를 인류의 지도자로 설정한 마르크스의 이론에서 한 걸음 더 나아갔다. 볼셰비즘이 마르크스의 영향을 받은 것만큼 러시아의 범슬라브주의가 헤겔의 영향을 받은 것은 물론 우연이 아니다. 그러나 마르크스나 헤겔은 결코 실제 인간이나 현실의 어떤 정당 또는 국가가 이념이 구체화되어 나타난 것이라고 가정하지 않았다. 두 사람은, 이념이 단지 복잡한 변증법 운동을 거치면서 구

---

72) 드레퓌스 사건 당시 프랑스 폭민 조직과(111쪽 참조) '블랙 헌드레즈'와 같은 러시아의 유대인 학살 집단이나 '러시아 민족 동맹' 사이에는 명백한 유사점이 있다. 앞의 집단에는 "옛 러시아의 가장 야만적이고 가장 교양 없는 쓰레기들이 모여 러시아 정교의 주교단의 대다수와 관계를 맺고 있었다." 뒤의 집단과 전투 기병중대는 경찰의 하급 하수인들로 충원되었는데, 이들은 정부의 돈을 받고 지식인들의 지도를 받았다. E. Cherikover, "New Materials on the Pogroms in Russia at the Beginning of the Eighties," in *Historische Schriften*(Vilna), II, 463; and N.M. Gelber, "The Russian Pogroms in the Early Eighties in the Light of the Austrian Diplomatic Correspondence," 같은 책.

73) Delos, 앞의 책.

체화될 수 있는 역사의 과정을 믿었다. 대중을 조직하기 위해 그런 구체화의 거대한 가능성에 부딪히려면 폭민 지도자의 야비함이 필요했다. 이 사람들은 군중에게 운동에 참여하기만 한다면 모든 구성원이 누구나 이상의 고귀하고 중요한 화신이 된다고 말하기 시작했다. 구성원은 이제 충실하거나 관대하거나 용감할 필요가 없었다. 그는 자동으로 충성, 관용과 용기의 화신이 되는 것이다. 범게르만주의는 운동에 동참하기를 거부하는 개개의 독일인에게 이 훌륭한 자질들을 박탈하면서(이는 나치즘이 나중에 비당원인 독일인에게 표현한 악의적 경멸의 전조가 되는데) 조직 이론에서 더 우수하다는 점을 보여주었다. 범슬라브주의는 슬라브 정신에 대한 끝없는 추측에 깊이 빠져 모든 슬라브인은 의식적으로든 무의식적으로든 또 그가 조직 안에 있든 없든 상관없이 그런 정신을 소유하고 있다고 가정했다. 나치가 조직 밖의 독일인에게 보여주었던 그런 경멸을 볼셰비즘에 도입한 것은 스탈린의 냉혹함이었다.

정당 구조와 그 편파성으로부터 운동을 갈라놓은 것은 무엇보다 운동의 이런 절대적 주장이었다. 또한 개인 양심의 모든 장애를 제압한다는 운동의 주장을 정당화한 것도 그것이었다. 개인의 특수한 현실은 좀더 고귀하다고 여겨지는 일반적이고 보편적인 현실 앞에서 하찮은 것으로 오그라들거나 보편성 자체의 역동적인 운동의 흐름 속으로 가라앉아버린다. 이 흐름 속에서 목적과 수단의 차이는 개성과 함께 증발되고, 그 결과 이데올로기 정치의 괴상한 부도덕성이 나타난다. 중요한 모든 것은 움직이는 운동 안에 구현되어 있다. 모든 이념, 모든 가치는 미신적이고 사이비 과학적인 내재성의 혼란 속으로 사라져버린다.

3. 정당과 운동

대륙 제국주의와 해외 제국주의 사이에서 눈에 띄는 중대한 차이점은 그들이 거둔 초창기의 성공과 실패가 정확하게 상반된다는 것이다. 대륙 제국주의는 초창기에도 정당 밖에 있는 광범위한 계층의 사람들을 조직함으로써 국민국가에 대한 제국주의적 적대감을 실행에 옮기는 데 성공했지만 눈에 띄는 팽창 결과를 얻는 데는 항상 실패했다. 그 반면 해외 제국주의는 멀리 떨어진 영토를 더 많이 합병하는 데 미친 듯이 매진했고 성공했지만 본국의 정치 구조를 변화시키는 일에는 그리 성공적이지 못했다. 국민국가 시스템의 붕괴는 그 자체의 해외 제국주의가 점진적으로 준비해온 일이었지만 결과적으로는 국민국가의 영역 밖에서 일어난 운동에 의해 완성되었다. 운동이 국민국가의 정당 제도와 성공적으로 경쟁하게 되었을 때, 다수 정당 제도를 가진 나라들의 토대만 잠식할 수 있다는 사실이 드러났다. 또 운동은 단순한 제국주의 전통만으로는 대중적 호소력을 지니기에는 충분치 않으며, 양당 지배의 전통을 가진 국가인 영국에서는 정당 시스템 외부에서 파시즘이나 공산주의적 경향을 가진 운동이 발생하지 않았다는 사실도 드러났다.

　"정당을 초월하여"라는 슬로건이나 "모든 정당의 사람들에게" 호소한다고 하든가, 자신들이 "정당의 투쟁과 멀리 떨어져 오로지 국가 이익을 대변한다"고 자랑하는 일은 모든 제국주의 집단의 특징이다.[74] 이는 이 집단이 오로지 외교 정책에만 관심을 가졌기 때문

---

74) 독일의 식민지 연맹 회장이 1884년 이렇게 말했다. Mary E. Townsend, *Origin of Modern German Colonialism: 1871~85*, New York, 1921 참조. 범게르만 동맹은 자신들은 "정당 위에 있으며, 이것은 동맹의 중대한 조건이었으며 조건이다"라고 항상 주장했다(Otto Bonhard, 앞의 책). 정당 이상의 정당, 즉 "황제정당"이라고 주장한 최초의 정당은 에른스트 바세르만(Ernst Bassermann)이 이끈 독일의 국민자유당이었다(Frymann, 앞의 책).
　러시아에서 범슬라브주의자들은 정당과의 경쟁에서 벗어나기 위해 자신들은 정부에 대한 대중의 지지를 의미할 뿐이라고 가장하면 되었다. 왜냐하면 "집행하는 최고 권력"으로서 정부는 "정당과 관련된 기관으로 이해될 수 없기 때문이었다." 포비예도노스체프의 가까운 언론 협력자인 카트코프는 이렇게 말한다. Olgin, 앞의 책, 57쪽 참조.

에 나타나는 자연스러운 결과처럼 보인다. 왜냐하면 국가는 외교 정
책에서 계급이나 정당과는 무관한 전체로 행동한다고 전제되기 때
문이다.[75] 게다가 대륙의 제도에서 국민 전체를 대표하는 일이 언제
나 국가의 "독점" 사안이었기 때문에,[76] 제국주의자들은 국가 이익
을 가장 중요하게 생각하는 것처럼, 또는 국민 전체의 이익이 제국주
의자들에게서 오래도록 열망한 대중의 지지를 발견한 것처럼 보일
수 있었다. 그러나 진정한 대중성을 아무리 주장해도 "정당을 초월
한 정당"은 범게르만 동맹처럼 지식인과 부자들로 이루어진 작은 사
회로 머물렀고 단지 국가 비상시에만 커다란 지지를 기대할 수 있었
다.[77]

범민족 운동의 중요한 발명품은 그들도 정당 시스템 밖에, 그리고
넘어서 있다고 주장한 것이 아니라 그들이 스스로를 "운동"이라 부
른다는 것이다. 즉 세기 전환기에 유럽에 이미 광범위하게 퍼져 있던
정당에 대한 깊은 불신을 암시하는 그들의 이름이 중요한 발명품이
었다. 이런 불신은 결국 바이마르 공화국 집권 동안 "모든 새로운 집

---

75) 이는 분명하게도 초기의 '정당을 넘어서는' 집단들의 목적이었다. 범게르
만 동맹은 1918년까지는 이 그룹의 일원으로 여겨졌다. "모든 조직적 정당
밖에 서서 우리는 순수하게 민족적인 길을 걸어갈 것이다. 너희는 보수적인
가, 너희는 진보적인가라고 우리는 묻지 않는다…… 독일 국가는 모든 정당
이 공동 전선을 펼 수 있는 합류점이다." Lehr, *Zwecke und Ziele des alldeutschen
Verbandes*, Flugschriften, No.14. Wertheimer, 앞의 책, 110쪽에서 재인용.

76) Carl Schmitt, *Staat, Bewegung, Volk*(1934)는 "국가가 17세기와 18세기에 획득
한 정치 독점"에 관해 말하고 있다.

77) 베르트하이머는 앞의 책에서 상황을 무척 정확하게 그리고 있다. 그녀는 이
렇게 말한다. "전쟁 전에 범게르만 동맹과 제국주의 정부가 친밀한 관계를 맺
고 있었다는 것은 전적으로 터무니없는 주장이다." 다른 한편 고위 관료들
이 범게르만주의자가 되었기 때문에 제1차 세계대전 동안 독일의 정책이 범
게르만주의의 결정적 영향을 받았다는 것은 완벽한 사실이라고 할 수 있다.
Hans Delbrück, *Ludendorffs Selbstportrait*, Berlin, 1922 참조. 이 주제에 관한
그의 초기 논문 "Die Alldeutschen," in *Preussische Jahrbücher*, 154, December.
1913과 비교할 것.

476

단은 자신이 '정당'이 아니라 '운동'이라고 주장하는 것보다 더 좋은 정당화가 없고 대중에게 호소할 수 있는 더 좋은 방법이 없을" 정도로 결정적이었다.[78]

유럽 정당이 범민족 운동이 아니라 전체주의 운동으로 인해 실제로 분열되었던 것은 사실이다. 그러나 작고 비교적 무해한 제국주의 단체들과 전체주의 운동 사이에 있던 범민족 운동은 모든 제국주의 동맹에서 볼 수 있던 속물근성——부나 출생을 중시하는 영국의 속물근성이든, 교육을 숭배하는 독일의 속물근성이든——을 너무나 확실하게 떨쳐버렸다는 점에서, 또 국민을 대표한다고 간주되는 제도들에 대한 대중의 증오로부터 이익을 취할 수 있었다는 점에서 전체주의의 선구자였다.[79] 유럽에서 운동의 호소력이 나치즘이 패하고 볼셰비즘에 대한 공포가 증가한다고 해서 손상을 입지 않았다는 사실은 놀랍지 않다. 지금 상황에서 의회가 멸시당하지 않고 정당 시스템이 증오의 대상이 아닌 유일한 곳은 유럽에서 영국이라 할 수 있다.[80]

영국 정치 제도의 안정과 대륙의 모든 국민국가가 거의 동시에 몰락하는 과정을 바라보면서 우리는 앵글로색슨의 정당 제도와 대륙의 정당 제도 간의 차이가 중요한 요소였다는 결론을 내리지 않을 수 없다. 왜냐하면 번영을 구가하던 영국과 파괴되지 않은 프랑스의 단

---

78) Sigmund Neumann, *Die deutschen Parteien*, 1932, p.99.

79) Moeller van den Bruck은 *Das dritte Reich*, 1923, pp.vii~viii에서 상황을 이렇게 서술한다. "세계대전이 패배로 끝나자…… 자신들은 모든 정당 밖에 있었다고 말하는 독일인, '정당으로부터의 자유'를 말하는 독일인과 '정당을 넘어서는' 관점을 찾으려 애쓰는 독일인을 도처에서 만날 수 있었다……. 나라에서 실제로 무슨 일이 벌어지는지 전혀 알지 못하는 의회에 대한 존경심의 철저한 결여…… 국민들 사이에 널리 펴져 있는 정서였다."

80) 프런트 벤치(하원의 원로와 당직자들이 앉는 정면석-옮긴이) 시스템에 대한 영국의 불만은 이 반의회 정서와는 무관하다. 이 경우 영국인은 의회의 정상적 기능을 방해하는 것에는 반대 입장을 취한다.

순한 물질적 차이는 전쟁이 끝난 후 그리 크지 않았기 때문이다. 전쟁 전 유럽에서 가장 혁명적 요소인 실업은 많은 대륙 국가들보다 영국에 더 심한 타격을 주었다. 전쟁이 끝난 직후 인도의 제국주의 정부를 청산하고 비제국주의 노선에 따라 영국의 세계 정책을 재구성하려는 노동당 정부의 시험적 시도가 영국의 정치적 안정에 가한 충격은 엄청난 것이었다. 사회 구조 안의 단순한 차이가 영국의 비교적 강한 저항력을 설명해주지 않는다. 왜냐하면 사회주의 정부는 정치 제도의 결정적 개혁 없이 영국 사회 제도의 경제적 토대를 심하게 변화시켰기 때문이다.

앵글로색슨의 양당 정치와 대륙의 다수 정당 제도의 외적 차이 뒤에는 국가 내에서 정당이 수행하는 기능의 근본적 차이가 있다. 이 차이점은 권력에 대한 정당의 태도와 국가 내에서 시민의 지위에 커다란 영향을 미치게 되었다. 양당 제도에서 한 정당은 항상 정부를 대표하고 실제로 나라를 통치한다. 그래서 집권 정당은 잠정적으로 국가와 동일시된다. 나라의 통합은 왕이라는 영구 직책으로 대표된다.[81] (외무부의 영구 차관직은 외교 업무의 연속성을 위한 것이다). 두 정당이 정권 교체를 위해 계획되고 조직되었듯이 행정의 모든 부서도 교체를 위해 계획되고 조직되었다.[82] 각 정당의 통치는 시간적으로 제한되어 있기 때문에 야당은 통제력을 발휘하는데, 이 통제력의 효과는 자신이 내일의 통치자라는 확신에 의해 강화된다. 실제로 일당 독재에 대항하여 전체의 통합성을 보장하는 것은 왕의 상징적 지

---

81) 가장 오래된 영국의 정당 시스템은 "국무가 배타적으로 군주의 특권이기를 중단할 때 그 형태를 갖추기 시작했다……." 다시 말하면 1688년 이후부터였다. "왕의 역할은 역사적으로 정당의 파당 투쟁에 대항하여 통일체로서 국가를 대표하는 것이었다." W.A. Rudlin, "Political Parties" 3, "Great Britain," in *Encyclopedia of the Social Sciences* 참조.

82) '정당'의 가장 오래된 역사에서, George W. Cooke, *The History of Party*, London, 1836, 서론에서 정당을 "두 부류의 정치인이…… 서로 교대로 강력한 제국을 통치하는" 제도로 정의하고 있다.

위라기보다 야당이라 할 수 있다. 이 제도의 명백한 장점은 정부와 국가 사이에는 근본적 차이가 없다는 것이고, 권력이나 국가는 오늘이나 내일의 권력과 국가를 대변하는 정당들로 조직된 시민들의 손아귀에 있으며, 그로써 권력이나 국가가 마치 인간의 손이 닿지 않는 어떤 것이나 시민의 의사와 행위와는 무관한 형이상학적 실재인 것처럼 그에 관한 고상한 억측에 빠질 기회가 없다는 것이다.

대륙의 정당 제도는 각 정당이 스스로를 의식적으로 전체의 일부로 규정하고, 이 전체를 대표하는 것은 다시금 정당 위에 있는 국가라고 가정한다.[83] 일당 통치는 그래서 한 부분이 나머지 다른 부분을 독재적 방식으로 지배하는 것을 의미한다. 정당 지도자들 간의 연합으로 탄생한 정부는 항상 정당 정부일 뿐이며 정당들 위에, 정당들 너머 존재하는 국가와 분명히 구분된다. 이 시스템의 가벼운 단점 가운데 하나는 내각 구성원들의 인선이 능력에 따라서 이루어지지 않는다는 것이다. 왜냐하면 정당이 너무 많으며 장관들은 정당의 동맹 관계에 따라 발탁되기 때문이다.[84] 다른 한편으로 영국 시스템은 한 정당의 폭넓은 당원 층에서 탁월한 인물들을 발탁할 수 있게 한다.

---

83) 대륙 정당 시스템의 본질에 관한 가장 탁월한 설명은 스위스의 법학자 Johann Caspar Bluntschli, *Charakter und Geist der politischen Parteien*, 1869에 있다. 그는 이렇게 말한다. "정당은 위대한 전체의 일부분에 불과하고 결코 이 전체 자체가 될 수 없다는 것은 사실이다……. 정당은 결코 국민이나 국가 전체와 자신을 동일시해서는 안 된다……. 그래서 한 정당은 다른 정당들과 싸울 수는 있지만 그것들을 무시해서는 안 되며 그것들을 파괴하고자 해서도 안 된다. 어떤 정당도 홀로 존재할 수는 없다"(3쪽). 헤겔을 연구하는 철학자 카를 로젠크란츠(Karl, Rosenkranz, *Über den Begriff der politischen Partei*, 1843)도 같은 생각을 표현하고 있다. 정당에 관한 그의 책은 독일에서 정당이 존재하기도 전에 출판되었다. "정당은 의식적으로 편파적이다"(9쪽).

84) John Gilbert Heinberg, *Comparative Major European Government*, New York, 1937, chapter, vii and viii 참조. "영국에서 한 정당은 보통 하원에서 다수당이며, 정당 지도자들은 내각의 각료들이다……. 프랑스에서는 어떤 정당도 실제로 의회의 다수를 차지하지 못하며, 그 결과 내각은 여러 정당 집단의 지도자들로 이루어진다"(158쪽).

그러나 이보다 더욱 중요한 문제는 다수 정당 제도가 한 사람이나 한 정당에 완전한 책임을 맡기지 않는다는 것이며, 그 결과 정당 연합으로 탄생한 어떤 정부도 전적으로 책임진다는 느낌을 가지지 못한다. 심지어 일어날 법하지 않은 일이 발생하고 한 정당이 절대 다수로 의회를 지배하여 일당 통치로 이어진다 해도, 이런 사태는 이 시스템이 그런 정부의 발생에 대비하지 않았기 때문에 독재로 귀결될 것이다. 아니면 스스로를 전체의 부분으로 생각하는 데 익숙한 민주적 양심이 온전하다면, 권력 사용을 두려워하면서 양심의 가책을 느끼는 선에서 마무리될 것이다. 이런 식의 양심의 가책은 제1차 세계대전이 끝난 후 독일과 오스트리아의 사회민주당이 잠시 절대 다수당이 되었지만 이 지위로 인해 그들에게 주어진 권력을 사용하기를 거부했을 때 거의 본보기가 되는 방식으로 작용했다.[85]

정당 시스템의 발생 이래 정당은 경제적 이해관계든 또는 다른 것이든 특별한 이해관계와 당연히 동일한 것으로 간주되었으며,[86] 정

---

85) *Demokratie und Partei*, ed. by Peter R. Rohden, Vienna, 1932, 서론. "독일 정당의 특징은…… 모든 의회의 집단들이 보편의지를 대변하지 않기 위해 사퇴한다는 것이다……. 그 때문에 11월 혁명으로 권력이 그들에게 주어지자, 그들은 당황했다. 각 집단은 상대적인 주장만을 제기할 수 있도록 조직되어 있다. 즉 편파적 이해관계를 대변하는 다른 정당이 있다는 점을 항상 고려했으며 그래서 자신의 야망을 제한했다(13~14쪽).

86) 대륙의 정당 시스템은 최근의 산물이다. 프랑스 혁명기로 거슬러 올라가는 프랑스 정당들을 제외하면 어떤 유럽 국가도 1848년 이전에는 정당 대의제를 알지 못한다. 정당은 의회에서 파벌이 형성되면서 발생했다. 스웨덴에서는 사회민주당이 완벽하게 공식화된 강령을 가진 최초의 정당이다(1889) (*Encyclopedia of Social Sciences, loc. cit.*). 독일의 경우는 Ludwig Bergstraesser, *Geschichte der politischen Parteien*, 1921 참조. 모든 정당은 이해관계의 보호라는 토대 위에 서 있다. 독일의 보수당은 예컨대 1848년에 설립된 '대지주 재산의 이해관계를 보호하기 위한 협회'에서 발전했다. 그러나 이해관계는 반드시 경제적인 것만은 아니다. 예를 들면 네덜란드 정당들은 나라의 정치를 지배하는 두 문제──선거권의 확대와 사적(주로 교파의) 교육의 보조금 지급──에 따라 형성되었다"(*Encyclopedia of the Social Sciences, loc. cit.*).

당들 위에 있는 국가가 모든 국민의 이해관계를 위해 자신의 권력을 집행한다는 점을 그들이 확신하는 한, 노동당을 포함한 대륙의 모든 정당이 매우 솔직하게 이런 사실을 인정했다. 반대로 앵글로색슨 정당은 "국가의 이익"에 봉사하는 "특수한 원칙"[87] 위에 세워졌는데, 그래서 정당 자체가 나라의 현재 또는 미래의 국가다. 정당 내의 좌파 진영이나 우파 진영이 이 특수한 이해관계를 대변하며, 통치해야 한다는 필연성이 그것에 제동을 가한다. 양당 제도 안에서 한 정당은 권력을 획득할 만한 힘을 얻지 못할 경우 무한정 존재할 수 없기 때문에 어떤 이론적 정당화나 이데올로기도 개발하지 않았으며, 상충하는 이해관계에서 발생한다기보다 대립적인 이데올로기에서 유래하는 대륙 정당들의 투쟁이 빚어내는 독특한 광신주의는 전적으로 낯선 현상이었다.[88]

정부 및 권력과 원칙적으로 분리된 대륙 정당들의 불행은 그들이 편협하고 특수한 이해관계의 덫에 걸려 있다는 데 있는 것이 아니었다. 이런 이해관계를 대변한다는 사실을 부끄러워했고 그래서 그것을 정당화할 방법을 개발해야 하는 데 있었다. 이는 각 정당이 자신의 특수 이익이 인류의 가장 보편적 이익과 일치한다고 주장하는 이데올로기를 마련하는 결과를 가져왔다. 보수당은 지주의 이익을 보호하는 데 만족할 수 없었고, 신이 인간을 창조한 것은 그의 이마에 흐르는 땀으로 땅을 경작하기 위해서였다고 주장하는 철학이 필요했다. 중산층 정당의 진보 이데올로기나 프롤레타리아는 인류의 지도자라는 노동당의 주장도 이와 마찬가지다. 고상한 철학과 지극히

---

87) Edmund Burke, *Upon Party*, 2nd edition, London, 1850에서 정당을 이렇게 정의했다. "정당은 공동 노력으로 국가 이익을 장려하기 위해 그들이 동의하는 원칙에 따라 한데 뭉친 사람들의 조직체다."

88) 홀콤베(Arthur N. Holcombe, *Encyclopedia of the Social Sciences, loc. cit.*)는 양당 시스템에서 두 정당의 원칙이 "같아지는 경향이 있다"는 점을 강조하는데 이는 올바른 시각이다. "원칙들이 실제로 동일하지 않다면 승자에 대한 복종은 패자에게 참을 수 없는 것이 될 것이다."

현실적인 이해관계의 기이한 결합은 첫눈에만 역설적으로 보였다. 이 정당들은 공무를 취급할 목적으로 당원들을 조직하지 않았고 (그 지도자들을 교육하지 않았으며) 사적 이해관계를 가진 사적 개인으로서 당원들을 대표했기 때문에 영적이든 물질적이든 모든 사적 요구를 들어주어야 했다. 달리 말하면 앵글로색슨 정당과 대륙 정당의 주요 차이점은 전자가 행동하기 위해 "서로 제휴할" 필요가 있는 시민들의 정치 조직인 반면,[89] 후자는 자신들의 이익을 공적 사안의 개입에 대항하여 보호하고자 하는 사적 개인들의 조직이라는 것이다.

대륙의 국가 철학은 개인이 정당 당원이 아닐 경우에만, 다시 말해 그들이 조직되지 않는 개인으로서 국가와 관계를 맺고 있는 한, 또는 비상사태에 열렬한 애국심을 보일 때에만(시토엥)[90] 이들을 시민으로 재조직한다는 것도 앞에서 언급한 사실과 논리적으로 일치한다.

---

89) Burke, 앞의 책. "그들은 협조하면서 일하지 않는 사람이 효과적으로 일할 수 없다고 믿는다. 확신을 가지고 일하지 않는 사람은 협조하면서 일할 수 없다. 공통된 의견, 공통된 감정과 공통된 이해관계에 의해 함께 묶이지 않은 사람들은 확신을 가지고 일할 수 없다."

90) 정당 당원에 대립하는 개념으로서 중부 유럽의 시민 개념에 관해서는 Bluntschli, 앞의 책 참조. "정당은 국가의 제도가 아니며……국가 유기체의 구성원이 아니다. 정당은 자유로운 사회적 연합체로서, 그 설립은 확고한 확신에 의해 공동의 정치 행위를 하기 위해 단결한 회원들, 바뀌는 회원들에 달려 있다." 국가 이해와 정당 이해의 차이가 재차 강조된다. "정당은 결코 자신의 위치를 국가 위에 설정해서는 안 되며, 자신의 이익을 국가 이익 위에 두어서도 안 된다"(9~10쪽).
이와는 반대로 버크는 정당의 이익이나 정당의 당원 자격은 한 사람을 나쁜 시민으로 만든다는 개념에 대해 반론을 편다. "국가는 가족으로 이루어져 있고, 자유국가는 정당으로 이루어져 있다. 우리의 친척 관계나 혈연이 불가피하게 사람들을 나쁜 시민으로 만드는 경향이 있다고 우리가 단언할 수 있듯이 마찬가지로 우리 정당의 결속이 우리를 국가에 묶어주는 그런 끈들을 약하게 한다고 단언할 수 있다"(앞의 책). Lord John Russel, *On Party*(1850)는 한 걸음 더 나아가 정당의 좋은 성과들 중 중요한 것은 "그것이 정치가들의 공허한 견해에 실질적인 내용을 부여하고 그들을 꾸준하고 지속적인 원칙에 묶어 놓는다는 것이다."

이것은 한편으로는 프랑스 혁명의 **시토엥**이 19세기의 **부르주아** 계급으로 변신한 사건의 불행한 결과이며, 다른 한편으로는 국가와 사회 간의 대립의 결과다. 독일인들은 애국주의를 당국에 순종하며 자신을 망각하는 것으로 생각하는 경향이 있고, 프랑스인은 '영원한 프랑스'라는 허깨비에게 열정적인 충성을 바치는 것으로 간주한다. 이 두 경우 애국주의는 정부와 국가 이익을 위해 자기 정당과 특수한 이익을 포기하는 것을 의미한다. 요지는 그런 민족주의적 기형이 사적 이익으로부터 정당을 창출한 시스템에서는 불가피한 것이기 때문에 공익은 위로부터의 힘, 그리고 민족적 열정을 불러일으킴으로써만 얻을 수 있는 아래로부터의 관대한 자기 희생에 달려 있다는 것이다. 반대로 영국에서는 사적 이익과 국가적 이익의 대립이 정치에서 중요한 역할을 한 적이 없다. 그래서 대륙에서 정당 시스템이 계급 이익과 일치하면 할수록, 국가는 그만큼 더 시급하게 민족주의와 국가 이익에 대한 대중적 지지와 표현을 필요로 하게 된다. 여당과 야당이 직접 통치하는 영국에서는 이런 대중의 지지가 그 정도로 필요하지 않다.

운동의 발생 경향과 연관하여 대륙의 다수 정당 제도와 영국의 양당 제도의 차이를 생각해볼 때, 일당 독재 체제는 시민들이 '협조하여' 행동하는, 즉 정당 조직을 통해 행동함으로써 권력을 합법적으로 쟁취할 수 있고, 스스로를 현 국가나 장래에 있을 국가의 소유자로 느끼는 나라에서보다 국가가 정당 위에 있고 그래서 시민들 위에 군림하는 나라에서 더 쉽게 국가 장치를 장악할 수 있다는 주장은 그럴듯해 보인다. 더 설득력 있어 보이는 주장은 운동의 고유한 특성인 권력의 신비화가 시민들이 권력의 원천에서 더 멀리 떨어져 있으면 있을수록 쉽게 이루어지며, 법이 권력 위에 있고 권력은 법 집행의 단순한 수단에 불과한 입헌 국가에서보다 권력이 피지배자가 이해할 수 있는 능력의 범위를 확실하게 넘어서는 관료제 국가에서 더 쉽게 이루어진다는 것이다. 또 권력의 신비화는 국가 권력이 정당의 손이 닿는 곳에 있지 않으며, 설령 시민이 이해할 수 있는 범위 내에 있다 하더라도 실질적 경험과 행동이 닿을 수 없는 곳에 있는 나라에서 쉽게 이루어진다는 주장도 더 설득력 있어 보인다.

정부로부터의 소외는 대중이 결과적으로 의회를 증오하고 혐오하게 된 출발점이었는데, 프랑스와 다른 서구 민주주의 국가에서 나타나는 소외와, 중부 유럽과 독일에서 나타나는 소외는 각기 다른 형태를 띠고 있었다. 국가가 정의상 정당 위에 존재하는 독일에서 정당 지도자들은 장관이 되거나 공직의 책임을 맡게 되는 순간 대개는 당에 대한 충성 의무를 포기한다. 자신의 당에 대해 충성을 지키지 않는 태도는 모든 공직자의 의무다.[91] 당에 대한 충성 의무가 지배하는 프랑스에서 제3공화국이 수립되어 내각이 기록적으로 자주 바뀌면서 정부다운 정부는 불가능해졌다. 프랑스의 약체 정부는 독일 정부와는 정반대인데, 정당과 의회 위에 존재한 국가를 폐지했지만 정당 시스템을 통치 능력이 있는 체제로 다시 조직하지는 못했다. 정부는 수시로 변하는 의회 및 여론의 정서를 표현하는 우스운 기관이 되었다. 다른 한편으로 독일 시스템은 의회를 상충하는 이해관계와 의견들의 싸움터로 만들었다. 의회의 주요 기능은 정부에 영향력을 행사하는 것이었지만 국사 수행에서 의회가 가지는 실질적 의미는 아무리 낮춰 말한다 해도 논의할 여지가 많았다. 프랑스에서는 정당이 정부를 질식사시켰고 독일에서는 국가가 정당을 거세했다.

19세기 말 이래 대륙의 의회와 정당의 평판은 꾸준히 떨어졌다. 대

---

91) 이런 태도와 영국에서 램지 맥도널드(Ramsay MacDonald)가 노동당에 대한 '배신'이라는 오명을 여러 해에 걸쳐 씻어낼 수 없었다는 인상적인 사실을 비교하라. 독일에서 공무원의 정신은 공직에 있는 사람들에게 "정당을 초월하라"고 요구했다. 과거 프로이센의 공무원 정신에 대해 나치는 당이 우선한다는 사실을 강력히 주장했다. 나치는 독재를 원했기 때문이다. 괴벨스는 명시적으로 요구했다. "국가 공무원이 되는 모든 당원은 우선 민족 사회주의자로 남아야 하며…… 당의 행정과 긴밀하게 협력해야 한다"(Gottfried Neesse, *Partei und Staat*, 1939, p.28에서 인용).

다수 국민에게는 의회와 정당이 비싸고 불필요한 제도처럼 보였다. 이런 이유 때문에라도 어떤 집단이 정당과 계급을 초월한 프로그램을 제시하면서 의회 밖에서 출발한다면 인기를 얻을 수 있는 좋은 기회가 있었다. 그런 집단들은 더 능력 있고 더 성실하며 공적 사안에 더 큰 관심을 기울이는 것처럼 보였다. 그러나 이는 단지 겉모습뿐이었다. "정당을 초월한 정당"의 진정한 목표는 자신들의 특수한 이해관계를 관철하여 다른 이해관계들을 모두 파괴하는 것이며, 하나의 특별한 집단이 국가 기구의 지배자가 되게 하는 것이었다. 이런 일은 결국 이탈리아에서, 무솔리니의 파시즘 정권에서 일어났다. 이 정권은 1938년까지 전체주의 정권이 아니었으며 단지 다수 정당의 민주주의 체제로부터 논리적으로 발전해 나온 민족주의적 독재 정권이었다. 다수의 지배와 독재 사이에 친화력이 있다는 옛 상투어에도 진리가 들어 있기는 하지만, 이 친화력은 전체주의와는 아무런 관계가 없다. 비효과적이고 혼란스러웠던 다수 정당의 통치가 몇 년 지속된 이후, 한 정당의 정권 장악은 한시름을 놓게 하는 사건으로 다가왔다. 그것은 적어도 제한된 시간이나마 일관성과 지속성을 보장했고 모순과 자가당착은 줄어들 것이기 때문이었다.

나치의 정권 장악이 통상적으로 일당 독재와 동일시된다는 사실은 정치 사고가 여전히 기존의 유형에 묶여 있었다는 것을 보여주며, 또 국민들이 실제로 일어날 일에 전혀 대비하지 못했음을 보여준다. 파시즘 정당에서 전형적으로 현대적인 측면은 스스로 운동이라고 주장하고 있다는 것뿐이다. 파시즘 정당은 결코 운동이 아니었고, 단지 대중을 유혹하기 위해 '운동'이라는 표어를 찬탈했을 뿐이라는 사실은, 나치가 국가 기관을 장악하면서 나라의 권력 구조를 과감하게 개혁하지 않고, 모든 정부 요직을 당원들로 채우는 것에 만족했을 때 곧 명확해진다. 정당이 '운동'이기를 그치고 근본적으로 안정된 국가 구조의 구속을 받게 되었던 것은 정당과 국가를 동일시했기 때문이었다. 그런데 나치나 볼셰비즘은 항상 이런 동일시 현상을 조심스럽게 피하고자 했다.

설령 전체주의 운동과 그 전임자인 범민족 운동이 국가 기관을 장악하려는 "정당을 초월한 정당"이 아니라 국가의 파괴를 목표로 하는 운동이었다 하더라도, 나치는 운동의 포즈를 취하는 것, 즉 이탈리아의 파시즘 모델을 충실하게 따르는 척 가장하는 것이 여러 모로 유익하다고 생각했다. 그렇게 하여 나치는 상류층과 엘리트 기업가들의 지원을 얻을 수 있었다. 이들은 나치를 자신들이 과거 발기했던 그런 집단으로 착각했고, 이는 한 정당이 국가 기관을 정복하는 데 적당한 구실을 만들어주었을 뿐이었다.[92] 히틀러가 권력을 쥐도록 지원했던 사업가들은 순진하게 한 독재자를 도와준다고 믿었고, 그들이 만든 사람이 자신들의 계급에 이익이 되고 다른 계급들에는 불리하게 통치할 것이라고 믿었다.

제국주의자들이 만든 "정당을 초월한 정당"은 정당 제도 자체에 대한 대중의 증오심으로부터 어떻게 이득을 취해야 할지 전혀 알지 못했다. 독일의 전쟁 전 제국주의는 대륙의 확장을 꿈꾸었고 국민국가의 민주주의 제도를 격렬하게 비난했음에도 불구하고 운동의 범위에는 미치지 못했다. 국가의 정당 제도의 실질적 토대였던 계급 이익을 거만하게 포기하는 것만으로는 분명 충분치 않았다. 정당 제도는 보통 정당들이 여전히 향유하는 만큼의 호소력도 이들에게 남겨두지 않았기 때문이다. 고상하게 들리는 민족주의적 경구에도 불구하고 이들에게 없었던 것은 진정한 민족주의적 이데올로기나 다른 이데올로기였다. 제1차 세계대전 후 범게르만주의자들, 특히 루덴도르프와 그의 부인이 이런 오류를 깨닫고 만회하려 했지만, 그들은 대중이 가진 가장 미신적인 믿음에 호소할 수 있는 뛰어난 능력에도 불

---

92) 식민지협회나 상업 지리학을 위한 중앙협회, 선단협회나 제1차 세계대전 전까지 큰 기업과는 아무런 관계가 없었던 범게르만 동맹 같은 단체들이다. Wertheimer, 앞의 책, 73쪽 참조. 부르주아 계급의 이 '초당'적 단체들 가운데 가장 대표적인 집단은 물론 민족자유주의자들이다. 주74) 참조.

구하고 실패했다. 그것은 그들이 시대에 뒤떨어진 비전체주의적 국가 경배에 집착했고 또 이른바 "초국가적 권력들"——즉 예수회, 유대인과 프리메이슨단——에 대한 대중의 열렬한 관심이 국민이나 국가 숭배에서 나오는 것이 아니라 그 반대로 대중 역시 "초국가적 권력"이 되고 싶다는 욕망과 시기심에서 유래한다는 것을 이해하지 못했기 때문이다.[93]

어느 모로 보나 국가 숭배와 국민 찬양이 시대에 뒤떨어진 현상으로 간주되지 않고 '초국가적' 세력에 반대하는 민족주의적 구호들이 국민의 진지한 관심을 끌었던 유일한 나라는 이탈리아나 다소 약하지만 에스파냐와 포르투갈 같은 라틴 유럽 국가들이었다. 이들 국가에서는 교회 권력이 완전한 국가 발전을 막고 있었다. 파시즘적 민족주의가 초창기에 표방하던 반교회적 색채가 곧 약해지고, 이탈리아에서처럼 하나의 생활방식에 양보하거나 에스파냐와 포르투갈에서처럼 긍정적 동맹관계에 길을 내주게 된 것은, 부분적으로 뒤늦은 국가 발전이라는 독특한 요소 때문이기도 하고, 부분적으로는 파시즘이 반기독교적이지도 않고 원칙적으로 전체주의도 아니며 이미 다른 국가에서 시행되던 제정 분리를 확립하려 할 뿐이라는 사실을 현명하게 인식했던 교회의 지혜 덕분이기도 했다.

법인 국가 이념에 대한 무솔리니의 해석은 계급 분열로 고통받는 사회에서 국민국가가 처한 악명 높은 위험을 새롭게 통합된 사회 조직으로[94] 극복하려는 시도였으며, 국민국가의 기초로서 국가와 사

---

93) Erich Ludendorff, *Die überstaatlichen Mächte im letzten Jahre des Weltkrieges*, Leipzig, 1927; *Feldherrnworte*, 1938, 2 vols.; I, 43, 55; II, 80 참조.

94) 법인 국가의 중요한 목적은 "산업에서 자본과 노동을 분열시키고, 한편으로는 노동의 자본주의적 고용자 계급을, 다른 한편으로는 거대한 무산계급, 즉 산업 프롤레타리아를 탄생시킨 19세기의 산업혁명이 초래한 조건을 수정하고 완화하는 것이었다. 이런 계급들의 병렬 현상은 불가피하게 그들의 상반된 이해관계의 충돌로 이어졌다"(*The Fascist Era*, published by the Fascist Confederation of Industrialists, Rome, 1939, chapter iii).

회의 대립을 국가 안에 사회를 합병함으로써 해결하고자 하는 시도였다.[95] "정당을 초월한 정당"인 파시즘 운동은 전 국민을 대표한다고 주장했기 때문에, 국가 기구를 장악했고 자신을 국가의 최고 권위로 생각했으며 전체 국민을 "국가의 일부"로 만들고자 했다. 그러나 운동은 스스로 "국가 위에" 있다고 생각하지 않았으며, 그 지도자들도 자신들이 "국민 위에" 있다고 생각하지 않았다.[96] 파시스트의 경우, 그들의 운동은 권력 장악과 함께 적어도 국내 정치에서는 끝이 났다. 운동은 외교 정책이라는 문제, 즉 제국주의적 팽창과 특히 제국주의적 모험이라는 의미에서 지속적으로 움직이고 있었다. 심지어 나치즘도 권력을 장악하기 전에 이미 파시즘의 독재 형식과 분명하게 거리를 두었다. 파시즘의 독재에서 '운동'은 단순히 정당이 권력을 잡는 수단이었고 의식적으로 정당을 이용하여 정당과는 반대로 어떤 "명확하고 확고하게 규정된 목적"[97]을 가져서는 안 되는 "운동을 가속화하려" 했다.

파시즘 운동과 전체주의 운동의 차이점은 군대, 다시 말하면 가장

---

95) "국가가 진정으로 민족을 대표한다면, 민족을 구성하는 국민은 국가의 일부여야 한다.

"어떻게 그것을 실현할 수 있는가?"

"파시스트의 대답은 국민을 직업 집단으로, 즉 그 지도자들을 통해 피라미드처럼 한 계단 한 계단 쌓여, 바닥에는 대중이 있고 꼭대기에는 국가가 서 있는 그런 집단으로' 조직하는 방법으로 그렇게 할 수 있다는 것이다.

"국가 밖에서는 어떤 집단도 존재하지 않고, 국가에 대항하는 집단도 없으며, 모든 집단이 국가 안에 있는 것…… 그것이 민족이 자신을 표현하는 것이다(같은 책).

96) 전체주의 국가에서 정당과 국가의 관계, 특히 파시즘 정당이 이탈리아의 국가와 일체가 된 현상에 관해서는 Franz Neumann, *Behemoth*, 1942, chapter 1 참조.

97) "NSDAP의 정당 조직을 위한 복무 규정," 1932, p.II ff.에 들어 있는 정당과 운동의 관계에 대한 무척 흥미로운 설명 참조. 또 Werner Best가 *Die deutsche Polizei*, 1941, p.107에 제시한 유사한 경향의 설명 참조. "정당이 할 일은 운동을 하나로 통합하고 그것을 지원하며 방향을 제시하는 것이다."

전형적 국가 제도인 군대에 대한 태도에서 극명하게 드러난다. 군대를 정치 인민 위원들이나 전체주의 엘리트 조직 밑에 둠으로써 군대의 정신을 파괴한 나치나 볼셰비키와 달리, 파시스트들은 군대와 같은 국가주의적 도구들을 강하게 이용할 수 있었고 국가와 혼연일체가 되었던 것처럼 군대와도 그렇게 되려 했다. 그들이 원한 것은 파시즘적 국가와 군대였지만 그곳도 여전히 군대나 국가였다. 단지 나치 독일과 소비에트 러시아에서만 군대와 국가는 운동의 하위 기능을 수행했다. 파시즘 독재자만이 — 히틀러나 스탈린은 결코 아니었다—고전적 정치 이론의 의미에서 진정한 찬탈자였으며, 그의 일당 통치는 어떤 의미에서 다수 정당 시스템과 밀접하게 관련된 유일한 지배 형식이었다. 그는 제국주의적 마인드를 지닌 동맹들, 단체들과 "정당을 초월한 정당"이 목표했던 것을 수행했다. 그러므로 현대적 대중 운동의 유일한 사례가 된 것은 특별히 이탈리아의 파시즘이었다. 현대적 대중 운동이란 기존 국가의 틀 안에서 조직되고 과격한 민족주의에 의해 촉발된 운동으로, 국민을 국민국가가 비상시나 신성동맹 시기에 동원할 수 있는 국가 시민이나 애국자로 전환했다.[98]

국가에 대한 적대감이 없는 운동은 없다. 비교적 안정된 전전 독일의 범게르만주의자들에게 이런 국가에 대한 증오는 전적으로 낯선 것이었다. 이 운동은 국가에 대한 증오가 탄압받고 있던 민족주의자들에게는 애국심의 표현으로 여겨지던 오스트리아에서 처음으로 일어났다. 이곳에서 정당들은 사회민주당(기독교사회당 다음으로 오스트리아에 진심으로 충성을 바쳤던 당)을 제외하고는 계급이 아니라 민족을 따라 형성되었다. 이런 일이 가능했던 것은 경제적·국가적 이

---

98) 1933년 11월 14일자 연설에서 무솔리니는 전쟁 동안 모든 국민국가에서 유행한 논리로 자신의 일당 통치를 변호했다. "정치적 규율이 존재하려면……공동 운명의 끈은 서로 반대되는 이해관계를 넘어 모든 사람을 묶으려면" 단하나의 정당이 필요하다"(Benito Mussolini, *Four Speeches on the Corporate State*, Rome, 1935).

해관계가 거의 동일한 것이었고 경제적·사회적 지위가 대개 어떤 민족에 속하는가에 달려 있었기 때문이다. 그래서 국민국가에서 국민을 단합하는 힘이었던 민족주의는 갑자기 내부 붕괴의 원칙이 되었으며, 이 원칙은 국민국가의 정당 구조와는 결정적으로 다른 정당 구조로 귀결되었다. 다민족적인 오스트리아-헝가리에서 당원들을 통합한 것은, 대륙의 다른 정당 시스템처럼 특수한 이해관계가 아니었고 앵글로색슨 국가에서처럼 조직 행동을 위한 특별 원칙이 아니었다. 그것은 같은 민족에 속한다는 감정이었다. 엄격하게 말해 이런 구조는 예부터 오스트리아 정당의 취약점이었는데, 그 까닭은 명확한 목적이나 강령이 종족의 소속감에서는 도출될 수 없기 때문이다. 범민족 운동은 정당을 운동으로 전환함으로써 또 다른 조직들과는 달리 목적이나 강령이 필요 없고 당원들에게 피해를 주지 않으며 정책을 하루가 다르게 바꿀 수 있는 조직 형태를 발견함으로써 이런 단점을 미덕으로 만들었다. 나치가 자신들은 강령을 가지고는 있지만 그것을 반드시 필요로 하지 않는다고 자랑스럽게 천명하기 훨씬 전에, 범게르만주의는 대중에게 호소하려면 정해진 당의 요강이나 강령보다 일반적인 정서가 훨씬 더 중요하다는 사실을 발견했다. 왜냐하면 운동에서 유일하게 중요한 것은 바로 운동이 항상 운동 속에 있다는 것이었기 때문이다.[99] 그러므로 나치는 14년의 바이마르 공화국 시절을 "시스템의 시간"이라 불렀는데, 이 말에는 이 시기가 역동성이 없는 불모의 시기였으며 "움직이지" 않았고 "운동의 시대"가 그 뒤를 잇는다는 함의가 담겨 있다.

---

99) 베르댜예프가 기록한 다음의 일화는 주목할 만하다. "소련 청년 한 명이 프랑스에 갔다……. 프랑스에 대한 인상이 어떤지 그에게 묻자, 그는 대답했다. '이 나라에는 자유가 없다…….' 청년은 자유에 대한 자기 생각을 상세히 설명했다……. 이른바 프랑스의 자유는 모든 것을 그대로 내버려두는 식의 자유다. 하루하루가 전날과 다름이 없다……. 그래서 러시아에서 온 청년은 프랑스에서 따분했던 것이다"(앞의 책, 182~183쪽).

일당 독재 국가라 하더라도 국가는 성장 중인 운동의 수시로 변하는 욕구에 방해가 된다고 여겨진다. "정당 위"에 있다고 자처하는 독일 범게르만 동맹의 제국주의 집단들과 오스트리아의 범게르만 운동 사이에는 국가에 대한 이런 태도 말고는 별다른 차이점이 없다.[100] "정당을 초월한 정당"이 오로지 국가 기구의 장악을 원했다면, 진정한 운동은 그 파괴를 목표로 했다. 전자가 한 정당의 당원들이 국가를 대표했을 때에도 국가를 여전히 최고 권위로 인정한 반면(무솔리니의 이탈리아에서처럼), 후자는 운동을 국가의 영향을 받지 않고 국가보다 높은 권위를 가진 것으로 간주했다.

제1차 세계대전 후 정당 제도가 중단되고 유럽 사회의 계급 제도가 여러 가지 사건으로 사회적으로 추락한 대중의 압력에 눌려 붕괴했을 때, 정당 시스템에 대한 범민족 운동의 적대감이 실질적 의미를 얻게 되었다. 세상 사람들의 주목을 끈 것은, 범민족 운동이 아니라 그 계승자인 전체주의 운동이었다. 모든 정당이 반파시즘 정당 아니면 반볼셰비즘 정당이 되거나, 또는 두 가지 경향을 가진 정당이 될 정도로 전체주의 운동은 몇 년이 채 안 되어 모든 정당정치를 결정하게 되었다.[101] 외부의 강요 때문에 이런 부정적 태도를 취함으로써 옛 정당들은 자신들 역시 특수한 계급의 이해관계를 대변할 수 없고 단지 기존 질서의 단순한 수호자가 되었다는 것을 분명히 보여주었다. 독일과 오스트리아의 범민족 운동이 나치즘으로 규합되는 속도는, 범슬라브주의가 레닌의 러시아 혁명을 청산하는 작업이 충분히 철저하여 그들 스스로 스탈린을 진정으로 지원하게 되었음을 발견

---

100) 오스트리아의 반국가 감정은 종종 독일의 범게르만주의자들, 특히 묄러 판 덴 브룩(Moeller van den Bruck)처럼 재외 독일인들 가운데에서 나타났다.

101) 1932년 선거 동안 히틀러는 "나치에 대항하는 세력으로는 독일에서는 단지 부정적인 다수가 있을 뿐이다"(Konrad Heiden, *Der Führer*, 1944, p.564에서 인용)라고 말하는데, 이는 상황을 정확하게 서술한 것이다.

하는 속도에 필적한다. 단지 후자가 좀더 느리고 훨씬 더 복잡한 진로를 거쳤을 뿐이다. 권력의 절정기에 있던 볼셰비즘과 나치즘이 단순한 종족 민족주의를 넘어서며 또 원칙적으로 종족 민족주의를 여전히 확신하던 사람들에게는 단순한 선전 자료 이상의 의미는 없었다는 사실은, 범게르만주의자들이나 범슬라브주의자들의 잘못이 아니었으며 이들의 열정에 제동을 걸지도 않았다.

　대륙 정당 제도의 쇠퇴는 국민국가의 명성 몰락과 함께 진행된다. 국민적 동질성은 이민으로 심각한 손상을 입고 **진정한 국민국가인** 프랑스는 외국 노동력에 전적으로 의존하게 되었다. 새로운 수요에 부적합한 제한된 이민 정책은 여전히 '민족주의적'이었지만, 국민국가가 시대의 중요한 정치적 이슈를 헤쳐나갈 능력이 없다는 사실을 더욱 명백하게 보여주었다.[102] 더욱 심각한 것은 동부 유럽과 남부 유럽에 국민국가의 조직을 도입하기 위해 1919년에 체결된 평화협정의 불운이었다. 이 지역에서 국가를 조직한 다수민족은 절대 다수를 차지하지 못했고 연합한 '소수민족들'에게 수적으로 열세를 보였다. 이런 새로운 상황은 그 자체만으로도 정당 제도의 계급적 토대를 심각하게 파손하기에 충분했다. 마치 이중 군주국의 청산이 일련의 유사한 실험들을 작은 규모로 시작하는 데 도움이 되었을 뿐이라는 듯이, 이제 곳곳에서 정당이 민족적 노선을 따라 결성되었다.[103] 국민국가와 그 정당의 계급적 토대가 이민과 주민의 이질성에 의해 타격을 받지 않은 곳에서는 인플레이션과 실업이 유사한 형태의 붕괴를

---

102) 제2차 세계대전이 발발할 당시 적어도 프랑스 국민의 10퍼센트는 해외 이주자였고 귀화하지 않은 사람들이었다. 북부 지역의 프랑스 탄광에서는 주로 폴란드인과 벨기에인이 일하고 있었고, 남부의 농업은 에스파냐인과 이탈리아인에 의해 이루어졌다. Carr-Saunders, *World Population*, Oxford, 1936, pp.145~158.

103) "1918년 이래 승계국가들 중 어떤 국가도…… 한 민족, 한 종교, 한 사회계급이나 한 지역 이상을 포괄하는 정당을 산출하지 못했다. 유일한 예외는 체코슬로바키아의 공산당이었다"(*Encyclopedia of the Social Sciences, loc, cit.*)

가져왔다. 확실한 것은 한 나라의 계급 제도가 견고하면 할수록 국민들의 계급의식이 더 분명하고, 이런 붕괴가 더 극적이고 위험하다는 것이다.

제1차 세계대전이 끝나고 제2차 세계대전이 일어날 때까지 운동은 계급에 호소하지 않고 국가 제도를 공격했기 때문에 어떤 정당보다 더 좋은 기회를 가졌다. 파시즘과 나치즘은 증오하는 대상이 계급에 속한 개인이 아니라 계급 제도 자체라고 떠벌렸다. 그들은 계급 제도를 마르크스주의의 발명품이라고 비난했다. 더욱 의미심장한 사실은 공산주의자들이 1935년 이후 대중의 토대를 확장한다는 구실 아래 도처에서 대중 전선을 결성하여 그때까지 파시즘 운동의 자연적 먹이였던 계급 밖의 대중에게 호소하기 시작하면서 마르크스주의자들임에도 불구하고 경직된 계급 선동을 포기해야만 했다는 것이다. 구 정당 가운데 어떤 정당도 대중을 수용할 준비가 되어 있지 않았고, 어떤 정당도 이들의 수적 중요성과 점점 커지는 지도자들의 정치적 영향력을 정확하게 측정하지 못했다. 구 정당들의 판단 실수는 그들이 의회 내에서 안정된 지위를 확보하고 있었고 또 국가 공직을 확실하게 차지하고 있었기 때문에, 스스로 대중보다는 권력의 핵심과 더 가깝다고 느꼈다는 사실로 설명할 수 있다. 그들은 국가가 영원히 모든 폭력 수단의 확고한 주인으로 남을 것이며 국민국가의 최고 제도인 군대가 모든 국내 위기에서 결정적 요소가 될 것이라고 생각했다. 그래서 그들은 공식적으로 승인된 지원 없이 갑자기 부상하는 수많은 준군사 조직을 마음대로 비웃어도 된다고 느꼈다. 왜냐하면 정당 제도의 성장이 의회 밖의 운동과 계급의 압력으로 둔화되면 될수록, 국가와 정당의 해묵은 대립은 더욱더 급격하게 사라졌기 때문이다. "정당 위의 국가"라는 환상에 시달린 정당들은 이 조화를 힘의 원천으로, 좀더 높은 질서를 갖춘 어떤 것과의 멋진 관계로 잘못 해석했다. 그러나 국가는 정당 제도처럼 혁명 운동의 압력에 위협을 받았으며, 더 이상 국내 분쟁을 초월한 위치, 즉 고상하고 필연적으로 인기 없는 위치를 유지할 여유가 없었다. 군대는 이미 오래전부터 혁명적 소요를 막아낼 수 있는 믿음직한 성채가 아니었다. 군대가 혁명에 동조해서가 아니라 자신의 지위를 상실했기 때문이다. 현대에 들어 두 번, 그것도 두 번 모두 진정한 국민국가인 프랑스에서 군대는 권력자들을 지원하거나 스스로 권력을 장악할 마음이 근본적으로 없거나 또는 그럴 능력이 없다는 것을 이미 확실하게 보여주었다. 즉 "12월 10일 사회"의 군중들이 나폴레옹 3세를 권좌에 옹립하는 것을 군대가 허용한[104] 1850년에 그랬고, 19세기 말 군사 독재의 수립보다 더 쉬운 일이 없었을 법한 드레퓌스 사건 때도 그랬다. 군대의 중립, 기꺼이 모든 주인에게 봉사하려는 태도는 결국 국가를 "조직된 정당의 이해관계 사이에서 중재하는" 위치에 남도록 했다. "국가는 이제 사회 계급 위에 군림하지 않고 그 사이에 존재했다."[105] 달리 말하면 국가와 정당은 합세하여 기존 질서를 수호했지만, 바로 이런 동맹이 무엇보다 기존 질서의 변화에 기여했다는 사실을 알지 못했다.

유럽의 정당 제도는 히틀러의 권력 장악과 함께 극적인 방식으로 붕괴되었다. 지금에 와서 종종 쉽게 잊어버리는 사실은 제2차 세계대전 발발 당시 대부분 유럽 국가들이 독재 형태를 수용하고 있었고, 통치에서 이런 혁명적 변화가 대부분 국가에서 혁명적 대변동 없이 이루어졌다는 것이다. 혁명 행위는 진지한 권력 투쟁이라기보다는 불만에 가득 찬 대중의 욕망에 연극적으로 양보한 것이다. 결국 거의 무장하지 않은 몇천 명이 로마로 행진하여 이탈리아의 정권을 인수했든, 아니면 폴란드(1934년)에서 반파시즘 정권을 지지하는 강령을 가진 이른바 "비정당 블록"이 귀족과 가장 가난한 농민, 노동자와 사업가, 가톨릭 교도와 정통 유대인들로 이루어진 구성원들의 도움을 받아 법적으로 의석 3분의 2를 차지했든, 그것은 그리 중요하지 않

104) Karl Marx, 앞의 책 참조.
105) Carl Schmitt, 앞의 책, 31쪽.

았다.[106]

공산주의와 파시즘의 성장과 함께 히틀러가 권력을 장악함으로써 프랑스 정당들의 상호 관계와 유서 깊은 정당 노선은 하룻밤에 바뀌었다. 그때까지 반독일적이고 전쟁을 찬성한 프랑스 우익은 1933년 이후 평화주의와 독일과의 친선에 앞장서는 선봉장이 되었다. 좌익은 똑같이 빠른 속도로 양보 없는 평화주의에서 독일에 대한 확고한 반대 입장으로 선회했고, 불과 몇 년 전에 그들의 평화주의를 국가 반역으로 매도한 정당들로부터 전쟁광의 정당이라는 비난을 받았다.[107] 히틀러가 권력을 장악한 이후 몇 년 동안 프랑스의 정당 시스템이 더 큰 손상을 입게 되었다. 뮌헨의 위기 동안 우익에서 좌익에 이르는 모든 정당은 정치와 관련된 유일한 의제, 누가 독일과의 전쟁을 찬성하며 누가 반대하는가와 같은 의제로 내분된다.[108] 각 정당 내부에는 평화 찬성파와 전쟁 지지파가 있었다. 그중 어떤 정당도 중요한 정치적 결정에 관해 한목소리를 낼 수 없었고, 어떤 정당도 파시즘과 나치즘의 시험을 이겨내지 못하여 결국 반파시즘파와 나치 동조자로 분열되었다. 히틀러가 꼭두각시 정권을 세우면서 모든 정당으로부터 자유롭게 인물을 발탁한 것은 이런 전전 상황의 결과이지 나치가 특별히 빈틈없이 조작한 결과는 아니었다. 나치에 협력하는 부역자가 없는 정당은 유럽에서 하나도 없었다.

구 정당의 분열에 비해 파시즘과 공산주의 운동의 단결은 곳곳에서 선명한 대조를 이루었다 — 전자는 독일과 이탈리아 밖에서 외세 침략이라는 대가를 치러도 평화를 충실하게 옹호했고, 후자는 오랫

---

106) Vaclav Fiala, "Les Partis politiques polonais," in *Monde Slave*, Février, 1935.

107) Charles A. Micaud, *The French Right and Nazi Germany, 1933~39*, 1943에 있는 신중한 분석 참조.

108) 가장 유명한 사례는 1938년 센 데파르트망(Seine Department) 전당대회 동안 블룸의 정파가 데아(Déat)의 친 뮌헨 집단에 비해 소수인 프랑스 사회주의 정당의 분열이다.

동안 국가 파멸을 대가로 전쟁을 선전했다. 그러나 중요한 문제는 극우파가 히틀러의 유럽을 위해 전통적인 민족주의를 포기한 것도 아니고 극좌파가 케케묵은 민족주의 구호를 위해 전통적인 평화주의를 잊은 것도 아니며, 두 운동이 정책의 급격한 변화에도 흔들림이 없을 구성원들과 지도자들의 충성을 확신할 수 있었다는 것이다. 이런 사실은 독일과 러시아 간의 불가침 조약에서 극적으로 드러났다. 즉 나치는 반볼셰비즘 슬로건을 내려야 했고, 공산주의자들은 자신들이 과거 프티 부르주아적이라고 비난한 평화주의로 회귀해야 했다. 이런 급작스러운 정책 전환은 그들에게 전혀 해를 입히지 않았다. 공산주의자들이 두 번째 **방향 전환** 이후 2년도 채 못 되어 나치 독일의 공격을 받았을 때 얼마나 강한 단결력을 보여주었는지, 이 두 정치 노선이 진정한 희생과 꾸준한 행위를 요구하는 심각하고도 위험한 정치 활동에 일반 서민들을 끌어들였음에도 불구하고 소련이 보여준 강한 단결력은 아직도 기억에 생생하다.

히틀러 이전 독일 정당 시스템의 붕괴 과정은 겉보기와 달리 실제로는 훨씬 더 격렬하게 전개되었다. 이는 전적으로 새롭고 복잡한 형태의 대중 선전 방식을 모든 정당이 채택한 1932년 대통령 선거에서 공공연한 사실이 되었다.

후보 선출은 그 자체로 독특했다. 의회 밖 반대편에서 의회 제도를 공격한 두 운동이 자체 후보자(나치 후보자로 히틀러, 공산주의자 후보자로 텔만)를 세우리라는 것은 당연시된 반면, 그밖의 다른 정당들이 갑자기 한 후보자를 지지하기로 합의한 것은 예상 밖의 놀라운 사건이었다. 이 후보가 우연하게도 나이 든 힌덴부르크였고, 그가 마크마웅 시대 이래 패전 장군들이 고향에서 기대할 수 있었던 열렬한 인기를 누리고 있었다는 사실은 단순히 웃어넘길 농담이 아니었다. 구 정당들이 스스로 옛 국가, 즉 정당 위에 있는 국가—그 강력한 상징이 군대였다—와 동일시하기를 내심 무척 원했다는 것을 극명하게 보여준다. 달리 말하면 그들은 이미 정당 제도 자체를 포기할 정도의 국가를 원한 것이다. 운동을 보면 정당들 간의 차이는 실로 무의미하기 때문이다. 정당 자체의 존립이 위험에 처해 있었고, 그 결과 그들은 단결하여 자신들의 실존을 보장하는 기존 질서를 유지하기를 바랐던 것이다. 힌덴부르크가 국민국가와 정당 제도의 상징이 된 반면, 히틀러와 텔만은 대중의 진정한 상징이 되기 위해 서로 경쟁해야 했다.

선거 포스터도 후보 선출만큼이나 시사적이었다. 어느 정당도 후보의 장점을 내세우면서 칭찬하지 않았다. 힌덴부르크의 포스터는 단지 "텔만에게 표를 던지는 것은 히틀러에게 표를 던지는 것이다"라고만 주장했다—패배가 확실한 (텔만) 후보에게 표를 던짐으로써 히틀러에게 권력을 안겨주지 말라고 노동자들에게 경고한 것이다. 이것이 사회민주주의자들이 이름을 언급조차 하지 않으면서 힌덴부르크를 묵인한 방법이었다. 우익 정당들도 같은 게임을 했고 "히틀러를 위한 한 표는 텔만을 위한 표다"라는 점을 강조했다. 게다가 좌익 정당과 우익 정당은 모든 충성스러운 당원에게 기존 질서를 보존하려면 힌덴부르크가 필요하다는 점을 확신시키기 위해 나치와 공산주의자가 제휴한 사례들을 넌지시 암시했다.

어떤 희생에도 기존 질서를 원한 사람들—1932년에 이는 독일 인구 절반의 실업을 의미했다—에게 호소하던 힌덴부르크의 유세전과는 반대로 운동의 후보자들은 어떤 대가에도 (모든 법적 제도의 파괴라는 대가에도) 변화를 원하는 사람들을 계산에 넣어야 했다. 그런데 이들의 수는 적어도 점점 증가하는 수백만 실업자와 그 가족만큼은 되었다. 그래서 나치는 "텔만을 위한 한 표가 힌덴부르크를 위한 표다"라는 어리석은 구호를 머뭇거리지 않고 외쳐댔고, 공산주의자들은 "히틀러를 위한 표는 힌덴부르크를 위한 표다"라고 대답하는 데 주저하지 않았다. 나치와 공산주의자는 모두 적들이 혁명의 망령으로 당원들을 위협한 것과 똑같은 방식으로 기존 질서의 위험을 내세우며 유권자들을 협박했다.

후보자들을 지원하는 사람들이 사용한 방법이 기이하게도 일치하는 현상 뒤에는 유권자들이 두려워서 —공산주의자들이나 나치, 또는 기존 질서에 대한 두려움에서— 투표하러 갈 것이라는 암묵적인 가정이 있다. 이런 일반적인 공포 분위기에서는 모든 계급 분열이 정치 무대에서 사라졌다. 기존 질서를 수호하기 위한 정당들 간의 동맹이 각 정당 내에 유지되던 과거의 계급 구조를 흐리게 한 반면, 운동에 가담한 일반 서민들은 완전히 이질적이었고 실업 자체만큼이나 역동적이고 가변적이었다.[109] 국가 제도의 틀 안에서 의회의 좌익은 우익과 한패가 된 반면, 나치 운동과 공산주의 운동은 1932년 11월 베를린 거리에서 그 유명한 운송파업을 함께 조직하느라 정신이 없었다.

대륙 정당 제도의 급속한 몰락을 생각할 때 반드시 유념해야 할 것은 정당 제도가 존재한 지 얼마 되지 않았다는 사실이다. 19세기 이전에 정당은 있지도 않았고, 대다수 유럽 국가에서는 정당 결성이 1848년 이후 이루어졌기 때문에 정당 지배가 국가 정치에서 이론의 여지 없는 제도로 지속된 기간은 40년도 채 되지 않는다. 19세기 마지막 20년 동안 프랑스나 오스트리아-헝가리에서 일어난 모든 중요한 정치 발전은 이미 의회의 정당들 밖에서, 이 정당들과 대립하여 이루어졌다. 그 반면 제국주의자들의 '정당을 초월한' 군소 정당들은 팽창을 겨냥한 공격적인 외교 정책에 대한 대중의 지지를 끌어내기 위해 정당 제도에 도전한 것이다.

제국주의 동맹은 자신이 국민국가와 동일하다는 것을 보여주기 위

---

109) 독일의 사회주의 정당은 20세기 초부터 1933년까지 전형적인 변화 과정을 겪는다. 제1차 세계대전 이전에는 당원의 10퍼센트만이 노동자 계급에 속하지 않은 반면, 지지자의 25퍼센트는 중산층 출신이었다. 그러나 1930년 당원의 60퍼센트만이 노동자였고, 지지자의 40퍼센트는 적어도 중산층이었다. Sigmund Neumann, 앞의 책, 28쪽 이하 참조.

해 자기 위치를 정당 위에 설정한 반면, 범민족 운동은 이 정당들이 국민국가를 포함한 일반적 시스템의 일부라고 공격했다. 운동은 국민과 자신을 동일시하기 위해 '정당 위에' 있기보다 '국가 위에' 존재하고자 했던 것이다. 전체주의 운동도 결과적으로 국민을 버렸다. 운동은 범민족 운동의 선례를 따르면서 국민들을 선전 목적에 이용한 것이다. '전체주의 국가'는 단지 겉보기에만 국가이며, 운동은 이제 더는 국민의 요구와 진정으로 동일시하지 않았다. 이제 운동은 국가와 국민 위에 군림하며 자신의 이데올로기를 위해 이 둘을 희생할 각오가 되어 있었다. "운동은…… 국민이자 국가다. 운동이 없다면 현재의 국가나…… 현재의 독일 국민은 상상조차 할 수 없다."110)

전쟁이 끝난 후 대륙에서 정당 제도를 부활시키기 위해 기울인 커다란 노력과 그 비참한 결과, 나치즘 패배 이후 운동의 강화된 호소, 그리고 국가 독립에 대한 볼셰비즘의 명백한 위협보다 정당 제도의 회복 불가능한 쇠퇴를 더 잘 증명하는 것은 없다. 기존 질서를 회복시키기 위해 온갖 노력을 기울인 결과, 파괴적인 운동이 제대로 작동하는 유일한 '정당'이 되는 정치 상황이 다시 등장한 것이다. 그들의 지도력은 견딜 수 없이 괴로운 상황 아래에서 끝없이 변하는 정당 노선에도 불구하고 권위를 유지하고 있었다. 유럽의 국민국가가 재건될 기회를 정확하게 측정하려면, 운동이 진정한 의도를 감출 목적으로 채택한 민족주의적 슬로건을 주목하기보다 이제 모든 사람이 운동은 국제 조직의 지역 지부라는 사실을 알게 되었다는 점을 고려하는 편이 현명할 것이다. 또한 운동의 정책이 심지어 적대적이기도 한 다른 권력의 외교 정책적 이해관계에 기여한다는 사실이 명백해졌는데도 운동에 참여한 일반 시민들은 전혀 흔들림이 없다는 점, 그리고 운동의 지도자들이 배반자이며 국가에 대한 반역자라는 비난도 그 구성원들에게 대단한 영향을 미치지 않는다는 것을 이제 모두 알

---

110) Schmitt, 앞의 책.

고 있다는 점을 고려하는 편이 현명할 것이다. 운동은 구 정당들과는 반대로 최근의 전쟁에서 살아남았고, 오늘날 활기를 유지하면서 그 옹호자들에게 의미 있는 유일한 '정당'의 역할을 하고 있다.

제9장 국민국가의 몰락과 인권의 종말

1914년 8월 4일 유럽에서 실제로 어떤 일이 일어났는지를 서술하기는 지금도 거의 불가능하다. 제1차 세계대전이 일어나기 전과 일어난 후는 구시대가 끝나고 새 시대가 시작되는 것처럼 나뉘어 있는 것이 아니라 폭발 전과 후의 날들과 같았다. 그러나 이런 비유는 모든 비유가 대개 그렇듯이 부정확하다. 재앙 이후 내려앉은 슬픔의 정적이 사라지지 않았기 때문이다. 최초 폭발은 연쇄 반응을 유발한 것 같았고 그때부터 우리는 그 안에 갇혀 있으며, 어느 누구도 그것을 멈출 수 없는 것 같다. 제1차 세계대전은 이제까지 어떤 전쟁도 하지 못했던 일, 즉 유럽의 국제 예의를 복구 불가능한 정도로 파괴했다. 또 인플레이션은 소자본 계급 전체를, 회복이나 새로운 출발을 꿈꾸지 못할 정도로 파괴했다. 이는 과거의 어떤 화폐 위기도 그렇게 과격하게 하지 못했던 일이다. 실업이 발생했을 때, 그것은 믿을 수 없을 정도로 광범위한 층을 강타했고 더는 노동자 계급에 국한된 것이 아니라 사소한 예외를 제외하고는 전 국민을 덮쳤다. 20년간 힘겨운 평화 시기의 도래를 알리면서 시작되어 내내 이어진 내전은 그보다 앞서 일어난 내전들보다 훨씬 더 피비린내 나고 더 잔혹했을 뿐만 아니라 민족 이동을 가져왔다. 이 집단들은 종교 전쟁으로 이주한 행복한 선배들과 달리 어느 곳에서도 환영받지 못했고 어느 곳에서도 동화되지 못했다. 고향을 떠나자마자 그들은 노숙자가 되었고 국가를 떠나자마자 무국적자가 되었다. 인권을 박탈당하자마자 그들은 아무런 권리가 없는 지구의 쓰레기가 되었다. 제1차 세계대전 이후 일어났던 어떤 일도, 그것이 아무리 어리석어도 또 얼마나 많은 사람이 그 결과를 알고 있고 예측할 수 있었든지 상관없이, 원래대로 되돌리거나 막을 수 없었다. 모든 사건은 마지막 심판의 종국적 성격을 띠고 있었다. 즉 신도 악마도 내리지 않은 심판으로서 되돌릴 수 없는 어리석은 참사 같아 보였다.

전체주의 정치가 의식적으로 유럽 문명의 구조를 공격하고 일부 파괴하기 전에 1914년의 폭발과 그 심각한 후유증인 정세 불안은 유럽 정치 시스템의 외관을 충분히 손상시켜서 숨겨진 구조를 노출했다. 그런 가시적인 폭로는 주변 세상의 규칙이 적용되는 대상에서 갑자기 벗어나게 된 많은 집단의 사람들에게 재난이 되었다. 외관상 안정되어 보이는 주변환경 때문에 보호 경계선 밖으로 강제로 쫓겨난 집단은 통상적으로 건전하고 정상적인 규칙에서 벗어난 불행한 예외 현상처럼 보였고, 또 명백하게 부당하고 비정상적인 운명의 희생자나 관찰자 모두를 냉소주의로 채웠다. 희생자나 관찰자 모두 이런 냉소주의를 세상의 방식에 점점 더 현명하게 대처하는 것으로 오해했지만, 실제로 그들은 점점 더 세상에서 허우적거렸고 그래서 과거보다 더 어리석어졌던 것이다. 증오는 분명 전쟁 전에도 없지 않았다. 그러나 그것은 곳곳의 공적인 문제에서 중심 역할을 하기 시작했다. 그러므로 1920년대 기만적으로 평온했던 시절의 정세는 스트린드베리* 작품에 나오는 가족 분쟁처럼 칙칙하고 기묘한 분위기를 띠게 되었다. 모든 사람과 모든 것에 대한 이런 애매하고 광범위한 증오보다 정치의 일반적 분열 현상을 더 잘 설명해주는 것도 없을 것이

---

* 1849~1912, 스웨덴의 극작가.

다. 증오는 열정적으로 주의를 기울일 수 있는 초점도 없었고, 사태에 대한 책임을 물을 수 있는 대상—정부도 부르주아 계급도 외부 권력도 아니었다—도 없었다. 그 결과 증오는 모든 방향으로 예측할 수 없이 확산되었고 태양 아래 있는 모든 것에 대해 건전하게 무관심한 태도를 보일 수 없게 되었다.

이런 분열 분위기는 양차 세계대전 사이 유럽 사회의 특징이라 할 수 있지만, 그것은 승전국에서보다 패전국에서 더욱 뚜렷하게 드러났으며, 이중 군주국과 제정 러시아 청산 이후 새롭게 세워진 국가에서 더욱 완벽한 형태로 발전했다. "다민족 주민 벨트"의 해방되지 않은 민족들 사이에 남아 있던 마지막 유대감은 전제적인 중앙 관료정치의 소멸과 함께 증발했다. 이 관료정치는 여러 민족이 단결하는 데 기여했고, 널리 퍼진 증오심과 상충하는 민족적 주장을 서로에게 향하지 않고 다른 곳으로 돌릴 수 있게 해주었다. 이제 만인은 만인에 대항했고 그 대부분은 자신의 가장 가까운 이웃과 적대적이었다—슬라브인은 체코인에게, 크로아티아인은 세르비아인에게, 우크라이나인은 폴란드인에게 대항했다. 이것은 소수민족들과 주도 민족 국민들 간의 (즉 소수민족과 다수민족 간의) 갈등 결과가 아니었다. 슬라브인은 프라하의 민주적 체코 정부에 대해 꾸준히 사보타주를 했을 뿐만 아니라 동시에 자기 땅에 사는 헝가리 소수민족을 박해했다. 폴란드에서도 주도 민족에 대한 이와 유사한 적대감이 있었지만 다른 한편으로 소수민족들의 상호 적대감도 존재했다.

예부터 유럽의 문제 장소에서 발생한 이런 문제들이 첫눈에는 유럽의 정치 운명에 큰 영향을 주지 않는 소수민족들의 분쟁처럼 보일 것이다. 그러나 이 지역에서 전전 유럽의 두 다민족 국가인 러시아와 오스트리아-헝가리의 청산으로 두 희생자 집단이 출현하게 되었다. 이들이 겪은 수난은 전쟁이 일어나기 이전 다른 집단들이 겪은 수난과는 다르다. 그들의 살림 형편은 재산을 잃은 중산층이나 실업자, 작은 **불로소득** 생활자나 사건 때문에 사회 지위, 일할 가능성, 재산을 지닐 권리를 박탈당한 연금 수령자들보다 더 어려웠다. 그들은 양도할 수 없는 것으로 간주되고 규정된 권리, 즉 인권을 상실했던 것이다. 국적 없는 사람들과 소수민족들, 정확하게 이름하여 친사촌들[1]에게는 그들을 대표하고 보호해줄 정부가 없었다. 그래서 체코슬로바키아를 제외한 모든 정부가 마지못해 서명했지만 법으로 인정하지 않는 소수민족 조약이라는 예외법 아래에서 살거나, 아니면 절대적 무법의 조건 아래에서 살아야 했다.

동부와 남부 유럽에서 소수민족이 등장하고 중부와 서부 유럽으로 무국자들이 밀려오면서 완전히 새로운 분열적 요소가 전후 유럽에 들어온다. 국적 박탈은 전체주의 정치의 강력한 무기가 되었고, 국가적으로 보장된 권리를 상실한 사람들에게 인권을 보장해주지 못하는 유럽 국민국가의 헌법적 무능력 때문에 탄압 정권들은 자신들의 가치 척도를 반대자들에게 강요할 수 있었다. 박해자들이 지구의 쓰레기라 부르며 추방한 사람들 ─ 유대인, 트로츠키파 등 ─ 은 곳곳에서 지구의 쓰레기로서 받아들여졌다. 그들이 자국 내에 없었으면 하는 사람들은 유럽에서 달갑지 않은 사람들이 되었다. 나치 친위대(SS) 공식 신문인 『검은 군단』은 1938년 세계가 유대인이 지구의 쓰레기라는 사실을 아직 확신하지 못한다면, 국적도 없고 돈도 없으며 여권도 없는 정체불명의 거지들이 자신들의 국경을 통과할 때 곧 알게 될 것이라고 명시적으로 말했다.[2] 실제로 이런 종류의 선전은 괴

---

1) S. Lawford Childs, "Refugees ─a Permanent Problem in International Organization," in *War is not Inevitable. Problems of Peace*, 13th Series, London: International Labor Office, 1938.

2) 독일 유대인에 대한 나치의 초기 박해 정책은 유대인을 제거하려는 것이기보다 "유대인에 대해 우호적인 사람들, 특히 서유럽의 민주주의자들" 가운데 반유대주의를 확산하려는 시도로 간주되어야 한다. 외무부가 1938년 11월 유대인 탄압 직후 모든 해외 공관에 돌린 회보에는 이렇게 적혀 있다. "10만 유대인의 이주만으로도 많은 국가가 유대인의 위험에 관심을 가지게 할 수 있다……. 독일은 유대인을 지속적으로 분산하는 데 매우 높은 관심을 가지고 있다…….

벨스의 미사여구보다 효과가 더 좋았다. 이런 선전이 유대인이 지구의 쓰레기라는 인상을 확실하게 심어주었기 때문만은 아니었다. 양도할 수 없는 인권은 존재하지 않고 민주주의를 승인하는 것은 단순한 편견이고 위선이며 새로운 세계의 잔인한 위엄 앞에서 겁먹은 행동이라는 전체주의 운동의 냉소적 주장에 대한 실질적 증거가 바로 점점 더 많은 수의 무고한 사람이 당하는 엄청난 고통이었기 때문이다. '인권'이라는 구절은 희생자, 박해자, 방관자 같은 당사자들에게 절망적인 이상주의나 어설프고 의지 박약한 위선의 증거가 되었다.

1. '소수민족 국가'와 국적 없는 민족

거대 국가를 제외한 나머지 국가들의 주권을 조롱거리로 만든 현대의 권력, 즉 제국주의의 부상과 범민족 운동은 유럽의 국민국가 제도의 안정된 토대를 외부에서 침식해 들어갔다. 그러나 이런 요인 가운데 국민국가 자체의 전통과 제도에서 유래하는 것은 없다. 국민국가의 내적 분열은 제1차 세계대전 이후 평화 조약이 양산한 소수민족 및 혁명의 결과로서 점점 증가 추세에 있던 망명 운동의 출현과 함께 시작되었다.

평화 조약의 부적절함은 종종 평화의 중재인들이 전쟁 이전 시대의 경험으로 형성된 세대에 속했고 그래서 그들은 전쟁이 가져올 충격의 전체 윤곽을 알지 못했다는 사실로 설명된다. 이에 대한 가장 확실한 증거는 그들이 동부와 남부 유럽의 국적 문제를 국민국가의 확립과 소수민족 조약의 도입으로 조절하려 했다는 것이다. 정부 형

유대인이 세계의 모든 곳에 유입되면 원주민들이 반발할 것이고, 그것으로 독일의 유대인 정책을 가장 잘 선전할 수 있다……. 이주하는 유대인이 가난하고 그래서 이들을 받아들이는 나라에 짐이 되면 될수록, 이 국가는 강하게 반응할 것이다." 미국 정부가 발간한 *Nazi Conspiracy and Aggression*, VI, Washington, 1946, pp.87ff. 참조.

태의 확장이라는 지혜는 유구하고 확고한 국가 전통을 지닌 나라에
서조차 세계 정치가 제기하는 새로운 문제들을 해결할 수 없었고 그
래서 의문의 여지가 많게 되었다면, 주민의 동질성과 정착이라는 국
민국가의 출현을 위한 조건이 갖추어지지 못한 지역에 이런 방식을
도입할 수 있는가 하는 문제는 더욱 의심스러웠다. 국민국가를 평화
조약이라는 방법으로 세울 수 있다는 가정은 그저 앞뒤가 바뀐 터무
니없는 가정이었다. 실제로 "유럽의 인구 통계 지도를 한번 보는 것
만으로도 국민국가의 원칙이 동부 유럽에 도입될 수 없다는 것을 보
여주는 데 충분하다."[3] 조약은 많은 민족을 한 국가 안에 한덩어리로
만들어 그들 중 일부를 "주도 민족"이라 부르고 그들에게 정부를 위
탁했으며, 다른 민족(체코슬로바키아의 슬로바키아인이나 유고슬라비
아의 크로아티아인과 슬로베니아인)들 역시 정부의 동등한 파트너라
고 암묵적으로 가정했지만 실제로는 그렇지 않았다.[4] 그리고 나머
지 민족들도 똑같이 자의적으로 세 번째 집단을 만들었는데, 이들을
'소수민족'이라 불렀다. 그렇게 하여 신생 국가가 이미 안고 있는 많
은 부담에다 일부 주민들을 위한 특별한 규칙을 준수해야 하는 걱정
거리까지 보태주었다.[5] 그 결과 국가가 권리를 인정하지 않는 민족
들은 공식적인 소수민족이든 또는 주도 민족은 아니지만 민족 자결

---

3) Kurt Tramples, "Völkerbund und Völkerfreiheit," in *Süddeutsche Monatshefte*, 26, Jahrgang, July 1929.

4) 프라하의 '체코인' 정부에 대한 슬로바키아인의 투쟁은 히틀러가 지원한 슬로 바키아인의 독립으로 끝났다. 1921년의 유고슬라비아 헌법은 의회에서 모든 크로아티아와 슬로베니아 의원의 반대표에도 '채택되었다.' 양차 세계대전 사 이의 유고슬라비아 역사에 대한 훌륭한 개요에 대해서는 *Propyläen Weltgeschichte. Das Zeitalter des Imperialismus*, 1933, Band 10, pp.471ff. 참조.

5) 무솔리니는 뮌헨 위기가 지난 후 이렇게 썼는데, 전적으로 맞는 말이다. "체코 슬로바키아가 오늘날 '미묘한 상황'이라 부를 수 있는 상황에 처해 있다면 그 것은 이 나라가 단순히 체코슬로바키아가 아니라 체코-게르만-폴란드-마 자로-루테노-루마노-슬로바키아이기 때문이다······"(Hubert Ripka, *Munich: Before and After*, London, 1939, p.117에서 인용).

권을 가진 다른 민족이든 상관없이 모두 조약을 어떤 사람에게는 지배를, 다른 사람에게는 예속을 건네주는 자의적인 게임으로 간주하게 되었다. 다른 한편으로 신생 국가는 국가 주권 안에서는 서방 국가들과 동등한 지위를 갖는다는 약속을 받았는데, 이 소수민족 조약을 약속 위반과 차별로 간주했다. 패전국인 독일도 그렇지 않은데 오로지 신생 국가들만이 이 조약을 지켜야 할 의무가 있었기 때문이다.

이중 군주국이 해체되고 제정 러시아의 전제정권으로부터 폴란드와 발틱 연안 국가들이 해방됨으로써 나타난 난처한 권력 공백현상이 정치인들을 이 불행한 실험으로 오도한 유일한 요소는 아니었다. 더욱 강력한 동기는 국가의 자유와 자결 단계에 도달한 적이 없는 1억 이상의 유럽인들을 더 이상 설득할 논리가 없다는 사실이었다. 이미 식민지 국민들도 민족 해방과 자결권을 열망하고 있었고, 원칙적으로 승인을 얻었다. 서부와 중부 유럽에서 프롤레타리아의 해방은 전 유럽 사회 제도의 사활이 걸린 문제였는데, 이런 탄압의 수난사를 가진 집단의 역할을 동부 유럽에서는 "역사 없는 민족"이 맡고 있었다.[6] 동부 유럽의 민족 해방 운동은 서부 유럽의 노동자 운동과 매우 유사한 방식으로 혁명적이었다. 이 두 운동 모두 유럽 주민들 중 '비역사적' 계층을 대표했고, 또 공무에 참여할 수 있는 권리를 확보하고 인정받기 위해 노력했다. 평화 조약의 목표는 유럽의 기존 질서를

---

6) 이 용어를 먼저 만들어낸 사람은 Otto Bauer, *Die Nationalitätenfrage und die österreichische Sozialdemokratie*, Vienna, 1907이다.

역사의식은 민족의식의 형성에 커다란 역할을 한다. 국민이 왕정과 국제적 귀족계급의 지배에서 해방되면서 동시에 문학도 지식인의 '국제' 언어(처음에는 라틴어, 다음에는 프랑스어)에서 해방되고, 국어가 대중의 방언에서 발전해 나온다. 그 언어가 문학에 적합한 민족은 자명한 일로서 **민족적 성숙기**에 도달한 것처럼 보였다. 동유럽 민족들의 해방 운동은 그러므로 일종의 문헌학적 부흥과 함께 시작되었다(그 결과는 때때로 그로테스크하기도 하고 이따금 생산적이기도 했다). 이런 문헌학적 부흥의 정치적 기능은 자기들만의 문학과 역사를 소유한 민족이 국가 주권을 얻을 권리가 있다는 것을 입증하는 것이었다.

유지하려는 것이었기 때문에 민족 자결권과 주권을 모든 유럽인에게 부여하는 것은 불가피하게 보였다. 대안이 있다면, 그들에게 무자비하게 식민지 주민의 지위(범민족 운동이 항상 제안한 것)를 부여하고 식민지 방식을 유럽 문제에 도입하는 것이었다.[7]

물론 중요한 문제는 유럽의 기존 질서가 그대로 유지될 수 없었다는 것이다. 또 유럽의 통치 시스템은 적어도 25퍼센트 주민의 요구를 전혀 고려하지 않거나 거기에 대응하지 않았다는 사실이 남아 있던 마지막 유럽 귀족의 몰락 이후 분명해졌다는 것이다. 그러나 이런 병폐가 승계국가의 건설로 치유될 수 없었다. 왜냐하면 1억 명쯤 되는 주민들 중 30퍼센트는 소수민족 조약의 특별 보호를 받는 예외 사항으로 공인되었기 때문이다. 게다가 이 숫자가 결코 사안의 전모를 말하지는 않는다. 그것은 단지 자국 정부를 가진 민족들과 완전한 국민 신분을 얻기에는 그 수가 너무나 적고 흩어져 있다고 추정되는 민족들 간의 차이를 가리킬 뿐이다. 상당수 구성원들이 적어도 2개 이상의 승계국가에서 거주하는 민족들만이 소수민족 조약에 따라 보호를 받지만 자국 정부가 없는 나머지 다른 민족들은 배려를 받지 못했기 때문에, 어떤 승계국가에서는 좌절을 겪은 민족이 전 주민의 50퍼센트에 이르는 경우도 있었다.[8] 이런 상황에서 더 나쁜 것은 이 민족

---

7) 물론 이것이 항상 명쾌한 대안은 아니었다. 그때까지는 어느 누구도 식민지 착취와 소수민족 착취의 특징적 유사점을 발견하려고 애쓰지는 않았다. Jacob Robinson만이 "Staatsbürgerliche und wirtschaftliche Gleichberechtigung," in *Süddeutsche Monatshefte*, 26, Jahrgang, July, 1929에서 내친김에 이렇게 평하고 있다. "특이한 경제적 보호 정책은 다른 국가들을 겨냥한 것이 아니라 특정한 주민 집단을 겨냥한 것처럼 보였다. 놀랍게도 어떤 특정한 식민지 착취 방식을 중부 유럽에서도 관찰할 수 있었다."

8) 1914년 전까지 대략 1억 명이 자결에 대한 민족 염원을 이루지 못했다고 추정된다(Charles Kingsley Webster, "Minorities: History," in *Encyclopedia Britannica*, 1929 참조). 소수민족 주민은 대략 2500만에서 3000만에 이를 것으로 추정된다(P. de Azcarate, "Minorities: League of Nations", 같은 책). 체코슬로바키아와 유고슬라비아의 실제 상황은 훨씬 더 나빴다. 이 나라에서 체코인들로 이루어진

이 당연히 그들에게 강요된 정부에 불충실하고 정부는 이들을 가능한 한 효과적으로 탄압하게 되었다는 사실이 아니다. 민족적 좌절을 겪은 주민들도 다른 사람들처럼 진정한 자유와 해방, 진정한 주권은 완전한 민족 해방과 함께 쟁취할 수 있으며 자국 정부가 없는 민족은 인권을 박탈당한다는 사실을 굳게 믿게 되었다는 것이 더 위험했다. 그들이 이렇게 확신하게 된 것은 프랑스 혁명이 인권 선언을 주권과 결합했기 때문이기도 하고 또 소수민족 조약 때문이기도 하다. 즉 이 조약은 다른 민족들의 보호 임무를 정부에 위탁하지 않았고, 지역에 정착하여 산다는 이유로 자신들의 국가를 세우지 못한 민족들의 권익 보호를 국제연맹에 맡긴 것이다.

소수민족은 주도 민족을 믿지 못한 만큼 국제연맹도 신뢰하지 않았다. 결국 연맹은 정치인들로 구성되어 있었고, 이들은 25퍼센트에서 50퍼센트의 주민들이 원칙적으로 훼방을 놓고 반대하는 불행한 신생 정부들에 동정심을 가질 수밖에 없었다. 그러므로 소수민족 조약을 고안한 사람들은 곧 자신들의 진정한 의도를 더 엄격하게 해석하고 신생 국가에 대한 소수민족의 "의무들"을 지적하지 않을 수 없었다.[9] 또한 조약이 단순히 고통이 없고 인간적인 동화 방법으로 고안되었다는 사실이 밝혀졌다. 이런 해석은 물론 소수민족들을 격분시켰다.[10] 그러나 주권을 가진 국민국가 안에서는 그밖의 어떤 것도

'주도 민족'은 720만으로 주민의 약 50퍼센트를 차지했고, 유고슬라비아에서 500만 세르비아인은 전체 주민의 42퍼센트에 불과했다. W. Winkler, *Statistisches Handbuch der europäischen Nationalitäten*, Vienna, 1931 ; Otto Junghann, *National Minorities in Europe*, 1932 참조. Tramples, 앞의 책은 약간 다른 수치를 제시한다.

9) P. de Azcarate, 앞의 책. "조약에는 자신들이 속한 국가에 대한 소수민족의 '의무'와 관련된 조항은 없다. 그러나 1922년 연맹의 3차 정기회의에서…… '소수민족의 의무'에 관한 결의를…… 채택했다……."

10) 프랑스와 영국 대표들이 이 문제에서 가장 노골적으로 입장 표명을 했다. 브리앙(Briand)은 이렇게 말했다. "우리가 목표로 하는 과정은 소수민족의 소멸이 아니라 일종의 동화다……." 영국 대표인 체임벌린 경은 "소수민족 조약의

기대할 수 없었다. 소수민족 조약을 뒤죽박죽된 상황에 대한 일시적 치유책 이상으로 의도했다면, 국가 주권에 대한 조약의 암시적인 제한은 유럽 기존 권력의 국가 주권에 악영향을 미쳤을 것이다. 강대국 대표들은 국민국가 내의 소수민족들이 이르든 늦든 언젠가는 동화되거나 사라질 것임을 너무나 잘 알고 있었다. 그들이 소수민족 분파들을 박해로부터 보호하려는 인본주의적 고려에 의해 움직였든, 정치적 고려 때문에 관련 국가와 거기에 사는 소수민족들의 모국 간의 (어찌 되었든 독일인들이 수적으로나 경제적 위치로 보나 공인된 소수민족들 가운데 가장 강력한 집단이었다) 쌍무조약에 반대했든 그것은 중요한 문제가 아니다. 강대국 대표들은 국민국가의 존립 기반인 법을 폐지할 의사도 능력도 없었다.[11]

국제연맹이나 소수민족 조약도 신생 국가들이 자국의 소수민족들에게 시행한 다소 강제적인 동화 정책을 막을 수 없었을 것이다. 동화의 강력한 방해 요인은 이른바 주도 민족들이 수적으로나 문화적으로 취약하다는 사실이었다. 폴란드에 살고 있던 러시아나 유대계 주민들은 폴란드 문화가 자신의 문화보다 더 우수하다고 느끼지 않았으며, 폴란드인이 전 주민의 60퍼센트를 차지한다는 사실에도 특별한 영향을 받지 않았다.

목적은…… 이들이 점차 소속된 국가 공동체에 동화되도록 준비시키는 보호 및 정의의 조치들을 지키는 것이다"(C.A. Macartney, *National States and National Minorities*, London, 1934, pp.276~277).

11) 민족 운동 지도자들 가운데 진보적이고 민주적이었던 몇몇 체코 정치인이 실제로 체코슬로바키아 공화국을 스위스와 같은 나라로 만들려는 꿈을 가진 적이 있었다. 에드바르트 베네시(Eduard Beneš)조차 성가신 민족 문제를 이런 식으로 해결하려고 심각한 시도를 하지 않은 이유는 스위스가 모방할 수 있는 모델이 아니라 확고한 규칙을 확인해줄 뿐인 예외, 즉 특별히 운 좋은 예외 사례였기 때문이다. 신생 국가들은 중앙 정부의 기구를 포기하고 단시일에 코뮌이나 캔턴 같은 조그만 자치 행정 단체들을 설립할 수 있을 만큼 충분히 안정되어 있다고 느끼지 못했다. 스위스의 연방 시스템은 이 자치 단체들의 광범위한 권한에 기반을 두고 있었다.

격분한 민족들은 국제연맹을 완전히 무시하면서 이제 문제를 직접 처리하기로 결정했다. 그들은 소수민족 대회로 단결을 꾀했는데, 이 대회는 적어도 한 가지 측면에서 주목할 만하다. 소수민족 대회는 스스로를 공식적으로 "유럽 국가 내에 조직된 민족 집단들의 회의"라 칭하면서 연맹조약의 배후에 있는 이념을 정면 반박했다. 그렇게 하여 불길한 단어 "내셔널"을 피하기 위해 평화 협상 동안 기울인 커다란 노력이 수포로 돌아갔다.[12] 이는 '소수민족들'뿐만 아니라 주도 민족 외의 모든 다른 민족이 거기에 참여하게 되었고, '소수민족 국가' 수는 상당히 증가하여 승계국가* 내에서 나머지 민족을 합하면 주도 민족보다 수적으로 많아지는 중요한 결과가 발생했다. 그러나 "다민족 주민 벨트"는 연맹조약에 결정적인 일격을 가했다. 동유럽 민족 문제의 난감한 측면 중 하나는 (민족 수는 많고 그 규모는 작다는 문제나 "다민족 주민 벨트"[13]보다 더 난감한) 이 민족들의 국제적 성격이었다. 이런 성격으로 인해 자국 정부의 이해보다 자신들의 민족적 이해관계를 우위에 둘 경우, 그들은 국가 안보에 명백한 위험 요소가 되었다.[14] 연맹조약은 국가마다 분리된 조약을 체결하여 마치 해당 국가의 경계를 넘어서는 유대계 소수민족이나 독일계 소수민

---

12) "인종적·종교적·언어적 권리를 소수민족에게" 부여하는 것을 열렬히 옹호한 윌슨은 "민족적 권리"라는 말은 독립된 단체로 구분되는 소수민족 집단을 "시기와 공격을 당하기" 쉽게 만듦으로써 유해하다는 우려를 분명히 표명했다(Oscar J. Janowsky, *The Jews and Minority Rights*, New York, 1933, p.351). Macartney, 앞의 책, 4쪽은 '민족적'이라는 단어를 피하려 애썼던 '공동 해외 위원회의 신중한 작업'과 상황을 서술하고 있다.

* 오스트리아의 이중 군주국과 제정 러시아의 뒤를 이어 그 지역에 나타난 국가들.

13) 이 용어는 Macartney, 앞의 책, 여러 곳에서 나온다.

14) "평화 정착의 결과로 다민족 주민 벨트의 모든 국가가 이제…… 스스로를 국민국가로 간주하게 되었다. 그러나 실제로는 그렇지 않았다……. 한 국가 안에 모여 살고 있는 민족은 하나도 없었던 것처럼 그 가운데 어떤 국가도 실제로 단일민족이 아니었다"(Macartney, 앞의 책, 210쪽).

족은 존재하지 않는 것처럼 하면서 이들의 국제적 성격을 무시하려고 했다. "민족집단대회"는 연맹의 이런 지역 원칙을 피하고자 했다. 이 대회를 주도한 세력은 두 민족이었는데, 이들은 모든 승계국가에 살고 있어 원한다면 자신들의 무게를 동부와 남부 유럽 전체에 느끼게 해줄 수 있는 위치에 있었다. 이들은 독일인과 유대인이었다. 루마니아와 체코슬로바키아에 살고 있던 독일계 소수민족들은 폴란드와 헝가리의 독일계와 물론 같은 표를 던졌고, 폴란드의 유대인이 루마니아 정부의 차별적 관행에 무관심할 것이라고 기대하는 사람은 없었다. 달리 말해 소수민족의 공동 이익이 아니라 자기 민족의 이익이 대회 구성원들의 진정한 토대가 되었고[15] 유대인과 독일인 간의 우호적 관계가 (바이마르 공화국은 소수민족의 특별한 보호자 역할을 성공적으로 수행했다) 이 대회를 유지하는 유일한 요인이었다. 그래서 1933년 유대인 대표가 제3제국이 유대인에게 부당한 대우를 한다고 이의를 제기할 것을 요구했을 때 (엄격하게 말해 그들에게는 이런 조치를 취할 권리가 없었다. 독일의 유대인은 소수민족이 아니기 때문이다), 그리고 독일인이 독일과의 연대감을 선포하고 다수의 지지를 받았을 때, 대회는 (반유대주의는 모든 승계국가에서 한창 고조에 달해 있었다) 유대계 대표들이 영구적으로 탈퇴하면서 대수롭지 않은 단체로 전락하게 되었다.

　소수민족 조약의 진정한 의미는 실질적인 적용에 있던 것이 아니라 국제 기구, 즉 국제연맹에 의해 보장된다는 사실에 있었다. 소수

---

15) 1933년 대회 의장은 분명하게 강조했다. "한 가지 사실은 확실합니다. 우리는 단순히 추상적인 소수민족의 구성원으로서 대회를 통해 서로 만나는 것이 아닙니다. 우리 각자의 심신은 모두 그 자신의 특별한 민족에 속하며, 좋든 싫든 그 민족의 운명과 함께한다고 느낍니다. 제가 이렇게 말해도 된다면, 그 결과로 저희 각자는 순수한 혈종의 독일인으로 또는 유대인으로, 순수한 혈종의 헝가리인이나 우크라이나인으로 여기 이 자리에 있는 것입니다." *Sitzungsbericht des Kongresses der organisierten nationalen Gruppen in den Staaten Europas*, 1933, p.8 참조.

민족은 과거에도 존재했지만,[16] 영구적인 제도로서의 소수민족, 수백만 명이 법의 보호 밖에서 살고 있으며 외부 기구로부터 기초 권리에 대한 추가 보장을 필요로 한다는 점의 인정, 그리고 이런 사태가 잠정적인 것이 아니라 지속적인 **생활방식**으로 확립하기 위해 조약이 필요하다는 가정 등──이 모든 것은 유럽 역사에서 볼 때 그런 스케일로는 새로운 현상이었다. 소수민족 조약은 평이한 언어로 그때까지 오로지 국민국가의 현 시스템에서만 적용되던 것들을 말했다. 다시 말하면 단지 한 나라 국민들만이 시민이 될 수 있고, 민족 혈통이 같은 사람들만이 법 제도의 완벽한 보호를 누릴 수 있으며, 다른 민족에 속한 사람들이 완전히 동화되지 않거나 자신의 혈통과 결별하지 않는다면 예외법을 필요로 한다는 것들이 거기 쓰여 있었다. 소수민족에 대한 의무가 없는 나라의 정치인들이 국제연맹의 조약에 관해 발언한 논평은 더 평이한 언어로 되어 있었다. 그들은 한 나라의 법이 다른 민족이기를 주장하는 사람들에 대해서도 책임질 필요가 없다는 것을 당연시했다.[17] 그렇기 때문에 그들은 국가가 법의 도구에서 민족의 도구로 전환하는 것이 이미 기정사실임을 시인했고──무국적 민족들이 등장하면서 그것을 입증할 기회를 곧 가지게 되었

---

16) 최초의 소수민족은 양심의 자유라는 개신교 원칙이 **군주의 종교는 백성의 종교를 결정한다**는 원칙을 제압했을 때 나타났다. 1815년의 빈 회의는 러시아, 프로이센과 오스트리아에 살고 있는 폴란드 주민들의 권리를 보장하는 조치를 취하고 있다. 이 권리는 분명 단순히 '종교적' 권리가 아니었다. 그러나 그 이후 모든 조약──1830년 그리스의 독립을 보장하는 조서, 1856년 몰다비아와 발라치아의 독립을 보장하는 조서, 루마니아인과 관련된 1878년 베를린 회의 등──은 '민족적' 소수민족이 아니라 '종교적' 소수민족에 관해 말하고 있으며 이들에게는 '정치적' 권리가 아니라 '시민적' 권리가 부여되었다.

17) 국제연맹 회의에서 브라질 대표인 데멜루 프랑코(De Mello Franco)는 문제를 매우 명확하게 서술하고 있다. "이런 보호 시스템을 고안한 사람들은 그 때문에 어떤 국가 안에서 나라의 일반적 조직에 대해 스스로 영원한 이방인이라고 느끼는 주민 집단이 생겨나리라고는 분명 꿈에도 생각하지 않았을 것이다"(Macartney, 앞의 책, 277쪽).

다. 민족은 국가를 정복했고 히틀러가 "독일 국민에게 좋은 것이 옳은 것"이라고 선언하기 훨씬 전에 민족의 이익은 법보다 우선권을 가지게 되었다. 여기에서 다시 폭민의 언어는 위선과 제약을 말끔히 씻어버린 여론의 언어였을 뿐이었다.

처음부터 국민국가의 구조 안에 이런 식으로 상황이 전개될 위험이 내재하고 있었다. 그러나 국민국가의 확립이 입헌 정부의 설립과 시기적으로 일치하는 한, 국민국가와 입헌 정부는 자의적 행정과 전제정치에 반대하여 법의 통치를 대표했고 그 위에 기초를 두었다. 그래서 민족과 국가, 민족의 이익과 법 제도 사이의 불안한 균형이 깨질 때면 이런 식의 정부와 국민 조직은 너무나 급속하게 해체의 길을 걸었다. 국민국가의 분열은 기이하게도 민족 자결권이 전 유럽에서 인정받게 되고 국가 의사가 모든 법적이고 '추상적인' 제도보다 우선한다는 근본적 확신이 일반적으로 수용되는 바로 그 시점에 시작되었던 것이다.

소수민족 조약이 만들어질 당시, 기존 국가들은 암묵적으로든 명시적으로든 (진정한 민족국가인 프랑스의 경우에서처럼) 인권을 기초로 하고 있고 그 국경 안에 설령 다른 민족이 살고 있어도 이들을 위한 추가 법을 필요로 하지 않으며, 단지 최근 건국한 승계국가에서만 인권의 잠정적 집행이 타협이나 예외로서[18] 필수적이라는 식의 논리가 조약을 만들게 된 구실로서나 또 조약의 취지를 위해 제시되었다.

소수민족에게 정말 국가가 없는 것은 아니었다. 특별 조약이나 보증의 형태로 추가 보호 장치를 필요로 하기는 했지만, 이들은 **합법적**

---

18) "지역 내의 정착이 국가 내 다른 민족들의 관점에서 보면 어쩔 수 없이 불완전한 경우 소수민족을 보호하기 위한 제도는 하나의 치유책을 제공하기 위한 것이었다"(Joseph Roucek, *The Minority Principle as a Problem of Political Science*, Prague, 1928, p.29). 문제는 지역 내의 정착이 불완전하다는 것은 소수민족 정착의 측면에서뿐만 아니라 승계국가의 확립에서도 잘못된 정책이었다는 것이다. 왜냐하면 이 지역에는 여러 민족이 자기 것이라 주장할 수 없는 영토가 없었기 때문이다.

으로 어떤 정치 통일체에 속했다. 자기 민족의 언어를 사용하고 자신의 문화와 사회 환경에서 거주하는 것과 같은 부차적 권리가 위험에 처해 있었고, 국가는 그저 건성으로 이 권리를 보호했다. 그러나 좀더 본질적인 권리, 즉 거주와 노동의 권리는 결코 침해받지 않았다. 소수민족 조약의 뼈대를 짠 사람은 대대적인 주민 이동 문제나 또는 거주할 권리가 있는 나라가 이 지구상에 없기 때문에 "해외 추방이 불가능한" 민족의 문제가 제기될 수 있는 가능성을 예측하지 못했다. 소수민족은 여전히 예외 현상으로, 즉 정상에서 일탈한 어떤 지역의 특수 현상으로 간주되었다. 이런 논리는 시스템 자체를 건드리지 않기 때문에 항상 구미가 당기는 논리였다. 이 논리는 제2차 세계대전 후에도 등장했다. 즉 소수민족 조약의 실용 불가능성을 확신했던 제2차 세계대전의 평화 중재인들이 "다민족 주민 벨트"를 혼합되지 않은 상태로 돌리기 위해 가능한 한 많은 민족을 "본국으로 송환"했을 때에도 이 논리가 작용했던 것이다.[19] 이런 대규모 본국 송환은 소수민족 조약으로 겪은 비극적 경험의 직접적 결과는 아니었다. 그런 행보는 무국적 민족 문제의 심각성이 과거 몇십 년 동안 더욱 커졌을 뿐 아니라 국제적으로 인정되거나 수용될 수 있는 해결 절차가 없었기 때문에 그것을 궁극적으로 해결할 수 있기를 바라는 마음에서 나온 조치였다.

현대사에서 가장 최근에 등장한 대중 현상인 이 무국적 문제는 현실적으로 너무나 확고부동한 사실이고 그 결과가 미치는 파장이 길

---

19) 이런 심경 변화의 상징적 증거는 체코슬로바키아 대통령 에드바르트 베네시의 진술에서 발견된다. 체코슬로바키아는 제1차 세계대전 이후 자진하여 소수민족 조약에 따른 유일한 국가였다. 제2차 세계대전 발발 직후 베네시는 주민 이동의 원칙을 지원하기 시작했고, 이 원칙은 결국 독일계 소수민족의 추방으로 이어졌으며, 증가 추세에 있던 난민에 다른 범주를 추가하는 결과를 낳았다. 베네시의 입장에 관해서는 Oscar I. Janowsky, *Nationalities and National Minorities*, New York, 1945, pp.136ff. 참조.

었으며, 점점 더 많은 사람이 현대 정치의 징후를 가장 잘 보여주는 무국적자들에 속하게 되었다.[20] 이들의 존재가 한 요인에만 책임을 돌릴 수는 없지만, 서로 다른 무국적자 집단들을 고려할 경우 제1차 세계대전 이후 발생한 모든 정치적 사건은 법의 외곽 지대에서 살고 있는 사람들에게 불가피하게 새로운 범주의 사람들을 추가한 것처럼 보인다. 이 범주들 가운데 어떤 것도 원래의 정치 상황이 아무리 변해도 다시 정상화되지 않았다.[21]

---

20) "무국적 문제는 세계대전 이후 그 중요성이 더욱 부각되었다. 전쟁 전 몇몇 국가, 특히 미국에는 관련 법규가 있었는데, 이에 따르면 귀화는 귀화한 사람이 귀화한 나라에 대한 진정한 소속감을 유지하기를 그만둘 경우 무효화될 수 있었다. 그렇게 귀화 자격을 박탈당한 사람은 국적이 없게 된다. 전쟁 기간 유럽의 주요 국가들은 귀화를 무효화할 권한을 갖기 위해 국적법을 수정할 필요가 있다고 생각했다"(John Hope Simpson, *The Refugee Problem*, Institute of International Affairs, Oxford, 1939, p.231). 귀화 취소로 무국적이 된 사람들은 그리 많지 않았다. 그러나 그들은 하나의 손쉬운 전례가 되었고 그래서 양차 세계대전 사이에 통상적으로 가장 먼저 무국적자가 된 주민층은 귀화 시민들이었다. 나치 독일은 1933년 귀화한 유대계 독일인에게 귀화 자격을 대량 취소했다. 이런 조치에 앞서 보통 그 땅에서 태어난 유사한 범주의 시민들의 국적 박탈이 이루어졌다. 1930년대 벨기에나 다른 서구 국가들에서처럼 귀화 자격의 박탈을 간편한 법령으로 가능하게 만드는 법이 도입되기 전에 보통 대량으로 귀화 자격 박탈이 선행되었다. 좋은 예가 그리스 정부가 아르메니아 난민들에 대해 시행한 조치다. 4만 5000의 아르메니아 난민 가운데 1000명이 1923년에서 1928년 사이 귀화했다. 1928년 이후 22세 이하 모든 난민을 귀화시킬 취지의 법 시행이 보류되었고 1936년 모든 귀화는 정부에 의해 취소되었다(Simpson, 앞의 책, 41쪽 참조).

21) 소비에트 정권이 150만 러시아인과 인연을 끊은 지 25년이 지난 후에도 여전히 35만 명에서 45만 명이 무국적자로 추정되었다 ─ 최초의 탈출 이후 한 세대가 지나갔다는 사실을 고려하고 또 상당한 수가 해외로 건너갔으며 또 다른 일부가 다른 국가에서 결혼하여 시민권을 얻었다는 사실을 고려한다면 이는 엄청난 비율이라 할 수 있다(Simpson, 앞의 책, 559쪽; Eugene M. Kulischer, *The Displacement of Population in Europe*, Montreal, 1943; Winifred N. Hadsel, "Can Europe's Refugees Find New Homes?" in *Foreign Policy Reports*. Vol. X. no. 10, August, 1943).
미국이 무국적 이민자들에게 다른 외국인과 완전히 동등한 자격을 주었다는 그들 가운데에는 1919년 평화 조약과 오스트리아-헝가리 제국의 해체 그리고 발틱 연안 국가들의 건립으로 생겨난 가장 오래된 집단의 무국적자들인 실향민이 있었다. 특히 전쟁이 끝난 후 그들이 출생한 도시에서 거주하지 않게 되면[22] 종종 출생지를 결정할 수 없는 경우도 있었다. 출생지는 전후의 논란이 계속되는 와중에 남의 손에 여러 번 넘어가서, 그 주민들의 국적이 매년 바뀌는 경우도 있었다(프랑스 관료가 한때 무국적자의 수도라는 용어를 붙였던 빌나에서처럼). 이런 일은 사람들이 상상할 수 있는 것보다 훨씬 자주 일어났다. 사람들은 제1차 세계대전 이후 이방인 신세가 될 게 뻔한 '고향'으로 송환되는 것을 피하기 위해 자신들이 있는 곳에 그대로 남아 무국적자가 되었다(프랑스와 독일에 살던 많은 폴란드계 유대인과 루마니아계 유대인이 각국 영사관의 반유대주의적 태도에 관대한 도움을 받은 경우처럼).

그 자체로는 중요하지 않았고 외관상 법적인 변종에 불과한 **무국적자**가 뒤늦은 관심과 고려의 대상이 된 것은 혁명이 일어나 국가로부터 강제로 추방되고 승리를 거둔 본국 정부로부터 즉각 국적을 박탈당한 전후 난민들과 법적 지위가 같아지면서부터다. 이 그룹에 속하는 사람들로는 연대기적 순서 또는 좀더 중요한 범주들로만 열거한다면, 수백만의 러시아인, 수십만의 아르메니아인, 수천의 헝가리인, 수십만의 독일인, 50만 이상의 에스파냐인이 있다. 오늘의 관점

것은 사실이다. 그러나 이런 일은 이민 국가 **자체**라 할 수 있는 이 나라가 새로 오는 사람들을 과거에 어떤 국가에 충성했는가와는 상관없이 장래 자국의 시민으로 간주했기 때문에 가능했다.

22) *The American Friends Service Bulletin*(General Relief Bulletin, March, 1943)은 에스파냐에서 일하는 현장 요원의 혼란스러운 보고서를 싣고 있다. 그는 "독일의 베를린에서 태어났지만 폴란드인 양친 때문에 폴란드 출신이고 그래서 무국적자이지만 본인은 우크라이나 국적을 가졌다고 주장하며, 러시아 정부로부터 본국으로 돌아와 적군에 복무하라고 요청받은 사람"의 문제로 씨름하고 있다.

에서 볼 때 이들 정부의 행동은 내전의 자연스러운 결과인 것처럼 보인다. 그러나 그 당시 대량으로 국적을 박탈하는 것은 전적으로 새롭고 예상하지 못한 현상이었다. 아직 완전히 전체주의 국가가 되지 않았다면 적어도 어떤 반대도 허용하지 않고 다른 시각을 가진 시민을 안고 사느니 차라리 버리는 것이 낫겠다고 생각하는 국가 구조가 있어야 나타날 수 있는 현상이었다. 게다가 그것은 국가 주권의 역사 내내 감추어져 있던 것, 즉 이웃 국가들의 주권이 전쟁 같은 극단적인 경우뿐만 아니라 평화시에도 상호 치명적인 갈등 관계에 빠질 수 있다는 것을 보여주었다. 완전한 국가 주권은 유럽 국가들 간의 국제 예의가 존재할 때에만 가능하다는 사실이 이제 분명해졌다. 한 나라가 자국의 완전한 주권을 집행하지 못하게 하는 것은 이런 비조직적 연대와 일치의 정신이기 때문이었다. 이론적으로 국제법 영역에서 주권은 "이주, 귀화, 국적과 추방의 사안에서 가장 절대적으로 작용한다."[23] 그러나 공동 이익의 실질적 고려와 암묵적 인정이 국가 주권을 제한할 수 있었던 것은 전체주의 정권이 등장할 때까지였다. 전체주의의 영향을 받은 정도를, 관련 정부가 국적을 박탈할 수 있는 자주적 권리를 어느 정도까지 사용하느냐의 척도로 측정하고 싶은 마음이 들 정도도. (무솔리니의 이탈리아가 자국 난민들을 이런 방식으로 처리하기를 꺼렸다는 사실은 무척 흥미롭다.)[24] 그러나 동시에 우리가 유념해야 할 것은 양차 세계대전 사이에 많은 주민을 적절한 때에 제거할 수 있는 새로운 법령을, 설령 이 권리를 포괄적으로 사용하지는 않았다 하더라도, 통과시키지 않은 나라는 거의 없었다는

---

23) Lawrence Preuss, "La Dénationalisation imposée pour des motifs politiques," in *Revue Internationale Française du Droit des Gens*, Vol. IV, Nos. 1, 2, 5, 1937.

24) 1926년 제정된 이탈리아의 '이민 남용' 방지법은 반파시즘 피난민에 대한 국적 박탈 조치를 예고하는 듯했다. 그러나 1929년 이후 국적 박탈 정책은 포기되었고 해외의 파시즘 조직이 만들어졌다. 프랑스에 있는 이탈리아 인민연합의 4만 구성원 중 적어도 1만 명은 확실하게 반파시즘 피난민이었지만 3000명만 여권이 없었다. Simpson, 앞의 책, 122쪽 이하 참조.

사실이다.[25)]

한편으로 가장 잘살고 문명화된 국가들의 시민들만이 누릴 수 있는 인권을 '양도할 수 없다'고 간주하는 선의의 이상주의자들의 노력과, 다른 한편으로 권리 없는 사람들이 처한 상황 사이의 모순이 현대 정치에서 가장 신랄한 아이러니로 가득 차 있었다. 그들의 상황은 지속적으로 더욱 악화되다가 드디어 포로 수용소──제2차 세계대전 이전까지 무국적자에게 포로 수용소는 규칙이라기보다 예외였다──가 '난민'들 거주 문제의 일상적인 해결책이 되었다.

심지어 무국적자에게 적용되는 용어도 악화 일로에 있었다. '무국적'이라는 용어는 적어도 이 사람들이 자국 정부의 보호를 상실했고, 이들의 법적 지위를 보호하기 위해서는 국제 협정이 필요하다는 사실을 인정하고 있다. 전후 용어인 '난민'은 그 존재를 무시함으로써 단호하게 무국적자들을 청산하려는 명백한 취지를 표현하기 위해 전쟁 기간에 만들어졌다. 무국적을 인정하지 않는다는 것은 항상 본국 송환, 다시 말하면 출생 국가로 이송한다는 것을 의미했다.

---

25) 이런 유형의 최초 법은 원래 국적을 그대로 유지하는 적국 출신 귀화 시민에게만 해당되는 1915년의 프랑스 법안이다. 포르투갈은 이보다 훨씬 더 나아가 독일인 아버지에게서 태어난 모든 사람의 국적을 자동으로 박탈하는 법령을 만들었다. 벨기에는 1922년 전쟁 동안 반국가 행위를 저지른 사람의 귀화 자격을 취소하는 법을 제정했으며, 그 시대의 특징이라 할 수 있는 애매한 태도로 "벨기에 시민의 의무를 심히 게을리하는" 사람들에 관해 말하는 새로운 법령을 1934년에 만들어 앞의 조치를 재차 확인했다. 이탈리아에서는 1926년 이래 "이탈리아 시민권을 가질 만한 가치"가 없거나 공공 질서에 위협이 되는 모든 사람은 국적을 박탈당할 수 있었다. 이집트와 터키는 각각 1926년과 1928년에 사회 질서를 위협하는 사람들의 국적을 박탈할 수 있는 법을 제정했다. 프랑스는 프랑스 이익에 반하는 행위를 한 귀화 시민들의 국적을 취소한다고 위협했다(1927). 오스트리아는 해외에서 오스트리아를 적대하는 행위에 기여하거나 참여한 시민들의 오스트리아 국적을 박탈할 수 있었다. 마지막으로 1933년 독일은 '해외에 거주하는' 사람은 누구나 아무때 자신의 독일 국적을 박탈당할 수 있다고 말함으로써 1921년 이래 제정된 러시아의 다양한 국적 법령을 본받고 있다.

그러나 출생 국가는 본국 송환자를 시민으로 인정하기를 거부하거나 아니면 그 반대로 처벌을 위해 본국으로 돌아오기를 시급히 요청한다. 비전체주의 국가들은 전쟁 분위기로 악의를 가졌음에도 불구하고 대체로 대량 본국 송환을 피했기 때문에, 무국적자 수——전쟁이 끝난 지 12년 후——는 과거보다 더 늘어났다. 무국적 문제를 무시하는 것으로 해결하려는 정치인들의 결정은 이 주제에 관한 믿을 만한 통계가 부족하다는 사실로 더욱 명확하게 드러났다. 그러나 이 정도는 알려져 있다. '인정된' 무국적자는 100만이 되고, 1000만 이상의 이른바 **사실상 무국적자**가 있다. 비교적 무해한 **합법적인** 무국적자 문제는 국제 회의에 상정되지만, 난민 문제와 동일한 무국적 문제의 핵심은 언급되지 않는다. 그보다 우려스러운 것은 무국적이 될 가능성이 있는 사람의 수가 꾸준히 증가하고 있다는 것이다. 제2차 세계대전 이전에는 단지 전체주의 국가나 반(半)전체주의 독재만이 자국에서 태어난 시민들에 관하여 국적 박탈이라는 무기의 힘을 빌렸다. 현재 우리는 심지어 미국 같은 자유민주주의 국가도 공산주의자인 미국인의 시민권을 박탈하는 문제를 심각하게 고려하는 지경에까지 이르렀다. 이 조치가 더 불길한 까닭은 그것들이 아주 순진하게 고려되고 있기 때문이다. 그러나 우리가 기억해야 할 것은 무국적에 담긴 진정한 함의를 실현하기 위해 독일 국적이 없는 모든 유대인을 "강제 이송하기 전날이나 적어도 그 당일에 그들의 시민권을 박탈해야만 한다"[25a]고 주장한 나치의 극단적 조심성이다. (독일 유대인들을 위해서는 그런 법령이 필요하지 않았다. 그 지역을 떠나는 모든 유대

25a) 인용문은 1943년 3월 10일자 총돌격 대장 다네커(Dannecker)의 명령에서 따온 것이다. 그것은 "1942년 인원 할당수인 유대인 5000명을 프랑스로부터 이주시킨다"는 내용을 언급하고 있다. 이 문서(파리에 있는 유대인 기록문서센터에서 사진으로 복사한 것이다)는 뉘른베르크 문서 No. RF 1216의 일부다. 비슷한 조치가 벨기에 유대인에 대해서도 취해졌다. 같은 책, L.R. Wagner의 이와 관련된 비망록, 1943년 4월 3일자, Document NG 4180과 비교할 것.

인—물론 폴란드의 수용소로 추방되는 사람들을 포함하여 — 은 자동으로 시민권을 상실하게 만드는 법이 제3제국에는 존재했다.)

무국적자 수십만 명이 출현함으로써 국민국가가 입은 최초의 커다란 손상은 망명할 권리, 국제 관계의 영역에서 인권의 상징으로 항상 여겨졌던 유일한 권리가 폐지되었다는 것이다. 오래되고 신성한 망명의 역사는 통제된 정치 생활이 시작되었던 바로 그 시점으로 거슬러 올라간다. 망명은 고대로부터 사람들이 어쩔 수 없는 사정상 법률적 보호를 박탈당할 수밖에 없는 상황에서 피난민과 피난민을 받아들인 국가를 보호해주었다. **영토 안에 있는 개인과 재산은 그 영토의 통제를 받는다**는 중세 원칙의 유일한 현대적 유물이 망명할 권리였다. 왜냐하면 현대 국가는 어떤 경우에도 그 국경을 넘어서까지 자국민들을 보호하며, 상호 조약을 통해 그들을 반드시 자국법에 구속하려는 경향을 보이기 때문이다. 그러나 설령 망명할 권리가 국민국가로 조직된 세상에서, 그리고 개인적 사례에서 여전히 작동하고 심지어 양차 세계대전 이후에 남아 있다 하더라도, 시대에 뒤떨어지고 국가의 국제 권리와 갈등을 빚을 것이라고 생각되었다. 그러므로 망명할 권리는 성문법이나 헌법 또는 국제 협정 어느 곳에서도 찾을 수 없으며 국제연맹 규약은 심지어 언급조차 하지 않았다.[26] 이런 점에서 인권과 같은 운명에 처해 있다. 즉 한 번도 법이 되지 못했고 단지 정상적인 법적 제도로 충분치 못한 개인적 예외의 경우에 하나의 도덕적 호소로서 공허한 실존을 이어가고 있는 것이다.[27]

---

26) S. Lawford Childs(앞의 책)는 국제연맹 규약이 "정치 도피를 위한 헌장도, 망명을 위한 위로도 담고 있지 않다"는 사실을 개탄하고 있다. UN은 적어도 작은 집단의 무국적자—이른바 '합법적인 무국적자'—를 위해 법적 지위 향상을 꾀하려고 최근에 시도했지만, 그것은 단지 제스처에 불과했다. 즉 적어도 20개국 대표가 모였지만 회의 참가는 어떤 의무도 수반하지 않는다는 점을 명시적으로 보장했던 것이다. 이런 상황에서 회의가 소집될지 극히 의심스러웠다. *New York Times*, 1954년 10월 17일자, 9면 참조.
27) 망명 권리의 유일한 수호자는 소수의 단체들이었는데, 이 단체들의 목표는

피난민의 출현으로[28) 유럽 세상이 받은 두 번째 커다란 충격은 이들을 제거할 수도 없고 망명국가 국민으로 전환할 수도 없다는 사실을 깨달았다는 것이다. 애초부터 문제를 해결하는 방법은 두 가지밖에 없다는 점에 동의했다.[29) 최초의 망명 사례인 러시아인과 아르메니아인의 망명 물결은 어떤 방법도 구체적인 결과를 낳지 못한다는 것을 증명했고, 망명국가는 그 이후 도착한 사람들에게는 무국적을 인정하지 않았다. 그로써 피난민은 더욱 참을 수 없는 상황에 처하게 되었다.[30) 관련 정부들이 국제연맹에 "피난민을 위한 활동을 가장 시급하게 폐지해야 한다"고 항상 상기시킨 것은 그들 관점에서 보면

인권 보호였다. 그들 가운데 가장 중요한 단체는 프랑스가 지원하는 인권연맹으로서 유럽의 모든 민주 국가에 지부를 두고 있었다. 이 단체는 단지 정치적 확신이나 활동으로 박해받는 개인들을 구출하는 것이 중요한 문제인 것처럼 행동했다. 이러한 가정은 이미 러시아 피난민 수백만의 사례에서 무의미하게 되었는데, 유대인과 아르메니아인의 경우에도 불합리하게 되었다. 연맹은 이데올로기적으로나 행정적으로 새로운 문제를 다룰 장치를 가지고 있지 않았다. 연맹은 새로운 상황을 직시하기를 원치 않았기 때문에 피난민들이 다른 동포들의 지원을 받아 스스로 세운 수많은 자선 단체가 훨씬 더 잘할 수 있는 그런 기능을 수행하는 잘못을 저지르게 되었다. 인권이 아주 비효과적인 자선 조직의 대상이 되면, 인권 개념의 평판은 자연스럽게 떨어지는 것이다.

28) 무국적자와 피난민의 차이를 말하면서 —— "무국적자의 지위는 국적이 없다는 사실을 특징으로 하는 반면, 피난민의 지위는 그가 외교적 보호를 상실한 것으로 결정된다(Simpson, 앞의 책, 232쪽)고 주장하는 것과 같이 —— 문제를 단순화하려는 법적 표현의 숱한 노력은 항상 "모든 피난민은 실질적으로는 무국적이다"라는 사실로 무효가 되었다(Simpson, 앞의 책, 4쪽).

29) R. Yewdall Jermings는 "Some International Aspects of the Refugee Question," in *British Yearbook of International Law*, 1939에서 이런 일반적인 기대를 가장 역설적으로 표현하고 있다. "물론 피난민의 지위는 영구적이지 않다. 목표는 본국 송환이나 망명 국가에 귀화함으로써 그가 가능한 한 빨리 그 지위에서 벗어나는 것이다."

30) 모든 측면에서 무국적자들 가운데 귀족이라 할 수 있는 러시아인과 러시아인의 지위로 동화했던 아르메니아인은 공식적으로 '무국적' 인정을 받았고, 국제연맹 난센 사무소의 보호 아래 여행 증명서를 발급받았다.

이해가 간다.[31] 국가-국민-영토라는 과거의 삼위일체, 여전히 유럽의 조직과 정치 문명의 토대를 구성하던 이 삼위일체에서 추방당한 사람들은 점점 커지는 운동의 시작일 뿐이고, 점점 불어나는 저수지의 첫 물방울에 불과할지 모른다는 두려움을 정부가 가지는 데는 충분히 그럴 만한 이유가 있었다. 독일과 오스트리아의 유대인이 모두 잠재적으로 무국적자라는 사실은 명백했고 심지어 에비앙 회의도 1938년 이 사실을 인정했다. 또한 소수민족을 가진 국가들이 독일의 사례에 자극을 받아 해당 주민들을 제거하기 위해 동일한 방법을 사용하려 했다는 것은 어쩌면 자연스러운 일이었다.[32] 소수민족들 가운데 유대인과 아르메니아인이 가장 큰 위험을 무릅썼고 곧 무국적자들 가운데 가장 높은 비율을 보였다. 그러나 그들은 또한 소수민족 조약이 필요한 보호를 제공하지 않고, 단지 어떤 집단을 선발하여 결과적으로 추방시키는 도구로 이용될 수 있다는 사실을 입증했다. 유럽의 오랜 문제 지역에서 발생한 이 새로운 위험과 마찬가지로 불안하고 위급한 것은 '이데올로기' 투쟁에서 유럽의 모든 민족이 보여

---

31) Childs, 앞의 책. 이렇게 필사적으로 신속성을 촉구하는 이유는 심지어 가장 사소한 긍정적 제스처도 "원치 않는 국민들을 제거하도록 어떤 국가들을 부추길 수 있고 또 심각한 법적 무자격의 조건하에서도 그 나라에 머물렀을 많은 사람이 그 때문에 떠날지도 모른다는 두려움을 모든 정부가 가지고 있었기 때문이다"(Louise W. Holborn, "The Legal Status of Political Refugees, 1920~38," in *American Journal of International Law*, 1938).

Georges Mauco(in *Esprit*, 7e année, No. 82, July, 1939, p.590) 참조. "난센 사무소가 돌보는 다른 피난민들의 지위와 유사한 지위를 독일 피난민들에게 부여하는 것은 그들에게는 물론 가장 간단하고 가장 탁월한 해결책이었을 것이다. 그러나 정부는 수적으로 무한히 증가할 우려가 있는 새로운 카테고리의 피난민들에게 이미 부여된 특권을 확장하기를 원치 않았다."

32) 1938년 잠재적으로 무국적자가 되었던 독일과 오스트리아의 60만 유대인에 루마니아의 유대인(소수민족을 위한 루마니아 연방위원회 의장인 드라고미르 교수는 모든 루마니아 유대인의 시민권 개정이 임박했음을 발표했다)과 폴란드 유대인(외무부 장관 벡은 공식적으로 폴란드 유대인이 100만 명으로 너무 많다고 선언했다)을 더해야 한다. Simpson, 앞의 책, 235쪽 참조.

준 전적으로 새로운 행동이었다. 국민들이 국가에서 추방되고 시민권을 박탈당할 뿐 아니라, 서구의 민주 국가들을 포함한 모든 국가에서 점점 더 많은 사람이 다른 나라의 내전(그때까지 소수의 이상주의자들이나 모험가들만이 했던 일이었다)에서 자진하여 싸운다는 사실이었다. 설령 이런 행동이 그들을 민족 공동체와 의절하게 만든다 하더라도 그러했다. 이것이 스페인 내전의 교훈이었으며, 각국 정부가 국제 여단을 두려워한 이유이기도 하다. 이 현상의 의미가 국민들이 이제 자신의 국적에 집착하지 않으며 그 결과 다른 민족 공동체에 동화할 자세가 되어 있다는 것이라면 사태는 그리 나쁘지 않았을 것이다. 그러나 그것은 사태의 본질이 아니었다. 국적 없는 민족은 놀라울 정도로 완고하게 자신의 국적을 유지하려 한다는 것을 이미 보여 주었다. 모든 의미에서 피난민들은 종종 귀화하는 데 관심을 가지지 않는 독자적인 외국의 소수민족을 의미했으며, 이들은 소수민족들이 과거에 일시적으로 했던 것처럼 공동의 이익을 보호하기 위해 서로 단결하지 않았다.[33] 국제 여단은 국가적 대대들로 조직되어 있었

---

33) 국민국가가 먼저 피난민들을 귀화시키기를 꺼렸는지(귀화 관행은 점점 제한되었고 국적 박탈 관행은 피난민의 도착과 함께 점점 더 평범한 현상이 되었다) 또는 피난민들이 다른 시민권을 받아들이기를 꺼렸는지 어느 것이 먼저인지 결정하기가 어렵다. 폴란드와 같이 소수민족 주민들을 가진 나라에서 피난민들(러시아인과 우크라이나인)은 폴란드 시민권을 요구하지 않고 소수민족들에게 동화하려는 경향을 분명히 보였다(Simpson, 앞의 책, 364쪽 참조).
러시아 피난민의 행동은 특징적이다. 난센 여권이 그 소지자를 "러시아 출신 사람"이라고 명기한 이유는 "러시아인 이주자에게 그가 국적이 없거나 의심스러운 국적을 가졌다고 감히 말할 수 없을 것이기" 때문이었다(Marc Vichniac, "Le Statut International des Apatrides," in *Recueil des Cours de l'Academie de Droit International*, Vol. XXXIII, 1933). 모든 무국적자에게 동일한 신분증을 제공하려는 시도는 난센 여권 소지자들의 신랄한 반론에 부딪혔다. 이들은 자신들의 여권은 "자신들의 고유한 지위를 법적으로 인정하는 징표"라고 주장했다(Jermings, 앞의 책 참조). 전쟁이 발발하기 전에는 심지어 독일에서 온 피난민들도 다수의 무국적자 무리와 섞이기를 원치 않았다. 그들은 '독일에서 온 피난민'이라는, 국적의 유물이 남아 있는 설명을 선호했다.

는데, 여기서 독일인은 히틀러에 대항해, 이탈리아인은 무솔리니에 대항해 싸운다고 생각했다. 이는 몇 년 뒤 에스파냐 피난민들이 레지스탕스에서 비시 정권에 투쟁하는 프랑스인을 도우면서 프랑코와 맞서 싸운다고 느낀 것이나 마찬가지다. 유럽 정부들이 이 과정에서 가장 두려워한 것은 이 새로운 무국적 민족은 이제 더 이상 수상쩍거나 의심스러운 국적*을 가진 사람들이라 할 수 없다는 것이다. 설령 시민권을 포기하고 출생 국가와 아무런 관계가 없으며 그에 대한 충성심도 없고 자신의 국적을 완전히 공인된 어떤 정부와 동일시할 수 없다 하더라도, 그들은 국적에 대한 강한 애착을 지니고 있었다. 살고 있는 땅에 깊이 뿌리를 내리지 못하고 국가에 대한 충성심도 없으며 그것과 아무런 관계도 없는 민족적 분파들과 소수민족들이 이제 동부 유럽만의 특징은 아니었다. 그들은 피난민과 무국적자로서 서부의 전통적인 국민국가로 유입되어 들어온 것이다.

그런데 진짜 문제는 승인된 두 가지 치료책인 본국 송환과 귀화가 시도되면서 시작되었다. 본국 송환은 이들을 보낼 수 있는 나라가 없을 때 수포로 돌아간다. 이 조치가 실패한 것은 무국적자들을 위한 고려에서도 아니고(소비에트 러시아가 과거의 자국 시민들을 요구하고, 민주 국가들은 그들을 원치 않은 본국 송환으로부터 보호해야 할 때 그런 것처럼 보인다), 피난민들로 궁지에 몰린 국가들의 인도주의 정서 때문도 아니다. 그것은 출생 국가를 포함한 어떤 다른 국가도 무국적자들을 받아들이는 데 동의하지 않았기 때문이다. 무국적자들을 다른 곳으로 수송할 수 없기 때문에 정부가 이들을 추방하지 못한

피난민들을 동화하기 어렵다는 유럽 국가들의 불평보다 더 설득력이 있는 것은 해외에서 나온 진술들인데, "유럽에서 온 이주민들 가운데 가장 동화하기 어려운 층이 남유럽인들과 동유럽인들이다"라는 점에서 앞의 진술과 일치한다("Canada and the Doctrine of Peaceful Changes," edited by H.F. Angus in *International Studies Conference: Demographic Questions: Peaceful Changes*, 1937, pp.75~76).

* 고향이 어디인지 어떤 이유에서 판단을 내리기 힘든 상황.

것처럼 보일 것이다. 그러나 국가가 없는 사람은 "일반법의 틀 안에서 적절한 장소를 가지지 못한 예외의 사람"[34] —— 분명하게 법의 보호를 받지 못하는 사람 —— 이기 때문에 전적으로 경찰의 처분에 맡겨져 있었다. 경찰은 나라가 안고 있는 짐, 달갑지 않은 사람들을 줄이기 위해 몇 가지 불법 행동을 저지른다고 해서 특별히 고민하지는 않았다.[35] 달리 말하면 당당하게 추방할 권리가 있다고 주장하는 국가는 무국적의 비합법성 때문에 명백하게 비합법적 행동을 하지 않을 수 없었다.[36] 국가는 추방할 무국적자들을 이웃 국가로 밀입국시켰고, 그 결과 상대방도 동일한 방법으로 응수했다. 본국 송환이라는 이상적 해결책, 즉 피난민들을 본국으로 몰래 돌려보내는 것은 단지 몇몇 중요한 경우에만 성공했다. 부분적으로는 비전체주의 국가의 경찰이 여전히 기초적인 윤리적 고려에 제약을 받았기 때문이었고, 부분적으로는 무국적자들이 본국이나 다른 국가들로부터 다시 밀입국해 들어올 것이기 때문이었다. 또한 중요성에서는 뒤지지 않는 또 다른 이유는 이런 전체 거래가 인접 국가 사이에서만 이루어질 수 있었기 때문이었다. 이런 밀입국의 결과, 국경에서 경찰들 사이의 작은 접전이 벌어졌다. 이는 결코 우호적인 국제 관계에 기여하지 못했으며, 또 한 국가 경찰의 도움으로 '불법으로' 다른 국가의 영토를 통과한

---

34) Jermings, 앞의 책.

35) 네덜란드 당국의 회보(1938년 5월 7일자)는 피난민을 "원치 않는 외국인"이라고 분명히 밝히고 있으며, 피난민을 "상황의 압력으로 자기 국가를 떠난 외국인"으로 규정하고 있다. "L'Emigration, Problème Révolutionnaire," in *Esprit*, 7e année, No. 82, July, 1939, p.602 참조.

36) Lawrence Preuss, 앞의 책은 비합법성의 확산을 다음과 같이 서술한다. "가장 먼저 국적을 박탈한 정부의 비합법적 행동은…… 추방 국가를 국제법 위반자의 위치로 몰아넣었다. 그것은 그 나라 당국자들이 무국적자가 추방당한 후 들어간 국가의 법을 위반하기 때문이다. 반대로 두 번째 국가는 제3국가의 법을 위반하지 않고는 이들을 제거할 수 없다……(무국적자는 다음의 대안들 앞에 서게 된다). 즉 그는 자신이 거주하는 국가의 법을 위반하거나…… 아니면 그가 추방되어 갈 나라의 법을 위반하거나 양자택일을 해야 한다."

무국적자에게 구류 판결만 축적시킬 뿐이었다.

국제 회의를 통해 무국적자에게 합법적 지위를 부여하려던 시도는 모두 실패로 돌아갔는데, 그것은 어떤 협정도 기존의 법 질서에서 외국인을 송환할 수 있는 영토를 대신할 수 없었기 때문이다. 피난민 문제를 둘러싼 모든 토론은 이 한 문제를 중심으로 이루어졌다. 피난민들은 어떻게 다시 추방할 수 있는가? 존재하지 않는 고국을 대신할 수 있는 유일하게 실용적인 것이 포로 수용소임을 보여주는 데 제2차 세계대전과 난민 수용소가 필요한 것은 아니었다. 실제로 이미 1930년대 포로수용소는 세상이 무국적자들에게 제공할 수 있는 유일한 '국가'였던 것이다.[37]

다른 한편 귀화도 실패임이 드러났다. 유럽 국가의 귀화 제도는 무국적자 문제에 직면하면서 무용지물이 되었는데, 망명할 권리가 폐기된 것과 같은 이유에서였다. 본질적으로 귀화는 국민국가의 법률, 즉 자국 영토 안에서 태어난 사람들과 태어날 때부터 시민인 사람들만 '자국 국민들'로 간주하는 법률의 부속 조항이었다. 귀화는 예외 경우, 즉 불가피한 사정으로 외국 영토로 들어간 개인들을 위해서만 필요했다. 그런데 대규모 귀화 신청을 처리해야 할 때, 전체 과정은 실패했다.[38] 심지어 순수하게 행정적 관점에서 보더라도 어떤 유럽의 관청도 이 문제를 다룰 수 없었다. 최근 도착한 사람들 중 일부

37) Childs, 앞의 책. "피난민 한 사람을 받아들이기가 실제로 어려운 까닭은 그가 나쁜 사람이라는 사실이 밝혀질 때 그를 제거할 방법이 없었기 때문이다"는 슬픈 결론에 도달한 이후, 피난민들이 해외로부터 돌아올 수 있는, 달리 말하면 국외 추방 목적을 위해 고향을 대신할 수 있는 '억류 수용소'를 제안했다.
38) 근동 지방에서 일어난 대규모 귀화의 두 사례는 분명히 예외적이다. 하나는 터키에서 온 그리스 피난민들의 경우로서, 그리스 정부가 1922년 이들을 일괄적으로 귀화시켰다. 이 문제가 외국 시민이 아닌 그리스 소수민족의 본국 송환이었기 때문이다. 다른 하나는 시리아, 레바논과 과거 터키 제국에 속한 국가에서 터키 출신 아르메니아 피난민들에게 혜택을 준 사례다. 이 피난민들은 불과 몇 년 전까지 같은 국적을 가지고 있던 사람들이었다.

라도 귀화시키는 대신, 국가들은 과거에 취한 귀화 조치를 취소하기 시작했다. 그 책임의 일부는 일반적인 패닉 현상에 있기도 하지만, 또 일부는 무국적자들이 엄청나게 다시 밀려오면서 이들과 같은 출신의 귀화 시민들의 불안한 지위가 바뀌었다는 데에도 있다.[39] 귀화의 취소나 대량 국적 박탈의 길을 닦는 게 분명한 새 법의 도입은[40] 새로운 정상적인 삶에 순응할 가능성에 대해 피난민들이 가진 작은 신뢰마저 완전히 없애버렸다. 새로운 국가에 동화하는 것이 과거에 약간 비열하거나 불충실하게 보였지만, 이제는 단지 우스꽝스러운 일이 되었다. 귀화 시민과 무국적 거주자의 차이는 전자에게서 중요한 시민권을 박탈하고 아무때나 후자의 운명이 될 수 있다고 위협하는 식의 수고를 정당화할 만큼 크지는 않았다. 귀화한 사람들의 지위는 대개 보통 외국인의 지위와 비슷해져 있었고 이미 이전의 시민권을 상실했기 때문에 이런 조치들은 상당수 다른 집단들을 무국적자로 만들겠다고 위협하는 수단이었다.

유럽 정부들이 무국적자들 문제가 자신들의 확고한 법적·정치적

---

39) 일단의 피난민들이 이주 국가에 이미 자리 잡고 있는 동족을 발견하는 곳에서는—예컨대 프랑스의 아르메니아인이나 이탈리아인, 세계 곳곳에 있는 유대인의 경우처럼—그곳에 오래 살았던 사람들의 동화에서 약간의 퇴보 현상이 나타난다. 왜냐하면 오래전에 정착한 사람들의 지원을 얻고 연대감을 불러일으키려면 새로 온 사람들이 동족임을 호소하는 방법밖에 없었기 때문이다. 이런 점은 피난민들로 넘쳐나지만 이들을 직접 지원하거나 일할 권리를 줄 수도 없고 주기도 싫은 국가들의 즉각적인 관심을 불러일으켰다. 이 모든 경우 과거에 정착한 집단의 민족 감정은 "피난민들의 성공적인 정착에 중요한 요소 가운데 하나"로 밝혀졌다(Simpson, 앞의 책, 45~46쪽). 그러나 민족 의식과 연대감을 고취함으로써 수용 국가들은 점점 더 증가하는 동화되지 못한 외국인들을 안게 되었다. 특별히 흥미로운 예를 하나 들면, 이탈리아 피난민 1만 명으로도 프랑스에 이미 살고 있던 100만 이탈리아 이주민들의 동화를 무한정 연기하는 데 충분했다.

40) 프랑스 정부는 1930년대에 귀화한 시민들에 대한 제한 조치를 도입하여 점점 더 늘렸고 다른 국가들도 그 뒤를 따랐다. 예를 들면 이들은 귀화한 후 10년 동안 특정한 직업을 가질 수 없었고 정치적 권리도 누릴 수 없었다.

제도에 위험이 된다는 사실을 의식하고 저지하려는 온갖 노력을 했음에도 불구하고 어찌할 바를 모르고 속수무책이었다는 사실을 보면 거의 불쌍한 마음이 든다. 폭발적 사건은 더 이상 필요하지 않았다. 많은 무국적자가 평온한 나라에 수용되면서 무국적은 전염병처럼 퍼졌다. 귀화 시민들만이 무국적자가 될 위험에 처해 있는 것이 아니었다. 전체 외국인의 생활 조건도 눈에 띄게 악화되었다. 1930년 대에 무국적 피난민들과 합법적 거주 외국인을 분명하게 구분하기가 어려워졌다. 정부가 권리를 사용하여 어떤 거주 외국인들을 본인 의사에 반해 본국으로 송환하려 하면, 그 외국인은 필사적으로 무국적 상태로 도피했을 것이다. 제1차 세계대전 동안 적국 출신 외국인들은 이미 무국적의 큰 이점을 발견했다. 당시에는 법의 허점을 발견한 개인들의 잔꾀였던 것이 이제 큰 집단의 본능적인 반응이 되었다. 수요가 있으면 외국노동자들을 불러들이고 실업이나 위기 시에는 그들을 축출하는 식으로 혼란스러운 노동 시장을 조정함으로써 유럽에서 가장 많은 이민을 받아들인 프랑스[41]는 외국인들에게 무국적의 장점을 알려준 것이다. 그리고 이 교훈을 외국인들은 쉽게 잊지 않았다. 1935년 라발 정권이 대대적인 본국 송환을 시행했을 때 무국적자들만 송환을 피할 수 있었는데, 그 이후 이른바 '경제 이민'과 일찍 이민 온 다른 집단들 — 발칸 반도 사람들, 이탈리아인, 폴란드인과 에스파냐인 — 은 피난민 대열에 섞여 뒤엉키게 되었고, 이 뒤엉킨 실타래는 결코 다시 풀 수 없었다.

무국적 문제가 예부터 지켜온 필연적인 구분, 즉 자국민과 외국인 간의 구분에 미친 악영향과 국적과 추방의 문제에서 주권 국가의 권리에 미친 악영향보다 더욱 나쁜 것은, 점점 더 많은 거주자가 법의 관할권 밖에서 법적 보호를 전혀 받지 못하고 살아야 할 때 그 국가 법 제도의 구조 자체가 입는 손상이었다. 무국적자는 거주할 권리도

---

41) Simpson, 앞의 책, 289쪽.

없고 일할 권리도 없기 때문에 끊임없이 법을 위반해야 했다. 무국적자는 죄를 짓지 않음에도 구류형을 받아야 했다. 게다가 문명 국가에 속하는 위계적 가치 질서 전체가 이 경우 전도되었다. 무국적자는 일반법이 규정하지 않은 예외이기 때문에, 그로서는 일반법이 규정하는 예외, 다시 말하면 범죄자가 되는 편이 차라리 나았다.

어떤 사람이 법의 외곽 지대에서 살기를 강요당했는지를 결정하는 최고 척도는 그가 범죄를 저지름으로써 이익을 얻는지를 물어보는 것이다. 밤 도둑질이 적어도 일시적으로 그의 법적 지위를 향상할 수 있을 것 같으면 그는 인권을 빼앗긴 사람이라고 확신해도 된다. 왜냐하면 범죄는 인간적 평등을 다시 얻을 수 있는 최고 기회이기 때문이다. 설령 그것이 규칙의 공인된 예외라 하더라도 그렇다. 한 가지 중요한 사실은 이 예외가 법에 의해 규정되어 있다는 것이다. 범죄자가 무국적자라 하더라도 다른 범죄자보다 더 나쁜 대우를 받지 않는다. 다시 말해 그는 다른 사람들과 같은 대우를 받는다. 그는 법의 위반자로서만 법의 보호를 받을 수 있다. 재판이 진행되고 형기가 지속되는 한, 그는 어떤 변호사도 어떤 법적 호소도 대항할 수 없는 경찰의 지배로부터 안전할 것이다. 단지 이 세상에 존재한다는 사실로 인해 어제 감옥에 있던 사람, 어떤 종류의 권리도 없고 추방 위협에 시달리며 사는 사람, 또는 일하려 했고 생계를 꾸려가려 했다는 이유로 판결도 재판도 없이 강제 수용소로 이송될 수 있는 사람이 사소한 도둑질로 거의 완벽한 시민이 될 수 있는 것이다. 무일푼이라도 그는 이제 변호사를 얻을 수 있고, 교도관에 대해 불평할 수 있으며, 사람들은 그의 말에 정중하게 귀기울인다. 그는 이제 더 이상 지구의 쓰레기가 아니다. 그는 자신의 재판에 적용될 법의 모든 세부사항에 관해 통지를 받을 만큼 중요한 사람이다. 그는 존중할 만한 사람이 된 것이다.[42]

---

42) 실질적인 관점에서 그에게 돌아오는 어떤 형도 추방령이나 노동 허가의 취소

인정받지 못하는 예외에서 인정받는 예외의 지위로 올라갈 수 있는 방법 중 훨씬 덜 믿음이 가는 동시에 훨씬 더 어려운 것은 천재가 되는 방법일 것이다. 법이 인간들 사이에 단 하나의 차이, 즉 정상적인 비범죄자와 예외적인 범죄자의 차이만을 아는 것처럼 순응주의 사회는 단 한 가지 형태의 결정적인 개인주의, 즉 천재만을 인정한다. 유럽의 부르주아 사회는 천재가 인간의 법 밖에 있기를 원했고, 그 주요한 사회 기능이 자극적인 일을 만드는 데 있는, 일종의 괴물이기를 원했다. 그가 실질적으로 법의 보호를 받지 못하는 사람이라도 상관없었다. 게다가 시민권 상실은 그 사람에게서 보호의 권리를 빼앗을 뿐 아니라 명확하게 확립되고 공인된 정체성을 빼앗았다. 이런 정체성 상실의 정확한 상징이 바로 자신들에게서 국민의 권리를 박탈한 나라로부터 적어도 출생 증명서라도 얻기 위해 기울였던 그들의 열렬한 노력이다. 거대하고 이름 없는 군중으로부터 한 사람을 구출해주는 탁월성의 수준에 그들이 이르게 되었을 때, 비로소 그들의 문제 하나가 해결되었다. 사회 계층에 상관없이 모든 피난민이 "여기에서는 아무도 나를 몰라준다"고 되풀이하여 불평할 때 명성만이 그 불평에 대한 대답이 될 수 있을 것이다. 이름을 가진 개가 보통 개에 불과한 길 잃은 개보다 생존할 기회가 높은 것처럼 유명한 피난민의 기회가 더욱 호전된 것도 사실이다.[43]

또는 그를 강제 수용소로 보내는 법령과 비교해서는 가볍다 할 수 있다. 군대가 일본인 조상을 둔 모든 미국인을 수용소에 억류하라고 명령했을 때, 감옥에 있던 서부해안의 일본계 미국인들은 재산을 헐값에 팔지 않아도 되었고, 있던 자리에 그대로 머물면서 그의 이익을 돌봐주는 변호사를 대기시켜 두었다. 그가 운이 좋아 장기형을 선고받는다면, 그는 정당하고 태평스럽게 옛 직업이나 사업으로 돌아왔을 것이다. 설령 전문 도둑질이라 하더라도 그의 형무소형은 그에게 헌법의 권리를 보장해주었다. 이 헌법적 권리는 그의 시민권이 의심스럽게 되었을 때, 어떤 다른 것 ─ 국가에 충성한다는 항변이나 어떤 호소 ─ 도 그에게 줄 수 없는 권리였다.

43) 엘리트 그룹의 형성 원칙이 전체주의 국가의 강제 수용소에서도 작용하고 있다는 사실, 즉 '귀족'은 대다수 범죄자들과 소수의 '천재들', 즉 예술가들이

정부의 보호 권리를 상실한 사람들을 위한 법을 제공할 능력이 없는 국민국가는 문제 전체를 경찰에게 넘겼다. 이때 경찰은 처음으로 서구 유럽 국가에서 독자적으로 행동하고 국민들을 직접 통치할 수 있는 권한을 부여받았다. 공적 생활의 한 영역에서 경찰은 이제 더는 법을 집행하고 수행하는 도구로 그치는 것이 아니라 정부나 내각으로부터 독립한 통치권력이 되었다.[44] 경찰의 힘과 법과 정부로부터의 자율성은 피난민 유입과 비례하여 증가했다. 인구 전체에 비해 무국적자와 잠재적인 무국적자의 비율이 증가할수록 — 전쟁 전 프랑스에서 그 비율은 전체 인구의 10퍼센트에 달했다 — 경찰국가로 서서히 전환할 수 있는 위험성은 그만큼 더 커졌다.

전체주의 정권에서는 어차피 경찰이 권력의 정점에 올랐지만, 거기에다 이 정권은 개인이 범한 위반 행위에 상관없이 어떤 식으로든 법의 외곽 지대에 있던 거대한 집단의 사람들을 지배함으로써 경찰권력을 강화하는 데 특별한 관심을 보였다. 나치 독일에서 뉘른베르크 법은 제국 시민(완전한 시민)과 국민(정치 권리가 없는 이등 시민)들을 구분했는데, 이 법은 결과적으로 "외국인의 피"를 가진 모든 국민이 공식적인 법령으로 국적을 상실할 수 있는 기틀을 마련했다. 입법은 상세하게 준비되었지만, 전쟁의 발발로 이루어지지 못했다.[44a]

나 연예인들로 구성되었다는 사실은 이 집단들의 사회적 위치가 얼마나 밀접한 관계를 가지고 있는지를 보여준다.

44) 예를 들면 프랑스에서 경찰이 발급한 추방명령은 '단지' 내무부에서 발급한 것보다 훨씬 더 중요하게 취급되었으며, 내무부가 경찰의 추방명령을 취소하는 경우는 극히 드물지만 그 반대 절차는 단순히 뇌물 문제였다는 것이 기록되어 있다. 헌법상 경찰은 내무부 권한 밑에 있다.

44a) 1938년 2월, 독일 제국 내무부는 '독일 국적의 취득과 상실에 관련한 법안'을 제시했는데, 그것은 뉘른베르크의 입법을 훨씬 넘어서는 것이었다. 이 법안은 "유대인, 유대인 혼혈이나 다른 식으로 외국인의 피를 가진 사람들의" 자손들(이들은 어차피 제국 시민이 될 수 없었다)은 국적을 가질 자격이 없으며, "심지어 아버지가 출생으로 인해 독일 국적을 가지고 있어도" 자격이 없다고 규정하고 있다. 이 조치가 단지 반유대인 입법과 관련된 것이 아니라는 사실

다른 한편 비전체주의 국가에 무국적자 집단이 증가하면서 경찰이 조직한 불법 형태가 나타나게 되는데, 그것은 실질적으로 자유 세계가 전체주의 국가의 입법과 대등해지는 결과를 가져왔다. 모든 나라가 결국 이 집단들을 위해 강제 수용소를 마련했다는 사실 — 물론 피수용자들을 취급하는 방식에서 상당한 차이를 보이지만 — 은 집단의 선발이 전적으로 전체주의 정권의 주도권에 맡겨져 있었다는 점을 고려할 때, 그만큼 더 특징적인 모습을 띠게 되었다. 즉 나치가 한 사람을 강제 수용소로 보내고 그가 예컨대 네덜란드로 성공적으로 탈출하게 된다면, 네덜란드 사람들은 그를 포로 수용소로 보냈을 것이다. 그러므로 전쟁이 일어나기 훨씬 전에 많은 서구 국가에서 경찰은 '국가 안전'을 구실로 독자적으로 게슈타포 및 GPU와 긴밀한 관계를 구축했다. 그러므로 우리는 경찰의 독립적인 외교 정책이 존재했다고 말할 수 있을 것이다. 이 경찰이 지시한 외교 정책은 공식 정부와는 무관하게 작동했다. 게슈타포와 프랑스 경찰의 관계가 단호한 반독일 정책을 펼쳤던 레옹 블룸의 인민전선정부 시절보다 더 우호적인 적은 없었다. 정부와는 반대로 여러 경찰 조직은 전체주의 정권에 대한 '편견'의 부담을 가진 적이 없었다. GPU에게서 받은 정보와 고발은 파시스트나 게슈타포 요원들에게 얻은 것과 마찬가지로 그들에게 고마운 것이었다. 그들은 경찰 기구가 모든 전체주의 정

은 1939년 7월 19일 법무부 장관이 표명한 의견을 보면 분명해진다. 그는 "유대인이나 혼혈 유대인이란 단어는 가능하면 법에서 피해야 하며, '외국인의 피를 가진 사람들'이나 '비독일인, 독일인과 다른 혈통의 피를 가진 사람들'이란 단어로 대체할 것을" 제안하고 있다. 나치 독일은 무국적 주민의 수를 이렇게 엄청나게 확대하려는 계획을 세우는데, 여기서 재미있는 것은 기아 문제와 관련된 것이다. 기아는 "그 인종적 특징에 대한 조사가 이루어질 때"까지는 명시적으로 무국적으로 간주된다. 여기서 모든 개인은 그의 국적이 보장하는 양도할 수 없는 권리를 가지고 태어난다는 원칙이 고의로 전도되었다. 모든 개인은 차후에 다른 결론에 도달하지 않는다면 권리를 상실한, 즉 무국적으로 태어난다. 이 입법안과 관련된 서류, 모든 정부 각료와 독일군 최고 사령부의 의견은 뉴욕의 이디시 과학연구소의 기록 보관소(G-75)에서 볼 수 있다.

권에서 수행하는 중요한 역할을 알고 있었고, 경찰의 높은 사회적 지위와 정치적 중요성을 알고 있었으며, 전체주의 정권에 대한 자신들의 호감을 일부러 감추려 하지 않았다. 결국 나치가 너무나 수치스럽게도 점령 국가들의 경찰로부터 거의 아무런 저항을 받지 않았다는 사실, 그리고 나치가 이 지역 경찰력의 지원을 받아 원하는 만큼의 테러 행위를 조직할 수 있었던 것은 적어도 부분적으로는 경찰이 수년 동안 무제한적이고 자의적으로 무국적자와 피난민들을 지배하면서 획득했던 강력한 위치 탓으로 돌릴 수 있다.

'소수민족 국가'의 역사와 국적 없는 민족의 형성에서 유대인은 중요한 역할을 했다. 그들은 보호를 받고자 하는 강력한 요구(강력함에서 오직 아르메니아인의 요구와 비교할 수 있다)와 탁월한 국제 관계로 인해, 그러나 무엇보다도 그들은 어떤 국가에서도 다수를 이루지 못했고 그래서 진정한 소수민족, 즉 오직 국제적으로 보장된 보호에 의해서만 자신들의 이해관계를 지킬 수 있는 유일한 소수민족이었기 때문에,[45] 이른바 소수민족 운동의 선두에 서 있었다.

유대 민족의 특별한 요구는, 조약이 편의주의 때문에 민족 자결권을 부여할 수 없는 민족들과 강제적으로 외국인을 동화하려는 신생 국가들의 경향이 서로 타협을 이룬 결과라는 것을 부인할 수 있는 최고의 구실이 되었다.

이와 유사한 사건 때문에 유대인은 피난민과 무국적 문제의 논의에서 중요한 요인이 되었다. 평화 조약이 산출한 최초의 **실향민** 또는 **무국적자들**은 대부분 승계국가 출신으로서 조국의 새로운 소수민족으로 보호를 받을 수 없거나 받기를 원치 않은 유대인이었다. 독일이

---

45) 소수민족 조약을 공식화하는 데 유대인이 맡은 역할에 관해서는 Macartney, 앞의 책, 4쪽, 213쪽, 281쪽 그리고 여러 곳; David Erdstein, *Le Statut juridique des Monorités en Europe*, Paris, 1932, pp. 11ff.; Oscar J. Janowsky, 앞의 책 참조.

독일 유대인을 이민이나 무국적 상황으로 몰고 가면서 비로소 이들이 무국적자의 상당한 부분을 차지하게 되었다. 그러나 뒤이어 히틀러가 독일 유대인을 성공적으로 박해하는 시기에 소수민족을 가진 국가들은 모두 이들을 국외로 추방하는 관점을 고려하기 시작했다. 그렇게 한다면 진정한 소수민족이라 할 수 있는 유대인부터 추방할 것은 불 보듯 뻔한 사실이었다. 유대 민족에게는 소수민족 시스템 외에는 다른 보호 장치가 없었고, 이 시스템이 바야흐로 조롱거리가 되고 있었던 것이다.

무국적이 일차적으로 유대인 문제[46]라는 생각은 이 문제를 무시하는 것으로 해결하려던 정부들이 즐겨 사용한 구실이었다. 히틀러가 유대인 문제를 해결한 방식, 즉 먼저 독일 유대인을 독일에 사는 비공인 소수민족으로 만든 다음 이들을 무국적 민족으로서 국경 밖으로 쫓아내고 마지막으로 이들을 각지에서 다시 모아 죽음의 수용소로 보내는 방식은, 소수민족이나 무국적자와 관련된 모든 문제를 일시에 '청산'할 수 있다는 것을 나머지 세상에 과시하는 것이었음을 알아차린 정치인은 아무도 없었다. 전쟁이 끝난 후 유일하게 풀 수 없는 것으로 여겨졌던 유대인 문제는 영토를 식민지화하고 그다음 정복함으로써 실제로 해결되었다. 그러나 그렇게 해서 소수민족이나 무국적자 문제가 해결된 것은 아니었다. 그 반대로, 즉 20세기의 모든 다른 문제처럼 유대인 문제의 해결은 단지 새로운 범주의 난민들인 아랍인을 생산했고, 그로써 무국적자와 무권리자의 수가 70만~80만 명가량 더 늘게 되었다. 팔레스타인의 가장 작은 지역에서 그리고 수십만 명에게 일어난 일은 좀더 큰 규모로 인도에서 수백만 명들

---

46) 비록 나치 작가가 감히 그렇게 표현하기는 했지만, 이것이 나치 독일만의 생각은 아니었다. "실제로 유대인 문제가 더 이상 존재하지 않는다 하더라도 난민 문제는 여전히 발생할 것이다. 그러나 난민들 가운데 높은 비율이 유대인이기 때문에 난민 문제는 훨씬 간단해질 것이다"(Kabermann, "Das internationale Flüchtlingsproblem," in *Zeitschrift für Politik*, Bd. 29, Heft 3, 1939).

에게 반복되었다. 1919년과 1920년의 평화 조약 이래 난민들과 무국적자들은 국민국가의 이미지를 가지고 탄생한 지구상의 모든 신생 국가에 저주처럼 달라붙어 있었다.

신생 국가들에 이 저주는 치명적인 질병의 병원균을 퍼뜨린다. 국민국가는 법 앞에서의 평등이라는 그 중요한 원칙이 무효가 되며 더는 존재할 수 없기 때문이다. 원래 봉건 사회의 구법과 질서를 대체하기 위해 만들어졌던 법적 평등이 없다면, 국가는 지나친 특권을 가진 개인들과 지나친 불이익을 당하는 개인들로 이루어진 무정부적인 대중으로 해체된다. 만인에게 평등하지 않은 법은 권리와 특권으로 변질되는데, 이것은 국민국가의 성격에 배치되는 것이다. 무국적자를 법적 인간으로 대우할 수 없는 국가의 무능력이 더 분명하게 드러나고 경찰의 명령에 의한 자의적 지배가 더 확산되면 될수록, 국가는 모든 시민의 법적 지위를 박탈하고 그들을 전능한 경찰의 힘으로 통치하려는 유혹에 저항하기가 그만큼 더 어려워진다.

2. 인권의 난제들

18세기 인권 선언은 역사의 전환점을 이루었다. 인권 선언이 의미하는 바는 그때부터 신의 명령이나 역사적 관습이 아니라 인간이 법의 근원이 된다는 것 이상도 이하도 아니다. 역사가 특정한 계층의 사회나 특정한 국가에 부여한 특권과는 무관하게 인권 선언은 인간이 모든 후견으로부터 해방되었다고 말했고 그가 이제 성년이 되었다고 공언했다.

그밖에도 인권 선언의 골격을 짰던 사람들이 단지 반쯤 의식한 다른 함의가 있다. 개인들이 자신들의 신분이 미래에도 변함이 없을지 확신하지 못하고, 또 기독교인으로서 신 앞에 평등하다고 확신하지도 못한 이 새로운 시대에, 인권 선언은 너무나 절실한 보호의 용도를 가지고 있었다. 달리 말하면 세속화되고 해방된 새로운 사회에서 인간들은 이런 사회적·인간적 권리를 믿을 수 없었다. 이런 권리들은 그때까지는 정치 질서의 밖에 존재했고 정부나 헌법이 아니라 사회적·영적 그리고 종교적 권력에 의해 보장받아왔다. 그러므로 개인이 국가의 새 주권이나 사회의 독단에 저항하여 보호가 필요할 때면 항상 인권에 호소해야만 한다는 데에는 19세기 내내 이견이 없었다.

인권이 '양도할 수 없'고, 다른 권리나 법으로 돌릴 수 없으며, 거기로부터 추론할 수 없는 것으로 선포되었기 때문에, 인권의 확립을 위해서는 어떤 권위에도 호소할 수 없었다. 인간 자신이 인권의 원천일 뿐 아니라 궁극적 목표였다. 게다가 어떤 특별법도 인권 보호를 위해 필요하다고 생각되지 않았다. 왜냐하면 모든 법은 인권에 의거한다고 추정되었기 때문이다. 국민이 통치 문제에서 유일한 주권자로 선포되었듯이 인간은 법의 문제에서 유일한 주권자처럼 보였다. (군주의 주권과 구분되는) 국민 주권은 신의 은총에 의해서가 아니라 인간의 이름으로 선포되었고, 그래서 '양도할 수 없는' 인권이 국민의 주권으로부터 보증을 받고 자치할 수 있는 국민의 권리가 양도할 수 없는 일부가 되는 것은 자연스럽게 보였다.

달리 말하면 인간이 다시 국민의 한 사람이 되어버린다면, 그는 이제 더 크고 포괄적인 질서와는 아무런 관계가 없이 내면에 고유한 존엄성을 지닌 완전히 고립되고 완전히 해방된 존재가 더 이상 아니다. 처음부터 양도할 수 없는 인권 선언에 들어 있는 역설은 그것이 어디에도 존재하지 않을 것 같은 '추상적인' 인간을 염두에 두었다는 것이다. 왜냐하면 심지어 미개인조차도 일종의 사회 질서 안에서 살고 있기 때문이다. 한 부족이나 '미개한' 공동체가 인권을 누리지 못한다면, 그것은 분명 그들이 전체적으로 아직 문명의 단계나 민중 주권과 국민 주권의 단계에 도달하지 못하고 토착민 전제군주나 외지인 전제군주의 지배를 받고 있었기 때문이다. 그러므로 인권의 문제는 곧 민족 해방의 문제와 풀릴 수 없을 정도로 뒤섞이게 되었다. 국민의 해방된 주권, 민족의 자주권만이 인권을 보장할 수 있는 것처럼 보였다. 프랑스 혁명 이래 인류라는 개념은 국가로 구성된 가족이라는 이미지를 가지고 있었기 때문에, 인간의 이미지는 개인이 아니라 국민이라는 사실이 점차 자명해진다.

유럽의 국민국가 제도 안에서 인권과 국민의 권리가 동일시되는 이런 현상의 온전한 의미는 점점 더 많은 사람과 민족들의 기본권이 마치 아프리카의 중심부에서처럼 유럽 중심부에서도 국민국가의 기능으로 보장될 수 없게 되면서 비로소 분명해졌다. 결국 인권은 정부와 관계가 없다고 생각되었기 때문에 '양도할 수 없는' 것으로 정의되어왔다. 그러나 사람들에게 자국 정부가 없어지고 그래서 최소한의 권리에 의지해야만 하는 바로 그 순간, 그들을 보호해줄 권위도 없어지고 그들을 기꺼이 보장해줄 제도도 없어진다는 사실이 밝혀졌다. 또는 소수민족의 경우처럼 국제 기구가 비정부 권력을 사칭할 때, 실책은 이 조치들이 완전히 실행되기 이전에 이미 명백해졌다. 정부들이 다소 공개적으로 자신들의 주권 침해에 반대했을 뿐만 아니라 관련 민족들도 비국가적 보장을 인정하지 않았다. 그들은 자신들의 '국민적' 권리(단순히 '언어적, 종교적, 그리고 민족적' 권리와 반대되는 권리로서)를 단호하게 지지하지 않는 모든 것을 불신했으며, 독일인이나 헝가리인처럼 '민족적' 모국의 보호를 선호하거나, 아니면 유대인처럼 일종의 국제 연대로 마음을 돌리려고 했다.[47]

---

47) 국민의 권리에 대한 이런 독특한 신뢰를 보여주는 감상적인 사례는 제2차 세계대전 이전 이탈리아 티롤 지방에 살던 독일계 소수민족의 75퍼센트가 고향을 떠나 독일에 다시 정착하기로 동의한 경우, 그리고 14세기부터 슬로베니아에 살던 독일계 주민들의 자발적인 본국 송환, 또 전쟁 종결 직후 이탈리아 포로 수용소에 있던 유대인 난민들이 이탈리아 정부의 대량 귀화 제안을 만장일치로 거부한 사건 등이다. 양차 세계대전 사이에 유럽 민족들이 겪은 경험을 보면서 이 행동을 광신적인 민족주의 정서의 또 다른 사례라고 해석하는 것은 심각한 실수를 저지르는 것이다. 이 사람들은 자신들이 태어나면서 속한 정부가 보호해주지 않는다면 자신들의 기초적 권리가 지켜지리라고 확신할 수 없었던 것이다. Eugene M. Kulisher, 앞의 책 참조.

국적 없는 민족들은 소수민족들처럼 국민의 권리를 상실하는 것이 인권의 상실이나 마찬가지이고 전자는 필연적으로 후자를 따라다닌 다는 것을 확신했다. 어떤 형태든 권리로부터 배제되면 될수록 그만 큼 더 그들은 한 나라의 국민으로, 자신들의 고유한 민족 공동체 속 에 다시 통합될 수 있는 길을 찾으려 했다. 러시아 난민들은 단지 가 장 먼저 자신들의 국적을 그대로 유지하겠다고 우겼고, 또 자신들을 다른 무국적자들과 한덩어리로 만들려는 시도에 격렬하게 저항했을 뿐이다. 그들 이후 모든 난민 집단과 강제 퇴거민 집단이 맹렬한 집 단의식을 발전시켰고, 또 단지 폴란드인이나 유대인 또는 독일인으 로서의 권리만을 달라고 아우성쳤다.

인권 보호를 위해 결성된 모든 단체, 새로운 인권 법안을 통과시키 려는 시도들을 후원한 사람들이 별로 중요하지 않은 인물——정치 경 험이 없는 소수의 국제법학자들, 전문 이상주의자들의 불확실한 정 서의 지원을 받은 전문 박애주의자들이라는 사실이 사태를 더욱 불 리하게 만들었다. 그들이 만든 집단과 그들이 발행한 선언은 언어와 작문에서 동물 학대 방지를 위한 단체들의 것과 기이하게 닮아 있었 다. 어떤 정치인도, 어떤 정치권의 주요 인사도 그들을 진지하게 생 각할 수 없었다. 또한 유럽의 어떤 진보정당 또는 급진정당도 자신 들의 정당 강령에 새로운 인권 선언을 수용할 필요가 있다고 생각하 지 않았다. 제2차 세계대전 전에도 그랬지만 후에도 희생자 본인들 이 이 기본권에 호소하지 않았다. 그들은 사건들 때문에 어쩔 수 없 이 끌려 들어간 철조망으로 둘러싸인 미로에서 벗어날 길을 찾으려 고 수없이 시도했지만 이 기본권은 너무나 분명하게 그들에게 주어 지지 않았던 것이다. 반대로 기본적 의미에서나 일반적인 의미에서 인권을 강화하려는 주변부 단체들의 시도를 경멸하고 그것들에 무 관심하다는 점에서 희생자들은 권력자들과 같았다.

모든 구체적인 법의 영향권 밖에서 살도록 강요당하는 사람들이 점점 증가하는 재난상황에 새로운 권리 법안의 선언으로 대처하려

했던 책임자들의 실수는 분명 그들의 악의 때문이 아니다. 프랑스 혁명과 미국 혁명이 문명 사회의 새로운 기초로서 장엄하게 선포한 인권이 과거에 한번도 실질적인 정치적 이슈가 된 적은 없었다. 19세기 동안 국가 권력의 증대에 맞서 개인을 보호하고 산업혁명이 야기한 새로운 사회 불안을 완화하기 위해 마지못해 이 권리에 호소했던 것이다. 그때 인권은 새로운 함의를 얻게 되었다. 인권은 사회적 약자의 수호자들이 즐겨 썼던 표준적 구호가 되었다. 즉 그것은 일종의 추가 법, 달리 의지할 데가 없는 사람들을 위해 반드시 필요한 예외 권리였던 것이다.

19세기의 정치사상이 인권 개념을 의붓자식 취급한 이유, 그리고 20세기의 진보정당 및 급진정당이 인권을 강화해야 할 시급한 상황이 발생했을 때조차 인권 개념을 강령에 포함시키지 않은 이유는 명백한 것 같다. 시민권──즉 여러 국가에서 제각기 다양한 시민들의 권리──이 구체적인 법의 형태로 영원한 인권을 구현하고 상세히 설명하고 있다고 생각한 것이다. 인권은 또한 그 자체가 시민권이나 국적과는 무관한 것으로 간주되었다. 모든 인간은 어떤 종류이든 정치 공동체의 시민이다. 국가의 법이 인권의 요구에 맞는 기능을 수행하지 않는다면, 민주 국가에서는 입법을 통해, 전제정치에서는 혁명적 행동으로 시민들이 이 법을 바꿀 것이라고 예측했다.

인권은 양도할 수 없다고 추정되지만, 주권 국가의 시민이 아닌 사람들이 나타날 때면 항상──심지어 인권에 기초한 헌법을 보유한 국가에서조차──인권은 강요할 수 없는 것이라는 사실이 드러났다. 그 자체만으로도 충분히 혼란스러운 이런 사실에다 우리는 새로운 인권 법안의 틀을 짜려는 최근의 수많은 시도가 야기한 소동을 추가해야 할 것이다. 이 새로운 인권 법안들은 시민의 권리와 구분되는 보편적 인권이 실제로 무엇인지 확실하게 규정할 수 있는 사람은 아무도 없다는 사실을 보여줄 뿐이었다. 이 사람들이 인권을 상실했기 때문에 곤경에 처하게 되었다는 점에는 누구나 다 동의를 하지만, 그들이 인권을 잃게 되면 더불어 어떤 다른 권리들을 상실하는지 아무도 잘 모르는 듯했다.

권리를 잃은 자들이 제일 먼저 겪는 것은 고향의 상실이다. 사람은 어떤 사회 환경에서 태어나고, 그 안에서 자신을 위해 세상에서 하나의 독특한 장소를 구축한다. 그런데 고향 상실은 이런 사회 환경 전체를 잃는다는 것을 의미한다. 이런 재난은 역사상 전례가 없었다. 오랜 역사를 회고해볼 때, 개인이나 한 민족 전체가 정치나 경제적 이유로 살던 곳을 떠나야 하는 일은 비일비재했다. 전례가 없다는 것은 고향의 상실이 아니라 새로운 고향을 찾을 수 없다는 사실이다. 심각한 제한을 받지 않고 이민 갈 수 있는 곳, 또 동화되어 살 수 있는 나라, 자신들만의 새로운 공동체를 이룰 수 있는 영토가 이 지구상에서 갑자기 사라진 것이다. 이것은 과잉 인구의 물질적 문제와는 거의 아무런 관계가 없었다. 그것은 공간의 문제가 아니라 정치 조직의 문제였다. 오랫동안 국가들로 이루어진 가족이라는 이미지를 유지한 인류 개념이, 긴밀하게 조직된 폐쇄된 공동체로부터 축출된 사람은 누구나 국가들의 가족에서도 축출되는 단계에 도달했다는 사실을 아무도 알아차리지 못했다.[48]

권리를 잃은 사람들이 두 번째로 겪는 것은 정부 차원의 보호 상실이었고, 이는 자국 내에서뿐만 아니라 모든 국가에서 법적 지위를 잃는 것을 의미한다. 상호 조약과 국제 협정은 전 지구상에 관계의 그 물망을 구축하여, 모든 국가의 시민들이 어느 곳에 가든지 자신의 지위를 가지고 갈 수 있게 만들었다(그래서 예컨대 나치 정권하의 독일 시민은 뉘른베르크 법 때문에 해외에서도 외국인과 결혼할 수 없었다).

---

48) 새 이주민들에게 열린 재통합의 작은 기회는 대개 그들이 어떤 민족인가 하는 사실에 의거한다. 예를 들면 에스파냐 난민들은 어느 정도까지는 멕시코에서 환영받는다. 1920년대 초 미국은 할당 시스템을 도입하는데, 그것에 따르면 이미 미국에 살고 있는 민족들은 전체 인구에서 자신들이 차지하는 비율에 따라 동포들을 미국으로 데려올 수 있었다.

그러나 이 그물망 안에 있지 않은 사람은 누구나 합법성 밖에 있게 된다(제2차 세계대전 동안 무국적자들은 항상 적국 출신 외국인들보다 나쁜 상황에 처해 있었다. 후자는 여전히 간접적으로 국제 협정을 통해 자국 정부의 보호를 받고 있었다).

정부 보호의 상실 자체는 고향 상실과 마찬가지로 전례가 없는 사건이었다. 문명 국가들은 정치적 이유에서 자국 정부로부터 추방된 사람들에게 망명할 권리를 제공했고, 이런 관행은 공식적으로는 어떤 헌법에도 명시되어 있지 않지만, 19세기와 20세기에 들어서서도 제대로 기능하고 있었다. 그런데 새로운 범주의 박해받는 사람들이 수적으로 너무 많아, 예외 경우에 적용되던 비공식적 관행으로 처리될 수 없을 때 문제가 발생했다. 게다가 대다수는 망명의 권리를 얻을 자격을 가지고 있지 않았다. 망명할 권리는 암묵적으로 당사자가 정치적인 또는 종교적인 유죄 판결을 받았지만 그것이 망명하고자 하는 국가에서 위법 사항이 아니라는 것을 전제로 했기 때문이다. 새로운 난민들은 그들의 사상과 행동 때문에 박해받은 것이 아니라——못된 인종이나 잘못된 계급으로 태어났거나 잘못된 정부(에스파냐 공화국 군대의 경우처럼)에 의해 선발되었기 때문이다.[49]

권리를 잃은 사람들의 수가 증가하면 할수록 박해하는 정부의 행위보다 박해받은 사람들의 지위에 더 큰 관심을 기울이려는 유혹은 커졌다. 가장 먼저 눈에 띄는 사실은 이 사람들이 어떤 정치적 이유에서 박해받았지만, 과거에 오랫동안 그래왔던 것과 달리 더 이상 박해자에게 불리한 사람, 수치가 되는 사람이 아니라는 것이다. 그들은 활동적인 적(제2차 세계대전 이후 자발적으로 소비에트 러시아를 떠

---

49) 박해하는 정부의 관점에서 이런 식의 무죄가 얼마나 위험한가는 최근의 전쟁 때 미국 정부가 독일-프랑스 휴전조약의 본국 송환 조항에 위협받던 모든 독일 난민에게 망명을 허용했을 때 분명해졌다. 조건은 물론 신청자가 나치 정권에 대항했음을 증명할 수 있어야 했다. 이런 조건을 갖춘 독일 난민들의 비율은 적었고, 이상하게도 그들이 가장 위험에 처해 있던 사람들도 아니었다.

나 민주 국가에 망명한 수천의 소련 시민은 1920년대 잘못된 계급에 속해 소련을 떠난 수백만의 난민들보다 소련의 위신에 더 큰 손상을 입혔다)으로 간주되지 않았고 그렇게 보이지도 않았다. 그러나 그들에게는 그들의 무죄가 가장 큰 불행 — 모든 관점에서 그러했고, 특히 박해하는 정부 관점에서 그러했다 — 이었고 또 그렇게 보였다. 책임의 전적인 결여라는 의미에서 무죄는 정치적 지위를 상실했다는 인장인 동시에 권리를 상실했다는 기호였다.

그러므로 인권 강화에 대한 요구는 진정으로 정치적 난민들의 운명과 단지 겉보기에만 상관이 있다. 필연적으로 그 수가 적은 정치 난민들은 많은 국가에서 망명할 권리를 누리고 있는데, 이 권리는 비공식적인 방식으로 국가법의 대체물로 작용한다.

범죄 행위로부터 합법적으로 이익을 취한 무국적자들을 경험하면서 우리가 가장 놀란 사실은 범죄를 저지른 사람에게서 법적 의무를 박탈하는 것보다 완전히 결백한 사람에게서 박탈하기가 더 쉬워 보인다는 사실이다. 아나톨 프랑스의 "노트르담의 탑을 훔쳤다고 고발당할 경우에만 나는 나라 밖으로 나갈 수 있다"는 유명한 경구는 무시무시한 현실성을 띠고 있다. 법률가들은 처벌의 관점에서 법을 생각해왔고 형법은 항상 우리에게서 특정한 권리를 박탈했기 때문에, 그들이 법적 의무의 박탈, 즉 모든 권리의 박탈이 특별한 범죄와 더는 관련이 없다는 사실을 인정하기가 일반 아마추어보다도 더 어려웠을 것이다.

이런 상황이 인권 개념에 들어 있는 많은 난점을 말해준다. 인권 개념이 한때 어떻게 규정되었든지 간에(미국의 표현 양식을 따르면 생명, 자유와 행복 추구이고, 프랑스 양식에 따르면 법 앞에서의 평등, 자유, 재산 보호, 국민 주권이다), 행복 추구라는 애매한 표현이나 무조건적인 사유 재산권 같은 낡은 표현들을 어떤 식으로 개선하려 해도 20세기가 법의 울타리 밖으로 쫓아낸 사람들의 실제 상황은 시민권의 상실이 절대적인 권리 상실을 수반하지 않는다는 사실을 보여준다. 전쟁 기간 군인은 생명에 대한 권리를 빼앗기고, 범죄자는 자유의 권리를 박탈당한다. 긴급 상황에서 모든 시민은 행복 추구의 권리를 빼앗기지만, 이 사례들에서 인권 상실이 일어나고 있다고 주장할 사람은 아무도 없다. 다른 한편으로 이 권리들은 기초적인 권리 상실의 조건 아래서도 (누릴 수는 없다 하더라도) 부여될 수는 있다.

권리를 상실한 사람들의 재난은 그들이 생명, 자유와 행복 추구 또는 법 앞에서의 평등과 의견의 자유 ─ 주어진 공동체 안에서 발생하는 문제들을 풀기 위해 고안된 공식들인데 ─를 빼앗겼다는 것이 아니라 어느 공동체에도 속하지 않는다는 것이다. 그들의 곤경은 그들이 법 앞에서 평등하지 않아서가 아니라 그들을 위한 어떤 법도 존재하지 않기 때문이고, 그들이 탄압을 받아서가 아니라 아무도 그들을 탄압하려 하지 않는다는 데 있다. 단지 긴 과정의 마지막 단계에 가서 비로소 그들의 생명권이 위협을 받는다. 그들이 완전히 '불필요하게' 되고 그들을 '요구'하는 사람이 아무도 없을 때, 그들의 생명은 위험에 처하게 될지도 모른다. 나치조차 유대인에게서 먼저 모든 법적 지위 (2등급 시민권의 지위)를 빼앗고 그들을 게토나 강제 수용소로 한데 몰아넣어 살아 있는 사람들의 세상으로부터 차단하는 단계를 밟으면서 서서히 유대인 말살을 시작했다. 그리고 가스실을 작동시키기 전에 신중하게 그 근거를 조사했고, 만족스럽게도 어떤 국가도 이 사람들의 반환을 요구하지 않는다는 것을 알게 되었다. 요점은 생존권이 도전받기 전에 완전한 권리 상실의 조건이 이미 갖추어졌다는 것이다.

아이러니컬하게도 자유의 권리도 마찬가지다. 자유의 권리는 종종 인권의 본질로 간주된다. 법의 울타리 밖에 있는 사람들이 법적으로 수감된 범죄자보다 더 큰 이동의 자유를 누리며, 전체주의 국가에서는 말할 것도 없고[50] 보통의 전제정치 아래서 사는 것보다 민주 국가의 포로 수용소에서 더 큰 의사 표현의 자유를 누린다는 것은 의문의 여지 없이 분명하다. 그러나 육체적 안전 ─ 국가나 사적인 자선 단체의 도움으로 먹고살면서 보장되는——이나 의사의 자유는 권리 상실이라는 그들의 근본적 상황을 전혀 바꾸지 못한다. 그들의 생명 연장은 자선에 의한 것이지 권리에 의한 것이 아니다. 왜냐하면 그들을 먹여 살리라고 국가에 강요할 수 있는 법은 존재하지 않기 때문이다. 설령 그들이 이동의 자유가 있다고 하더라도 이 자유는 그들에게 심지어 감옥에 갇힌 죄수들이 당연히 누리는 거주의 권리를 부여하지 않는다. 의사의 자유는 바보의 자유다. 왜냐하면 그들이 생각하는 것은 전혀 중요치 않기 때문이다.

이 마지막 측면들이 매우 중요하다. 인권의 근본적 박탈은 무엇보다 세상에서 거주할 수 있는 장소, 자신의 견해를 의미 있는 견해로, 행위를 효과적 행위로 만드는 그런 장소의 박탈로 표현되고 있다. 어떤 사람이 자신이 태어난 공동체에 소속되는 것이 더는 당연한 문제가 아니고 그것에 속하지 않는 것이 더 이상 선택의 문제가 아닐 때, 또는 어떤 사람이 범죄를 저지르는 경우를 제외하고는 다른 사람이 그를 어떻게 취급할지가 그의 행위에 좌우되지 않을 때, 시민의 권리인 자유와 정의보다 훨씬 더 근본적인 것이 위험에 처하게 된다. 인권을 빼앗긴 사람들은 바로 이런 극단적인 궁지에 처해 있는 것이다. 그들은 자유의 권리가 아니라 행위의 권리를 박탈당했고, 좋아하는 것을 생각할 권리가 아니라 의사를 밝힐 권리를 빼앗겼다. 어떤 경우에 특권이, 대개의 경우에는 불의가, 또 축복과 저주가 우연에 따라 그들에게 할당된다. 그들이 무엇을 하고, 했고, 앞으로 할지에 전혀 상관없이.

전 세계적으로 새로운 정치 상황이 출현하면서 수백만 명이 권리

---

50) 전체주의 공포의 조건 아래서도 강제 수용소는 사상과 토론의 자유라는 유물이 여전히 존재한 유일한 장소였다. 부헨발트 수용소에서 토론의 자유에 관해서는 David Rousset, *Les Jours de Notre Mort*, Paris, 1947, 여러 곳: '자유의 섬', 소련의 몇 군데 구류 장소를 지배한 '정신의 자유'에 관해서는 Anton Ciliga, *The Russian Enigma*, London, 1940, p.200 참조.

를 가질 수 있는 권리(그것은 어떤 사람이 그의 행위와 의견에 의해 평가를 받을 수 있는 하나의 구조 안에서 살고 있다는 것을 의미한다), 그리고 어떤 종류의 조직된 공동체에 속할 수 있는 권리를 잃고 다시 얻을 수 없게 되면서, 우리는 비로소 그런 권리가 존재한다는 사실을 깨닫게 되었다. 문제는 이런 재난이 문명이 부족하거나 미개하거나 또는 단순한 폭정으로 발생한 것이 아니라, 그 반대로 이 재난이 복구될 수 없다는 데 있다. 그것은 지구상에 이제 '미개한' 장소가 존재하지 않고, 원하든 원치 않든 우리가 이제 하나의 세계에서 살기 시작했기 때문이다. 완전하게 조직된 인류와 더불어 고향과 정치 지위의 상실은 인류로부터 배제되는 것과 동일하게 되었다.

이런 일이 발생하기 전에, 오늘날 '인권'이라 부르는 것은 어떤 독재자도 제거할 수 없는 인간 조건의 일반적인 특징으로 간주되어왔다. 인권 상실은 언어의 타당성의 상실을 수반하며(아리스토텔레스 이래 인간은 언어와 사유의 권력을 지배하는 존재로 정의되었다) 모든 인간 관계의 상실(다시 아리스토텔레스 이래 인간은 '정치적 동물', 즉 정의상 어떤 공동체 안에서 살고 있는 존재로 생각되었다), 달리 표현하면 인간 생활의 가장 기초적인 몇 가지 특징의 상실을 동반한다. 노예가 처한 비참한 처지가 어느 정도 이러했고, 그래서 아리스토텔레스는 노예를 인간으로 치지 않았다. 노예제가 인권에 근본적으로 위배되는 것은 자유를 빼앗아서가 아니라(자유의 박탈은 많은 상황에서 일어날 수 있다) 특정한 범주의 사람들에게서 자유를 위해 싸울 수 있는 가능성 ─ 참주정치 심지어 현대 공포정치의 절망적 조건 아래서도(그러나 수용소 생활의 조건 아래서는 그렇지 않다) 가능한 싸움 ─ 을 배제했다는 데 있다. 인류에 대한 노예제의 범죄는 한 민족이 적을 패배시키고 노예로 만들 때(물론 이 자체로도 충분히 나쁜 일이지만) 시작된 것이 아니라, 노예제가 하나의 제도가 되어 어떤 사람들은 자유롭게 '태어나고' 어떤 사람들은 노예로 태어나게 되었을 때, 동료 인간의 자유를 박탈한 이가 인간이었다는 것을 망각하게 되었을 때, 또 범죄의 허용이 자연 탓으로 돌려졌을 때 시작되었다. 그러나 최근 사건들에 비추어볼 때 심지어 노예조차 여전히 일종의 인간 공동체에 속한다고 말할 수 있다. 한 공동체는 그들의 노동을 필요로 하고 사용했으며 착취했는데, 이런 사실로 인해 노예는 인류의 울타리 안에 존속하게 되었다. 노예로 산다는 것은 결국 어떤 뚜렷한 특성, 사회 안에서의 장소를 가진다는 것이다 — 이는 단지 인간일 뿐이라는 추상적이고 적나라한 사실 이상을 의미했다. 특별한 권리의 상실이 아니라 어떤 권리이든 기꺼이 보장해주고 보장할 수 있는 공동체의 상실이 점점 더 많은 사람에게 닥친 재난이었다. 결국 인간은 인간으로서 근본 자질과 인간적 존엄성을 잃지 않으면서 이른바 말하는 인권을 상실하지 않을 수 있다는 사실이 밝혀진다. 정치 조직의 상실이 그를 인류로부터 추방한 것이다.

이런 상실에 해당하는 권리, 한 번도 인권의 항목 가운데 언급된 적이 없는 권리는 18세기의 범주에서는 표현될 수 없었다. 그 까닭은 권리가 인간의 '천성'으로부터 직접 생겨난다고 가정했기 때문이다. 이 경우 천성을 자연법의 용어로 상상했는지 또는 신의 형상으로 창조된 존재라는 표현으로 그렸는지, 그것이 '자연권'인지 또는 신의 명령과 관계되는 것인지는 별로 중요하지 않다. 결정적 요소는 설령 단 한 사람이 지구상에 존재한다 해도, 그것들이 부여한 권리와 인간의 존엄성이 유효하고 실재적이라는 것이다. 이 권리와 인간의 존엄성은 인간의 수와는 무관한 것으로서, 설령 단 한 사람이 인간 공동체로부터 추방당한다 해도 여전히 유효해야 한다.

인권이 처음 선포되었을 때, 그것은 역사 및 역사가 특정 계층에 부여한 특권들과는 무관한 것으로 간주되었다. 새로운 독립성이 근래 발견된 인간 존엄의 특성이었다. 이 새로운 존엄성은 처음부터 다소 모호한 성격을 가지고 있었다. 역사적 권리는 자연권에 의해 대체되었고 '자연'은 역사의 자리를 차지했으며, 역사보다 인간의 본질에 덜 낯선 것이라는 암묵적 가정이 깔려 있었다. 독립 선언문의 언어나 프랑스 인권 선언의 표현들 — '양도할 수 없는' '출생과 더불어 주어진' '자명한 진리들' — 은 일종의 '인간의 본성'에 대한 믿음을 암시하고 있었다. 이 인간의 본성은 개인의 본성과 마찬가지로 동일한 성장 법칙에 종속되었으며, 바로 여기에서 권리와 법을 추론할 수 있었다. 오늘날 우리는 아마 더 정확하게 이 인간의 '본성'이 결과적으로 무엇이 되는지를 판단할 수 있을 것이다. 어찌 되었건 인간 본성은 3000년 이상 이 '자연'을 규정하고 재규정한 서구 철학과 종교가 인정하지 않았고 짐작하지도 못했던 그런 잠재력을 우리에게 보여주었다. 그러나 의문스러운 것은 자연의 인간적 측면만이 아니다. 지구상 모든 유기체의 생명을 인간이 만든 도구로 파괴하는 일이 상상할 수 있고 기술적으로 가능하게 될 정도로 인간이 자연을 지배할 수 있게 된 이후, 그는 자연으로부터 소외되었다. 자연의 과정에 대한 깊은 지식이 자연법의 존재 자체에 대한 심각한 의혹을 인간에게 주입한 이래, 자연 자체는 무시무시한 측면을 띠게 되었다. 인간이 어떻게 우주로부터 법과 권리를 추론할 수 있다는 것인가? 우주는 분명 이 두 범주 모두 알지도 못하는데.

18세기의 인간이 역사로부터 해방되었듯이 20세기의 인간은 자연으로부터 해방되었다. 역사와 자연은 똑같이 우리에게 낯설게 되었다. 즉 인간의 본질은 어느 범주를 가지고도 이해할 수 없게 된 것이다. 다른 한편, 18세기 동안 칸트의 용어로 조정 이념에 불과했던 인류는 오늘날 피할 수 없는 사실이 되었다. '인류'가 과거에 자연이나 역사가 맡았던 역할을 하게 된 이 새로운 상황이 의미하는 바는 이런 맥락에서 권리를 가질 수 있는 권리 또는 인류에 속할 수 있는 모든 개인의 권리가 인류 자체로부터 보장받아야 한다는 것이다. 이런 일이 가능할지는 결코 분명치 않다. 국제 기구로부터 새로운 인권 선언을 얻어내려는 선의의 인도주의적 시도와는 반대로, 인류라는 이념은 여전히 주권 국가들 간의 상호 협정과 조약의 관점에서 작용하는 국제법의 현재 영역을 넘어선다는 것을 이해해야 하기 때문이다.

그리고 당분간 국가들 위에 있는 영역은 존재하지 않을 것이다. 게다가 이 딜레마는 '세계 정부'의 건설로도 결코 해결될 수 없을 것이다. 그런 세계 정부는 실제로 가능성의 영역 안에 있기는 하지만, 그것이 현실로 나타나면 이상주의적 경향을 가진 조직이 촉구한 버전과는 상당히 달라지지 않을까 짐작한다. 전체주의 정권의 장기였던 반인권 범죄는 항상 옳은 것은 부분과 구분되는 전체를 위해 좋거나 유익한 것과 같다는 구실로 정당화될 수 있다("옳은 것은 독일 민족을 위해 좋은 것이다"는 히틀러의 좌우명은 어떤 법 개념이 통속화된 형태인데, 이 법 개념은 어디서나 발견할 수 있지만, 헌법에서 여전히 유효한 과거의 전통이 이를 저지하는 한, 실제로는 별 효과가 없다). 종교의 절대적이고 초월적인 잣대나 자연법이 권위를 상실하자마자, 옳은 것과 무엇을 위해 좋은 것 ―개인이나 또는 가족, 국민 또는 최대 다수를 위해― 이 동일하다고 생각하는 법 개념은 불가피하게 된다. '위해 좋은 것'이 적용될 수 있는 단위가 인류로 커진다 해도 이 어려움은 결코 풀리지 않는다. 왜냐하면 어느 좋은 날 고도로 조직화되고 기계화된 인류가 민주적으로 ―즉 다수결로― 전 인류를 위해 그 일부를 제거하는 게 더 낫다는 결론을 내리는 일도 충분히 상상할 수 있고 또 실제로 정치적 가능성의 영역 안에 있는 일이기 때문이다. 여기 사실적이고 현실적인 문제에서 우리는 정치 철학의 해묵은 난제들 중 하나와 마주치게 된다. 견실한 기독교 신학이 모든 정치적·철학적 문제를 위한 틀을 마련해주는 한, 이 난제는 겉으로 드러나지 않았지만, 이미 오래전에 플라톤으로 하여금 이렇게 말하게 만들었다. "인간이 아니라 신이 만물의 척도가 되어야 한다."

이런 사실과 성찰은 에드문트 버크가 프랑스 혁명의 인권 선언에 반대하면서 내세운 유명한 논리의 뒤늦은 확인, 아이러니하고 신랄한 형태의 확인처럼 보인다. 버크는 인권이 하나의 "추상"이고, 생명처럼 한 사람이 자식에게 물려주는 권리의 "상속"에 의존하는 편이,

또 자신의 권리는 인권이라기보다 "영국인의 권리"라고 주장하는 편이 훨씬 더 현명하다고 말했는데, 앞의 사실과 성찰이 이런 그의 주장을 지지하는 것처럼 보인다.[51] 버크에 따르면, 우리가 누리는 권리는 "국가로부터" 유래하기 때문에 자연법이나 신의 명령도, 또 "지구의 주권자로서 인류"라는 로베스피에르의 인류 개념을 비롯한 어떤 인류 개념도 법의 근원으로 필요하지 않다.[52]

버크의 논리가 실질적으로 옳다는 것은 우리의 다양한 경험에 비추어볼 때 의심할 여지가 없어 보인다. 국민의 권리 상실은 어떤 경우에든 인권의 상실을 수반했다. 최근 사례인 이스라엘 국가가 입증하듯이, 인권의 복구는 국민적 권리의 확립이나 복구를 통해서만 이루어질 수 있다. 인권 개념은 인류라는 것이 존재한다는 가정에 근거를 두고 있는데, 인권을 믿는다고 고백한 사람들이 인간이라는 사실 외에는 모든 다른 자질과 특수한 관계들을 잃어버린 사람들과 마주치는 순간, 인권 개념은 파괴되었다. 세상은 인간이라는 추상적이고 적나라한 사실에서 신성한 것을 전혀 발견하지 못했다. 객관적인 정치적 조건의 관점에서 인권의 토대로서 인간 개념—즉 그는 신의 형상으로 창조되었고(미국의 공식에서), 그는 인류의 대표이고 자신의 내면에 자연법의 신성한 요구를 감추고 있다(프랑스의 공식에서)—이 문제의 해결책을 발견하는 데 어떤 식으로 도움이 될 수 있을지 말하기 어렵다.

죽음의 수용소의 생존자들, 강제 수용소나 포로 수용소의 피수용자들, 심지어 비교적 행복한 처지의 무국적자들은 버크의 주장이 없어도 그저 인간이라는 추상적이고 적나라한 사실이 바로 그들에게 가장 큰 위험이었음을 알 수 있었다. 그로써 그들은 미개인으로 여겨

51) Edmund Burke, *Reflections on the Revolution in France*, 1790, edited by E.J. Payne, Everman's Library.
52) Robespierre, *Speeches*, 1927. 1793년 4월 24일자 연설.

졌으며, 야수로 간주되어 죽을지도 모른다는 두려움에서 과거에 지닌 시민권의 마지막 기호인 국적을, 그들에게 유일하게 남아 있는 인류와의 공인된 끈을 고집했던 것이다. 그들이 자연권을 불신하고 국민의 권리를 선호한 것은 자연권이 심지어 야만인들에게까지 부여된 것임을 알았기 때문이다. '양도할 수 없는' 자연권이 단지 "벌거벗은 야만인의 권리"를 확인해줄 뿐이고,[53] 그래서 문명 국가들을 야만 상태의 지위로 축소시킨다고 버크는 이미 우려한 바 있다. 야만인들만이 인간이라는 최소한의 사실 외에 의지할 것이 없기 때문에 사람들은 국적이 한때 자신들에게 주었던 권리와 보호를 상실하면 그만큼 더 절망적으로 국적에 매달리게 된다. 오로지 그들의 과거와 '물려받은 유산'만이 그들이 여전히 문명세계에 속한다는 사실을 증명하는 것처럼 보인다.

인간이 자신의 정치 지위를 상실할 경우, 양도할 수 없는 선천적 인권의 함의에 따르면, 그런 보편적 권리 선언이 마련한 바로 그런 상황에 있어야 한다. 그러나 그 반대가 현실이다. 인간에 불과한 사람은 다른 사람들이 그를 동료로 취급하게 만드는 바로 그런 특성을 상실한 것처럼 보인다. 그렇기 때문에 범죄자의 법적 인격, 다시 말해 그 결과가 그의 운명을 결정할 그런 행위에 대한 책임을 짊어진 사람의 법적 인격을 파괴하는 일이 인간에게 공통적인 모든 책임을 거부당한 사람의 법적 인격을 파괴하는 일보다 더 어려운 것이다.

그러므로 모든 정치 공동체로부터 쫓겨난 사람들의 일반적 인간 조건을 한번 본다면 버크의 논리는 또 다른 의미를 얻게 된다. 어떤 식의 대우를 받는가와는 상관없이, 또 자유나 탄압, 정의나 불의와는 무관하게 그들은 우리가 공동 노력한 결과, 인간 기술의 결실인 인간 실존의 모든 측면과 세계의 일부를 상실했다. 야만인 부족의 비극은 그들이 지배할 수 없는 불변의 자연 속에 살면서 생계를 위해 자연의

---

53) 버크에 대한 페인(Payne)의 서두 해설, 앞의 책.

풍부함과 검소함에 의존하고 또 어떤 흔적도 남기지 않으며, 공동의 세계에 어떤 기여도 하지 않고 살다가 죽는 데 있다면, 이 무국적자들은 실제로 자연의 고유한 상태로 다시 던져진 셈이다. 물론 그들은 야만인이 아니다. 그들 가운데 일부는 출신 국가에서 가장 교육받은 사회 계층에 속했다. 그럼에도 불구하고 야만 상태를 거의 제거한 세상에서 그들은 문명의 퇴보가 가능하다는 것을 가장 먼저 보여주는 징후였다.

문명이 고도로 발달하면 할수록, 문명이 산출한 세상이 더욱 완성되면 될수록, 인간이 자신들이 인위적으로 만든 생산물에서 편안함을 느끼면 느낄수록, 자신들이 만들지 않은 모든 것, 수수께끼처럼 그들에게 주어진 모든 것에 대한 적개심은 더욱 커진다. 어떤 공동체 안에서 자기 자리를, 시대의 투쟁 속에서 자신의 정치 지위를 잃어버린 인간, 또 그의 행위와 운명의 일부를 서로 연관시키는 법적 인격을 잃은 인간은 사생활 영역에서만 명확하게 표현되는 특성만 가지게 되고, 공적인 모든 사안에서는 아무런 자격이 없는, 단순한 존재로 남을 수밖에 없다. 태어나면서 신비스럽게 우리에게 주어진 이 단순한 존재, 우리의 외모나 정신적 재능을 포함하는 이 단순한 존재를 적절하게 다룰 수 있는 것은 단지 우정이나 호의 같은 예상할 수 없는 우연이나 무한한 사랑의 은총이다. 아우구스티누스와 함께 "네가 존재하기를 원한다"고 말하지만 그런 비길 데 없는 최상의 확언에 대한 어떤 특별한 근거를 제시할 수 없는 그런 사랑의 은총뿐이다.

고도로 발달한 정치 생활이 사적 영역을 깊이 불신하며, 우리 각자가 지금 있는 그대로의 모습 —이 세상에 단 하나이고 유일무이하며 변할 수 없는 존재 —으로 만들어진 사실에 들어 있는 혼란스러운 기적에 대해 깊은 적개심을 보인다는 것을 우리는 그리스인 이후 알고 있다. 이렇게 단순히 주어진 영역, 문명 사회에서는 사생활로 격하된 영역은 공적 영역에 영구적인 위협이 된다. 왜냐하면 사적 영역이 보편적인 차이와 구분의 법칙에 근거하는 것처럼 공적 영역은 일관되게 평등의 법칙에 기반을 두고 있기 때문이다. 단순한 실존에 포함된 모든 것과는 반대로 평등은 우리에게 그저 주어진 것이 아니다. 평등은 인간 조직이 정의의 원칙에 지배받는 한, 그 결과로 나타나는 것이다. 우리는 평등하게 태어나지 않았다. 우리는 상호 간에 동등한 권리를 보장하겠다는 우리의 결정에 따라 한 집단의 구성원으로서 평등하게 되는 것이다.

우리의 정치생활은 우리가 조직을 통해 평등을 산출할 수 있다는 가정에 근거한다. 왜냐하면 인간은 공동의 세상 안에서 행위를 하고 동등한 사람들과 함께, 오로지 이들과 함께 공동 세상을 변화시키고 건설할 수 있기 때문이다. 단순한 소여의 어두운 배경, 변할 수 없는 고유한 우리의 천성이 형성한 배경은 이질적이고 낯선 것처럼 정치 무대 안으로 침입해 들어온다. 이 낯선 것은 너무나 명백하게 달라서 우리에게 인간 활동의 한계—인간 평등의 한계와 동일한—를 상기시켜준다. 고대의 도시국가나 현대의 국민국가같이 고도로 발달한 정치 공동체가 민족적 동질성을 고집하는 까닭은 가능한 한 항상 눈앞에 보이는 자연적 차이와 구분을 제거하기를 원하기 때문이다. 차이와 구분은 너무나 분명하게 인간이 어떻게 할 수 없고 마음대로 바꿀 수도 없는 영역, 다시 말하면 인간 기술의 한계 영역을 가리키기 때문에 그 자체가 소리 없는 증오, 불신과 차별을 불러일으킨다. '낯선 것'은 차이 자체, 개성 자체의 무서운 상징이고 인간이 변화시킬 수 없고 작용할 수 없는 범위를 나타내며, 그래서 그 안에서 인간은 뚜렷한 파괴 경향을 보인다. 백인 공동체의 흑인이 오로지 흑인으로만 간주된다면, 그는 평등에 대한 권리와 함께 인간에게만 고유한 행위의 자유를 상실한다. 그의 모든 행위는 이제 어떤 '흑인' 특성의 '필연적' 결과로 설명된다. 그는 인간이라 불리는 동물종의 어떤 표본이 되는 것이다. 특유의 정치적 특성들을 모두 잃어버리고 오로지 인간일 뿐인 사람들에게도 이와 똑같은 일이 일어난다. 의심할 여지 없이 분명한 사실은 공적 생활과 그 평등의 법칙이 완벽하게 승리를 거두는 곳, 문명이 차이의 어두운 배경을 제거하거나 최소한으로 줄이는 데 성공하는 곳에서는 어디서나 모든 것이 완전히 굳어서 생기를 잃을 것이고, 인간이 세상의 주인일지는 몰라도 창조주는 아니라는 사실을 망각한 죄로 벌을 받을 것이다.

공동의 세계 밖에서 살도록 강요당한 사람들의 실존에서 발생하는 가장 큰 위험은 그들이 문명의 한가운데에서 자연의 상태, 즉 그들이 자연으로부터 받은 것으로, 그들의 단순한 차이로 되던져졌다는 것이다. 그들에게 없는 것은 어떤 국가의 시민이라는 데서 오는 현상, 즉 차이의 제거 및 균등화 현상이다. 그러나 그들은 더 이상 인간이 만든 세상에 참여하지 못하기 때문에 동물이 특별한 동물종에 속하는 것과 같은 방식으로 이제 인간종에 속하기 시작한다. 인권의 상실에 함축된 역설은, 한 사람이 일반적 인간이 되는 순간—직업도 없고 시민권도 없으며, 의견도 없고 정체와 고유한 점을 알려줄 행위도 없는—그리고 그 자신만의 절대적으로 독특한 개성을 나타내면서 일반적으로 다르게 되는 순간 그런 상실이 일어난다는 것이다. 이 개성은 하나의 공통된 세상 안에서 표현되고 그 위에서 행동할 수 있는 기회를 박탈당하면 모든 의미를 상실한다.

그런 사람들의 삶에서 볼 수 있는 위험은 두 가지다. 더욱 명백한 형태의 위험으로는, 증가하는 그들의 수가 우리의 정치적 삶과 인간의 인위적 세상, 우리의 공동 노력과 협조의 결과인 세상을 위협한다는 것이다. 그것은 자연의 야만적 요소들이 과거 한때 인간이 만든 도시와 지방의 존재를 위협한 것과 마찬가지의, 아마 더욱 무서울 수도 있는 위험일 것이다. 문명에 대한 치명적 위험은 무엇이 없다는 데서 오는 것 같지 않다. 자연은 통제되고, 수세기 동안 몽골인들이 유럽을 위협한 것처럼 그렇게 자신들이 이해할 수 없는 것을 파괴하겠다고 위협하는 야만인도 이제 없다. 심지어 전체주의 정권의 출현도 우리 문명의 밖이 아닌 안의 현상이다. 전 세계적으로 보편적인 상호 관계를 맺고 있는 문명이 그 문명의 한가운데로부터 수백만의

사람들을, 겉으로 드러난 모습에도 불구하고 야만인의 조건이라 할
수 있는 상황으로 몰아넣음으로써 야만을 산출한다는 데에 바로 위
험이 있을지도 모른다.[54]

---

54) 이렇게 현대적인 형태의 추방은 고대나 중세의 추방 관습보다 훨씬 더 극단
적인 결과를 가져온다. 사회적 추방은 당사자의 생명을 그가 만나는 사람의
처분에 맡김으로써 분명 "원시적인 법이 가할 수 있는 가장 두려운 비운"이었
는데, 효과적인 법 집행 시스템의 정착과 함께 사라졌고 결국 국가들 간의 본
국 송환 조약으로 대체되었다. 사회적 추방은 원래 범죄자들의 인도를 강요
할 목적으로 만들어진, 경찰력의 대체물이었다.
초기 중세는 이런 "시민으로서의 죽음"에 내포된 위험을 잘 알고 있었던 것
같다. 후기 로마 제국에서 시행된 파문은 종교적 죽음을 의미했지만 교회
의 신도 자격을 잃은 사람에게 다른 모든 측면에서는 자유를 남겨두었다. 종
교적 죽음과 시민적 죽음은 단지 메로빙거 시대에만 동일한 것이었다. 여
기서 파문은 "일반적으로 신도의 권리를 일시적으로 취소하거나 정지하는
것에 국한된 관행이었고 그것은 다시 얻을 수 있는 것이었다." "Outlawry"
and "Excommunication," in the *Encyclopedia of Social Science* 참조. 또한
"Friedlosigkeit," in the *Schweizer Lexikon*도 참조.

찾아보기

지은이 한나 아렌트

한나 아렌트(Hannah Arendt, 1906-75)는 독일 하노버에서 태어나
동프로이센의 수도인 쾨니히스베르크에서 성장했다.
독일 상류 시민계급에 동화된 비교적 부유한 유대인 가정 출신인 그는
한편으로 철학에 집중적인 관심을 보였지만, 다른 한편으로는
유대인으로서의 정체성을 잃지 않았다. 그의 삶과 사상에 커다란 영향을 미친
하이데거 때문에 마르부르크에서 철학공부를 시작하지만, 하이델베르크로 옮겨
평생 동안 신뢰관계를 이루었던 야스퍼스에게서 「아우구스티누스의 사랑 개념」이라는
논문으로 박사학위를 받는다. 이후 아렌트는 바이마르 공화국이 몰락하고
나치가 정권을 장악하는 혼란기에 독일에서 시온주의자들을 위해 활동하다 체포되어
심문을 받은 뒤 1933년 프랑스로 망명했으나 상황이 악화되자
1941년 미국의 뉴욕으로 망명한다. 그는 나치에 의해 시민권이 박탈된 1937년부터
미국 국적을 획득하는 1951년까지 '무국적자' 생활을 하게 된다.
그곳에서 유대인 학살 소식을 접하고는 그의 주저라고 할 수 있는
『전체주의의 기원』(1951)을 집필하게 된다. 이후 그는 철저하게
정치사상가의 길을 걷는다. 『인간의 조건』(1958), 『과거와 미래 사이』(1961),
『혁명론』(1963), 『예루살렘의 아이히만』(1963) 등에서 발전된
사상의 기초는 대부분 『전체주의의 기원』에 놓여 있다.
한나 아렌트는 1975년 12월 4일 자신의 두 번째 고향인 뉴욕의 자택에서 서거했다.
사후에 『정신의 삶』(1978), 『정치란 무엇인가』(1993), 『책임과 판단』(2003),
『정치의 약속』(2005) 등이 출간됐다.

옮긴이 이진우 · 박미애

이진우(李鎭雨)는 연세대학교 독문과를 졸업하고
계명대학교 철학과 교수 및 동대학 총장, 니체전집 편집위원,
한국 니체학회 회장, 한국철학회 회장, 포스코교육재단 이사장,
포스텍 인문사회학부장 등을 역임했다.
현재 포스텍 인문사회학부 명예교수다.
지은 책으로는 한길사에서 펴낸 『이성정치와 문화민주주의』를 비롯해
『니체의 인생강의』 『니체. 실험적 사유와 극단의 사상』
『니체의 차라투스트라를 찾아서』 『테크노 인문학』 『프라이버시의 철학』,
『도덕의 담론』 『이성은 죽었는가』 『한국 인문학의 서양 콤플렉스』
『지상으로 내려온 철학』 『탈현대의 사회철학』 등이 있다.
옮긴 책으로는 한길사에서 펴낸 『전체주의의 기원』(한나 아렌트),
『인간농장을 위한 규칙』(페터 슬로터다이크)과
이외에도 『책임의 원칙』(한스 요나스), 『현대성의 철학적 담론』(위르겐 하버마스),
『덕의 상실』(알레스데어 매킨타이어), 『냉소적 이성 비판』(페터 슬로터다이크),
『공산당 선언』(마르크스 · 엥겔스), 『비극의 탄생 · 반시대적 고찰』(니체) 등이 있다.

박미애(朴美愛)는 연세대학교 독문과를 졸업하고
독일 아우크스부르크 대학에서 사회학 석사 및 박사학위를 받았다.
지은 책으로 *Patriarchat durch konfuzianische Anstandsnormen*,
『인간복제에 관한 철학적 성찰 ─ 슬로터다이크 논쟁을 중심으로』(공저)가 있다.
옮긴 책으로는 한길사에서 펴낸 『문명화과정』(노르베르트 엘리아스),
『기득권자와 아웃사이더』(노르베르트 엘리아스),
『인간농장을 위한 규칙』(페터 슬로터다이크, 공역), 『로자 룩셈부르크』(헬무트 히르슈)를
비롯해 『글로벌 위험사회』(울리히 벡, 공역), 『막스 베버』(H.N. 퓨겐),
『새로운 불투명성』(위르겐 하버마스), 『모차르트』(노르베르트 엘리아스),
『생각 붙잡기』(한스 프리제), 『냉소적 이성비판 1』(페터 슬로터다이크, 공역) 등이 있다.

HANGIL GREAT BOOKS 83

전체주의의 기원 1

지은이 한나 아렌트
옮긴이 이진우 · 박미애
펴낸이 김언호

펴낸곳 (주)도서출판 한길사
등록 1976년 12월 24일
주소 10881 경기도 파주시 광인사길 37
홈페이지 www.hangilsa.co.kr
전자우편 hangilsa@hangilsa.co.kr
전화 031-955-2000~3 **팩스** 031-955-2005

부사장 박관순 **총괄이사** 김서영 **관리이사** 곽명호
경영이사 김관영 **편집주간** 백은숙
편집 노유연 박홍민 배소현 임진영
관리 이주환 문주상 이희문 원선아 이진아 **마케팅** 이영은
디자인 창포 031-955-2097
CTP출력 블루엔 **인쇄** 오색프린팅 **제책** 경일제책사

제1판 제 1 쇄 2006년 12월 10일
제1판 제12쇄 2024년 12월 24일

값 30,000원

ISBN 978-89-356-5663-9 94160
ISBN 978-89-356-5665-3 (전2권)

한길그레이트북스 인류의 위대한 지적 유산을 집대성한다

192 미쉬나 6: 토호롯
윤성덕

● 한길그레이트북스는 계속 간행됩니다.